Deutsche Erzählungen

von

Christoph Martin Wieland

bis Franz Grillparzer

Herausgegeben und

mit einem Nachwort versehen

von

Helmut Winter

MANUSCRIPTUM

ISBN 3-933497-49-3

Christoph Martin Wieland

Freundschaft und Liebe auf der Probe

Zwei junge Personen aus einer schon seit langer Zeit unter französischer Botmäßigkeit stehenden deutschen Provinz waren beinahe von ihrer Kindheit an in einer gegenseitigen Zuneigung aufgewachsen, die sich in reifern Jahren zu einer so vollkommenen Freundschaft ausbildete, daß sie an dem Ort ihres Aufenthalts unter dem Namen der *Freundinnen* bekannter als unter ihrem Geschlechtsnamen waren. Ich selbst lernte sie zuerst bei den englischen Damen in *** kennen, wo ihre Pensionszeit beinahe abgelaufen war, als die meinige anging; denn beide sind einige Jahre älter als ich. So jung ich damals noch war, so hatte ich doch das Glück, ihnen zu gefallen; und da unsere Eltern in ebenderselben Stadt wohnten, versprachen wir uns, die angefangene Bekanntschaft in der Folge zu erneuern und zu unterhalten. Nach meiner Zurückkunft aus der Pension fand ich beide bereits verheiratet. Ich hatte meine Mutter früh verloren; und da mein Vater mir viele Freiheit ließ, so suchte ich jede Gelegenheit auf, wo ich die Freundinnen sehen konnte; und so entspann sich nach und nach ein so vertrautes Verhältnis zwischen uns, daß ich gewissermaßen die dritte Person in ihrem Bunde ward. Diese enge Verbindung verschaffte mir die Gelegenheit, mich von den Umständen der Anekdote, die ich Ihnen mitzuteilen kein Bedenken trage, genauer als andere zu unterrichten. Bevor ich aber zur Geschichte meiner Freundinnen fortgehe, werde ich Ihnen, wenn auch nur mit wenigen Zügen, eine Idee von ihrem Charakter geben müssen.

Selinde, wie ich die Jüngere von ihnen nennen will, vereinigt mit der zierlichsten Nymphengestalt einen Kopf, der das schönste Modell zu einer Hebe oder Psyche abgeben könnte. Ihre Gemütsart ist offen, aufrichtig, edel und gut; ohne die Tugend wie einen Schild auszuhängen, trägt sie den Keim aller Tugenden in sich, welche die Grundlage eines achtungswürdigen Charakters ausmachen; aber eine übermäßige Lebhaftigkeit und ein großes Teil Leichtsinn werfen oft einen falschen Schein auf sie, den sie im Bewußtsein ihrer Unbefangenheit und Unschuld zuwenig achtet. Die Begierde zu gefallen und ein nicht minder starker Hang zur Freude und zu allen Vergnügungen, die man unschuldig zu nennen gewohnt ist und sich daher auch wohl einiges Übermaß darin zu erlauben pflegt, scheinen ihre einzigen Leidenschaften zu sein, wenn man anders Neigungen, die ihr so natürlich als das Atemholen sind und selten der innern Ruhe ihres Gemüts Abbruch tun, den Namen Leidenschaften geben kann.

Eine sehr lebendige Einbildungskraft und eine angeborne unerschöpfliche Ader von Witz, der ihr öfters auch Achtung oder Schonung fordernde Gegenstände in einem lächerlichen Lichte zeigt, sind die hervorstechenden Eigenschaften ihres Geistes. Zwar ist auch ihr Verstand nicht ungebildet; aber außerdem, daß sie nie Geduld genug gehabt hat, sich lange mit ernsthaften Dingen abzugeben, würde sie sich selbst lächerlich vorkommen, wenn man in ihrer Art zu reden und zu sein etwas bemerkte, das wie Weisheit aussähe. Sie hat sich in ihr leichtes Köpfchen gesetzt, daß es eine Menge liebenswürdiger kleiner Torheiten gebe, die einem schönen Weibe besser anstehen als die Miene eines *weiblichen Sokrates,* womit sie in ihren leichtfertigen Augenblicken ihre Freundin aufzuziehen pflegt. Selinde ist auch nicht ohne Talente; aber da die Begierde, durch sie zu gefallen, nicht stärker bei ihr ist als der Hang zu allen Arten angenehmer Zerstreuungen und da es ihr, zumal weil der Putztisch einen großen Teil ihres Vormittags wegnimmt, immer an Zeit gefehlt hat, so muß ich gestehen, daß sie in den schönen Künsten, die man heutzutage zur Erziehung junger Personen von Stand und Vermögen rechnet, sehr zurückgeblieben ist.

Clarisse, so mag die zweite der beiden Freundinnen heißen, kann, wenigstens neben Selinden, für keine Schönheit gelten; indessen ist ihre Gesichtsbildung geistreich und angenehm, ihr Körper, wiewohl nach einem etwas größern Maßstab, in einem so vollkommenen Ebenmaß gebaut und ihre Gesundheit so rein und blühend, daß man nicht zweifeln kann, sie würde in Ansehung mancher äußerlichen Reize ihrer Freundin den Vorzug streitig machen können, wenn sie es nicht vielmehr mit Fleiß darauf anlegte, von dieser Seite, zumal neben Selinden, sowenig als möglich bemerkt zu werden. Das, wodurch sie wie durch einen verborgenen, ihr selbst unbewußten Zauber sanft anzieht und dauerhaft fesselt, ist daher mehr etwas Geistiges als in die Sinne Fallendes; und wer beide Freundinnen beisammen sieht, wird auf den ersten Anblick Selindes Liebhaber und Clarissens Freund. Man kann schwerlich mehr Rechte an Hochachtung und Liebe haben und weniger Ansprüche darauf machen als Clarisse. Die Ausbildung ihres Geistes, wiewohl die Frucht ihres Fleißes und ihrer immer wohl angewandten Zeit, scheint eine bloße Gabe der Natur zu sein; und die vielen Kenntnisse, die sie besitzt, blicken, wo es unschicklich wäre, sie verleugnen zu wollen, so verschämt unter dem Schleier der Bescheidenheit hervor, daß weder die Unwissenheit der Weiber dadurch beschämt noch der anmaßende Stolz der Männer beleidigt wird. Sie besitzt verschiedene Talente in einem nicht gemeinen Grade; sie zeichnet und malt vortrefflich und spielt Klavier und Harfe mit ebensoviel Geschmack als Fertigkeit; sie macht sogar, wiewohl sie es kaum ihren Vertrautesten gesteht, sehr artige kleine Verse.

Es ist, wo nicht ganz unmöglich, doch gewiß etwas höchst Seltenes, daß man es in irgendeiner Kunst ohne Anstrengung und hartnäckigen Fleiß zu einiger Vollkommenheit bringe. Clarisse besitzt vielleicht von Natur nicht mehr Anlagen als Selinde; aber ihr ruhiger, gesetzter und mehr in sich selbst gesammelter Sinn macht sie geschickter und geneigter, diese Anlagen anzubauen und zu üben. Sie liebt die zerstreuenden Ergetzungen weniger als ihre Freundin; sie ging immer sparsamer mit ihrer Zeit um, teilte ihren Tag besser ein, und die Morgenstunden, welche Selinden teils mit flüchtigem Herumblättern in Taschenbüchern,

Tageblättern und neuen Broschüren, teils und vornehmlich am Putztisch durch die Finger schlüpften, wurden von Clarissen immer nützlich und zu bestimmten Zwecken angewandt. Selinde las, um die Langeweile zu verjagen oder sich mit angenehmen Bildern und Phantasien zu ergetzen; Clarisse las immer mit Nutzen, denn sie fragte sich immer selbst: Ist dies auch wahr, fühlst und denkst du wirklich, was der Autor will, daß du denken und fühlen sollst, und wo nicht, liegt die Schuld an dir oder an ihm? Auf diese Weise lernte sie vergleichen, unterscheiden, überschauen und zusammenfassen, entdeckte den Maßstab des Wahren und Schönen in sich selbst und gewöhnte sich an eine richtige Schätzung der Dinge. Alles dies gab ihr Klarheit des Sinnes, Schärfe und Richtigkeit des Blicks und Freiheit von Launen, Grillen, übereilten Urteilen und leichtsinnigen Zu- und Abneigungen. Alles in ihr ist ruhig, gemäßigt und in Harmonie mit sich selbst. Ohne Leidenschaften, ohne Schwärmerei, eine geborne Feindin alles Übertriebenen, aller Unnatur, Selbsttäuschung und Unredlichkeit gegen andere und sich selbst, genießt sie einer unzerstörbaren innern Ruhe, und reine Liebe des Schönen und Guten ist in allen ihren Umständen und Lagen die Seele ihrer Gedanken, Neigungen und Handlungen. Natürlicherweise ist sie mit einer solchen Gemütsverfassung immer zur Teilnehmung an andern, zu jeder Nachsicht gegen fremde Fehler und Schwachheiten gestimmt und überhaupt in allen Vorfallenheiten des Lebens aufgelegt, das Schicklichste zu erwählen und zu tun. Ihr Ernst hat nichts Düstres, ihr gesetztes Wesen nichts

Schwerfälliges und Drückendes; Heiterkeit und Frohsinn ist immer über ihr liebliches Gesicht, wie Sonnenschein über ein anmutiges Tal, ausgebreitet, und allgemeines Wohlwollen scheint das Element zu sein, worin sie atmet. Dies ist meine Freundin Clarisse, und wenn anders Aristipps Briefe mir einen richtigen Begriff von dem, was Sokrates war, gegeben haben, so müßt' ich mich sehr irren, wenn der Name eines weiblichen Sokrates, womit sie von Selinden im Scherz geneckt wird, ihr nicht in vollem Ernst zukommen sollte.

Verzeihen Sie, wenn ich mich unvermerkt zu lange bei der Schilderung eines so liebenswürdigen Weibes verweilt haben sollte. Ich bin keine sonderliche Porträtmalerin; eine geschicktere Hand würde vielleicht mit viel weniger Strichen dem Bilde mehr Bestimmtheit und Leben gegeben haben. Aber ich habe die meinige dem Antrieb meines Herzens überlassen; und daß ich sie endlich zurückziehe, geschieht nicht, weil ich mit meinem Gemälde zufrieden bin, sondern weil ich fühle, daß man aufzuhören wissen muß.

Es könnte beim ersten Anblick wunderbar scheinen, wie zwischen zwei so ungleichen Personen als Clarisse und Selinde eine so vertraute Freundschaft habe entstehen oder wenigstens von Dauer sein können. Aber sobald man mit beiden genauer bekannt ist, scheint mir nichts begreiflicher. Selindens Schönheit, Leichtsinn und Gutherzigkeit auf der einen Seite und Clarissens gänzliche Anspruchslosigkeit auf der andern entfernen schon den bloßen Schatten der Eifersucht von ihnen. Jene ließ sich nie einfallen, daß ihr diese irgendeinen von ihren Vorzügen streitig machen könnte; dafür aber gestand sie ihr auch die ihrigen immer willig zu und ist noch jetzt stolz darauf, für die vertrauteste Freundin einer Frau von so vielen Verdiensten bekannt zu sein. In der Tat kann Clarissens Liebe zu Selinden — das einzige an ihr, was einer Leidenschaft ähnlich sieht — für diese nicht anders als schmeichelhaft sein; man könnte sagen, sie *läßt sich* von Clarissen lieben, ungefähr wie der schöne Alkibiades sich vom Sokrates lieben ließ, und Clarisse rechnet nicht genauer mit ihr ab als dieser mit dem Sohne des Klinias, ob sie ebensoviel von ihr wiedergeliebt werde. Denn die schöne Selinde ist, die Wahrheit zu sagen — vielleicht ohne sich's bewußt zu sein —, zu sehr in sich selbst verliebt, um in ebendem Grade, wie sie geliebt wird, wiederlieben zu können. Aber eines ihrer größten und gefühltesten Bedürfnisse ist, immer eine Vertraute und Ratgeberin in ihren Verlegenheiten zu haben, welcher sie sich ganz aufschließen darf; und wo hätte sie eine Person finden können, die sich dazu besser schickte als Clarisse? Die Gefälligkeit, die Nachsicht, die anscheinende Parteilichkeit der letztern gegen die erstere geht so weit über die Grenzen der gewöhnlichen Freundschaften unter Personen unsers Geschlechts, daß Selinde, überzeugt von Clarissens gänzlicher Anhänglichkeit an sie, auch sogar unangenehme Wahrheiten und, was sie sonst von niemand verträgt, Widerspruch und Tadel von ihr vertragen konnte. Die Fälle, wo sie ein wenig aneinander anstießen, waren also immer äußerst selten; und wenn ja so etwas sich ereignete, so wußte Clarissens Sanftheit und guter Verstand alles gar bald wieder ins gleiche zu bringen.

Sowie die beiden Freundinnen aus dem Kloster zurückgekommen waren, ließen die Eltern sich angelegen sein, ihren geliebten Töchtern die Mühe, sich Männer nach ihren Augen oder nach ihrem Herzen selbst auszusuchen, zu ersparen, und glaubten alles mögliche für sie getan zu haben, indem sie unter den verschiedenen Mitbewerbern, die sich hervortaten, diejenigen auswählten, die in Ansehung des Vermögens, des Alters, der Figur und andrer Füglichkeiten dieser Art für die beste Partie gelten konnten. Durch eine sonderbare Laune des Zufalls fiel die Wahl auf zwei junge Männer, die von ihrer frühesten Jugend an durch einen nicht weniger engen Freundschaftsbund vereinigt waren als Selinde und Clarisse. Überall, wo man sie kannte, wurden Raymund und Mondor, wie ich sie statt ihres wahren Namens nennen will, wenn von Freundschaft die Rede war, als ein Beispiel angeführt, daß es selbst in unsern ausgearteten Zeiten noch Freunde gebe, die man einem Pylades und Orestes, Phintias und Damon und andern von den Alten so hoch gepriesenen Freundschaftshelden entgegenstellen könne.

Um das gehörige Licht über die Geschichte dieses Doppelpaars zu verbreiten, seh' ich mich genötigt, meine wenige Fertigkeit in der Porträtmalerei abermals an den Tag zu legen.

Mondor, dem die reizende Selinde zuteil wurde, verband mit einer vorteilhaften Außenseite, einem sehr ansehnlichen Vermögen und einem ziemlich jungen Adelsbrief beinahe alles, was man überhaupt zum Charakter eines achtungswerten Mannes fordert, Erziehung, Talente, Sitten und, was heutzutage unter seinesgleichen seltner als jemals sein soll, einen unbescholtenen Ruf. Mit allen diesen guten Eigenschaften könnte sich's dennoch fügen, daß ein Mann kein schicklicher Ehegehilfe für eine Dame wie Selinde wäre; und dies schien, nachdem sie einige Zeit an Hymens sanftem Joche zusammen gezogen hatten, wirklich der Fall zu sein. Mondor war von einer ernsthaften, mit etwas schwarzer Galle tingierten Sinnesart, von warmem Kopf und noch wärmerm Blut; äußerst reizbar, heftig und anhaltend in seinen Leidenschaften und schwer von einer Idee, die er sich in seinen Kopf gesetzt hatte, abzubringen. Seine Phantasie, eine Fee, die eine ziemlich tyrannische Gewalt über ihn ausübte, pflegte ihm alles in der Welt entweder in das zarteste Rosenrot oder in pechschwarzes Dunkel zu malen. Der Gegenstand seiner Liebe konnte nichts Geringeres als ein Engel sein; aber wehe dem Engel, wenn Mondor irgendeinen dunkeln Flecken an ihm entdeckte — er mußte sich dann glücklich schätzen, wenn er in seiner Meinung und Zuneigung nicht tiefer als bis zur gemeinen Alltagsmenschheit herabsank. In allen Ideen, Gefühlen und Forderungen dieses jungen Mannes war immer etwas Übermäßiges und Grenzenloses. Eine natürliche Folge hievon war, daß er mehr in seiner eignen Ideenwelt lebte als in der wirklichen und daß ihm in der letztern beinahe nichts recht oder gut genug war. Daher war er auch kein Freund von öffentlichen Lustbarkeiten; die gewöhnlichen Gesellschaften machten ihm tödliche Langeweile, und weil er wenig Geschäfte hatte, so brachte er meistens den größten Teil des Tages in seinem Büchersaale zu, der mit den besten Werken in allen Fächern und Sprachen reichlich versehen war.

Von diesem allem beinahe ist sein Freund Raymund das Gegenteil; eine leichte, fröhliche, sorglose, jovialische Seele; der entschiedenste Liebhaber aller gesellschaftlichen Freuden und Zeitkürzungen; etwas zu rasch und unbeständig in seinen Neigungen und Phantasien und zu sinnlich in seinen Vergnügungen; aber im Grunde ein gutartiger, biederherziger Mensch und, insofern nur keine Aufopferung seiner Lieblingsneigungen von ihm gefordert wird, sehr edler Handlungen fähig und geneigt, zu allem Guten mitzuwirken; kurz, einer von den glücklichen Sterblichen, die alles anlacht, die sich überall gefallen und mit allen Menschen leben können. Er war der Sohn und Enkel eines Malers und in seiner Jugend zur Kunst seiner Väter angeführt worden. Eine reiche Erbschaft, die ihm unverhofft zufiel, befreite ihn von der Notwendigkeit, sein Talent geltend zu machen; doch blieb die Liebe zur Kunst eine seiner herrschenden Neigungen. Er besitzt eine auserlesene Bildersammlung, malt selbst zu seinem eigenen und seiner Freunde Vergnügen und läßt, wie man ehedem vom Apelles sagte, selten einen Tag ohne einen Pinselstrich vergehen.

Eine vertraute Freundschaft zwischen so ungleichartigen Menschen wie Raymund und Mondor mag vielleicht noch unbegreiflicher scheinen als zwischen Selinde und Clarisse; aber auch hier, wie überall, ging alles ganz natürlich zu. Die Knabenjahre, wo die Verschiedenheit der Sinnesarten noch nicht so stark ausgesprochen ist, legten den ersten Grund; ein wichtiger Dienst, welchen Raymund in der Folge mit Gefahr seines Lebens Mondorn leistete, zog das anfangs lose Band unauflöslich zusammen. Sie waren nun Freunde auf Leben und Tod. Raymund hatte so viel für Mondorn getan, daß dieser nie zuviel für jenen tun konnte. Alle ihre Dissonanzen löseten sich immer in diesem reinen Akkord auf; jeder machte sich's zur Pflicht, die Seite, von welcher er dem andern mißfällig werden konnte, möglichst zu verbergen. Auch die Liebe der Kunst, die beiden gemein war, trug nicht wenig bei, ihren Umgang immer unterhaltend zu machen. Überdies hatte Mondor seine Stunden, wo ihm Raymunds genialischer Frohsinn wohltat, so wie dieser sich oft herzlich an den witzigen Übertreibungen belustigte, woran jener, sooft ihn die Laune, sich über die menschlichen Torheiten zu erbosen, anwandelte, unerschöpflich war. Selbst das Nützliche gesellte sich in ihrer Verbindung öfters zu dem Angenehmen; denn sooft als einer von beiden in die Lage kam, wo ihm der Rat und Beistand eines Freundes unentbehrlich wurde, konnte er gewiß sein, beides bei dem andern zu finden; der leichtsinnige Raymund in Mondors ernster Besonnenheit, der schwärmerische Mondor in Raymunds kaltblütiger Ansicht der Dinge.

Raymunds und Clarissens Eheverbindung hatte ein so vernunftmäßiges Ansehen, daß ihnen jedermann das dauerhafteste Glück weissagte. Das, was jener für seine Verlobte empfand, hatte alles, was jeden andern als Clarissen bereden konnte, es für Liebe zu halten; nur sie konnt' es nicht täuschen, denn sie war selbst frei und hatte Raymunds Charakter zu richtig erfaßt, um nicht zu sehen, daß er keiner enthusiastischen Liebe fähig sei. Dies war es eben, was sie entschlossen machte, seine Bewerbung zu begünstigen. Hätte er sie geliebt wie Mondor Selinden, schwerlich würde sie zu bewegen gewesen sein, ihm ihre Hand zu geben. Denn ihrer Denkart nach soll die Ehe nicht ein Werk des blinden Liebesgottes, sondern der ruhigen Überlegung, des besonnenen Wohlgefallens aneinander und des gegenseitigen Vertrauens sein; wobei denn doch auf beiden Seiten noch immer mehr oder weniger gewagt werden muß. Sie hatte keine wesentliche Einwendung gegen Raymund; und da sie es, sagte sie lächelnd, doch einmal mit einem der ungeschlachten Geschöpfe wagen müsse, so kenne sie keinen andern, zu dem sie mehr Zutrauen und Neigung fühle als zu ihm.

Bei Raymunden war es nicht völlig dasselbe. Wirklich war zu der Achtung für Clarissens Charakter und zu dem Wohlgefallen an ihrer Person und ihren Talenten noch etwas hinzugekommen, das seiner Bewerbung um sie etwas Leidenschaftliches gab, wiewohl er es sorgfältig vor ihr zu verheimlichen suchte. Sein Kunstsinn spielte nämlich hier die Rolle, die sonst dem Liebesgott zukommt. Er hatte über die damals ungewöhnliche vestalenmäßige Art, wie Clarisse sich kleidete, ich weiß nicht welchen kleinen Argwohn geschöpft und durch Bestechung des Kammermädchens Mittel gefunden, sich seiner Zweifel auf eine vollständigere Art, als er hätte hoffen dürfen, zu entledigen. Welche Entdeckung für einen Kunstfreund, der selbst Künstler ist! Von diesem Augenblick an schwor er sich, Clarisse müsse sein werden, und wenn sie an Jupiters goldner Kette zwischen Himmel und Erde schwebte.

Mit Mondors Leidenschaft für Selinden hatte es eine ganz andere Bewandtnis. Im ersten Augenblick war hier alles ausgemacht; denn auf den ersten Blick in ihr Engelsgesicht, in ihre himmlischen blauen Augen hatte ihm die reinste, schönste, liebenswürdigste aller weiblichen Seelen entgegengelächelt. Welchen Himmel voll überirdischer Seligkeit versprachen ihm diese Augen! Konnt' er genug eilen, sich des Besitzes desselben zu versichern? Hätte Mondor, wie öfters der Fall ist, zwei oder drei Jahre am Spinnrocken der *vollkommnen Liebe spinnen* müssen, so würden sich ihm wahrscheinlich in so langer Zeit Gelegenheiten genug aufgedrungen haben, sich von der Menschlichkeit seiner Göttin zu überzeugen. Indessen ließ es sogar in der kurzen Zeit, die zwischen seiner Bewerbung und dem Hochzeittag verstrich, die unbefangene und mit ihrer Menschlichkeit sehr zufriedene Selinde nicht an solchen Gelegenheiten fehlen. Aber Selinde war Mondors erste Liebe, und die erste Liebe — wie ich einst von einem hochgelehrten Herrn, der sich auf ich weiß nicht welchen alten lateinischen Dichter berief, behaupten hörte —, die erste Liebe wirft einen gar seltsamen Zauber auf die Augen des Liebhabers, gibt allen Mängeln und Gebrechen der Geliebten sanfte, mildernde und verschönernde Namen und verwandelt sie in ebenso viele herzschmelzende Reizungen und Vollkommenheiten. Mondor sah an Selinden nichts, als was seine Glut zu einer immer höheren Flamme anfachte; und Selinde an ihrem Teil, sobald sie, dem Befehl ihrer Eltern gehorsam, die Seinige zu werden entschlossen war, begegnete ihm so gefällig und verbindlich, daß der ehrliche Schwärmer das alles für den reinsten Einklang ihrer Seele mit der seinigen und für das Unterpfand einer Gegenliebe ansah, die ihm keinen andern Wunsch übrigließ, als daß sie ewig dauern möchte.

Wirklich war auch seiner Wonne während der ersten Tage und Wochen keine andre Wonne gleich. Aber ewig konnt' er freilich nicht dauern, der süße Wahn. Der Besitz entkräftet unvermerkt den vorbesagten Zauber der ersten Liebe; seine Augen wurden aufgetan oder vielmehr in ihren natürlichen Stand hergestellt, und er fing an, allerlei an seiner Gemahlin wahrzunehmen, das seinen hochgespannten Erwartungen keineswegs zusagte. Er hatte gehofft, daß sie für ihn allein leben, mit ihm allein sich beschäftigen, allen zerstreuenden Ergetzlichkeiten, ja sogar ihren meisten gesellschaftlichen Verbindungen entsagen und ihr höchstes Glück in dem Bewußtsein, daß sie das seinige mache, finden werde. Aber so hatte es die schöne Selinde nicht gemeint; das hatte sie ihm nie versprochen, und der Gedanke, durch ihre Heirat in ihren Neigungen und Vergnügungen eingeschränkt zu werden, war so fern von ihr gewesen, daß sie dadurch erst recht in die Freiheit, nach ihrem eignen Sinne zu leben, gesetzt zu werden gehofft hatte. Sie war sich nichts Böses bewußt; was sie verlangte, war die unschuldigste Sache von der Welt; sie wollte nichts, als gefallen und sich vergnügen. Mondor hatte sich über keinen Mangel an Zärtlichkeit und Gefälligkeit zu beklagen; sie liebte ihn, soviel sie lieben konnte, kurz, ihr Herz machte ihr keine Vorwürfe. Man denke also, wie sie erstaunte, als sie aus dem Munde des Mannes, der sie vor kurzem noch wie eine Gottheit angebetet, blindlings an sie geglaubt und sich mit allem, was sie sagte und tat, unendlich zufrieden gezeigt hatte — den ersten Widerspruch und, was noch schlimmer war, sehr bald auch die ersten Vorwürfe hören mußte. Nichts war in der Tat ihrem Erstaunen gleich — als das Erstaunen ihres Gemahls, in dieser sanften Engelsseele, die er in einen so reinen Einklang mit der seinigen gestimmt glaubte, einen Eigenwillen, eine Widersetzlichkeit, ja sogar einen kleinen Trotz zu finden, der in ihrem schönen Gesichte zwar recht gut ließ und den ein Liebhaber bezaubernd gefunden hätte, der sie aber in den Augen eines Ehemanns wie Mondor von der Höhe, auf welche er sie in seiner Einbildung erhoben hatte, plötzlich herabstürzte und mit den gemeinen Erdetöchtern in *eine* Linie stellte.

Die ehelichen Mißverständnisse, die aus dem wechselseitigen Irrtum, den jedes in Ansehung des andern gehegt hatte, entstanden, wurden anfangs, nach einigem Wortwechsel und Widerstand auf beiden Seiten, immer noch unter Amors und Hymens unsichtbarem Einfluß in Güte beigelegt. Eine zärtliche Liebkosung, im Notfall eine kleine funkelnde Träne in Selindens schönen, sanft bittenden Augen waren da noch hinlänglich, Mondors Herz zur Nachgiebigkeit zu schmelzen; und mehr als einmal machte sie sich noch ein Verdienst bei ihm daraus, wenn sie irgendeinen Ausflug, eine Tanzgesellschaft oder etwas dieser Art auf seine Bitte, den Abend ihm zu schenken, der ehelichen Gefälligkeit aufopferte. Aber sobald sie nach Verfluß einiger Zeit merkte, daß Mondor ihre zärtliche Nachgiebigkeit zum Nachteil ihrer Rechte mißbrauchen wolle, sobald er einen herrischen Ton annahm und Machtsprüche tat, weil seine Bitten immer seltner die verlangte Wirkung taten, da erinnerte sich Selinde, daß sie — ein *Weib* sei und, wo nicht den allgemeinen Beifall ihres eignen Geschlechts, doch gewiß die Stimmen aller artigen jungen Männer und loyalen Ritter für sich habe. Von diesem Augenblick an war das zarte geistige Band, das Mondorn an sie gefesselt hatte, zerrissen; und wiewohl er sich zuweilen gestehen mußte, daß alles, was er ihr zum Verbrechen machte, in hundert andrer Männer Augen ganz gleichgiltige Dinge oder höchstens sehr verzeihliche jugendliche Eitelkeiten wären, so konnt' er doch nicht von sich erhalten, ihr die *Beschämung vor sich selbst* zu verzeihen, die er bei dem Gedanken, sich so gröblich an ihr geirrt zu haben, auf seinen Wangen brennen fühlte. Ungleich waren indessen die Folgen des Risses, der durch die immer häufigern, bald unbedeutenden, bald sehr ernsthaften Zwistigkeiten zuletzt zwischen ihnen erfolgte. Denn der arme Mondor, dessen zärtliche Schwachheit für seine schöne Hälfte von Zeit zu Zeit mit allen Zufällen eines hitzigen Seelenfiebers wieder zurückkehrte, litt durch diese Trennung ihrer Gemüter wirklich stark an seiner Ruhe und befand sich oft sehr übel; Selinde hingegen, die den Mann, von welchem sie sich unverzeihlich beleidigt hielt, eigentlich nie geliebt hatte, fand sich durch die Freiheit, nach ihrer Phantasie zu leben, die er ihr gern oder ungern lassen mußte, reichlich entschädigt und hatte als Überschuß noch das unschuldige Vergnügen, ihn, sooft er seinem Vorsatz, sich nicht weiter um ihr Tun und Lassen zu bekümmern, ungetreu wurde, durch ihre kaltblütige Höflichkeit und Artigkeit beinahe zum Wahnsinn zu treiben.

Daß Clarisse, die mit ihrem eignen Manne auf einem sehr hübschen Fuß lebte, das Benehmen ihrer Freundin gegen den ihrigen nicht gebilligt haben könne, brauche ich kaum zu sagen. Wirklich versuchte sie bei ihr und ihm alles, was sich von ihrer Klugheit und dem warmen Anteil, so sie an ihnen nahm, erwarten läßt, um sie zu gegenseitiger Nachsicht und Gefälligkeit zu bewegen. Aber da jeder Teil immer recht haben wollte und alles Unrecht nur bei dem andern sah, so ließ sie endlich von ihnen ab und begnügte sich, durch ihren Einfluß über beide wenigstens so viel zu erhalten, daß es zu keinen Ausbrüchen kam, wodurch sie Fabel der Stadt geworden wären.

Weil Mondor aus Veranlassung seiner ehelichen Drangsale öfters Gelegenheit bekam, die Gattin seines Freundes näher kennenzulernen, faßte er unvermerkt eine Achtung für sie, die anfangs die unschuldigste Sache von der Welt schien, aber in der Folge seiner Ruhe sehr nachteilig wurde. Jedesmal, daß er sie sah, verwunderte er sich mehr, wie er so blind habe sein können, Clarissens auffallende Vorzüge vor Selinden nicht schon längst wahrzunehmen. »Welch ein Weib ist diese Clarisse!« sagte er oft zu sich selbst; »frei von allen Schwächen und Unarten ihres Geschlechts, vereinigt sie mit allem, was an einem Weibe liebenswürdig ist, alles, was einen Mann hochachtenswürdig macht.« Und nun rechnete er sich ihre sämtlichen Vorzüge, Talente, Tugenden und Annehmlichkeiten Stück vor Stück vor, verglich sie mit allem, was an Selinden tadelhaft oder ihm wenigstens mißfällig war, und endigte immer mit einem tiefen Seufzer über das Glück des leichtsinnigen Raymund, der den Wert des Schatzes, den er besaß, nicht einmal zu fühlen schien und mit jedem andern hübschen und gutartigen Weibe ebenso glücklich hätte leben können.

Indessen ging doch eine geraume Zeit hin, bevor Mondor sich selbst bei Gedanken und Wünschen überraschte, die mit dem, was er seinem Weibe und seinem Freunde schuldig war, nicht ganz verträglich schienen. Er suchte anfangs bei Clarissen bloß, was er immer bei ihr fand, Aufheiterung, Zerstreuung seines Unmuts, Unterhaltung des Geistes und zwangfreien Gedankentausch. Er ging immer ruhiger von ihr weg, als er gekommen war, und Selinde konnte es jedesmal an seiner guten Laune merken, wenn er ein paar Abendstunden bei ihrer Freundin zugebracht hatte. In der Folge — als er sich nicht länger verbergen konnte, daß seine Verehrung für Clarissen immer wärmer wie seine Besuche immer häufiger wurden — täuschte er sich noch eine Zeitlang mit dem schönen Hirngespinst der platonischen Seelenliebe, einem Selbstbetrug, der ihm um so leichter wurde, da selbst der scharfäugigste und tadelsüchtigste Belauscher an Clarissens Benehmen gegen ihn nicht das geringste wahrgenommen hätte, was die Phantasie hätte aufregen oder als eine stille

Aufmunterung geheimer Wünsche ausgedeutet werden können. Aber ebendiese Unbefangenheit, diese gänzliche Entferntheit von allen den kleinen spinnenartigen Künsten der weiblichen Koketterie — wovon selbst diejenigen unter uns, die sich keiner bestimmten Absicht dabei bewußt sind, nach dem Vorgeben der Männer nicht ganz frei sein sollen —, mußte bei einem Manne wie Mondor gerade das Gegenteil von dem, was Clarisse vielleicht verhüten wollte, bewirken; denn gerade dies war es, was ein Weib in seinen Augen zum Engel machte. Kein Wunder also, daß aus dem, was eine Zeitlang die reinste Freundschaft gewesen war, auf seiner Seite endlich eine entschiedene Leidenschaft wurde, die um so größere Verwüstungen in seinem Innern anrichtete, weil er sich gezwungen sah, sie aufs sorgfältigste vor Clarissen zu verbergen.

Um diese Zeit ereignete sich ein kleiner Vorfall, der für den armen Mondor zu keiner ungelegnern hätte kommen können. Raymund hatte zu seinem eignen Vergnügen ein Gemälde in Lebensgröße verfertigt, welches die ewig jungfräuliche Göttin Pallas vorstellte, wie sie zufälligerweise von dem jungen Tiresias im Bade überrascht wird. Nie war etwas Schöneres gesehen worden, als was der junge Thebaner hier zu seinem Unglück — nicht sah; denn in ebendem Augenblick, da er die Göttin ansichtig wurde, erblindete der arme Mensch an beiden Augen. Dieses Gemälde hing schon seit geraumer Zeit in einem Seitenkabinett von Raymunds Zimmer; aber Mondor hatte es noch nie gesehen. Von ungefähr traf sich's einst, daß die Tür des Kabinetts halb offenstand, da Mondor seinen Freund auf seinem Zimmer besuchte. Ein heller Morgensonnenblick fiel gerade auf die Hauptfigur des Gemäldes und erregte Mondors Aufmerksamkeit und Neugier. Er mußte gestehen, weder in der Natur noch in der Kunst je eine so vollkommene Gestalt gesehen zu haben, und machte seinem Freunde große Komplimente über die Gunst, worin er bei den Bewohnern des Olympus stehe; denn notwendig müsse die Göttin ihm in Person zu diesem Bilde gesessen sein. Raymund, von einem Anfall unbesonnener Eitelkeit hingerissen, gestand, daß er durch unablässiges Bitten Clarissen endlich übermocht habe, das Modell zu dieser Pallas abzugeben. Er müßte, wiewohl er sich nichts ansehen ließ, so blind als Tiresias gewesen sein, wenn er nicht bemerkt hätte, wie Mondor bei dieser traulichen Eröffnung plötzlich so blaß wie ein Gipsbild und ebenso schnell wieder so feuerrot wie eine untergehende Herbstsonne wurde und sich so hastig aus dem Kabinett entfernte, als ob er ein Gespenst darin gesehen hätte. Von dieser Stunde an war der Gemütszustand des armen Mondor in der Tat mitleidenswert.

Ich gestehe, daß ich Raymunden im Verdacht habe, er sei von einem geheimen Bewegungsgrund verleitet worden, bei diesem Anlaß den *Kandaules* mit seinem Freunde zu spielen. Denn ich kann nicht länger verbergen, daß zu ebender Zeit, da die Hochachtung Mondors für Clarissen sich von Stufe zu Stufe dem Punkt näherte, wo sie sich in die heftigste Leidenschaft verwandelte, zwischen Raymund und Selinde sich ebenfalls etwas der Liebe Ähnliches entsponnen hatte, welches ernsthafter zu werden drohte, als es anfangs wohl die Meinung war. Der vertraute Umgang unter den beiden Freundinnen gab Raymunden häufige Gelegenheit, Selinden zu sehen und unvermerkt selbst auf einen vertraulichen Fuß mit ihr zu kommen. Nun walteten vielerlei Ähnlichkeiten und Übereinstimmungen zwischen beiden vor. Selinde war ein sehr schönes Weib und Raymund ein sehr schöner Mann. Selinde war von sehr leichtem Sinn, immer fröhlich und eine leidenschaftliche Liebhaberin aller geselligen Vergnügungen; dabei voll Witz und lebhafter Einfälle, die nicht selten der Überlegung zuvorliefen. Das alles war Raymund auch. Keines von beiden war einer Liebe fähig, die das Glück oder Unglück des Lebens entscheidet; beide waren im Grunde, wie Rosalindens Narzissus und Narzissa, nur in sich selbst verliebt. Aber Selinde fand ihr größtes Vergnügen daran, Herzen zu umspinnen, wiewohl sie nicht wußte, was sie mit ihnen anfangen sollte; und Raymund konnte kein schönes Weib sehen, ohne zu wünschen, daß sie sein wäre, und er hätte aus bloßem Kunstsinn einen zahlreichern Harem gehalten als König Salomo, wenn er Macht und Vermögen dazu gehabt hätte. Mit so vielen Berührungspunkten war nichts natürlicher, als daß sie einander anzogen. Nun kamen aber noch Selindens Mißverhältnisse mit ihrem Tyrannen, wie sie ihren Mann scherzweise zu nennen pflegte, dazu, Raymunden ihr und sie Raymunden interessanter zu machen. Jener konnte durch Vergleichung seiner Artigkeit, Gefälligkeit und guten Laune mit Mondors trocknem Ernst, Ungeselligkeit, strengen Forderungen und überspannten Ideen bei Selinden nicht anders als gewinnen; diese wurde noch einmal so schön und liebreizend in Raymunds Augen, wenn er sah, daß gerade das, was ihn an ihr bezauberte, ihrem Gemahl das mißfälligste an ihr war. Wie war es möglich, gegen eine solche Frau nicht die Gefälligkeit selbst zu sein? Mondor war sein Freund und würde ihn immer bereit gefunden haben, sein Leben für ihn zu wagen; »aber wär' es nicht ein wahres Freundschaftsstück«, sagte er oft lachend zu sich selbst, »wenn ich ihm von einer Frau hülfe, die ihn mit aller ihrer Liebenswürdigkeit nur unglücklich macht?« Er sagte sich das so oft als einen bloßen Scherz, bis er es endlich in ganzem Ernst glaubte. »Wenn wir unsre Weiber tauschen könnten«, dachte er, »dann wär' uns beiden geholfen.« Aber die Frage, wie dies möglich zu machen wäre, konnt' er sich mit allem seinem Witz nicht beantworten.

Zu gutem Glück erschien in Frankreich um ebendiese Zeit das berüchtigte Gesetz, welches die Unauflöslichkeit der Ehe aufhob und die Scheidungen so leicht und willkürlich machte, als es der Leichtsinn und Wankelmut des lebhaftesten Volkes auf dem Erdboden nur immer wünschen konnte. Eine Menge übel zusammengejochter oder einander überdrüssiger Ehepaare eilten, was sie konnten, von dieser Freiheit Gebrauch zu machen; und die Beispiele getrennter Ehen wurden in kurzem in den größern Städten so häufig, daß die Furcht vor dem öffentlichen Urteil niemanden mehr abschrecken konnte zu tun, was sein Herz gelüstete.

Diese fast täglich vorfallenden Ehescheidungen waren eine Zeitlang der beliebteste Gegenstand der Unterhaltung in Gesellschaften. Auch unsre beiden

Freunde sprachen gern und öfters über das neue Gesetz; und wiewohl Mondor die Sache in einem ernsthaftern Lichte betrachtete als Raymund, so stimmte er am Ende doch immer, mit einem Seufzer, dem letztern bei, der dieses Gesetz, insofern es nur nicht zu sehr mißbraucht würde, für das heilsamste unter allen hielt, an welchen die Revolution so fruchtbar war.

Mehr als einmal schien den beiden Freunden etwas zwischen den halboffnen Lippen zu schweben, das sie einander zu entdecken hätten; aber ebensooft drückte, ich weiß nicht was, das sich heraufarbeitende Geheimnis in ihre Brust zurück, bis es endlich beiden gleich unmöglich fiel, es länger verborgen zu halten.

Eines Morgens machte sich Raymund auf den Weg zu Mondorn, in der Absicht, sich dessen zu entledigen, als ihm dieser auf der Hälfte des Weges in die Hände lief.

»Ich war im Begriff, zu dir zu gehen, Mondor.«

»Das war auch meine Absicht, lieber Raymund.«

»Ich habe dir«, fuhr dieser fort, »etwas zu sagen, das mir schon lange auf dem Herzen liegt.«

»Das ist gerade mein Fall auch, mein Freund.«

»Suchen wir also einen bequemen Ort, wo wir uns ohne Zeugen davon erleichtern können!«

Sie begaben sich nun, ohne ein Wort weiter zu reden, in die einsamsten Gänge eines öffentlichen Lustgartens, und sobald sie sich allein sahen, fing Raymund von neuem an:

»Du hast eine sehr schöne, sehr liebenswürdige Frau, mein Freund . . .«

Mondor seufzte und schwieg.

». . . die dich nicht glücklich macht?«

»Leider!«

»Und mit welcher ich hingegen glücklich wäre wie ein Gott.«

»Nicht unmöglich!«

»Clarisse ist ein herrliches Weib, das weißt du.«

Mondor schwieg abermals.

»Wie, wenn wir miteinander tauschten, Mondor? Alles müßte mich betrügen, oder Clarisse wäre gerade die Frau, die dir nötig ist.«

»Und du könntest ihr entsagen, Raymund?«

»Mondor, wir sind alte Freunde, laß uns offen gegeneinander sein! Ich habe keine Ursache, mich von Clarissen zu scheiden; aber ich gestehe dir unverhohlen, ich bin in Selinden vernarrt — und du, wie ich schon lange merke, liebst Clarissen. Was in aller Welt also könnte uns zurückhalten, uns das neue Gesetz zunutze zu machen?«

»Auch ich muß dir gestehen, Raymund, daß ich Clarissen anbete. Sie hat einige Freundschaft für mich; aber wird sie einwilligen, sich von dir zu trennen? Und wenn sie auch einwilliget, wird sie darum die Meinige werden wollen?«

»Zu jenem hoffe ich sie leicht zu überreden; dieses wird dann deine Sache sein. Unter uns gesagt, sie ist etwas kalt; das wirst du dir gefallen lassen müssen.«

»Alles in der Welt, wenn sie nur einwilligt, mit mir zu leben. Ich verlange kein größer Glück, als der erste ihrer Freunde zu sein.«

»Höre, lieber Mondor! Ich weiß, was ich an Clarissen verliere; es ist viel — aber Selinde wird mich reichlich entschädigen.«

»Du gibst mir das Leben zum zweiten Mal wieder, bester Raymund! Du wirst also alles mit Clarissen richtig machen? Denn mit Selinden bist du, wie es scheint, bereits einverstanden.«

»Nicht so ganz, wie du glaubst; aber wenn du dir aus deiner Gefälligkeit gegen deinen Freund ein Verdienst bei ihr machen wolltest, so würde sie vielleicht zu bewegen sein. Denn mit allen deinen Vorzügen vor mir ...«

»Keine Komplimente unter Freunden! Wenn du nur Clarissen gewinnen kannst, so wird sich das übrige von selbst machen. — Du nimmst also die Sache auf dich, Raymund?«

»Hier ist meine Hand!«

»Und hier die meinige! Waren wir nicht Kindsköpfe, daß wir uns voreinander fürchteten?«

Die beiden Freunde trennten sich nun, jeder mit dem andern sehr zufrieden, und der ungeduldige Raymund machte sich noch am nämlichen Morgen an Clarissen und trug ihr nach einigen Vorbereitungen, die er sich hätte ersparen können, sein und seines Freundes Anliegen mit einer angenommenen leichtsinnigen Lustigkeit vor, hinter welche er seine Verlegenheit, einer Frau wie Clarisse einen solchen Antrag zu tun, zu verstecken suchte. »Es ist am Ende nur Scherz«, sagte er mit einer unschuldigen Schalksmiene; »aber wir täten vielleicht nicht übel, wenn wir Ernst daraus machten. Was meinst du, liebe Clarisse?«

»Es kommt dich also wirklich so leicht an, mich aufzugeben, Freund Raymund?«

»Ich schäme mich, vor einer so weisen Frau als du wie ein kleiner Junge dazustehen. Mein Antrag hat in der Tat keinen Menschenverstand. Du bist das liebenswürdigste Weib, das ich je sehen werde. Ich kenne und fühle deinen ganzen Wert, wiewohl ich deiner nie würdig war. Aber ich kann es nicht über mein Herz bringen, dich zu betrügen. Dieses Hexengesicht von Selinde hat mir nun einmal den Kopf verrückt. Ich muß wirklich bezaubert sein, der leibhafte Teufel Amor ist mir in die Glieder gefahren, und ich sehe kein Mittel, seiner loszuwerden, als wenn ich ihm den Willen tue.«

»Du magst wohl recht haben, lieber Raymund«, sagte Clarisse lachend; »wenigstens mag es das *angenehmste* Mittel sein, diesen Teufel auszutreiben.«

»Ich will dir alles bekennen, bestes Weib«, fuhr Raymund fort. »Ich habe mein möglichstes getan, aber leider! vergebens, Selinden zu einem geheimen gütlichen Vergleich zu bewegen.«

»Leichtfertiger Mensch! So etwas bei einer Frau wie Selinde nur zu denken!«

»Schilt mich nicht, Clarisse; es geschah bloß, weil ich den Gedanken, dich zu verlieren, hasse.«

»Du hättest uns wohl lieber alle beide?«

»Das wäre freilich das beste«, sagte der leichtferige Mensch, indem er ihr, wie aus Dankbarkeit, die Hand küßte.

». . . und bedauertest dann doch, daß du kein Muselman seist und noch ein paar gazellenäugige Zirkassierinnen dazunehmen könntest? — Aber Scherz beiseite, Herr Gemahl! Du kennst mich, hoffe ich. Dir und Selinden zulieb bin ich alles zufrieden, wofern dein Freund Mondor ebenso gefällig ist wie ich. Aber warum willst du mich nicht ledig bleiben lassen? Warum soll denn gerade ich Selindens Stellvertreterin sein?«

»Als ob du nicht wüßtest, daß dich Mondor anbetet, daß er nicht ohne dich leben kann!«

»Das ist wirklich mehr, als ich weiß.«

»So weiß ich's desto gewisser. Ich lese schon lange in seiner Seele. Selinde paßt nicht für ihn. Mit dir wär' er der glücklichste Mann unter der Sonne, mit ihr ist es das Gegenteil. Ich muß dir sagen, Clarisse, er hat mich oft so herzlich gedauert, daß es Augenblicke gab, wo ich aus bloßem Mitleid fähig gewesen wäre, dich ihm abzutreten, dich sogar fußfällig um deine Einwilligung zu bitten, wäre mir Selinde auch so gleichgiltig gewesen wie die Favoritin des Königs Salomo.«

»Raymund, das verdient einen Kuß, wie du noch keinen von mir bekommen hast!« — Sie hielt Wort.

»Clarisse, Clarisse!« rief Raymund, »wenn du es so anfängst . . .«

»Sprich es nicht aus, was du sagen wolltest«, fiel sie ihm in die Rede; »du würdest dich sehr irren. Es sollte bloß der Abschiedskuß sein. Es ist der letzte, darauf kannst du dich verlassen!«

»Wir scheiden doch als Freunde?« sagte Raymund halb wehmütig.

»Ganz gewiß! Nur irre dich nicht, lieber Raymund. Es könnte eine Zeit kommen, wo dich die Reue anwandelte . . .«

»Sehr möglich!«

»Daß du dir ja nicht einbildest, es brauche dann weiter nichts, als zu mir zurückzukommen und von deinem ehemaligen Platz wieder Besitz zu nehmen! Daran ist dann gar nicht mehr zu denken!«

»Bei dem, was wir vorhaben, darf auch so etwas gar nicht vorausgesehen werden«, sagte Raymund lächelnd.

»Es ist immer gut, mein Freund,« erwiderte sie, »auf alle Fälle zu wissen, worauf man sich zu versehen hat.« — Und hiermit erhielt Raymund seine Entlassung und eilte, was er konnte, Mondorn und Selinden von dem guten Erfolg seiner Unterhandlung mit Clarissen zu benachrichtigen.

Alles Nötige wurde nun ohne Aufschub besorgt, um dem sonderbarsten Tausch, der vielleicht je gemacht worden ist, die gehörige Gesetzmäßigkeit zu geben.

Clarisse hatte sich noch zwei Hauptbedingungen ausbedungen, welchen die andern drei ihre Beistimmung nicht versagen konnten: die eine, daß Mondor mit Clarissen die ersten sechs Monate auf seinem Gute, vier oder fünf Meilen von der Stadt gelegen, zubringen; die andere, daß Raymund Clarissen und Mondor Selinden künftig nie anders als an öffentlichen Orten sehen und sprechen sollten. Auch wurde auf ein paar Worte, welche Clarisse ihrem ehemaligen Gemahl ins Ohr sagte, die badende Pallas, wohl zugedeckt und eingepackt, aus Raymunds Kabinett nach Mondors Landgute abgeführt.

Clarisse hat mir im Vertrauen noch einen geheimen Artikel entdeckt, wozu sich Mondor gegen sie verbindlich machen mußte und wozu schwerlich ein anderer als ein so platonischer Schwärmer wie er sich verstanden haben würde. Es war dieselbe Bedingung, unter welcher in dem bekannten kleinen Roman »Abbassai« der Kalife Harun al-Raschid seine Schwester dem Großwesir Giafar zur Gemahlin gibt; jedoch mit der billigen Milderung, daß, insofern Mondor sich nur alles zwangrechtlichen Anspruchs begebe, ihm die Freiheit unbenommen bleiben sollte zu versuchen, wie weit er es im Wege der Güte bei ihr bringen könne. Was der Erfolg dieser Abrede war, geziemte mir nicht zu fragen und ihr vielleicht nicht, mir zu offenbaren.

Bis hieher werden Sie meine Anekdote so sonderbar eben nicht gefunden haben; aber das Seltsamste kommt noch.

Die beiden Freunde schienen im ersten halben Jahre ihres neuen Ehestandes mit ihrem Tausch unendlich zufrieden zu sein. Mondor, bei welchem ehemals ein Tag, der ohne einen Sturm zwischen ihm und Selinden vorüberging, eine Seltenheit war, glaubte mit der sanften, heitern, immer sich selbst gleichen Clarisse in einem wahren Elysium zu leben. Bei ihr fand er alles, was ihm Selinde, auch wenn sie gewollt hätte, nicht gewähren konnte: angenehme, mannigfaltige Unterhaltung des Geistes, traulichen Umtausch der Gedanken und Gesinnungen, zarte Teilnahme und zuvorkommende Aufmerksamkeit. Ihre Kenntnisse, ihre Talente schienen unerschöpfliche Quellen von Vergnügungen für den Glücklichen, der unmittelbar aus ihnen schöpfen konnte. Sie lebte fast ganz allein für ihn, so wie auch er nur selten und gezwungenerweise von ihrer Seite kam. Denn es war nun einmal in der Natur des guten Mondor, alles auf die äußerste Spitze zu treiben; und je kürzer ihn Clarisse in andern Rücksichten hielt, desto gieriger übernahm er sich in den geistigen Genüssen, die sie ihm mit der gefälligsten Freigebigkeit zugestand. Er geizte mit jedem Augenblick und würde sich's nicht verziehen haben, wenn er durch seine Schuld um eine einzige Minute, die er mit ihr zubringen konnte, gekommen wäre. Die natürlichen Folgen dieser übermenschlichen Art, glücklich zu sein, konnten für beide nicht ausbleiben. Auch in geistigen Genüssen zieht Übersättigung und Unmäßigkeit — Gleichgiltigkeit und Erschlaffung der innern Sinne nach sich. Wieviel Clarisse auch zu geben hatte, endlich hatte sie doch alles gegeben; wie liebenswürdig sie war, so blieb sie doch immer dieselbe, und es war nicht in ihrem Charakter, daß sie sich hätte anstrengen sollen, die Eigenschaften und Vorzüge, wodurch sie Mondorn bezaubert hatte, ihm unter immer neuen Gestalten darzustellen. Der täuschende Zauber lag in ihm, nicht in ihr; in ihr war alles wahr und anspruchslos. Daß er schwärmte, war nicht ihre Schuld; daß er endlich aufhörte zu schwärmen, war es ebensowenig; aber schon eine ziemliche Zeit, bevor sie ihm gleichgiltig zu werden anfing, war er ihr durch seine Schwärmerei nur zu oft widerlich gewesen. Unvermerkt ward er ihr durch den Zwang, den ihr seine Unzertrennlichkeit auflegte, auch überlästig, und sie dachte nicht selten mit einiger Sehnsucht an die Tage zurück, da Raymunds gefälliger Kaltsinn ihr unbeschränkte Freiheit ließ, sich und ihre Zeit nach eigenem Belieben anzuwenden. Das schlimmste war indessen, daß sich zwischen ihrer beiderseitigen Vorstellungsart nach und nach ein Mißverhältnis offenbarte, welches notwendig für beide an unangenehmen Folgen fruchtbar sein mußte. Clarisse war nämlich eine geborne Feindin alles Übertriebenen und Unwahren — und Mondor übertrieb unaufhörlich. Clarisse hegte keine Vorurteile, keine Lieblingsmeinungen; Mondor hingegen hatte eine Menge Dulcineen, deren Schönheit er immer gegen die ganze Welt mit eingelegter Lanze zu verfechten bereit war. Es zeigte sich also, nachdem sie einige Monate beisammen gelebt hatten, daß sie über vieles ganz verschieden dachten. Anfangs fand Clarissens Gefälligkeit immer Mittel, dergleichen Dissonanzen durch geschickte Ausbeutungen oder vermittelnde Ideen wieder ins gleiche zu bringen; aber mit der Zeit wurde diese schonende Nachgiebigkeit immer seltener, und sie spielte meistens ihre eigene Partie fertig weg, ohne sich zu bekümmern, ob sein Instrument mit dem ihrigen rein zusammengestimmt war oder ob sie nicht gar aus zweierlei Tonarten spielten. Alle diese Unfüglichkeiten würde gleichwohl ihre Weisheit und Sanftmütigkeit sehr erträglich gemacht haben, wenn nicht gerade diese Weisheit das gewesen wäre, was den heftigen und in seine Ideen und Grillen verliebten Mondor bei manchen Gelegenheiten am meisten zur Ungeduld getrieben hätte. Gerade daß sie keine Blößen gab und im Grunde immer recht hatte, reizte bei ihm den Geist des Widerspruchs desto stärker auf, und so behauptete er oft die widersinnigsten Dinge, weniger um seinen Witz zu zeigen, als ihrem Verstande weh zu tun und sie um eine Antwort verlegen zu machen. Unter den kleinen Mißhelligkeiten, die hieraus entstanden, litt indessen niemand mehr als Mondor. Clarisse, welche selten warm und niemals bitter wurde, war gleich wieder bereit, Friede zu machen; ihre Seele war wie ein heitrer Himmel, der durch kleine, schnell vorüberziehende Wölkchen nicht verdüstert wird. Aber Mondors Reizbarkeit und Hitze, die ihn immer über die Grenzen der Mäßigung hinaustrieben, machten auch, daß er weder so schnell noch mit so guter Art wieder ins Gleichgewicht kam. Unwillig über sich selbst, unwillig über die Veranlassung des Streits, unwillig darüber, daß irgend etwas die Harmonie zwischen ihm und Clarissen stören könne, machte seine übermäßige Empfindlichkeit und unbändige Einbildungskraft aus einem kleinen Übel ein großes, und nicht selten schmollte er ziemlich lange mit Clarissen, bloß weil er sich selbst nicht verzeihen konnte, daß er sich gegen sie vergessen hatte. Alle diese und ähnliche kleine Ursachen brachten, bevor noch das erste Jahr um war, eine große Wirkung hervor, nämlich daß Mondor, gegen alle seine Erwartung, sich mit Clarissen noch weniger glücklich fühlte als mit Selinden.

Als der herannahende Winter ihn vom Lande in die Stadt zurückrief, hatte er das nicht ganz reine Vergnügen zu sehen, daß im Gegenteil sein Freund Raymund mit der schönen Selinde in der erbaulichsten Eintracht lebte und daß sie allgemein für das glücklichste Paar im ganzen Distrikt gepriesen wurden. Sie schienen ganz füreinander gemacht zu sein; gleiche Neigungen, gleicher Geschmack, einerlei Wille, wiewohl keines dem andern den geringsten Zwang auferlegte und jedes tat, was ihm beliebte. Von Mißverständnissen und Verkältungen keine Spur! Fanden sie sich zusammen, so schienen sie so entzückt voneinander, als ob sie sich lange nicht gesehen hätten; waren sie, wie meistens, an verschiedenen Orten, so schien keines das andre zu vermissen.

Mondor konnte sich mit aller seiner Freundschaft für Raymunden eines kleinen Anfalls von Eifersucht nicht erwehren. Die Erinnerungen aus den goldnen Tagen der ersten Liebe wurden immer lebendiger in seiner Phantasie, das Verlangen, Selinden wiederzusehen, immer ungeduldiger in seiner Brust; und da er sie nur öffentlich sehen durfte, überwand er sogar seine alte Abneigung vor großen, vermischten und lärmenden Gesellschaften und suchte sie überall in Assembleen und Tanzpartien auf. Sie war, deuchte ihn, seit er die Torheit begangen, sich von ihr zu scheiden, noch einmal so schön geworden als zuvor; sie war ihm wieder das Ideal aller Grazien, und er begriff immer weniger, wie der Besitzer einer so reizenden Frau jemals mit ihr habe unglücklich sein können. Hiezu kam noch, daß sie im Grunde das unschuldigste Geschöpf von der Welt war; denn nie hatte das einzige, was er ehemals an ihr auszusetzen hatte, ihr Leichtsinn, ihr Hang zu den Vergnügungen und ihre Begierde zu gefallen, ihrem Ruf den mindesten Flecken zugezogen; und indem sie allen Männern Netze zu stellen schien, war kein einziger, der sich der geringsten Aufmunterung oder Begünstigung von ihr zu rühmen hatte. »Ihre Fehler«, sagte Mondor jetzt zu sich selbst, »machen sie nur desto liebenswürdiger und verdienen eigentlich diesen Namen nicht einmal. Denn sie sind es eben, die ihr diese unerschöpflichen, immer neuen Reize geben, welche Überdruß und Sättigung unmöglich machen.« Diese Betrachtungen führten ihn unvermerkt auf die Entdeckung, daß die schöne Selinde, alles wohl überlegt und ineinandergerechnet, sich doch besser für ihn schicke als die kalte, einförmige, sich selbst genügsame Clarisse mit ihrer sokratischen Hochweisheit und ihrer unbelebten Bildsäulengestalt — und daß alle Schuld seines ehemaligen Mißverhältnisses mit der erstern bloß an seinen grillenhaften, überspannten Forderungen gelegen habe. Hätte ihn die Scham vor Clarissen und die Furcht, von Raymunden ausgelacht und von Selinden abgewiesen zu werden, nicht mit Gewalt zurückgehalten — kaum getraute er sich selbst zu gestehen, was er zu tun fähig gewesen wäre.

Indessen suchte er sich doch, soviel der Wohlstand zulassen wollte, Selinden immer mehr zu nähern; und da sie sich so unbefangen und artig gegen ihn betrug, als ob sie einander erst jetzt kennenlernten, so fühlte er sich dadurch aufgemuntert, das, was in seinem Herzen vorging, immer deutlicher, wiewohl unter der zartesten Verschleierung, aus seinem ganzen Benehmen gegen sie hervorschimmern zu lassen. Selindes Eitelkeit wurde dadurch nicht wenig geschmeichelt, und alle ihre Freundschaft für Clarissen konnte nicht verhindern, daß es ihr nicht Mühe kostete, die Freude zu verbergen, die sie über einen so schönen Triumph ihrer Reizungen empfand. Unvermerkt erwachten auch in ihr die Bilder der ersten Tage und Wochen ihrer Verbindung mit Mondorn, und sie konnte sich nicht enthalten, stille Vergleichungen zwischen ihm und Raymunden anzustellen, die immer zu seinem Vorteil ausfielen. Mondor beobachtete sie zu scharf, um die Spuren dessen, was in ihrem Innern vorging, nicht in ihren Augen und in tausend kleinen, andern Leuten unsichtbaren Äußerungen wahrzunehmen, und die Sehnsucht nach Wiederherstellung ihres ehmaligen Verhältnisses nahm jetzt mit der Hoffnung täglich zu. Clarisse, die einzige ganz unbefangene Person unter den vier Freunden — denn auch Raymund hatte seine Ursachen, sich in den vorigen Stand zurückzuwünschen, wiewohl er zu bösem Spiele zu lächeln wußte —, Clarisse, sage ich, sah der Komödie mit ruhiger Erwartung der Entwicklung zu, ohne die Spielenden weder aufzumuntern noch abzuschrecken, ungefähr wie man einem Kinderspiel zusieht; um so ruhiger, da sie ihrer Denkart nach bei dem vorhergesehenen Ausgang mehr zu gewinnen als zu verlieren hatte. Denn sie hatte sich, wie wir wissen, nicht aus Wahl, sondern aus bloßer Gefälligkeit gegen ihre Freundin und Raymunden von letzterem getrennt; und da dieser nichts Angelegneres zu haben schien, als sie zu überzeugen, daß sein Mittel, den kleinen, ihm von Selinden eingezauberten Liebesteufel loszuwerden, trefflich angeschlagen habe, so war kein Zweifel, daß es nur von ihr abhangen werde, ob und auf welche Bedingungen sie es noch einmal mit ihm wagen wolle.

So standen die Sachen zwischen den vier Freunden, als Mondor, der Leidenschaftlichste unter ihnen, sich endlich entschloß, das Eis zu brechen und sich von Raymunds und Selindens Gesinnungen, wie sie auch ausfallen möchten, gewiß zu machen. »Unser Tausch«, sagte er an einem schönen Morgen zu seinem Freund,

»ist dir, wie ich sehe, sehr wohl bekommen, Raymund.«

»Meinst du?« erwiderte dieser in einem etwas leichtfertigen Tone.

»Man kann, dünkt mich, nicht glücklicher sein, als du mit Selinden bist.«

»Wenigstens nicht glücklicher als du mit Clarissen, sollt' ich denken.«

Mondor seufzte.

»Höre, lieber Mondor, es wäre grausam, wenn ich mit einem Freunde, dem sein Glück einen so schweren Seufzer auspreßt, nur einen Augenblick länger scherzen wollte. Du würdest dich sehr irren, Bruder, wenn du mein Glück nach dem äußern Anschein oder nach deinem Gefühl beurteilen wolltest. Nicht alles, was gleißt, ist Gold, würde Sancho Panza an meiner Stelle sagen, und niemand weiß, wo einen andern der Schuh drückt, wie neu und zierlich der Schuh auch sein mag. Laß uns offenherzig miteinander sprechen, und weg mit der falschen Scham! Wir haben beide eine große Torheit begangen, Mondor! Wir konnten mit unserm Lose zufrieden sein, glaubten uns verbessern zu können und sind nun beide überzeugt, wir hätten besser getan, wenn jeder das Seinige behalten hätte. Selinde und Clarisse sind beide in ihrer Art sehr liebenswürdige Weiber; aber darum taugen sie nicht für jeden. Du und ich sind unter den Männern nicht die schlechtesten; jeder von uns, denke ich, ist die beste Frau wert. Aber die beste für Raymund ist darum nicht auch die beste für Mondor und umgekehrt. Dir zum Beispiel ist Clarisse nicht warm, nicht lebhaft genug; ich hingegen habe gerade eine so kalte und weise Frau zum Gegengewicht meines Leichtsinns nötig. Du hast einen zu warmen Kopf für Clarissen, und ich bin nicht reich genug für Selinden. Wer könnte so grausam sein, einer so schönen und gutartigen Frau wie Selinde irgendeine ihrer kleinen Phantasien, ihrer im Grunde so unschuldigen Vergnügungen zu versagen? Aber um beide ohne Nachteil befriedigen zu können, reichen meine Mittel nicht zu; und da ich ihr nichts abschlagen kann, würde sie mich in wenig Jahren zugrunde gerichtet haben. Du hingegen bist reich genug für eine noch viel kostbarere Frau als Selinde. Überdies ist auch sie, wie du und ich, durch die Erfahrung weiser geworden; du wirst gefälliger gegen sie sein, und sie wird dich durch ihre Mäßigung dafür belohnen. Je weniger du von ihr forderst, desto mehr wird sie für dich tun. Nimm also deine Selinde wieder, Bruder, und gib mir meine Clarisse zurück, mit der ich ehmals zufrieden und glücklich war, so glücklich, daß ich sie selbst in Selindens Armen nie vergessen konnte.«

Mondor fand, daß sein Freund sehr richtige Schlüsse mache; und da ihm nichts gewisser war, als daß man entweder wahnsinnig sein müßte, wie er gewesen zu sein bekannte, oder einer Frau wie Selinde ohne Schmerzen nicht entsagen könne, so rechnete er Raymunden als verdienstliche Großmut und als den höchsten Beweis seiner Freundschaft an, was in der Tat bloß das Werk der Klugheit und der Sorge für sein eignes Bestes war.

Alles trat nun wieder in die alte Ordnung zurück. Mondor und Selinde hatten einander gleich viel zu verzeihen und vereinigten sich wieder, mit dem Vorsatz, durch Fehler klüger gemacht, einander desto reichlicher zu entschädigen. Beide hielten sich Wort; und Clarisse, zu gesundes Kopfes, um eine Empfindlerin, und zu reines Herzens, um weder eine wahre noch geheuchelte Spröde zu sein, erlaubte dem entzauberten Raymund, ohne ihm eine allzu schwere Buße aufzulegen, das Bild und Urbild seiner Pallas im Bade im Triumph in sein Haus zurückzuführen.

Beide Freunde und Freundinnen sind seit dieser Zeit täglich mit ihrem Rücktausch zufriedener, und — was für alle vier sehr viel beweiset — nie hat auch nur der Schatten von Argwohn und Eifersucht weder der Liebe noch der Freundschaft den geringsten Abbruch bei ihnen getan. Ich habe daher meiner Anekdote den rechten Namen zu geben geglaubt, indem ich sie *Liebe und Freundschaft auf der Probe* betitelte; und nun bleibt mir nichts übrig, als zu wünschen, daß sie meinen gütigen und nachsichtsvollen Zuhörern nicht mißfallen haben möge.

JOHANN WOLFGANG GOETHE

Novelle

Ein dichter Herbstnebel verhüllte noch in der Frühe die weiten Räume des fürstlichen Schloßhofes, als man schon mehr oder weniger durch den sich lichtenden Schleier die ganze Jägerei zu Pferde und zu Fuß durcheinander bewegt sah. Die eiligen Beschäftigungen der nächsten ließen sich erkennen: man verlängerte, man verkürzte die Steigbügel, man reichte sich Büchse und Patronentäschchen, man schob die Dachsranzen zurecht, indes die Hunde ungeduldig am Riemen den Zurückhaltenden mit fortzuschleppen drohten. Auch hie und da gebärdete ein Pferd sich mutiger, von feuriger Natur getrieben oder von dem Sporn des Reiters angeregt, der selbst hier in der Halbhelle eine gewisse Eitelkeit, sich zu zeigen, nicht verleugnen konnte. Alle jedoch warteten auf den Fürsten, der, von seiner jungen Gemahlin Abschied nehmend, allzulange zauderte.

Erst vor kurzer Zeit zusammen getraut, empfanden sie schon das Glück übereinstimmender Gemüter; beide waren von tätig-lebhaftem Charakter, eines nahm gern an des andern Neigungen und Bestrebungen Anteil. Des Fürsten Vater hatte noch den Zeitpunkt erlebt und genutzt, wo es deutlich wurde, daß alle Staatsglieder in gleicher Betriebsamkeit ihre Tage zubringen, in gleichem Wirken und Schaffen, jeder nach seiner Art, erst gewinnen und dann genießen sollte.

Wie sehr dieses gelungen war, ließ sich in diesen Tagen gewahr werden, als eben der Hauptmarkt sich versammelte, den man gar wohl eine Messe nennen konnte. Der Fürst hatte seine Gemahlin gestern durch das Gewimmel der aufgehäuften Waren zu Pferde geführt und sie bemerken lassen, wie gerade hier das Gebirgsland mit dem flachen Lande einen glücklichen Umtausch treffe; er wußte sie an Ort und Stelle auf die Betriebsamkeit seines Länderkreises aufmerksam zu machen.

Wenn sich nun der Fürst fast ausschließlich in diesen Tagen mit den Seinigen über diese zudringenden Gegenstände unterhielt, auch besonders mit dem Finanzminister anhaltend arbeitete, so behielt doch auch der Landjägermeister sein Recht, auf dessen Vorstellung es unmöglich war, der Versuchung zu widerstehen, an diesen günstigen Herbsttagen eine schon verschobene Jagd zu unternehmen, sich selbst und den vielen angekommenen Fremden ein eignes und seltnes Fest zu eröffnen.

Die Fürstin blieb ungern zurück; man hatte sich vorgenommen, weit in das Gebirg hineinzudringen, um die friedlichen Bewohner der dortigen Wälder durch einen unerwarteten Kriegszug zu beunruhigen.

Scheidend versäumte der Gemahl nicht, einen Spazierritt vorzuschlagen, den sie im Geleit Friedrichs, des fürstlichen Oheims, unternehmen sollte; »auch lasse ich«, sagte er, »dir unsern Honorio als Stall- und

Hofjunker, der für alles sorgen wird«; und im Gefolg dieser Worte gab er im Hinabsteigen einem wohlgebildeten jungen Mann die nötigen Aufträge, verschwand sodann bald mit Gästen und Gefolge.

Die Fürstin, die ihrem Gemahl noch in den Schloßhof hinab mit dem Schnupftuch nachgewinkt hatte, begab sich in die hintern Zimmer, welche nach dem Gebirg eine freie Aussicht ließen, die um desto schöner war, als das Schloß selbst von dem Flusse herauf in einiger Höhe stand und so vor- als hinterwärts mannigfaltige bedeutende Ansichten gewährte. Sie fand das treffliche Teleskop noch in der Stellung, wo man es gestern abend gelassen hatte, als man, über Busch, Berg und Waldgipfel die hohen Ruinen der uralten Stammburg betrachtend, sich unterhielt, die in der Abendbeleuchtung merkwürdig hervortraten, indem alsdann die größten Licht- und Schattenmassen den deutlichsten Begriff von einem so ansehnlichen Denkmal alter Zeit verleihen konnten. Auch zeigte sich heute früh durch die annähernden Gläser recht auffallend die herbstliche Färbung jener mannigfaltigen Baumarten, die zwischen dem Gemäuer ungehindert und ungestört durch lange Jahre emporstrebten. Die schöne Dame richtete jedoch das Fernrohr etwas tiefer nach einer öden steinigen Fläche, über welche der Jagdzug weggehen mußte; sie erharrte den Augenblick mit Geduld und betrog sich nicht: denn bei der Klarheit und Vergrößerungsfähigkeit des Instrumentes erkannten ihre glänzenden Augen deutlich den Fürsten und den Oberstallmeister; ja sie enthielt sich nicht, abermals mit dem Schnupftuche zu winken, als sie ein augenblickliches Stillhalten und Rückblicken mehr vermutete als gewahr ward.

Fürst Oheim, Friedrich mit Namen, trat sodann, angemeldet, mit seinem Zeichner herein, der ein großes Portefeuille unter dem Arm trug. »Liebe Cousine«, sagte der alte rüstige Herr, »hier legen wir die Ansichten der Stammburg vor, gezeichnet, um von verschiedenen Seiten anschaulich zu machen, wie der mächtige Trutz- und Schutzbau von alten Zeiten her dem Jahr und seiner Witterung sich entgegenstemmte und wie doch hie und da sein Gemäuer weichen, da und dort in wüste Ruinen zusammenstürzen mußte. Nun haben wir manches getan, um diese Wildnis zugänglicher zu machen, denn mehr bedarf es nicht, um jeden Wanderer, jeden Besuchenden in Erstaunen zu setzen, zu entzücken.«

Indem nun der Fürst die einzelnen Blätter deutete, sprach er weiter: »Hier, wo man, den Hohlweg durch die äußern Ringmauern heraufkommend, vor die eigentliche Burg gelangt, steigt uns ein Felsen entgegen von den festesten des ganzen Gebirgs; hierauf nun steht gemauert ein Turm, doch niemand wüßte zu sagen, wo die Natur aufhört, Kunst und Handwerk aber anfangen. Ferner sieht man seitwärts Mauern angeschlossen und Zwinger terrassenmäßig herab sich erstreckend. Doch ich sage nicht recht, denn es ist eigentlich ein Wald, der diesen uralten Gipfel umgibt; seit hundertundfunfzig Jahren hat keine Axt hier geklungen, und überall sind die mächtigsten Stämme emporgewachsen; wo Ihr Euch an den Mauern andrängt, stellt sich der glatte Ahorn, die rauhe Eiche, die schlanke Fichte mit Schaft und Wurzeln entgegen; um diese müssen wir uns herumschlängeln und unsere Fußpfade verständig führen. Seht nur, wie trefflich unser Meister dies Charakteristische auf dem Papier ausgedrückt hat, wie kenntlich die verschiedenen Stamm- und Wurzelarten zwischen das Mauerwerk verflochten und die mächtigen Äste durch die Lücken durchgeschlungen sind! Es ist eine Wildnis wie keine, ein zufällig-einziges Lokal, wo die alten Spuren längst verschwundener Menschenkraft mit der ewig lebenden und fortwirkenden Natur sich in dem ernstesten Streit erblicken lassen.«

Ein anderes Blatt aber vorlegend, fuhr er fort: »Was sagt Ihr nun zum Schloßhofe, der, durch das Zusammenstürzen des alten Torturmes unzugänglich, seit undenklichen Jahren von niemand betreten ward? Wir suchten ihm von der Seite beizukommen, haben Mauern durchbrochen, Gewölbe gesprengt und so einen bequemen, aber geheimen Weg bereitet. Inwendig bedurft es keines Aufräumens, hier findet sich ein flacher Felsgipfel von der Natur geplättet, aber doch haben mächtige Bäume hie und da zu wurzeln Glück und Gelegenheit gefunden; sie sind sachte, aber entschieden aufgewachsen, nun erstrecken sie ihre Äste bis in die Galerien hinein, auf denen der Ritter sonst auf und ab schritt; ja durch Türen durch und Fenster in die gewölbten Säle, aus denen wir sie nicht vertreiben wollen; sie sind eben Herr geworden und mögens bleiben. Tiefe Blätterschichten wegräumend, haben wir den merkwürdigsten Platz geebnet gefunden, dessengleichen in der Welt vielleicht nicht wieder zu sehen ist.

Nach allem diesem aber ist es immer noch bemerkenswert und an Ort und Stelle zu beschauen, daß auf den Stufen, die in den Hauptturm hinaufführen, ein Ahorn Wurzel geschlagen und sich zu einem so tüchtigen Baume gebildet hat, daß man nur mit Not daran vorbeidringen kann, um die Zinne, der unbegrenzten Aussicht wegen, zu besteigen. Aber auch hier verweilt man bequem im Schatten, denn dieser Baum ist es, der sich über das Ganze wunderbar hoch in die Luft hebt.

Danken wir also dem wackern Künstler, der uns so löblich in verschiedenen Bildern von allem überzeugt, als wenn wir gegenwärtig wären; er hat die schönsten Stunden des Tages und der Jahreszeit dazu angewendet und sich wochenlang um diese Gegenstände herumbewegt. In dieser Ecke ist für ihn und den Wächter, den wir ihm zugegeben, eine kleine angenehme Wohnung eingerichtet. Sie sollten nicht glauben, meine Beste, welch eine schöne Aus- und Ansicht er ins Land, in Hof und Gemäuer sich dort bereitet hat. Nun aber, da alles so rein und charakteristisch umrissen ist, wird er es hier unten mit Bequemlichkeit ausführen. Wir wollen mit diesen Bildern unsern Gartensaal zieren, und niemand soll über unsere regelmäßigen Parterre, Lauben und schattigen Gänge seine Augen spielen lassen, der nicht wünschte, sich dort oben in dem wirklichen Anschauen des Alten und Neuen, des Starren, Unnachgiebigen, Unzerstörlichen und des Frischen, Schmiegsamen, Unwiderstehlichen seine Betrachtungen anzustellen.«

Honorio trat ein und meldete, die Pferde seien vorgeführt; da sagte die Fürstin, zum Oheim gewendet:

»Reiten wir hinauf und lassen Sie mich in der Wirklichkeit sehen, was Sie mir hier im Bilde zeigten. Seit ich hier bin, hör ich von diesem Unternehmen und werde jetzt erst recht verlangend, mit Augen zu sehen, was mir in der Erzählung unmöglich schien und in der Nachbildung unwahrscheinlich bleibt.« — »Noch nicht, meine Liebe«, versetzte der Fürst, »was Sie hier sahen, ist, was es werden kann und wird; jetzt stockt noch manches im Beginnen; die Kunst muß erst vollenden, wenn sie sich vor der Natur nicht schämen soll.« — »Und so reiten wir wenigstens hinaufwärts, und wär es nur bis an den Fuß; ich habe große Lust, mich heute weit in der Welt umzusehen.« — »Ganz nach Ihrem Willen«, versetzte der Fürst. — »Lassen Sie uns aber durch die Stadt reiten«, fuhr die Dame fort, »über den großen Marktplatz, wo eine zahllose Menge von Buden die Gestalt einer kleinen Stadt, eines Feldlagers angenommen hat. Es ist, als wären die Bedürfnisse und Beschäftigungen sämtlicher Familien des Landes umher, nach außen gekehrt, in diesem Mittelpunkt versammelt, an das Tageslicht gebracht worden; denn hier sieht der aufmerksame Beobachter alles, was der Mensch leistet und bedarf; man bildet sich einen Augenblick ein, es sei kein Geld nötig, jedes Geschäft könne hier durch Tausch abgetan werden; und so ist es auch im Grunde. Seitdem der Fürst gestern mir Anlaß zu diesen Übersichten gegeben, ist es mir gar angenehm zu denken, wie hier, wo Gebirg und flaches Land aneinandergrenzen, beide so deutlich aussprechen, was sie brauchen und was sie wünschen. Wie nun der Hochländer das Holz seiner Wälder in hundert Formen umzubilden weiß, das Eisen zu einem jeden Gebrauch zu vermannigfaltigen, so kommen jene drüben mit den vielfältigsten Waren ihm entgegen, an denen man den Stoff kaum unterscheiden und den Zweck oft nicht erkennen mag.«

»Ich weiß«, versetzte der Fürst, »daß mein Neffe hierauf die größte Aufmerksamkeit wendet; denn gerade zu dieser Jahreszeit kommt es hauptsächlich darauf an, daß man mehr empfange als gebe; dies zu bewirken, ist am Ende die Summe des ganzen Staatshaushaltes, so wie der kleinsten häuslichen Wirtschaft. Verzeihen Sie aber, meine Beste, ich reite niemals gern durch Markt und Messe: bei jedem Schritt ist man gehindert und aufgehalten, und dann flammt mir das ungeheure Unglück wieder in die Einbildungskraft, das sich mir gleichsam in die Augen eingebrannt, als ich eine solche Güter- und Warenbreite in Feuer aufgehen sah. Ich hatte mich kaum . . .«

»Lassen Sie uns die schönen Stunden nicht versäumen«, fiel ihm die Fürstin ein, da der würdige Mann sie schon einigemal mit ausführlicher Beschreibung jenes Unheils geängstigt hatte, wie er sich nämlich, auf einer großen Reise begriffen, abends im besten Wirtshause auf dem Markte, der eben von einer Hauptmesse wimmelte, höchst ermüdet zu Bette gelegt und nachts durch Geschrei und Flammen, die sich gegen seine Wohnung wälzten, gräßlich aufgeweckt worden.

Die Fürstin eilte, das Lieblingspferd zu besteigen, und führte, statt zum Hintertore bergauf, zum Vordertore bergunter ihren widerwillig-bereiten Begleiter; denn wer wäre nicht gern an ihrer Seite geritten, wer wäre ihr nicht gern gefolgt. Und so war auch Honorio von der sonst so ersehnten Jagd willig zurückgeblieben, um ihr ausschließlich dienstbar zu sein.

Wie vorauszusehen, durften sie auf dem Markte nur Schritt vor Schritt reiten; aber die schöne Liebenswürdige erheiterte jeden Aufenthalt durch eine geistreiche Bemerkung. »Ich wiederhole«, sagte sie, »meine gestrige Lektion, da denn doch die Notwendigkeit unsere Geduld prüfen will.« Und wirklich drängte sich die ganze Menschenmasse dergestalt an die Reitenden heran, daß sie ihren Weg nur langsam fortsetzen konnten. Das Volk schaute mit Freuden die junge Dame, und auf so viel lächelnden Gesichern zeigte sich das entschiedene Behagen, zu sehen, daß die erste Frau im Lande auch die schönste und anmutigste sei.

Untereinandergemischt standen Bergbewohner, die zwischen Felsen, Fichten und Föhren ihre stillen Wohnsitze hegten, Flachländer von Hügeln, Auen und Wiesen her, Gewerbsleute der kleinen Städte und was sich alles versammelt hatte. Nach einem ruhigen Überblick bemerkte die Fürstin ihrem Begleiter, wie alle diese, woher sie auch seien, mehr Stoff als nötig zu ihren Kleidern genommen, mehr Tuch und Leinwand, mehr Band zum Besatz. Ist es doch, als ob die Weiber nicht brauschig und die Männer nicht pausig genug sich gefallen könnten.

»Wir wollen ihnen das ja lassen«, versetzte der Oheim; »wo auch der Mensch seinen Überfluß hinwendet, ihm ist wohl dabei, am wohlsten, wenn er sich damit schmückt und aufputzt.« Die schöne Dame winkte Beifall.

So waren sie nach und nach auf einen freien Platz gelangt, der zur Vorstadt hinführte, wo am Ende vieler kleinen Buden und Kramstände ein größeres Brettergebäude in die Augen fiel, das sie kaum erblickten, als ein ohrzerreißendes Gebrülle ihnen entgegentönte. Die Fütterungsstunde der dort zur Schau stehenden wilden Tiere schien herangekommen; der Löwe ließ seine Wald- und Wüstenstimme aufs kräftigste hören, die Pferde schauderten, und man konnte der Bemerkung nicht entgehen, wie in dem friedlichen Wesen und Wirken der gebildeten Welt der König der Einöde sich so furchtbar verkündige. Zur Bude näher gelangt, durften sie die bunten kolossalen Gemälde nicht übersehen, die mit heftigen Farben und kräftigen Bildern jene fremden Tiere darstellten, welche der friedliche Staatsbürger zu schauen unüberwindliche Lust empfinden sollte. Der grimmig ungeheure Tiger sprang auf einen Mohren los, im Begriff, ihn zu zerreißen; ein Löwe stand ernsthaft majestätisch, als wenn er keine Beute seiner würdig vor sich sähe; andere wunderliche bunte Geschöpfe verdienten neben diesen mächtigen weniger Aufmerksamkeit.

»Wir wollen«, sagte die Fürstin, »bei unserer Rückkehr doch absteigen und die seltenen Gäste näher betrachten.« — »Es ist wunderbar«, versetzte der Fürst, »daß der Mensch durch Schreckliches immer aufgeregt sein will. Drinnen liegt der Tiger ganz ruhig in seinem Kerker, und hier muß er grimmig auf einen Mohren losfahren, damit man glaube, dergleichen inwendig ebenfalls zu sehen; es ist an Mord und Totschlag noch nicht genug, an Brand und Untergang; die Bänkelsänger müssen es an jeder Ecke wiederholen. Die guten Menschen wollen eingeschüchtert sein, um hinterdrein erst recht zu fühlen, wie schön und löblich es sei, frei Atem zu holen.«

Was denn aber auch Bängliches von solchen Schrekkensbildern mochte übriggeblieben sein, alles und jedes war sogleich ausgelöscht, als man, zum Tore hinausgelangt, in die heiterste Gegend eintrat. Der Weg führte zuerst am Flusse hinan, an einem zwar noch schmalen, nur leichte Kähne tragenden Wasser, das aber nach und nach als größter Strom seinen Namen behalten und ferne Länder beleben sollte. Dann ging es weiter durch wohlversorgte Frucht- und Lustgärten sachte hinaufwärts, und man sah sich nach und nach in der aufgetanen wohlbewohnten Gegend um, bis erst ein Busch, sodann ein Wäldchen die Gesellschaft aufnahm und die anmutigsten Örtlichkeiten ihren Blick begrenzten und erquickten. Ein aufwärts leitendes Wiesental, erst vor kurzem zum zweiten Male gemäht, sammetähnlich anzusehen, von einer oberwärts lebhaft auf einmal reich entspringenden Quelle gewässert, empfing sie freundlich, und so zogen sie einem höhern freieren Standpunkt entgegen, den sie, aus dem Walde sich bewegend, nach einem lebhaften Stieg erreichten, alsdann aber vor sich noch in bedeutender Entfernung über neuen Baumgruppen das alte Schloß, den Zielpunkt ihrer Wallfahrt, als Fels- und Waldgipfel hervorragen sahen. Rückwärts aber — denn niemals gelangte man hierher, ohne sich umzukehren — erblickten sie durch zufällige Lücken der hohen Bäume das fürstliche Schloß links, von der

Morgensonne beleuchtet; den wohlgebauten höhern Teil der Stadt, von leichten Rauchwolken gedämpft, und so fort nach der Rechten zu die untere Stadt, den Fluß in einigen Krümmungen, mit seinen Wiesen und Mühlen; gegenüber eine weite nahrhafte Gegend.

Nachdem sie sich an dem Anblick ersättigt oder vielmehr, wie es uns bei dem Umblick auf so hoher Stelle zu geschehen pflegt, erst recht verlangend geworden nach einer weitern, weniger begrenzten Aussicht, ritten sie eine steinige breite Fläche hinan, wo ihnen die mächtige Ruine als ein grüngekrönter Gipfel entgegenstand, wenig alte Bäume tief unten um seinen Fuß; sie ritten hindurch, und so fanden sie sich gerade vor der steilsten, unzugänglichsten Seite. Mächtige Felsen standen von Urzeiten her, jedem Wechsel unangetastet, fest, wohlgegründet voran, und so türmte sichs aufwärts; das dazwischen Herabgestürzte lag in mächtigen Platten und Trümmern unregelmäßig übereinander und schien dem Kühnsten jeden Angriff zu verbieten. Aber das Steile, Jähe scheint der Jugend zuzusagen; dies zu unternehmen, zu erstürmen, zu erobern, ist jungen Gliedern ein Genuß. Die Fürstin bezeigte Neigung zu einem Versuch, Honorio war bei der Hand, der fürstliche Oheim, wenn schon bequemer, ließ sichs gefallen und wollte sich doch auch nicht unkräftig zeigen; die Pferde sollten am Fuß unter den Bäumen halten, und man wollte bis zu einem gewissen Punkte gelangen, wo ein vorstehender mächtiger Fels einen Flächenraum darbot, von wo man eine Aussicht hatte, die zwar schon in den Blick des Vogels überging, aber sich doch noch malerisch genug hintereinanderschob.

Die Sonne, beinahe auf ihrer höchsten Stelle, verlieh die klarste Beleuchtung: das fürstliche Schloß mit seinen Teilen, Hauptgebäuden, Flügeln, Kuppeln und Türmen erschien gar stattlich; die obere Stadt in ihrer völligen Ausdehnung; auch in die untere konnte man bequem hineinsehen, ja durch das Fernrohr auf dem Markte sogar die Buden unterscheiden. Honorio war immer gewohnt, ein so förderliches Werkzeug überzuschnallen; man schaute den Fluß hinauf und hinab, diesseits das bergartig terrassenweis unterbrochene, jenseits das aufgleitende flache und in mäßigen Hügeln abwechselnde fruchtbare Land; Ortschaften unzählige: denn es war längst herkömmlich, über die Zahl zu streiten, wieviel man deren von hier oben gewahr werde.

Über die große Weite lag eine heitere Stille, wie es am Mittag zu sein pflegt, wo die Alten sagten, Pan schlafe und alle Natur halte den Atem an, um ihn nicht aufzuwecken.

»Es ist nicht das erste Mal«, sagte die Fürstin, »daß ich auf so hoher weitumschauender Stelle die Betrachtung mache, wie doch die klare Natur so reinlich und friedlich aussieht und den Eindruck verleiht, als wenn gar nichts Widerwärtiges in der Welt sein könne; und wenn man denn wieder in die Menschenwohnung zurückkehrt, sie sei hoch oder niedrig, weit oder eng, so gibts immer etwas zu kämpfen, zu streiten, zu schlichten und zurechtzulegen.« — Honorio, der indessen durch das Sehrohr nach der Stadt geschaut hatte, rief: »Seht hin! seht hin! auf dem Markte fängt es an zu brennen.« Sie sahen hin und bemerkten wenigen Rauch, die Flamme dämpfte der Tag. »Das Feuer greift weiter um sich!« rief man, immer durch die Gläser schauend; auch wurde das Unheil den guten unbewaffneten Augen der Fürstin bemerklich; von Zeit zu Zeit erkannte man eine rote Flammenglut, der Dampf stieg empor, und Fürst Oheim sprach: »Laßt uns zurückkehren, das ist nicht gut; ich fürchtete immer, das Unglück zum zweiten Male zu erleben.« Als sie, herabgekommen, den Pferden wieder zugingen, sagte die Fürstin zu dem alten Herrn: »Reiten Sie hinein, eilig, aber nicht ohne den Reitknecht, lassen Sie mir Honorio, wir folgen sogleich.« Der Oheim fühlte das Vernünftige, ja das Notwendige dieser Worte und ritt so eilig, als der Boden erlaubte, den wüsten steinigen Hang hinunter.

Als die Fürstin aufsaß, sagte Honorio: »Reiten Euer Durchlaucht, ich bitte, langsam! In der Stadt wie auf dem Schloß sind die Feueranstalten in bester Ordnung, man wird sich durch einen so unerwartet außerordentlichen Fall nicht irre machen lassen. Hier aber ist ein böser Boden, kleine Steine und kurzes Gras, schnelles Reiten ist unsicher; ohnehin, bis wir hineinkommen, wird das Feuer schon nieder sein.« Die Fürstin glaubte nicht daran, sie sah den Rauch sich verbreiten, sie glaubte einen aufflammenden Blitz gesehen, einen Schlag gehört zu haben, und nun bewegten sich in ihrer Einbildungskraft alle die Schreckbilder, welche des trefflichen Oheims wiederholte Erzählung von dem erlebten Jahrmarktsbrande leider nur zu tief eingesenkt hatte.

Fürchterlich wohl war jener Fall, überraschend und eindringlich genug, um zeitlebens eine Ahnung und

Vorstellung wiederkehrenden Unglücks ängstlich zurückzulassen, als zur Nachtzeit auf dem großen budenreichen Marktraum ein plötzlicher Brand Laden auf Laden ergriffen hatte, ehe noch die in und an diesen leichten Hütten Schlafenden aus tiefen Träumen geschüttelt wurden, der Fürst selbst als ein ermüdet angelangter, erst eingeschlafener Fremder ans Fenster sprang, alles fürchterlich erleuchtet sah, Flamme nach Flamme, rechts und links sich überspringend, ihm entgegenzüngelte. Die Häuser des Marktes, vom Widerschein gerötet, schienen schon zu glühen, drohend, sich jeden Augenblick zu entzünden und in Flammen aufzuschlagen; unten wütete das Element unaufhaltsam, die Bretter prasselten, die Latten knackten, Leinwand flog auf, und ihre düstern, an den Enden flammend ausgezackten Fetzen trieben in der Höhe sich umher, als wenn die bösen Geister, in ihrem Elemente um- und umgestaltet, sich mutwillig tanzend verzehren und da und dort aus den Gluten wieder auftauchen wollten. Dann aber mit kreischendem Geheul rettete jeder, was zur Hand lag; Diener und Knechte mit den Herren bemühten sich, von Flammen ergriffene Ballen fortzuschleppen, von dem brennenden Gestell noch einiges wegzureißen, um es in die Kiste zu packen, die sie denn doch zuletzt den eilenden Flammen zum Raube lassen mußten. Wie mancher wünschte nur einen Augenblick Stillstand dem heranprasselnden Feuer, nach der Möglichkeit einer Besinnung sich umsehend, und er war mit aller seiner Habe schon ergriffen; an der einen Seite brannte, glühte schon, was an der andern noch in finsterer Nacht stand. Hartnäckige

Charaktere, willensstarke Menschen widersetzten sich grimmig dem grimmigen Feinde und retteten manches, mit Verlust ihrer Augenbrauen und Haare. Leider nun erneuerte sich vor dem schönen Geiste der Fürstin der wüste Wirrwarr, nun schien der heitere morgendliche Gesichtskreis umnebelt, ihre Augen verdüstert, Wald und Wiese hatten einen wunderbaren bänglichen Anschein.

In das friedliche Tal einreitend, seiner labenden Kühle nicht achtend, waren sie kaum einige Schritte von der lebhaften Quelle des nahe fließenden Baches herab, als die Fürstin ganz unten im Gebüsche des Wiesentals etwas Seltsames erblickte, das sie alsobald für den Tiger erkannte; heranspringend, wie sie ihn vor kurzem gemalt gesehen, kam er entgegen; und dieses Bild zu den furchtbaren Bildern, die sie soeben beschäftigten, machte den wundersamsten Eindruck. »Flieht! gnädige Frau«, rief Honorio, »flieht!« Sie wandte das Pferd um, dem steilen Berg zu, wo sie herabgekommen waren. Der Jüngling aber, dem Untier entgegen, zog die Pistole und schoß, als er sich nahe genug glaubte; leider jedoch war gefehlt, der Tiger sprang seitwärts, das Pferd stutzte, das ergrimmte Tier aber verfolgte seinen Weg, aufwärts unmittelbar der Fürstin nach. Sie sprengte, was das Pferd vermochte, die steile, steinige Strecke hinan, kaum fürchtend, daß ein zartes Geschöpf, solcher Anstrengung ungewohnt, sie nicht aushalten werde. Es übernahm sich, von der bedrängten Reiterin angeregt, stieß am kleinen Gerölle des Hanges an und wieder an und stürzte zuletzt nach heftigem Bestreben kraftlos zu Boden. Die schöne

Dame, entschlossen und gewandt, verfehlte nicht, sich strack auf ihre Füße zu stellen, auch das Pferd richtete sich auf; aber der Tiger nahte schon, obgleich nicht mit heftiger Schnelle; der ungleiche Boden, die scharfen Steine schienen seinen Antrieb zu hindern, und nur daß Honorio unmittelbar hinter ihm herflog, neben ihm gemäßigt heraufritt, schien seine Kraft aufs neue anzuspornen und zu reizen. Beide Renner erreichten zugleich den Ort, wo die Fürstin am Pferde stand; der Ritter beugte sich herab, schoß und traf mit der zweiten Pistole das Ungeheuer durch den Kopf, daß es sogleich niederstürzte und ausgestreckt in seiner Länge erst recht die Macht und Furchtbarkeit sehen ließ, von der nur noch das Körperliche übriggeblieben dalag. Honorio war vom Pferde gesprungen und kniete schon auf dem Tiere, dämpfte seine letzten Bewegungen und hielt den gezogenen Hirschfänger in der rechten Hand. Der Jüngling war schön, er war herangesprengt, wie ihn die Fürstin oft im Lanzen- und Ringelspiel gesehen hatte. Ebenso traf in der Reitbahn seine Kugel im Vorbeisprengen den Türkenkopf auf dem Pfahl gerade unter dem Turban in die Stirne; ebenso spießte er, flüchtig heransprengend, mit dem blanken Säbel das Mohrenhaupt vom Boden auf. In allen solchen Künsten war er gewandt und glücklich, hier kam beides zustatten.

»Gebt ihm den Rest«, sagte die Fürstin, »ich fürchte, er beschädigt Euch noch mit den Krallen.« — »Verzeiht!« erwiderte der Jüngling, »er ist schon tot genug, und ich mag das Fell nicht verderben, das nächsten Winter auf Eurem Schlitten glänzen soll.« — »Frevelt nicht!« sagte die Fürstin; »alles, was von Frömmigkeit im tiefen Herzen wohnt, entfaltet sich in solchem Augenblick.« — »Auch ich«, rief Honorio, »war nicht frömmer als jetzt eben, deshalb aber denk ich ans Freudigste, ich blicke dieses Fell nur an, wie es Euch zur Lust begleiten kann.« — »Es würde mich immer an diesen schrecklichen Augenblick erinnern«, versetzte sie. — »Ist es doch«, erwiderte der Jüngling mit glühender Wange, »ein unschuldigeres Triumphzeichen, als wenn die Waffen erschlagener Feinde vor dem Sieger her zur Schau getragen wurden.« — »Ich werde mich an Eure Kühnheit und Gewandtheit dabei erinnern und darf nicht hinzusetzen, daß Ihr auf meinen Dank und auf die Gnade des Fürsten lebenslänglich rechnen könnt. Aber steht auf; schon ist kein Leben mehr im Tiere, bedenken wir das Weitere, vor allen Dingen steht auf!« — »Da ich nun einmal kniee«, versetzte der Jüngling, »da ich mich in einer Stellung befinde, die mir auf jede andere Weise untersagt wäre, so laßt mich bitten, von der Gunst, von der Gnade, die Ihr mir zuwendet, in diesem Augenblick versichert zu werden. Ich habe schon so oft Euren hohen Gemahl gebeten um Urlaub und Vergünstigung einer weitern Reise. Wer das Glück hat, an Eurer Tafel zu sitzen, wen Ihr beehrt, Eure Gesellschaft unterhalten zu dürfen, der muß die Welt gesehen haben. Reisende strömen von allen Orten her, und wenn von einer Stadt, von einem wichtigen Punkte irgendeines Weltteils gesprochen wird, ergeht an den Eurigen jedesmal die Frage, ob er daselbst gewesen sei. Niemanden traut man Verstand zu, als wer das alles gesehen hat; es ist, als wenn man sich nur für andere zu unterrichten hätte.«

»Steht auf!« wiederholte die Fürstin, »ich möchte nicht gern gegen die Überzeugung meines Gemahls irgend etwas wünschen und bitten; allein, wenn ich nicht irre, so ist die Ursache, warum er Euch bisher zurückhielt, bald gehoben. Seine Absicht war, Euch zum selbständigen Edelmann herangereift zu sehen, der sich und ihm auch auswärts Ehre machte wie bisher am Hofe; und ich dächte, Eure Tat wäre ein so empfehlender Reisepaß, als ein junger Mann nur in die Welt mitnehmen kann.«

Daß anstatt einer jugendlichen Freude eine gewisse Trauer über sein Gesicht zog, hatte die Fürstin nicht Zeit zu bemerken, noch er, seiner Empfindung Raum zu geben, denn hastig den Berg herauf, einen Knaben an der Hand, kam eine Frau, geradezu auf die Gruppe los, die wir kennen; und kaum war Honorio, sich besinnend, aufgestanden, als sie sich heulend und schreiend über den Leichnam herwarf und an dieser Handlung sowie an einer, obgleich reinlich anständigen, doch bunten und seltsamen Kleidung sogleich erraten ließ, sie sei die Meisterin und Wärterin dieses dahingestreckten Geschöpfes, wie denn der schwarzaugige, schwarzlockige Knabe, der eine Flöte in der Hand hielt, gleich der Mutter weinend, weniger heftig, aber tief gerührt, neben ihr kniete.

Den gewaltsamen Ausbrüchen der Leidenschaft dieses unglücklichen Weibes folgte, zwar unterbrochen stoßweise, ein Strom von Worten, wie ein Bach sich in Absätzen von Felsen zu Felsen stürzt. Eine natürliche Sprache, kurz und abgebrochen, machte sich eindringlich und rührend; vergebens würde man sie in unsern Mundarten übersetzen wollen; den ungefähren Inhalt dürfen wir nicht verhehlen. »Sie haben dich ermordet, armes Tier! ermordet ohne Not! Du warst zahm und hättest dich gern ruhig niedergelassen und auf uns gewartet; denn deine Fußballen schmerzten dich, und deine Krallen hatten keine Kraft mehr! Die heiße Sonne fehlte dir, sie zu reifen. Du warst der Schönste deinesgleichen; wer hat je einen königlichen Tiger so herrlich ausgestreckt im Schlafe gesehen, wie du nun hier liegst, tot, um nicht wieder aufzustehen. Wenn du des Morgens aufwachtest beim frühen Tagschein und den Rachen aufsperrtest, ausstreckend die rote Zunge, so schienst du uns zu lächeln, und, wenn schon brüllend, nahmst du doch spielend dein Futter aus den Händen einer Frau, von den Fingern eines Kindes! Wie lange begleiteten wir dich auf deinen Fahrten, wie lange war deine Gesellschaft uns wichtig und fruchtbar! Uns! uns ganz eigentlich kam die Speise von den Fressern und süße Labung von den Starken. So wird es nicht mehr sein! Wehe, wehe!«

Sie hatte nicht ausgeklagt, als über die mittlere Höhe des Bergs am Schlosse herab Reiter heransprengten, die alsobald für das Jagdgefolge des Fürsten erkannt wurden, er selbst voran. Sie hatten, in den hintern Gebirgen jagend, die Brandwolken aufsteigen sehen und durch Täler und Schluchten, wie auf gewaltsam hetzender Jagd, den geraden Weg nach diesem traurigen Zeichen genommen. Über die steinige Blöße einhersprengend, stutzten und starrten sie, nun die unerwartete Gruppe gewahr werdend, die sich auf der leeren Fläche merkwürdig auszeichnete. Nach dem ersten Erkennen verstummte man, und nach einigem Erholen ward, was der Anblick nicht selbst ergab, mit wenigen Worten erläutert. So stand der Fürst vor dem seltsamen unerhörten Ereignis, einen Kreis umher von Reitern und Nacheilenden zu Fuße. Unschlüssig war man nicht, was zu tun sei; anzuordnen, auszuführen war der Fürst beschäftigt, als ein Mann sich in den Kreis drängte, groß von Gestalt, bunt und wunderlich gekleidet wie Frau und Kind. Und nun gab die Familie zusammen Schmerz und Überraschung zu erkennen. Der Mann aber, gefaßt, stand in ehrfurchtsvoller Entfernung vor dem Fürsten und sagte: »Es ist nicht Klagenszeit; ach, mein Herr und mächtiger Jäger, auch der Löwe ist los, auch hier nach dem Gebirg ist er hin, aber schont ihn, habt Barmherzigkeit, daß er nicht umkomme wie dies gute Tier.«

»Der Löwe?« sagte der Fürst, »hast du seine Spur?« — »Ja, Herr! Ein Bauer dort unten, der sich ohne Not auf einen Baum gerettet hatte, wies mich weiter hier links hinauf, aber ich sah den großen Trupp Menschen und Pferde vor mir, neugierig und hülfsbedürftig eilt ich hierher.« — »Also«, beorderte der Fürst, »muß die Jagd sich auf diese Seite ziehen; ihr ladet eure Gewehre, geht sachte zu Werk, es ist kein Unglück, wenn ihr ihn in die tiefen Wälder treibt; aber am Ende, guter Mann, werden wir Euer Geschöpf nicht schonen können; warum wart Ihr unvorsichtig genug, sie entkommen zu lassen?« — »Das Feuer brach aus«, versetzte jener, »wir hielten uns still und gespannt, es verbreitete sich schnell, aber fern von uns; wir hatten Wasser genug zu unserer Verteidigung, aber ein Pulverschlag flog auf und warf die Brände bis an uns heran, über uns weg; wir übereilten uns und sind nun unglückliche Leute.«

Noch war der Fürst mit Anordnungen beschäftigt, aber einen Augenblick schien alles zu stocken, als oben vom alten Schloß herab eilig ein Mann heranspringend gesehen ward, den man bald für den angestellten Wächter erkannte, der die Werkstätte des Malers bewachte, indem er darin seine Wohnung nahm und die Arbeiter beaufsichtigte. Er kam außer Atem springend, doch hatte er bald mit wenigen Worten angezeigt: oben hinter der höhern Ringmauer habe sich der Löwe im Sonnenschein gelagert, am Fuße einer hundertjährigen Buche, und verhalte sich ganz ruhig. Ärgerlich aber schloß der Mann: »Warum habe ich gestern meine Büchse in die Stadt getragen, um sie ausputzen zu lassen! Hätte ich sie bei der Hand gehabt, er wäre nicht wieder aufgestanden; das Fell wäre doch mein gewesen, und ich hätte mich dessen, wie billig, zeitlebens gebrüstet.«

Der Fürst, dem seine militärischen Erfahrungen auch hier zustatten kamen, da er sich wohl schon in Fällen gefunden hatte, wo von mehreren Seiten unvermeidliches Übel herandrohte, sagte hierauf: »Welche Bürgschaft gebt Ihr mir, daß, wenn wir Eures Löwen schonen, er nicht im Lande unter den Meinigen Verderben anrichtet?«

»Hier diese Frau und dieses Kind«, erwiderte der Vater hastig, »erbieten sich, ihn zu zähmen, ihn ruhig zu erhalten, bis ich den beschlagenen Kasten heraufschaffe, da wir ihn denn unschädlich und unbeschädigt wieder zurückbringen werden.«

Der Knabe schien seine Flöte versuchen zu wollen, ein Instrument von der Art, das man sonst die sanfte, süße Flöte zu nennen pflegte; sie war kurz geschnäbelt wie die Pfeifen; wer es verstand, wußte die anmutigsten Töne daraus hervorzulocken. Indes hatte der Fürst den Wärtel gefragt, wie der Löwe hinaufgekommen. Dieser aber versetzte: »Durch den Hohlweg, der, auf beiden Seiten vermauert, von jeher der einzige Zugang war und der einzige bleiben soll; zwei Fußpfade, die noch hinaufführten, haben wir dergestalt entstellt, daß niemand als durch jenen ersten engen Anweg zu dem Zauberschlosse gelangen könne, wozu es Fürst Friedrichs Geist und Geschmack ausbilden will.«

Nach einigem Nachdenken, wobei sich der Fürst nach dem Kinde umsah, das immer sanft gleichsam zu präludieren fortgefahren hatte, wendete er sich zu Honorio und sagte: »Du hast heute viel geleistet, vollende das Tagwerk. Besetze den schmalen Weg, haltet eure Büchsen bereit, aber schießt nicht eher, als bis ihr das Geschöpf nicht sonst zurückscheuchen könnt; allenfalls macht ein Feuer an, vor dem er sich fürchtet, wenn er herunter will. Mann und Frau möge für das übrige stehen.« Eilig schickte Honorio sich an, die Befehle zu vollführen.

Das Kind verfolgte seine Melodie, die keine war, eine Tonfolge ohne Gesetz, und vielleicht ebendeswegen so herzergreifend; die Umstehenden schienen wie verzaubert von der Bewegung einer liederartigen

Weise, als der Vater mit anständigem Enthusiasmus zu reden anfing und fortfuhr:

»Gott hat dem Fürsten Weisheit gegeben und zugleich die Erkenntnis, daß alle Gotteswerke weise sind, jedes nach seiner Art. Seht den Felsen, wie er feststeht und sich nicht rührt, der Witterung trotzt und dem Sonnenschein; uralte Bäume zieren sein Haupt, und so gekrönt schaut er weit umher; stürzt aber ein Teil herunter, so will es nicht bleiben, was es war, es fällt zertrümmert in viele Stücke und bedeckt die Seite des Hanges. Aber auch da wollen sie nicht verharren, mutwillig springen sie tief hinab, der Bach nimmt sie auf, zum Flusse trägt er sie. Nicht widerstehend, nicht widerspenstig, eckig, nein, glatt und abgerundet gewinnen sie schneller ihren Weg und gelangen von Fluß zu Fluß, endlich zum Ozean, wo die Riesen in Scharen daherziehen und in der Tiefe die Zwerge wimmeln.

Doch wer preist den Ruhm des Herrn, den die Sterne loben von Ewigkeit zu Ewigkeit! Warum seht ihr aber im Fernen umher? Betrachtet hier die Biene! Noch spät im Herbst sammelt sie emsig und baut sich ein Haus, winkel- und waagerecht, als Meister und Geselle; schaut die Ameise da! sie kennt ihren Weg und verliert ihn nicht; sie baut sich eine Wohnung aus Grashalmen, Erdbröslein und Kiefernadeln, sie baut es in die Höhe und wölbet es zu; aber sie hat umsonst gearbeitet, denn das Pferd stampft und scharrt alles auseinander; seht hin! es zertritt ihre Balken und zerstreut ihre Planken, ungeduldig schnaubt es und kann nicht rasten; denn der Herr hat das Roß zum Gesellen des Windes gemacht und zum Gefährten des Sturms, daß es den Mann dahin trage, wohin er will, und die Frau, wohin sie begehrt. Aber im Palmenwald trat er auf, der Löwe, ernsten Schrittes durchzog er die Wüste, dort herrscht er über alles Getier, und nichts widersteht ihm. Doch der Mensch weiß ihn zu zähmen, und das grausamste der Geschöpfe hat Ehrfurcht vor dem Ebenbilde Gottes, wornach auch die Engel gemacht sind, die dem Herrn dienen und seinen Dienern. Denn in der Löwengrube scheute sich Daniel nicht; er blieb fest und getrost, und das wilde Brüllen unterbrach nicht seinen frommen Gesang.«

Diese mit dem Ausdruck eines natürlichen Enthusiasmus gehaltene Rede begleitete das Kind hie und da mit anmutigen Tönen; als aber der Vater geendigt hatte, fing es mit reiner Kehle, heller Stimme und geschickten Läufen zu intonieren an, worauf der Vater die Flöte ergriff, im Einklang sich hören ließ, das Kind aber sang:

Aus den Gruben, hier im Graben
Hör ich des Propheten Sang;
Engel schweben, ihn zu laben,
Wäre da dem Guten bang?
Löw und Löwin, hin und wider,
Schmiegen sich um ihn heran;
Ja, die sanften, frommen Lieder
Habens ihnen angetan!

Der Vater fuhr fort, die Strophe mit der Flöte zu begleiten, die Mutter trat hie und da als zweite Stimme mit ein.

Eindringlich aber ganz besonders war, daß das Kind die Zeilen der Strophe nunmehr zu anderer Ordnung durcheinanderschob und dadurch, wo nicht einen neuen Sinn hervorbrachte, doch das Gefühl in und durch sich selbst aufregend erhöhte.

Engel schweben auf und nieder,
Uns in Tönen zu erlaben,
Welch ein himmlischer Gesang!
In den Gruben, in dem Graben
Wäre da dem Kinde bang?
Diese sanften, frommen Lieder
Lassen Unglück nicht heran;
Engel schweben hin und wider,
Und so ist es schon getan.

Hierauf mit Kraft und Erhebung begannen alle drei:

Denn der Ewge herrscht auf Erden,
Über Meere herrscht sein Blick;
Löwen sollen Lämmer werden,
Und die Welle schwankt zurück;
Blankes Schwert erstarrt im Hiebe,
Glaub und Hoffnung sind erfüllt;
Wundertätig ist die Liebe,
Die sich im Gebet enthüllt.

Alles war still, hörte, horchte, und nur erst, als die Töne verhallten, konnte man den Eindruck bemerken und allenfalls beobachten. Alles war wie beschwichtigt; jeder in seiner Art gerührt. Der Fürst, als wenn er erst jetzt das Unheil übersähe, das ihn vor kurzem bedroht hatte, blickte nieder auf seine Gemahlin, die, an ihn gelehnt, sich nicht versagte, das gestickte Tüchlein hervorzuziehen und die Augen damit zu bedecken. Es tat ihr wohl, die jugendliche Brust von dem Druck erleichtert zu fühlen, mit dem die vorhergehenden Minuten sie belastet hatten. Eine vollkommene Stille beherrschte die Menge, man schien die Gefahren vergessen zu haben: unten den Brand und von oben das Erstehen eines bedenklich ruhenden Löwen.

Durch einen Wink, die Pferde näher herbeizuführen, brachte der Fürst zuerst wieder in die Gruppe Bewegung, dann wendete er sich zu dem Weibe und sagte: »Ihr glaubt also, daß Ihr den entsprungenen Löwen, wo Ihr ihn antrefft, durch Euren Gesang, durch den Gesang dieses Kindes, mit Hülfe dieser Flötentöne beschwichtigen und ihn sodann unschädlich sowie unbeschädigt in seinen Verschluß wieder zurückbringen könntet?« Sie bejahten es, versichernd und beteuernd; der Kastellan wurde ihnen als Wegweiser zugegeben. Nun entfernte der Fürst mit wenigen sich eiligst, die Fürstin folgte langsamer mit dem übrigen Gefolge; Mutter aber und Sohn stiegen, von dem Wärtel, der sich eines Gewehrs bemächtigt hatte, begleitet, steiler gegen den Berg hinan.

Vor dem Eintritt in den Hohlweg, der den Zugang zu dem Schloß eröffnete, fanden sie die Jäger beschäftigt, dürres Reisig zu häufen, damit sie auf jeden Fall ein großes Feuer anzünden könnten. — »Es ist nicht Not«, sagte die Frau, »es wird ohne das alles in Güte geschehen.«

Weiter hin, auf einem Mauerstücke sitzend, erblickten sie Honorio, seine Doppelbüchse in den Schoß gelegt, auf einem Posten, als wie zu jedem Ereignis gefaßt. Aber die Herankommenden schien er kaum zu bemerken, er saß wie in tiefen Gedanken versunken, er sah umher wie zerstreut. Die Frau sprach ihn an mit Bitte, das Feuer nicht anzünden zu lassen, er schien jedoch ihrer Rede wenig Aufmerksamkeit zu schenken; sie redete lebhaft fort und rief: »Schöner junger Mann, du hast meinen Tiger erschlagen — ich fluche dir nicht; schone meinen Löwen, guter junger Mann — ich segne dich.«

Honorio schaute gerad vor sich hin, dorthin, wo die Sonne auf ihrer Bahn sich zu senken begann. — »Du schaust nach Abend«, rief die Frau, »du tust wohl daran, dort gibts viel zu tun; eile nur, säume nicht, du wirst überwinden. Aber zuerst überwinde dich selbst.« Hierauf schien er zu lächeln, die Frau stieg weiter, konnte sich aber nicht enthalten, nach dem Zurückbleibenden nochmals umzublicken; eine rötliche Sonne überschien sein Gesicht, sie glaubte nie einen schönern Jüngling gesehen zu haben.

»Wenn Euer Kind«, sagte nunmehr der Wärtel, »flötend und singend, wie Ihr überzeugt seid, den Löwen anlocken und beruhigen kann, so werden wir uns desselben sehr leicht bemeistern, da sich das gewaltige Tier ganz nah an die durchbrochenen Gewölbe hingelagert hat, durch die wir, da das Haupttor verschüttet ist, einen Eingang in den Schloßhof gewonnen haben. Lockt ihn das Kind hinein, so kann ich die Öffnung mit leichter Mühe schließen und der Knabe, wenn es ihm gut deucht, durch eine der kleinen Wendeltreppen, die er in der Ecke sieht, dem Tiere entschlüpfen. Wir wollen uns verbergen, aber ich werde mich so stellen, daß meine Kugel jeden Augenblick dem Kinde zu Hülfe kommen kann.«

»Die Umstände sind alle nicht nötig; Gott und Kunst, Frömmigkeit und Glück müssen das Beste tun.« — »Es sei«, versetzte der Wärtel, »aber ich kenne meine Pflichten. Erst führ ich Euch durch einen beschwerlichen Stieg auf das Gemäuer hinauf, gerade dem Eingang gegenüber, den ich erwähnt habe; das Kind mag hinabsteigen, gleichsam in die Arena des Schauspiels, und das besänftigte Tier dort hereinlokken.«

Das geschah; Wärtel und Mutter sahen versteckt von oben herab, wie das Kind die Wendeltreppen hinunter in dem klaren Hofraum sich zeigte und in der düstern Öffnung gegenüber verschwand, aber sogleich seinen Flötenton hören ließ, der sich nach und nach verlor und endlich verstummte. Die Pause war ahnungsvoll genug, den alten, mit Gefahr bekannten Jäger beengte der seltene menschliche Fall. Er sagte sich, daß er lieber persönlich dem gefährlichen Tiere entgegenginge; die Mutter jedoch, mit heiterm Gesicht, übergebogen horchend, ließ nicht die mindeste Unruhe bemerken.

Endlich hörte man die Flöte wieder, das Kind trat aus der Höhle hervor mit glänzend befriedigten Augen, der Löwe hinter ihm drein, aber langsam und, wie es schien, mit einiger Beschwerde. Er zeigte hie und da Lust, sich niederzulegen, doch der Knabe führte ihn im Halbkreise durch die wenig entblätterten, buntbelaubten Bäume, bis er sich endlich in den letzten

Strahlen der Sonne, die sie durch eine Ruinenlücke hereinsandte, wie verklärt niedersetzte und sein beschwichtigendes Lied abermals begann, dessen Wiederholung wir uns auch nicht entziehen können.

Aus den Gruben, hier im Graben
Hör ich des Propheten Sang;
Engel schweben, ihn zu laben,
Wäre da dem Guten bang?
Löw und Löwin, hin und wider,
Schmiegen sich um ihn heran;
Ja, die sanften, frommen Lieder
Habens ihnen angetan!

Indessen hatte sich der Löwe ganz knapp an das Kind hingelegt und ihm die schwere rechte Vordertatze auf den Schoß gehoben, die der Knabe fortsingend anmutig streichelte, aber gar bald bemerkte, daß ein scharfer Dornzweig zwischen die Ballen eingestochen war. Sorgfältig zog er die verletzende Spitze hervor, nahm lächelnd sein buntseidenes Halstuch vom Nakken und verband die greuliche Tatze des Untiers, so daß die Mutter sich vor Freuden mit ausgestreckten Armen zurückbog und vielleicht angewohnter Weise Beifall gerufen und geklatscht hätte, wäre sie nicht durch einen derben Faustgriff des Wärtels erinnert worden, daß die Gefahr nicht vorüber sei.

Glorreich sang das Kind weiter, nachdem es mit wenigen Tönen vorgespielt hatte:

Denn der Ewge herrscht auf Erden,
Über Meere herrscht sein Blick;

Löwen sollen Lämmer werden,
Und die Welle schwankt zurück;
Blankes Schwert erstarrt im Hiebe,
Glaub und Hoffnung sind erfüllt;
Wundertätig ist die Liebe,
Die sich im Gebet enthüllt.

Ist es möglich zu denken, daß man in den Zügen eines so grimmigen Geschöpfs, des Tyrannen der Wälder, des Despoten des Tierreiches, einen Ausdruck von Freundlichkeit, von dankbarer Zufriedenheit habe spüren können, so geschah es hier, und wirklich sah das Kind in seiner Verklärung aus wie ein mächtiger siegreicher Überwinder, jener zwar nicht wie der Überwundene, denn seine Kraft blieb in ihm verborgen, aber doch wie der Gezähmte, wie der dem eigenen friedlichen Willen Anheimgegebene. Das Kind flötete und sang so weiter, nach seiner Art die Zeilen verschränkend und neue hinzufügend.:

Und so geht mit guten Kindern
Selger Engel gern zu Rat,
Böses Wollen zu verhindern,
Zu befördern schöne Tat.
So beschwören, festzubannen
Liebem Sohn ans zarte Knie
Ihn, des Waldes Hochtyrannen,
Frommer Sinn und Melodie.

FRIEDRICH SCHILLER

Der Verbrecher aus verlorener Ehre

Eine wahre Geschichte

In der ganzen Geschichte des Menschen ist kein Kapitel unterrichtender für Herz und Geist als die Annalen seiner Verirrungen. Bei jedem großen Verbrechen war eine verhältnismäßig große Kraft in Bewegung. Wenn sich das geheime Spiel der Begehrungskraft bei dem matteren Licht gewöhnlicher Affekte versteckt, so wird es im Zustand gewaltsamer Leidenschaft desto hervorspringender, kolossalischer, lauter; der feinere Menschenforscher, welcher weiß, wie viel man auf die Mechanik der gewöhnlichen Willensfreiheit eigentlich rechnen darf und wie weit es erlaubt ist, analogisch zu schließen, wird manche Erfahrung aus diesem Gebiete in seine Seelenlehre herübertragen und für das sittliche Leben verarbeiten.

Es ist etwas so Einförmiges und doch wieder so Zusammengesetztes, das menschliche Herz. Eine und ebendieselbe Fertigkeit oder Begierde kann in tausenderlei Formen und Richtungen spielen, kann tausend widersprechende Phänomene bewirken, kann in tausend Charakteren anders gemischt erscheinen, und tausend ungleiche Charaktere und Handlungen können wieder aus einerlei Neigung gesponnen sein, wenn auch der Mensch, von welchem die Rede ist, nichts weniger denn eine solche Verwandtschaft ahndet. Stünde einmal, wie für die übrigen Reiche der Natur, auch für das Menschengeschlecht ein Linnäus auf, welcher nach Trieben und Neigungen klassifizierte, wie sehr würde man erstaunen, wenn man so manchen, dessen Laster in einer engen bürgerlichen Sphäre und in der schmalen Umzäunung der Gesetze jetzt ersticken muß, mit dem Ungeheuer Borgia in *einer* Ordnung beisammen fände.

Von dieser Seite betrachtet, läßt sich manches gegen die gewöhnliche Behandlung der Geschichte einwenden, und hier, vermute ich, liegt auch die Schwierigkeit, warum das Studium derselben für das bürgerliche Leben noch immer so fruchtlos geblieben. Zwischen der heftigen Gemütsbewegung des handelnden Menschen und der ruhigen Stimmung des Lesers, welchem diese Handlung vorgelegt wird, herrscht ein so widriger Kontrast, liegt ein so breiter Zwischenraum, daß es dem letztern schwer, ja unmöglich wird, einen Zusammenhang nur zu ahnden. Es bleibt eine Lücke zwischen dem historischen Subjekt und dem Leser, die alle Möglichkeit einer Vergleichung oder Anwendung abschneidet und statt jenes heilsamen Schreckens, der die stolze Gesundheit warnet, ein Kopfschütteln der Befremdung erweckt. Wir sehen den Unglücklichen, der doch in ebender Stunde, wo er die Tat beging, so wie in der, wo er dafür büßet, Mensch war wie wir, für ein Geschöpf fremder Gattung an, dessen Blut anders umläuft als das unsrige, dessen Wille andern Regeln gehorcht als der unsrige; seine Schicksale rühren uns wenig, denn Rührung gründet sich ja nur auf ein dunkles Bewußtsein ähnlicher Gefahr, und wir sind weit entfernt, eine solche Ähnlichkeit auch nur zu träumen. Die Belehrung geht mit der Beziehung verloren, und die Geschichte, anstatt eine Schule der Bildung zu sein, muß sich mit einem armseligen Verdienste um unsre Neugier begnügen. Soll sie uns mehr sein und ihren großen Endzweck erreichen, so muß sie notwendig unter diesen beiden Methoden wählen — entweder der Leser muß warm werden wie der Held, oder der Held wie der Leser erkalten.

Ich weiß, daß von den besten Geschichtschreibern neuerer Zeit und des Altertums manche sich an die erste Methode gehalten und das Herz ihres Lesers durch hinreißenden Vortrag bestochen haben. Aber diese Manier ist eine Usurpation des Schriftstellers und beleidigt die republikanische Freiheit des lesenden Publikums, dem es zukömmt, selbst zu Gericht zu sitzen; sie ist zugleich eine Verletzung der Grenzengerechtigkeit, denn diese Methode gehört ausschließend und eigentümlich dem Redner und Dichter. Dem Geschichtschreiber bleibt nur die letztere übrig.

Der Held muß kalt werden wie der Leser, oder, was hier ebensoviel sagt, wir müssen mit ihm bekannt werden, eh er handelt, wir müssen ihn seine Handlung nicht bloß *vollbringen,* sondern auch *wollen* sehen. An seinen Gedanken liegt uns unendlich mehr als an seinen Taten, und noch weit mehr an den Quellen seiner Gedanken als an den Folgen jener Taten. Man hat das Erdreich des Vesuvs untersucht, sich die Entstehung seines Brandes zu erklären; warum schenkt man einer moralischen Erscheinung weniger Aufmerksamkeit als einer physischen? Warum achtet man nicht in ebendem Grade auf die Beschaffenheit und Stellung der Dinge, welche einen solchen Menschen umgaben, bis der gesammelte Zunder in seinem Inwendigen Feuer fing? Den Träumer, der das Wunderbare liebt, reizt eben das Seltsame und Abenteuerliche einer solchen Erscheinung; der Freund der Wahrheit sucht eine Mutter zu diesen verlorenen Kindern. Er sucht sie in der *unveränderlichen* Struktur der menschlichen Seele und in den *veränderlichen* Bedingungen, welche sie von außen bestimmten, und in diesen beiden findet er sie gewiß. Ihn überrascht es nun nicht mehr, in dem nämlichen Beete, wo sonst überall heilsame Kräuter blühen, auch den giftigen Schierling gedeihen zu sehen, Weisheit und Torheit, Laster und Tugend in *einer* Wiege beisammen zu finden.

Wenn ich auch keinen der Vorteile hier in Anschlag bringe, welche die Seelenkunde aus einer solchen Behandlungsart der Geschichte zieht, so behält sie schon allein darum den Vorzug, weil sie den grausamen Hohn und die stolze Sicherheit ausrottet, womit gemeiniglich die ungeprüfte aufrechtstehende Tugend auf die gefallne herunterblickt, weil sie den sanften Geist der Duldung verbreitet, ohne welchen kein Flüchtling zurückkehrt, keine Aussöhnung des Gesetzes mit seinem Beleidiger stattfindet, kein angestecktes Glied der Gesellschaft von dem gänzlichen Brande gerettet wird.

Ob der Verbrecher, von dem ich jetzt sprechen werde, auch noch ein Recht gehabt hätte, an jenen Geist der Duldung zu appellieren? ob er wirklich ohne Rettung für den Körper des Staats verloren war? — Ich will dem Ausspruch des Lesers nicht vorgreifen.

Unsre Gelindigkeit fruchtet ihm nichts mehr, denn er starb durch des Henkers Hand — aber die Leichenöffnung seines Lasters unterrichtet vielleicht die Menschheit und — es ist möglich, auch die Gerechtigkeit.

Christian Wolf war der Sohn eines Gastwirts in einer . . . schen Landstadt (deren Namen man, aus Gründen, die sich in der Folge aufklären, verschweigen muß) und half seiner Mutter, denn der Vater war tot, bis in sein zwanzigstes Jahr die Wirtschaft besorgen. Die Wirtschaft war schlecht, und Wolf hatte müßige Stunden. Schon von der Schule her war er für einen losen Buben bekannt. Erwachsene Mädchen führten Klagen über seine Frechheit, und die Jungen des Städtchens huldigten seinem erfinderischen Kopfe. Die Natur hatte seinen Körper verabsäumt. Eine kleine unscheinbare Figur, krauses Haar von einer unangenehmen Schwärze, eine plattgedrückte Nase und eine geschwollene Oberlippe, welche noch überdies durch den Schlag eines Pferdes aus ihrer Richtung gewichen war, gaben seinem Anblick eine Widrigkeit, welche alle Weiber von ihm zurückscheuchte und dem Witz seiner Kameraden eine reichliche Nahrung darbot.

Er wollte ertrotzen, was ihm verweigert war; weil er mißfiel, setzte er sich vor, zu gefallen. Er war sinnlich und beredete sich, daß er liebe. Das Mädchen, das er wählte, mißhandelte ihn; er hatte Ursache, zu fürchten, daß seine Nebenbuhler glücklicher wären; doch das Mädchen war arm. Ein Herz, das seinen Beteurungen verschlossen blieb, öffnete sich vielleicht seinen Geschenken, aber ihn selbst drückte Mangel, und der eitle Versuch, seine Außenseite geltend zu machen, verschlang noch das wenige, was er durch eine schlechte Wirtschaft erwarb. Zu bequem und zu unwissend, seinem zerrütteten Hauswesen durch Spekulation aufzuhelfen, zu stolz, auch zu weichlich, den Herrn, der er bisher gewesen war, mit dem Bauer zu vertauschen und seiner angebeteten Freiheit zu entsagen, sah er nur einen Ausweg vor sich — den Tausende vor ihm und nach ihm mit besserem Glücke ergriffen haben — den Ausweg, *honett zu stehlen.* Seine Vaterstadt grenzte an eine landesherrliche Waldung, er wurde Wilddieb, und der Ertrag seines Raubes wanderte treulich in die Hände seiner Geliebten.

Unter den Liebhabern Hannchens war Robert, ein Jägerpursche des Försters. Frühzeitig merkte dieser den Vorteil, den die Freigebigkeit seines Nebenbuhlers über ihn gewonnen hatte, und mit Scheelsucht forschte er nach den Quellen dieser Veränderung. Er zeigte sich fleißiger in der »Sonne« — dies war das Schild zu dem Wirtshaus — sein laurendes Auge, von Eifersucht und Neide geschärft, entdeckte ihm bald, woher dieses Geld floß. Nicht lange vorher war ein strenges Edikt gegen die Wildschützen erneuert worden, welches den Übertreter zum Zuchthaus verdammte. Robert war unermüdet, die geheimen Gänge seines Feindes zu beschleichen, endlich gelang es ihm auch, den Unbesonnenen über der Tat zu ergreifen. Wolf wurde eingezogen, und nur mit Aufopferung seines ganzen kleinen Vermögens brachte er es mühsam dahin, die zuerkannte Strafe durch eine Geldbuße abzuwenden.

Robert triumphierte. Sein Nebenbuhler war aus dem Felde geschlagen und Hannchens Gunst für den Bettler verloren. Wolf kannte seinen Feind, und dieser Feind war der glückliche Besitzer seiner Johanne. Drückendes Gefühl des Mangels gesellte sich zu beleidigtem Stolze, Not und Eifersucht stürmen vereinigt auf seine Empfindlichkeit ein, der Hunger treibt ihn hinaus in die weite Welt, Rache und Leidenschaft halten ihn fest. Er wird zum zweitenmal Wilddieb; aber Roberts verdoppelte Wachsamkeit überlistet ihn zum zweitenmal wieder. Jetzt erfährt er die ganze Schärfe des Gesetzes: denn er hat nichts mehr zu geben, und in wenigen Wochen wird er in das Zuchthaus der Residenz abgeliefert.

Das Strafjahr war überstanden, seine Leidenschaft durch die Entfernung gewachsen und sein Trotz unter dem Gewicht des Unglücks gestiegen. Kaum erlangt er die Freiheit, so eilt er nach seinem Geburtsort, sich seiner Johanne zu zeigen. Er erscheint: man flieht ihn. Die dringende Not hat endlich seinen Hochmut gebeugt und seine Weichlichkeit überwunden — er bietet sich den Reichen des Orts an und will für den Taglohn dienen. Der Bauer zuckt über den schwachen Zärtling die Achsel; der derbe Knochenbau seines handfesten Mitbewerbers sticht ihn bei diesem fühllosen Gönner aus. Er wagt einen letzten Versuch. *Ein* Amt ist noch ledig, der äußerste verlorne Posten des ehrlichen Namens — er meldet sich zum Hirten des Städtchens, aber der Bauer will seine Schweine keinem Taugenichts anvertrauen. In allen Entwürfen getäuscht, an allen Orten zurückgewiesen, wird er zum drittenmal Wilddieb, und zum drittenmal trifft ihn das Unglück, seinem wachsamen Feind in die Hände zu fallen.

Der doppelte Rückfall hatte seine Verschuldung erschwert. Die Richter sahen in das Buch der Gesetze, aber nicht *einer* in die Gemütsverfassung des Beklagten. Das Mandat gegen die Wilddiebe bedurfte einer solennen und exemplarischen Genugtuung, und Wolf ward verurteilt, das Zeichen des Galgens auf den Rükken gebrannt, drei Jahre auf der Festung zu arbeiten.

Auch diese Periode verlief, und er ging von der Festung — aber ganz anders, als er dahin gekommen war. Hier fängt eine neue Epoche in seinem Leben an; man höre ihn selbst, wie er nachher gegen seinen geistlichen Beistand und vor Gerichte bekannt hat. »Ich betrat die Festung«, sagte er, »als ein Verirrter und verließ sie als ein Lotterbube. Ich hatte noch etwas in der Welt gehabt, das mir teuer war, und mein Stolz krümmte sich unter der Schande. Wie ich auf die Festung gebracht war, sperrte man mich zu dreiundzwanzig Gefangenen ein, unter denen zwei Mörder und die übrigen alle berüchtigte Diebe und Vagabunden waren. Man verhöhnte mich, wenn ich von Gott sprach, und setzte mir zu, schändliche Lästerungen gegen den Erlöser zu sagen. Man sang mir Hurenlieder vor, die ich, ein lüderlicher Bube, nicht ohne Ekel und Entsetzen hörte, aber was ich ausüben sah, empörte meine Schamhaftigkeit noch mehr. Kein Tag verging, wo nicht irgendein schändlicher Lebenslauf wiederholt, irgendein schlimmer Anschlag geschmiedet ward. Anfangs floh ich dieses Volk und verkroch mich vor ihren Gesprächen, so gut mir's möglich war, aber ich brauchte ein Geschöpf, und die Barbarei meiner Wächter hatte mir auch meinen Hund abgeschlagen. Die

Arbeit war hart und tyrannisch, mein Körper kränklich, ich brauchte Beistand, und wenn ich's aufrichtig sagen soll, ich brauchte Bedaurung, und diese mußte ich mit dem letzten Überrest meines Gewissens erkaufen. So gewöhnte ich mich endlich an das Abscheulichste, und im letzten Vierteljahr hatte ich meine Lehrmeister übertroffen.

Von jetzt an lechzte ich nach dem Tag meiner Freiheit, wie ich nach Rache lechzte. Alle Menschen hatten mich beleidigt, denn alle waren besser und glücklicher als ich. Ich betrachtete mich als den Märtyrer des natürlichen Rechts und als ein Schlachtopfer der Gesetze. Zähneknirschend rieb ich meine Ketten, wenn die Sonne hinter meinem Festungsberg heraufkam; eine weite Aussicht ist zwiefache Hölle für einen Gefangenen. Der freie Zugwind, der durch die Luftlöcher meines Turmes pfeifte, und die Schwalbe, die sich auf dem eisernen Stab meines Gitters niederließ, schienen mich mit ihrer Freiheit zu necken und machten mir meine Gefangenschaft desto gräßlicher. Damals gelobte ich unversöhnlichen glühenden Haß allem, was dem Menschen gleicht, und was ich gelobte, hab ich redlich gehalten.

Mein erster Gedanke, sobald ich mich frei sah, war meine Vaterstadt. So wenig auch für meinen künftigen Unterhalt da zu hoffen war, so viel versprach sich mein Hunger nach Rache. Mein Herz klopfte wilder, als der Kirchturm von weitem aus dem Gehölze stieg. Es war nicht mehr das herzliche Wohlbehagen, wie ich's bei meiner ersten Wallfahrt empfunden hatte. — Das Andenken alles Ungemachs, aller Verfolgungen, die ich dort einst erlitten hatte, erwachte mit einemmal aus einem schrecklichen Todesschlaf, alle Wunden bluteten wieder, alle Narben gingen auf. Ich verdoppelte meine Schritte, denn es erquickte mich im voraus, meine Feinde durch meinen plötzlichen Anblick in Schrecken zu setzen, und ich dürstete jetzt ebenso sehr nach neuer Erniedrigung, als ich ehemals davor gezittert hatte.

Die Glocken läuteten zur Vesper, als ich mitten auf dem Markte stand. Die Gemeine wimmelte zur Kirche. Man erkannte mich schnell, jedermann, der mir aufstieß, trat scheu zurück. Ich hatte von jeher die kleinen Kinder sehr lieb gehabt, und auch jetzt übermannte mich's unwillkürlich, daß ich einem Knaben, der neben mir vorbeihüpfte, einen Groschen bot. Der Knabe sah mich einen Augenblick starr an und warf mir den Groschen ins Gesicht. Wäre mein Blut nur etwas ruhiger gewesen, so hätte ich mich erinnert, daß der Bart, den ich noch von der Festung mitbrachte, meine Gesichtszüge bis zum Gräßlichen entstellte — aber mein böses Herz hatte meine Vernunft angesteckt. Tränen, wie ich sie nie geweint hatte, liefen über meine Backen.

›Der Knabe weiß nicht, wer ich bin, noch woher ich komme‹, sagte ich halblaut zu mir selbst, ›und doch meidet er mich wie ein schändliches Tier. Bin ich denn irgendwo auf der Stirne gezeichnet, oder habe ich aufgehört, einem Menschen ähnlich zu sehen, weil ich fühle, daß ich keinen mehr lieben kann?‹ — Die Verachtung dieses Knaben schmerzte mich bitterer als dreijähriger Galiotendienst, denn ich hatte ihm Gutes getan und konnte *ihn* keines persönlichen Hasses beschuldigen.

Ich setzte mich auf einen Zimmerplatz, der Kirche gegenüber; was ich eigentlich wollte, weiß ich nicht; doch ich weiß noch, daß ich mit Erbitterung aufstand, als von allen meinen vorübergehenden Bekannten keiner mich nur eines Grußes gewürdigt hatte, auch nicht einer. Unwillig verließ ich meinen Standort, eine Herberge aufzusuchen; als ich an der Ecke einer Gasse umlenkte, rannte ich gegen meine Johanne. ›Sonnenwirt!‹ schrie sie laut auf und machte eine Bewegung, mich zu umarmen. ›Du wieder da, lieber Sonnenwirt! Gott sei Dank, daß du wiederkömmst!‹ Hunger und Elend sprach aus ihrer Bedeckung, eine schändliche Krankheit aus ihrem Gesichte, ihr Anblick verkündigte die verworfenste Kreatur, zu der sie erniedrigt war. Ich ahndete schnell, was hier geschehen sein möchte; einige fürstliche Dragoner, die mir eben begegnet waren, ließen mich erraten, daß Garnison in dem Städtchen lag. ›Soldatendirne!‹ rief ich und drehte ihr lachend den Rücken zu. Es tat mir wohl, daß noch *ein* Geschöpf *unter* mir war im Rang der Lebendigen. Ich hatte sie niemals geliebt.

Meine Mutter war tot. Mit meinem kleinen Hause hatten sich meine Kreditoren bezahlt gemacht. Ich hatte niemand und nichts mehr. Alle Welt floh mich wie einen Giftigen, aber ich hatte endlich verlernt, mich zu schämen. Vorher hatte ich mich dem Anblick der Menschen entzogen, weil Verachtung mir unerträglich war. Jetzt drang ich mich auf und ergötzte mich, sie zu verscheuchen. Es war mir wohl, weil ich nichts mehr zu verlieren und nichts mehr zu hüten hatte. *Ich* brauchte keine gute Eigenschaft mehr, weil man keine mehr bei mir vermutete.

Die ganze Welt stand mir offen, ich hätte vielleicht in einer fremden Provinz für einen ehrlichen Mann gegolten, aber ich hatte den Mut verloren, es auch nur zu scheinen. Verzweiflung und Schande hatten mir endlich diese Sinnesart aufgezwungen. Es war die letzte Ausflucht, die mir übrig war, die *Ehre* entbehren zu lernen, weil ich an keine mehr Anspruch machen durfte. Hätten meine Eitelkeit und mein Stolz meine Erniedrigung erlebt, so hätte ich mich selber entleiben müssen.

Was ich nunmehr eigentlich beschlossen hatte, war mir selber noch unbekannt. Ich wollte Böses tun, soviel erinnerte ich mich noch dunkel. Ich wollte mein Schicksal verdienen. Die Gesetze, meinte ich, wären Wohltaten für die Welt, also faßte ich den Vorsatz, sie zu verletzen; ehemals hatte ich aus *Notwendigkeit* und *Leichtsinn* gesündigt, jetzt tat ich's aus freier Wahl zu meinem Vergnügen.

Mein erstes war, daß ich mein Wildschießen fortsetzte. Die Jagd überhaupt war mir nach und nach zur Leidenschaft geworden, und außerdem mußte ich ja leben. Aber dies war es nicht allein; es kitzelte mich, das fürstliche Edikt zu verhöhnen und meinem Landesherrn nach allen Kräften zu schaden. Ergriffen zu werden, besorgte ich nicht mehr, denn jetzt hatte ich eine Kugel für meinen Entdecker bereit, und das wußte ich, daß mein Schuß seinen Mann nicht fehlte. Ich erlegte alles Wild, das mir aufstieß, nur weniges machte ich auf der Grenze zu Gelde, das meiste ließ ich verwesen. Ich lebte kümmerlich, um nur den Aufwand an Blei und Pulver zu bestreiten. Meine Verheerungen in der großen Jagd wurden ruchtbar, aber mich drückte kein Verdacht mehr. Mein Anblick löschte ihn aus. Mein Name war vergessen.

Diese Lebensart trieb ich mehrere Monate. Eines Morgens hatte ich nach meiner Gewohnheit das Holz durchstrichen, die Fährte eines Hirsches zu verfolgen. Zwei Stunden hatte ich mich vergeblich ermüdet, und schon fing ich an, meine Beute verloren zu geben, als ich sie auf einmal in schußgerechter Entfernung entdecke. Ich will anschlagen und abdrücken — aber plötzlich erschreckt mich der Anblick eines Hutes, der wenige Schritte vor mir auf der Erde liegt. Ich forsche genauer und erkenne den Jäger Robert, der hinter dem dicken Stamm einer Eiche auf eben das Wild anschlägt, dem ich den Schuß bestimmt hatte. Eine tödliche Kälte fährt bei diesem Anblick durch meine Gebeine. Just das war der Mensch, den ich unter allen lebendigen Dingen am gräßlichsten haßte, und dieser Mensch war in die Gewalt meiner Kugel gegeben. In diesem Augenblick dünkte mich's, als ob die ganze Welt in meinem Flintenschuß läge und der Haß meines ganzen Lebens in die einzige Fingerspitze sich zusammendrängte, womit ich den mördrischen Druck tun sollte. Eine unsichtbare fürchterliche Hand schwebte über mir, der Stundenweiser meines Schicksals zeigte unwiderruflich auf diese schwarze Minute. Der Arm zitterte mir, da ich meiner Flinte die schreckliche Wahl erlaubte — meine Zähne schlugen zusammen wie im

Fieberfrost, und der Odem sperrte sich erstickend in meiner Lunge. Eine Minute lang blieb der Lauf meiner Flinte ungewiß zwischen dem Menschen und dem Hirsch mitten inne schwanken — eine Minute — und noch eine — und wieder eine. Rache und Gewissen rangen hartnäckig und zweifelhaft, aber die Rache gewann's, und der Jäger lag tot am Boden.

Mein Gewehr fiel mit dem Schusse . . . ›Mörder‹ . . . stammelte ich langsam — der Wald war still wie ein Kirchhof — ich hörte deutlich, daß ich ›Mörder‹ sagte. Als ich näher schlich, starb der Mann. Lange stand ich sprachlos vor dem Toten, ein helles Gelächter endlich machte mir Luft. ›Wirst du jetzt reinen Mund halten, guter Freund!‹ sagte ich und trat keck hin, indem ich zugleich das Gesicht des Ermordeten auswärts kehrte. Die Augen standen ihm weit auf. Ich wurde ernsthaft und schwieg plötzlich wieder stille. Es fing mir an, seltsam zu werden.

Bis hieher hatte ich auf Rechnung meiner Schande gefrevelt; jetzt war etwas geschehen, wofür ich noch nicht gebüßt hatte. Eine Stunde vorher, glaube ich, hätte mich kein Mensch überredet, daß es noch etwas Schlechteres als mich unter dem Himmel gebe; jetzt fing ich an zu mutmaßen, daß ich vor einer Stunde wohl gar zu beneiden war.

Gottes Gerichte fielen mir nicht ein — wohl aber eine, ich weiß nicht welche? verwirrte Erinnerung an Strang und Schwert und die Exekution einer Kindermörderin, die ich als Schuljunge mit angesehen hatte. Etwas ganz besonders Schreckbares lag für mich in dem Gedanken, daß von jetzt an mein Leben verwirkt sei. Auf mehreres besinne ich mich nicht mehr. Ich wünschte gleich darauf, daß er noch lebte. Ich tat mir Gewalt an, mich lebhaft an alles Böse zu erinnern, das mir der Tote im Leben zugefügt hatte, aber sonderbar! mein Gedächtnis war wie ausgestorben. Ich konnte nichts mehr von alledem hervorrufen, was mich vor einer Viertelstunde zum Rasen gebracht hatte. Ich begriff gar nicht, wie ich zu dieser Mordtat gekommen war.

Noch stand ich vor der Leiche, noch immer. Das Knallen einiger Peitschen und das Geknarre von Frachtwagen, die durchs Holz fuhren, brachte mich zu mir selbst. Es war kaum eine Viertelmeile abseits der Heerstraße, wo die Tat geschehen war. Ich mußte auf meine Sicherheit denken.

Unwillkürlich verlor ich mich tiefer in den Wald. Auf dem Wege fiel mir ein, daß der Entleibte sonst eine Taschenuhr besessen hätte. Ich brauchte Geld, um die Grenze zu erreichen — und doch fehlte mir der Mut, nach dem Platze umzuwenden, wo der Tote lag. Hier erschreckte mich ein Gedanke an den Teufel und eine Allgegenwart Gottes. Ich raffte meine ganze Kühnheit zusammen; entschlossen, es mit der ganzen Hölle aufzunehmen, ging ich nach der Stelle zurück. Ich fand, was ich erwartet hatte, und in einer grünen Börse noch etwas weniges über einen Taler an Gelde. Eben da ich beides zu mir stecken wollte, hielt ich plötzlich ein und überlegte. Es war keine Anwandlung von Scham, auch nicht Furcht, mein Verbrechen durch Plünderung zu vergrößern — Trotz, glaube ich, war es, daß ich die Uhr wieder von mir warf und von dem

Gelde nur die Hälfte behielt Ich wollte für einen persönlichen Feind des Erschossenen, aber nicht für seinen Räuber gehalten sein.

Jetzt floh ich waldeinwärts. Ich wußte, daß das Holz sich vier deutsche Meilen nordwärts erstreckte und dort an die Grenzen des Landes stieß. Bis zum hohen Mittage lief ich atemlos. Die Eilfertigkeit meiner Flucht hatte meine Gewissensangst zerstreut, aber sie kam schrecklicher zurück, wie meine Kräfte mehr und mehr ermatteten. Tausend gräßliche Gestalten gingen an mir vorüber und schlugen wie schneidende Messer in meine Brust. Zwischen einem Leben voll rastloser Todesfurcht und einer gewaltsamen Entleibung war mir jetzt eine schreckliche Wahl gelassen, und ich *mußte* wählen. Ich hatte das Herz nicht, durch Selbstmord aus der Welt zu gehen, und entsetzte mich vor der Aussicht, darin zu bleiben. Geklemmt zwischen die gewissen Qualen des Lebens und die ungewissen Schrecken der Ewigkeit, gleich unfähig zu leben und zu sterben, brachte ich die sechste Stunde meiner Flucht dahin, eine Stunde, vollgepreßt von Qualen, wovon noch kein lebendiger Mensch zu erzählen weiß.

In mich gekehrt und langsam, ohne mein Wissen den Hut tief ins Gesicht gedrückt, als ob mich dies vor dem Auge der leblosen Natur hätte unkenntlich machen können, hatte ich unvermerkt einen schmalen Fußsteig verfolgt, der mich durch das dunkelste Dikkicht führte — als plötzlich eine rauhe befehlende Stimme vor mir her: ›Halt!‹ rufte. Die Stimme war ganz nahe, meine Zerstreuung und der heruntergedrückte Hut hatten mich verhindert, um mich herumzuschauen. Ich schlug die Augen auf und sah einen wilden Mann auf mich zukommen, der eine große knotigte Keule trug. Seine Figur ging ins Riesenmäßige — meine erste Bestürzung wenigstens hatte mich dies glauben gemacht — und die Farbe seiner Haut war von einer gelben Mulattenschwärze, woraus das Weiße eines schielenden Auges bis zum Grassen hervortrat. Er hatte statt eines Gurts ein dickes Seil zwiefach um einen grünen wollenen Rock geschlagen, worin ein breites Schlachtmesser bei einer Pistole stak. Der Ruf wurde wiederholt, und ein kräftiger Arm hielt mich fest. Der Laut eines Menschen hatte mich in Schrecken gejagt, aber der Anblick eines Bösewichts gab mir Herz. In der Lage, worin ich jetzt war, hatte ich Ursache, vor jedem redlichen Mann, aber keine mehr, vor einem Räuber zu zittern.

›Wer da?‹ sagte diese Erscheinung.

›Deinesgleichen‹, war meine Antwort, ›wenn du der wirklich bist, dem du gleich siehst!‹

›Dahinaus geht der Weg nicht. Was hast du hier zu suchen?‹

›Was hast du hier zu fragen?‹ versetzte ich trotzig.

Der Mann betrachtete mich zweimal vom Fuß bis zum Wirbel. Es schien, als ob er meine Figur gegen die seinige und meine Antwort gegen meine Figur halten wollte — ›Du sprichst brutal wie ein Bettler‹, sagte er endlich.

›Das mag sein. Ich bin's noch gestern gewesen.‹

Der Mann lachte. ›Man sollte darauf schwören‹, rief er, ›du wolltest auch noch jetzt für nichts Besseres gelten.‹

›Für etwas Schlechteres also‹ — Ich wollte weiter.

›Sachte, Freund! Was jagt dich denn so? Was hast du für Zeit zu verlieren?‹

Ich besann mich einen Augenblick. Ich weiß nicht, wie mir das Wort auf die Zunge kam: ›Das Leben ist kurz‹, sagte ich langsam, ›und die Hölle währt ewig.‹

Er sah mich stier an. ›Ich will verdammt sein‹, sagte er endlich, ›oder du bist irgend an einem Galgen hart vorbeigestreift.‹

›Das mag wohl noch kommen. Also auf *Wiedersehen,* Kamerad!‹

›Topp, *Kamerade!*‹ — schrie er, indem er eine zinnerne Flasche aus seiner Jagdtasche hervorlangte, einen kräftigen Schluck daraus tat und mir sie reichte. Flucht und Beängstigung hatten meine Kräfte aufgezehrt, und diesen ganzen entsetzlichen Tag war noch nichts über meine Lippen gekommen. Schon fürchtete ich, in dieser Waldgegend zu verschmachten, wo auf drei Meilen in der Runde kein Labsal für mich zu hoffen war. Man urteile, wie froh ich auf diese angebotne Gesundheit Bescheid tat. Neue Kraft floß mit diesem Erquicktrunk in meine Gebeine und frischer Mut in mein Herz, und Hoffnung und Liebe zum Leben. Ich fing an zu glauben, daß ich doch wohl nicht ganz elend wäre, so viel konnte dieser willkommene Trank. Ja, ich bekenne es, mein Zustand grenzte wieder an einen glücklichen, denn endlich, nach tausend fehlgeschlagenen Hoffnungen, hatte ich eine Kreatur gefunden, die mir ähnlich schien. In dem Zustande, worein ich versunken war, hätte ich mit dem höllischen Geiste Kameradschaft getrunken, um einen Vertrauten zu haben.

Der Mann hatte sich aufs Gras hingestreckt, ich tat ein Gleiches.

›Dein Trunk hat mir wohlgetan!‹ sagte ich. ›Wir müssen bekannter werden.‹

Er schlug Feuer, seine Pfeife zu zünden.

›Treibst du das Handwerk schon lange?‹

Er sah mich fest an. ›Was willst du damit sagen?‹

›War *das* schon oft blutig?‹ Ich zog das Messer aus seinem Gürtel.

›Wer bist du?‹ sagte er schrecklich und legte die Pfeife von sich.

›Ein Mörder wie du — aber nur erst ein Anfänger.‹

Der Mensch sah mich steif an und nahm seine Pfeife wieder.

›Du bist nicht hier zu Hause?‹ sagte er endlich.

›Drei Meilen von hier. Der Sonnenwirt in L . . ., wenn du von mir gehöret hast.‹

Der Mann sprang auf wie ein Beseßner. ›Der Wildschütze Wolf?‹ schrie er hastig.

›Der nämliche.‹

›Willkommen, Kamerad! Willkommen!‹ rief er und schüttelte mir kräftig die Hände. ›Das ist brav, daß ich dich endlich habe, Sonnenwirt. Jahr und Tag schon sinn ich darauf, dich zu kriegen. Ich kenne dich recht gut. Ich weiß um alles. Ich habe lange auf dich gerechnet.‹

›Auf mich gerechnet? Wozu denn?‹

›Die ganze Gegend ist voll von dir. Du hast Feinde, ein Amtmann hat dich gedrückt, Wolf. Man hat dich zugrunde gerichtet, himmelschreiend ist man mit dir umgegangen.‹

Der Mann wurde hitzig — ›Weil du ein paar Schweine geschossen hast, die der Fürst auf unsern Äckern und Feldern füttert, haben sie dich jahrelang im Zuchthaus und auf der Festung herumgezogen, haben sie dich um Haus und Wirtschaft bestohlen, haben sie dich zum Bettler gemacht. Ist es dahin gekommen, Bruder, daß der Mensch nicht mehr gelten soll als ein Hase? Sind wir nicht besser als das Vieh auf dem Felde? — Und ein Kerl wie du konnte das dulden?‹

›Konnt ich's ändern?‹

›Das werden wir ja wohl sehen. Aber sage mir doch, woher kömmst du denn jetzt, und was führst du im Schilde?‹

Ich erzählte ihm meine ganze Geschichte. Der Mann, ohne abzuwarten, bis ich zu Ende war, sprang mit froher Ungeduld auf, und mich zog er nach. ›Komm, Bruder Sonnenwirt‹, sagte er, ›jetzt bist du reif, jetzt hab ich dich, wo ich dich brauchte. Ich werde Ehre mit dir einlegen. Folge mir.‹

›Wo willst du mich hinführen?‹

›Frage nicht lange. Folge!‹ — Er schleppte mich mit Gewalt fort.

Wir waren eine kleine Viertelmeile gegangen. Der Wald wurde immer abschüssiger, unwegsamer und wilder, keiner von uns sprach ein Wort, bis mich endlich die Pfeife meines Führers aus meinen Betrachtungen aufschreckte. Ich schlug die Augen auf, wir standen am schroffen Absturz eines Felsens, der sich in eine tiefe Kluft hinunterbückte. Eine zwote Pfeife antwortete aus dem innersten Bauche des Felsens, und eine Leiter kam, wie von sich selbst, langsam aus der Tiefe gestiegen. Mein Führer kletterte zuerst hinunter, mich hieß er warten, bis er wiederkäme. ›Erst muß ich den Hund an Ketten legen lassen‹, setzte er hinzu, ›du bist fremd, die Bestie würde dich zerreißen.‹ Damit ging er.

Jetzt stand ich allein vor dem Abgrund, und ich wußte recht gut, daß ich allein war. Die Unvorsichtigkeit meines Führers entging meiner Aufmerksamkeit nicht. Es hätte mich nur einen beherzten Entschluß gekostet, die Leiter heraufzuziehen, so war ich frei, und meine Flucht war gesichert. Ich gestehe, daß ich das einsah. Ich sah in den Schlund hinab, der mich jetzt aufnehmen sollte, er erinnerte mich dunkel an den Abgrund der Hölle, woraus keine Erlösung mehr ist. Mir fing an, vor der Laufbahn zu schaudern, die ich nunmehr betreten wollte, nur eine schnelle Flucht konnte mich retten. Ich beschließe diese Flucht — schon strecke ich den Arm nach der Leiter aus — aber auf einmal donnert's in meinen Ohren, es umhallt mich wie Hohngelächter der Hölle: *›Was hat ein Mörder zu wagen?‹* — und mein Arm fällt gelähmt zurück. Meine Rechnung war völlig, die Zeit der Reue war dahin, mein begangener Mord lag hinter mir aufgetürmt wie ein Fels und sperrte meine Rückkehr auf ewig. Zugleich erschien auch mein Führer wieder und kündigte mir an, daß ich kommen solle. Jetzt war ohnehin keine Wahl mehr. Ich kletterte hinunter.

Wir waren wenige Schritte unter der Felsmauer weggegangen, so erweiterte sich der Grund, und einige Hütten wurden sichtbar. Mitten zwischen diesen öffnete sich ein runder Rasenplatz, auf welchem sich eine Anzahl von achtzehn bis zwanzig Menschen um ein Kohlfeuer gelagert hatte. ›Hier, Kameraden‹, sagte mein Führer und stellte mich mitten in den Kreis. ›Unser Sonnenwirt! heißt ihn willkommen!‹

›Sonnenwirt!‹ schrie alles zugleich, und alles fuhr auf und drängte sich um mich her, Männer und Weiber. Soll ich's gestehn? Die Freude war ungeheuchelt und herzlich, Vertrauen, Achtung sogar erschien auf jedem Gesichte, dieser drückte mir die Hand, jener schüttelte mich vertraulich am Kleide, der ganze Auftritt war wie das Wiedersehen eines alten Bekannten, der einem wert ist. Meine Ankunft hatte den Schmaus unterbrochen, der eben anfangen sollte. Man setzte ihn sogleich fort und nötigte mich, den Willkomm zu trinken. Wildpret aller Art war die Mahlzeit, und die Weinflasche wanderte unermüdet von Nachbar zu Nachbar. Wohlleben und Einigkeit schien die ganze Bande zu beseelen, und alles wetteiferte, seine Freude über mich zügelloser an den Tag zu legen.

Man hatte mich zwischen zwo Weibspersonen sitzen lassen, welches der Ehrenplatz an der Tafel war. Ich erwartete den Auswurf ihres Geschlechts, aber wie groß war meine Verwunderung, als ich unter dieser schändlichen Rotte die schönsten weiblichen Gestalten entdeckte, die mir jemals vor Augen gekommen. Margarete, die älteste und schönste von beiden, ließ sich Jungfer nennen und konnte kaum fünfundzwanzig sein. Sie sprach sehr frech, und ihre Gebärden sagten noch mehr. Marie, die jüngere, war verheiratet, aber einem Manne entlaufen, der sie mißhandelt hatte. Sie war feiner gebildet, sah aber blaß aus und schmächtig und fiel weniger ins Auge als ihre feurige Nachbarin. Beide Weiber eiferten aufeinander, meine Begierden zu entzünden, die schöne Margarete kam meiner Blödigkeit durch freche Scherze zuvor, aber das ganze Weib war mir zuwider, und mein Herz hatte die schüchterne Marie auf immer gefangen.

›Du siehst, Bruder Sonnenwirt‹, fing der Mann jetzt an, der mich hergebracht hatte, ›du siehst, wie wir untereinander leben, und jeder Tag ist dem heutigen gleich. Nicht wahr, Kameraden?‹

›Jeder Tag wie der heutige!‹ wiederholte die ganze Bande.

›Kannst du dich also entschließen, an unserer Lebensart Gefallen zu finden, so schlag ein und sei unser Anführer. Bis jetzt bin *ich* es gewesen, aber *dir* will ich weichen. Seid ihr's zufrieden, Kameraden?‹

Ein fröhliches ›Ja!‹ antwortete aus allen Kehlen.

Mein Kopf glühte, mein Gehirne war betäubt; von Wein und Begierden siedete mein Blut. Die Welt hatte mich ausgeworfen wie einen Verpesteten — hier fand ich brüderliche Aufnahme, Wohlleben und Ehre. Welche Wahl ich auch treffen wollte, so erwartete mich Tod; hier aber konnte ich wenigstens mein Leben für einen höheren Preis verkaufen. Wollust war meine wütendste Neigung, das andere Geschlecht hatte mir bis jetzt nur Verachtung bewiesen, hier erwarteten mich Gunst und zügellose Vergnügungen. Mein Entschluß kostete mich wenig. ›Ich bleibe bei euch, Kameraden‹, rief ich laut mit Entschlossenheit und trat mitten unter die Bande, ›ich bleibe bei euch‹, rief ich nochmals,

›wenn ihr mir meine schöne Nachbarin abtretet!‹ — Alle kamen überein, mein Verlangen zu bewilligen, ich war erklärter Eigentümer einer H*** und das Haupt einer Diebesbande.«

Den folgenden Teil der Geschichte übergehe ich ganz, das bloß Abscheuliche hat nichts Unterrichtendes für den Leser. Ein Unglücklicher, der bis zu dieser Tiefe heruntersank, mußte sich endlich alles erlauben, was die Menschheit empört — aber einen zweiten Mord beging er nicht mehr, wie er selbst auf der Folter bezeugte.

Der Ruf dieses Menschen verbreitete sich in kurzem durch die ganze Provinz. Die Landstraßen wurden unsicher, nächtliche Einbrüche beunruhigten den Bürger, der Name des Sonnenwirts wurde der Schrecken des Landvolks, die Gerechtigkeit suchte ihn auf, und eine Prämie wurde auf seinen Kopf gesetzt. Er war so glücklich, jeden Anschlag auf seine Freiheit zu vereiteln, und verschlagen genug, den Aberglauben des wundersüchtigen Bauern zu seiner Sicherheit zu benutzen. Seine Gehülfen mußten aussprengen, er habe einen Bund mit dem Teufel gemacht und könne hexen. Der Distrikt, auf welchem er seine Rolle spielte, gehörte damals noch weniger als jetzt zu den aufgeklärten Deutschlands, man glaubte diesem Gerüchte, und seine Person war gesichert. Niemand zeigte Lust, mit dem gefährlichen Kerl anzubinden, dem der Teufel zu Diensten stünde.

Ein Jahr schon hatte er das traurige Handwerk getrieben, als es anfing, ihm unerträglich zu werden. Die Rotte, an deren Spitze er sich gestellt hatte, erfüllte seine glänzenden Erwartungen nicht. Eine verführerische Außenseite hatte ihn damals im Taumel des Weines geblendet, jetzt wurde er mit Schrecken gewahr, wie abscheulich er hintergangen worden. Hunger und Mangel traten an die Stelle des Überflusses, womit man ihn eingewiegt hatte; sehr oft mußte er sein Leben an eine Mahlzeit wagen, die kaum hinreichte, ihn vor dem Verhungern zu schützen. Das Schattenbild jener *brüderlichen* Eintracht verschwand, Neid, Argwohn und Eifersucht wüteten im Innern dieser verworfenen Bande. Die Gerechtigkeit hatte demjenigen, der ihn lebendig ausliefern würde, Belohnung, und wenn es ein Mitschuldiger wäre, noch eine feierliche Begnadigung zugesagt — eine mächtige Versuchung für den Auswurf der Erde! Der Unglückliche kannte seine Gefahr. Die Redlichkeit derjenigen, die Menschen und Gott verrieten, war ein schlechtes Unterpfand seines Lebens. Sein Schlaf war, von jetzt an, dahin, ewige Todesangst zerfraß seine Ruhe, das gräßliche Gespenst des Argwohns rasselte hinter ihm, wo er hinfloh, peinigte ihn, wenn er wachte, bettete sich neben ihm, wenn er schlafen ging, und schreckte ihn in entsetzlichen Träumen. Das verstummte Gewissen gewann zugleich seine Sprache wieder, und die schlafende Natter der Reue wachte bei diesem allgemeinen Sturm seines Busens auf. Sein ganzer Haß wandte sich jetzt von der Menschheit und kehrte seine schreckliche Schneide gegen ihn selber. Er vergab jetzt der ganzen Natur und fand niemand, als sich allein zu verfluchen.

Das Laster hatte seinen Unterricht an dem Unglücklichen vollendet, sein natürlich guter Verstand siegte endlich über die traurige Täuschung. Jetzt fühlte er, wie tief er gefallen war, ruhigere Schwermut trat an die Stelle knirschender Verzweiflung. Er wünschte mit Tränen die Vergangenheit zurück, jetzt wußte er gewiß, daß er sie ganz anders wiederholen würde. Er fing an zu hoffen, daß er noch rechtschaffen werden dürfe, weil er bei sich empfand, daß er es könne. Auf dem höchsten Gipfel seiner Verschlimmerung war er dem Guten näher, als er vielleicht vor seinem ersten Fehltritt gewesen war.

Um eben diese Zeit war der Siebenjährige Krieg ausgebrochen, und die Werbungen gingen stark. Der Unglückliche schöpfte Hoffnung von diesem Umstand und schrieb einen Brief an seinen Landesherrn, den ich auszugsweise hier einrücke:

»Wenn Ihre fürstliche Huld sich nicht ekelt, bis zu *mir* herunterzusteigen, wenn Verbrecher *meiner* Art nicht außerhalb Ihrer Erbarmung liegen, so gönnen Sie mir Gehör, durchlauchtigster Oberherr. Ich bin Mörder und Dieb, das Gesetz verdammt mich zum Tode, die Gerichte suchen mich auf — und ich biete mich an, mich freiwillig zu stellen. Aber ich bringe zugleich eine seltsame Bitte vor Ihren Thron. Ich verabscheue mein Leben und fürchte den Tod nicht, aber schrecklich ist mir's zu sterben, ohne gelebt zu haben. Ich möchte leben, um einen Teil des Vergangenen gutzumachen; ich möchte leben, um den Staat zu versöhnen, den ich beleidigt habe. Meine Hinrichtung wird ein Beispiel sein für die Welt, aber kein Ersatz meiner Taten. Ich hasse das Laster und sehne mich feurig nach Rechtschaffenheit und Tugend. Ich habe Fähigkeiten gezeigt, meinem Vaterland furchtbar zu werden, ich hoffe, daß mir noch einige übriggeblieben sind, ihm zu nützen.

Ich weiß, daß ich etwas Unerhörtes begehre. Mein Leben ist verwirkt, mir steht es nicht an, mit der Gerechtigkeit Unterhandlung zu pflegen. Aber ich erscheine nicht in Ketten und Banden vor Ihnen — noch bin ich frei —, und meine Furcht hat den kleinsten Anteil an meiner Bitte.

Es ist Gnade, um was ich flehe. Einen Anspruch auf Gerechtigkeit, wenn ich auch einen hätte, wage ich nicht mehr geltend zu machen. — Doch an etwas darf ich meinen Richter erinnern. Die Zeitrechnung meiner Verbrechen fängt mit dem Urteilspruch an, der mich auf immer um meine Ehre brachte. Wäre mir damals die Billigkeit minder versagt worden, so würde ich jetzt vielleicht keiner Gnade bedürfen.

Lassen Sie Gnade für Recht ergehen, mein Fürst. Wenn es in Ihrer fürstlichen Macht steht, das Gesetz für mich zu erbitten, so schenken Sie mir das Leben. Es soll Ihrem Dienste von nun an gewidmet sein. Wenn Sie es können, so lassen Sie mich Ihren gnädigsten Willen aus öffentlichen Blättern vernehmen, und ich werde mich auf Ihr fürstliches Wort in der Hauptstadt stellen. Haben Sie es anders mit mir beschlossen, so tue die Gerechtigkeit denn das Ihrige, ich muß das Meinige tun.«

Diese Bittschrift blieb ohne Antwort, wie auch eine zweite und dritte, worin der Supplikant um eine Reuterstelle im Dienste des Fürsten bat. Seine Hoffnung zu einem Pardon erlosch gänzlich, er faßte also den

Entschluß, aus dem Land zu fliehen und im Dienste des Königs von Preußen als ein braver Soldat zu sterben.

Er entwischte glücklich seiner Bande und trat diese Reise an. Der Weg führte ihn durch eine kleine Landstadt, wo er übernachten wollte. Kurze Zeit vorher waren durch das ganze Land geschärftere Mandate zu strenger Untersuchung der Reisenden ergangen, weil der Landesherr, ein Reichsfürst, im Kriege Partei genommen hatte. Einen solchen Befehl hatte auch der Torschreiber dieses Städtchens, der auf einer Bank vor dem Schlage saß, als der Sonnenwirt geritten kam. Der Aufzug dieses Mannes hatte etwas Possierliches und zugleich etwas Schreckliches und Wildes. Der hagre Klepper, den er ritt, und die burleske Wahl seiner Kleidungsstücke, wobei wahrscheinlich weniger sein Geschmack als die Chronologie seiner Entwendungen zu Rat gezogen war, kontrastierte seltsam genug mit einem Gesicht, worauf so viele wütende Affekte, gleich den verstümmelten Leichen auf einem Walplatz, verbreitet lagen. Der Torschreiber stutzte beim Anblick dieses seltsamen Wanderers. Er war am Schlagbaum grau geworden, und eine vierzigjährige Amtsführung hatte in ihm einen unfehlbaren Physiognomen aller Landstreicher erzogen. Der Falkenblick dieses Spürers verfehlte auch hier seinen Mann nicht. Er sperrte sogleich das Stadttor und forderte dem Reuter den Paß ab, indem er sich seines Zügels versicherte. Wolf war auf Fälle dieser Art vorbereitet und führte auch wirklich einen Paß bei sich, den er ohnlängst von einem geplünderten Kaufmann erbeutet hatte. Aber dieses einzelne Zeugnis war nicht genug, eine vierzigjährige Observanz umzustoßen und das Orakel am Schlagbaum zu einem Widerruf zu bewegen. Der Torschreiber glaubte seinen Augen mehr als diesem Papiere, und Wolf war genötigt, ihm nach dem Amtshaus zu folgen.

Der Oberamtmann des Orts untersuchte den Paß und erklärte ihn für richtig. Er war ein starker Anbeter der Neuigkeit und liebte besonders, bei seiner Bouteille über die Zeitung zu plaudern. Der Paß sagte ihm, daß der Besitzer geradeswegs aus den feindlichen Ländern käme, wo der Schauplatz des Krieges war. Er hoffte, Privatnachrichten aus dem Fremden herauszulocken, und schickte einen Sekretär mit dem Paß zurück, ihn auf eine Flasche Wein einzuladen.

Unterdessen hält der Sonnenwirt vor dem Amtshaus; das lächerliche Schauspiel hat den Janhagel des Städtchens scharenweise um ihn her versammelt. Man murmelt sich in die Ohren, deutet wechselweise auf das Roß und den Reuter; der Mutwille des Pöbels steigt endlich bis zu einem lauten Tumult. Unglücklicherweise war das Pferd, worauf jetzt alles mit Fingern wies, ein geraubtes; er bildet sich ein, das Pferd sei in Steckbriefen beschrieben und erkannt. Die unerwartete Gastfreundlichkeit des Oberamtmanns vollendet seinen Verdacht. Jetzt hält er's für ausgemacht, daß die Betrügerei seines Passes verraten und diese Einladung nur die Schlinge sei, ihn lebendig und ohne Widersetzung zu fangen. Böses Gewissen macht ihn zum Dummkopf, er gibt seinem Pferde die Sporen und rennt davon, ohne Antwort zu geben.

Diese plötzliche Flucht ist die Losung zum Aufstand.

»Ein Spitzbube!« ruft alles, und alles stürzt hinter ihm her. Dem Reuter gilt es um Leben und Tod, er hat schon den Vorsprung, seine Verfolger keuchen atemlos nach, er ist seiner Rettung nahe — aber eine schwere Hand drückt unsichtbar gegen ihn, die Uhr seines Schicksals ist abgelaufen, die unerbittliche Nemesis hält ihren Schuldner an. Die Gasse, der er sich anvertraute, endigt in einem Sack, er muß rückwärts gegen seine Verfolger umwenden.

Der Lärm dieser Begebenheit hat unterdessen das ganze Städtchen in Aufruhr gebracht, Haufen sammeln sich zu Haufen, alle Gassen sind gesperrt, ein Heer von Feinden kömmt im Anmarsch gegen ihn her. Er zeigt eine Pistole, das Volk weicht, er will sich mit Macht einen Weg durchs Gedränge bahnen. »Dieser Schuß«, ruft er, »soll dem Tollkühnen, der mich halten will« — Die Furcht gebietet eine allgemeine Pause — ein beherzter Schlossergeselle endlich fällt ihm von hinten her in den Arm und faßt den Finger, womit der Rasende eben losdrücken will, und drückt ihn aus dem Gelenke. Die Pistole fällt, der wehrlose Mann wird vom Pferde herabgerissen und im Triumphe nach dem Amthaus zurückgeschleppt.

»Wer seid Ihr?« frägt der Richter mit ziemlich brutalem Ton.

»Ein Mann, der entschlossen ist, auf keine Frage zu antworten, bis man sie höflicher einrichtet.«

»Wer sind Sie?«

»Für was ich mich ausgab. Ich habe ganz Deutschland durchreist und die Unverschämtheit nirgends als hier zu Hause gefunden.«

»Ihre schnelle Flucht macht Sie sehr verdächtig. Warum flohen Sie?«

»Weil ich's müde war, der Spott Ihres Pöbels zu sein.«

»Sie drohten, Feuer zu geben.«

»Meine Pistole war nicht geladen.« Man untersuchte das Gewehr, es war keine Kugel darin.

»Warum führen Sie heimliche Waffen bei sich?«

»Weil ich Sachen von Wert bei mir trage, und weil man mich vor einem gewissen Sonnenwirt gewarnt hat, der in diesen Gegenden streifen soll.«

»Ihre Antworten beweisen sehr viel für Ihre Dreistigkeit, aber nichts für Ihre gute Sache. Ich gebe Ihnen Zeit bis morgen, ob Sie mir die Wahrheit entdecken wollen.«

»Ich werde bei meiner Aussage bleiben.«

»Man führe ihn nach dem Turm.«

»Nach dem Turm? — Herr Oberamtmann, ich hoffe, es gibt noch Gerechtigkeit in diesem Lande. Ich werde Genugtuung fordern.«

»Ich werde sie Ihnen geben, sobald Sie gerechtfertigt sind.«

Den Morgen darauf überlegte der Oberamtmann, der Fremde möchte doch wohl unschuldig sein, die befehlshaberische Sprache würde nichts über seinen Starrsinn vermögen, es wäre vielleicht besser getan, ihm mit Anstand und Mäßigung zu begegnen. Er versammelte die Geschwornen des Orts und ließ den Gefangenen vorführen.

»Verzeihen Sie es der ersten Aufwallung, mein Herr, wenn ich Sie gestern etwas hart anließ.«

»Sehr gern, wenn Sie mich so fassen.«

»Unsere Gesetze sind strenge, und Ihre Begebenheit machte Lärm. Ich kann Sie nicht freigeben, ohne meine Pflicht zu verletzen. Der Schein ist gegen Sie. Ich wünschte, Sie sagten mir etwas, wodurch er widerlegt werden könnte.«

»Wenn ich nun nichts wüßte?«

»So muß ich den Vorfall an die Regierung berichten, und Sie bleiben solang in fester Verwahrung.«

»Und dann?«

»Dann laufen Sie Gefahr, als ein Landstreicher über die Grenze gepeitscht zu werden oder, wenn's gnädig geht, unter die Werber zu fallen.«

Er schwieg einige Minuten und schien einen heftigen Kampf zu kämpfen; dann drehte er sich rasch zu dem Richter.

»Kann ich auf eine Viertelstunde mit Ihnen allein sein?«

Die Geschwornen sahen sich zweideutig an, entfernten sich aber auf einen gebietenden Wink ihres Herrn.

»Nun, was verlangen Sie?«

»Ihr gestriges Betragen, Herr Oberamtmann, hätte mich nimmermehr zu einem Geständnis gebracht, denn ich trotze der Gewalt. Die Bescheidenheit, womit Sie mich heute behandeln, hat mir Vertrauen und Achtung gegen Sie gegeben. Ich glaube, daß Sie ein edler Mann sind.«

»Was haben Sie mir zu sagen?«

»Ich sehe, daß Sie ein edler Mann sind. Ich habe mir längst einen Mann gewünscht wie Sie. Erlauben Sie mir Ihre rechte Hand.«

»Wo will das hinaus?«

»Dieser Kopf ist grau und ehrwürdig. Sie sind lang in der Welt gewesen — haben der Leiden wohl viele gehabt — Nicht wahr? und sind menschlicher worden?«

»Mein Herr — wozu soll das?«

»Sie stehen noch einen Schritt von der Ewigkeit, bald — bald brauchen Sie Barmherzigkeit bei Gott. Sie werden sie Menschen nicht versagen — — Ahnden Sie nichts? Mit wem glauben Sie, daß Sie reden?«

»Was ist das? Sie erschrecken mich.«

»Ahnden Sie noch nicht — Schreiben Sie es Ihrem Fürsten, wie Sie mich fanden und daß ich selbst aus freier Wahl mein Verräter war — daß *ihm* Gott einmal gnädig sein werde, wie *er* jetzt mir es sein wird — bitten Sie für mich, alter Mann, und lassen Sie dann auf Ihren Bericht eine Träne fallen: Ich bin der Sonnenwirt.«

JOHANN PETER HEBEL

Der kluge Richter

Daß nicht alles so uneben sei, was im Morgenlande geschieht, das haben wir schon einmal gehört. Auch folgende Begebenheit soll sich daselbst zugetragen haben. Ein reicher Mann hatte eine beträchtliche Geldsumme, welche in ein Tuch eingenähet war, aus Unvorsichtigkeit verloren. Er machte daher seinen Verlust bekannt und bot, wie man zu tun pflegt, dem ehrlichen Finder eine Belohnung, und zwar von hundert Talern, an. Da kam bald ein guter und ehrlicher Mann dahergegangen. »Dein Geld habe ich gefunden. Dies wird's wohl sein! So nimm dein Eigentum zurück!« So sprach er mit dem heitern Blick eines ehrlichen Mannes und eines guten Gewissens, und das war schön. Der andere machte auch ein fröhliches Gesicht, aber nur, weil er sein verloren geschätztes Geld wiederhatte. Denn wie es um seine Ehrlichkeit aussah, das wird sich bald zeigen. Er zählte das Geld und dachte unterdessen geschwinde nach, wie er den treuen Finder um seine versprochene Belohnung bringen könnte. »Guter Freund«, sprach er hierauf, »es waren eigentlich achthundert Taler in dem Tuch eingenäht. Ich finde aber nur noch siebenhundert Taler. Ihr werdet also wohl eine Naht aufgetrennt und Eure hundert Taler Belohnung schon herausgenommen haben. Da habt Ihr wohl daran getan. Ich danke Euch.« Das war nicht schön. Aber wir sind auch noch nicht am Ende. Ehrlich währt am längsten, und Unrecht schlägt seinen eigenen Herrn. Der ehrliche Finder, dem es weniger um die hundert Taler als um seine unbescholtene Rechtschaffenheit zu tun war, versicherte, daß er das Päcklein so gefunden habe, wie er es bringe, und es so bringe, wie er's gefunden habe. Am Ende kamen sie vor den Richter. Beide bestanden auch hier noch auf ihrer Behauptung, der eine, daß achthundert Taler seien eingenäht gewesen, der andere, daß er von dem Gefundenen nichts genommen und das Päcklein nicht versehrt habe. Da war guter Rat teuer. Aber der kluge Richter, der die Ehrlichkeit des einen und die schlechte Gesinnung des andern zum voraus zu kennen schien, griff die Sache so an: er ließ sich von beiden über das, was sie aussagten, eine feste und feierliche Versicherung geben und tat hierauf folgenden Ausspruch: »Demnach und wenn der eine von euch achthundert Taler verloren, der andere aber nur ein Päcklein mit siebenhundert Talern gefunden hat, so kann auch das Geld des letztern nicht das nämliche sein, auf welches der erstere ein Recht hat. Du, ehrlicher Freund, nimmst also das Geld, welches du gefunden hast, wieder zurück und behältst es in guter Verwahrung, bis der kommt, welcher nur siebenhundert Taler verloren hat. Und dir da weiß ich keinen andern Rat, als du geduldest dich, bis derjenige sich meldet, der deine achthundert Taler findet.« So sprach der Richter, und dabei blieb es.

Jean Paul

Leben des vergnügten Schulmeisterlein Maria Wutz in Auenthal

Eine Art Idylle

Wie war dein Leben und Sterben so sanft und meerstille, du vergnügtes Schulmeisterlein Wutz! Der stille laue Himmel eines Nachsommers ging nicht mit Gewölk, sondern mit Duft um dein Leben herum; deine Epochen waren die Schwankungen, und dein Sterben war das Umlegen einer Lilie, deren Blätter auf stehende Blumen flattern — und schon außer dem Grabe schliefest du sanft!

Jetzt aber, meine Freunde, müssen vor allen Dingen die Stühle um den Ofen, der Schenktisch mit dem Trinkwasser an unsre Knie gerückt und die Vorhänge zugezogen und die Schlafmützen aufgesetzt werden, und an die grand monde über der Gasse drüben und ans Palais Royal muß keiner von uns denken, bloß weil ich die ruhige Geschichte des vergnügten Schulmeisterlein erzähle — und du, mein lieber Christian, der du eine einatmende Brust für die einzigen feuerbeständigen Freuden des Lebens, für die häuslichen, hast, setze dich auf den Arm des Großvaterstuhls, aus dem ich heraus erzähle, und lehne dich zuweilen ein wenig an mich! Du machst mich gar nicht irre.

Seit der Schwedenzeit waren die Wutze Schulmeister in Auenthal, und ich glaube nicht, daß *einer* vom Pfarrer oder von seiner Gemeinde verklagt wurde. Allemal acht oder neun Jahre nach der Hochzeit versahen Wutz und Sohn das Amt mit Verstand — unser Maria Wutz dozierte unter seinem Vater schon in der Woche das Abc, in der er das Buchstabieren erlernte, das nichts taugt. Der Charakter unsers Wutz hatte, wie der Unterricht anderer Schulleute, etwas Spielendes und Kindisches, aber nicht im Kummer, sondern in der Freude.

Schon in der Kindheit war er ein wenig kindisch. Denn es gibt zweierlei Kinderspiele, kindische und ernsthafte — die ernsthaften sind Nachahmungen der Erwachsenen, das Kaufmann-, Soldaten-, Handwerkerspielen — die kindischen sind Nachäffungen der Tiere. Wutz war beim Spielen nie etwas anders als ein Hase, eine Turteltaube oder das Junge derselben, ein Bär, ein Pferd oder gar der Wagen daran. Glaubt mir! ein Seraph findet auch in unsern Kollegien und Hörsälen keine Geschäfte, sondern nur Spiele und, wenn er's hoch treibt, jene zweierlei Spiele.

Indes hatt' er auch, wie alle Philosophen, seine ernsthaftesten Geschäfte und Stunden. Setzte er nicht schon längst — ehe die brandenburgischen erwachsenen Geistlichen nur fünf Fäden von buntem Überzug umtaten — sich dadurch über große Vorurteile weg, daß er eine blaue Schürze, die seltner der geistliche Ornat als der in ein Amt tragende Dr.-Fausts-Mantel guter Kandidaten ist, vormittags über sich warf und in diesem himmelfarbigen Meßgewand der Magd seines Vaters die vielen Sünden vorhielt, die sie um Himmel und Hölle bringen konnten? — Ja er griff seinen eignen Vater an, aber nachmittags; denn wenn er diesem Cobers »Kabinettprediger« vorlas, war's seine innige Freude, dann und wann zwei, drei Worte oder gar Zeilen aus eignen Ideen einzuschalten und diese Interpolation mit wegzulesen, als spräche Herr Cober selbst mit seinem Vater. Ich denke, ich werfe durch diese Personalie vieles Licht auf ihn und einen Spaß, den er später auf der Kanzel trieb, als er auch nachmittags den Kirchgängern die Postille an Pfarrers Statt vorlas, aber mit so viel hineingespielten eignen Verlagartikeln und Fabrikaten, daß er dem Teufel Schaden tat und dessen Diener rührte. »Justel«, sagt' er nachher um vier Uhr zu seiner Frau, »was weißt du unten in deinem Stuhl, wie prächtig es einem oben ist, zumal unter dem Kanzelliede!«

Wir können's leicht bei seinen ältern Jahren erfragen, wie er in seinen Flegeljahren war. Im Dezember von jenen ließ er allemal das Licht eine Stunde später bringen, weil er in dieser Stunde seine Kindheit — jeden Tag nahm er einen andern Tag vor — rekapitulierte. Indem der Wind seine Fenster mit Schneevorhängen verfinsterte und indem ihn aus den Ofenfugen das Feuer anblinkte, drückte er die Augen zu und ließ auf die gefrornen Wiesen den längst vermoderten Frühling niedertauen; da bauete er sich mit der Schwester in den Heuschober ein und fuhr auf dem architektonisch gewölbten Heugebirge des Wagens heim und riet droben mit geschlossenen Augen, wo sie wohl nun führen. In der Abendkühle, unter dem Schwalbenscharmuzieren über sich, schoß er, froh über die untere Entkleidung und das Déshabillé der Beine, als schreiende Schwalbe herum und mauerte sich für sein Junges — ein hölzerner Weihnachthahn mit angepichten Federn war's — eine Kotrotunda mit einem Schnabel von Holz und trug hernach Bettstroh und Bettfedern zu Nest. Für eine andere palingenesierende Winterabendstunde wurde ein prächtiger Trinitatis (ich wollt', es gäbe 365 Trinitatis) aufgehoben, wo er am Morgen, im tönenden Lenz um ihn und in ihm, mit läutendem Schlüsselbund durch das Dorf in den Garten stolzierte, sich im Tau abkühlte und das glühende Gesicht durch die tropfende Johannisbeerstaude drängte, sich mit dem hochstämmigen Grase maß und mit zwei schwachen Fingern die Rosen für Herrn Senior und sein Kanzelpult abdrehte. An ebendiesem Trinitatis — das war die zweite Schüssel an dem nämlichen Dezemberabend — quetschete er, mit dem Sonnenschein auf dem Rücken, den Orgeltasten den Choral »Gott in der Höh sei Ehr« ein oder ab (mehr kann er noch nicht) und streckte die kurzen Beine mit vergeblichen Näherungen zur Parterretastatur hinunter, und der Vater riß für ihn die richtigen Register heraus. — Er würde die ungleichartigsten Dinge zusammenschütten, wenn er sich in den gedachten beiden Abendstunden erinnerte, was er im Kindheit-Dezember vornahm; aber er war so klug, daß er sich erst in einer dritten darauf besann, wie er sonst abends sich aufs Zuketten der Fensterläden freuete, weil er nun ganz gesichert vor allem in der lichten Stube hockte, daher er nicht gern lange in die von abspiegelnden Fensterscheiben über die Läden hinausgelagerte Stube hineinsah; wie er und seine Geschwister die abendliche Kocherei der Mutter ausspionierten, unterstützten und unterbrachen und wie er und sie mit zugedrückten Augen und zwischen den Brustwehrschenkeln des Vaters auf das Blenden des kommenden Talglichts sich spitzten und wie sie in dem aus dem unabsehlichen Gewölbe des Universums herausgeschnittenen oder hineingebauten Klosett ihrer Stube so beschirmet waren, so warm, so satt, so wohl... Und alle Jahre, sooft er diese Retourfuhre seiner Kindheit und des Wolfmonats darin veranstaltete, vergaß und erstaunt' er — sobald das Licht angezündet wurde —, daß in der Stube, die er sich wie ein Lorettohäuschen aus dem Kindheit-Kanaan herüberholte, er ja gerade jetzt säße. — So beschreibt er wenigstens selber diese Erinnerung-*hohen*-Opern in seinen »Rousseauischen Spaziergängen«, die ich da vor mich lege, um nicht zu lügen . . .

Allein ich schnüre mir den Fuß mit lauter Wurzelngeflecht und Dickicht ein, wenn ich's nicht dadurch wegreiße, daß ich einen gewissen äußerst wichtigen Umstand aus seinem männlichen Alter herausschneide und sogleich jetzo aufsetze; nachher aber soll ordentlich a priori angefangen und mit dem Schulmeisterlein langsam in den drei *aufsteigenden Zeichen* der Altersstufen hinauf und auf der andern Seite in den drei *niedersteigenden* wieder hinabgegangen werden — bis Wutz am Fuße der tiefsten Stufe vor uns ins Grab fällt.

Ich wollte, ich hätte dieses Gleichnis nicht genommen. Sooft ich in Lavaters »Fragmenten« oder in Comenii »Orbis pictus« oder an einer Wand das Blut-

und Trauergerüste der sieben Lebensstationen besah — sooft ich zuschauete, wie das gemalte Geschöpf, sich verlängernd und ausstreckend, die Ameisenpyramide aufklettert, drei Minuten droben sich umblickt und einkriechend auf der andern Seite niederfährt und abgekürzt umkugelt auf die um diese Schädelstätte liegende Vorwelt — und sooft ich vor das atmende Rosengesicht voll Frühlinge und voll Durst, einen Himmel auszutrinken, trete und bedenke, daß nicht Jahrtausende, sondern Jahrzehnte dieses Gesicht in das zusammengeronnene, zerknüllte Gesicht voll überlebter Hoffnungen ausgedorret haben ... Aber indem ich über andre mich betrübe, heben und senken mich die Stufen selber, und wir wollen einander nicht so ernsthaft machen!

Der wichtige Umstand, bei dem uns, wie man behauptet, so viel daran gelegen ist, ihn vorauszuhören, ist nämlich der, daß Wutz eine ganze Bibliothek — wie hätte der Mann sich eine kaufen können? — sich eigenhändig schrieb. Sein Schreibzeug war seine Taschendruckerei; jedes neue Meßprodukt, dessen Titel das Meisterlein ansichtig wurde, war nun so gut als geschrieben oder gekauft; denn es setzte sich sogleich hin und machte das Produkt und schenkt' es seiner ansehnlichen Büchersammlung, die, wie die heidnischen, aus lauter Handschriften bestand. Zum Beispiel kaum waren die »Physiognomischen Fragmente« von Lavater da, so ließ Wutz diesem fruchtbaren Kopfe dadurch wenig voraus, daß er sein Konzeptpapier in Quarto brach und drei Wochen lang nicht vom Sessel wegging, sondern an seinem eignen Kopfe so lange zog, bis er den physiognomischen Fötus herausgebracht (er bettete den Fötus aufs Bücherbrett hin) und bis er sich dem Schweizer nachgeschrieben hatte. Diese Wutzische Fragmente übertitelte er die Lavaterschen und merkte an, er hätte nichts gegen die gedruckten; aber seine Hand sei hoffentlich ebenso leserlich, wenn nicht besser als irgendein Mittelfrakturdruck. Er war kein verdammter Nachdrucker, der das Original hinlegt und oft das meiste daraus abdruckt, sondern er nahm gar keines zur Hand. Daraus sind zwei Tatsachen vortrefflich zu erklären: erstlich die, daß es manchmal mit ihm haperte und daß er zum Beispiel im ganzen Federschen Traktat über Raum und Zeit von nichts handelte als vom Schiffs*raum* und der *Zeit,* die man bei Weibern Menses nennt. Die zweite Tatsache ist seine Glaubenssache: da er einige Jahre sein Bücherbrett auf diese Art vollgeschrieben und durchstudieret hatte, so nahm er die Meinung an, seine Schreibbücher wären eigentlich die kanonischen Urkunden, und die gedruckten wären bloße Nachstiche seiner geschriebnen; nur das, klagt' er, könn' er — und böten die Leute ihm Balleien dafür an — nicht herauskriegen, wienach und warum der Buchführer das Gedruckte allzeit so sehr verfälsche und umsetze, daß man wahrhaftig schwören sollte, das Gedruckte und das Geschriebne hätten doppelte Verfasser, wüßte man es nicht sonst.

Es war einfältig, wenn etwa ihm zum Possen ein Autor sein Werk gründlich schrieb, nämlich in Querfolio — oder witzig, nämlich in Sedez; denn sein Mitmeister Wutz sprang den Augenblick herbei und legte seinen Bogen in die Quere hin oder krempte ihn in Sedezimo ein.

Nur *ein* Buch ließ er in sein Haus, den Meßkatalog; denn die besten Inventarienstücke desselben mußte der Senior am Rande mit einer schwarzen Hand bestempeln, damit er sie hurtig genug schreiben konnte, um das Ostermeßheu in die Banse des Bücherschranks hineinzumähen, eh' das Michaelisgrummet herausschoß. Ich möchte seine Meisterstücke nicht schreiben. Den größten Schaden hatte der Mann davon — Verstopfung zu halben Wochen und Schnupfen auf der andern Seite —, wenn der Senior (sein Friedrich Nicolai) zuviel Gutes, das er zu schreiben hatte, anstrich und seine Hand durch die gemalte anspornte; und sein Sohn klagte oft, daß in manchen Jahren sein Vater vor literarischer Geburtarbeit kaum niesen konnte, weil er auf einmal Sturms »Betrachtungen«, die verbesserte Auflage, Schillers »Räuber« und Kants »Kritik der reinen Vernunft« der Welt zu schenken hatte. Das geschah bei Tage; abends aber mußte der gute Mann nach dem Abendessen noch gar um den Südpol rudern und konnte auf seiner Cookischen Reise kaum drei gescheite Worte zum Sohne nach Deutschland hinaufreden. Denn da unser Enzyklopädist nie das innere Afrika oder nur einen spanischen Mauleselstall betreten oder die Einwohner von beiden gesprochen hatte, so hatt' er desto mehr Zeit und Fähigkeit, von beiden und allen Ländern reichhaltige Reisebeschreibungen zu liefern — ich meine solche, worauf der Statistiker, der Menschheitgeschichtschreiber und ich selber fußen können —, erstlich deswegen, weil auch andre Reisejournalisten häufig ihre Beschreibungen ohne die Reise machen — zweitens auch, weil Reisebeschreibungen überhaupt unmöglich auf eine andre Art zu machen sind, angesehen noch kein Reisebeschreiber wirklich vor oder in dem Lande stand, das er silhouettierte; denn so viel hat auch der Dümmste noch aus Leibnizens vorherbestimmter Harmonie im Kopfe, daß die Seele, zum Beispiel die Seelen eines Forsters, Brydone, Björnstähls — insgesamt seßhaft auf dem Isolierschemel der versteinerten Zirbeldrüse — ja nichts anders von Südindien oder Europa beschreiben können, als was jede sich davon selber erdenkt und was sie, beim gänzlichen Mangel äußerer Eindrücke, aus ihren *fünf Kankerspinnwarzen* vorspinnt und abzwirnt. Wutz zerrete sein Reisejournal auch aus niemand anders als aus sich.

Er schreibt über alles, und wenn die gelehrte Welt sich darüber wundert, daß er fünf Wochen nach dem Abdruck der »Wertherschen Leiden« einen alten Flederwisch nahm und sich eine harte Spule auszog und damit stehendes Fußes sie schrieb, die Leiden — ganz Deutschland ahmte nachher seine Leiden nach —, so wundert sich niemand weniger über die gelehrte Welt als ich; denn wie kann sie Rousseaus »Bekenntnisse« gesehen und gelesen haben, die Wutz schrieb und die dato noch unter seinen Papieren liegen? In diesen spricht aber J. J. Rousseau oder Wutz (das ist einerlei) so von sich, allein mit andern Einkleidworten, er würde wahrhaftig nicht so dumm sein, daß er Federn nähme und die besten Werke machte, wenn er nichts brauchte, als bloß den Beutel aufzubinden und sie zu erhandeln. Allein er habe nichts darin als zwei schwarze Hemdknöpfe und einen kotigen Kreuzer. Woll' er mithin etwas Gescheites lesen, zum Beispiel aus der praktischen Arzneikunde und aus der Krankenuniversalhistorie, so müss' er sich an seinen triefenden Fensterstock setzen und den Bettel ersinnen. An wen woll' er sich wenden, um den Hintergrund des Freimäurergeheimnisses auszuhorchen, an welches Dionysiusohr, mein' er, als an seine zwei eignen? Auf diese an seinen eignen Kopf angeöhrten hör' er sehr, und indem er die Freimäurerreden, die er schreibe, genau durchlese und zu verstehen trachte, so merk' er zuletzt allerhand Wunderdinge und komme weit und rieche im ganzen genommen Lunten. Da er von Chemie und Alchemie soviel wisse wie Adam nach dem Fall, als er alles vergessen hatte, so sei ihm ein rechter Gefallen geschehen, daß er sich den »Annulus Platonis« geschmiedet, diesen silbernen Ring um den Bleisaturn, diesen Gygesring, der so vielerlei unsichtbar mache, Gehirne und Metalle; denn aus diesem Buche dürft' er, sollt' er's nur einmal ordentlich begreifen, frappant wissen, wo Barthel Most hole. — Jetzt wollen wir wieder in seine Kindheit zurück.

Im zehnten Jahre verpuppte er sich in einen mulattenfarbigen Alumnus und obern Quintaner der Stadt Scheerau. Sein Examinator muß mein Zeuge sein, daß es keine weiße Schminke ist, die ich meinem Helden anstreiche, wenn ich's zu berichten wage, daß er nur noch ein Blatt bis zur vierten Deklination zurückzulegen hatte und daß er die ganze Geschlechtausnahme thorax caudex pulexque vor der Quinta wie ein

Wecker abrollte — bloß die Regel wußt' er nicht. Unter allen Nischen des Alumneums war nur eine so gescheuert und geordnet, gleich der Prunkküche einer Nürnbergerin: das war seine; denn zufriedene Menschen sind die ordentlichsten. Er kaufte sich aus seinem Beutel für zwei Kreuzer Nägel und beschlug seine Zelle damit, um für alle Effekten besondere Nägel zu haben — er schlichtete seine Schreibbücher so lange, bis ihre Rücken so bleirecht aufeinanderlagen wie eine preußische Fronte, und er ging beim Mondschein aus dem Bette und visierte so lange um seine Schuhe herum, bis sie parallel nebeneinanderstanden. — War alles metrisch, so rieb er die Hände, riß die Achseln über die Ohren hinauf, sprang empor, schüttelte sich fast den Kopf herab und lachte ungemein.

Eh' ich von ihm weiter beweise, daß er im Alumneum glücklich war, will ich beweisen, daß dergleichen kein Spaß war, sondern eine herkulische Arbeit. Hundert ägyptische Plagen hält man für keine, bloß weil sie uns nur in der Jugend heimsuchen, wo moralische Wunden und komplizierte Frakturen so hurtig zuheilen wie physische — grünendes Holz bricht nicht so leicht wie dürres entzwei. Alle Einrichtungen legen es dar, daß ein Alumneum seiner ältesten Bestimmung nach ein protestantisches *Knabenkloster* sein soll; aber dabei sollte man es lassen, man sollte ein solches Präservationszuchthaus in kein Lustschloß, ein solches Misanthropin in kein Philanthropin verwandeln wollen. Müssen nicht die glücklichen Inhaftaten einer solchen Fürstenschule die drei Klostergelübde ablegen? Erstlich das des *Gehorsams,* da der Schülerguardian und Novizenmeister seinen schwarzen Novizen das Spornrad der häufigsten widrigsten Befehle und Ertötungen in die Seite sticht. Zweitens das der *Armut,* da sie nicht Kruditäten und übrige Brocken, sondern Hunger von einem Tage zum andern aufheben und übertragen; und Carminati vermöchte ganze Invalidenhäuser mit dem Supernumerär-Magensaft der Konviktorien und Alumneen auszuheilen. Das Gelübde der *Keuschheit* tut sich nachher von selbst, sobald ein Mensch den ganzen Tag zu laufen und zu fasten hat und keine andern Bewegungen entbehrt als die peristaltischen. Zu wichtigen Ämtern muß der Staatsbürger erst gehänselt werden. Verdient denn aber bloß der katholische Novize zum Mönch geprügelt oder ein elender Ladenjunge in Bremen zum Kaufmannsdiener geräuchert oder ein sittenloser Südamerikaner zum Kaziken durch beides und durch mehre in meinen Exzerpten stehende Qualen appretiert und sublimiert zu werden? Ist ein lutherischer Pfarrer nicht ebenso wichtig, und sind seiner künftigen Bestimmung nicht ebensogut solche übende Martern nötig? Zum Glück hat er sie; vielleicht mauerte die Vorwelt die Schulpforten, deren Konklavisten insgesamt wahre Knechte der Knechte sind, bloß seinetwegen auf, denn andern Fakultäten ist mit dieser Kreuzigung und Radbrechung des Fleisches und Geistes zu wenig gedient. — Daher ist auch das so oft getadelte Chor-, Gassen- und Leichensingen der Alumnen ein recht gutes Mittel, protestantische Klosterleute aus ihnen zu ziehen — und selbst ihr schwarzer Überzug und die kanonische Mohrenenveloppe des Mantels ist etwas Ähnliches von der Mönchkutte. Daher schießen in Leipzig um die Thomasschüler, da doch einmal die Geistlichen die Perückenwammen anhängen müssen, wenigstens die Herzblätter eines aufkapsenden Perückchens herum, das wie ein Pultdach oder wie halbe Flügeldecken sich auf dem Kopfe umsieht. In den alten Klöstern war die Gelehrsamkeit Strafe; nur Schuldige mußten da lateinische Psalmen auswendig lernen oder Autores abschreiben; in guten armen Schulen wird dieses Strafen nicht vernachlässigt, und sparsamer Unterricht wird da stets als ein unschuldiges Mittel angeordnet, den armen Schüler damit zu züchtigen und zu mortifizieren . . .

Bloß dem Schulmeisterlein hatte diese Kreuzschule wenig an; den ganzen Tag freuete er sich auf oder über etwas. »Vor dem Aufstehen«, sagt' er, »freu' ich mich auf das Frühstück, den ganzen Vormittag aufs Mittagessen, zur Vesperzeit aufs Vesperbrot und abends aufs Nachtbrot« — und so hat der Alumnus Wutz sich stets auf etwas zu spitzen. Trank er tief, so sagt' er: »Das hat meinem Wutz geschmeckt«, und strich sich den Magen. Niesete er, so sagte er: »Helf' dir Gott, Wutz!« — Im fieberfrostigen Novemberwetter letzte er sich auf der Gasse mit der Vormalung des warmen Ofens und mit der närrischen Freude, daß er eine Hand um die andre unter seinem Mantel wie zu Hause stecken hatte. War der Tag gar zu toll und windig — es gibt für uns Wichte solche Hatztage, wo die ganze Erde ein Hatzhaus ist und wo die Plagen wie spaßhaft gehende Wasserkünste uns bei jedem Schritte ansprützen und einfeuchten —, so war das

Meisterlein so pfiffig, daß es sich unter das Wetter hinsetzte und sich nichts darum schor; es war nicht Ergebung, die das *unvermeidliche* Übel aufnimmt, nicht Abhärtung, die das *ungefühlte* trägt, nicht Philosophie, die das *verdünnte* verdauet, oder Religion, die das *belohnte* verwindet, sondern der Gedanke ans warme Bette war's. »Abends«, dacht' er, »lieg' ich auf alle Fälle, sie mögen mich den ganzen Tag zwicken und hetzen, wie sie wollen, unter meiner warmen Zudeck und drücke die Nase ruhig ans Kopfkissen, acht Stunden lang.« — Und kroch er endlich in der letzten Stunde eines solchen Leidentages unter sein Oberbett, so schüttelte er sich darin, krempte sich mit den Knien bis an den Nabel zusammen und sagte zu sich: »Siehst du, Wutz, es ist doch vorbei.«

Ein andrer Paragraph aus der Wutzischen Kunst, stets fröhlich zu sein, war sein zweiter Pfiff, stets fröhlich aufzuwachen — und um dies zu können, bedient' er sich eines dritten und hob immer vom Tage vorher etwas Angenehmes für den Morgen auf, entweder gebackne Klöße oder ebensoviel äußerst gefährliche Blätter aus dem »Robinson«, der ihm lieber war als Homer — oder auch junge Vögel oder junge Pflanzen, an denen er am Morgen nachzusehen hatte, wie nachts Federn und Blätter gewachsen.

Den dritten und vielleicht durchdachtesten Paragraphen seiner Kunst, fröhlich zu sein, arbeitete er erst aus, da er Sekundaner ward:

Er wurde verliebt.

Eine solche Ausarbeitung wäre meine Sache . . . Aber da ich hier zum ersten Male in meinem Leben mich mit meiner Reißkohle an das Blumenstück gemalter Liebe mache, so muß auf der Stelle abgebrochen werden, damit fortgerissen werde morgen um sechs Uhr mit weniger niedergebranntem Feuer. —

Wenn Venedig, Rom und Wien und die ganze Luststädtebank sich zusammentäten und mich mit einem solchen Karneval beschenken wollten, das dem beikäme, welches mitten in der schwarzen Kantorsstube in Joditz war, wo wir Kinder von acht Uhr bis elf forttanzten (so lange währte unsre Faschingszeit, in der wir den Appetit zur Fastnachthirse versprangen), so machten sich jene Residenzstädte zwar an etwas Unmögliches und Lächerliches — aber doch an nichts so Unmögliches, wie dies wäre, wenn sie dem Alumnus Wutz den Fastnachtmorgen mit seinen Karnevallustbarkeiten wiedergeben wollten, als er, als unterer Sekundaner auf Besuch, in der Tanz- und Schulstube seines Vaters am Morgen gegen zehn Uhr ordentlich verliebt wurde. Eine solche Faschinglustbarkeit — trautes Schulmeisterlein, wo denkst du hin? — Aber er dachte an nichts hin als zu Justina, die ich selten oder niemals wie die Auenthaler Justel nennen werde. Da der Alumnus unter dem Tanzen (wenige Gymnasiasten hätten mitgetanzt, aber Wutz war nie stolz und immer eitel) den Augenblick weghatte, was — ihn nicht einmal eingerechnet — an der Justel wäre, daß sie ein hübsches gelenkiges Ding und schon im Briefschreiben und in der Regeldetri in Brüchen und die Patin der Frau Seniorin und in einem Alter von fünfzehn Jahren und nur als eine Gasttänzerin mit in der Stube sei, so tat der Gasttänzer seines Orts, was in solchen Fällen zu tun ist; er wurde, wie gesagt, verliebt — schon beim ersten Schleifer flog's wie Fieberhitze an ihn — unter dem Ordnen zum zweiten, wo er stillstehend die warme Inlage seiner rechten Hand bedachte und befühlte, stieg's unverhältnismäßig — er tanzte sich augenscheinlich in die Liebe und in ihre Garne hinein. — Als sie noch dazu die roten Haubenbänder auseinanderfallen und sie ungemein nachlässig um den nackten Hals zurückflattern ließ, so vernahm er die Baßgeige nicht mehr — und als sie endlich gar mit einem roten Schnupftuch sich Kühlung vorwedelte und es hinter und vor ihm fliegen ließ, so war ihm nicht mehr zu helfen, und hätten die vier großen und die zwölf kleinen Propheten zum Fenster hineingepredigt. Denn einem Schnupftuch in einer weiblichen Hand erlag er stets auf der Stelle ohne weitere Gegenwehr wie der Löwe dem gedrehten Wagenrade und der Elefant der Maus. Dorfkoketten machen sich aus dem Schnupftuch die nämliche Feldschlange und Kriegmaschine, die sich die Stadtkoketten aus dem Fächer machen; aber die Wellen eines Tuchs sind gefälliger als das knackende Truthahnsradschlagen der bunten Streitkolbe des Fächers.

Auf alle Fälle kann sich unser Wutz damit entschuldigen, daß seines Wissens die Örter öffentlicher Freude das Herz für alle Empfindungen, die viel Platz bedürfen, für Aufopferung, für Mut und auch für Liebe weiter machen; freilich in den engen Amt- und Arbeitstuben, auf Rathäusern, in geheimen Kabinetten liegen unsre Herzen wie auf ebenso vielen *Welkboden* und *Darrofen* und runzeln ein.

Wutz trug seinen mit dem Gas der Liebe aufgefüllten und emporgetriebnen Herzballon freudig ins Alumneum zurück, ohne jemand eine Silbe zu melden, am wenigsten der Schnupftuch-Fahnenjunkerin selber — nicht aus Scheu, sondern weil er nie mehr begehrte als die Gegenwart; er war nur froh, daß er selber verliebt war, und dachte an weiter nichts ...

Warum ließ der Himmel gerade in die Jugend das Lustrum der Liebe fallen? Vielleicht weil man gerade da in Alumneen, Schreibstuben und andern Gifthütten keucht, da steigt die Liebe wie aufblühendes Gesträuch an den Fenstern jener Marterkammern empor und zeigt in schwankenden Schatten den großen Frühling von *außen*. Denn *er* und ich, mein Herr Präfektus, und auch Sie, verdiente Schuldiener des Alumneums, wir wollen miteinander wetten, Sie sollen über den vergnügten Wutz ein Härenhemd ziehen (im Grund hat er eines an) — Sie sollen ihn Ixions Rad und Sisyphus' Stein der Weisen und den Laufwagen Ihres Kindes bewegen lassen — Sie sollen ihn halbtot hungern oder prügeln lassen — Sie sollen einer so elenden Wette wegen (welches ich Ihnen nicht zugetrauet hätte) gegen ihn ganz des Teufels sein: Wutz bleibt doch Wutz und praktiziert sich immer sein bißchen verliebter Freude ins Herz, vollends in den Hundtagen! —

Seine Kanikularferien sind aber vielleicht nirgends deutlicher beschrieben als in seinen »Werthers Freuden«, die seine Lebensbeschreiber fast nur abzuschreiben brauchen. — Er ging da sonntags nach der Abendkirche heim nach Auenthal und hatte mit den Leuten in allen Gassen Mitleiden, daß sie dableiben mußten.

Draußen dehnte sich seine Brust mit dem aufgebaueten Himmel vor ihm aus, und halbtrunken im Konzertsaal aller Vögel horcht' er doppelselig bald auf die gefiederten Sopranisten, bald auf seine Phantasien. Um nur seine über die Ufer schlagende Lebenskräfte abzuleiten, galoppierte er oft eine halbe Viertelstunde lang. Da er immer kurz vor und nach Sonnenuntergang ein gewisses wollüstiges trunknes Sehnen empfunden hatte — die Nacht aber macht wie ein längerer Tod den Menschen erhaben und nimmt ihm die Erde —, so zauderte er mit seiner Landung in Auenthal so lang, bis die zerfließende Sonne durch die letzten Kornfelder vor dem Dorfe mit Goldfäden, die sie gerade über die Ähren zog, sein blaues Röckchen stickte und bis sein Schatten an den Berg über den Fluß wie ein Riese wandelte. Dann schwankte er unter dem wie aus der Vergangenheit herüberklingenden Abendläuten ins Dorf hinein und war allen Menschen gut, selbst dem Präfektus. Ging er dann um seines Vaters Haus und sah am obern Kappfenster den Widerschein des Monds und durch ein Parterrefenster seine Justina, die da alle Sonntage einen ordentlichen Brief setzen lernte . . . O wenn er dann in dieser paradiesischen Viertelstunde seines Lebens auf fünfzig Schritte die Stube und die Briefe und das Dorf von sich hätte wegsprengen und um sich und um die Briefstellerin bloß ein einsames dämmerndes Tempe-Tal hätte ziehen können — wenn er in diesem Tale mit seiner trunknen Seele, die unterweges um alle Wesen ihre Arme schlug, auch an sein schönstes Wesen hätte fallen dürfen und er und sie und Himmel und Erde zurückgesunken und zerflossen wären vor einem flammenden Augenblick und Brennpunkte menschlicher Entzückung . . .

Indessen tat er's wenigstens nachts um eilf Uhr; und vorher ging's auch nicht schlecht. Er erzählte dem Vater, aber im Grunde Justinen, seinen Studienplan und seinen politischen Einfluß; er setzte sich dem Tadel, womit sein Vater ihre Briefe korrigierte, mit demjenigen Gewicht entgegen, das ein solcher Kunstrichter hat, und er war, da er gerade warm aus der Stadt kam, mehr als einmal mit Witz bei der Hand — kurz, unter dem Einschlafen hörte er in seiner tanzenden, taumelnden Phantasie nichts als Sphärenmusik. —

Freilich du, mein Wutz, kannst Werthers Freuden aufsetzen, da allemal deine äußere und deine innere Welt sich wie zwei Muschelschalen aneinanderlöten und dich als ihr Schaltier einfassen; aber bei uns armen Schelmen, die wir hier am Ofen sitzen, ist die Außenwelt selten der Ripienist und Chorist unsrer innern fröhlichen Stimmung; höchstens dann, wenn an uns der ganze Stimmstock umgefallen und wir knarren und brummen; oder in einer andern Metapher: wenn wir eine verstopfte Nase haben, so setzt sich ein ganzes mit Blumen überwölbtes Eden vor uns hin, und wir mögen nicht hineinriechen.

Mit jedem Besuche machte das Schulmeisterlein seiner Johanna-Therese-Charlotte-Mariana-Clarissa-Heloise-Justel auch ein Geschenk mit einem Pfefferkuchen und einem Potentaten; ich will über beide ganz befriedigend sein.

Die Potentaten hatte er in seinem eignen Verlage; aber wenn die Reichshofratskanzlei ihre Fürsten und

Grafen aus ein wenig Tinte, Pergament und Wachs macht, so verfertigte er seine Potentaten viel kostbarer aus Ruß, Fett und zwanzig Farben. Im Alumneum wurde nämlich mit den Rahmen einer Menge Potentaten eingeheizet, die er sämtlich mit gedachten Materialien so zu kopieren und zu repräsentieren wußte, als wär' er ihr Gesandter. Er überschmierte ein Quartblatt mit einem Endchen Licht und nachher mit Ofenruß — dieses legte er mit der schwarzen Seite auf ein andres mit weißen Seiten — oben auf beide Blätter tat er irgendein fürstliches Porträt — dann nahm er eine abgebrochne Gabel und fuhr mit ihrer drückenden Spitze auf dem Gesichte und Leibe des regierenden Herrn herum — dieser Druck verdoppelte den Potentaten, der sich vom schwarzen Blatt aufs weiße überfärbte. So nahm er von allem, was unter einer europäischen Krone saß, recht kluge Kopien; allein ich habe niemals verhehlet, daß seine Okuliergabel die russische Kaiserin (die vorige) und eine Menge Kronprinzen dermaßen aufkratzte und durchschnitt, daß sie zu nichts mehr zu brauchen waren als dazu, den Weg ihrer Rahmen zu gehen. Gleichwohl war das rußige Quartblatt nur die Bruttafel und Ätzwiege glorwürdiger Regenten oder auch der Streich- oder *Laichteich* derselben — ihr *Streckteich* aber oder die Appreturmaschine der Potentaten war sein Farbkästchen; mit diesem illuminierte er ganze regierende Linien, und alle Muscheln kleideten einen einzigen Großfürsten an, und die Kronprinzessinnen zogen aus derselben Farbmuschel Wangenröte, Schamröte und Schminke. — Mit diesen regierenden Schönen beschenkte er die, die ihn regierte und die nicht wußte, was sie mit dem historischen Bildersaale machen sollte.

Aber mit dem Pfefferkuchen wußte sie es in dem Grade, daß sie ihn aß. Ich halt' es für schwer, einer Geliebten einen Pfefferkuchen zu schenken, weil man ihn oft kurz vor der Schenkung selber verzehrt. Hatte nicht Wutz die drei Kreuzer für den ersten schon bezahlt? Hatt' er nicht das braune Rektangulum schon in der Tasche und war damit schon bis auf eine Stunde vor Auenthal und vor dem Adjudikationstermin gereiset? Ja wurde die süße *Votivtafel* nicht alle Viertelstunde aus der Tasche gehoben, um zu sehen, ob sie noch viereckig sei? Dies war eben das Unglück; denn bei diesem Beweis durch Augenschein, den er führte, brach er immer wenige und unbedeutende Mandeln aus dem Kuchen — dergleichen tat er öfters —; darauf machte er sich (statt an die Quadratur des Zirkels) an das Problem, den gevierteten Zirkel wieder rein herzustellen, und biß sauber die vier rechten Winkel ab und machte ein Achteck, ein Sechzehneck — denn ein Zirkel ist ein unendliches Vieleck —, darauf war nach diesen mathematischen Ausarbeitungen das Vieleck vor keinem Mädchen mehr zu produzieren — darauf tat Wutz einen Sprung und sagte: »Ach! ich fress' ihn selber«, und heraus war der Seufzer und hinein die geometrische Figur. — Es werden wenige schottische Meister, akademische Senate und Magistranden leben, denen nicht ein wahrer Gefallen geschähe, wenn man ihnen zu hören gäbe, durch welchen Maschinengott sich Wutz aus der Sache zog — durch einen zweiten Pfefferkuchen tat er's, den er allemal als einen Wand-

und Taschennachbar des ersten mit einsteckte. Indem er den einen aß, landete der andre ohne Läsionen an, weil er mit dem Zwilling wie mit Brandmauer und Kronwache den andern beschützte. Das aber sah er in der Folge selber ein, daß er — um nicht einen bloßen Torso oder Atom nach Auenthal zu transportieren — die Krontruppen oder Pfefferkuchen von Woche zu Woche vermehren müsse.

Er wäre Primaner geworden, wäre nicht sein Vater aus unserem Planeten in einen andern oder in einen Trabanten gerückt. Daher dacht' er die Melioration seines Vaters nachzumachen und wollte von der Sekundanerbank auf den Lehrstuhl rutschen. Der Kirchenpatron, Herr von Ebern, drängte sich zwischen beide Gerüste und hielt seinen ausgedienten Koch an der Hand, um ihn in ein Amt einzusetzen, dem er gewachsen war, weil es in diesem ebensogut wie in seinem vorigen Spanferkel* totzupeitschen und zu appretieren, obwohl nicht zu essen gab. Ich hab' es schon in der »Revision des Schulwesens« in einer Note erinnert und Herrn Gedikens Beifall davongetragen, daß in jedem Bauernjungen ein unausgewachsener Schulmeister stecke, der von ein paar Kirchenjahren großzuparaphrasieren sei — daß nicht bloß das alte Rom Weltkonsule, sondern auch heutige Dörfer Schulkonsule vom Pfluge und aus der Furche ziehen könnten — daß man ebensogut von Leuten seines Standes hier *unterrichtet* als in England *gerichtet* werden könne und

* die bekanntlich besser schmecken, wenn man sie mit Rutenstreichen tötet.

daß gerade der, dem jeder das meiste Scibile verdanke, ihm am ähnlichsten sei, nämlich jeder selber — daß, wenn eine ganze Stadt (Norcia an dem apenninischen Gebirg) nur von vier ungelehrten Magistratgliedern (li quatri illiterati) sich beherrschen lassen will, doch eine Dorfjugend von einem einzigen ungelehrten Mann werde zu regieren und zu prügeln sein — und daß man nur bedenken möchte, was ich oben im Texte sagte. Da hier die Note selber der Text ist, so will ich nur sagen, daß ich sagte: eine Dorfschule sei hinlänglich besetzt. Es ist da 1. der Gymnasiarch oder Pastor, der von Winter zu Winter den Priesterrock umhängt und das Schulhaus besucht und erschreckt — 2. steht in der Stube das Rektorat, Konrektorat und Subrektorat, das der Schulhalter allein ausmacht — 3. als Lehrer der untern Klassen sind darin angestellt die Schulmeisterin, der, wenn irgendeinem Menschen, die Kallipädie der Töchterschule anvertraut werden kann, ihr Sohn als Tertius und Lümmel zugleich, dem seine Zöglinge allerhand legieren und spendieren müssen, damit er sie ihre Lektion nicht aufsagen lässet, und der, wenn der Regent nicht zu Hause ist, oft das Reichsvikariat des ganzen protestantischen Schulkreises auf den Achseln hat — 4. endlich ein ganzes Raupennest Collaboratores, nämlich Schuljungen selber, weil daselbst, wie im Hallischen Waisenhause, die Schüler der obern Klasse schon zu Lehrern der untern großgewachsen sind. — Da man bisher aus so vielen Studierstuben heraus nach Realschulen schrie, so hörten es *Gemeinden* und *Schulhalter* und taten das Ihrige gern. Die *Gemeinden* lasen für ihre Lehrstühle lauter solche pädagogische Steiße aus, die schon auf Weber-, Schneider-, Schusterschemeln seßhaft waren und von denen also etwas zu erwarten war — und allerdings setzen solche Männer, indem sie vor dem aufmerksamen Institute Röcke, Stiefel, Fischreusen und alles machen, die Nominalschule leicht in eine Realschule um, wo man Fabrikate kennenlernt. Der *Schulmeister* treibt's noch weiter und sinnt Tag und Nacht auf Realschulhalten; es gibt wenige Arbeiten eines erwachsenen Hausvaters oder seines Gesindes, in denen er seine Dorfstoa nicht beschäftigt und übt, und den ganzen Morgen sieht man das expedierende Seminarium hinaus- und hineinjagen, Holz spalten und Wasser tragen usw., so daß er außer der Realschule fast gar keine andre hält und sich sein bißchen Brot sauer im Schweiße seines — Schulhauses verdient . . . Man braucht mir nicht zu sagen, daß es auch schlechte und versäumte Landschulen gäbe; genug, wenn nur die größere Zahl alle die Vorzüge wirklich aufweiset, die ich ihr jetzt zugeschrieben.

Ich mag meine Fixsternabirrung mit keinem Wort entschuldigen, das eine neue wäre. Herr von Ebern hätte seinen Koch zum Schulmeister investieret, wenn ein geschickter Nachfahrer des Kochs wäre zu haben gewesen; es war aber keiner aufzutreiben, und da der Gutsherr dachte, es sei vielleicht gar eine Neuerung, wenn er die Küche und die Schule durch *ein* Subjekt versehen ließe — wiewohl vielmehr die Trennung und Verdopplung der Schul- und Herrendiener eine viel größere und ältere war, denn im neunten Säkulum mußte sogar der Pfarrer der Patronatkirche zugleich dem Kirchenschiffpatron als Bedienter aufwarten und satteln etc.,* und beide Ämter wurden erst nachher, wie mehre, voneinander abgerissen —, so behielt er den Koch und vozierte den Alumnus, der bisher so gescheit gewesen, daß er verliebt geblieben.

Ich steuere mich ganz auf die rühmlichen Zeugnisse, die ich in Händen habe und die Wutz vom Superintendenten auswirkte, weil sein Examen vielleicht eines der rigorösesten und glücklichsten war, wovon ich in neueren Zeiten noch gehöret. Mußte nicht Wutz das griechische Vaterunser vorbeten, indes das Examinationkollegium seine samtnen Hosen mit einer Glasbürste auskämmte — und hernach das lateinische »Symbolum Athanasii«? Konnte der Examinandus nicht die Bücher der Bibel richtig und Mann für Mann vorzählen, ohne über die gemalten Blumen und Tassen auf dem Kaffeebrette seines frühstückenden Examinators zu stolpern? Mußt' er nicht einen Betteljungen, der bloß auf einen Pfennig aufsah, herumkatechesieren, obgleich der Junge gar nicht wie sein Unterexaminator bestand, sondern wie ein wahres Stückchen Vieh? Mußt' er nicht seine Fingerspitzen in fünf Töpfe warmes Wasser tunken und *den* Topf aussuchen, dessen Wasser warm und kalt genug für den Kopf eines Täuflings war? Und mußt' er nicht zuletzt drei Gulden und sechsunddreißig Kreuzer erlegen?

Am 13. Mai ging er als Alumnus aus dem Alumneum heraus und als öffentlicher Lehrer in sein Haus hinein, und aus der zersprengten schwarzen Alumnus-

* Langens »Geistliches Recht«, S. 534.

puppe brach ein bunter Schmetterling von Kantor ins Freie hinaus.

Am 9. Julius stand er vor dem Auenthaler Altar und wurde kopuliert mit der Justel.

Aber der elysäische Zwischenraum zwischen dem 13. Mai und dem 9. Julius! — Für keinen Sterblichen fällt ein solches goldnes Alter von acht Wochen wieder vom Himmel, bloß für das Meisterlein funkelte der ganze niedergetauete Himmel auf *gestirnten* Auen der Erde. — Du wiegtest im Äther dich und sahest durch die durchsichtige Erde dich rund mit Himmel und Sonnen umzogen und hattest keine Schwere mehr; aber uns Alumnen der Natur fallen nie acht solche Wochen zu, nicht eine, kaum *ein* ganzer Tag, wo der Himmel *über* und *in* uns sein reines Blau mit nichts bemalt als mit Abend- und Morgenrot — wo wir über das Leben wegfliegen und alles uns hebt wie ein freudiger Traum — wo der unbändige stürzende Strom der Dinge uns nicht auf seinen Katarakten und Strudeln zerstößet und schüttelt und rädert, sondern auf blinkenden Wellen uns wiegt und unter hineingebognen Blumen vorüberträgt — ein Tag, zu dem wir den Bruder vergeblich unter den verlebten suchen und von dem wir am Ende jedes andern klagen: seit ihm war keiner wieder so.

Es wird uns allen sanft tun, wenn ich diese acht Wonnewochen oder zwei Wonnemonate weitläuftig beschreibe. Sie bestanden aus lauter ähnlichen Tagen. Keine einzige Wolke zog hinter den Häusern herauf. Die ganze Nacht stand die rückende Abendröte unten am Himmel, an welchem die untergehende Sonne allemal wie eine Rose glühend abgeblühet hatte. Um ein Uhr schlugen schon die Lerchen, und die Natur spielte und phantasierte die ganze Nacht auf der Nachtigallenharmonika. In seine Träume tönten die äußern Melodien hinein, und in ihnen flog er über Blütenbäume, denen die wahren vor seinem offnen Fenster ihren Blumenatem liehen. Der *tagende* Traum rückte ihn sanft, wie die lispelnde Mutter das Kind, aus dem Schlaf ins Erwachen über, und er trat mit trinkender Brust in den Lärm der Natur hinaus, wo die Sonne die Erde von neuem erschuf und wo beide sich zu einem brausenden Wollustweltmeer ineinander ergossen. Aus dieser Morgenflut des Lebens und Freuens kehrte er in sein schwarzes Stübchen zurück und suchte die Kräfte in kleinern Freuden wieder. Er war da über alles froh, über jedes beschienene und unbeschienene Fenster, über die ausgefegte Stube, über das Frühstück, das mit seinen Amtrevenuen bestritten wurde, über sieben Uhr, weil er nicht in die Sekunda mußte, über seine Mutter, die alle Morgen froh war, daß er Schulmeister geworden und sie nicht aus dem vertrauten Hause fortgemußt.

Unter dem Kaffee schnitt er sich, außer den Semmeln, die Federn zur Messiade, die er damals, die drei letzten Gesänge ausgenommen, gar aussang. Seine größte Sorgfalt verwandte er darauf, daß er die epischen Federn falsch schnitt, entweder wie Pfähle oder ohne Spalt oder mit einem zweiten Extraspalt, der hinausniesete; denn da alles in Hexametern, und zwar in solchen, die nicht zu verstehen waren, verfasset sein sollte, so mußte der Dichter, da er's durch keine Bemühung zur geringsten Unverständlichkeit bringen konnte — er fassete allemal den Augenblick jede Zeile und jeden Fuß und Pes —, aus Not zum Einfall greifen, daß er die Hexameter ganz *unleserlich* schrieb, was auch gut war. Durch diese poetische Freiheit bog er dem Verstehen ungezwungen vor.

Um eilf Uhr deckte er für seine Vögel und dann für sich und seine Mutter den Tisch mit vier Schubladen, *in* welchem mehr war als *auf* ihm. Er schnitt das Brot und seiner Mutter die weiße Rinde vor, ob er gleich die schwarze nicht gern aß. O meine Freunde, warum kann man denn im Hôtel de Bavière und auf dem Römer nicht so vergnügt speisen als am Wutzischen Ladentisch? — Sogleich nach dem Essen machte er nicht Hexameter, sondern Kochlöffel, und meine Schwester hat selber ein Dutzend von ihm. Während seine Mutter das wusch, was er schnitzte, ließen beide ihre Seelen nicht ohne Kost; sie erzählte ihm die Personalien von sich und seinem Vater vor, von deren Kenntnis ihn seine akademische Laufbahn zu entfernt gehalten — und er schlug den Operationsplan und Bauriß seiner künftigen Haushaltung bescheiden vor ihr auf, weil er sich an dem Gedanken, ein Hausvater zu sein, gar nicht satt käuen konnte. »Ich richte mir«, sagte er, »mein Haushalten ganz vernünftig ein — ich stell' mir ein Saugschweinchen ein auf die heiligen Feiertage, es fallen so viel Kartoffeln- und Rübenschalen ab, daß man's mit fett macht, man weiß kaum wie — und auf den Winter muß mir der Schwiegervater ein Füderchen Büschel (Reisholz) einfahren, und die Stubentür muß total gefüttert und gepolstert werden — denn, Mutter!, unsereins hat seine pädagogischen Arbeiten im Winter, und man hält da keine Kälte aus.« — Am 29. Mai war noch dazu nach diesen Gesprächen eine Kindtaufe — es war seine erste —, sie war seine erste Revenue, und ein großes Einnahmebuch hatte er sich schon auf dem Alumneum dazu geheftet — er besah und zählte die paar Groschen zwanzigmal, als wären sie andere. — Am Taufstein stand er in ganzer Parüre, und die Zuschauer standen auf der Empor und in der herrschaftlichen Loge im Alltagschmutz. — »Es ist mein saurer Schweiß«, sagt' er eine halbe Stunde nach dem Aktus und trank vom Gelde zur ungewöhnlichen Stunde ein Nößel Bier. — Ich erwarte von seinem künftigen Lebensbeschreiber ein paar pragmatische Fingerzeige, warum Wutz bloß ein Einnahme- und kein Ausgabebuch sich nähte und warum er in jenem oben Louisdor, Groschen, Pfennige setzte, ob er gleich nie die erste Münzsorte unter seinen Schulgefällen hatte.

Nach dem Aktus und nach der Verdauung ließ er sich den Tisch hinaus unter den Weichselbaum tragen und setzte sich nieder und bossierte noch einige unleserliche Hexameter in seiner Messiade. Sogar während er seinen Schinkenknochen als sein Abendessen abnagte und abfeilte, befeilt' er noch einen und den andern epischen Fuß, und ich weiß recht gut, daß des Fettes wegen mancher Gesang ein wenig geölet aussiehet. Sobald er den Sonnenschein nicht mehr auf der Straße, sondern an den Häusern liegen sah, so gab er der Mutter die nötigen Gelder zum Haushalten und lief ins Freie, um sich es ruhig auszumalen, wie er's künftig haben werde im Herbst, im Winter, an den drei heiligen Festen, unter den Schulkindern und unter seinen eignen. —

Und doch sind das bloß Wochentage; der Sonntag aber brennt in einer Glorie, die kaum auf ein Altarblatt geht. — Überhaupt steht in keinen Seelen dieses Jahrhunderts ein so großer Begriff von einem Sonntage als in denen, welche in Kantoren und Schulmeistern hausen; mich wundert es gar nicht, wenn sie an einem solchen Cour-Tage nicht vermögen, bescheiden zu verbleiben. Selber unser Wutz konnte sich's nicht verstekken, was es sagen will, unter tausend Menschen allein zu orgeln — ein wahres Erbamt zu versehen und den geistlichen Krönungsmantel dem Senior überzuhenken und sein valet de fantaisie und Kammermohr zu sein — über ein ganzes von der Sonne beleuchtetes Chor Territorialherrschaft zu exerzieren, als amtierender Chormaire auf seinem Orgel-Fürstenstuhl die Poesie eines Kirchsprengels noch besser zu beherrschen, als der Pfarrer die Prose desselben kommandiert — und nach der Predigt über das Geländer hinab völlige fürstliche Befehle sans façon mit lauter Stimme weniger zu geben als abzulesen . . . Wahrhaftig, man sollte denken, hier oder nirgends tät' es not, daß ich meinem Wutz zuriefe: »Bedenke, was du vor wenig Monaten warest! Überlege, daß nicht alle Menschen Cantores werden können, und mache dir die vorteilhafte Ungleichheit der Stände zunutze, ohne sie zu mißbrauchen und ohne darum mich und meine Zuhörer am Ofen zu verachten.« — Aber nein! Auf meine Ehre, das gutartige Meisterlein denkt ohnehin nicht daran; die Bauern hätten nur so gescheit sein sollen, daß sie dir schnakischem, lächelndem, trippelndem, händereibendem Dinge ins gallenlose, überzuckerte Herz hineingesehen hätten: was hätten sie da ertappt? Freude in deinen zwei Herzkammern, Freude in deinen zwei Herzohren. Du numeriertest bloß oben im Chore, gutes Ding!, das ich je länger, je lieber gewinne, deine künftigen Schulbuben und Schulmädchen in den Kirchenstühlen zusammen und setztest sie sämtlich voraus in deine Schulstube und um deine winzige Nase herum und nahmest dir vor, mit der letzten täglich vormittags und nachmittags einmal zu niesen und vorher zu schnupfen, nur damit dein ganzes Institut wie besessen aufführe und zuriefe: »Helf' Gott, Herr Kantner!« Die Bauern hätten ferner in deinem Herzen die Freude angetroffen, die du hattest, ein Setzer von Foliozіffern zu sein, so lang wie die am Zifferblatt der Turmuhr, indem du jeden Sonntag an der schwarzen Liedertafel in öffentlichen Druck gabst, auf welcher Pagina das nächste Lied zu suchen sei — wir Autores treten mit schlechterem Zeuge im Druck auf —; ferner die Freude hätte man gefunden, deinem Schwiegervater und deiner Braut im Singen vorzureiten; und endlich deine Hoffnung, den Bodensatz des Kommunionweins einsam auszusaufen, der sauer schmeckte. Ein höheres Wesen muß dir so herzlich gut gewesen sein wie das referierende, da es gerade in deinem achtwöchentlichen Edenlustrum deinen gnädigen Kirchenpatron kommunizieren hieß; denn der hatte doch so viel Einsicht, daß er an die Stelle des Kommunionweins, der Christi *Trank* am Kreuz nicht unglücklich nachbildete, Christi *Tränen* aus seinem Keller setzte; aber welche Himmel dann nach dem Trank des Bodensatzes in alle deine Glieder zogen . . . Wahrlich, jedesmal will ich wieder in Ausrufungen verfallen; aber warum macht doch mir und vielleicht euch dieses schulmeisterlich vergnügte Herz so viel Freude? — Ach, liegt es vielleicht daran, daß wir selber sie nie so voll bekommen, weil der Gedanke der Erdeneitelkeit auf uns liegt und unsern Atem drückt und weil wir die schwarze Gottesackererde unter den Rasen- und Blumenstücken schon gesehen haben, auf denen das Meisterlein sein Leben verhüpft? —

Der gedachte Kommunionwein moussierte noch abends in seinen Adern; und diese letzte Tagzeit seines Sabbats hab' ich noch abzuschildern. Nur am Sonntag durft' er mit seiner Justine spazierengehen. Vorher nahm er das Abendessen beim Schwiegervater ein, aber mit schlechtem Nutzen; schon unter dem Tischgebet wurde sein Hundshunger matt, und unter den Allotriis darauf gar unsichtbar. Wenn ich es lesen könnte, so könnt' ich das ganze Konterfei dieses Abends aus seiner Messiade haben, in die er ihn, ganz wie er war, im sechsten Gesang hineingeflochten, so wie alle großen Skribenten ihren Lebenslauf, ihre Weiber, Kinder, Äcker, Vieh in ihre opera omnia stricken. Er dachte, in der gedruckten Messiade stehe der Abend auch. In seiner wird es episch ausgeführet sein, daß die Bauern auf den Rainen wateten und den Schuß der Halme maßen und ihn über das Wasser herüber als ihren neuen wohlverordneten Kantor grüßten — daß die Kinder auf Blättern schalmeiten und in Batzenflöten stießen und daß alle Büsche und Blumen- und

Blütenkelche vollstimmig besetzte Orchester waren, aus denen allen etwas heraussang oder sumsete oder schnurrte — und daß alles zuletzt so feierlich wurde, als hätte die Erde selber einen Sonntag, indem die Höhen und Wälder um diesen Zauberkreis rauchten und indem die Sonne gen Mitternacht durch einen illuminierten Triumphbogen hinunter- und der Mond gen Mittag durch einen blassen Triumphbogen heraufzog. O du Vater des Lichts! mit wieviel Farben und Strahlen und Leuchtkugeln fassest du deine bleiche Erde ein! — Die Sonne kroch jetzt ein zu einem einzigen roten Strahle, der mit dem Widerscheine der Abendröte auf dem Gesichte der Braut zusammenkam; und diese, nur mit stummen Gefühlen bekannt, sagte zu Wutz, daß sie in ihrer Kindheit sich oft gesehnet hätte, auf den roten Bergen der Abendröte zu stehen und von ihnen mit der Sonne in die schönen rotgemalten Länder hinunterzusteigen, die hinter der Abendröte lägen. Unter dem Gebetläuten seiner Mutter legt' er seinen Hut auf die Knie und sah, ohne die Hände zu falten, an die rote Stelle am Himmel, wo die Sonne zuletzt gestanden, und hinab in den ziehenden Strom, der tiefe Schatten trug; und es war ihm, als läutete die Abendglocke die Welt und noch einmal seinen Vater zur Ruhe — zum ersten und letzten Male in seinem Leben stieg sein Herz über die irdische Szene hinaus — und es rief, schien ihm, etwas aus den Abendtönen herunter, er werde jetzo vor Vergnügen sterben . . . Heftig und verzückt umschlang er seine Braut und sagte: »Wie lieb hab' ich dich, wie ewig lieb!« Vom Flusse klang es herab wie Flötengetön und Menschengesang und zog näher; außer sich drückt' er sich an sie an und wollte vereinigt vergehen und glaubte, die Himmeltöne hauchten ihre beiden Seelen aus der Erde weg und dufteten sie wie Taufunken auf den Auen Edens nieder. Es sang:

O wie schön ist Gottes Erde
und wert, darauf vergnügt zu sein!
Drum will ich, bis ich Asche werde,
mich dieser schönen Erde freun.

Es war aus der Stadt eine Gondel mit einigen Flöten und singenden Jünglingen. Er und Justine wanderten am Ufer mit der ziehenden Gondel und hielten ihre Hände gefaßt, und Justine suchte leise nachzusingen; mehre Himmel gingen neben ihnen. Als die Gondel um eine Erdzunge voll Bäume herumschiffte, hielt Justine ihn sanft an, damit sie nicht nachkämen, und da das Fahrzeug darhinter verschwunden war, fiel sie ihm mit dem ersten errötenden Kusse um den Hals . . . »O unvergeßlicher erster Junius!« schreibt er. — Sie begleiteten und belauschten von weitem die schiffenden Töne, und Träume spielten um beide, bis sie sagte: »Es ist spät, und die Abendröte hat sich schon weit herumgezogen, und es ist alles im Dorfe still.« Sie gingen nach Hause; er öffnete die Fenster seiner mondhellen Stube und schlich mit einem leisen »Gute Nacht« bei seiner Mutter vorüber, die schon schlief.

Jeden Morgen schien ihn der Gedanke wie Tageslicht an, daß er dem Hochzeittage, dem 8. Junius, sich um eine Nacht näher geschlafen; und am Tage lief die Freude mit ihm herum, daß er durch die paradiesischen

Tage, die sich zwischen ihn und sein Hochzeitbett gestellet, noch nicht durch wäre. So hielt er, wie der metaphysische Esel, den Kopf zwischen beiden Heubündeln, zwischen der Gegenwart und Zukunft; aber er war kein Esel oder Scholastiker, sondern grasete und rupfte an beiden Bündeln auf einmal . . . Wahrhaftig, die Menschen sollten niemals Esel sein, weder indifferentistische noch hölzerne noch bileamische, und ich habe meine Gründe dazu . . . Ich breche hier ab, weil ich noch überlegen will, ob ich seinen Hochzeittag abzeichne oder nicht. Musivstifte hab' ich übrigens dazu ganze Bündel.

Aber wahrhaftig, ich bin weder seinem Ehrentage beigewohnet noch einem eignen; ich will ihn also bestens beschreiben und mir — ich hätte sonst gar nichts — eine Lustpartie zusammenmachen.

Ich weiß überhaupt keinen schicklichern Ort oder Bogen als diesen dazu, daß die Leser bedenken, was ich ausstehe: die magischen Schweizergegenden, in denen ich mich lagere — die Apollos- und Venusgestalten, denen sich mein Auge ansaugt — das erhabne Vaterland, für das ich das Leben hingebe, das es vorher geadelt hat — das Brautbett, in das ich einsteige, alles das ist von fremden oder eignen Fingern bloß — gemalt mit Tinte oder Druckerschwärze; und wenn nur du, du Himmlische, der ich treu bleibe, die mir treu bleibt, mit der ich in arkadischen Juliusnächten spazierengehe, mit der ich vor der untergehenden Sonne und vor dem aufsteigenden Monde stehe und um derenwillen ich alle deine Schwestern liebe, wenn nur du — wärest; aber du bist ein *Altarblatt,* und ich finde dich nicht.

Dem Nil, dem Herkules und andern Göttern brachte man zwar auch, wie mir, nur nachbossierte Mädchen dar, aber vorher bekamen sie doch reelle.

Wir müssen schon am Sonnabend ins Schul- und Hochzeithaus gucken, um die Prämissen dieses Rüsttags zum Hochzeittag ein wenig vorher wegzuhaben, am Sonntag haben wir keine Zeit dazu; so ging auch die Schöpfung der Welt (nach den ältern Theologen) darum in sechs Tagwerken und nicht in *einer* Minute vor, damit die Engel das Naturbuch, wenn es allmählich aufgeblättert würde, leichter zu übersehen hätten. Am Sonnabend rennt der Bräutigam auffallend in zwei corporibus piis aus und ein, im Pfarr- und im Schulhaus, um vier Sessel aus jenem in dieses zu schaffen. Er borgte diese Gestelle dem Senior ab, um den Kommodator selbst darauf zu weisen als seinen Fürstbischof und die Seniorin als Frau Patin der Braut und den Subpräfektus aus dem Alumneum und die Braut selbst. Ich weiß so gut als andre, inwieweit dieser mietende Luxus des Bräutigams nicht in Schutz zu nehmen ist; allerdings papillotierten die gigantischen Mietstühle (Menschen und Sessel schrumpfen jetzt ein) ihre falschen Rindhaartouren an Lehne und Sitz mit blauem Tuche, Milchstraßen von gelben Nägeln sprangen auf gelben Schnüren als Blitze herum, und es bleibt gewiß, daß man so weich auf den *Rändern* dieser Stühle aufsaß, als trüge man einen Doppelsteiß — wie gesagt, diesen Steißluxus des Gläubigers und Schuldners hab' ich niemals zum Muster angepriesen; aber auf der andern Seite muß doch jeder, der in den »Schulz von Paris« hineingesehen, bekennen, daß die Verschwendung im Palais Royal und an allen Höfen offenbar größer ist. Wie werd' ich vollends solche Methodisten von der strengen Observanz auf die Seite des Großvater- oder Sorgestuhls Wutzens bringen, der mit vier hölzernen Löwentatzen die Erde ergreift, welche mit vier Querhölzern — den Sitzkonsolen munterer Finken und Gimpel — gesponselt sind, und dessen Haarchignon sich mit einer geblümten ledernen Schwarte mehr als zu prächtig besohlet und welcher zwei hölzerne behaarte Arme, die das Alter, wie menschliche, dürrer gemacht, nach einem Insaß ausstreckt? . . . Dieses Fragzeichen kann manchen, weil er den langen Perioden vergessen, frappieren.

Das zinnene Tafelservice, das der Bräutigam noch von seinem Fürstbischof holte, kann das Publikum beim Auktionsproklamator, wenn es anders versteigert wird, besser kennenlernen als bei mir: soviel wissen die Hochzeitgäste, die Salatiere, die Sauciere, die Assiette zu Käse und die Senfdose war ein einziger Teller, der aber vor jeder Rolle einmal abgescheuert wurde.

Ein ganzer Nil und Alpheus schoß über jedes Stubenbrett, wovon gute Gartenerde wegzuspülen war, an jede Bettpfoste und an den Fensterstock hinan und ließ den gewöhnlichen Bodensatz der Flut zurück — *Sand.* Die Gesetze des Romans würden verlangen, daß das Schulmeisterlein sich anzöge und sich auf eine Wiese unter ein wogendes Zudeck von Gras und Blumen streckte und da durch einen Traum der Liebe nach dem andern hindurchsänk' und -bräche — allein er rupfte Hühner und Enten ab, spaltete Kaffee- und

Bratenholz und die Braten selbst, kredenzte am Sonnabend den Sonntag und dekretierte und vollzog in der blauen Schürze seiner Schwiegermutter fünfzig Küchenverordnungen und sprang, den Kopf mit Papilloten gehörnt und das Haar wie einen Eichhörnchenschwanz emporgebunden, hinten und vornen und überall herum; »denn ich mache nicht alle Sonntage Hochzeit«, sagt' er.

Nichts ist widriger, als hundert Vorläufer und Vorreiter zu einer winzigen Lust zu sehen und zu hören; nichts ist aber süßer, als selber mit vorzureiten und vorzulaufen; die Geschäftigkeit, die wir nicht bloß sehen, sondern teilen, macht nachher das Vergnügen zu einer von uns selbst gesäeten, besprengten und ausgezognen Frucht; und obendrein befällt uns das Herzgespann des Passens nicht.

Aber, lieber Himmel, ich brauchte einen ganzen Sonnabend, um diesen nur zu rapportieren; denn ich tat nur einen vorbeifliegenden Blick in die Wutzische Küche — was da zappelt! was da raucht! — Warum ist sich Mord und Hochzeit so nahe wie die zwei Gebote, die davon reden? Warum ist nicht bloß eine fürstliche Vermählung oft für Menschen, warum ist auch eine bürgerliche für Geflügel eine parisische Bluthochzeit?

Niemand brachte aber im Hochzeithaus diese zwei Freudentage mißvergnügter und fataler zu als zwei Stechfinken und drei Gimpel: diese inhaftierte der reinliche und vogelfreundliche Bräutigam sämtlich — vermittelst eines Treibjagens mit Schürzen und geworfnen Nachtmützen — und nötigte sie, aus ihrem

Tanzsaale in ein paar Drahtkartausen zu fahren und an der Wand, in Mansarden springend, herabzuhängen.

Wutz berichtet sowohl in seiner »Wutzischen Urgeschichte« als in seinem »Lesebuch für Kinder mittlern Alters«, daß abends um sieben Uhr, da der Schneider dem Hymen neue Hosen und Gilet und Rock anprobierte, schon alles blank und metrisch und neugeboren war, ihn selber ausgenommen. Eine unbeschreibliche Ruhe sitzt auf jedem Stuhl und Tisch eines neugestellten brillantierten Zimmers! In einem chaotischen denkt man, man müsse noch diesen Morgen ausziehen aus dem aufgekündigten Logement.

Über seine Nacht (sowie über die folgende) fliegen ich und die Sonne hinüber, und wir begegnen ihm, wenn er am Sonntage, gerötet und elektrisiert vom Gedanken des heutigen Himmels, die Treppe herabläuft in die anlachende Hochzeitstube hinein, die wir alle gestern mit so vieler Mühe und Tinte aufgeschmückt haben, vermittelst Schönheitwasser — mouchoir de Venus und Schminklappen (Waschlappen) — Puderkasten (Topf mit Sand) und anderem Toilettenschiff und Geschirr. Er war in der Nacht siebenmal aufgewacht, um sich siebenmal auf den Tag zu freuen, und zwei Stunden früher aufgestanden, um beide Minute für Minute aufzuessen. Es ist mir, als ging ich mit dem Schulmeister zur Tür hinein, vor dem die Minuten des Tages hinstehn wie Honigzellen — er schöpfet eine um die andre aus, und jede Minute trägt einen weitern Honigkelch. Für eine Pension auf Lebenlang ist dennoch der Kantor nicht vermögend, sich auf der ganzen Erde ein Haus zu denken, in dem jetzo nicht Sonntag, Sonnenschein und Freude wäre; nein! — Das zweite, was er unten nach der Türe auftat, war ein Oberfenster, um einen auf und nieder wallenden Schmetterling — einen schwimmenden Silberflitter, eine Blumenfolie und *Amors* Ebenbild — aus *Hymens* Stube fortzulassen. Dann fütterte er seine Vogelkapelle in den Bauern zum voraus auf den lärmenden Tag und fiedelte auf der väterlichen Geige die Schleifer zum Fenster hinaus, an denen er sich aus der Fastnacht an die Hochzeitnacht herangetanzt. Es schlägt erst fünf Uhr, mein Trauter, wir haben uns nicht zu übereilen! Wir wollen die zwei Ellen lange Halsbinde (die du dir ebenfalls, wie früher die Braut, antanzest, indem die Mutter das andre Ende hält) und das Zopfband glatt umhaben, noch zwei völlige Stunden vor dem Läuten. Gern gäb' ich den Großvaterstuhl und den Ofen, dessen Assessor ich bin, dafür, wenn ich mich und meine Zuhörerschaft jetzt zu transparenten Sylphiden zu verdünnen wüßte, damit unsere ganze Brüderschaft dem zappelnden Bräutigam ohne Störung seiner stillen Freude in den Garten nachflöge, wo er für ein weibliches Herz, das weder ein diamantnes noch ein welsches ist, auch keine Blumen, die es sind, abschneidet, sondern lebende — wo er die blitzenden Käfer und Tautropfen aus den Blumenblättern schüttelt und gern auf den Bienenrüssel wartet, den zum letzten Male der mütterliche Blumenbusen säuget — wo er an seine Knabensonntagmorgen denkt und an den zu engen Schritt über die Beete und an das kalte Kanzelpult, auf welches der Senior seinen Strauß auflegte. Gehe nach Haus, Sohn deines Vorfahrers, und schaue am achten Junius dich nicht gegen Abend um, wo der stumme, sechs Fuß dicke Gottesacker über manchen Freunden liegt, sondern gegen Morgen, wo du die Sonne, die Pfarrtüre und deine hineinschlüpfende Justine sehen kannst, welche die Frau Patin nett ausfrisieren und einschnüren will. Ich merk' es leicht, daß meine Zuhörer wieder in Sylphiden verflüchtigt werden wollen, um die Braut zu umflattern; aber sie sieht's nicht gern.

Endlich lag der himmelblaue Rock — die Livreefarbe der Müller und Schulmeister — mit geschwärzten Knopflöchern und die plättende Hand seiner Mutter, die alle Brüche hob, am Leibe des Schulmeisterleins, und es darf nur Hut und Gesangbuch nehmen. Und jetzt — ich weiß gewiß auch, was Pracht ist, fürstliche bei fürstlichen Vermählungen, das Kanonieren, Illuminieren, Exerzieren und Frisieren dabei; aber mit der Wutzischen Vermählung stell' ich doch dergleichen nie zusammen; sehet nur dem Mann hintennach, der den Sonnen- und Himmelweg zu seiner Braut geht und auf den andern Weg drüben nach dem Alumneum schauet und denkt: »Wer hätt's vor vier Jahren gedacht«; ich sage, sehet ihm nach! Tut es nicht auch die Auenthaler Pfarrmagd, ob sie gleich Wasser trägt, und henkt einen solchen prächtigen vollen Anzug bis auf jede Franse in ihren Gehirn- und Kleiderkammern auf? Hat er nicht eine gepuderte Nasen- und Schuhspitze? Sind nicht die roten Torflügel seines Schwiegervaters aufgedreht, und schreitet er nicht durch diese ein, indes die von der Haarkräuslerin abgefertigte Verlobte durch das Hoftürchen schleicht? Und stoßen sie nicht so möbliert und überpudert aufeinander, daß sie das Herz nicht haben, sich »Guten Morgen!« zu bieten? Denn haben beide in ihrem Leben etwas Prächtigers und Vornehmeres gesehen als sich einander heute? Ist in dieser verzeihlichen Verlegenheit nicht der lange Span ein Glück, den der kleine Bruder zugeschnitzt und den er der Schwester hinreckt, damit sie darum wie um einen Weinpfahl die Blumenstaude und Geruchquaste für des Kantors Knopfloch winde und gürte? Werden neidsüchtige Damen meine Freunde bleiben, wenn ich meinen Pinsel eintunke und ihnen damit vorfärbe die Parüre der Braut, das zitternde Gold statt der Zitternadel im Haar, die drei goldnen Medaillons auf der Brust mit den Miniaturbildern der deutschen Kaiser* und tiefer die in Knöpfe zergossenen Silberbarren? . . . Ich könnt' aber den Pinsel fast jemand an den Kopf werfen, wenn mir beifällt, mein Wutz und seine gute Braut werden mir, wenn's abgedruckt ist, von den Koketten und anderem Teufelszeuge gar ausgelacht; glaubt ihr denn aber, ihr städtischen destillierten und tätowierten Seelenverkäuferinnen, die ihr alles an Mannspersonen messet und liebt, ihr Herz ausgenommen, daß ich oder meine meisten Herren Leser dabei gleichgültig bleiben könnten oder daß wir nicht alle eure gespannten Wangen, eure zukkenden Lippen, eure mit Witz und Begierde sengenden

* In manchen deutschen Gegenden tragen die Mädchen drei Dukaten am Halse.

Augen und eure jedem Zufall gefügigen Arme und selber euere empfindsamen Deklamatorien mit Spaß hingäben für einen einzigen Auftritt, wo die Liebe ihre Strahlen in dem Morgenrot des Schämens bricht, wo die unschuldige Seele sich vor jedem Aug' entkleidet, ihr eignes ausgenommen, und wo hundert innere Kämpfe das durchsichtige Angesicht beseelen, und kurz, worin mein Brautpaar selbst agierte, da der alte lustige Kauz von Schwiegervater beider gekräuselten und weißblühenden Köpfe habhaft wurde und sie gescheit zu einem Kuß zusammenlenkte? Dein freudiges Erröten, lieber Wutz! — und dein verschämtes, liebe Justine! —

Wer wird überhaupt diesen und dergleichen Sachen kurz vor seinen Sponsalien schärfer nachdenken und nachher delikater spielen als gegenwärtiger Lebensbeschreiber selber?

Der Lärm der Kinder und Büttner auf der Gasse und der Rezensenten in Leipzig hindern ihn hier, alles ausführlich herzusetzen, die prächtigen Eckenbeschläge und dreifachen Manschetten, womit der Bräutigam auf der Orgel jede Zeile des Chorals versah — den hölzernen Engelfittich, woran er seinen Kurhut zum Chor hinaushing — den Namen Justine an den Pedalpfeifen — seinen Spaß und seine Lust, da sie einander vor der Kirchenagende (der Goldnen Bulle und dem Reichsgrundgesetze des Eheregiments) die rechten Hände gaben und da er mit seinem Ringfinger ihre hohle Hand gleichsam hinter einem Bettschirm neckte — und den Eintritt in die Hochzeitstube, wo vielleicht die größten und vornehmsten Leute und Gerichte des Dorfs einander begegneten, ein Pfarrer, eine Pfarrerin, ein Subpräfektus und eine Braut. Es wird aber Beifall finden, daß ich meine Beine auseinandersetze und damit über die ganze Hochzeittafel und Hochzeittrift und über den Nachmittag wegschreite, um zu hören, was sie abends angeben — einen und den andern Tanz gibt der Subpräfektus an. Es ist im Grunde schon alles außer sich. — Ein Tobakheerrauch und Suppendampfbad woget um drei Lichter und scheidet einen vom andern durch Nebelbänke. — Der Violoncellist und der Violinist streichen fremdes Gedärm weniger, als sie eignes füllen. — Auf der Fensterbrüstung guckt das ganze Auenthal als Galerie zappelnd herein, und die Dorfjugend tanzt draußen, dreißig Schritte von dem Orchester entfernt, im ganzen recht hübsch. — Die alte Dorf-la-Bonne schreiet ihre wichtigsten Personalien der Seniorin vor, und diese nieset und hustet die ihrigen los, jede will ihre historische Notdurft früher verrichten und sieht ungern die andre auf dem Stuhle seßhaft. — Der Senior sieht wie ein Schoßjünger des Schoßjüngers Johannes aus, welchen die Maler mit einem Becher in der Hand abmalen, und lacht lauter, als er predigt. — Der Präfektus schießet als Elegant herum und ist von niemand zu erreichen. — Mein Maria plätschert und fährt unter in allen vier Flüssen des Paradieses, und des Freudenmeers Wogen heben und schaukeln ihn allmächtig. — Bloß die eine Brautführerin (mit einer zu zarten Haut und Seele für ihren schwielenvollen Stand) hört die Freudentrommel wie von einem Echo gedämpft und wie bei einer Königleiche mit Flor bezogen, und die stille Entzückung spannt in Gestalt eines Seufzers die einsame Brust. — Mein Schulmeister (er darf zweimal im Küchenstück herumstehen) tritt mit seiner Traunghälfte unter die Haustür, deren dessus de porte ein Schwalbenglobus ist, und schauet auf zu dem schweigenden glimmenden Himmel über ihm und denkt, jede große Sonne gucke herunter wie ein Auenthaler und zu seinem Fenster hinein . . . Schiffe fröhlich über deinen verdünstenden Tropfen Zeit, du kannst es; aber wir können's nicht alle, die eine Brautführerin kann's auch nicht. — Ach, wär' ich wie du an einem Hochzeitmorgen dem ängstlichen, den Blumen abgefangnen Schmetterling begegnet, wie du der Biene im Blütenkelch, wie du der um sieben Uhr abgelaufnen Turmuhr, wie du dem stummen Himmel oben und dem lauten unten, so hätt' ich ja daran denken müssen, daß nicht auf dieser stürmenden Kugel, wo die Winde sich in unsre kleinen Blumen wühlen, die Ruhestätte zu suchen sei, auf der uns ihre Düfte ruhig umfließen, oder ein Auge ohne Staub zu finden, ein Auge ohne *Regentropfen,* die jene Stürme an uns werfen — und wäre die blitzende Göttin der Freude so nahe an meinem Busen gestanden, so hätt' ich doch auf jene Aschenhäufchen hinübergesehen, zu denen sie mit ihrer Umarmung, aus der Sonne gebürtig und nicht aus unsern Eiszonen, schon die armen Menschen verkalkte; und o wenn mich schon die vorige Beschreibung eines großen Vergnügens so traurig zurückließ, so müßt' ich, wenn erst du, aus ungemessenen Höhen in die tiefe Erde hereinreichende Hand!, mir eines, wie eine Blume auf einer Sonne gewachsen, herniederbrächtest, auf diese Vaterhand die Tropfen der Freude fallen lassen und mich mit dem zu schwachen Auge von den Menschen wegwenden . . .

Jetzt, da ich dieses sage, ist Wutzens Hochzeit längst vorbei, seine Justine ist alt und er selber auf dem Gottesacker; der Strom der Zeit hat ihn und alle diese schimmernden Tage unter vier-, fünffache Schichten Bodensatz gedrückt und begraben; auch an uns steigt dieser beerdigende Niederschlag immer höher auf; in drei Minuten erreicht er das Herz und überschlichtet mich und euch.

In dieser Stimmung sinne mir keiner an, die vielen Freuden des Schulmeisters aus seinem Freudenmanuale mitzuteilen, besonders seine Weihnacht-, Kirchweih- und Schulfreuden — es kann vielleicht noch geschehen in einem Postumus von Postskript, das ich nachliefere, aber heute nicht! Heute ist's besser, wir sehen den vergnügten Wutz zum letztenmal lebendig und tot und gehen dann weg.

Ich hätte überhaupt — ob ich gleich dreißigmal vor seiner Haustür vorübergegangen war — wenig vom ganzen Manne gewußt, wenn nicht am 12. Mai vorigen Jahrs die alte Justine unter ihr gestanden wäre und mich, da sie mich im Gehen meine Schreibtafel vollarbeiten sah, angeschrien hätte, ob ich nicht auch ein Büchermacher wäre. — »Was sonst, Liebe?« versetzt' ich, »jährlich mach' ich dergleichen und schenke alles nachher dem Publiko.« — So möcht' ich dann, fuhr sie fort, mich auf ein Stündchen zu ihrem Alten hineinbemühen, der auch ein Buchmacher sei, mit dem es aber elend aussehe.

Der Schlag hatte dem Alten, vielleicht weil er eine Flechte, talersgroß, am Nacken hineingeheilet oder vor Alter, die linke Seite gelähmt. Er saß im Bette an einer Lehne von Kopfkissen und hatte ein ganzes Warenlager, das ich sogleich spezifizieren werde, auf dem Deckbette vor sich. Ein Kranker tut wie ein Reisender — und was ist er anders? — sogleich mit jedem bekannt; so nahe mit dem Fuße und Auge an erhabnern Welten, macht man in dieser räudigen keine Umstände mehr. Er klagte, es hätte sich seine Alte schon seit drei Tagen nach einem Bücherschreiber umschauen müssen, hätt' aber keinen ertappt, außer eben; er müss' aber einen haben, der seine Bibliothek übernehme, ordne und inventiere und der an seine Lebensbeschreibung, die in der ganzen Bibliothek wäre, seine letzten Stunden, falls er sie jetzt hätte, zur Komplettierung gar hinanstieße; denn seine Alte wäre keine Gelehrtin, und seinen Sohn hätt' er auf drei — Wochen auf die Universität Heidelberg gelassen.

Seine Aussaat von Blattern und Runzeln gab seinem runden kleinen Gesichtchen äußerst fröhliche Lichter; jede schien ein lächelnder Mund; aber es gefiel mir und meiner Semiotik nicht, daß seine Augen so blitzten, seine Augenbraunen und Mundecken so zuckten und seine Lippen so zitterten.

Ich will mein Versprechen der Spezifikation halten: Auf dem Deckbette lag eine grüntaftne Kinderhaube, wovon das eine Band abgerissen war, eine mit abgegriffnen Goldflitterchen überpichte Kinderpeitsche, ein Fingerring von Zinn, eine Schachtel mit Zwergbüchelchen, in 128-Format, eine Wanduhr, ein beschmutztes Schreibbuch und ein Finkenkloben fingerlang. Es waren die Rudera und Spätlinge seiner verspielten Kindheit. Die Kunstkammer dieser seiner *griechischen Altertümer* war von jeher unter der Treppe gewesen — denn in einem Haus, das der Blumenkübel und Treibkasten eines einzigen Stammbaums ist, bleiben die Sachen jahrfunfziglang in ihrer Stelle ungerückt —; und da es von seiner Kindheit an ein Reichsgrundgesetz bei ihm war, alle seine Spielwaren in geschichtlicher Ordnung aufzuheben, und da kein Mensch das ganze Jahr unter die Treppe guckte als er, so konnt' er noch am Rüsttage vor seinem Todestage diese Urnenkrüge eines schon gestorbenen Lebens um sich stellen und sich zurückfreuen, da er sich nicht mehr vorauszufreuen vermochte. Du konntest freilich, kleiner Maria, in keinen *Antikentempel* zu Sanssouci oder zu Dresden eintreten und darin vor dem *Weltgeiste der schönen Natur der Kunst* niederfallen, aber du konntest doch in deine Kindheit-Antiken-*Stiftshütte* unter der finstern Treppe gucken, und die Strahlen der auferstehenden Kindheit spielten, wie des gemalten Jesuskindes seine im Stall, an den düstern Winkeln! O wenn größere Seelen als du aus der ganzen Orangerie der Natur so viele süße Säfte und Düfte sögen als du aus dem zackigen grünen Blatte, an das dich das Schicksal gehangen, so würden nicht Blätter, sondern Gärten genossen, und die bessern und doch glücklichern Seelen verwunderten sich nicht mehr, daß es *vergnügte* Meisterlein geben kann.

Wutz sagte und bog den Kopf gegen das Bücherbrett hin: »Wenn ich mich an meinen ernsthaften Werken mattgelesen und korrigiert, so schau' ich stundenlang diese Schnurrpfeifereien an, und das wird hoffentlich einem Bücherschreiber keine Schande sein.«

Ich wüßt' aber nicht, womit der Welt in dieser Minute mehr gedient ist, als wenn ich ihr den räsonierenden Katalog dieser Kunststücke und Schnurrpfeifereien zuwende, den mir der Patient zuwandte. Den zinnenen Ring hätt' ihm die vierjährige Mamsell des vorigen Pastors, da sie miteinander von einem Spielkameraden ehrlich und ordentlich kopuliert wurden, als Ehepfand angesteckt — das elende Zinn lötete ihn fester an sie als edlere Metalle edlere Leute, und ihre Ehe brachten sie auf vierundfunfzig Minuten. Oft wenn er nachher als geschwärzter Alumnus sie mit nickenden Federstandarten am dünnen Arme eines gesprenkelten Elegant spazierengehen sah, dachte er an den Ring und an die alte Zeit. Überhaupt hab' ich bisher mir unnütze Mühe gegeben, es zu verstecken, daß er in alles sich verliebte, was wie eine Frau aussah; alle Fröhliche seiner Art tun dasselbe, und vielleicht können sie es, weil ihre Liebe sich zwischen den beiden Extremen von Liebe aufhält und beiden abborgt, so wie der Busen Band und Kreole der platonischen und der epikurischen Reize ist. — Da er seinem Vater die Turmuhr aufziehen half, wie vorzeiten die Kronprinzen mit den Vätern in die Sitzungen gingen, so konnte so eine kleine Sache ihm einen Wink geben, ein lackiertes Kästchen zu durchlöchern und eine Wanduhr daraus zu schnitzen, die niemals ging; inzwischen hatte sie doch, wie mehre Staatkörper, ihre langen Gewichte und ihre eingezackten Räder, die man dem

Gestelle nürnbergischer Pferde abgehoben und so zu etwas Besserem verbraucht hatte. — Die grüne Kinderhaube, mit Spitzen gerändert, das einzige Überbleibsel seines vorigen vierjährigen Kopfes, war seine Büste und sein Gipsabdruck vom kleinen Wutz, der jetzt zu einem großen ausgefahren war. Alltagskleider stellen das Bild eines toten Menschen weit inniger dar als sein Porträt; daher besah Wutz das Grün mit sehnsüchtiger Wollust, und es war ihm, als schimmere aus dem Eis des Alters eine grüne Rasenstelle der längst überschneieten Kindheit vor; »nur meinen Unterrock von Flanell«, sagte er, »sollt' ich gar haben, der mir allemal unter den Achseln umgebunden wurde!« — Mir ist sowohl das erste Schreibbuch des Königs von Preußen als das des Schulmeisters Wutz bekannt, und da ich beide in Händen gehabt, so kann ich urteilen, daß der König als Mann und das Meisterlein als Kind schlechter geschrieben. »Mutter«, sagt' er zu seiner Frau, »betracht' doch, wie dein Mann hier (im Schreibbuch) und wie er dort (in seinem kalligraphischen Meisterstück von einem Lehnbrief, den er an die Wand genagelt) geschrieben: ich fress' mich aber noch vor Liebe, Mutter!« Er prahlte vor niemand als vor seiner Frau; und ich schätze den Vorteil so hoch, als er wert ist, den die Ehe hat, daß der Ehemann durch sie noch ein zweites Ich bekommt, vor welchem er sich ohne Bedenken recht herzlich loben kann. Wahrhaftig, das deutsche Publikum sollte ein solches zweites Ich von uns Autoren abgeben! — Die Schachtel war ein Bücherschrank der liliputischen Traktätchen in Fingerkalenderformat, die er in seiner Kindheit dadurch herausgab, daß er einen Vers aus der Bibel abschrieb, es heftete und bloß sagte: »Abermals einen recht hübschen Cober* gemacht!« Andre Autores vermögen dergleichen auch, aber erst, wenn sie herangewachsen sind. Als er mir seine jugendliche Schriftstellerei referierte, bemerkte er: »Als ein Kind ist man ein wahrer Narr; es stach aber doch schon damals der Schriftstellertrieb hervor, nur freilich noch in einer unreifen und lächerlichen Gestalt«, und belächelte zufrieden die jetzige. — Und so ging's mit dem Finkenkloben ebenfalls; war nicht der fingerlange Finkenkloben, den er mit Bier bestrich und auf dem er die Fliegen an den Beinen fing, der Vorläufer des armlangen Finkenkloben, *hinter* dem er im Spätherbst seine schönsten Stunden zubrachte, wie *auf* ihm die Finken ihre häßlichsten? Das Vogelstellen will durchaus ein in sich selber vergnügtes stilles Ding von Seele haben.

Es ist leicht begreiflich, daß seine größte Krankenlabung ein alter Kalender war und die abscheulichen zwölf Monatkupfer desselben. In jedem Monat des Jahrs machte er sich, ohne vor einem Galerieinspektor den Hut abzunehmen oder an ein Bilderkabinett zu klopfen, mehr malerische und artistische Lust als andre Deutsche, die abnehmen und anklopfen. Er durchwanderte nämlich die elf Monatvignetten — die des Monats, worin er wanderte, ließ er weg — und phantasierte in die Holzschnittauftritte alles hinein, was er

* Cobers Kabinettsprediger, in dem mehr Geist steckt (freilich oft ein närrischer) als in zwanzig jetzigen ausgelaugten Predigthaufen.

und sie nötig hatten. Es mußte ihn freilich in gesunden und in kranken Tagen letzen, wenn er im Jännerwinterstück auf dem abgerupften schwarzen Baum herumstieg und sich (mit der Phantasie) unter den an der Erde aufdrückenden Wolkenhimmel stellte, der über den Winterschlaf der Wiesen und Felder wie ein Betthimmel sich hinüberkrümmte. — Der ganze Junius zog sich mit seinen langen Tagen und langen Gräsern um ihn herum, wenn er seine Einbildung den Juniuslandschaft-Holzschnitt ausbrüten ließ, auf welchem kleine Kreuzchen, die nichts als Vögel sein sollten, durch das graue Druckpapier flogen und auf dem der Holzschneider das fette Laubwerk zu Blättergerippen mazerierte. Allein wer Phantasie hat, macht sich aus jedem Abschnitzel eine wundertätige Reliquie, aus jedem Eselkinnbacken eine Quelle; die fünf Sinne reichen ihr nur die Kartons, nur die Grundstriche des Vergnügens oder Mißvergnügens.

Den Mai überblätterte der Patient, weil er ohnehin um das Haus draußen stand. Die Kirschblüten, womit der Wonnemond sein grünes Haar besteckt, die Maiblümchen, die als Vorsteckrosen über seinem Busen duften, beroch er nicht — der Geruch war weg —, aber er besah sie und hatte einige in einer Schüssel neben seinem Krankenbette.

Ich habe meine Absicht klug erreicht, mich und meine Zuhörer fünf oder sechs Seiten von der traurigen Minute wegzuführen, in der vor unser aller Augen der Tod vor das Bett unsers kranken Freundes tritt und langsam mit eiskalten Händen in seine warme Brust hineindringt und das vergnügt schlagende Herz erschreckt, fängt und auf immer anhält. Freilich, am Ende kommt die Minute und ihr Begleiter doch.

Ich blieb den ganzen Tag da und sagte abends, ich könnte in der Nacht wachen. Sein lebhaftes Gehirn und sein zuckendes Gesicht hatten mich fest überzeugt, in der Nacht würde der Schlag sich wiederholen; es geschah aber nicht, welches mir und dem Schulmeisterlein ein wesentlicher Gefallen war. Denn es hatte mir gesagt — auch in seinem letzten Traktätchen steht's —, nichts wäre schöner und leichter, als an einem heitern Tage zu sterben, die Seele sähe durch die geschlossenen Augen die hohe Sonne noch, und sie stiege aus dem vertrockneten Leib in das weite blaue Lichtmeer draußen; hingegen in einer finstern, brüllenden Nacht aus dem warmen Leibe zu müssen, den langen Fall ins Grab so einsam zu tun, wenn die ganze Natur selber dasäße und die Augen sterbend zuhätte — das wäre ein zu harter Tod.

Um elf einhalb Uhr nachts kamen Wutzens zwei besten *Jugendfreunde* noch einmal vor sein Bette, der Schlaf und der Traum, um von ihm gleichsam Abschied zu nehmen. Oder bleibt ihr länger und seid ihr zwei Menschenfreunde es vielleicht, die ihr den ermordeten Menschen aus den blutigen Händen des Todes holet und auf eueren wiegenden Armen durch die kalten unterirdischen Höhlungen mütterlich traget ins helle Land hin, wo ihn eine neue Morgensonne und neue Morgenblumen in waches Leben hauchen? —

Ich war allein in der Stube. — Ich hörte nichts als den Atemzug des Kranken und den Schlag meiner Uhr, die sein kurzes Leben wegmaß. — Der gelbe Vollmond hing tief und groß in Süden und bereifte mit seinem Totenlichte die Maiblümchen des Mannes und die stockende Wanduhr und die grüne Haube des Kindes. — Der leise Kirschbaum vor dem Fenster malte auf dem Grund von Mondlicht aus Schatten einen bebenden Baumschlag in die Stube. — Am stillen Himmel wurde zuweilen eine fackelnde Sternschnuppe niedergeworfen, und sie verging wie ein Mensch. — Es fiel mir bei, die nämliche Stube, die jetzt der schwarzausgeschlagene Vorsaal des Grabes war, wurde morgen vor dreiundvierzig Jahren, am 13. Mai, vom Kranken bezogen, an welchem Tage seine elysischen Achtwochen angegangen. — Ich sah, daß der, dem damals dieser Kirschbaum Wohlgeruch und Träume gab, dort im drückenden Traume geruchlos liege und vielleicht noch heute aus dieser Stube ausziehe und daß alles, alles vorüber sei und niemals wiederkomme . . . und in dieser Minute fing Wutz mit dem ungelähmten Arme nach etwas, als wollt' er einen entfallenden Himmel erfassen — und in dieser zitternden Minute knisterte der Monatzeiger meiner Uhr und fuhr, weil's zwölf Uhr war, vom 12. Mai zum 13. über . . . Der Tod schien mir meine Uhr zu stellen, ich hörte ihn den Menschen und seine Freuden käuen, und die Welt und die Zeit schien in einem Strom von Moder sich in den Abgrund hinabzubröckeln! . . .

Ich denke an diese Minute bei jedem mitternächtlichen Überspringen meines Monatszeigers; aber sie trete nie mehr unter die Reihe meiner übrigen Minuten!

Der Sterbende — er wird kaum diesen Namen lange mehr haben — schlug zwei lodernde Augen auf und sah mich lange an, um mich zu kennen. Ihm hatte geträumt, er schwankte als ein Kind sich auf einem Lilienbeete, das unter ihm aufgewallet — dieses wäre zu einer emporgehobnen Rosenwolke zusammengeflossen, die mit ihm durch goldne Morgenröten und über rauchende Blumenfelder weggezogen — die Sonne hätte mit einem weißen Mädchenangesicht ihn angelächelt und angeleuchtet und wäre endlich in Gestalt eines von Strahlen umflognen Mädchens seiner Wolke zugesunken, und er hätte sich geängstigt, daß er den linken gelähmten Arm nicht um und an sie bringen können. — Darüber wurd' er wach aus seinem letzten oder vielmehr vorletzten Traum; denn auf den langen Traum des Lebens sind die kleinen bunten Träume der Nacht wie Phantasieblumen gestickt und gezeichnet.

Der Lebensstrom nach seinem Kopfe wurde immer schneller und breiter, er glaubte immer wieder, verjüngt zu sein; den Mond hielt er für die bewölkte Sonne; es kam ihm vor, er sei ein fliegender Taufengel, unter einem Regenbogen an eine Dotterblumenkette aufgehangen, im unendlichen Bogen auf- und niederwogend, von der vierjährigen Ringgeberin über Abgründe zur Sonne aufgeschaukelt . . . Gegen vier Uhr morgens konnte er uns nicht mehr sehen, obgleich die Morgenröte schon in der Stube war — die Augen blickten versteinert vor sich hin — eine Gesichtszukkung kam auf die andre — den Mund zog eine Entzückung immer lächelnder auseinander — Frühlingphantasien, die weder dieses Leben erfahren noch jenes haben wird, spielten mit der sinkenden Seele — endlich stürzte der Todesengel den blassen Leichenschleier auf sein Angesicht und hob hinter ihm die blühende Seele mit ihren tiefsten Wurzeln aus dem körperlichen Treibkasten voll organisierter Erde . . . Das Sterben ist erhaben; hinter schwarzen Vorhängen tut der einsame Tod das stille Wunder und arbeitet für die andre Welt, und die Sterblichen stehen da mit nassen, aber stumpfen Augen neben der überirdischen Szene . . .

»Du guter Vater«, sagte seine Witwe, »wenn dir's jemand vor dreiundvierzig Jahren hätte sagen sollen, daß man dich am 13. Mai, wo deine Achtwochen angingen, hinaustragen würde!« — »Seine Achtwochen«, sagt' ich, »gehen wieder an, dauern aber länger.«

Als ich um elf Uhr fortging, war mir die Erde gleichsam heilig, und Tote schienen mir neben mir zu gehen; ich sah auf zum Himmel, als könnt' ich im endlosen Äther nur in *einer* Richtung den Gestorbnen suchen; und als ich oben auf dem Berge, wo man nach Auenthal hineinschauet, mich noch einmal nach dem Leidenstheater umsah und als ich unter den rauchenden Häusern bloß das Trauerhaus unbewölket dastehen und den Totengräber oben auf dem Gottesacker das Grab aushauen sah und als ich das Leichenläuten seinetwegen hörte und daran dachte, wie die Witwe im stummen Kirchturm mit rinnenden Augen das Seil unten reiße, so fühlt' ich unser aller Nichts und schwur, ein so unbedeutendes Leben zu verachten, zu verdienen und zu genießen. —

Wohl dir, lieber Wutz, daß ich — wenn ich nach Auenthal gehe und dein verrasetes Grab aussuche und mich darüber kümmere, daß die in dein Grab beerdigte Puppe des Nachtschmetterlings mit Flügeln daraus kriecht, daß dein Grab ein Lustlager bohrender Regenwürmer, rückender Schnecken, wirbelnder Ameisen und nagender Räupchen ist, indes du tief unter allen diesen mit unverrücktem Haupte auf deinen Hobelspänen liegst und keine liebkosende Sonne durch deine Bretter und deine mit Leinwand zugeleimten Augen bricht —, wohl dir, daß ich dann sagen kann: »Als er noch das Leben hatte, genoß er's fröhlicher wie wir alle.«

Es ist genug, meine Freunde — es ist zwölf Uhr, der Monatszeiger sprang auf einen neuen Tag und erinnerte uns an den doppelten Schlaf, an den Schlaf der kurzen und an den Schlaf der langen Nacht . . .

LUDWIG TIECK

Der blonde Eckbert

In einer Gegend des Harzes wohnte ein Ritter, den man gewöhnlich nur den blonden Eckbert nannte. Er war ungefähr vierzig Jahr alt, kaum von mittlerer Größe, und kurze hellblonde Haare lagen schlicht und dicht an seinem blassen eingefallenen Gesichte. Er lebte sehr ruhig für sich und war niemals in den Fehden seiner Nachbarn verwickelt, man sah ihn nur selten außerhalb der Ringmauern seines kleinen Schlosses Sein Weib liebte die Einsamkeit ebensosehr, und beide schienen sich von Herzen zu lieben, nur klagten sie gewöhnlich darüber, daß der Himmel ihre Ehe mit keinen Kindern segne wolle.

Nur selten wurde Eckbert von Gästen besucht, und wenn es auch geschah, so wurde ihretwegen fast nichts in dem gewöhnlichen Gange des Lebens geändert, die Mäßigkeit wohnte dort, und die Sparsamkeit selbst schien alles anzuordnen. Eckbert war alsdann heiter und aufgeräumt, nur wenn er allein war, bemerkte man an ihm eine gewisse Verschlossenheit, eine stille zurückhaltende Melancholie.

Niemand kam so häufig auf die Burg als Philipp Walther, ein Mann, an den sich Eckbert sehr gehängt hatte, weil er an ihm ungefähr dieselbe Art zu denken fand, die er selbst hatte. Er wohnte eigentlich in Franken, hielt sich aber oft über ein halbes Jahr in der Nähe von Eckberts Burg auf, sammelte Kräuter und Steine und beschäftigte sich damit, sie in Ordnung zu bringen; er lebte von einem kleinen Vermögen und war daher von niemand abhängig. Eckbert begleitete ihn oft auf seinen einsamen Spaziergängen, und mit jedem Jahr entspann sich zwischen ihnen eine genauere Freundschaft.

Es gibt Stunden, in denen es den Menschen ängstigt, wenn er vor seinem Freunde ein Geheimnis haben soll, welches er bis dahin oft mit vieler Sorgfalt versteckt hat; die Seele fühlt dann einen unwiderstehlichen Trieb, sich ganz mitzuteilen, dem Freunde auch das Innerste aufzuschließen, damit er um so mehr unser Freund werde. In diesen Augenblicken geben sich die zarten Seelen einander zu erkennen, und zuweilen geschieht es wohl auch, daß einer vor der Bekanntschaft des andern zurückschreckt.

Es war schon im Herbst, als Eckbert an einem neblichten Abend mit seinem Freunde und seinem Weibe Bertha um das Feuer eines Kamins saß. Die Flamme warf einen hellen Schein durch das Gemach und spielte oben an der Decke, die Nacht sah finster zu den Fenstern hinein, und die Bäume draußen schüttelten sich vor nasser Kälte. Walther klagte über den weiten Rückweg, den er habe, und Eckbert schlug ihm vor, bei ihm zu bleiben, die halbe Nacht unter traulichen Gesprächen hinzubringen und dann noch in einem Gemache des Hauses bis am Morgen zu schlafen. Walther ging den Vorschlag ein, und nun ward Wein und die Abendmahlzeit hereingebracht, das Feuer durch Holz vermehrt, und das Gespräch der Freunde ward immer heitrer und vertraulicher.

Als das Abendessen abgetragen war und sich die Knechte wieder entfernt hatten, nahm Eckbert die Hand Walthers und sagte zu ihm: »Freund, Ihr solltet Euch einmal von meiner Frau die Geschichte ihrer Jugend erzählen lassen, die seltsam genug ist.« — »Gern«, sagte Walther, und man setzte sich wieder um den Kamin.

Es war jetzt gerade Mitternacht, der Mond sah abwechselnd durch die vorüberflatternden Wolken. »Ihr müßt mir verzeihen«, fing Bertha an, »aber mein Mann sagt, daß Ihr so edel denkt, daß es unrecht ist, Euch etwas zu verhehlen. Nur müßt Ihr meine Erzählung für kein Märchen halten, so sonderbar sie auch klingen mag.

Ich bin in einem Dorfe geboren, mein Vater war ein armer Hirte. Die Haushaltung bei meinen Eltern war nicht zum besten bestellt, sie wußten sehr oft nicht, wo sie das Brot hernehmen sollten. Was mich aber noch weit mehr jammerte, war, daß mein Vater und meine Mutter sich oft über ihre Armut entzweiten und einer dem andern dann bittere Vorwürfe machte. Sonst hört' ich beständig von mir, daß ich ein einfältiges dummes Kind sei, das nicht das unbedeutendste Geschäft auszurichten wisse, und wirklich war ich äußerst ungeschickt und unbeholfen, ich ließ alles aus den Händen fallen, ich lernte weder nähen noch spinnen, ich konnte nichts in der Wirtschaft helfen, nur die Not meiner Eltern verstand ich außerordentlich gut. Oft saß ich dann im Winkel und füllte meine Vorstellungen damit an, wie ich ihnen helfen wollte, wenn ich plötzlich reich würde, wie ich sie mit Gold und Silber überschütten und mich an ihrem Erstaunen laben wollte, dann sah ich Geister heraufschweben, die mir unterirdische Schätze entdeckten oder mir kleine Kiesel gaben, die sich nachher in Edelsteine verwandelten, kurz die wunderbarsten Phantasien beschäftigten mich dann, und wenn ich nun aufstehn mußte, um irgend etwas zu helfen oder zu tragen, so zeigte ich mich noch viel ungeschickter, weil mir der Kopf von allen den seltsamen Vorstellungen schwindelte.

Mein Vater war immer sehr ergrimmt auf mich, daß ich eine so ganz unnütze Last des Hauswesens sei, er behandelte mich daher oft sehr grausam, und es war selten, daß ich ein freundliches Wort von ihm vernahm. So war ich ungefähr acht Jahre alt geworden, und es wurden nun ernstliche Anstalten gemacht, daß ich etwas tun oder lernen sollte. Mein Vater glaubte, es wäre nur Eigensinn oder Trägheit von mir, um meine Tage in Müßiggang hinzubringen, genug, er setzte mir mit Drohungen unbeschreiblich zu, da diese aber doch nichts fruchteten, züchtigte er mich auf die grausamste Art und fügte hinzu, daß diese Strafe mit jedem Tage wiederkehren sollte, weil ich doch nur ein unnützes Geschöpf sei.

Die ganze Nacht hindurch weint' ich herzlich, ich fühlte mich so außerordentlich verlassen, ich hatte ein solches Mitleid mit mir selber, daß ich zu sterben wünschte. Ich fürchtete den Anbruch des Tages, ich wußte durchaus nicht, was ich anfangen sollte, ich wünschte mir alle mögliche Geschicklichkeit und konnte gar nicht begreifen, warum ich einfältiger war als die übrigen Kinder von meiner Bekanntschaft. Ich war der Verzweiflung nahe.

Als der Tag graute, stand ich auf und eröffnete, fast ohne daß ich es wußte, die Tür unsrer kleinen Hütte. Ich stand auf dem freien Felde, bald darauf war ich in einem Walde, in den der Tag fast noch gar nicht hineinschien. Ich lief immerfort, ohne mich umzusehn, ich fühlte keine Müdigkeit, denn ich glaubte immer, mein Vater würde mich noch wieder einholen und durch meine Flucht noch grausamer gegen mich werden.

Als ich aus dem Walde wieder heraustrat, stand die Sonne schon ziemlich hoch, ich sah jetzt etwas Dunkles vor mir liegen, auf dem ein dichter Nebel lag. Bald mußte ich über Hügel klettern, bald durch einen zwischen Felsen gewundenen Weg gehn, und ich erriet nun, daß ich mich wohl in dem benachbarten Gebirge befinden müsse, und ich fing an, mich in der Einsamkeit zu fürchten. Denn ich hatte in der Ebene noch keine Berge gesehn, und das bloße Wort Gebirge, wenn ich davon hatte reden hören, hatte meinem kindischen Ohre äußerst fürchterlich geklungen. Ich hatte nicht das Herz zurückzugehn, sondern eben meine Angst trieb mich vorwärts; oft sah ich mich erschrokken um, wenn der Wind über mir weg durch die Bäume fuhr oder ein ferner Holzschlag weit durch den stillen Morgen hintönte. Als mir Köhler und Bergleute endlich begegneten und ich eine fremde Aussprache hörte, wäre ich vor Entsetzen fast in Ohmacht gesunken.

Ihr vergebt mir meine Weitschweifigkeit; sooft ich von dieser Geschichte spreche, werde ich wider Willen geschwätzig, und Eckbert, der einzige Mensch, dem ich sie erzählt habe, hat mich durch seine Aufmerksamkeit verwöhnt.

Ich kam durch mehrere Dörfer und bettelte, weil ich jetzt Hunger und Durst empfand, ich half mir so ziemlich mit meinen Antworten durch, wenn ich gefragt ward. So war ich ungefähr vier Tage fortgewandert, als ich auf einen kleinen Fußsteg geriet, der mich von der großen Straße immer mehr entfernte. Die Felsen um mich her gewannen jetzt eine andre, weit seltsamere Gestalt. Es waren Klippen, die aufeinander gepackt waren und das Ansehen hatten, als wenn sie der erste Windstoß durcheinanderwerfen würde. Ich wußte nicht, ob ich weitergehn sollte. Ich hatte des Nachts immer im Walde geschlafen, denn es war grade zur schönsten Jahrszeit, oder in abgelegnen Schäferhütten; hier traf ich aber gar keine menschliche Wohnung und konnte auch nicht vermuten, in dieser Wildnis auf eine zu stoßen; die Felsen wurden immer furchtbarer, ich mußte oft dicht an schwindlichten Abgründen vorbeigehn, und endlich hörte sogar der Weg unter meinen Füßen auf. Ich war ganz trostlos, ich weinte und schrie, und in den Felsentälern hallte meine Stimme auf eine schreckliche Art zurück. Nun brach die Nacht herein, und ich suchte mir eine Moosstelle aus, um dort zu ruhn. Ich konnte nicht schlafen; die Nacht hindurch hörte ich die seltsamsten Töne, bald hielt ich es für wilde Tiere, bald für den Wind, der durch die Felsen klage, bald für fremde Vögel. Ich betete und schlief nur spät gegen Morgen ein.

Ich erwachte, als mir der Tag ins Gesicht schien. Vor mir war ein stiller Felsen, ich kletterte in der Hoffnung hinauf, von dort den Ausgang aus der Wildnis zu entdecken und vielleicht Wohnungen oder Menschen gewahr zu werden. Als ich aber oben stand, war alles so, wie um mich her so weit nur mein Auge reichte, alles war mit einem trüben Dufte überzogen, der Tag war grau und trübe, und keinen Baum, keine Wiese, kein Gebüsch selbst konnte mein Auge entdecken, einzelne Sträucher ausgenommen, die einsam und betrübt in einigen Felsenritzen emporgeschossen waren. Es ist unbeschreiblich, welche Sehnsucht ich empfand, nur eines Menschen ansichtig zu werden; wäre es auch der fremdeste, hätte ich mich auch vor ihm fürchten müssen. Zugleich empfand ich einen peinigenden Hunger, ich setzte mich nieder und beschloß zu sterben. Aber nach einiger Zeit trug die Lust zu leben dennoch den Sieg davon, ich raffte mich auf und ging unter Tränen, unter abgebrochenen Ausrufungen den ganzen Tag hindurch; am Ende war ich mir meiner kaum noch bewußt, ich war müde und erschöpft, ich wünschte kaum noch zu leben und fürchtete doch den Tod.

Gegen Abend schien die Gegend umher etwas freundlicher zu werden, meine Gedanken, meine Wünsche lebten wieder auf, die Lust zum Leben erwachte in allen meinen Adern. Ich glaubte jetzt, das Gesause einer Mühle aus der Ferne zu hören, ich verdoppelte meine Schritte, und wie wohl, wie leicht ward mir, als ich endlich wirklich die Grenze der öden Felsen erreichte; Wälder und Wiesen mit fernen angenehmen Bergen lagen wieder vor mir. Mir war, als wenn ich aus der Hölle in ein Paradies getreten wäre, die Einsamkeit, meine Hilflosigkeit schien mir nun gar nicht fürchterlich.

Statt der gehofften Mühle stieß ich auf einen Wasserfall, der meine Freude freilich um vieles minderte; ich schöpfte mit der Hand einen Trunk aus dem Flusse, als mir plötzlich war, als hörte ich in einiger Entfernung ein leises Husten. Nie bin ich so angenehm überrascht worden als in diesem Augenblick, ich ging näher und ward an der Ecke des Waldes eine alte Frau gewahr, die sich auszuruhen schien. Sie war fast ganz schwarz gekleidet, und eine schwarze Kappe bedeckte ihren Kopf und einen großen Teil des Gesichts, in der Hand hielt sie einen Krückenstock.

Ich näherte mich ihr und bat um ihre Hilfe, sie ließ mich neben sich niedersetzen und gab mir Brot und etwas Wein. Indem ich aß, sang sie mit kreischendem Ton ein geistliches Lied. Als sie geendet hatte, sagte sie mir, ich möchte ihr folgen.

Ich war über diesen Antrag sehr erfreut, so wunderlich mir auch die Stimme und das Wesen der Alten vorkam. Mit ihrem Krückenstock ging sie ziemlich behende, und bei jedem Schritte verzog sie ihr Gesicht, worüber ich am Anfange lachen mußte. Die wilden Felsen traten immer weiter hinter uns zurück, wir gingen über eine angenehme Wiese und dann durch einen ziemlich langen Wald. Als wir heraustraten, ging die Sonne grade unter, und ich werde den Anblick und die Empfindung dieses Abends nie vergessen. In das sanfteste Rot und Gold war alles verschmolzen, die Bäume standen mit ihren Wipfeln in der Abendröte, und über den Feldern lag der entzückende Schein, die Wälder und die Blätter der Bäume standen still, der reine Himmel sah aus wie ein aufgeschlossenes Paradies, und die Abendglocken der Dörfer tönten seltsam wehmütig über die Flur hin. Meine junge Seele bekam jetzt zuerst eine Ahndung von der Welt und ihren Begebenheiten. Ich vergaß mich und meine Führerin, mein Geist und meine Augen schwärmten nur zwischen den goldnen Wolken.

Wir stiegen nun einen Hügel hinan, der mit Birken bepflanzt war, von oben sah man in ein kleines Tal voller Birken, mitten in den Bäumen lag eine kleine Hütte. Ein munteres Bellen kam uns entgegen, und bald sprang ein kleiner behender Hund die Alte an und wedelte, dann kam er zu mir, besah mich von allen Seiten und kehrte dann mit freundlichen Gebärden zur Alten zurück.

Als wir vom Hügel hinuntergingen, hörte ich einen wunderbaren Gesang, der aus der Hütte zu kommen schien, wie von einem Vogel; es sang also:

Waldeinsamkeit,
Die mich erfreut,
So morgen wie heut
In ewger Zeit,
O wie mich freut
Waldeinsamkeit.

Diese wenigen Worte wurden beständig wiederholt; wenn ich es beschreiben soll, so war es fast, als wenn Waldhorn und Schalmeie durcheinanderspielen.

Meine Neugier war außerordentlich gespannt; ohne daß ich auf den Befehl der Alten wartete, trat ich mit in die Hütte. Die Dämmerung war schon eingebrochen, alles war ordentlich aufgeräumt, einige Becher standen auf einem Wandschranke, fremdartige Gefäße auf einem Tische, in einem kleinen glänzenden Käfig hing ein Vogel am Fenster, und er war es wirklich, der die Worte sang. — Die Alte keuchte und hustete, sie schien sich gar nicht wieder erholen zu können, bald streichelte sie den kleinen Hund, bald sprach sie mit dem Vogel, der ihr nur mit seinen gewöhnlichen Worten Antwort gab: übrigens tat sie gar nicht, als wenn ich zugegen wäre. Indem ich sie so betrachtete, überlief mich mancher Schauer, denn ihr Gesicht war in einer ewigen verzerrten Bewegung, indem sie dazu wie vor Alter mit dem Kopfe schüttelte, so daß man gar nicht wissen konnte, wie ihr eigentliches Aussehn war.

Als sie sich erholt hatte, zündete sie Licht an, deckte einen ganz kleinen Tisch und trug das Abendessen auf. Jetzt sah sie sich nach mir um und hieß mir einen von den geflochtenen Rohrstühlen zu nehmen. So saß ich ihr nun dicht gegenüber, und das Licht stand zwischen uns. Sie faltete ihre knöchernen Hände und betete laut, indem sie immer ihre Gesichtsverzerrungen machte, so daß es mich beinahe wieder zum Lachen gebracht hätte; aber ich nahm mich sehr in acht, um sie nicht boshaft zu machen.

Nach dem Abendessen betete sie wieder, und dann wies sie mir in einer ganz kleinen Kammer ein Bette an; sie schlief in der Stube. Ich wachte nicht lange, ich war halb betäubt, aber in der Nacht wacht' ich einigemal auf, und dann hörte ich die Alte husten und mit dem Hunde sprechen und den Vogel dazwischen, der im Traum zu sein schien und immer nur einzelne Worte von seinem Liede sang. Das machte mit den Birken, die dicht vor dem Fenster rauschten, und mit dem Gesang einer entfernten Nachtigall ein so wunderbares Gemisch, daß es mir immer gar nicht war, als sei ich erwacht, sondern als fiele ich nur in einen andern noch seltsamern Traum.

Am Morgen weckte mich die Alte und wies mich bald nachher zur Arbeit an, ich mußte nämlich spinnen, und ich lernte es nun auch bald, dabei hatte ich noch für den Hund und für den Vogel zu sorgen. Ich lernte mich bald in die Wirtschaft finden, und alle Gegenstände umher wurden mir bekannt; nun war mir, als müßte alles so sein, ich dachte gar nicht mehr daran, daß die Alte etwas Seltsames an sich habe, daß die Wohnung etwas abenteuerlich liege und daß an dem Vogel etwas Außerordentliches sei. Seine Schönheit fiel mir zwar immer auf, denn seine Federn glänzten mit allen möglichen Farben, das schönste Hellblau und das brennendste Rot wechselten an ihm, und wenn er sang, blähte er sich stolz auf, so daß sich seine Federn noch prächtiger zeigten.

Oft ging die Alte aus und kam erst am Abend zurück, ich ging ihr dann mit dem Hunde entgegen, und sie nannte mich Kind und Tochter. Ich ward ihr endlich von Herzen gut, wie sich unser Sinn denn an alles, besonders in der Kindheit, gewöhnt. In den Abendstunden lehrte sie mich lesen, ich begriff es bald, und es ward nachher in meiner Einsamkeit eine Quelle von unendlichem Vergnügen, denn sie hatte einige alte geschriebene Bücher, die wunderbare Geschichten enthielten.

Die Erinnerung an meine damalige Lebensart ist mir noch bis jetzt immer seltsam, von keinem menschlichen Geschöpfe besucht, nur in einem so kleinen Familienzirkel einheimisch, denn der Hund und der Vogel machten denselben Eindruck auf mich, den sonst nur längst gekannte Freunde hervorbringen. Ich habe mich immer nicht wieder auf den seltsamen Namen des Hundes besinnen können, sooft ich ihn auch damals nannte.

Vier Jahre hatte ich so mit der Alten gelebt, und ich mochte überhaupt ungefähr zwölf Jahre alt sein, als sie mir endlich mehr vertraute und mir ein Geheimnis entdeckte. Der Vogel legte nämlich an jedem Tage ein Ei, in dem sich eine Perle oder ein Edelstein befand. Ich hatte schon immer bemerkt, daß sie heimlich in dem Käfige wirtschafte, ich hatte mich aber nie darum genau gekümmert. Sie trug mir jetzt das Geschäft auf, in ihrer Abwesenheit diese Eier zu nehmen und in den fremdartigen Gefäßen wohl zu verwahren. Sie ließ mir meine Nahrung zurück und blieb nun länger aus, Wochen, Monate; mein Rädchen schnurrte, der Hund bellte, der wunderbare Vogel sang, und dabei war alles so still in der Gegend umher, daß ich mich in der ganzen Zeit keines Sturmwindes, keines Gewitters erinnere. Kein Mensch verirrte sich dorthin, kein Wild kam unserer Behausung nahe, ich zwar zufrieden und sang und arbeitete mich von einem Tage zum andern hinüber. — Der Mensch wäre vielleicht recht glücklich, wenn er so ungesehn sein Leben bis ans Ende fortführen könnte.

Aus dem wenigen, was ich las, bildete ich mir ganz wunderliche Vorstellungen von der Welt und den Menschen, alles war von mir und meiner Gesellschaft hergenommen; wenn von launigen Menschen die Rede war, konnte ich sie mir nicht anders vorstellen wie den kleinen Spitz, prächtige Frauenzimmer sahen immer wie der Vogel aus, alle alten Frauen wie meine wunderliche Alte. — Ich hatte auch von Liebe etwas gelesen und spielte nun in meiner Phantasie seltsame Geschichten mit mir selber. Ich dachte mir den schönsten Ritter von der Welt, ich schmückte ihn mit allen Vortrefflichkeiten aus, ohne eigentlich zu wissen, wie er nun nach allen meinen Bemühungen aussah: aber ich konnte ein rechtes Mitleid mit mir selber haben, wenn er mich nicht wieder liebte; dann sagte ich lange rührende Reden in Gedanken her, zuweilen auch wohl laut, um ihn nur zu gewinnen. — Ihr lächelt, wir sind jetzt alle über diese Zeit der Jugend hinüber.

Es war mir jetzt lieber, wenn ich allein war, denn dann war ich selbst die Gebieterin im Hause. Der Hund liebte mich sehr und tat alles, was ich wollte, der Vogel antwortete mir mit seinem Liede auf alle meine Fragen, mein Rädchen drehte sich immer munter, und so fühlte ich im Grunde nie einen Wunsch nach Veränderung. Wenn die Alte von ihren langen Wanderungen zurückkam, lobte sie immer meine Aufmerksamkeit, sie sagte, daß ihre Haushaltung, seit ich dazu gehöre, weit ordentlicher geführt werde, sie freute sich über meinen Wachstum und mein gesundes Aussehen, kurz, sie ging ganz mit mir wie mit einer Tochter um.

›Du bist brav, mein Kind!‹ sagte sie einst zu mir mit einem schnarrenden Tone; ›wenn du so fortfährst, wird es dir auch immer gutgehn: aber nie gedeiht es, wenn man von der rechten Bahn abweicht, die Strafe folgt nach, wenn auch noch so spät.‹ — Indem sie das sagte, achtete ich eben nicht sehr darauf, denn ich war in allen meinen Bewegungen sehr lebhaft; aber in der Nacht fiel es mir wieder ein, und ich konnte nicht begreifen, was sie damit hatte sagen wollen. Ich überlegte alle Worte genau, ich hatte wohl von Reichtümern gelesen, und am Ende fiel mir ein, daß ihre Perlen und Edelsteine wohl etwas Kostbares sein könnten. Dieser Gedanke wurde mir bald noch deutlicher. Aber was konnte sie mit der rechten Bahn meinen? Ganz konnte ich den Sinn ihrer Worte noch immer nicht fassen.

Ich war jetzt vierzehn Jahr alt, und es ist ein Unglück für den Menschen, daß er seinen Verstand nur darum bekömmt, um die Unschuld seiner Seele zu verlieren. Ich begriff wohl, daß es nur auf mich ankomme, in der Abwesenheit der Alten den Vogel und die Kleinodien zu nehmen und damit die Welt, von der ich gelesen hatte, aufzusuchen. Zugleich war es mir dann vielleicht möglich, den überaus schönen Ritter anzutreffen, der mir immer noch im Gedächtnisse lag.

Im Anfange war dieser Gedanke nichts weiter als jeder andre Gedanke, aber wenn ich so an meinem Rade saß, so kam er mir immer wider Willen zurück, und ich verlor mich so darin, daß ich mich schon geputzt sah und Ritter und Prinzen um mich her. Wenn ich mich dann so verloren hatte, konnte ich ordentlich betrübt werden, wenn ich wieder aufsah und mich in der kleinen engen Wohnung antraf. Wenn ich meine Geschäfte tat, bekümmerte sich die Alte nicht weiter um mich.

An einem Tage ging meine Wirtin wieder fort und sagte mir, daß sie diesmal länger als gewöhnlich ausbleiben würde, ich solle ja auf alles ordentlich achtgeben und mir die Zeit nicht lang werden lassen. Ich nahm mit einer gewissen Bangigkeit von ihr Abschied, denn es war mir, als würde ich sie nicht wiedersehen. Ich sah ihr lange nach und wußte selbst nicht, warum ich so beängstigt war; es war fast, als wenn mein Vorhaben schon vor mir stände, ohne mir dessen deutlich bewußt zu sein.

Nie hab' ich des Hundes und des Vogels mit einer solchen Emsigkeit gepflegt, sie lagen mir näher am Herzen als sonst. Die Alte war schon einige Tage abwesend, als ich mit dem festen Vorsatze aufstand, mit dem Vogel die Hütte zu verlassen und die sogenannte Welt aufzusuchen. Es war mir enge und bedrängt zu Sinne, ich wünschte wieder dazubleiben, und doch war mir der Gedanke widerwärtig; es war ein seltsamer Kampf in meiner Seele, wie ein Streiten von zwei widerspenstigen Geistern in mir. In dem einen Augenblick kam mir die ruhige Einsamkeit so schön vor, dann entzückte mich wieder die Vorstellung einer neuen Welt mit allen ihren wunderbaren Mannigfaltigkeiten.

Ich wußte nicht, was ich aus mir selber machen sollte, der Hund sprang mich unaufhörlich freundlich an, der Sonnenschein breitete sich munter über die Felder aus, die grünen Birken funkelten: ich hatte die

Empfindung, als wenn ich etwas sehr Eiliges zu tun hätte, ich nahm also den kleinen Hund, band ihn in der Stube fest und nahm dann den Käfig mit dem Vogel unter den Arm. Der Hund krümmte sich und winselte über diese ungewohnte Behandlung, er sah mich mit bittenden Augen an, aber ich fürchtete mich, ihn mit mir zu nehmen. Noch nahm ich eins von den Gefäßen, das mit Edelsteinen angefüllt war, und steckte es zu mir, die übrigen ließ ich stehn.

Der Vogel drehte den Kopf auf eine wunderliche Weise, als ich mit ihm zur Tür hinaustrat, der Hund strengte sich sehr an, mir nachzukommen, aber er mußte zurückbleiben.

Ich vermied den Weg nach den wilden Felsen, sondern ging nach der entgegengesetzten Seite. Der Hund bellte und winselte immerfort, und es rührte mich recht inniglich; der Vogel wollte einigemal zu singen anfangen, aber da er getragen ward, mußte es ihm unbequem sein.

Sowie ich weiterging, hörte ich das Bellen immer schwächer, und endlich hörte es ganz auf. Ich weinte und wäre beinahe wieder umgekehrt, aber die Sucht, etwas Neues zu sehn, trieb mich vorwärts.

Schon war ich über Berge und durch einige Wälder gekommen, als es Abend ward und ich in einem Dorfe einkehren mußte. Ich war sehr blöde, als ich in die Schenke trat, man wies mir eine Stube und ein Bette an, ich schlief ziemlich ruhig, nur daß ich von der Alten träumte, die mir drohte.

Meine Reise war ziemlich einförmig, aber je weiter ich ging, je mehr ängstigte mich die Vorstellung von der Alten und dem kleinen Hunde; ich dachte daran, daß er wahrscheinlich ohne meine Hilfe verhungern müsse, im Walde glaubt' ich oft, die Alte würde mir plötzlich entgegentreten. So legte ich unter Tränen und Seufzern den Weg zurück, sooft ich ruhte und den Käfig auf den Boden stellte, sang der Vogel sein wunderliches Lied, und ich erinnerte mich dabei recht lebhaft des schönen verlassenen Aufenthalts. Wie die menschliche Natur vergeßlich ist, so glaubt' ich jetzt, meine vormalige Reise in der Kindheit sei nicht so trübselig gewesen als meine jetzige; ich wünschte wieder in derselben Lage zu sein.

Ich hatte einige Edelsteine verkauft und kam nun nach einer Wanderschaft von vielen Tagen in einem Dorfe an. Schon beim Eintritt ward mir wundersam zumute, ich erschrak und wußte nicht worüber; aber bald erkannt' ich mich, denn es war dasselbe Dorf, in welchem ich geboren war. Wie ward ich überrascht! Wie liefen mir vor Freude, wegen tausend seltsamer Erinnerungen, die Tränen von den Wangen! Vieles war verändert, es waren neue Häuser entstanden, andere, die man damals erst errichtet hatte, waren jetzt in einem baufälligen Zustande, ich traf auf Brandstellen; alles war weit kleiner, gedrängter, als ich erwartet hatte. Unendlich freute ich mich darauf, meine Eltern nach so manchen Jahren wiederzusehen; ich fand das kleine Haus, die wohlbekannte Schwelle, der Griff der Tür war noch ganz so wie damals, es war mir, als hätte ich sie nur gestern erst angelehnt, mein Herz klopfte ungestüm, ich öffnete sie hastig — aber ganz fremde Gesichter saßen in der Stube umher und stierten mich an. Ich fragte nach dem Schäfer Martin, und man sagte mir, er sei schon seit drei Jahren mit seiner Frau gestorben. Ich trat schnell zurück und ging laut weinend aus dem Dorfe hinaus.

Ich hatte es mir schön gedacht, sie mit meinem Reichtume zu überraschen; durch den seltsamsten Zufall war das nun wirklich geworden, was ich in der Kindheit immer nur träumte — und jetzt war alles umsonst, sie konnten sich nicht mit mir freuen, und das, worauf ich am meisten immer im Leben gehofft hatte, war für mich auf ewig verloren.

In einer angenehmen Stadt mietete ich mir ein kleines Haus mit einem Garten und nahm eine Aufwärterin zu mir. So wunderbar, als ich es vermutet hatte, kam mir die Welt nicht vor, aber ich vergaß die Alte und meinen ehemaligen Aufenthalt etwas mehr, und so lebt' ich im ganzen recht zufrieden.

Der Vogel hatte schon seit lange nicht mehr gesungen, ich erschrak daher nicht wenig, als er in einer Nacht plötzlich wieder anfing, und zwar mit einem veränderten Liede. Er sang:

Waldeinsamkeit,
Wie liegst du weit!
O dich gereut
Einst mit der Zeit.
Ach einzge Freud
Waldeinsamkeit!

Ich konnte die Nacht hindurch nicht schlafen, alles fiel mir von neuem in die Gedanken, und mehr als jemals fühlt' ich, daß ich unrecht getan hatte. Als ich aufstand, war mir der Anblick des Vogels ordentlich zuwider, er sah immer nach mir hin, und seine Gegenwart ängstigte mich. Er hörte nun mit seinem Liede gar nicht wieder auf, und er sang es lauter und schallender, als er sonst gewohnt gewesen war. Je mehr ich ihn betrachtete, je bänger machte er mich; ich öffnete endlich den Käfig, steckte die Hand hinein und faßte seinen Hals, herzhaft drückte ich die Finger zusammen, er sah mich bittend an, ich ließ los, aber er war schon gestorben. — Ich begrub ihn im Garten.

Jetzt wandelte mich oft eine Furcht vor meiner Aufwärterin an, ich dachte an mich selbst zurück und glaubte, daß sie mich auch einst berauben oder wohl gar ermorden könne. — Schon lange kannt' ich einen jungen Ritter, der mir überaus gefiel, ich gab ihm meine Hand — und hiermit, Herr Walther, ist meine Geschichte geendigt.«

»Ihr hättet sie damals sehen sollen«, fiel Eckbert hastig ein — »ihre Jugend, ihre Unschuld, ihre Schönheit, und welch einen unbegreiflichen Reiz ihr ihre einsame Erziehung gegeben hatte. Sie kam mir vor wie ein Wunder, und ich liebte sie ganz unbeschreiblich. Ich hatte kein Vermögen, aber durch ihre Liebe kam ich in diesen Wohlstand, wir zogen hieher, und unsre Verbindung hat uns bis jetzt noch keinen Augenblick gereut.«

»Aber über mein Schwatzen«, fing Bertha wieder an, »ist es schon tief in der Nacht geworden, wir wollen uns schlafen legen!«

Sie stand auf und ging nach ihrer Kammer, Walther wünschte ihr mit einem Handkusse eine gute Nacht und sagte: »Edle Frau, ich danke Euch, ich kann mir Euch recht vorstellen, mit dem seltsamen Vogel, und wie Ihr den kleinen Strohmi füttert.« — Ohne zu antworten ging sie hinein.

Auch Walther legte sich schlafen, nur Eckbert ging noch unruhig im Saale auf und ab. — »Ist der Mensch nicht ein Tor?« fing er endlich an; »ich bin erst die Veranlassung, daß meine Frau ihre Geschichte erzählt, und jetzt gereut mich diese Vertraulichkeit! — Wird er sie nicht mißbrauchen? Wird er sie nicht andern mitteilen? Wird er nicht vielleicht, denn das ist die Natur des Menschen, eine unselige Habsucht nach unsern Edelgesteinen empfinden und deswegen Pläne anlegen und sich verstellen?«

Es fiel ihm ein, daß Walther nicht so herzlich von ihm Abschied genommen hatte, als es nach einer solchen Vertraulichkeit wohl natürlich gewesen wäre. Wenn die Seele erst einmal zum Argwohn gespannt ist, so trifft sie auch in allen Kleinigkeiten Bestätigungen an. Dann warf sich Eckbert wieder sein unedles Mißtrauen gegen seinen wackern Freund vor und konnte doch nicht davon zurückkehren. Er schlug sich die ganze Nacht mit diesen Vorstellungen herum und schlief nur wenig.

Bertha war krank und konnte nicht zum Frühstück erscheinen, Walther schien sich nicht viel darum zu kümmern und verließ auch den Ritter ziemlich gleichgültig. Eckbert konnte sein Betragen nicht begreifen, er besuchte seine Gattin, sie lag in einer Fieberhitze und sagte, die Erzählung in der Nacht müsse sie auf diese Art gespannt haben.

Seit diesem Abende besuchte Walther nur selten die Burg seines Freundes, und wenn er auch kam, ging er nach einigen unbedeutenden Worten wieder weg. Eckbert ward durch dieses Betragen im äußersten Grade gepeinigt, er ließ sich zwar gegen Bertha und Walther nichts davon merken, aber jeder mußte doch seine innerliche Unruhe an ihm gewahr werden.

Mit Berthas Krankheit ward es immer bedenklicher, der Arzt schüttelte den Kopf, die Röte von ihren Wangen war verschwunden, und ihre Augen wurden immer glühender. — An einem Morgen ließ sie ihren Mann an ihr Bette rufen, die Mägde mußten sich entfernen.

»Lieber Mann«, fing sie an, »ich muß dir etwas entdecken, das mich fast um meinen Verstand gebracht hat, das meine Gesundheit zerrüttet, so eine unbedeutende Kleinigkeit es auch scheinen mag. — Du wirst dich erinnern, daß ich mich immer nicht, sooft ich von meiner Geschichte sprach, trotz aller angewandten Mühe auf den Namen des kleinen Hundes besinnen konnte, mit dem ich so lange umging. — An jenem Abende sagte Walther beim Abschiede plötzlich zu mir: ›Ich kann mir Euch recht vorstellen, wie Ihr den kleinen Strohmi füttertet.‹ — Ist das Zufall? Hat er den Namen erraten, oder hat er ihn mit Vorsatz genannt? Und wie hängt dieser Mensch dann mit meinem Schicksale zusammen? — Zuweilen ist es mir eingefallen, bilde ich mir diesen Zufall nur ein, aber es ist gewiß, nur zu gewiß. — Ein gewaltiges Entsetzen befiel mich, als mir ein fremder Mensch so auf meine Erinnerungen half. — Was sagst du, Eckbert?«

Eckbert sah seine leidende Gattin mit einem tiefen Gefühle an, er schwieg und dachte bei sich nach, dann sagte er ihr einige tröstende Worte und verließ sie. — In einem abgelegenen Gemache ging Eckbert in einer unbeschreiblichen Unruhe auf und ab, Walther war seit vielen Jahren sein einziger Umgang gewesen, und doch war dieser Mensch jetzt der einzige in der Welt, dessen Dasein ihn drückte und peinigte. Es schien ihm, als würde ihm froh und leicht sein, wenn nur dieser einzige Mensch aus dem Wege geschafft wäre. — Er nahm seine Armbrust, um sich zu zerstreuen und auf die Jagd zu gehn.

Es war ein rauher stürmischer Wintertag, tiefer Schnee lag auf den Bergen und bog die Zweige der Bäume nieder. Er streifte umher, der Schweiß stand ihm auf der Stirne, er traf auf kein Wild, und das vermehrte seinen Unmut. Plötzlich sah er sich in der Ferne etwas bewegen, es war Walther, der Moos von den Bäumen sammelte; ohne zu wissen, was er tat, legte er an, Walther sah sich um und drohte mit einer stummen Gebärde, aber indem flog der Bolzen fort, und Walther stürzte nieder.

Eckbert fühlte sich leicht und beruhigt, und doch trieb ihn ein Schauder nach seiner Burg zurück; er hatte einen großen Weg zu machen, denn er hatte sich weit hinein in die Wälder verirrt. — Als er ankam, war Bertha schon gestorben; sie hatte vor ihrem Tode noch viel von Walther und der Alten gesprochen.

Eckbert lebte nun eine lange Zeit in der größten Einsamkeit, er war schon sonst immer etwas schwermütig gewesen, weil ihn die seltsame Geschichte seiner Gattin etwas beunruhigte, er hatte immer schon einen unglücklichen Vorfall befürchtet, der sich ereignen könnte: aber jetzt war er ganz mit sich selber zerfallen. Die Ermordung seines Freundes stand ihm unaufhörlich vor Augen, er lebte unter ewigen innern Vorwürfen.

Um sich zu zerstreuen, begab er sich zuweilen nach der nächsten großen Stadt, wo er Gesellschaften und Feste besuchte. Er wünschte durch irgendeinen Freund die Leere in seiner Seele auszufüllen, und wenn er dann wieder an Walther zurückdachte, so erschrak er schon vor dem Worte Freund; er war überzeugt, daß es ihm notwendig mit allen seinen Freunden unglücklich gehn müsse. Er hatte so lange mit Bertha in einer schönen Ruhe gelebt, die Freundschaft Walthers hatte ihn so manches Jahr hindurch beglückt, und jetzt waren beide so plötzlich dahingerafft, daß ihm sein Leben in manchen Augenblicken mehr wie ein seltsames Märchen als wie ein wirklicher Lebenslauf erschien.

Ein Ritter, Hugo von Wolfsburg, hing sich an den stillen betrübten Eckbert, er schien eine wahrhafte Zuneigung gegen ihn zu empfinden. Eckbert fand sich auf eine wunderbare Art überrascht, er kam der Freundschaft des Ritters um so schneller entgegen, je weniger er sie vermutet hatte. Beide waren nun häufig zusammen, der Fremde erzeigte Eckbert alle möglichen Gefälligkeiten, einer ritt fast nicht mehr ohne den andern aus, in allen Gesellschaften trafen sie sich, kurz, sie schienen beide unzertrennlich voneinander zu sein.

Eckbert war immer nur auf kurze Augenblicke froh, denn er fühlte es deutlich, daß ihn Hugo nur aus einem

Irrtume liebe; er kannte ihn nicht, er wußte seine Geschichte nicht, und er fühlte wieder denselben Drang, sich ihm ganz mitzuteilen, damit er versichert sein könne, inwiefern jener Freund sei. Dann hielten ihn wieder Bedenklichkeiten und die Furcht, verabscheuet zu werden, zurück. In manchen Stunden war er so sehr von seiner Nichtswürdigkeit überzeugt, daß er glaubte, kein Mensch könnte ihn seiner Achtung würdigen, der ihn nur etwas näher kenne. Aber er konnte sich nicht widerstehn; auf einem einsamen Spazierritt entdeckte er seinem Freunde seine ganze Geschichte und sagte ihm, ob er wohl einen Mörder lieben könne. Hugo war gerührt und suchte ihn zu trösten, Eckbert folgte ihm mit leichterm Herzen zur Stadt.

Es schien aber seine Verdammnis zu sein, grade in der Stunde des Vertrauens Argwohn zu schöpfen, denn kaum waren sie in den Saal getreten, als ihm beim Schein der vielen Lichter die Mienen seines Freundes nicht gefielen. Er glaubte ein hämisches Lächeln zu bemerken, es fiel ihm auf, daß er nur wenig mit ihm sprach, daß er mit den Anwesenden viel redete und seiner gar nicht zu achten schien. Ein alter Ritter war in der Gesellschaft, der immer sich als den Gegner Eckberts gezeigt und sich oft nach seinem Reichtum, nach seiner Frau auf eine eigne Art erkundigt hatte; zu diesem ging jetzt Hugo, und beide sprachen eine Zeitlang heimlich, indem sie beständig nach Eckbert hinsahen. Dieser sah jetzt seinen Argwohn bestätigt, er glaubte sich verraten, und eine schreckliche Wut bemeisterte sich seiner. Indem er noch immer hinstarrte, sah er plötzlich Walthers Kopf, alle seine Mienen, die ganze ihm so wohlbekannte Gestalt; er sah noch immer hin und ward überzeugt, daß niemand als Walther mit dem Alten spreche. — Sein Entsetzen war unbeschreiblich, außer sich stürzte er hinaus, verließ noch in der Nacht die Stadt und kehrte nach vielen Irrwegen auf seine Burg zurück.

Wie ein unruhiger Geist eilte er jetzt von Gemach zu Gemach, kein Gedanke hielt ihm stand, er eilte von entsetzlichen Vorstellungen zu noch entsetzlichern, und kein Schlaf kam in seine Augen. Oft fiel er auf den Gedanken, daß er wahnsinnig sei und sich nur selber durch seine Einbildungskraft alles erschaffe, dann erinnerte er sich wieder der Züge Walthers, und alles ward ihm immer mehr ein Rätsel. Er beschloß, eine Reise zu machen, um seine Vorstellungen wieder zu ordnen; den Gedanken an Freundschaft, den Wunsch nach Umgebung hatte er nun auf ewig aufgegeben.

Er zog fort, ohne sich einen bestimmten Weg vorzusetzen, ja er betrachtete die Gegenden nur wenig, die vor ihm lagen. Als er mit seinem Pferde einige Tage durchtrabt hatte, sah er sich plötzlich in einem Gewinde von Felsen verirrt, in denen sich nirgends ein Ausweg entdecken ließ. Endlich traf er auf einen alten Bauer, der ihm einen Ausweg, einem Wasserfall vorüber, zeigte: er wollte ihm zur Danksagung einige Münzen geben, der Bauer aber schlug sie aus. — »Was gilt's?« sagte Eckbert zu sich selber, »ich könnte mir wieder einbilden, daß dies niemand anders als Walther sei« — und indem sah er sich noch einmal um, und es war niemand anders als Walther. — Eckbert spornte sein Roß, so schnell es nur laufen konnte, durch Wiesen und Wälder, bis es erschöpft unter ihm zusammenstürzte. — Unbekümmert setzte er nun seine Reise zu Fuß fort.

Er stieg träumend einen Hügel hinan; es war, als wenn er ein nahes muntres Bellen hörte, Birken säuselten dazwischen, und er hörte mit wunderlichen Tönen ein Lied singen:

Waldeinsamkeit
Mich wieder freut,
Mir geschieht kein Leid,
Hier wohnt kein Neid,
Von neuem mich freut
Waldeinsamkeit.

Jetzt war es um das Bewußtsein, um die Sinne Eckberts geschehn, er konnte sich nicht aus dem Rätsel herausfinden, ob er jetzt träume oder ehemals von einem Weibe Bertha geträumt habe, das Wunderbarste vermischte sich mit dem Gewöhnlichsten, die Welt um ihn her war verzaubert und er keines Gedankens, keiner Erinnerung mächtig.

Eine krummgebückte Alte schlich hustend mit einer Krücke den Hügel heran. — »Bringst du meinen Vogel? meine Perlen? meinen Hund?« schrie sie ihm entgegen. »Siehe, das Unrecht bestraft sich selbst. Niemand als ich war dein Freund Walther, dein Hugo.«

»Gott im Himmel!« sagte Eckbert stille vor sich hin — »in welcher entsetzlichen Einsamkeit hab' ich denn mein Leben hingebracht!« —

»Und Bertha war deine Schwester.«

Eckbert fiel zu Boden.

»Warum verließ sie mich tückisch? Sonst hätte sich alles gut und schön geendet, ihre Probezeit war ja schon vorüber. Sie war die Tochter eines Ritters, die er bei einem Hirten erziehen ließ, die Tochter deines Vaters.«

»Warum hab' ich diesen schrecklichen Gedanken immer geahndet?« rief Eckbert aus.

»Weil du in früher Jugend deinen Vater einst davon erzählen hörtest: er durfte seiner Frau wegen diese Tochter nicht bei sich erziehen lassen, denn sie war von einem andern Weibe.« —

Eckbert lag wahnsinnig in den letzten Zügen; dumpf und verworren hörte er die Alte sprechen, den Hund bellen und den Vogel sein Lied wiederholen.

E.T.A. HOFFMANN

Das Fräulein von Scuderi

Erzählung aus dem Zeitalter Ludwig des Vierzehnten

In der Straße St. Honoré war das kleine Haus gelegen, welches Magdaleine von Scuderi, bekannt durch ihre anmutigen Verse, durch die Gunst Ludwig XIV. und der Maintenon, bewohnte.

Spät um Mitternacht — es mochte im Herbste des Jahres 1680 sein — wurde an dieses Haus hart und heftig angeschlagen, daß es im ganzen Flur laut widerhallte. — Baptiste, der in des Fräuleins kleinem Haushalt Koch, Bedienten und Türsteher zugleich vorstellte, war mit Erlaubnis seiner Herrschaft über Land gegangen zur Hochzeit seiner Schwester, und so kam es, daß die Martiniere, des Fräuleins Kammerfrau, allein im Hause noch wachte. Sie hörte die wiederholten Schläge, es fiel ihr ein, daß Baptiste fortgegangen, und sie mit dem Fräulein ohne weitern Schutz im Hause geblieben sei; aller Frevel von Einbruch, Diebstahl und Mord, wie er jemals in Paris verübt worden, kam ihr in den Sinn, es wurde ihr gewiß, daß irgendein Haufen Meuterer, von der Einsamkeit des Hauses unterrichtet, da draußen tobe und, eingelassen, ein böses Vorhaben gegen die Herrschaft ausführen wolle, und so blieb sie in ihrem Zimmer, zitternd und zagend und den Baptiste verwünschend samt seiner Schwester Hochzeit. Unterdessen donnerten die Schläge immer fort, und es war ihr, als rufe eine Stimme dazwischen: »So macht doch nur auf um Christus willen, so macht doch nur auf!« Endlich in steigender Angst ergriff die Martiniere schnell den Leuchter mit der brennenden Kerze und rannte hinaus auf den Flur; da vernahm sie ganz deutlich die Stimme des Anpochenden: »Um Christus willen, so macht doch nur auf!« In der Tat, dachte die Martiniere, so spricht doch wohl kein Räuber; wer weiß, ob nicht gar ein Verfolgter Zuflucht sucht bei meiner Herrschaft, die ja geneigt ist zu jeder Wohltat. Aber laßt uns vorsichtig sein! — Sie öffnete ein Fenster und rief hinab, wer denn da unten in später Nacht so an der Haustür tobe und alles aus dem Schlafe wecke, indem sie ihrer tiefen Stimme so viel Männliches zu geben sich bemühte, als nur möglich. In dem Schimmer der Mondesstrahlen, die eben durch die finstern Wolken brachen, gewahrte sie eine lange, in einen hellgrauen Mantel gewickelte Gestalt, die den breiten Hut tief in die Augen gedrückt hatte. Sie rief nun mit lauter Stimme, so, daß es der unten vernehmen konnte: »Baptiste, Claude, Pierre, steht auf und seht einmal zu, welcher Taugenichts uns das Haus einschlagen will!« Da sprach es aber mit sanfter, beinahe klagender Stimme von unten herauf: »Ach! la Martiniere, ich weiß ja, daß Ihr es seid, liebe Frau, so sehr Ihr Eure Stimme zu verstellen trachtet, ich weiß ja, daß Baptiste über Land gegangen ist und Ihr mit Eurer Herrschaft allein im Hause seid. Macht mir nur getrost auf, befürchtet nichts. Ich muß durchaus mit Eurem Fräulein sprechen, noch in dieser Minute.« — »Wo denkt Ihr hin«, erwiderte die Martiniere, »mein Fräulein wollt Ihr sprechen mitten in der Nacht? Wißt Ihr denn nicht, daß sie längst schläft und daß ich sie um keinen Preis wecken werde aus dem ersten süßesten Schlummer, dessen sie in ihren Jahren wohl bedarf.« — »Ich weiß«, sprach der Untenstehende, »ich weiß, daß Euer Fräulein soeben das Manuskript ihres Romans, ›Clelia‹ geheißen, an dem sie rastlos arbeitet, beiseite gelegt hat und jetzt noch einige Verse aufschreibt, die sie morgen bei der Marquise de Maintenon vorzulesen gedenkt. Ich beschwöre Euch, Frau Martiniere, habt die Barmherzigkeit und öffnet mir die Türe. Wißt, daß es darauf ankommt, einen Unglücklichen vom Verderben zu retten, wißt, daß Ehre, Freiheit, ja das Leben eines Menschen abhängt von diesem Augenblick, in dem ich Euer Fräulein sprechen muß. Bedenkt, daß Eurer Gebieterin Zorn ewig auf Euch lasten würde, wenn sie erführe, daß Ihr es waret, die den Unglücklichen, welcher kam, ihre Hilfe zu erflehen, hartherzig von der Türe wieset.« — »Aber warum sprecht Ihr denn meines Fräuleins Mitleid an in dieser ungewöhnlichen Stunde, kommt morgen zu guter Zeit wieder«, so sprach die Martiniere herab; da erwiderte der unten: »Kehrt sich denn das Schicksal, wenn es verderbend wie der tötende Blitz einschlägt, an Zeit und Stunde? Darf, wenn nur ein Augenblick Rettung noch möglich ist, die Hilfe aufgeschoben werden? Öffnet mir die Türe, fürchtet doch nur nichts von einem Elenden, der schutzlos, verlassen von aller Welt, verfolgt, bedrängt von einem ungeheuern Geschick, Euer Fräulein um Rettung anflehen will aus drohender Gefahr!« Die Martiniere vernahm, wie der Untenstehende bei diesen Worten vor tiefem Schmerz stöhnte und schluchzte; dabei war der Ton von seiner Stimme der eines Jünglings, sanft und eindringend tief in die Brust. Sie fühlte sich im Innersten bewegt; ohne sich weiter lange zu besinnen, holte sie die Schlüssel herbei.

Sowie sie die Türe kaum geöffnet, drängte sich ungestüm die im Mantel gehüllte Gestalt hinein und rief, der Martiniere vorbeischreitend in den Flur, mit wilder Stimme: »Führt mich zu Euerm Fräulein!« Erschrocken hob die Martiniere den Leuchter in die Höhe, und der Kerzenschimmer fiel in ein todbleiches, furchtbar entstelltes Jünglingsantlitz. Vor Schrecken hätte die Martiniere zu Boden sinken mögen, als nun der Mensch den Mantel auseinanderschlug und der blanke Griff eines Stiletts aus dem Brustlatz hervorragte. Es blitzte der Mensch sie an mit funkelnden Augen und rief noch wilder als zuvor: »Führt mich zu Euerm Fräulein, sage ich Euch!« Nun sah die Martiniere ihr Fräulein in der dringendsten Gefahr, alle Liebe zu der teuren Herrschaft, in der sie zugleich die fromme, treue Mutter ehrte, flammte stärker auf im Innern und erzeugte einen Mut, dessen sie wohl selbst sich nicht fähig geglaubt hätte. Sie warf die Türe ihres Gemachs, die sie offen gelassen, schnell zu, trat vor dieselbe und sprach stark und fest: »In der Tat, Euer tolles Betragen hier im Hause paßt schlecht zu Euern kläglichen Worten da draußen, die, wie ich nun wohl merke, mein Mitleiden sehr zu unrechter Zeit erweckt haben. Mein Fräulein sollt und werdet Ihr jetzt nicht sprechen. Habt Ihr nichts Böses im Sinn, dürft Ihr den Tag nicht scheuen, so kommt morgen wieder und bringt Eure Sache an! — jetzt schert Euch aus dem Hause!« Der Mensch stieß einen dumpfen Seufzer aus, blickte die Martiniere starr an mit entsetzlichem Blick und griff nach dem Stilett. Die Martiniere befahl im stillen ihre Seele dem Herrn, doch blieb sie standhaft und sah dem Menschen keck ins Auge, indem sie sich fester an die Türe des Gemachs drückte, durch welches der Mensch gehen mußte, um zu dem Fräulein zu gelangen. »Laßt mich zu Eurem Fräulein, sage ich Euch«, rief der Mensch nochmals. »Tut, was Ihr wollt«, erwiderte die Martiniere, »ich weiche nicht von diesem Platz, vollendet nur die böse Tat, die Ihr begonnen, auch Ihr werdet den schmachvollen Tod finden auf dem Greveplatz, wie Eure verruchten Spießgesellen.« — »Ha«, schrie der Mensch auf, »Ihr habt recht, la Martiniere! ich sehe aus, ich bin bewaffnet wie ein verruchter Räuber und Mörder, aber meine Spießgesellen sind nicht gerichtet, sind nicht gerichtet!« — Und damit zog er, giftige Blicke schießend auf die zum Tode geängstigte Frau, das Stilett heraus. »Jesus!« rief sie, den Todesstoß erwartend, aber in dem Augenblick ließ sich auf der Straße das Geklirr von Waffen, der Huftritt von Pferden hören. »Die Marechaussee — die Marechaussee. Hilfe, Hilfe!« schrie die Martiniere. »Entsetzliches Weib, du willst mein Verderben — nun ist alles aus, alles aus! — nimm! — nimm; gib das dem Fräulein heute noch — morgen, wenn du willst« —

dies leise murmelnd, hatte der Mensch der Martiniere den Leuchter weggerissen, die Kerzen verlöscht und ihr ein Kästchen in die Hände gedrückt. »Um deiner Seligkeit willen, gib das Kästchen dem Fräulein«, rief der Mensch und sprang zum Hause hinaus. Die Martiniere war zu Boden gesunken, mit Mühe stand sie auf und tappte sich in der Finsternis zurück in ihr Gemach, wo sie ganz erschöpft, keines Lautes mächtig, in den Lehnstuhl sank. Nun hörte sie die Schlüssel klirren, die sie im Schloß der Haustüre hatte stecken lassen. Das Haus wurde zugeschlossen, und leise unsichere Tritte nahten sich dem Gemach. Festgebannt, ohne Kraft, sich zu regen, erwartete sie das Gräßliche; doch wie geschah ihr, als die Türe aufging und sie bei dem Scheine der Nachtlampe auf den ersten Blick den ehrlichen Baptiste erkannte; der sah leichenblaß aus und ganz verstört. »Um aller Heiligen willen«, fing er an, »um aller Heiligen willen, sagt mir, Frau Martiniere, was ist geschehen? Ach die Angst! die Angst! — Ich weiß nicht, was es war, aber fortgetrieben hat es mich von der Hochzeit gestern abend mit Gewalt! — Und nun komme ich in die Straße. Frau Martiniere, denk' ich, hat einen leisen Schlaf, die wird's wohl hören, wenn ich leise und säuberlich anpoche an die Haustüre, und mich hineinlassen. Da kommt mir eine starke Patrouille entgegen, Reiter, Fußvolk, bis an die Zähne bewaffnet, und hält mich an und will mich nicht fortlassen. Aber zum Glück ist Desgrais dabei, der Marechaussee-Lieutenant, der mich recht gut kennt; der spricht, als sie mir die Laterne unter die Nase halten: ›Ei, Baptiste, wo kommst du her des Wegs in der

Nacht? Du mußt fein im Hause bleiben und es hüten. Hier ist es nicht geheuer, wir denken noch in dieser Nacht einen guten Fang zu machen.‹ Ihr glaubt gar nicht, Frau Martiniere, wie mir diese Worte aufs Herz fielen. Und nun trete ich auf die Schwelle, und da stürzt ein verhüllter Mensch aus dem Hause, das blanke Stilett in der Faust, und rennt mich um und um — das Haus ist offen, die Schlüssel stecken im Schloß — sagt, was hat das alles zu bedeuten?« Die Martiniere, von ihrer Todesangst befreit, erzählte, wie sich alles begeben. Beide, sie und Baptiste, gingen in den Hausflur, sie fanden den Leuchter auf dem Boden, wo der fremde Mensch ihn im Entfliehen hingeworfen. »Es ist nur zu gewiß«, sprach Baptiste, »daß unser Fräulein beraubt und wohl gar ermordet werden sollte. Der Mensch wußte, wie Ihr erzählt, daß Ihr allein wart mit dem Fräulein, ja sogar, daß sie noch wachte bei ihren Schriften; gewiß war es einer von den verfluchten Gaunern und Spitzbuben, die bis ins Innere der Häuser dringen, alles listig auskundschaftend, was ihnen zur Ausführung ihrer teuflischen Anschläge dienlich. Und das kleine Kästchen, Frau Martiniere, das, denk' ich, werfen wir in die Seine, wo sie am tiefsten ist. Wer steht uns dafür, daß nicht irgendein verruchter Unhold unserm guten Fräulein nach dem Leben trachtet, daß sie, das Kästchen öffnend, nicht tot niedersinkt wie der alte Marquis von Tournay, als er den Brief aufmachte, den er von unbekannter Hand erhalten! —« Lange ratschlagend, beschlossen die Getreuen endlich, dem Fräulein am andern Morgen alles zu erzählen und ihr auch das geheimnisvolle Kästchen einzuhändigen, das ja mit gehöriger Vorsicht geöffnet werden könne. Beide, erwägten sie genau jeden Umstand der Erscheinung des verdächtigen Fremden, meinten, daß wohl ein besonderes Geheimnis im Spiele sein könne, über das sie eigenmächtig nicht schalten dürften, sondern die Enthüllung ihrer Herrschaft überlassen müßten. —

Baptistes Besorgnisse hatten ihren guten Grund. Gerade zu der Zeit war Paris Schauplatz der verruchtesten Greueltaten, gerade zu der Zeit bot die teuflischste Erfindung der Hölle die leichtesten Mittel dazu dar.

Glaser, ein deutscher Apotheker, der beste Chemiker seiner Zeit, beschäftigte sich, wie es bei Leuten von seiner Wissenschaft wohl zu geschehen pflegt, mit alchimistischen Versuchen. Er hatte es darauf abgesehen, den Stein der Weisen zu finden. Ihm gesellte sich ein Italiener zu, namens *Exili.* Diesem diente aber die Goldmacherkunst nur zum Vorwande. Nur das Mischen, Kochen, Sublimieren der Giftstoffe, in denen Glaser sein Heil zu finden hoffte, wollte er erlernen, und es gelang ihm endlich, jenes feine Gift zu bereiten, das ohne Geruch, ohne Geschmack, entweder auf der Stelle oder langsam tötend, durchaus keine Spur im menschlichen Körper zurückläßt und alle Kunst, alle Wissenschaft der Ärzte täuscht, die, den Giftmord nicht ahnend, den Tod einer natürlichen Ursache zuschreiben müssen. So vorsichtig Exili auch zu Werke ging, so kam er doch in den Verdacht des Giftverkaufs und wurde nach der Bastille gebracht. In dasselbe Zimmer sperrte man bald darauf den Hauptmann

Godin de Sainte Croix ein. Dieser hatte mit der Marquise de Brinvillier lange Zeit in einem Verhältnisse gelebt, welches Schande über die ganze Familie brachte, und endlich, da der Marquis unempfindlich blieb für die Verbrechen seiner Gemahlin, ihren Vater, Dreux d'Aubray, Zivil-Lieutenant zu Paris, nötigte, das verbrecherische Paar durch einen Verhaftsbefehl zu trennen, den er wider den Hauptmann auswirkte. Leidenschaftlich, ohne Charakter, Frömmigkeit heuchelnd und zu Lastern aller Art geneigt von Jugend auf, eifersüchtig, rachsüchtig bis zur Wut, konnte dem Hauptmann nichts willkommner sein als Exilis teuflisches Geheimnis, das ihm die Macht gab, alle seine Feinde zu vernichten. Er wurde Exilis eifriger Schüler und tat es bald seinem Meister gleich, so daß er, aus der Bastille entlassen, allein fortzuarbeiten imstande war.

Die Brinvillier war ein entartetes Weib, durch Sainte Croix wurde sie zum Ungeheuer. Er vermochte sie nach und nach, erst ihren eignen Vater, bei dem sie sich befand, ihn mit verruchter Heuchelei im Alter pflegend, dann ihre beiden Brüder und endlich ihre Schwester zu vergiften; den Vater aus Rache, die andern der reichen Erbschaft wegen. Die Geschichte mehrerer Giftmörder gibt das entsetzliche Beispiel, daß Verbrechen der Art zur unwiderstehlichen Leidenschaft werden. Ohne weitern Zweck, aus reiner Lust daran, wie der Chemiker Experimente macht zu seinem Vergnügen, haben oft Giftmörder Personen gemordet, deren Leben oder Tod ihnen völlig gleich sein konnte. Das plötzliche Hinsterben mehrerer Armen im Hotel Dieu erregte später den Verdacht, daß die Brote, welche die Brinvillier dort wöchentlich auszuteilen pflegte, um als Muster der Frömmigkeit und des Wohltuns zu gelten, vergiftet waren. Gewiß ist es aber, daß sie Taubenpasteten vergiftete und sie den Gästen, die sie geladen, vorsetzte. Der Chevalier du Guet und mehrere andere Personen fielen als Opfer dieser höllischen Mahlzeiten. Sainte Croix, sein Gehilfe la Chaussee, die Brinvillier wußten lange Zeit hindurch ihre gräßlichen Untaten in undurchdringliche Schleier zu hüllen; doch welche verruchte List verworfener Menschen vermag zu bestehen, hat die ewige Macht des Himmels beschlossen, schon hier auf Erden die Frevler zu richten! — Die Gifte, welche Sainte Croix bereitete, waren so fein, daß, lag das Pulver (poudre de succession nannten es die Pariser) bei der Bereitung offen, ein einziger Atemzug hinreichte, sich augenblicklich den Tod zu geben. Sainte Croix trug deshalb bei seinen Operationen eine Maske von feinem Glase. Diese fiel eines Tages, als er eben ein fertiges Giftpulver in eine Phiole schütten wollte, herab, und er sank, den feinen Staub des Giftes einatmend, augenblicklich tot nieder. Da er ohne Erben verstorben, eilten die Gerichte herbei, um den Nachlaß unter Siegel zu nehmen. Da fand sich in einer Kiste verschlossen das ganze höllische Arsenal des Giftmords, das dem verruchten Sainte Croix zu Gebote gestanden, aber auch die Briefe der Brinvillier wurden aufgefunden, die über ihre Untaten keinen Zweifel ließen. Sie floh nach Lüttich in ein Kloster. Desgrais, ein Beamter der Marechaussee, wurde ihr nachgesendet. Als Geistlicher verkleidet, erschien er in dem Kloster, wo sie sich verborgen. Es gelang ihm, mit dem entsetzlichen Weibe einen Liebeshandel anzuknüpfen und sie zu einer heimlichen Zusammenkunft in einem einsamen Garten vor der Stadt zu verlocken. Kaum dort angekommen, wurde sie aber von Desgrais' Häschern umringt, der geistliche Liebhaber verwandelte sich plötzlich in den Beamten der Marechaussee und nötigte sie in den Wagen zu steigen, der vor dem Garten bereit stand und, von den Häschern umringt, geradeswegs nach Paris abfuhr. La Chaussee war schon früher enthauptet worden; die Brinvillier litt denselben Tod, ihr Körper wurde nach der Hinrichtung verbrannt und die Asche in die Lüfte zerstreut.

Die Pariser atmeten auf, als das Ungeheuer von der Welt war, das die heimliche mörderische Waffe ungestraft richten konnte gegen Feind und Freund. Doch bald tat es sich kund, daß des verruchten la Croix' entsetzliche Kunst sich fortvererbt hatte. Wie ein unsichtbares tückisches Gespenst schlich der Mord sich ein in die engsten Kreise, wie sie Verwandtschaft — Liebe — Freundschaft nur bilden können, und erfaßte sicher und schnell die unglücklichen Opfer. Der, den man heute in blühender Gesundheit gesehen, wankte morgen krank und siech umher, und keine Kunst der Ärzte konnte ihn vor dem Tode retten. Reichtum — ein einträgliches Amt — ein schönes, vielleicht zu jugendliches Weib — das genügte zur Verfolgung auf den Tod. Das grausamste Mißtrauen trennte die heiligsten Bande. Der Gatte zitterte vor der Gattin — der Vater vor dem Sohn — die Schwester vor dem Bruder.

— Unberührt blieben die Speisen, blieb der Wein bei dem Mahl, das der Freund den Freunden gab, und wo sonst Lust und Scherz gewaltet, spähten verwilderte Blicke nach dem verkappten Mörder. Man sah Familienväter ängstlich in entfernten Gegenden Lebensmittel einkaufen und in dieser, jener schmutzigen Garküche selbst bereiten, in ihrem eigenen Hause teuflischen Verrat fürchtend. Und doch war manchmal die größte, bedachteste Vorsicht vergebens.

Der König, dem Unwesen, das immer mehr überhandnahm, zu steuern, ernannte einen eigenen Gerichtshof, dem er ausschließlich die Untersuchung und Bestrafung dieser heimlichen Verbrechen übertrug. Das war die sogenannte Chambre ardente, die ihre Sitzungen unfern der Bastille hielt und welcher la Regnie als Präsident vorstand. Mehrere Zeit hindurch blieben Regnies Bemühungen, so eifrig sie auch sein mochten, fruchtlos; dem verschlagenen Desgrais war es vorbehalten, den geheimsten Schlupfwinkel des Verbrechens zu entdecken. — In der Vorstadt Saint Germain wohnte ein altes Weib, la Voisin geheißen, die sich mit Wahrsagen und Geisterbeschwören abgab und mit Hilfe ihrer Spießgesellen, le Sage und le Vigoureux, auch selbst Personen, die eben nicht schwach und leichtgläubig zu nennen, in Furcht und Erstaunen zu setzen wußte. Aber sie tat mehr als dieses. Exilis Schülerin wie la Croix, bereitete sie wie dieser das feine, spurlose Gift und half auf diese Weise ruchlosen Söhnen zur frühen Erbschaft, entarteten Weibern zum andern, jüngern Gemahl. Desgrais drang in ihr Geheimnis ein, sie gestand alles, die Chambre ardente verurteilte sie zum Feuertode, den sie auf dem Greveplatz erlitt. Man fand bei ihr eine Liste aller Personen, die sich ihrer Hilfe bedient hatten; und so kam es, daß nicht allein Hinrichtung auf Hinrichtung folgte, sondern auch schwerer Verdacht selbst auf Personen von hohem Ansehen lastete. So glaubte man, daß der Kardinal Bonzy bei der la Voisin das Mittel gefunden, alle Personen, denen er als Erzbischof von Narbonne Pensionen bezahlen mußte, in kurzer Zeit hinsterben zu lassen. So wurden die Herzogin von Bouillon, die Gräfin von Soissons, deren Namen man auf der Liste gefunden, der Verbindung mit dem teuflischen Weibe angeklagt, und selbst François Henri de Montmorenci, Boudebelle, Herzog von Luxemburg, Pair und Marschall des Reichs, blieb nicht verschont. Auch ihn verfolgte die furchtbare Chambre ardente. Er stellte sich selbst zum Gefängnis in der Bastille, wo ihn Louvois' und la Regnies Haß in ein sechs Fuß langes Loch einsperren ließ. Monate vergingen, ehe es sich vollkommen ausmittelte, daß des Herzogs Verbrechen keine Rüge verdienen konnte. Er hatte sich einmal von le Sage das Horoskop stellen lassen. Gewiß ist es, daß blinder Eifer den Präsidenten la Regnie zu Gewaltstreichen und Grausamkeiten verleitete. Das Tribunal nahm ganz den Charakter der Inquisition an, der geringfügigste Verdacht reichte hin zu strenger Einkerkerung, und oft war es dem Zufall überlassen, die Unschuld des auf den Tod Angeklagten darzutun. Dabei war Regnie von garstigem Ansehen und heimtückischem Wesen, so daß er bald den Haß derer auf sich lud, deren Rächer oder Schützer zu sein er berufen wurde. Die Herzogin von Bouillon, von ihm im Verhöre gefragt, ob sie den Teufel gesehen, erwiderte: »Mich dünkt, ich sehe ihn in diesem Augenblick!« Während nun auf dem Greveplatz das Blut Schuldiger und Verdächtigter in Strömen floß und endlich der heimliche Giftmord seltner und seltner wurde, zeigte sich ein Unheil anderer Art, welches neue Bestürzung verbreitete. Eine Gaunerbande schien es darauf angelegt zu haben, alle Juwelen in ihren Besitz zu bringen. Der reiche Schmuck, kaum gekauft, verschwand auf unbegreifliche Weise, mochte er verwahrt sein, wie er wollte. Noch viel ärger war es aber, daß jeder, der es wagte, zur Abendzeit Juwelen bei sich zu tragen, auf offener Straße oder in finstern Gängen der Häuser beraubt, ja wohl gar ermordet wurde. Die mit dem Leben davongekommen, sagten aus, ein Faustschlag auf den Kopf habe sie wie ein Wetterstrahl niedergestürzt, und aus der Betäubung erwacht, hätten sie sich beraubt und am ganz andern Orte als da, wo sie der Schlag getroffen, wiedergefunden. Die Ermordeten, wie sie beinahe jeden Morgen auf der Straße oder in den Häusern lagen, hatten alle dieselbe tödliche Wunde. Ein Dolchstich ins Herz, nach dem Urteil der Ärzte so schnell und sicher tötend, daß der Verwundete, keines Lautes mächtig, zu Boden sinken mußte. Wer war an dem üppigen Hofe Ludwig des XIV., der nicht in einen geheimen Liebeshandel verstrickt, spät zur Geliebten schlich und manchmal ein reiches Geschenk bei sich trug? — Als stünden die Gauner mit Geistern im Bunde, wußten sie genau, wenn sich so etwas zutragen sollte. Oft erreichte der Unglückliche nicht das Haus, wo er Liebesglück zu genießen dachte, oft fiel er auf der Schwelle, ja vor dem Zimmer der Geliebten, die mit Entsetzen den blutigen Leichnam fand.

Vergebens ließ Argenson, der Polizeiminister, alles aufgreifen in Paris, was von dem Volk nur irgend verdächtig schien, vergebens wütete la Regnie und suchte Geständnisse zu erpressen, vergebens wurden Wachen, Patrouillen verstärkt, die Spur der Täter war nicht zu finden. Nur die Vorsicht, sich bis an die Zähne zu bewaffnen und sich eine Leuchte vortragen zu lassen, half einigermaßen, und doch fanden sich Beispiele, daß der Diener mit Steinwürfen geängstet und der Herr in demselben Augenblick ermordet und beraubt wurde.

Merkwürdig war es, daß aller Nachforschungen auf allen Plätzen, wo Juwelenhandel nur möglich war, unerachtet, nicht das mindeste von den geraubten Kleinodien zum Vorschein kam und also auch hier keine Spur sich zeigte, die hätte verfolgt werden können.

Desgrais schäumte vor Wut, daß selbst seiner List die Spitzbuben zu entgehen wußten. Das Viertel der Stadt, in dem er sich gerade befand, blieb verschont, während in dem andern, wo keiner Böses geahnt, der Raubmord seine reichen Opfer erspähte.

Desgrais besann sich auf das Kunststück, mehrere Desgrais zu schaffen, sich untereinander so ähnlich an Gang, Stellung, Sprache, Figur, Gesicht, daß selbst die Häscher nicht wußten, wo der rechte Desgrais stecke. Unterdessen lauschte er, sein Leben wagend, allein in den geheimsten Schlupfwinkeln und folgte von weitem diesem oder jenem, der auf seinen Anlaß einen reichen Schmuck bei sich trug. *Der* blieb unangefochten; also auch von *dieser* Maßregel waren die Gauner unterrichtet. Desgrais geriet in Verzweiflung.

Eines Morgens kommt Desgrais zu dem Präsidenten la Regnie, blaß, entstellt, außer sich. — »Was habt Ihr, was für Nachrichten? — Fandet Ihr die Spur?« ruft ihm der Präsident entgegen. »Ha — gnädiger Herr«, fängt Desgrais an, vor Wut stammelnd, »ha, gnädiger Herr — gestern in der Nacht — unfern des Louvre ist der Marquis de la Fare angefallen worden in meiner Gegenwart.« — »Himmel und Erde«, jauchzt la Regnie auf vor Freude — »wir haben sie!« — »O hört nur«, fällt Desgrais mit bitterm Lächeln ein, »o hört nur erst, wie sich alles begeben. — Am Louvre steh' ich also und passe, die ganze Hölle in der Brust, auf die Teufel, die meiner spotten. Da kommt mit unsicherm Schritt, immer hinter sich schauend, eine Gestalt dicht bei mir vorüber, ohne mich zu sehen. Im Mondesschimmer erkenne ich den Marquis de la Fare. Ich konnt' ihn da erwarten, ich wußte, wo er hinschlich. Kaum ist er zehn — zwölf Schritte bei mir vorüber, da springt wie aus der Erde herauf eine Figur, schmettert ihn nieder und fällt über ihn her. Unbesonnen, überrascht von dem Augenblick, der den Mörder in meine Hand liefern konnte, schrie ich laut auf und will mit einem gewaltigen Sprunge aus meinem Schlupfwinkel heraus auf ihn zusetzen; da verwickle ich mich in den Mantel und falle hin. Ich sehe den Menschen wie auf den Flügeln des Windes forteilen, ich rapple mich auf, ich renne ihm nach — laufend stoße ich in mein Horn — aus der Ferne antworten die Pfeifen der Häscher — es wird lebendig — Waffengeklirr, Pferdegetrappel von allen Seiten. — ›Hierher — hierher — Degrais — Degrais!‹ schreie ich, daß es durch die Straßen hallt. — Immer sehe ich den Menschen vor mir im hellen Mondschein, wie er, mich zu täuschen, da — dort — einbiegt; wir kommen in die Straße Nicaise, da scheinen seine Kräfte zu sinken, ich strenge die meinigen doppelt an — noch fünfzehn Schritte höchstens hat er Vorsprung.« — »Ihr holt ihn ein — Ihr packt ihn, die Häscher kommen«, ruft la Regnie mit blitzenden Augen, indem er Desgrais beim Arm ergreift, als sei *der* der fliehende Mörder selbst. — »Fünfzehn Schritte«, fährt Degrais mit dumpfer Stimme und mühsam atmend fort, »fünfzehn Schritte vor mir springt der Mensch auf die Seite in den Schatten und verschwindet durch die Mauer.« — »Verschwindet? — durch die Mauer! — Seid Ihr rasend?« ruft la Regnie, indem er zwei Schritte zurücktritt und die Hände zusammenschlägt. »Nennt mich«, fährt Desgrais fort, sich die Stirne reibend wie einer, den böse Gedanken plagen, »nennt, mich, gnädiger Herr, immerhin einen Rasenden, einen törichten Geisterseher, aber es ist nicht anders, als wie ich es Euch erzähle. Erstarrt stehe ich vor der Mauer, als mehrere Häscher atemlos herbeikommen; mit ihnen der Marquis de la Fare, der sich aufgerafft, den bloßen Degen in der Hand. Wir zünden Fackeln an, wir tappen an der Mauer hin und her; keine Spur einer Türe, eines Fensters, einer Öffnung. Es ist eine starke steinerne Hofmauer, die sich an das Haus lehnt, in dem Leute wohnen, gegen die auch nicht der leiseste Verdacht aufkommt. Noch heute habe ich alles in genauen Augenschein genommen. — Der Teufel selbst ist es, der uns foppt.« Desgrais' Geschichte wurde in Paris bekannt. Die Köpfe waren erfüllt von den Zaubereien, Geisterbeschwörungen, Teufelsbündnissen der Voisin, des Vigoureux, des berüchtigten Priesters le Sage; und wie es denn nun in unserer ewigen Natur liegt, daß der Hang zum Übernatürlichen, zum Wunderbaren alle Vernunft überbietet, so glaubte man bald nichts Geringeres, als daß, wie Degrais nur im Unmut gesagt, wirklich der Teufel selbst die Verruchten schütze, die ihm ihre Seelen verkauft. Man kann es sich denken, daß Desgrais' Geschichte mancherlei tollen Schmuck erhielt. Die Erzählung davon mit einem Holzschnitt darüber, eine gräßliche Teufelsgestalt vorstellend, die vor dem erschrokkenen Desgrais in die Erde versinkt, wurde gedruckt und an allen Ecken verkauft. Genug, das Volk einzuschüchtern und selbst den Häschern allen Mut zu nehmen, die nun zur Nachtzeit mit Zittern und Zagen die Straßen durchirrten, mit Amuletten behängt und eingeweicht in Weihwasser.

Argenson sah die Bemühungen der Chambre ardente scheitern und ging den König an, für das neue Verbrechen einen Gerichtshof zu ernennen, der mit noch ausgedehnterer Macht den Tätern nachspüre und sie strafe. Der König, überzeugt, schon der Chambre ardente zu viel Gewalt gegeben zu haben, erschüttert von dem Greuel unzähliger Hinrichtungen, die der blutgierige la Regnie veranlaßt, wies den Vorschlag gänzlich von der Hand.

Man wählte ein anderes Mittel, den König für die Sache zu beleben.

In den Zimmern der Maintenon, wo sich der König nachmittags aufzuhalten und wohl auch mit seinen Ministern bis in die späte Nacht hinein zu arbeiten pflegte, wurde ihm ein Gedicht überreicht im Namen der gefährdeten Liebhaber, welche klagten, daß, gebiete ihnen die Galanterie, der Geliebten ein reiches Geschenk zu bringen, sie allemal ihr Leben daransetzen müßten. Ehre und Lust sei es, im ritterlichen Kampf sein Blut für die Geliebte zu verspritzen; anders verhalte es sich aber mit dem heimtückischen Anfall des Mörders, wider den man sich nicht wappnen könne. Ludwig, der leuchtende Polarstern aller Liebe und Galanterie, der möge hellaufstrahlend die finstere Nacht zerstreuen und so das schwarze Geheimnis, das darin verborgen, enthüllen. Der göttliche Held, der seine Feinde niedergeschmettert, werde nun auch sein siegreich funkelndes Schwert zücken und, wie Herkules die lernäische Schlange, wie Theseus den Minotaur, das bedrohliche Ungeheuer bekämpfen, das alle Liebeslust wegzehre und alle Freude verdüstre in tiefes Leid, in trostlose Trauer.

So ernst die Sache auch war, so fehlte es diesem Gedicht doch nicht, vorzüglich in der Schilderung, wie die Liebhaber auf dem heimlichen Schleichwege zur Geliebten sich ängstigen müßten, wie die Angst schon alle Liebeslust, jedes schöne Abenteuer der Galanterie im Aufkeimen töte, an geistreich-witzigen Wendungen. Kam nun noch hinzu, daß beim Schluß alles in einen hochtrabenden Panegyrikus auf Ludwig XIV. ausging, so konnte es nicht fehlen, daß der König das Gedicht mit sichtlichem Wohlgefallen durchlas. Damit zustande gekommen, drehte er sich, die Augen nicht wegwendend von dem Papier, rasch um zur Maintenon, las das Gedicht noch einmal mit lauter Stimme ab und fragte dann, anmutig lächelnd, was sie von den Wünschen der gefährdeten Liebhaber halte. Die Maintenon, ihrem ernsten Sinne treu und immer in der Farbe einer gewissen Frömmigkeit, erwiderte, daß geheime verbotene Wege eben keines besondern Schutzes würdig, die entsetzlichen Verbrecher aber wohl besonderer Maßregeln zu ihrer Vertilgung wert wären. Der König, mit dieser schwankenden Antwort unzufrieden, schlug das Papier zusammen und wollte zurück zu dem Staatssekretär, der in dem andern Zimmer arbeitete, als ihm bei einem Blick, den er seitwärts warf, die Scuderi ins Auge fiel, die zugegen war und eben unfern der Maintenon auf einem kleinen Lehnsessel Platz genommen hatte. Auf diese schritt er nun los; das anmutige Lächeln, das erst um Mund und Wangen spielte und das verschwunden, gewann wieder Oberhand, und dicht vor dem Fräulein stehend und das Gedicht wieder auseinanderfaltend, sprach er sanft: »Die Marquise mag nun einmal von den Galanterien unserer verliebten Herren nichts wissen und weicht mir aus auf Wegen, die nichts weniger als verboten sind. Aber Ihr, mein Fräulein, was haltet Ihr von dieser dichterischen Supplik?« — Die Scuderi stand ehrerbietig auf von ihrem Lehnsessel, ein flüchtiges

Rot überflog wie Abendpurpur die blassen Wangen der alten würdigen Dame, sie sprach, sich leise verneigend, mit niedergeschlagenen Augen:

Un amant, qui craint les voleurs,
n'est point digne d'amour.[1]

Der König, ganz erstaunt über den ritterlichen Geist dieser wenigen Worte, die das ganze Gedicht mit seinen ellenlangen Tiraden zu Boden schlugen, rief mit blitzenden Augen: »Beim heiligen Dionys, Ihr habt recht, Fräulein! Keine blinde Maßregel, die den Unschuldigen trifft mit dem Schuldigen, soll die Feigheit schützen; mögen Argenson und la Regnie das Ihrige tun!«

Alle die Greuel der Zeit schilderte nun die Martiniere mit den lebhaftesten Farben, als sie am andern Morgen ihrem Fräulein erzählte, was sich in voriger Nacht zugetragen, und übergab ihr zitternd und zagend das geheimnisvolle Kästchen. Sowohl sie als Baptiste, der ganz verblaßt in der Ecke stand und, vor Angst und Beklommenheit die Nachtmütze in den Händen knetend, kaum sprechen konnte, baten das Fräulein auf das wehmütigste um aller Heiligen willen, doch nur mit möglichster Behutsamkeit das Kästchen zu öffnen. Die Scuderi, das verschlossene Geheimnis in der Hand wiegend und prüfend, sprach lächelnd: »Ihr seht beide Gespenster! — Daß ich nicht reich bin, daß bei mir keine Schätze, eines Mordes wert, zu holen sind, das

[1] Ein Liebhaber, der die Diebe fürchtet, ist der Liebe unwürdig.

wissen die verruchten Meuchelmörder da draußen, die, wie ihr selbst sagt, das Innerste der Häuser erspähen, wohl ebensogut als ich und ihr. Auf mein Leben soll es abgesehen sein? Wem kann was an dem Tode liegen einer Person von dreiundsiebzig Jahren, die niemals andere verfolgte als die Bösewichter und Friedenstörer in den Romanen, die sie selbst schuf, die mittelmäßige Verse macht, welche niemandes Neid erregen können, die nichts hinterlassen wird als den Staat des alten Fräuleins, das bisweilen an den Hof ging, und ein paar Dutzend gut eingebundene Bücher mit vergoldetem Schnitt! Und du, Martiniere, du magst nun die Erscheinung des fremden Menschen so schreckhaft beschreiben, wie du willst, doch kann ich nicht glauben, daß er Böses im Sinne getragen.«

»Also!«

Die Martiniere prallte drei Schritte zurück, Baptiste sank mit einem dumpfen Ach! halb in die Knie, als das Fräulein nun an einen hervorragenden stählernen Knopf drückte, und der Deckel des Kästchens mit Geräusch aufsprang.

Wie erstaunte das Fräulein, als ihr aus dem Kästchen ein Paar goldne, reich mit Juwelen besetzte Armbänder und eben ein solcher Halsschmuck entgegenfunkelten. Sie nahm das Geschmeide heraus, und indem sie die wundervolle Arbeit des Halsschmucks lobte, beäugelte die Martiniere die reichen Armbänder und rief ein Mal über das andere, daß ja selbst die eitle Montespan nicht solchen Schmuck besitze. »Aber was soll das, was hat das zu bedeuten?« sprach die Scuderi. In dem Augenblick gewahrte sie auf dem Boden des Kästchens einen kleinen zusammengefalteten Zettel. Mit Recht hoffte sie den Aufschluß des Geheimnisses darin zu finden. Der Zettel, kaum hatte sie, was er enthielt, gelesen, entfiel ihren zitternden Händen. Sie warf einen sprechenden Blick zum Himmel und sank dann wie halb ohnmächtig in den Lehnsessel zurück. Erschrocken sprang die Martiniere, sprang Baptiste ihr bei. »Oh«, rief sie nun mit von Tränen halb erstickter Stimme, »o der Kränkung, o der tiefen Beschämung! Muß mir das noch geschehen im hohen Alter! Hab' ich denn im törichten Leichtsinn gefrevelt wie ein junges, unbesonnenes Ding? — O Gott, sind Worte, halb im Scherz hingeworfen, solcher gräßlichen Deutung fähig! — Darf dann mich, die ich, der Tugend getreu und der Frömmigkeit, tadellos blieb von Kindheit an, darf dann mich das Verbrechen des teuflischen Bündnisses zeihen?«

Das Fräulein hielt das Schnupftuch vor die Augen und weinte und schluchzte heftig, so daß die Martiniere und Baptiste, ganz verwirrt und beklommen, nicht wußten, wie ihrer guten Herrschaft beistehen in ihrem großen Schmerz.

Die Martiniere hatte den verhängnisvollen Zettel von der Erde aufgehoben. Auf demselben stand:

»*Un amant, qui craint les voleurs,*
n'est point digne d'amour.

Euer scharfsinniger Geist, hochverehrte Dame, hat uns, die wir an der Schwäche und Feigheit das Recht des Stärkern üben und uns Schätze zueignen, die auf unwürdige Weise vergeudet werden sollten, von großer

Verfolgung errettet. Als einen Beweis unserer Dankbarkeit nehmet gütig diesen Schmuck an. Es ist das Kostbarste, was wir seit langer Zeit haben auftreiben können, wiewohl Euch, würdige Dame, viel schöneres Geschmeide zieren sollte, als dieses nun eben ist. Wir bitten, daß Ihr uns Eure Freundschaft und Euer huldvolles Andenken nicht entziehen möget.

Die Unsichtbaren.«

»Ist es möglich«, rief die Scuderi, als sie sich einigermaßen erholt hatte, »ist es möglich, daß man die schamlose Frechheit, den verruchten Hohn so weit treiben kann?« — Die Sonne schien hell durch die Fenstergardinen von hochroter Seide, und so kam es, daß die Brillanten, welche auf dem Tische neben dem offenen Kästchen lagen, in rötlichem Schimmer aufblitzten. Hinblickend, verhüllte die Scuderi voll Entsetzen das Gesicht und befahl der Martiniere, das fürchterliche Geschmeide, an dem das Blut der Ermordeten klebe, augenblicklich fortzuschaffen. Die Martiniere, nachdem sie Halsschmuck und Armbänder sogleich in das Kästchen verschlossen, meinte, daß es wohl am geratensten sein würde, die Juwelen dem Polizeiminister zu übergeben und ihm zu vertrauen, wie sich alles mit der beängstigenden Erscheinung des jungen Menschen und der Einhändigung des Kästchens zugetragen.

Die Scuderi stand auf und schritt schweigend langsam im Zimmer auf und nieder, als sinne sie erst nach, was nun zu tun sei. Dann befahl sie dem Baptiste, einen Tragsessel zu holen, der Martiniere aber, sie anzukleiden, weil sie auf der Stelle hin wolle zur Marquise de Maintenon.

Sie ließ sich hintragen zur Marquise gerade zu der Stunde, wenn diese, wie die Scuderi wußte, sich allein in ihren Gemächern befand. Das Kästchen mit den Juwelen nahm sie mit sich.

Wohl mußte die Marquise sich hoch verwundern, als sie das Fräulein, sonst die Würde, ja trotz ihrer hohen Jahre die Liebenswürdigkeit, die Anmut selbst, eintreten sah, blaß, entstellt, mit wankenden Schritten. »Was um aller Heiligen willen ist Euch widerfahren?« rief sie der armen, beängsteten Dame entgegen, die, ganz außer sich selbst, kaum imstande, sich aufrecht zu erhalten, nur schnell den Lehnsessel zu erreichen suchte, den ihr die Marquise hinschob. Endlich des Wortes wieder mächtig, erzählte das Fräulein, welche tiefe, nicht zu verschmerzende Kränkung ihr jener unbedachtsame Scherz, mit dem sie die Supplik der gefährdeten Liebhaber beantwortet, zugezogen habe. Die Marquise, nachdem sie alles von Moment zu Moment erfahren, urteilte, daß die Scuderi sich das sonderbare Ereignis viel zu sehr zu Herzen nehme, daß der Hohn verruchten Gesindels nie ein frommes, edles Gemüt treffen könne, und verlangte zuletzt den Schmuck zu sehen.

Die Scuderi gab ihr das geöffnete Kästchen, und die Marquise konnte sich, als sie das köstliche Geschmeide erblickte, des lauten Ausrufs der Verwunderung nicht erwehren. Sie nahm den Halsschmuck, die Armbänder heraus und trat damit an das Fenster, wo sie bald die Juwelen an der Sonne spielen ließ, bald die zierliche

Goldarbeit ganz nahe vor die Augen hielt, um nur recht zu erschauen, mit welcher wundervollen Kunst jedes kleine Häkchen der verschlungenen Ketten gearbeitet war.

Auf einmal wandte sich die Marquise rasch um nach dem Fräulein und rief: »Wißt Ihr wohl, Fräulein, daß diese Armbänder, diesen Halsschmuck niemand anders gearbeitet haben kann als René Cardillac?« — René Cardillac war damals der geschickteste Goldarbeiter in Paris, einer der kunstreichsten und zugleich sonderbarsten Menschen seiner Zeit. Eher klein als groß, aber breitschultrig und von starkem, muskulösem Körperbau, hatte Cardillac, hoch in die Fünfzigerjahre vorgerückt, noch die Kraft, die Beweglichkeit des Jünglings. Von dieser Kraft, die ungewöhnlich zu nennen, zeugten auch das dicke, krause, rötliche Haupthaar und das gedrungene, gleißende Antlitz. Wäre Cardillac nicht in ganz Paris als der rechtlichste Ehrenmann, uneigennützig, offen, ohne Hinterhalt, stets zu helfen bereit, bekannt gewesen, sein ganz besonderer Blick aus kleinen, tiefliegenden, grün funkelnden Augen hätte ihn in den Verdacht heimlicher Tücke und Bosheit bringen können. Wie gesagt, Cardillac war in seiner Kunst der Geschickteste nicht sowohl in Paris als vielleicht überhaupt seiner Zeit. Innig vertraut mit der Natur der Edelsteine, wußte er sie auf eine Art zu behandeln und zu fassen, daß der Schmuck, der erst für unscheinbar gegolten, aus Cardillacs Werkstatt hervorging in glänzender Pracht. Jeden Auftrag übernahm er mit brennender Begierde und machte einen Preis, der, so geringe er war, mit der Arbeit in keinem Verhältnis zu stehen schien. Dann ließ ihm das Werk keine Ruhe, Tag und Nacht hörte man ihn in seiner Werkstatt hämmern, und oft, war die Arbeit beinahe vollendet, mißfiel ihm plötzlich die Form, er zweifelte an der Zierlichkeit irgendeiner Fassung der Juwelen, irgendeines kleinen Häkchens — Anlaß genug, die ganze Arbeit wieder in den Schmelztiegel zu werfen und von neuem anzufangen. So wurde jede Arbeit ein reines, unübertreffliches Meisterwerk, das den Besteller in Erstaunen setzte. Aber nun war es kaum möglich, die fertige Arbeit von ihm zu erhalten. Unter tausend Vorwänden hielt er den Besteller hin von Woche zu Woche, von Monat zu Monat. Vergebens bot man ihm das Doppelte für die Arbeit, nicht einen Louis mehr als den bedungenen Preis wollte er nehmen. Mußte er dann endlich dem Andringen des Bestellers weichen und den Schmuck herausgeben, so konnte er sich aller Zeichen des tiefsten Verdrusses, ja einer innern Wut, die in ihm kochte, nicht erwehren. Hatte er ein bedeutenderes, vorzüglich reiches Werk, vielleicht viele Tausende an Wert, bei der Kostbarkeit der Juwelen, bei der überzierlichen Goldarbeit, abliefern müssen, so war er imstande, wie unsinnig umherzulaufen, sich, seine Arbeit, alles um sich her verwünschend. Aber sowie einer hinter ihm herrannte und laut schrie: »René Cardillac, möchtet Ihr nicht einen schönen Halsschmuck machen für meine Braut — Armbänder für mein Mädchen und so weiter«, dann stand er plötzlich still, blitzte den an mit seinen kleinen Augen und fragte, die Hände reibend: »Was habt Ihr denn?« Der zieht nun ein Schächtelchen hervor und spricht: »Hier sind Juwelen, viel Sonderliches ist es nicht, gemeines Zeug, doch unter Euern Händen« — Cardillac läßt ihn nicht ausreden, reißt ihm das Schächtelchen aus den Händen, nimmt die Juwelen heraus, die wirklich nicht viel wert sind, hält sie gegen das Licht und ruft voll Entzücken: »Ho, ho — gemeines Zeug? — mitnichten! — hübsche Steine — herrliche Steine, laßt mich nur machen! — und wenn es Euch auf eine Handvoll Louis nicht ankommt, so will ich noch ein paar Steinchen hineinbringen, die Euch in die Augen funkeln sollen wie die liebe Sonne selbst —« Der spricht: »Ich überlasse Euch alles, Meister René, und zahle, was Ihr wollt!« Ohne Unterschied, mag er nun ein reicher Bürgersmann oder ein vornehmer Herr vom Hofe sein, wirft sich Cardillac ungestüm an seinen Hals und drückt und küßt ihn und spricht, nun sei er wieder ganz glücklich, und in acht Tagen werde die Arbeit fertig sein. Er rennt über Hals und Kopf nach Hause, hinein in die Werkstatt und hämmert darauf los, und in acht Tagen ist ein Meisterwerk zustande gebracht. Aber sowie der, der es bestellte, kommt, mit Freuden die geforderte geringe Summe bezahlen und den fertigen Schmuck mitnehmen will, wird Cardillac verdrießlich, grob, trotzig. — »Aber Meister Cardillac, bedenkt, morgen ist meine Hochzeit.« — »Was schert mich Eure Hochzeit, fragt in vierzehn Tagen wieder nach.« — »Der Schmuck ist fertig, hier liegt das Geld, ich muß ihn haben.« — »Und ich sage Euch, daß ich noch manches an dem Schmuck ändern muß und ihn heute nicht herausgeben werde.« — »Und ich sage Euch, daß wenn Ihr mir den Schmuck, den ich Euch allenfalls doppelt bezahlen will, nicht herausgebt im guten, Ihr mich gleich mit Argensons dienstbaren Trabanten anrücken sehen sollt.« — »Nun, so quäle Euch der Satan mit hundert glühenden Kneipzangen und hänge drei Zentner an den Halsschmuck, damit er Eure Braut erdroßle!« — Und damit steckt Cardillac dem Bräutigam den Schmuck in die Busentasche, ergreift ihn beim Arm, wirft ihn zur Stubentür hinaus, daß er die ganze Treppe hinabpoltert, und lacht wie der Teufel zum Fenster hinaus, wenn er sieht, wie der arme junge Mensch, das Schnupftuch vor der blutigen Nase, aus dem Hause hinaushinkt. — Gar nicht zu erklären war es auch, daß Cardillac oft, wenn er mit Enthusiasmus eine Arbeit übernahm, plötzlich den Besteller mit allen Zeichen des im Innersten aufgeregten Gemüts, mit den erschütterndsten Beteuerungen, ja unter Schluchzen und Tränen bei der Jungfrau und allen Heiligen beschwor, ihm das unternommene Werk zu erlassen. Manche der von dem Könige, von dem Volke hochgeachtetsten Personen hatten vergebens große Summen geboten, um nur das kleinste Werk von Cardillac zu erhalten. Er warf sich dem Könige zu Füßen und flehte um die Huld, nichts für ihn arbeiten zu dürfen. Ebenso verweigerte er der Maintenon jede Bestellung, ja, mit dem Ausdruck des Abscheues und Entsetzens verwarf er den Antrag derselben, einen kleinen, mit den Emblemen der Kunst verzierten Ring zu fertigen, den Racine von ihr erhalten sollte.

»Ich wette«, sprach daher die Maintenon, »ich wette, daß Cardillac, schicke ich auch hin zu ihm, um wenigstens zu erfahren, für wen er diesen Schmuck fertigte, sich weigert herzukommen, weil er vielleicht eine Bestellung fürchtet und doch durchaus nichts für mich arbeiten will. Wiewohl er seit einiger Zeit abzulassen scheint von seinem starren Eigensinn, denn wie ich hörte, arbeitet er jetzt fleißiger als je und liefert seine Arbeit ab auf der Stelle, jedoch noch immer mit tiefem Verdruß und weggewandtem Gesicht.«

Die Scuderi, der auch viel daran gelegen, daß, sei es noch möglich, der Schmuck bald in die Hände des rechtmäßigen Eigentümers komme, meinte, daß man dem Meister Sonderling ja gleich sagen lassen könne, wie man keine Arbeit, sondern nur ein Urteil über Juwelen verlange. Das billigte die Marquise. Es wurde nach Cardillac geschickt, und, als sei er schon auf dem Wege gewesen, trat er nach Verlauf weniger Zeit in das Zimmer.

Er schien, als er die Scuderi erblickte, betreten, und wie einer, der, von dem Unerwarteten plötzlich getroffen, die Ansprüche des Schicklichen, wie sie der Augenblick darbietet, vergißt, neigte er sich zuerst tief und ehrfurchtsvoll vor dieser ehrwürdigen Dame und wandte sich dann erst zur Marquise. *Die* frug ihn hastig, indem sie auf das Geschmeide wies, das auf dem dunkelgrün behängten Tisch funkelte, ob das seine Arbeit sei. Cardillac warf kaum einen Blick darauf und packte, der Marquise ins Gesicht starrend, Armbänder und Halsschmuck schnell ein in das Kästchen, das daneben stand und das er mit Heftigkeit von sich weg schob. Nun sprach er, indem ein häßliches Lächeln auf seinem roten Antlitz gleißte: »In der Tat, Frau Marquise, man muß René Cardillacs Arbeit schlecht kennen, um nur einen Augenblick zu glauben, daß irgendein anderer Goldschmied in der Welt solchen Schmuck fassen könne. Freilich ist das meine Arbeit.« — »So sagt denn«, fuhr die Marquise fort, »für wen Ihr diesen Schmuck gefertigt habt?« — »Für mich ganz allein«, erwiderte Cardillac, »ja, Ihr möget«, fuhr er fort, als beide, die Maintenon und die Scuderi, ihn ganz verwundert anblickten, jene voll Mißtrauen, diese voll banger Erwartung, wie sich nun die Sache wenden würde, »ja, Ihr möget das nun seltsam finden, Frau Marquise, aber es ist dem so. Bloß der schönen Arbeit willen suchte ich meine besten Steine zusammen und arbeitete aus Freude daran fleißiger und sorgfältiger als jemals. Vor weniger Zeit verschwand der Schmuck aus meiner Werkstatt auf unbegreifliche Weise.« — »Dem Himmel sei es gedankt«, rief die Scuderi, indem ihr die Augen vor Freude funkelten und sie rasch und behende wie ein junges Mädchen von ihrem Lehnsessel aufsprang, auf den Cardillac losschritt und beide Hände auf seine Schultern legte, »empfangt«, sprach sie dann, »empfangt, Meister René, das Eigentum, das Euch verruchte Spitzbuben raubten, wieder zurück.« Nun erzählte sie ausführlich, wie sie zu dem Schmuck gekommen. Cardillac hörte alles schweigend mit niedergeschlagenen Augen an. Nur mitunter stieß er ein unvernehmliches »Hm! — So! — Ei! — Ho-ho!« aus und warf bald die Hände auf den Rücken, bald streichelte er leise Kinn und Wange. Als nun die Scuderi geendet, war es, als kämpfe Cardillac mit ganz besonderen Gedanken, die währenddessen ihm gekommen, und als wolle irgendein Entschluß sich nicht fügen und fördern. Er rieb sich die Stirne, er seufzte, er fuhr mit der Hand über die Augen, wohl gar um hervorbrechenden Tränen zu steuern. Endlich ergriff er das Kästchen, das ihm die Scuderi darbot, ließ sich auf ein Knie langsam nieder und sprach: »Euch, edles, würdiges Fräulein, hat das Verhängnis diesen Schmuck bestimmt. Ja, nun weiß ich es erst, daß ich während der Arbeit an Euch dachte, ja für Euch arbeitete. Verschmäht es nicht, diesen Schmuck als das Beste, was ich wohl seit langer Zeit gemacht, von mir anzunehmen und zu tragen.« — »Ei, ei«, erwiderte die Scuderi, anmutig scherzend, »wo denkt Ihr hin, Meister René, steht es mir denn an, in meinen Jahren mich noch so herauszuputzen mit blanken Steinen? — Und wie kommt Ihr denn dazu, mich so überreich zu beschenken? Geht, geht, Meister René, wär' ich so schön wie die Marquise de Fontange und reich, in der Tat, ich ließe den Schmuck nicht aus den Händen, aber was soll diesen welken Armen die eitle Pracht, was soll diesem verhüllten Hals der glänzende Putz?« Cardillac hatte sich indessen erhoben und sprach, wie außer sich, mit verwildertem Blick, indem er fortwährend das Kästchen der Scuderi hinhielt: »Tut mir die Barmherzigkeit, Fräulein, und nehmt den Schmuck. Ihr glaubt es nicht, welche tiefe Verehrung ich für Eure Tugend, für Eure hohen Verdienste im Herzen trage! Nehmt doch mein geringes Geschenk nur für das Bestreben an, Euch recht meine innerste Gesinnung zu beweisen.« — Als nun die Scuderi immer noch zögerte, nahm die Maintenon das Kästchen aus Cardillacs Händen, sprechend: »Nun, beim

Himmel, Fräulein, immer redet Ihr von Euern hohen Jahren, was haben wir, ich und Ihr, mit den Jahren zu schaffen und ihrer Last! — Und tut Ihr denn nicht eben wie ein junges verschämtes Ding, das gern zulangen möchte nach der dargebotnen süßen Frucht, könnte das nur geschehen ohne Hand und ohne Finger. — Schlagt dem wackern Meister René nicht ab, das freiwillig als Geschenk zu empfangen, was tausend andere nicht erhalten können, alles Goldes, alles Bittens und Flehens unerachtet.« —

Die Maintenon hatte der Scuderi das Kästchen währenddessen aufgedrungen, und nun stürzte Cardillac nieder auf die Knie — küßte der Scuderi den Rock — die Hände — stöhnte — seufzte — weinte — schluchzte — sprang auf — rannte wie unsinnig, Sessel — Tische umstürzend, daß Porzellan, Gläser zusammenklirrten, in toller Hast von dannen. —

Ganz erschrocken rief die Scuderi: »Um aller Heiligen willen, was widerfährt dem Menschen!« Doch die Marquise, in besonderer heiterer Laune bis zu sonst ihr ganz fremdem Mutwillen, schlug eine helle Lache auf und sprach: »Da haben wir's, Fräulein, Meister René ist in Euch sterblich verliebt und beginnt nach richtigem Brauch und bewährter Sitte echter Galanterie Euer Herz zu bestürmen mit reichen Geschenken.« Die Maintenon führte diesen Scherz weiter aus, indem sie die Scuderi ermahnte, nicht zu grausam zu sein gegen den verzweifelten Liebhaber, und diese wurde, Raum gebend angeborner Laune, hingerissen in den sprudelnden Strom tausend lustiger Einfälle. Sie meinte, daß sie, stünden die Sachen nun einmal so, endlich besiegt, wohl nicht werde umhin können, der Welt das unerhörte Beispiel einer dreiundsiebzigjährigen Goldschmiedsbraut von untadeligem Adel aufzustellen. Die Maintenon erbot sich, die Brautkrone zu flechten und sie über die Pflichten einer guten Hausfrau zu belehren, wovon freilich so ein kleiner Kiekindiewelt von Mädchen nicht viel wissen könne.

Da nun endlich die Scuderi aufstand, um die Marquise zu verlassen, wurde sie, alles lachenden Scherzes ungeachtet, doch wieder sehr ernst, als ihr das Schmuckkästchen zur Hand kam. Sie sprach: »Doch, Frau Marquise, werde ich mich dieses Schmucks niemals bedienen können. Er ist, mag es sich nun zugetragen haben wie es will, einmal in den Händen jener höllischen Gesellen gewesen, die mit der Frechheit des Teufels, ja wohl gar in verdammtem Bündnis mit ihm rauben und morden. Mir graust vor dem Blute, das an dem funkelnden Geschmeide zu kleben scheint. — Und nun hat selbst Cardillacs Betragen, ich muß es gestehen, für mich etwas sonderbar Ängstliches und Unheimliches. Nicht erwehren kann ich mich einer dunklen Ahnung, daß hinter diesem allem irgendein grauenvolles, entsetzliches Geheimnis verborgen, und bringe ich mir die ganze Sache recht deutlich vor Augen mit jedem Umstande, so kann ich doch wieder gar nicht auch nur ahnen, worin das Geheimnis bestehe und wie überhaupt der ehrliche, wackere Meister René, das Vorbild eines guten, frommen Bürgers, mit irgend etwas Bösem, Verdammlichem zu tun haben soll. So viel ist aber gewiß, daß ich niemals mich unterstehen werde, den Schmuck anzulegen.«

Die Marquise meinte, das hieße die Skrupel zu weit treiben; als nun aber die Scuderi sie auf ihr Gewissen fragte, was sie in ihrer, der Scuderi, Lage wohl tun würde, antwortete sie ernst und fest: »Weit eher den Schmuck in die Seine werfen, als ihn jemals tragen.«

Den Auftritt mit dem Meister René brachte die Scuderi in gar anmutige Verse, die sie den folgenden Abend in den Gemächern der Maintenon dem Könige vorlas. Wohl mag es sein, daß sie auf Kosten Meister Renés, alle Schauer unheimlicher Ahnung besiegend, das ergötzliche Bild der dreiundsiebzigjährigen Goldschmiedsbraut von uraltem Adel mit lebendigen Farben darzustellen gewußt. Genug, der König lachte bis ins Innerste hinein und schwur, daß Boileau Despréaux seinen Meister gefunden, weshalb der Scuderi Gedicht für das Witzigste galt, das jemals geschrieben.

Mehrere Monate waren vergangen, als der Zufall es wollte, daß die Scuderi in der Glaskutsche der Herzogin von Montansier über den Pontneuf fuhr. Noch war die Erfindung der zierlichen Glaskutschen so neu, daß das neugierige Volk sich zudrängte, wenn ein Fuhrwerk der Art auf den Straßen erschien. So kam es denn auch, daß der gaffende Pöbel auf dem Pontneuf die Kutsche der Montansier umringte, beinahe den Schritt der Pferde hemmend. Da vernahm die Scuderi plötzlich ein Geschimpfe und Gefluche und gewahrte, wie ein Mensch mit Faustschlägen und Rippenstößen sich Platz machte durch die dickste Masse. Und wie er näher kam, trafen sie die durchbohrenden Blicke eines todbleichen, gramverstörten Jünglingsantlitzes. Unverwandt schaute der junge

Mensch sie an, während er mit Ellbogen und Fäusten rüstig vor sich wegarbeitete, bis er an den Schlag des Wagens kam, den er mit stürmender Hastigkeit aufriß, der Scuderi einen Zettel in den Schoß warf und, Stöße, Faustschläge austeilend und empfangend, verschwand, wie er gekommen. Mit einem Schrei des Entsetzens war, sowie der Mensch am Kutschenschlage erschien, die Martiniere, die sich bei der Scuderi befand, entseelt in die Wagenkissen zurückgesunken. Vergebens riß die Scuderi an der Schnur, rief dem Kutscher zu; *der,* wie vom bösen Geiste getrieben, peitschte auf die Pferde los, die, den Schaum von den Mäulern wegspritzend, um sich schlugen, sich bäumten, endlich in scharfem Trab fortdonnerten über die Brücke. Die Scuderi goß ihr Riechfläschchen über die ohnmächtige Frau aus, die endlich die Augen aufschlug und, zitternd und bebend, sich krampfhaft festklammernd an die Herrschaft, Angst und Entsetzen im bleichen Antlitz, mühsam stöhnte: »Um der heiligen Jungfrau willen! was wollte der fürchterliche Mensch? — Ach! er war es ja, er war es, derselbe, der Euch in jener schauervollen Nacht das Kästchen brachte!« — Die Scuderi beruhigte die Arme, indem sie ihr vorstellte, daß ja durchaus nichts Böses geschehen und daß es nur darauf ankomme, zu wissen, was der Zettel enthalte. Sie schlug das Blättchen auseinander und fand die Worte:

»Ein böses Verhängnis, das Ihr abwenden konntet, stößt mich in den Abgrund! — Ich beschwöre Euch, wie der Sohn die Mutter, von der er nicht lassen kann, in der vollsten Glut kindlicher Liebe, den Halsschmuck und die Armbänder, die Ihr durch mich erhieltet, unter irgendeinem Vorwand — um irgend etwas daran bessern — ändern zu lassen, zum Meister René Cardillac zu schaffen; Euer Wohl, Euer Leben hängt davon ab. Tut Ihr es nicht bis übermorgen, so dringe ich in Eure Wohnung und ermorde mich vor Euern Augen!«

»Nun ist es gewiß«, sprach die Scuderi, als sie dies gelesen, »daß, mag der geheimnisvolle Mensch auch wirklich zu der Bande verruchter Diebe und Mörder gehören, er doch gegen mich nichts Böses im Schilde führt. Wäre es ihm gelungen, mich in jener Nacht zu sprechen, wer weiß, welches sonderbare Ereignis, welch dunkles Verhältnis der Dinge mir klar geworden, von dem ich jetzt auch nur die leiseste Ahnung vergebens in meiner Seele suche. Mag aber auch die Sache sich nun verhalten wie sie will, das, was mir in diesem Blatt geboten wird, werde ich tun, und geschähe es auch nur, um den unseligen Schmuck loszuwerden, der mir ein höllischer Talisman des Bösen selbst dünkt. Cardillac wird ihn doch wohl nun, seiner alten Sitte getreu, nicht so leicht wieder aus den Händen geben wollen.«

Schon andern Tages gedachte die Scuderi, sich mit dem Schmuck zu dem Goldschmied zu begeben. Doch war es, als hätten alle schönen Geister von ganz Paris sich verabredet, gerade an dem Morgen das Fräulein mit Versen, Schauspielen, Anekdoten zu bestürmen. Kaum hatte la Chapelle die Szene eines Trauerspiels geendet und schlau versichert, daß er nun wohl Racine zu schlagen gedenke, als dieser selbst eintrat und ihn mit irgendeines Königs pathetischer Rede zu Boden schlug, bis Boileau seine Leuchtkugeln in den schwarzen tragischen Himmel steigen ließ, um nur nicht ewig von der Kolonnade des Louvre schwatzen zu hören, in die ihn der architektische Doktor Perrault hineingeengt.

Hoher Mittag war geworden, die Scuderi mußte zur Herzogin Montansier, und so blieb der Besuch bei Meister René Cardillac bis zum andern Morgen verschoben.

Die Scuderi fühlte sich von einer besondern Unruhe gepeinigt. Beständig vor Augen stand ihr der Jüngling, und aus dem tiefsten Innern wollte sich eine dunkle Erinnerung aufregen, als habe sie dies Antlitz, diese Züge schon gesehen. Den leisesten Schlummer störten ängstliche Träume, es war ihr, als habe sie leichtsinnig, ja strafwürdig versäumt, die Hand hilfreich zu erfassen, die der Unglückliche, in den Abgrund versinkend, nach ihr emporgestreckt, ja, als sei es an ihr gewesen, irgendeinem verderblichen Ereignis, einem heillosen Verbrechen zu steuern! — Sowie es nur hoher Morgen, ließ sie sich ankleiden und fuhr, mit dem Schmuckkästchen versehen, zu dem Goldschmied hin.

Nach der Straße Nicaise, dorthin, wo Cardillac wohnte, strömte das Volk, sammelte sich vor der Haustüre — schrie, lärmte, tobte — wollte stürmend hinein, mit Mühe abgehalten von der Marechaussee, die das Haus umstellt. Im wilden, verwirrten Getöse riefen zornige Stimmen: »Zerreißt, zermalmt den verfluchten

Mörder!« — Endlich erscheint Desgrais mit zahlreicher Mannschaft, *die* bildet durch den dicksten Haufen eine Gasse. Die Haustüre springt auf, ein Mensch, mit Ketten belastet, wird hinausgebracht und unter den greulichsten Verwünschungen des wütenden Pöbels fortgeschleppt. — In dem Augenblick, als die Scuderi, halb entseelt vor Schreck und furchtbarer Ahnung, dies gewahrt, dringt ein gellendes Jammergeschrei ihr in die Ohren. »Vor! — weiter vor!« ruft sie ganz außer sich dem Kutscher zu, der mit einer geschickten, raschen Wendung den dicken Haufen auseinanderstäubt und dicht vor Cardillacs Haustüre hält. Da sieht die Scuderi Desgrais und zu seinen Füßen ein junges Mädchen, schön wie der Tag, mit aufgelösten Haaren, halb entkleidet, wilde Angst, trostlose Verzweiflung im Antlitz, die hält seine Knie umschlungen und ruft mit dem Ton des entsetzlichsten, schneidendsten Todesschmerzes: »Er ist ja unschuldig! — er ist unschuldig!« Vergebens sind Desgrais', vergebens seiner Leute Bemühungen, sie loszureißen, sie vom Boden aufzurichten. Ein starker, ungeschlachter Kerl ergreift endlich mit plumpen Fäusten die Arme, zerrt sie mit Gewalt weg von Desgrais, strauchelt ungeschickt, läßt das Mädchen fahren, die hinabschlägt die steinernen Stufen und lautlos — tot auf der Straße liegenbleibt. Länger kann die Scuderi sich nicht halten. »In Christi Namen, was ist geschehen, was geht hier vor?« ruft sie, öffnet rasch den Schlag, steigt aus. — Ehrerbietig weicht das Volk der würdigen Dame, die, als sie sieht, wie ein paar mitleidige Weiber das Mädchen aufgehoben, auf die Stufen gesetzt haben, ihr die Stirne mit starkem Wasser reiben, sich dem Desgrais nähert und mit Heftigkeit ihre Frage wiederholt. »Es ist das Entsetzliche geschehen«, spricht Desgrais, »René Cardillac wurde heute morgen durch einen Dolchstich ermordet gefunden. Sein Geselle Olivier Brusson ist der Mörder. Eben wurde er fortgeführt ins Gefängnis.« — »Und das Mädchen?« ruft die Scuderi, — »ist«, fällt Desgrais ein, »ist Madelon, Cardillacs Tochter. Der verruchte Mensch war ihr Geliebter. Nun weint und heult sie und schreit ein Mal übers andere, daß Olivier unschuldig sei, ganz unschuldig. Am Ende weiß sie von der Tat, und ich muß sie auch nach der Conciergerie bringen lassen.« Desgrais warf, als er dies sprach, einen tückischen, schadenfrohen Blick auf das Mädchen, vor dem die Scuderi erbebte. Eben begann das Mädchen leise zu atmen, doch keines Lauts, keiner Bewegung mächtig, mit geschlossenen Augen lag sie da, und man wußte nicht, was zu tun, sie ins Haus bringen oder ihr noch länger beistehen bis zum Erwachen. Tief bewegt, Tränen in den Augen, blickte die Scuderi den unschuldsvollen Engel an, ihr graute vor Desgrais und seinen Gesellen. Da polterte es dumpf die Treppe herab, man brachte Cardillacs Leichnam. Schnell entschlossen rief die Scuderi laut: »Ich nehme das Mädchen mit mir, Ihr möget für das übrige sorgen, Desgrais!« Ein dumpfes Murmeln des Beifalls lief durch das Volk. Die Weiber hoben das Mädchen in die Höhe, alles drängte sich hinzu, hundert Hände mühten sich, ihnen beizustehen, und, wie in den Lüften schwebend, wurde das Mädchen in die Kutsche getragen, indem Segnungen der würdigen Dame, die die Unschuld dem Blutgericht entrissen, von allen Lippen strömten.

Serons, des berühmtesten Arztes in Paris, Bemühungen gelang es endlich, Madelon, die stundenlang in starrer Bewußtlosigkeit gelegen, wieder zu sich selbst zu bringen. Die Scuderi vollendete, was der Arzt begonnen, indem sie manchen milden Hoffnungsstrahl leuchten ließ in des Mädchens Seele, bis ein heftiger Tränenstrom, der ihr aus den Augen stürzte, ihr Luft machte. Sie vermochte, indem nur dann und wann die Übermacht des durchbohrendsten Schmerzes die Worte in tiefem Schluchzen erstickte, zu erzählen, wie sich alles begeben.

Um Mitternacht war sie durch leises Klopfen an ihrer Stubentür geweckt worden und hatte Oliviers Stimme vernommen, der sie beschworen, doch nur gleich aufzustehen, weil der Vater im Sterben liege. Entsetzt sei sie aufgesprungen und habe die Tür geöffnet. Olivier, bleich und entstellt, von Schweiß triefend, sei, das Licht in der Hand, mit wankenden Schritten nach der Werkstatt gegangen, sie ihm gefolgt. Da habe der Vater gelegen mit starren Augen und geröchelt im Todeskampfe. Jammernd habe sie sich auf ihn gestürzt und nun erst sein blutiges Hemd bemerkt. Olivier habe sie sanft weggezogen und sich dann bemüht, eine Wunde auf der linken Brust des Vaters mit Wundbalsam zu waschen und zu verbinden. Währenddessen sei des Vaters Besinnung zurückgekehrt, er habe zu röcheln aufgehört und sie, dann aber Olivier mit seelenvollem Blick angeschaut, ihre Hand ergriffen, sie in Oliviers Hand gelegt und beide heftig gedrückt. Beide,

Olivier und sie, wären bei dem Lager des Vaters auf die Knie gefallen; er habe sich mit einem schneidenden Laut in die Höhe gerichtet, sei aber gleich wieder zurückgesunken und mit einem tiefen Seufzer verschieden. Nun hätten sie beide laut gejammert und geklagt. Olivier habe erzählt, wie der Meister auf einem Gange, den er mit ihm auf sein Geheiß in der Nacht habe machen müssen, in seiner Gegenwart ermordet worden und wie er mit der größten Anstrengung den schweren Mann, den er nicht auf den Tod verwundet gehalten, nach Hause getragen. Sowie der Morgen angebrochen, wären die Hausleute, denen das Gepolter, das laute Weinen und Jammern in der Nacht aufgefallen, heraufgekommen und hätten sie noch ganz trostlos bei der Leiche des Vaters kniend gefunden. Nun sei Lärm entstanden, die Marechaussee eingedrungen und Olivier als Mörder seines Meisters ins Gefängnis geschleppt worden. Madelon fügte nun die rührendste Schilderung von der Tugend, der Frömmigkeit, der Treue ihres geliebten Oliviers hinzu. Wie er den Meister, als sei er sein eigener Vater, hoch in Ehren gehalten, wie dieser seine Liebe in vollem Maß erwidert, wie er ihn trotz seiner Armut zum Eidam erkoren, weil seine Geschicklichkeit seiner Treue, seinem edlen Gemüt gleichgekommen. Das alles erzählte Madelon aus dem innersten Herzen heraus und schloß damit, daß, wenn Olivier in ihrem Beisein dem Vater den Dolch in die Brust gestoßen hätte, sie dies eher für ein Blendwerk des Satans halten, als daran glauben würde, daß Olivier eines solchen entsetzlichen, grauenvollen Verbrechens fähig sein könne.

Die Scuderi, von Madelons namenlosen Leiden auf das tiefste gerührt und ganz geneigt, den armen Olivier für unschuldig zu halten, zog Erkundigungen ein und fand alles bestätigt, was Madelon über das häusliche Verhältnis des Meisters mit seinem Gesellen erzählt hatte. Die Hausleute, die Nachbarn rühmten einstimmig den Olivier als das Muster eines sittigen, frommen, treuen, fleißigen Betragens, niemand wußte Böses von ihm, und doch, war von der gräßlichen Tat die Rede, zuckte jeder die Achseln und meinte, darin liege etwas Unbegreifliches.

Olivier, vor die Chambre ardente gestellt, leugnete, wie die Scuderi vernahm, mit der größten Standhaftigkeit, mit dem hellsten Freimut die ihm angeschuldigte Tat und behauptete, daß sein Meister in seiner Gegenwart auf der Straße angefallen und niedergestoßen worden, daß er ihn aber noch lebendig nach Hause geschleppt, wo er sehr bald verschieden sei. Auch dies stimmte also mit Madelons Erzählung überein.

Immer und immer wieder ließ sich die Scuderi die kleinsten Umstände des schrecklichen Ereignisses wiederholen. Sie forschte genau, ob jemals ein Streit zwischen Meister und Gesellen vorgefallen, ob vielleicht Olivier nicht ganz frei von jenem Jähzorn sei, der oft wie ein blinder Wahnsinn die gutmütigsten Menschen überfällt und zu Taten verleitet, die alle Willkür des Handelns auszuschließen scheinen. Doch je begeisterter Madelon von dem ruhigen häuslichen Glück sprach, in dem die drei Menschen in innigster Liebe verbunden lebten, desto mehr verschwand jeder Schatten des Verdachts wider den auf den Tod angeklagten Olivier. Genau alles prüfend, davon ausgehend, daß Olivier unerachtet alles dessen, was laut für seine Unschuld spräche, dennoch Cardillacs Mörder gewesen, fand die Scuderi im Reich der Möglichkeit keinen Beweggrund zu der entsetzlichen Tat, die in jedem Fall Oliviers Glück zerstören mußte. — »Er ist arm, aber geschickt. — Es gelingt ihm, die Zuneigung des berühmtesten Meisters zu gewinnen, er liebt die Tochter, der Meister begünstigt seine Liebe, Glück, Wohlstand für sein ganzes Leben wird ihm erschlossen! — Sei es aber nun, daß, Gott weiß, auf welche Weise gereizt, Olivier vom Zorn übermannt, seinen Wohltäter, seinen Vater mörderisch anfiel, welche teuflische Heuchelei gehört dazu, nach der Tat sich so zu betragen, als es wirklich geschah!« — Mit der festen Überzeugung von Oliviers Unschuld faßte die Scuderi den Entschluß, den unschuldigen Jüngling zu retten, koste es, was es wolle.

Es scheint ihr, ehe sie die Huld des Königs selbst vielleicht anrufe, am geratensten, sich an den Präsidenten la Regnie zu wenden, ihn auf alle Umstände, die für Oliviers Unschuld sprechen mußten, aufmerksam zu machen und so vielleicht in des Präsidenten Seele eine innere, dem Angeklagten günstige Überzeugung zu erwecken, die sich wohltätig den Richtern mitteilen sollte.

La Regnie empfing die Scuderi mit der hohen Achtung, auf die die würdige Dame, von dem Könige selbst hoch geehrt, gerechten Anspruch machen konnte. Er hörte ruhig alles an, was sie über die entsetzliche Tat, über Oliviers Verhältnisse, über seinen

Charakter vorbrachte. Ein feines, beinahe hämisches Lächeln war indessen alles, womit er bewies, daß die Beteuerungen, die von häufigen Tränen begleiteten Ermahnungen, wie jeder Richter nicht der Feind des Angeklagten sein, sondern auch auf alles achten müsse, was zu seinen Gunsten spräche, nicht an gänzlich tauben Ohren vorüberglitten. Als das Fräulein nun endlich ganz erschöpft, die Tränen von den Augen wegtrocknend, schwieg, fing la Regnie an: »Es ist ganz Eures vortrefflichen Herzens würdig, mein Fräulein, daß Ihr, gerührt von den Tränen eines jungen, verliebten Mädchens, alles glaubt, was sie vorbringt, ja, daß Ihr nicht fähig seid, den Gedanken einer entsetzlichen Untat zu fassen; aber anders ist es mit dem Richter, der gewohnt ist, frecher Heuchelei die Larve abzureißen. Wohl mag es nicht meines Amtes sein, jedem, der mich frägt, den Gang eines Kriminalprozesses zu entwickeln. Fräulein! ich tue meine Pflicht, wenig kümmert mich das Urteil der Welt. Zittern sollen die Bösewichter vor der Chambre ardente, die keine Strafe kennt als Blut und Feuer. Aber vor Euch, mein würdiges Fräulein, möcht' ich nicht für ein Ungeheuer gehalten werden an Härte und Grausamkeit, darum vergönnt mir, daß ich Euch mit wenigen Worten die Blutschuld des jungen Bösewichts, der, dem Himmel sei es gedankt! der Rache verfallen ist, klar vor Augen lege. Euer scharfsinniger Geist wird dann selbst die Gutmütigkeit verschmähen, die Euch Ehre macht, mir aber gar nicht anstehen würde. — Also! — Am Morgen wird René Cardillac durch einen Dolchstoß ermordet gefunden. Niemand ist bei ihm als sein

Geselle Olivier Brusson und die Tochter. In Oliviers Kammer, unter andern, findet man einen Dolch von frischem Blute gefärbt, der genau in die Wunde paßt. ›Cardillac ist‹, spricht Olivier, ›in der Nacht vor meinen Augen niedergestoßen worden.‹ — ›Man wollte ihn berauben?‹ — ›Das weiß ich nicht!‹ — ›Du gingst mit ihm, und es war dir nicht möglich, dem Mörder zu wehren? — ihn festzuhalten? um Hilfe zu rufen?‹ — ›Fünfzehn, wohl zwanzig Schritte vor mir ging der Meister, ich folgte ihm.‹ — ›Warum in aller Welt so entfernt?‹ — ›Der Meister wollt' es so.‹ — ›Was hatte überhaupt Meister Cardillac so spät auf der Straße zu tun?‹ — ›Das kann ich nicht sagen.‹ — ›Sonst ist er aber doch niemals nach neun Uhr abends aus dem Hause gekommen?‹ — Hier stockt Olivier, er ist bestürzt, er seufzt, er vergießt Tränen, er beteuert bei allem, was heilig ist, daß Cardillac in jener Nacht ausgegangen sei und seinen Tod gefunden habe. Nun merkt aber wohl auf, mein Fräulein. Erwiesen ist es bis zur vollkommensten Gewißheit, daß Cardillac in jener Nacht das Haus nicht verließ, mithin ist Oliviers Behauptung, er sei mit ihm wirklich ausgegangen, eine freche Lüge. Die Haustüre ist mit einem schweren Schloß versehen, welches bei dem Auf- und Zuschließen ein durchdringendes Geräusch macht; dann aber bewegt sich der Türflügel, widrig knarrend und heulend, in den Angeln, so daß, wie es angestellte Versuche bewährt haben, selbst im obersten Stock des Hauses das Getöse widerhallt. Nun wohnt in dem untersten Stock, also dicht neben der Haustüre, der alte Meister Patru mit seiner Aufwärterin, einer Person von beinahe achtzig Jahren, aber noch munter und rührig. Diese beiden Personen hörten, wie Cardillac nach seiner gewöhnlichen Weise an jenem Abend Punkt neun Uhr die Treppe hinabkam, die Türe mit vielem Geräusch verschloß und verrammelte, dann wieder hinaufstieg, den Abendsegen laut las und dann, wie man es an dem Zuschlagen der Türe vernehmen konnte, in sein Schlafzimmer ging. Meister Claude leidet an Schlaflosigkeit, wie es alten Leuten wohl zu gehen pflegt. Auch in jener Nacht konnte er kein Auge zutun. Die Aufwärterin schlug daher, es mochte halb zehn Uhr sein, in der Küche, in die sie, über den Hausflur gehend, gelangt, Licht an und setzte sich zum Meister Claude an den Tisch mit einer alten Chronik, in der sie las, während der Alte, seinen Gedanken nachhängend, bald sich in den Lehnstuhl setzte, bald wieder aufstand und, um Müdigkeit und Schlaf zu gewinnen, im Zimmer leise und langsam auf und ab schritt. Es blieb alles still und ruhig bis nach Mitternacht. Da hörte sie über sich scharfe Tritte, einen harten Fall, als stürze eine schwere Last zu Boden und gleich darauf ein dumpfes Stöhnen. In beide kam eine seltsame Angst und Beklommenheit. Die Schauer der entsetzlichen Tat, die eben begangen, gingen bei ihnen vorüber. — Mit dem hellen Morgen trat dann ans Licht, was in der Finsternis begonnen.« — »Aber«, fiel die Scuderi ein, »aber um aller Heiligen willen, könnt Ihr bei allen Umständen, die ich erst weitläufig erzählte, Euch denn irgendeinen Anlaß zu dieser Tat der Hölle denken?« — »Hm«, erwiderte la Regnie, »Cardillac war nicht arm — im Besitz vortrefflicher Steine.«

— »Bekam«, fuhr die Scuderi fort, »bekam denn nicht alles die Tochter? — Ihr vergeßt, daß Olivier Cardillacs Schwiegersohn werden sollte.« — »Er mußte vielleicht teilen oder gar nur für andere morden«, sprach la Regnie. »Teilen, für andere morden?« fragte die Scuderi in vollem Erstaunen. »Wißt«, fuhr der Präsident fort. »wißt, mein Fräulein, daß Olivier schon längst geblutet hätte auf dem Greveplatz, stünde seine Tat nicht in Beziehung mit dem dicht verschleierten Geheimnis, das bisher so bedrohlich über ganz Paris waltete. Olivier gehört offenbar zu jener verruchten Bande, die alle Aufmerksamkeit, alle Mühe, alles Forschen der Gerichtshöfe verspottend, ihre Streiche sicher und ungestraft zu führen wußte. Durch ihn wird — muß alles klar werden. Die Wunde Cardillacs ist denen ganz ähnlich, die alle auf der Straße, in den Häusern Ermordeten und Beraubten trugen. Dann aber das Entscheidendste, seit der Zeit, daß Olivier Brusson verhaftet ist, haben alle Mordtaten, alle Beraubungen aufgehört. Sicher sind die Straßen zur Nachtzeit wie am Tage. Beweis genug, daß Olivier vielleicht an der Spitze jener Mordbande stand. Noch will er nicht bekennen, aber es gibt Mittel, ihn sprechen zu machen wider seinen Willen.« — »Und Madelon«, rief die Scuderi, »und Madelon, die treue, unschuldige Taube?« — »Ei«, sprach la Regnie mit einem giftigen Lächeln, »ei, wer steht mir dafür, daß sie nicht mit im Komplott ist. Was ist ihr an dem Vater gelegen; nur dem Mordbuben gelten ihre Tränen.« — »Was sagt Ihr«, schrie die Scuderi, »es ist nicht möglich; den Vater! dieses Mädchen!« — »Oh!« fuhr la Regnie fort,

»oh! denkt doch nur an die Brinvillier! Ihr möget es mir verzeihen, wenn ich mich vielleicht bald genötigt sehe, Euch Euern Schützling zu entreißen und in die Conciergerie werfen zu lassen.« — Der Scuderi ging ein Grausen an bei diesem entsetzlichen Verdacht. Es war ihr, als könne vor diesem schrecklichen Manne keine Treue, keine Tugend bestehen, als spähe er in den tiefsten, geheimsten Gedanken Mord und Blutschuld. Sie stand auf. »Seid menschlich«, das war alles, was sie beklommen, mühsam atmend hervorbringen konnte. Schon im Begriff, die Treppe hinabzusteigen, bis zu der der Präsident sie mit zeremoniöser Artigkeit begleitet hatte, kam ihr, selbst wußte sie nicht wie, ein seltsamer Gedanke. »Würd' es mir wohl erlaubt sein, den unglücklichen Olivier Brusson zu sehen?« So fragte sie den Präsidenten, sich rasch umwendend. Dieser schaute sie mit bedenklicher Miene an, dann verzog sich sein Gesicht in jenes widrige Lächeln, das ihm eigen. »Gewiß«, sprach er, »gewiß wollt Ihr nun, mein würdiges Fräulein, Euerm Gefühl, der innern Stimme mehr vertrauend als dem, was vor unsern Augen geschehen, selbst Oliviers Schuld oder Unschuld prüfen. Scheut Ihr nicht den düstern Aufenthalt des Verbrechens, ist es Euch nicht gehässig, die Bilder der Verworfenheit in allen Abstufungen zu sehen, so sollen für Euch in zwei Stunden die Tore der Conciergerie offen sein. Man wird Euch diesen Olivier, dessen Schicksal Eure Teilnahme erregt, vorstellen.«

In der Tat konnte sich die Scuderi von der Schuld des jungen Menschen nicht überzeugen. Alles sprach wider ihn, ja, kein Richter in der Welt hätte anders gehandelt wie la Regnie bei solch entscheidenden Tatsachen. Aber das Bild häuslichen Glücks, wie es Madelon mit den lebendigsten Zügen der Scuderi vor Augen gestellt, überstrahlte jeden bösen Verdacht, und so mochte sie lieber ein unerklärliches Geheimnis annehmen, als daran glauben, wogegen ihr ganzes Inneres sich empörte.

Sie gedachte, sich von Olivier noch einmal alles, wie es sich in jener verhängnisvollen Nacht begeben, erzählen zu lassen und, soviel möglich, in ein Geheimnis zu dringen, das vielleicht den Richtern verschlossen geblieben, weil es wertlos schien, sich weiter darum zu bekümmern.

In der Conciergerie angekommen, führte man die Scuderi in ein großes, helles Gemach. Nicht lange darauf vernahm sie Kettengerassel. Olivier Brusson wurde gebracht. Doch sowie er in die Türe trat, sank auch die Scuderi ohnmächtig nieder. Als sie sich erholt hatte, war Olivier verschwunden. Sie verlangte mit Heftigkeit, daß man sie nach dem Wagen bringe, fort, augenblicklich fort wollte sie aus den Gemächern der frevelnden Verruchtheit. Ach! — auf den ersten Blick hatte sie in Olivier Brusson den jungen Menschen erkannt, der auf dem Pontneuf jenes Blatt ihr in den Wagen geworfen, der ihr das Kästchen mit den Juwelen gebracht hatte. — Nun war ja jeder Zweifel gehoben, la Regnies schreckliche Vermutung ganz bestätigt. Olivier Brusson gehört zu der fürchterlichen Mordbande, gewiß ermordete er auch den Meister! — Und Madelon? — So bitter noch nie vom innern Gefühl getäuscht, auf den Tod angepackt von der höllischen Macht auf Erden, an deren Dasein sie nicht geglaubt, verzweifelte die Scuderi an aller Wahrheit. Sie gab Raum dem entsetzlichen Verdacht, daß Madelon mitverschworen sein und teilhaben könne an der gräßlichen Blutschuld. Wie es denn geschieht, daß der menschliche Geist, ist ihm ein Bild aufgegangen, emsig Farben sucht und findet, es greller und greller auszumalen, so fand auch die Scuderi, jeden Umstand der Tat, Madelons Betragen in den kleinsten Zügen erwägend, gar vieles, jenen Verdacht zu nähren. So wurde manches, was ihr bisher als Beweis der Unschuld und Reinheit gegolten, sicheres Merkmal freveliger Bosheit, studierter Heuchelei. Jener herzzerreißende Jammer, die blutigen Tränen konnten wohl erpreßt sein von der Todesangst, nicht den Geliebten bluten zu sehen, nein — selbst zu fallen unter der Hand des Henkers. Gleich sich die Schlange, die sie im Busen nähre, vom Halse zu schaffen, mit diesem Entschluß stieg die Scuderi aus dem Wagen. In ihr Gemach eingetreten, warf Madelon sich ihr zu Füßen. Die Himmelsaugen, ein Engel Gottes hat sie nicht treuer, zu ihr emporgerichtet, die Hände vor der wallenden Brust zusammengefaltet, jammerte und flehte sie laut um Hilfe und Trost. Die Scuderi, sich mühsam zusammenfassend, sprach, indem sie dem Ton ihrer Stimme so viel Ernst und Ruhe zu geben suchte, als ihr möglich: »Geh — geh — tröste dich nur über den Mörder, den die gerechte Strafe seiner Schandtaten erwartet. — Die heilige Jungfrau möge verhüten, daß nicht auf dir selbst eine Blutschuld schwer laste.« — »Ach, nun ist alles verloren!« — Mit diesem gellenden Ausruf stürzte Madelon ohnmächtig zu Boden. Die Scuderi überließ die Sorge um das Mädchen der Martiniere und entfernte sich in ein anderes Gemach. —

Ganz zerrissen im Innern, entzweit mit allem Irdischen, wünschte die Scuderi, nicht mehr in einer Welt voll höllischen Trugs zu leben. Sie klagte das Verhängnis an, das in bitterm Hohn ihr so viele Jahre vergönnt, ihren Glauben an Tugend und Treue zu stärken, und nun in ihrem Alter das schöne Bild vernichte, welches ihr im Leben geleuchtet.

Sie vernahm, wie die Martiniere Madelon fortbrachte, die leise seufzte und jammerte: »Ach! — auch *sie* — auch *sie* haben die Grausamen betört. — Ich Elende —, armer, unglücklicher Olivier!« — Die Töne drangen der Scuderi ins Herz, und aufs neue regte sich aus dem tiefsten Innern heraus die Ahnung eines Geheimnisses, der Glaube an Oliviers Unschuld. Bedrängt von den widersprechendsten Gefühlen, ganz außer sich rief die Scuderi: »Welcher Geist der Hölle hat mich in die entsetzliche Geschichte verwickelt, die mir das Leben kosten wird!« — In dem Augenblick trat Baptiste hinein, bleich und erschrocken, mit der Nachricht, daß Desgrais draußen sei. Seit dem abscheulichen Prozeß der la Voisin war Desgrais' Erscheinung in einem Hause der gewisse Vorbote irgendeiner peinlichen Anklage, daher kam Baptistes Schreck, deshalb fragte ihn das Fräulein mit mildem Lächeln: »Was ist dir, Baptiste? — Nicht wahr! — der Name Scuderi befand sich auf der Liste der la Voisin?« — »Ach, um Christi willen«, erwiderte Baptiste, am ganzen Leibe zitternd, »wie möget Ihr nur so etwas aussprechen, aber Desgrais — der entsetzliche Desgrais, tut so geheimnisvoll, so dringend, er scheint es gar nicht erwarten zu können, Euch zu sehen!« — »Nun«, sprach die Scuderi, »nun Baptiste, so führt ihn nur gleich herein, den Menschen, der Euch so fürchterlich ist und der *mir* wenigstens keine Besorgnis erregen kann.« — »Der Präsident«, sprach Desgrais, als er ins Gemach getreten, »der Präsident la Regnie schickt mich zu Euch, mein Fräulein, mit einer Bitte, auf deren Erfüllung er gar nicht hoffen würde, kennte er nicht Eure Tugend, Euern Mut, läge nicht das letzte Mittel, eine böse Blutschuld an den Tag zu bringen, in Euern Händen, hättet Ihr nicht selbst schon teilgenommen an dem bösen Prozeß, der die Chambre ardente, uns alle in Atem hält. Olivier Brusson, seitdem er Euch gesehen hat, ist halb rasend. So sehr er schon zum Bekenntnis sich zu neigen schien, so schwört er doch jetzt aufs neue bei Christus und allen Heiligen, daß er an dem Morde Cardillacs ganz unschuldig sei, wiewohl er den Tod gern leiden wolle, den er verdient habe. Bemerkt, mein Fräulein, daß der letzte Zusatz offenbar auf andere Verbrechen deutet, die auf ihm lasten. Doch vergebens ist alle Mühe, nur ein Wort weiter herauszubringen, selbst die Drohung mit der Tortur hat nichts gefruchtet. Er fleht, er beschwört uns, ihm eine Unterredung mit Euch zu verschaffen, *Euch* nur, *Euch* allein will er alles gestehen. Laßt Euch herab, mein Fräulein, Brussons Bekenntnis zu hören.« — »Wie!« rief die Scuderi ganz entrüstet, »soll ich dem Blutgericht zum Organ dienen, soll ich das Vertrauen des unglücklichen Menschen mißbrauchen, ihn aufs Blutgerüst zu bringen? — Nein, Desgrais! mag Brusson auch ein verruchter Mörder sein, nie wär' es mir doch möglich, ihn so spitzbübisch zu hintergehen. Nichts mag ich von seinen Geheimnissen erfahren, die wie eine heilige Beichte in meiner Brust verschlossen bleiben würden.« — »Vielleicht«, versetzte Desgrais mit einem feinen Lächeln, »vielleicht, mein Fräulein, ändert sich Eure Gesinnung, wenn Ihr Brusson gehört habt. Batet Ihr den Präsident nicht selbst, er solle menschlich sein? Er tut es, indem er dem törichten Verlangen Brussons nachgibt und so das letzte Mittel versucht, ehe er die Tortur verhängt, zu der Brusson längst reif ist.« Die Scuderi schrak unwillkürlich zusammen. »Seht«, fuhr Desgrais fort, »seht, würdige Dame, man wird Euch keineswegs zumuten, noch einmal in jene finsteren Gemächer zu treten, die Euch mit Grausen und Abscheu erfüllen. In der Stille der Nacht, ohne alles Aufsehen bringt man Olivier Brusson wie einen freien Menschen zu Euch in Euer Haus. Nicht einmal belauscht, doch wohl bewacht, mag er Euch dann zwanglos alles bekennen. Daß Ihr für Euch selbst nichts von dem Elenden zu fürchten habt, dafür stehe ich Euch mit meinem Leben ein. Er spricht von Euch mit inbrünstiger Verehrung. Er schwört, daß nur das düstre Verhängnis, welches ihm verwehrt habe, Euch früher zu sehen, ihn in den Tod gestürzt. Und dann steht es ja bei Euch, von dem, was Euch Brusson entdeckt, so viel zu sagen, als Euch beliebt. Kann man Euch zu mehrerem zwingen?«

Die Scuderi sah tief sinnend vor sich nieder. Es war ihr, als müsse sie der höheren Macht gehorchen, die den Aufschluß irgendeines entsetzlichen Geheimnisses von ihr verlange, als könne sie sich nicht mehr den wunderbaren Verschlingungen entziehen, in die sie willenlos geraten. Plötzlich entschlossen, sprach sie mit Würde: »Gott wird mir Fassung und Standhaftigkeit geben; führt den Brusson her, ich will ihn sprechen.«

So wie damals, als Brusson das Kästchen brachte, wurde um Mitternacht an die Haustüre der Scuderi gepocht. Baptiste, von dem nächtlichen Besuch unterrichtet, öffnete. Eiskalter Schauer überlief die Scuderi, als sie an den leisen Tritten, an dem dumpfen Gemurmel wahrnahm, daß die Wächter, die den Brusson gebracht, sich in den Gängen des Hauses verteilten.

Endlich ging leise die Türe des Gemachs auf. Desgrais trat herein, hinter ihm Olivier Brusson, fesselfrei, in anständigen Kleidern. »Hier ist«, sprach Desgrais, sich ehrerbietig verneigend, »hier ist Brusson, mein würdiges Fräulein!« und verließ das Zimmer.

Brusson sank vor der Scuderi nieder auf beide Knie, flehend erhob er die gefalteten Hände, indem häufige Tränen ihm aus den Augen rannen.

Die Scuderi schaute erblaßt, keines Wortes mächtig, auf ihn herab. Selbst bei den entstellten, ja durch Gram, durch grimmen Schmerz verzerrten Zügen strahlte der reine Ausdruck des treusten Gemüts aus dem Jünglingsantlitz. Je länger die Scuderi ihre Augen auf Brussons Gesicht ruhen ließ, desto lebhafter trat die Erinnerung an irgendeine geliebte Person hervor, auf die sie sich nur nicht deutlich zu besinnen vermochte. Alle Schauer wichen von ihr, sie vergaß, daß

Cardillacs Mörder vor ihr knie, sie sprach mit dem anmutigen Tone des ruhigen Wohlwollens, der ihr eigen: »Nun, Brusson, was habt Ihr mir zu sagen?« Dieser, noch immer kniend, seufzte auf vor tiefer, inbrünstiger Wehmut und sprach dann: »O mein würdiges, mein hochverehrtes Fräulein, ist denn jede Spur der Erinnerung an mich verflogen?« Die Scuderi, ihn noch aufmerksamer betrachtend, erwiderte, daß sie allerdings in seinen Zügen die Ähnlichkeit mit einer von ihr geliebten Person gefunden und daß er nur dieser Ähnlichkeit es verdanke, wenn sie den tiefen Abscheu vor dem Mörder überwinde und ihn ruhig anhöre. Brusson, schwer verletzt durch diese Worte, erhob sich schnell und trat, den finstern Blick zu Boden gesenkt, einen Schritt zurück. Dann sprach er mit dumpfer Stimme: »Habt Ihr denn Anne Guiot ganz vergessen? — ihr Sohn Olivier — der Knabe, den Ihr oft auf Euern Knien schaukeltet, ist es, der vor Euch steht.« — »O um aller Heiligen willen!« rief die Scuderi, indem sie, mit beiden Händen das Gesicht bedekkend, in die Polster zurücksank. Das Fräulein hatte wohl Ursache genug, sich auf diese Weise zu entsetzen. Anne Guiot, die Tochter eines verarmten Bürgers, war von klein auf bei der Scuderi, die sie, wie die Mutter das liebe Kind, erzog mit aller Treue und Sorgfalt. Als sie nun herangewachsen, fand sich ein hübscher sittiger Jüngling, Claude Brusson geheißen, ein, der um das Mädchen warb. Da er nun ein grundgeschickter Uhrmacher war, der sein reichliches Brot in Paris finden mußte, Anne ihn auch herzlich liebgewonnen hatte, so trug die Scuderi gar kein Bedenken, in die Heirat ihrer Pflegetochter zu willigen. Die jungen Leute richteten sich ein, lebten in stiller, glücklicher Häuslichkeit, und was den Liebesbund noch fester knüpfte, war die Geburt eines wunderschönen Knaben, der holden Mutter treues Ebenbild.

Einen Abgott machte die Scuderi aus dem kleinen Olivier, den sie stunden-, tagelang der Mutter entriß, um ihn zu liebkosen, zu hätscheln. Daher kam es, daß der Junge sich ganz an sie gewöhnte und ebenso gern bei ihr war als bei der Mutter. Drei Jahre waren vorüber, als der Brotneid der Kunstgenossen Brussons es dahin brachte, daß seine Arbeit mit jedem Tag abnahm, so daß er zuletzt kaum sich kümmerlich ernähren konnte. Dazu kam die Sehnsucht nach seinem schönen heimatlichen Genf, und so geschah es, daß die kleine Familie dorthin zog, des Widerstrebens der Scuderi, die alle nur mögliche Unterstützung versprach, unerachtet. Noch ein paarmal schrieb Anne an ihre Pflegemutter, dann schwieg sie, und diese mußte glauben, daß das glückliche Leben in Brussons Heimat das Andenken an die früher verlebten Tage nicht mehr aufkommen lasse.

Es waren jetzt gerade dreiundzwanzig Jahre her, als Brusson mit seinem Weibe und Kinde Paris verlassen und nach Genf gezogen.

»O entsetzlich«, rief die Scuderi, als sie sich einigermaßen wieder erholt hatte, »o entsetzlich! — Olivier bist du? — der Sohn meiner Anne! — Und jetzt!« — »Wohl«, versetzte Olivier ruhig und gefaßt, »wohl, mein würdiges Fräulein, hättet Ihr nimmermehr ahnen können, daß der Knabe, den Ihr wie die zärtlichste

Mutter hätscheltet, dem Ihr, auf Euerm Schoß ihn schaukelnd, Näscherei auf Näscherei in den Mund stecktet, dem Ihr die süßesten Namen gabt, zum Jünglinge gereift, dereinst vor Euch stehen würde, gräßlicher Blutschuld angeklagt! — Ich bin nicht vorwurfsfrei, die Chambre ardente kann mich mit Recht eines Verbrechens zeihen; aber, so wahr ich selig zu sterben hoffe, sei es auch durch des Henkers Hand, rein bin ich von jeder Blutschuld; nicht durch mich, nicht durch mein Verschulden fiel der unglückliche Cardillac!« — Olivier geriet bei diesen Worten in ein Zittern und Schwanken. Stillschweigend wies die Scuderi auf einen kleinen Sessel, der Olivier zur Seite stand. Er ließ sich langsam nieder.

»Ich hatte Zeit genug«, fing er an, »mich auf die Unterredung mit Euch, die ich als die letzte Gunst des versöhnten Himmels betrachte, vorzubereiten und so viel Ruhe und Fassung zu gewinnen als nötig, Euch die Geschichte meines entsetzlichen, unerhörten Mißgeschicks zu erzählen. Erzeigt mir die Barmherzigkeit, mich ruhig anzuhören, so sehr Euch auch die Entdekkung eines Geheimnisses, das Ihr gewiß nicht geahnet, überraschen, ja mit Grausen erfüllen mag. — Hätte mein armer Vater Paris doch niemals verlassen! — Soweit meine Erinnerung an Genf reicht, finde ich mich wieder, von den trostlosen Eltern mit Tränen benetzt, von ihren Klagen, die ich nicht verstand, selbst zu Tränen gebracht. Später kam mir das deutliche Gefühl, das volle Bewußtsein des drückendsten Mangels, des tiefen Elends, in dem meine Eltern lebten. Mein Vater fand sich in allen seinen Hoffnungen getäuscht. Von tiefem Gram niedergebeugt, erdrückt, starb er in dem Augenblick, als es ihm gelungen war, mich bei einem Goldschmied als Lehrjunge unterzubringen. Meine Mutter sprach viel von Euch, sie wollte Euch alles klagen, aber dann überfiel sie die Mutlosigkeit, welche vom Elend erzeugt wird. *Das* und auch wohl falsche Scham, die oft an dem todwunden Gemüte nagt, hielt sie von ihrem Entschluß zurück. Wenige Monden nach dem Tode meines Vaters folgte ihm meine Mutter ins Grab.« — »Arme Anne! arme Anne!« rief die Scuderi, von Schmerz überwältigt. »Dank und Preis der ewigen Macht des Himmels, daß sie hinüber ist und nicht fallen sieht den geliebten Sohn unter der Hand des Henkers, mit Schande gebrandmarkt.« So schrie Olivier laut auf, indem er einen wilden entsetzlichen Blick in die Höhe warf. Es wurde draußen unruhig, man ging hin und her. »Ho ho«, sprach Olivier mit einem bittern Lächeln, »Desgrais weckt seine Spießgesellen, als ob ich *hier* entfliehen könnte. — Doch weiter! — Ich wurde von meinem Meister hart gehalten, unerachtet ich bald am besten arbeitete, ja wohl endlich den Meister weit übertraf. Es begab sich, daß einst ein Fremder in unsre Werkstatt kam, um einiges Geschmeide zu kaufen. Als er nun einen schönen Halsschmuck sah, den ich gearbeitet, klopfte er mir mit freundlicher Miene auf die Schultern, indem er, den Schmuck beäugelnd, sprach: ›Ei, ei! mein junger Freund, das ist ja ganz vortreffliche Arbeit. Ich wüßte in der Tat nicht, wer Euch noch anders übertreffen sollte, als René Cardillac, der freilich der erste Goldschmied ist, den es auf der

Welt gibt. Zu dem solltet Ihr hingehen; mit Freuden nimmt er Euch in seine Werkstatt, denn nur *Ihr* könnt ihm beistehen in seiner kunstvollen Arbeit, und nur von ihm allein könnt Ihr dagegen noch lernen.‹ Die Worte des Fremden waren tief in meine Seele gefallen. Ich hatte keine Ruhe mehr in Genf, mich zog es fort mit Gewalt. Endlich gelang es mir, mich von meinem Meister loszumachen. Ich kam nach Paris. René Cardillac empfing mich kalt und barsch. Ich ließ nicht nach, er mußte mir Arbeit geben, so geringfügig sie auch sein mochte. Ich sollte einen kleinen Ring fertigen. Als ich ihm die Arbeit brachte, sah er mich starr an mit seinen funkelnden Augen, als wollt' er hineinschauen in mein Innerstes. Dann sprach er: ›Du bist ein tüchtiger, wackerer Geselle, du kannst zu mir ziehen und mir helfen in der Werkstatt. Ich zahle dir gut, du wirst mit mir zufrieden sein.‹ Cardillac hielt Wort. Schon mehrere Wochen war ich bei ihm, ohne Madelon gesehen zu haben, die, irr' ich nicht, auf dem Lande bei irgendeiner Muhme Cardillacs damals sich aufhielt. Endlich kam sie. O du ewige Macht des Himmels, wie geschah mir, als ich das Engelsbild sah! — Hat je ein Mensch so geliebt als ich! Und nun! — O Madelon!«

Olivier konnte vor Wehmut nicht weitersprechen. Er hielt beide Hände vors Gesicht und schluchzte heftig. Endlich mit Gewalt den wilden Schmerz, der ihn erfaßt, niederkämpfend, sprach er weiter:

»Madelon blickte mich an mit freundlichen Augen. Sie kam öfter und öfter in die Werkstatt. Mit Entzükken gewahrte ich ihre Liebe. So streng der Vater uns bewachte, mancher verstohlne Händedruck galt als

Zeichen des geschlossenen Bundes. Cardillac schien nichts zu merken. Ich gedachte, hätte ich erst seine Gunst gewonnen und konnte ich die Meisterschaft erlangen, um Madelon zu werben. Eines Morgens, als ich meine Arbeit beginnen wollte, trat Cardillac vor mich hin, Zorn und Verachtung im finstern Blick. ›Ich bedarf deiner Arbeit nicht mehr‹, fing er an, ›fort aus dem Hause noch in dieser Stunde, und laß dich nie mehr vor meinen Augen sehen. Warum ich dich hier nicht mehr dulden kann, brauche ich dir nicht zu sagen. Für dich armen Schlucker hängt die süße Frucht zu hoch, nach der du trachtest!‹ Ich wollte reden, er packte mich aber mit starker Faust und warf mich zur Türe hinaus, daß ich niederstürzte und mich hart verwundete an Kopf und Arm. — Empört, zerrissen vom grimmen Schmerz, verließ ich das Haus und fand endlich am äußersten Ende der Vorstadt St. Martin einen gutmütigen Bekannten, der mich aufnahm in seine Bodenkammer. Ich hatte keine Ruhe, keine Rast. Zur Nachtzeit umschlich ich Cardillacs Haus, wähnend, daß Madelon meine Seufzer, meine Klage vernehmen, daß es ihr vielleicht gelingen werde, mich vom Fenster herab unbelauscht zu sprechen. Allerlei verwogene Pläne kreuzten in meinem Gehirn, zu deren Ausführung ich sie zu bereden hoffte. An Cardillacs Haus in der Straße Nicaise schließt sich eine hohe Mauer mit Blenden und alten, halb zerstückelten Steinbildern darin. Dicht bei einem solchen Steinbilde stehe ich in einer Nacht und sehe hinauf nach den Fenstern des Hauses, die in den Hof gehen, den die Mauer einschließt. Da gewahre ich plötzlich Licht in Cardillacs

Werkstatt. Es ist Mitternacht, nie war sonst Cardillac zu dieser Stunde wach, er pflegte sich auf den Schlag neun Uhr zur Ruhe zu begeben. Mir pocht das Herz vor banger Ahnung, ich denke an irgendein Ereignis, das mir vielleicht den Eingang bahnt. Doch gleich verschwindet das Licht wieder. Ich drücke mich an das Steinbild, in die Blende hinein, doch entsetzt pralle ich zurück, als ich einen Gegendruck fühle, als sei das Bild lebendig geworden. In dem dämmernden Schimmer der Nacht gewahre ich nun, daß der Stein sich langsam dreht und hinter demselben eine finstere Gestalt hervorschlüpft, die leisen Trittes die Straße hinabgeht. Ich springe an das Steinbild hinan, es steht wie zuvor dicht an der Mauer. Unwillkürlich, wie von einer innern Macht getrieben, schleiche ich hinter der Gestalt her. Gerade bei einem Marienbilde schaut die Gestalt sich um, der volle Schein der hellen Lampe, die vor dem Bilde brennt, fällt ihr ins Antlitz. Es ist Cardillac! Eine unbegreifliche Angst, ein unheimliches Grauen überfällt mich. Wie durch Zauber festgebannt, muß ich fort — nach — dem gespenstischen Nachtwanderer. Dafür halte ich den Meister, unerachtet nicht die Zeit des Vollmonds ist, in der solcher Spuk die Schlafenden betört. Endlich verschwindet Cardillac seitwärts in den tiefen Schatten. An einem kleinen, wiewohl bekannten Räuspern gewahre ich indessen, daß er in die Einfahrt eines Hauses getreten ist. ›Was bedeutet das, was wird er beginnen?‹ — So frage ich mich selbst voll Erstaunen und drücke mich dicht an die Häuser. Nicht lange dauert's, so kommt singend und trillerierend ein Mann daher mit leuchtendem Federbusch und klirrenden Sporen. Wie ein Tiger auf seinen Raub, stürzt sich Cardillac aus seinem Schlupfwinkel auf den Mann, der in demselben Augenblick röchelnd zu Boden sinkt. Mit einem Schrei des Entsetzens springe ich heran, Cardillac ist über den Mann, der zu Boden liegt, her. ›Meister Cardillac, was tut Ihr?‹ rufe ich laut. ›Vermaledeiter!‹ brüllt Cardillac, rennt mit Blitzesschnelle bei mir vorbei und verschwindet. Ganz außer mir, kaum der Schritte mächtig, nähere ich mich dem Niedergeworfenen. Ich knie bei ihm nieder, vielleicht, denk' ich, ist er noch zu retten, aber keine Spur des Lebens ist mehr in ihm. In meiner Todesangst gewahre ich kaum, daß mich die Marechaussee umringt hat. ›Schon wieder einer von den Teufeln niedergestreckt — he he junger Mensch, was machst du da — bist einer von der Bande? — fort mit dir!‹ So schrien sie durcheinander und packen mich an. Kaum vermag ich zu stammeln, daß ich solche gräßliche Untat ja gar nicht hätte begehen können und daß sie mich im Frieden ziehen lassen möchten. Da leuchtet mir einer ins Gesicht und ruft lachend: ›Das ist Olivier Brusson, der Goldschmiedsgeselle, der bei unserm ehrlichen braven Meister Cardillac arbeitet! — ja — *der* wird die Leute auf der Straße morden! — sieht mir recht darnach aus — ist recht nach der Art der Mordbuben, daß sie beim Leichnam lamentieren und sich fangen lassen. Wie war's, Junge? erzähle dreist.‹ — ›Dicht vor mir‹, sprach ich, ›sprang ein Mensch auf den dort los, stieß ihn nieder und rannte blitzschnell davon, als ich laut aufschrie. Ich wollt' doch sehen, ob der Niedergeworfene noch zu retten wäre.‹ — ›Nein, mein Sohn‹, ruft einer von denen, die den Leichnam aufgehoben, ›der ist hin, durchs Herz, wie gewöhnlich, geht der Dolchstich.‹ — ›Teufel‹, spricht ein anderer, ›kamen wir doch wieder zu spät wie vorgestern‹; damit entfernen sie sich mit dem Leichnam.

Wie mir zumute war, kann ich gar nicht sagen; ich fühlte mich an, ob nicht ein böser Traum mich necke, es war mir, als müßt' ich nun gleich erwachen und mich wundern über das tolle Trugbild. — Cardillac — der Vater meiner Madelon, ein verruchter Mörder! — Ich war kraftlos auf die steinernen Stufen eines Hauses gesunken. Immer mehr und mehr dämmerte der Morgen herauf, ein Offiziershut, reich mit Federn geschmückt, lag vor mir auf dem Pflaster. Cardillacs blutige Tat, auf der Stelle begangen, wo ich saß, ging vor mir hell auf. Entsetzt rannte ich von dannen.

Ganz verwirrt, beinahe besinnungslos sitze ich in meiner Dachkammer, da geht die Tür auf, und René Cardillac tritt herein. ›Um Christi willen! was wollt Ihr?‹ schrie ich ihm entgegen. Er, das gar nicht achtend, kommt auf mich zu und lächelt mich an mit einer Ruhe und Leutseligkeit, die meinen innern Abscheu vermehrt. Er rückt einen alten gebrechlichen Schemel heran und setzt sich zu mir, der ich nicht vermag, mich von dem Strohlager zu erheben, auf das ich mich geworfen. ›Nun, Olivier‹, fängt er an, ›wie geht es dir, armer Junge? Ich habe mich in der Tat garstig übereilt, als ich dich aus dem Hause stieß, du fehlst mir an allen Ecken und Enden. Eben jetzt habe ich ein Werk vor, das ich ohne deine Hilfe gar nicht vollenden kann.

Wie wär's, wenn du wieder in meiner Werkstatt arbeitetest? — Du schweigst? — Ja, ich weiß, ich habe dich beleidigt. Nicht verhehlen wollt' ich's dir, daß ich auf dich zornig war wegen der Liebelei mit meiner Madelon. Doch recht überlegt habe ich mir das Ding nachher und gefunden, daß bei deiner Geschicklichkeit, deinem Fleiß, deiner Treue ich mir keinen bessern Eidam wünschen kann als eben dich. Komm also mit mir und siehe zu, wie du Madelon zur Frau gewinnen magst.‹

Cardillacs Worte durchschnitten mir das Herz, ich erbebte vor seiner Bosheit, ich konnte kein Wort hervorbringen. ›Du zauderst‹, fuhr er nun fort mit scharfem Ton, indem seine funkelnden Augen mich durchbohren, ›du zauderst? — du kannst vielleicht heute noch nicht mit mir kommen, du hast andere Dinge vor! — du willst vielleicht Desgrais besuchen oder dich gar einführen lassen bei d'Argenson oder la Regnie. Nimm dich in acht, Bursche, daß die Krallen, die du hervorlocken willst zu anderer Leute Verderben, dich nicht selbst fassen und zerreißen.‹ Da macht sich mein tief empörtes Gemüt plötzlich Luft. ›Mögen die‹, rufe ich, ›mögen die, die sich gräßlicher Untat bewußt sind, jene Namen fühlen, die Ihr eben nanntet, ich darf das nicht — ich habe nichts mit ihnen zu schaffen.‹ — ›Eigentlich‹, spricht Cardillac weiter, ›eigentlich, Olivier, macht es dir Ehre, wenn du bei mir arbeitest, bei mir, dem berühmtesten Meister seiner Zeit, überall hochgeachtet wegen seiner Treue und Rechtschaffenheit, so daß jede böse Verleumdung schwer zurückfallen würde auf das Haupt des Verleumders. —

Was nun Madelon betrifft, so muß ich dir nur gestehen, daß du meine Nachgiebigkeit ihr allein verdankest. Sie liebt dich mit einer Heftigkeit, die ich dem zarten Kind gar nicht zutrauen konnte. Gleich als du fort warst, fiel sie mir zu Füßen, umschlang meine Knie und gestand unter tausend Tränen, daß sie ohne dich nicht leben könne. Ich dachte, sie bilde sich das nur ein, wie es denn bei jungen verliebten Dingern zu geschehen pflegt, daß sie gleich sterben wollen, wenn das erste Milchgesicht sie freundlich angeblickt. Aber in der Tat, meine Madelon wurde siech und krank, und wie ich ihr denn das tolle Zeug ausreden wollte, rief sie hundertmal deinen Namen. Was konnt' ich endlich tun, wollt' ich sie nicht verzweifeln lassen? Gestern abend sagt' ich ihr, ich willige in alles und werde dich heute holen. Da ist sie über Nacht aufgeblüht wie eine Rose und harrt nun auf dich, ganz außer sich vor Liebessehnsucht.‹ — Mag es mir die ewige Macht des Himmels verzeihen, aber selbst weiß ich nicht, wie es geschah, daß ich plötzlich in Cardillacs Hause stand, daß Madelon, laut aufjauchzend: ›Olivier — mein Olivier — mein Geliebter — mein Gatte!‹ auf mich gestürzt, mich mit beiden Armen umschlang, mich fest an ihre Brust drückte, daß ich im Übermaß des höchsten Entzückens bei der Jungfrau und allen Heiligen schwor, sie nimmer, nimmer zu verlassen!«

Erschüttert von dem Andenken an diesen entscheidenden Augenblick, mußte Olivier innehalten. Die Scuderi, von Grausen erfüllt über die Untat eines Mannes, den sie für die Tugend, die Rechtschaffenheit selbst gehalten, rief: »Entsetzlich! René Cardillac gehört zu der Mordbande, die unsere gute Stadt so lange zur Räuberhöhle machte?« — »Was sagt Ihr, mein Fräulein«, sprach Olivier, »zur *Bande?* Nie hat es eine solche Bande gegeben. Cardillac *allein* war es, der mit verruchter Tätigkeit in der ganzen Stadt seine Schlachtopfer suchte und fand. Daß er es *allein* war, darin liegt die Sicherheit, womit er seine Streiche führte, die unüberwundene Schwierigkeit, dem Mörder auf die Spur zu kommen. — Doch laßt mich fortfahren, der Verfolg wird Euch die Geheimnisse des verruchtesten und zugleich unglücklichsten aller Menschen aufklären. — Die Lage, in der ich mich nun bei dem Meister befand, jeder mag *die* sich leicht denken. Der Schritt war geschehen, ich konnte nicht mehr zurück. Zuweilen war es mir, als sei ich selbst Cardillacs Mordgehilfe geworden; nur in Madelons Liebe vergaß ich die innere Pein, die mich quälte, nur bei ihr konnt' es mir gelingen, jede äußere Spur namenlosen Grams wegzutilgen. Arbeitete ich mit dem Alten in der Werkstatt, nicht ins Antlitz vermochte ich ihm zu schauen, kaum ein Wort zu reden vor dem Grausen, das mich durchbebte in der Nähe des entsetzlichen Menschen, der alle Tugenden des treuen, zärtlichen Vaters, des guten Bürgers erfüllte, während die Nacht seine Untaten verschleierte. Madelon, das fromme, engelreine Kind, hing an ihm mit abgöttischer Liebe. Das Herz durchbohrt' es mir, wenn ich daran dachte, daß, träfe einmal die Rache den entlarvten Bösewicht, sie ja, mit aller höllischen List des Satans getäuscht, der gräßlichsten Verzweiflung unterliegen müsse. Schon das verschloß mir den Mund, und hätt' ich den Tod des Verbrechers darum dulden müssen. Unerachtet ich aus den Reden der Marechaussee genug entnehmen konnte, waren mir Cardillacs Untaten, ihr Motiv, die Art, sie auszuführen, ein Rätsel; die Aufklärung blieb nicht lange aus. Eines Tages war Cardillac, der sonst, meinen Abscheu erregend, bei der Arbeit in der heitersten Laune, scherzte und lachte, sehr ernst und in sich gekehrt. Plötzlich warf er das Geschmeide, woran er eben arbeitete, beiseite, daß Stein und Perlen auseinander rollten, stand heftig auf und sprach: ›Olivier! — es kann zwischen uns beiden nicht so bleiben, dies Verhältnis ist mir unerträglich. — Was der feinsten Schlauigkeit Desgrais' und seiner Spießgesellen nicht gelang zu entdecken, das spielte dir der Zufall in die Hände. Du hast mich geschaut in der nächtlichen Arbeit, zu der mich mein böser Stern treibt, kein Widerstand ist möglich. — Auch dein böser Stern war es, der dich mir folgen ließ, der dich in undruchdringliche Schleier hüllte, der deinem Fußtritt die Leichtigkeit gab, daß du unhörbar wandeltest wie das kleinste Tier, so daß ich, der ich in der tiefsten Nacht klar schaue wie der Tiger, der ich straßenweit das kleinste Geräusch, das Sumsen der Mücke vernehme, dich nicht bemerkte. Dein böser Stern hat dich, meinen Gefährten, mir zugeführt. An Verrat ist, so wie du jetzt stehst, nicht mehr zu denken. Darum magst du alles wissen.‹ — ›Nimmermehr werd' ich dein Gefährte sein, heuchlerischer Bösewicht.‹ So wollt' ich aufschreien, aber das innere Entsetzen, das mich bei Cardillacs Worten erfaßt, schnürte mir die Kehle zu. Statt der Worte vermochte ich nur einen unverständigen

Laut auszustoßen. Cardillac setzte sich wieder in seinen Arbeitsstuhl. Er trocknete sich den Schweiß von der Stirne. Er schien, von der Erinnerung des Vergangenen hart berührt, sich mühsam zu fassen. Endlich fing er an: ›Weise Männer sprechen viel von den seltsamen Eindrücken, deren Frauen in guter Hoffnung fähig sind, von dem wunderbaren Einfluß solch lebhaften, willenlosen Eindrucks von außen her auf das Kind. Von meiner Mutter erzählte man mir eine wunderliche Geschichte. Als *die* mit mir im ersten Monat schwanger ging, schaute sie mit andern Weibern einem glänzenden Hoffest zu, das in Trianon gegeben wurde. Da fiel ihr Blick auf einen Kavalier in spanischer Kleidung mit einer blitzenden Juwelenkette um den Hals, von der sie die Augen gar nicht mehr abwenden konnte. Ihr ganzes Wesen war Begierde nach den funkelnden Steinen, die sie ein überirdisches Gut dünkten. Derselbe Kavalier hatte vor mehreren Jahren, als meine Mutter noch nicht verheiratet, ihrer Tugend nachgestellt, war aber mit Abscheu zurückgewiesen worden. Meine Mutter erkannte ihn wieder, aber jetzt war es ihr, als sei er im Glanz der strahlenden Diamanten ein Wesen höherer Art, der Inbegriff aller Schönheit. Dei Kavalier bemerkte die sehnsuchtsvollen, feurigen Blicke meiner Mutter. Er glaubte jetzt glücklicher zu sein als vormals. Er wußte sich ihr zu nähern, noch mehr, sie von ihren Bekannten fort an einen einsamen Ort zu locken. Dort schloß er sie brünstig in seine Arme; meine Mutter faßte nach der schönen Kette, aber in demselben Augenblick sank er nieder und riß meine Mutter mit sich zu Boden. Sei es, daß ihn der Schlag plötzlich getroffen, oder aus einer andern Ursache: genug, er war tot. Vergebens war das Mühen meiner Mutter, sich den im Todeskrampf erstarrten Armen des Leichnams zu entwinden. Die hohlen Augen, deren Sehkraft erloschen, auf sie gerichtet, wälzte der Tote sich mit ihr auf dem Boden. Ihr gellendes Hilfsgeschrei drang endlich bis zu in der Ferne Vorübergehenden, die herbeieilten und sie retteten aus den Armen des grausigen Liebhabers. Das Entsetzen warf meine Mutter auf ein schweres Krankenlager. Man gab sie, mich verloren, doch sie gesundete, und die Entbindung war glücklicher, als man hatte hoffen können. Aber die Schrecken jenes fürchterlichen Augenblicks hatten *mich* getroffen. Mein böser Stern war aufgegangen und hatte den Funken hinabgeschossen, der in mir eine der seltsamsten und verderblichsten Leidenschaften entzündet. Schon in der frühesten Kindheit gingen mir glänzende Diamanten, goldenes Geschmeide über alles. Man hielt das für gewöhnliche kindische Neigung. Aber es zeigte sich anders, denn als Knabe stahl ich Gold und Juwelen, wo ich sie habhaft werden konnte. Wie der geübteste Kenner unterschied ich aus Instinkt unechtes Geschmeide von echtem. Nur dieses lockte mich, unechtes sowie geprägtes Gold ließ ich unbeachtet liegen. Den grausamsten Züchtigungen des Vaters mußte die angeborne Begierde weichen. Um nur mit Gold und edlen Steinen hantieren zu können, wandte ich mich zur Goldschmiedsprofession. Ich arbeitete mit Leidenschaft und wurde bald der erste Meister dieser Art. Nun begann eine Periode, in der der angeborne Trieb, so lange niedergedrückt, mit Gewalt empordrang und mit Macht wuchs, alles um sich her wegzehrend. Sowie ich ein Geschmeide gefertigt und abgeliefert, fiel ich in eine Unruhe, in eine Trostlosigkeit, die mir Schlaf, Gesundheit — Lebensmut raubte. — Wie ein Gespenst stand Tag und Nacht die Person, für die ich gearbeitet, mir vor Augen, geschmückt mit meinem Geschmeide, und eine Stimme raunte mir in die Ohren: ›Es ist ja dein — es ist ja dein — nimm es doch — was sollen die Diamanten dem Toten!' — Da legt' ich mich endlich auf Diebeskünste. Ich hatte Zutritt in den Häusern der Großen, ich nützte schnell jede Gelegenheit, kein Schloß widerstand meinem Geschick, und bald war der Schmuck, den ich gearbeitet, wieder in meinen Händen. — Aber nun vertrieb selbst das nicht meine Unruhe. Jene unheimliche Stimme ließ sich dennoch vernehmen und höhnte mich und rief: ›Ho ho, dein Geschmeide trägt ein Toter!‹ — Selbst wußte ich nicht, wie es kam, daß ich einen unaussprechlichen Haß auf die warf, denen ich Schmuck gefertigt. Ja! im tiefsten Innern regte sich eine Mordlust gegen sie, vor der ich selbst erbebte. — In dieser Zeit kaufte ich dieses Haus. Ich war mit dem Besitzer handelseinig geworden, hier in diesem Gemach saßen wir, erfreut über das geschlossene Geschäft, beisammen und tranken eine Flasche Wein. Es war Nacht geworden, ich wollte aufbrechen, da sprach mein Verkäufer: ›Hört, Meister René, ehe Ihr fortgeht, muß ich Euch mit einem Geheimnis dieses Hauses bekannt machen.‹ Darauf schloß er jenen in die Mauer eingeführten Schrank auf, schob die Hinterwand fort, trat in ein kleines Gemach, bückte sich nieder, hob eine Falltür auf. Eine steile, schmale Treppe stiegen wir hinab, kamen an ein schmales Pförtchen, das er aufschloß, traten hinaus in den freien Hof. Nun schritt der alte Herr, mein Verkäufer, hinan an die Mauer, schob an einem nur wenig hervorragenden Eisen, und alsbald drehte sich ein Stück Mauer los, so daß ein Mensch bequem durch die Öffnung schlüpfen und auf die Straße gelangen konnte. Du magst einmal das Kunststück sehen, Olivier, das wahrscheinlich schlaue Mönche des Klosters, welches ehemals hier lag, fertigen ließen, um heimlich aus- und einschlüpfen zu können. Es ist ein Stück Holz, nur von außen gemörtelt und getüncht, in das von außen her eine Bildsäule, auch nur von Holz, doch ganz wie Stein, eingefügt ist, welches sich mitsamt der Bildsäule auf verborgenen Angeln dreht. — Dunkle Gedanken stiegen in mir auf, als ich diese Einrichtung sah, es war mir, als sei vorgearbeitet solchen Taten, die mir selbst noch Geheimnis blieben. Eben hatt' ich einem Herrn vom Hofe einen reichen Schmuck abgeliefert, der, ich weiß es, einer Operntänzerin bestimmt war. Die Todesfolter blieb nicht aus — das Gespenst hing sich an meine Schritte — der lispelnde Satan an mein Ohr! — Ich zog ein in das Haus. In blutigem Angstschweiß gebadet, wälzte ich mich schlaflos auf dem Lager! Ich seh' im Geiste den Menschen zu der Tänzerin schleichen mit meinem Schmuck. Voller Wut springe ich auf — werfe den Mantel um — steige herab die geheime Treppe — fort durch die Mauer nach der Straße Nicaise. — Er kommt, ich falle über ihn her, er schreit auf, doch von hinten festgepackt, stoße ich ihm den Dolch ins Herz — der Schmuck ist mein! — Dies getan, fühlte ich eine Ruhe, eine Zufriedenheit in meiner Seele wie sonst niemals. Das Gespenst war verschwunden, die Stimme des Satans schwieg. Nun wußte ich, was mein böser Stern wollte, ich mußt' ihm nachgeben oder untergehen! — Du begreifst jetzt mein ganzes Tun und Treiben, Olivier! — Glaube nicht, daß ich darum, weil ich tun muß, was ich nicht lassen kann, jenem Gefühl des Mitleids, des Erbarmens, was in der Natur des Menschen bedingt sein soll, rein entsagt habe. Du weißt, wie schwer es mir wird, einen Schmuck abzuliefern; wie ich für manche, deren Tod ich nicht will, gar nicht arbeite, ja wie ich sogar, weiß ich, daß am morgenden Tage Blut mein Gespenst verbannen wird, heute es bei einem tüchtigen Faustschlage bewenden lasse, der den Besitzer meines Kleinods zu Boden streckt und mir dieses in die Hand liefert.‹ — Dies alles gesprochen, führte mich Cardillac in das geheime Gewölbe und gönnte mir den Anblick seines Juwelenkabinetts. Der König besitzt es nicht reicher. Bei jedem Schmuck war auf einem kleinen darangehängten Zettel genau bemerkt, für wen es gearbeitet, wann es durch Diebstahl, Raub oder Mord genommen worden. ›An deinem Hochzeitstage‹, sprach Cardillac dumpf und feierlich, ›an deinem Hochzeitstage, Olivier, wirst du mir, die Hand gelegt auf des gekreuzigten Christus Bild, einen heiligen Eid schwören, sowie ich gestorben, alle diese Reichtümer in Staub zu vernichten durch Mittel, die ich dir dann bekannt machen werde. Ich will nicht, daß irgendein menschlich Wesen, und am wenigsten Madelon und du, in den Besitz des mit Blut erkauften Horts komme.‹ Gefangen in diesem Labyrinth des Verbrechens, zerrissen von Liebe und Abscheu, von Wonne und Entsetzen, war ich dem Verdammten zu vergleichen, dem ein holder Engel mild lächelnd hinaufwinkt; aber mit glühenden Krallen festgepackt hält ihn der Satan, und des frommen Engels Liebeslächeln, in dem sich alle Seligkeit des hohen Himmels abspiegelt, wird ihm zur grimmigsten seiner Qualen. — Ich dachte an Flucht — ja, an Selbstmord — aber Madelon! — Tadelt mich, tadelt mich, mein würdiges Fräulein, daß ich zu schwach war, mit Gewalt eine Leidenschaft niederzukämpfen, die mich an das Verbrechen fesselte; aber büßte ich nicht dafür mit schmachvollem Tode? — Eines Tages kam Cardillac nach Hause, ungewöhnlich heiter. Er liebkoste Madelon, warf mir die freundlichsten Blicke zu, trank bei Tische eine Flasche edlen Weins, wie es er nur an hohen Fest- und Feiertagen zu tun pflegte, sang und jubilierte. Madelon hatte uns verlassen, ich wollte in die Werkstatt: ›Bleib sitzen, Junge‹, rief Cardillac, ›heut' keine Arbeit mehr, laß uns noch eins trinken auf das Wohl der allerwürdigsten, vortrefflichsten Dame in Paris.‹ Nachdem ich mit ihm angestoßen und er ein volles Glas geleert hatte, sprach er: ›Sag an, Olivier, wie gefallen dir die Verse:

Un amant, qui craint les voleurs,
n'est point digne d'amour.‹

Er erzählte nun, was sich in den Gemächern der Maintenon mit Euch und dem Könige begeben, und fügte hinzu, daß er Euch von jeher verehrt habe wie sonst kein menschliches Wesen und daß Ihr, mit solch hoher Tugend begabt, vor der der böse Stern kraftlos erbleiche, selbst den schönsten von ihm gefertigten Schmuck tragend, niemals ein böses Gespenst, Mordgedanken in ihm erregen würdet. ›Höre, Olivier‹, sprach er, ›wozu ich entschlossen. Vor langer Zeit sollt' ich Halsschmuck und Armbänder fertigen für Henriette von England und selbst die Steine dazu liefern. Die Arbeit gelang mir wie keine andere, aber es zerriß mir die Brust, wenn ich daran dachte, mich von dem Schmuck, der mein Herzenskleinod geworden, trennen zu müssen. Du weißt der Prinzessin unglücklichen Tod durch Meuchelmord. Ich behielt den Schmuck und will ihn nun als ein Zeichen meiner Ehrfurcht, meiner Dankbarkeit dem Fräulein von Scuderi senden im Namen der verfolgten Bande. — Außerdem, daß die Scuderi das sprechende Zeichen ihres Triumphs erhält, verhöhne ich auch Desgrais und seine Gesellen, wie sie es verdienen. — Du sollst ihr den Schmuck hintragen.‹ Sowie Cardillac Euern Namen nannte, Fräulein, war es, als würden schwarze Schleier weggezogen, und das schöne, lichte Bild meiner glücklichen frühen Kinderzeit ging wieder auf in bunten, glänzenden Farben. Es kam ein wunderbarer Trost in meine Seele, ein Hoffnungsstrahl, vor dem die finstern Geister schwanden. Cardillac mochte den Eindruck, den seine Worte auf mich gemacht, wahrnehmen und nach seiner Art deuten. ›Dir scheint‹, sprach er, ›mein Vorhaben zu behagen. Gestehen kann ich wohl, daß eine tief innere Stimme, sehr verschieden von der, welche Blutopfer verlangt wie ein gefräßiges Raubtier, mir befohlen hat, daß ich solches tue. — Manchmal wird mir wunderlich im Gemüte — eine innere Angst, die Furcht vor irgend etwas Entsetzlichem, dessen Schauer aus einem fernen Jenseits herüberwehen in die Zeit, ergreift mich gewaltsam. Es ist mir dann sogar, als ob das, was der böse Stern begonnen durch mich, meiner unsterblichen Seele, die daran keinen Teil hat, zugerechnet werden könne. In solcher Stimmung beschloß ich, für die heilige Jungfrau in der Kirche St. Eustache eine schöne Diamantenkrone zu fertigen. Aber jene unbegreifliche Angst überfiel mich stärker, sooft ich die Arbeit beginnen wollte, da unterließ ich's ganz. Jetzt ist es mir, als wenn ich der Tugend und Frömmigkeit selbst demutsvoll ein Opfer bringe und wirksame Fürsprache erflehe, indem ich der Scuderi den schönsten Schmuck sende, den ich jemals gearbeitet.‹ — Cardillac, mit Eurer ganzen Lebensweise, mein Fräulein, auf das genaueste bekannt, gab mir nun Art und Weise sowie die Stunde an, wie und wann ich den Schmuck, den er in ein sauberes Kästchen schloß, abliefern solle. Mein ganzes Wesen war Entzücken, denn der Himmel selbst zeigte mir durch den freveligen Cardillac den Weg, mich zu retten aus der Hölle, in der ich, ein verstoßener Sünder, schmachte. So dacht' ich. Ganz gegen Cardillacs Willen wollt' ich bis zu Euch dringen. Als Anne Brussons Sohn, als Euer Pflegling gedacht' ich, mich Euch zu Füßen zu werfen und Euch alles — alles zu entdecken. Ihr hättet, gerührt von dem namenlosen Elend, das der armen, unschuldigen Madelon drohte bei der Entdeckung, das Geheimnis beachtet, aber

Euer hoher, scharfsinniger Geist fand gewiß sichre Mittel, ohne jene Entdeckung der verruchten Bosheit Cardillacs zu steuern. Fragt mich nicht, worin diese Mittel hätten bestehen sollen, ich weiß es nicht — aber daß ihr Madelon und mich retten würdet, davon lag die Überzeugung fest in meiner Seele wie der Glaube an die trostreiche Hilfe der heiligen Jungfrau. — Ihr wißt, Fräulein, daß meine Absicht in jener Nacht fehlschlug. Ich verlor nicht die Hoffnung, ein andermal glücklicher zu sein. Da geschah es, daß Cardillac plötzlich alle Munterkeit verlor. Er schlich trübe umher, starrte vor sich hin, murmelte unverständliche Worte, focht mit den Händen, Feindliches von sich abwehrend, sein Geist schien gequält von bösen Gedanken. So hatte er es einen ganzen Morgen getrieben. Endlich setzte er sich an den Werktisch, sprang unmutig wieder auf, schaute durchs Fenster, sprach ernst und düster: ›Ich wollte doch, Henriette von England hätte meinen Schmuck getragen!‹ — Die Worte erfüllten mich mit Entsetzen. Nun wußt' ich, daß sein irrer Geist wieder erfaßt war von dem abscheulichen Mordgespenst, daß des Satans Stimme wieder laut geworden vor seinen Ohren. Ich sah Euer Leben bedroht von dem verruchten Mordteufel. Hatte Cardillac nur seinen Schmuck wieder in Händen, so wart Ihr gerettet. Mit jedem Augenblick wuchs die Gefahr. Da begegnete ich Euch auf dem Pontneuf, drängte mich an Eure Kutsche, warf Euch jenen Zettel zu, der Euch beschwor, doch nur gleich den erhaltenen Schmuck in Cardillacs Hände zu bringen. Ihr kamt nicht. Meine Angst stieg bis zur Verzweiflung, als andern Tages Cardillac von nichts anderm sprach als von dem köstlichen Schmuck, der ihm in der Nacht vor Augen gekommen. Ich konnte das nur auf Euern Schmuck deuten, und es wurde mir gewiß, daß er über irgendeinen Mordanschlag brüte, den er gewiß schon in der Nacht auszuführen sich vorgenommen. Euch retten mußt' ich, und sollte es Cardillacs Leben kosten. Sowie Cardillac nach dem Abendgebet sich wie gewöhnlich eingeschlossen, stieg ich durch ein Fenster in den Hof, schlüpfte durch die Öffnung in der Mauer und stellte mich unfern in den tiefen Schatten. Nicht lange dauerte es, so kam Cardillac heraus und schlich leise durch die Straße fort. Ich hinter ihm her. Er ging nach der Straße St. Honoré, mir bebte das Herz. Cardillac war mit einemmal mir entschwunden. Ich beschloß, mich an Eure Haustüre zu stellen. Da kommt singend und trillernd, wie damals, als der Zufall mich zum Zuschauer von Cardillacs Mordtat machte, ein Offizier bei mir vorüber, ohne mich zu gewahren. Aber in demselben Augenblick springt eine schwarze Gestalt hervor und fällt über ihn her. Es ist Cardillac. Diesen Mord will ich hindern, mit einem lauten Schrei bin ich in zwei — drei Sätzen zur Stelle. — Nicht der Offizier — Cardillac sinkt, zum Tode getroffen, röchelnd zu Boden. Der Offizier läßt den Dolch fallen, reißt den Degen aus der Scheide, stellt sich, wähnend, ich sei des Mörders Geselle, kampffertig mir entgegen, eilt aber schnell davon, als er gewahrt, daß ich, ohne mich um ihn zu kümmern, nur den Leichnam untersuche. Cardillac lebte noch. Ich lud ihn, nachdem ich den Dolch, den der Offizier hatte fallen lassen, zu mir gesteckt, auf die

Schultern und schleppte ihn mühsam fort nach Hause, und durch den geheimen Gang hinauf in die Werkstatt. — Das übrige ist Euch bekannt. Ihr seht, mein würdiges Fräulein, daß mein einziges Verbrechen nur darin besteht, daß ich Madelons Vater nicht den Gerichten verriet und so seinen Untaten ein Ende machte. Rein bin ich von jeder Blutschuld. — Keine Marter wird mir das Geheimnis von Cardillacs Untaten abzwingen. Ich will nicht, daß der ewigen Macht, die der tugendhaften Tochter des Vaters gräßliche Blutschuld verschleierte, zum Trotz das ganze Elend der Vergangenheit, ihres ganzen Seins noch jetzt tötend auf sie einbreche, daß noch jetzt die weltliche Rache den Leichnam aufwühle aus der Erde, die ihn deckt, daß noch jetzt der Henker die vermoderten Gebeine mit Schande brandmarke. — Nein! — mich wird die Geliebte meiner Seele beweinen als den unschuldig Gefallenen, die Zeit wird ihren Schmerz lindern, aber unüberwindlich würde der Jammer sein über des geliebten Vaters entsetzliche Taten der Hölle!«

Olivier schwieg; aber nun stürzte plötzlich ein Tränenstrom aus seinen Augen, er warf sich der Scuderi zu Füßen und flehte: »Ihr seid von meiner Unschuld überzeugt — gewiß, Ihr seid es! — Habt Erbarmen mit mir, sagt, wie steht es um Madelon?« — Die Scuderi rief die Martiniere, und nach wenigen Augenblicken flog Madelon an Oliviers Hals. »Nun ist alles gut, da du hier bist — ich wußte es ja, daß die edelmütigste Dame dich retten würde!« So rief Madelon ein Mal über das andere, und Olivier vergaß sein Schicksal, alles, was ihm drohte, er war frei und selig.

Auf das rührendste klagten beide sich, was sie um einander gelitten, und umarmten sich dann aufs neue und weinten vor Entzücken, daß sie sich wiedergefunden.

Wäre die Scuderi nicht von Oliviers Unschuld schon überzeugt gewesen, der Glaube daran müßte ihr jetzt gekommen sein, da sie die beiden betrachtete, die in der Seligkeit des innigsten Liebesbündnisses die Welt vergaßen und ihr Elend und ihr namenloses Leiden. »Nein«, rief sie, »solch seliger Vergessenheit ist nur ein reines Herz fähig.«

Die hellen Strahlen des Morgens brachen durch die Fenster. Desgrais klopfte leise an die Türe des Gemachs und erinnerte, daß es Zeit sei, Olivier Brusson fortzuschaffen, da ohne Aufsehen zu erregen das später nicht geschehen könne. Die Liebenden mußten sich trennen. —

Die dunklen Ahnungen, von denen der Scuderi Gemüt befangen seit Brussons erstem Eintritt in ihr Haus, hatten sich nun zum Leben gestaltet auf furchtbare Weise. Den Sohn ihrer geliebten Anne sah sie schuldlos verstrickt auf eine Art, daß ihn vom schmachvollen Tod zu retten kaum denkbar schien. Sie ehrte des Jünglings Heldensinn, der lieber schuldbeladen sterben, als ein Geheimnis verraten wollte, das seiner Madelon den Tod bringen mußte. Im ganzen Reiche der Möglichkeit fand sie kein Mittel, den Ärmsten dem grausamen Gerichtshofe zu entreißen. Und doch stand es fest in ihrer Seele, daß sie kein Opfer scheuen müsse, das himmelschreiende Unrecht abzuwenden, das man zu begehen im Begriffe war. — Sie quälte sich ab mit allerlei Entwürfen und Plänen, die bis an das Abenteuerliche streiften und die sie ebenso schnell verwarf als auffaßte. Immer mehr verschwand jeder Hoffnungsschimmer, so daß sie verzweifeln wollte. Aber Madelons unbedingtes, frommes kindliches Vertrauen, die Verklärung, mit der sie von dem Geliebten sprach, der nun bald, freigesprochen von jeder Schuld, sie als Gattin umarmen werde, richtete die Scuderi in eben dem Grad wieder auf, als sie davon bis tief ins Herz gerührt wurde.

Um nun endlich etwas zu tun, schrieb die Scuderi an la Regnie einen langen Brief, worin sie ihm sagte, daß Olivier Brusson ihr auf die glaubwürdigste Weise seine völlige Unschuld an Cardillacs Tode dargetan habe und daß nur der heldenmütige Entschluß, ein Geheimnis in das Grab zu nehmen, dessen Enthüllung die Unschuld und Tugend selbst verderben würde, ihn zurückhalte, dem Gericht ein Geständnis abzulegen, das ihn von dem entsetzlichen Verdacht nicht allein, daß er Cardillac ermordet, sondern daß er auch zur Bande verruchter Mörder gehöre, befreien müsse. Alles, was glühender Eifer, was geistvolle Beredsamkeit vermag, hatte die Scuderi aufgeboten, la Regnies hartes Herz zu erweichen. Nach wenigen Stunden antwortete la Regnie, wie es ihn herzlich freue, wenn Olivier Brusson sich bei seiner hohen, würdigen Gönnerin gänzlich gerechtfertigt habe. Was Oliviers heldenmütigen Entschluß betreffe, ein Geheimnis, das sich auf die Tat beziehe, mit ins Grab nehmen zu wollen, so tue es ihm leid, daß die Chambre ardente dergleichen Heldenmut nicht ehren könne, denselben vielmehr durch die kräftigsten Mittel zu brechen suchen müsse.

Nach drei Tagen hoffe er in dem Besitz des seltsamen Geheimnisses zu sein, das wahrscheinlich geschehene Wunder an den Tag bringen werde.

Nur zu gut wußte die Scuderi, was der fürchterliche la Regnie mit jenen Mitteln, die Brussons Heldenmut brechen sollen, meinte. Nun war es gewiß, daß die Tortur über den Unglücklichen verhängt war. In der Todesangst fiel der Scuderi endlich ein, daß, um nur Aufschub zu erlangen, der Rat eines Rechtsverständigen dienlich sein könne. Pierre Arnaud d'Andilly war damals der berühmteste Advokat in Paris. Seiner tiefen Wissenschaft, seinem umfassenden Verstande war seine Rechtschaffenheit, seine Tugend gleich. Zu dem begab sich die Scuderi und sagte ihm alles, soweit es möglich war, ohne Brussons Geheimnis zu verletzen. Sie glaubte, daß d'Andilly mit Eifer sich des Unschuldigen annehmen werde; ihre Hoffnung wurde aber auf das bitterste getäuscht. D'Andilly hatte ruhig alles angehört und erwiderte dann lächelnd mit Boileaus Worten: »Le vrai peut quelque fois n'être pas vraisemblable.«[1] — Er bewies der Scuderi, daß die auffallendsten Verdachtsgründe wider Brusson sprächen, daß la Regnies Verfahren keineswegs grausam und übereilt zu nennen, vielmehr ganz gesetzlich sei, ja, daß er nicht anders handeln könne, ohne die Pflichten des Richters zu verletzen. Er, d'Andilly selbst, getraue sich nicht durch die geschickteste Verteidigung Brusson vor der Tortur zu retten. Nur Brusson selbst könne das entweder durch aufrichtiges Geständnis oder wenigstens

[1] Das Wahre muß nicht immer wahrscheinlich sein.

durch die genaueste Erzählung der Umstände bei dem Morde Cardillacs, die dann vielleicht erst zu neuen Ausmittelungen Anlaß geben würden. »So werfe ich mich dem Könige zu Füßen und flehe um Gnade«, sprach die Scuderi, ganz außer sich, mit von Tränen halb erstickter Stimme. »Tut das«, rief d'Andilly, »tut das um des Himmels willen nicht, mein Fräulein! — Spart Euch dieses letzte Hilfsmittel auf, das, schlug es einmal fehl, Euch für immer verloren ist. Der König wird nimmer einen Verbrecher *der* Art begnadigen; der bitterste Vorwurf des gefährdeten Volks würde ihn treffen. Möglich ist es, daß Brusson durch Entdeckung seines Geheimnisses oder sonst Mittel findet, den wider ihn streitenden Verdacht aufzuheben. Dann ist es Zeit, des Königs Gnade zu erflehen, der nicht darnach fragen, was vor Gericht bewiesen ist oder nicht, sondern seine innere Überzeugung zu Rate ziehen wird.« — Die Scuderi mußte dem tieferfahrnen d'Andilly notgedrungen beipflichten. — In tiefen Kummer versenkt, sinnend und sinnend, was um der Jungfrau und aller Heiligen willen sie nun anfangen solle, um den unglücklichen Brusson zu retten, saß sie am späten Abend in ihrem Gemach, als die Martiniere eintrat und den Grafen von Miossens, Obristen von der Garde des Königs, meldete, der dringend wünsche, das Fräulein zu sprechen.

»Verzeiht«, sprach Miossens, indem er sich mit soldatischem Anstande verbeugte, »verzeiht, mein Fräulein, wenn ich Euch so spät, so zu ungelegener Zeit überlaufe. Wir Soldaten machen es nicht anders, und zudem bin ich mit zwei Worten entschuldigt. — Olivier

Brusson führt mich zu Euch.« Die Scuderi, hochgespannt, was sie jetzt wieder erfahren werde, rief laut: »Olivier Brusson? der unglücklichste aller Menschen? — was habt Ihr mit dem?« — »Dacht' ich's doch«, sprach Miossens lächelnd weiter, »daß Eures Schützlings Namen hinreichen würde, mir bei Euch ein geneigtes Ohr zu verschaffen. Die ganze Welt ist von Brussons Schuld überzeugt. Ich weiß, daß Ihr eine andere Meinung hegt, die sich freilich nur auf die Beteuerungen des Angeklagten stützen soll, wie man gesagt hat. Mit mir ist es anders. Niemand als ich kann besser überzeugt sein von Brussons Unschuld an dem Tode Cardillacs.« — »Redet, o redet«, rief die Scuderi, indem ihr die Augen glänzten vor Entzücken. »Ich«, sprach Miossens mit Nachdruck, »ich war es selbst, der den alten Goldschmied niederstieß in der Straße St. Honoré unfern Eurem Hause.« — »Um aller Heiligen willen, Ihr — Ihr!« rief die Scuderi. »Und«, fuhr Miossens fort, »und ich schwöre es Euch, mein Fräulein, daß ich stolz bin auf meine Tat. Wisset, daß Cardillac der verruchteste, heuchlerischste Bösewicht, daß er es war, der in der Nacht heimtückisch mordete und raubte und so lange allen Schlingen entging. Ich weiß selbst nicht, wie es kam, daß ein innerer Verdacht sich in mir gegen den alten Bösewicht regte, als er voll sichtlicher Unruhe den Schmuck brachte, den ich bestellt, als er sich genau erkundigte, für wen ich den Schmuck bestimmt, und als er auf recht listige Art meinen Kammerdiener ausgefragt hatte, wann ich eine gewisse Dame zu besuchen pflege. — Längst war es mir aufgefallen, daß die unglücklichen Schlachtopfer der abscheulichsten Raubgier alle dieselbe Todeswunde trugen. Es war mir gewiß, daß der Mörder auf den Stoß, der augenblicklich töten mußte, eingeübt war und darauf rechnete. Schlug der fehl, so galt es den gleichen Kampf. Dies ließ mich eine Vorsichtsmaßregel brauchen, die so einfach ist, daß ich nicht begreife, wie andere nicht längst darauf fielen und sich retteten von dem bedrohlichen Mordwesen. Ich trug einen leichten Brustharnisch unter der Weste. Cardillac fiel mich von hinten an. Er umfaßte mich mit Riesenkraft, aber der sicher geführte Stoß glitt ab an dem Eisen. In demselben Augenblick entwand ich mich ihm und stieß ihm den Dolch, den ich in Bereitschaft hatte, in die Brust.« — »Und Ihr schwiegt«, fragte die Scuderi, »Ihr zeigtet den Gerichten nicht an, was geschehen?« — «Erlaubt«, sprach Miossens weiter, »erlaubt, mein Fräulein, zu bemerken, daß eine solche Anzeige mich, wo nicht geradezu ins Verderben, doch in den abscheulichsten Prozeß verwickeln konnte. Hätte la Regnie, überall Verbrechen witternd, mir's denn geradehin geglaubt, wenn *ich* den rechtschaffenen Cardillac, das Muster aller Frömmigkeit und Tugend, des versuchten Mordes angeklagt? Wie, wenn das Schwert der Gerechtigkeit seine Spitze wider mich selbst gewandt?« — »Das war nicht möglich«, rief die Scuderi, »Eure Geburt — Euer Stand« — »Oh«, fuhr Miossens fort, »denkt doch an den Marschall von Luxemburg, den der Einfall, sich von le Sage das Horoskop stellen zu lassen, in den Verdacht des Giftmordes und in die Bastille brachte. Nein, beim St. Dionys, nicht eine Stunde Freiheit, nicht meinen Ohrzipfel geb' ich preis dem rasenden la Regnie, der sein Messer gern an unserer aller Kehlen setzte.« — »Aber so bringt Ihr ja den unschuldigen Brusson aufs Schafott?« fiel ihm die Scuderi ins Wort. »Unschuldig«, erwiderte Miossens, »unschuldig, mein Fräulein, nennt Ihr des verruchten Cardillacs Spießgesellen? — der ihm beistand in seinen Taten? der den Tod hundertmal verdient hat? — Nein, in der Tat, *der* blutet mit Recht, und daß ich Euch, mein hochverehrtes Fräulein, den wahren Zusammenhang der Sache entdeckte, geschah in der Voraussetzung, daß Ihr, ohne mich in die Hände der Chambre ardente zu liefern, doch mein Geheimnis auf irgendeine Weise für Euren Schützling zu nützen verstehen würdet.«

Die Scuderi, im Innersten entzückt, ihre Überzeugung von Brussons Unschuld auf solch entscheidende Weise bestätigt zu sehen, nahm gar keinen Anstand, dem Grafen, der Cardillacs Verbrechen ja schon kannte, alles zu entdecken und ihn aufzufordern, sich mit ihr zu d'Andilly zu begeben. *Dem* sollte unter dem Siegel der Verschwiegenheit alles entdeckt werden, *der* solle dann Rat erteilen, was nun zu beginnen.

D'Andilly, nachdem die Scuderi ihm alles auf das genaueste erzählt hatte, erkundigte sich nochmals nach den geringfügigsten Umständen. Insbesondere fragte er den Grafen Miossens, ob er auch die feste Überzeugung habe, daß er von Cardillac angefallen, und ob er Olivier Brusson als denjenigen würde wiedererkennen können, der den Leichnam fortgetragen. »Außerdem«, erwiderte Miossens, »daß ich in der mondhellen Nacht den Goldschmied recht gut erkannte, habe ich auch bei la Regnie selbst den Dolch gesehen, mit dem Cardillac niedergestoßen wurde. Es ist der meinige, ausgezeichnet durch die zierliche Arbeit des Griffs. Nur einen Schritt von ihm stehend, gewahrte ich alle Züge des Jünglings, dem der Hut vom Kopf gefallen, und würde ihn allerdings wiedererkennen können.«

D'Andilly sah schweigend einige Augenblicke vor sich nieder, dann sprach er: »Auf gewöhnlichem Wege ist Brusson aus den Händen der Justiz nun ganz und gar nicht zu retten. Er will Madelons halber Cardillac nicht als Mordräuber nennen. Das mag er tun, denn selbst, wenn es ihm gelingen müßte, durch Entdekkung des heimlichen Ausgangs, des zusammengeraubten Schatzes dies nachzuweisen, würde ihn doch als Mitverbundenen der Tod treffen. Dasselbe Verhältnis bleibt stehen, wenn der Graf Miossens die Begebenheit mit dem Goldschmied, wie sie wirklich sich zutrug, den Richtern entdecken sollte. *Aufschub* ist das einzige, wornach getrachtet werden muß. Graf Miossens begibt sich nach der Conciergerie, läßt sich Olivier Brusson vorstellen und erkennt ihn für den, der den Leichnam Cardillacs fortschaffte. Er eilt zu la Regnie und sagt: ›In der Straße St. Honoré sah ich einen Menschen niederstoßen, ich stand dicht neben dem Leichnam, als ein anderer hinzusprang, sich zum Leichnam niederbückte, ihn, da er noch Leben spürte, auf die Schultern lud und forttrug. In Olivier Brusson habe ich diesen Menschen erkannt.‹ Diese Aussage veranlaßt Brussons nochmalige Vernehmung, Zusammenstellung mit dem Grafen Miossens. Genug, die Tortur unterbleibt, und man forscht weiter nach. Dann ist es

Zeit, sich an den König selbst zu wenden. Euerm Scharfsinn, mein Fräulein, bleibt es überlassen, dies auf die geschickteste Weise zu tun. Nach meinem Dafürhalten würd' es gut sein, dem Könige das ganze Geheimnis zu entdecken. Durch diese Aussage des Grafen Miossens werden Brussons Geständnisse unterstützt. Dasselbe geschieht vielleicht durch geheime Nachforschungen in Cardillacs Hause. Keinen Rechtsspruch, aber des Königs Entscheidung, auf inneres Gefühl, das da, wo der Richter strafen muß, Gnade ausspricht, gestützt, kann das alles begründen.« Graf Miossens befolgte genau, was d'Andilly geraten, und es geschah wirklich, was dieser vorhergesehen.

Nun kam es darauf an, den König anzugehen, und dies war der schwierigste Punkt, da er gegen Brusson, den er allein für den entsetzlichen Raubmörder hielt, welcher so lange Zeit hindurch ganz Paris in Angst und Schrecken gesetzt hatte, solchen Abscheu hegte, daß er, nur leise erinnert an den berüchtigten Prozeß, in den heftigsten Zorn geriet. Die Maintenon, ihrem Grundsatz, dem Könige nie von unangenehmen Dingen zu reden, getreu, verwarf jede Vermittlung, und so war Brussons Schicksal ganz in die Hand der Scuderi gelegt. Nach langem Sinnen faßte sie einen Entschluß ebenso schnell, als sie ihn ausführte. Sie kleidete sich in eine schwarze Robe von schwerem Seidenzeug, schmückte sich mit Cardillacs köstlichem Geschmeide, hing einen langen, schwarzen Schleier über und erschien so in den Gemächern der Maintenon zur Stunde, da eben der König zugegen. Die edle Gestalt des ehrwürdigen Fräuleins in diesem feierlichen Anzuge hatte eine Majestät, die tiefe Ehrfurcht erwecken mußte selbst bei dem losen Volk, das gewohnt ist, in den Vorzimmern sein leichtsinnig nichts beachtendes Wesen zu treiben. Alles wich scheu zur Seite, und als sie nun eintrat, stand selbst der König ganz verwundert auf und kam ihr entgegen. Da blitzen ihm die köstlichen Diamanten des Halsbands, der Armbänder ins Auge, und er rief: »Beim Himmel, das ist Cardillacs Geschmeide!« Und dann sich zur Maintenon wendend, fügte er mit anmutigem Lächeln hinzu: »Seht, Frau Marquise, wie unsere schöne Braut um ihren Bräutigam trauert.« — »Ei, gnädiger Herr«, fiel die Scuderi, wie den Scherz fortsetzend, ein, »wie würd' es ziemen einer schmerzerfüllten Braut, sich so glanzvoll zu schmücken? Nein, ich habe mich ganz losgesagt von diesem Goldschmied und dächte nicht mehr an ihn, träte mir nicht manchmal das abscheuliche Bild, wie er ermordet dicht bei mir vorübergetragen wurde, vor Augen.« — »Wie«, fragte der König, »wie! Ihr habt ihn gesehen, den armen Teufel?« Die Scuderi erzählte nun mit kurzen Worten, wie sie der Zufall (noch erwähnte sie nicht der Einmischung Brussons) vor Cardillacs Haus gebracht, als eben der Mord entdeckt worden. Sie schilderte Madelons wilden Schmerz, den tiefen Eindruck, den das Himmelskind auf sie gemacht, die Art, wie sie die Arme unter Zujauchzen des Volks aus Desgrais' Händen gerettet. Mit immer steigendem und steigendem Interesse begannen nun die Szenen mit la Regnie — mit Desgrais — mit Olivier Brusson selbst. Der König, hingerissen von der Gewalt des lebendigsten Lebens, das in der Scuderi Rede glühte, gewahrte nicht, daß von dem gehässigen Prozeß des ihm abscheulichen Brusson die Rede war, vermochte nicht ein Wort hervorzubringen, konnte nur dann und wann mit einem Ausruf Luft machen der innern Bewegung. Ehe er sich's versah, ganz außer sich über das Unerhörte, was er erfahren, und noch nicht vermögend, alles zu ordnen, lag die Scuderi schon zu seinen Füßen und flehte um Gnade für Olivier Brusson. »Was tut Ihr«, brach der König los, indem er sie bei beiden Händen faßte und in den Sessel nötigte, »was tut Ihr, mein Fräulein! — Ihr überrascht mich auf seltsame Weise! — Das ist ja eine entsetzliche Geschichte! — Wer bürgt für die Wahrheit der abenteuerlichen Erzählung Brussons?« — Darauf die Scuderi: »Miossens' Aussage — die Untersuchung in Cardillacs Hause — innere Überzeugung — ach! Madelons tugendhaftes Herz, das gleiche Tugend in dem unglücklichen Brusson erkannte!« — Der König, im Begriff, etwas zu erwidern, wandte sich auf ein Geräusch um, das an der Türe entstand. Louvois, der eben im andern Gemach arbeitete, sah hinein mit besorglicher Miene. Der König stand auf und verließ, Louvois folgend, das Zimmer. Beide, die Scuderi, die Maintenon, hielten diese Unterbrechung für gefährlich, denn einmal überrascht, mochte der König sich hüten, in die gestellte Falle zum zweitenmal zu gehen. Doch nach einigen Minuten trat der König wieder hinein, schritt rasch ein paarmal im Zimmer auf und ab, stellte sich dann, die Hände über den Rücken geschlagen, dicht vor der Scuderi hin und sprach, ohne sie anzublicken, halb leise: »Wohl möcht' ich Eure Madelon sehen!« —

Darauf die Scuderi: »O mein gnädiger Herr, welches hohen — hohen Glücks würdigt Ihr das arme, unglückliche Kind — ach, nur Eures Winks bedurft' es ja, die Kleine zu Euren Füßen zu sehen.« Und trippelte dann, so schnell sie es in den schweren Kleidern vermochte, nach der Tür und rief hinaus, der König wolle Madelon Cardillac vor sich lassen, und kam zurück und weinte und schluchzte vor Entzücken und Rührung. Die Scuderi hatte solche Gunst geahnet und daher Madelon mitgenommen, die bei der Marquise Kammerfrau wartete mit einer kurzen Bittschrift in den Händen, die ihr d'Andilly aufgesetzt. In wenig Augenblicken lag sie sprachlos dem Könige zu Füßen. Angst — Bestürzung — scheue Ehrfurcht — Liebe und Schmerz — trieben der Armen rascher und rascher das siedende Blut durch die Adern. Ihre Wangen glühten in hohem Purpur — die Augen glänzten von hellen Tränenperlen, die dann und wann hinabfielen durch die seidenen Wimpern auf den schönen Lilienbusen. Der König schien betroffen über die wunderbare Schönheit des Engelskinds. Er hob das Mädchen sanft auf, dann machte er eine Bewegung, als wolle er ihre Hand, die er gefaßt, küssen. Er ließ sie wieder und schaute das holde Kind an mit tränenfeuchtem Blick, der von der tiefsten innern Rührung zeugte. Leise lispelte die Maintenon der Scuderi zu: »Sieht sie nicht der la Valliere ähnlich auf ein Haar, das kleine Ding? — Der König schwelgt in den süßesten Erinnerungen. Euer Spiel ist gewonnen.« — So leise dies auch die Maintenon sprach, doch schien es der König vernommen zu haben. Eine Röte überflog sein Gesicht, sein

Blick streifte bei der Maintenon vorüber, er las die Supplik, die Madelon ihm überreicht, und sprach dann mild und gütig: »Ich will's wohl glauben, daß du, mein liebes Kind, von deines Geliebten Unschuld überzeugt bist, aber hören wir, was die Chambre ardente dazu sagt!« — Eine sanfte Bewegung mit der Hand verabschiedete die Kleine, die in Tränen verschwimmen wollte. — Die Scuderi gewahrte zu ihrem Schreck, daß die Erinnerung an die Valliere, so ersprießlich sie anfangs geschienen, des Königs Sinn geändert hatte, sowie die Maintenon den Namen genannt. Mocht' es sein, daß der König sich auf unzarte Weise daran erinnert fühlte, daß er im Begriff stehe, das strenge Recht der Schönheit aufzuopfern, oder vielleicht ging es dem Könige wie dem Träumer, dem, hart angerufen, die schönen Zauberbilder, die er zu umfassen gedachte, schnell verschwinden. Vielleicht sah er nun nicht mehr seine Valliere vor sich, sondern dachte nur an die Sœur Louise de la miséricorde (der Valliere Klostername bei den Karmeliternonnen), die ihn peinigte mit ihrer Frömmigkeit und Buße. — Was war jetzt anders zu tun, als des Königs Beschlüsse ruhig abzuwarten.

Des Grafen Miossens Aussage vor der Chambre ardente war indessen bekannt geworden, und wie es zu geschehen pflegt, daß das Volk leicht getrieben wird von einem Extrem zum andern, so wurde derselbe, den man erst als den verruchtesten Mörder verfluchte und den man zu zerreißen drohte, noch ehe er die Blutbühne bestiegen, als unschuldiges Opfer einer barbarischen Justiz beklagt. Nun erst erinnerten sich die

Nachbarsleute seines tugendhaften Wandels, der großen Liebe zu Madelon, der Treue, der Ergebenheit mit Leib und Seele, die er zu dem alten Goldschmied gehegt. — Ganze Züge des Volkes erschienen oft auf bedrohliche Weise vor la Regnies Palast und schrien: »Gib uns Olivier Brusson heraus, er ist unschuldig«, und warfen wohl gar Steine nach den Fenstern, so daß la Regnie genötigt war, bei der Marechaussee Schutz zu suchen vor dem erzürnten Pöbel.

Mehrere Tage vergingen, ohne daß der Scuderi von Olivier Brussons Prozeß nur das mindeste bekannt wurde. Ganz trostlos begab sie sich zur Maintenon, die aber versicherte, daß der König über die Sache schweige und es gar nicht geraten scheine, ihn daran zu erinnern. Fragte sie nun noch mit sonderbarem Lächeln, was denn die kleine Valliere mache, so überzeugte sich die Scuderi, daß tief im Innern der stolzen Frau sich ein Verdruß über eine Angelegenheit regte, die den reizbaren König in ein Gebiet locken konnte, auf dessen Zauber sie sich nicht verstand. Von der Maintenon konnte sie daher gar nichts hoffen.

Endlich mit d'Andillys Hilfe gelang es der Scuderi, auszukundschaften, daß der König eine lange geheime Unterredung mit dem Grafen Miossens gehabt. Ferner, daß Bontems, des Königs vertrautester Kammerdiener und Geschäftsträger, in der Conciergerie gewesen und mit Brusson gesprochen, daß endlich in einer Nacht ebenderselbe Bontems mit mehreren Leuten in Cardillacs Hause gewesen und sich lange darin aufgehalten. Claude Patru, der Bewohner des untern Stocks, versicherte, die ganze Nacht habe es über seinem

Kopfe gepoltert, und gewiß sei Olivier dabeigewesen, denn er habe seine Stimme genau erkannt. So viel war also gewiß, daß der König selbst dem wahren Zusammenhange der Sache nachforschen ließ; unbegreiflich blieb aber die lange Verzögerung des Beschlusses. La Regnie mochte alles aufbieten, das Opfer, das ihm entrissen werden sollte, zwischen den Zähnen festzuhalten. Das verdarb jede Hoffnung im Aufkeimen.

Beinahe ein Monat war vergangen, da ließ die Maintenon der Scuderi sagen, der König wünsche sie heute abend in ihren, der Maintenon, Gemächern zu sehen.

Das Herz schlug der Scuderi hoch auf; sie wußte, daß Brussons Sache sich nun entscheiden würde. Sie sagte es der armen Madelon, die zur Jungfrau, zu allen Heiligen inbrünstig betete, daß sie doch nur in dem König die Überzeugung von Brussons Unschuld erwecken möchten.

Und doch schien es, als habe der König die ganze Sache vergessen, denn wie sonst weilend in anmutigen Gesprächen mit der Maintenon und der Scuderi gedachte er nicht mit einer Silbe des armen Brussons. Endlich erschien Bontems, näherte sich dem Könige und sprach einige Worte so leise, daß beide Damen nichts davon verstanden. — Die Scuderi erbebte im Innern. Da stand der König auf, schritt auf die Scuderi zu und sprach mit leuchtenden Blicken: »Ich wünsche Euch Glück, mein Fräulein! — Euer Schützling, Olivier Brusson, ist frei!« — Die Scuderi, der die Tränen aus den Augen stürzten, keines Wortes mächtig, wollte sich dem Könige zu Füßen werfen. *Der* hinderte sie daran, sprechend: »Geht, geht! Fräulein, Ihr solltet Parlamentsadvokat sein und meine Rechtshändel ausfechten, denn, beim heiligen Dionys, Eurer Beredsamkeit widersteht niemand auf Erden. — Doch«, fügte er ernster hinzu, »doch, wen die Tugend selbst in Schutz nimmt, mag der nicht sicher sein vor jeder bösen Anklage, vor der Chambre ardente und allen Gerichtshöfen in der Welt!« — Die Scuderi fand nun Worte, die sich in den glühendsten Dank ergossen. Der König unterbrach sie, ihr ankündigend, daß in ihrem Hause sie selbst viel feurigerer Dank erwarte, als er von ihr fordern könne, denn wahrscheinlich umarme in diesem Augenblick der glückliche Olivier schon seine Madelon. »Bontems«, so schloß der König, »Bontems soll Euch tausend Louis auszahlen, die gebt in meinem Namen der Kleinen als Brautschatz. Mag sie ihren Brusson, der solch ein Glück gar nicht verdient, heiraten; aber dann sollen beide fort aus Paris. Das ist mein Wille.«

Die Martiniere kam der Scuderi entgegen mit raschen Schritten, hinter ihr her Baptiste, beide mit vor Freude glänzenden Gesichtern, beide jauchzend, schreiend: »Er ist hier — er ist frei! — o die lieben jungen Leute!« Das selige Paar stürzte der Scuderi zu Füßen. »Oh, ich habe es ja gewußt, daß Ihr, Ihr allein mir den Gatten retten würdet«, rief Madelon. »Ach, der Glaube an Euch, meine Mutter, stand ja fest in meiner Seele«, rief Olivier, und beide küßten der würdigen Dame die Hände und vergossen tausend heiße Tränen. Und dann umarmten sie sich wieder und beteuerten, daß die überirdische Seligkeit dieses Augenblicks alles namenlose Leiden der vergangenen Tage aufwiege, und schworen, nicht voneinander zu lassen bis in den Tod.

Nach wenigen Tagen wurden sie verbunden durch den Segen des Priesters. Wäre es auch nicht des Königs Wille gewesen, Brusson hätte doch nicht in Paris bleiben können, wo ihn alles an jene entsetzliche Zeit der Untaten Cardillacs erinnerte, wo irgendein Zufall das böse Geheimnis, nun noch mehreren Personen bekannt geworden, feindselig enthüllen und sein friedliches Leben auf immer verstören konnte. Gleich nach der Hochzeit zog er, von den Segnungen der Scuderi begleitet, mit seinem jungen Weibe nach Genf. Reich ausgestattet durch Madelons Brautschatz, begabt mit seltner Geschicklichkeit in seinem Handwerk, mit jeder bürgerlichen Tugend, war ihm dort ein glückliches, sorgenfreies Leben. Ihm wurden die Hoffnungen erfüllt, die den Vater getäuscht hatten bis in das Grab hinein.

Ein Jahr war vergangen seit der Abreise Brussons, als eine öffentliche Bekanntmachung erschien, gezeichnet von Harloy de Chauvalon, Erzbischof von Paris, und von dem Parlamentsadvokaten Pierre Arnaud d'Andilly, des Inhalts, daß ein reuiger Sünder unter dem Siegel der Beichte der Kirche einen reichen geraubten Schatz an Juwelen und Geschmeide übergeben. Jeder, dem etwa bis zum Ende des Jahres 1680, vorzüglich durch mörderischen Anfall auf öffentlicher Straße, ein Schmuck geraubt worden, solle sich bei d'Andilly melden und werde, treffe die Beschreibung des ihm geraubten Schmucks mit irgendeinem vorgefundenen Kleinod genau überein und finde sonst kein Zweifel gegen die Rechtmäßigkeit des Anspruchs statt, den Schmuck wieder erhalten. — Viele, die in Cardillacs Liste als nicht ermordet, sondern bloß durch einen Faustschlag betäubt aufgeführt waren, fanden sich nach und nach bei dem Parlamentsadvokaten ein und erhielten zu ihrem nicht geringen Erstaunen das geraubte Geschmeide zurück. Das übrige fiel dem Schatz der Kirche zu St. Eustache anheim.

Friedrich Baron de la Motte Fouqué

Undine

Zueignung

Undine, liebes Bildchen du,
Seit ich zuerst aus alten Kunden
Dein seltsam Leuchten aufgefunden,
Wie sangst du oft mein Herz in Ruh!

Wie schmiegtest du dich an mich lind
Und wolltest alle deine Klagen
Ganz sacht nur in das Ohr mir sagen,
Ein halb verwöhnt, halb scheues Kind.

Doch meine Zither tönte nach
Aus ihrer goldbezognen Pforte
Jedwedes deiner leisen Worte,
Bis fern man davon hört' und sprach.

Und manch ein Herz gewann dich lieb,
Trotz deinem launisch dunklen Wesen,
Und viele mochten gerne lesen
Ein Büchlein, das von dir ich schrieb.

Heut wollen sie nun allzumal
Die Kunde wiederum vernehmen.
Darfst dich, Undinchen, gar nicht schämen!
Nein, tritt vertraulich in den Saal.

Grüß sittig jeden edlen Herrn,
Doch grüß vor allen mit Vertrauen
Die lieben, schönen deutschen Frauen;
Ich weiß, die haben dich recht gern.

Und fragt dann eine wohl nach mir,
So sprich: »Er ist ein treuer Ritter,
Und dient den Fraun mit Schwert und Zither,
Bei Tanz und Mahl, Fest und Turnier.«

Erstes Kapitel

Wie der Ritter zu dem Fischer kam

Es mögen nun wohl schon viele hundert Jahre her sein, da gab es einmal einen alten guten Fischer, der saß eines schönen Abends vor der Tür und flickte seine Netze. Er wohnte aber in einer überaus anmutigen Gegend. Der grüne Boden, worauf seine Hütte gebaut war, streckte sich weit in einen großen Landsee hinaus, und es schien ebensowohl, die Erdzunge habe sich aus Liebe zu der bläulich klaren, wunderhellen Flut in diese hineingedrängt, als auch, das Wasser habe mit verliebten Armen nach der schönen Aue gegriffen, nach ihren hoch schwankenden Gräsern und Blumen und nach dem erquicklichen Schatten ihrer Bäume. Eins ging bei dem andern zu Gaste, und eben deshalb war jegliches so schön. Von Menschen freilich war an dieser hübschen Stelle wenig oder gar nichts anzutreffen, den Fischer und seine Hausleute ausgenommen. Denn hinter der Erdzunge lag ein sehr wilder Wald, den die mehrsten Leute wegen seiner Finsternis und Unwegsamkeit, wie auch wegen der wundersamen Kreaturen und Gaukeleien, die man darin antreffen sollte, allzusehr scheueten, um sich ohne Not hineinzubegeben. Der alte fromme Fischer jedoch durchschritt ihn ohne Anfechtung zu vielen Malen, wenn er die köstlichen Fische, die er auf seiner schönen Landzunge fing, nach einer großen Stadt trug, welche nicht sehr weit hinter dem großen Walde lag. Es ward ihm wohl mehrenteils deswegen so leicht, durch den Forst zu ziehen, weil er fast keine andre als fromme Gedanken hegte und noch außerdem jedesmal, wenn er die verrufenen Schatten betrat, ein geistliches Lied aus heller Kehle und aufrichtigem Herzen anzustimmen gewohnt war.

Da er nun an diesem Abend ganz arglos bei den Netzen saß, kam ihn doch ein unversehener Schrecken an, als er es im Waldesdunkel rauschen hörte, wie Roß und Mann, und sich das Geräusch immer näher nach der Landzunge herauszog. Was er in manchen stürmischen Nächten von den Geheimnissen des Forstes geträumt hatte, zuckte ihm nun auf einmal durch den Sinn, vor allem das Bild eines riesenmäßig langen, schneeweißen Mannes, der unaufhörlich auf eine seltsame Art mit dem Kopf nickte. Ja, als er die Augen nach dem Walde aufhob, kam es ihm ganz eigentlich vor, als sehe er durch das Laubgegitter den nickenden Mann hervorkommen. Er nahm sich aber bald zusammen, erwägend, wie ihm doch niemals in dem Walde selbst was Bedenkliches widerfahren sei, und also auf der freien Landzunge der böse Geist wohl noch minder Gewalt über ihn ausüben dürfe. Zugleich betete er recht kräftiglich einen biblischen Spruch laut aus dem Herzen heraus, wodurch ihm der kecke Mut auch zurückkam und er fast lachend sah, wie sehr er sich geirrt hatte. Der weiße, nickende Mann ward nämlich urplötzlich zu einem ihm längst wohlbekannten Bächlein, das schäumend aus dem Forste hervorrann und sich in den Landsee ergoß. Wer aber das Geräusch verursacht hatte, war ein schön geschmückter Ritter, der zu Roß durch den Baumschatten gegen die Hütte vorgeritten kam. Ein scharlachroter Mantel hing ihm über sein veilchenblaues, goldgesticktes Wams herab; von dem goldfarbigen Barette wallten rote und veilchenblaue Federn, am goldenen Wehrgehenke blitzte ein ausnehmend schönes und reichverziertes Schwert. Der weiße Hengst, der den Ritter trug, war schlankeren Baues, als man es sonst bei Streitrossen zu sehen gewohnt ist, und trat so leicht über den Rasen hin, daß dieser grünbunte Teppich auch nicht die mindeste Verletzung davon zu empfangen schien. Dem alten Fischer war es noch immer nicht ganz geheuer zumut, obwohl er einzusehen meinte, daß von einer so holden Erscheinung nichts Übles zu befahren sei, weshalb er auch seinen Hut ganz sittig vor dem näher kommenden Herrn abzog und gelassen bei seinen Netzen verblieb. Da hielt der Ritter stille und fragte, ob er wohl mit seinem Pferde auf diese Nacht hier Unterkommen und Pflege finden könne? — »Was Euer Pferd betrifft, lieber Herr«, entgegnete der Fischer, »so weiß ich ihm keinen bessern Stall anzuweisen als diese beschattete Wiese und kein besseres Futter als das Gras, welches darauf wächst. Euch selbst aber will ich gerne in meinem kleinen Hause mit Abendbrot und Nachtlager bewirten, so gut es unsereiner hat.« — Der Ritter war damit ganz wohl zufrieden, er stieg von seinem Rosse, welches die beiden gemeinschaftlich losgürteten und loszügelten, und ließ es alsdann auf den blumigen Anger hinlaufen, zu seinem Wirte sprechend: »Hätt' ich Euch auch minder gastlich und wohlmeinend gefunden, mein lieber alter Fischer, Ihr wäret mich dennoch wohl für heute nicht wieder losgeworden, denn wie ich sehe, liegt vor uns ein breiter See, und mit sinkendem Abend in den wunderlichen Wald zurückzureiten, davor bewahre mich der liebe Gott!« — »Wir wollen nicht allzuviel davon reden«, sagte der Fischer und führte seinen Gast in die Hütte.

Darinnen saß bei dem Herde, von welchem aus ein spärliches Feuer die dämmernde, reinliche Stube erhellte, auf einem großen Stuhle des Fischers betagte Frau; beim Eintritte des vornehmen Gastes stand sie freundlich grüßend auf, setzte sich aber an ihren Ehrenplatz wieder hin, ohne diesen dem Fremdling anzubieten, wobei der Fischer lächelnd sagte: »Ihr müßt es ihr nicht verübeln, junger Herr, daß sie Euch den bequemsten Stuhl im Hause nicht abtritt; das ist so Sitte bei armen Leuten, daß der den Alten ganz ausschließlich gehört.« — »Ei, Mann«, sagte die Frau mit ruhigem Lächeln, »wo denkst du auch hin? Unser Gast wird doch auch zu den Christenmenschen gehören, und wie könnte es alsdann dem lieben jungen Blut einfallen, alte Leute von ihren Sitzen zu verjagen?« — »Setzt Euch, mein junger Herr«, fuhr sie, gegen den Ritter gewandt, fort; »es steht dort noch ein recht artiges Sesselein, nur müßt Ihr nicht allzu ungestüm damit hin und her rutschen, denn das eine Bein ist nicht allzu feste mehr.« — Der Ritter holte den Sessel achtsam herbei, ließ sich freundlich darauf nieder, und es war ihm zumute, als sei er mit diesem kleinen Haushalt verwandt und eben jetzt aus der Ferne dahin heimgekehrt.

Die drei guten Leute fingen an, höchst freundlich und vertraulich miteinander zu sprechen. Vom Walde, nach welchem sich der Ritter einige Male erkundigte, wollte der alte Mann freilich nicht viel wissen; am wenigsten, meinte er, passe sich das Reden davon jetzt in der einbrechenden Nacht; aber von ihrer Wirtschaft und sonstigem Treiben erzählten die beiden Eheleute desto mehr und hörten auch gerne zu, als ihnen der Rittersmann von seinen Reisen vorsprach, und daß er eine Burg an den Quellen der Donau habe und Herr Huldbrand von Ringstetten geheißen sei. Mitten durch das Gespräch hatte der Fremde schon bisweilen ein Plätschern am niedrigen Fensterlein vernommen, als spritze jemand Wasser dagegen. Der Alte runzelte bei diesem Geräusche jedesmal unzufrieden die Stirn; als aber endlich ein ganzer Guß gegen die Scheiben flog und durch den schlechtverwahrten Rahmen in die Stube hereinsprudelte, stand er unwillig auf und rief drohend nach dem Fenster hin: »Undine! Wirst du endlich einmal die Kindereien lassen. Und ist noch obenein heut ein fremder Herr bei uns in der Hütte.«

— Es war auch draußen stille, nur ein leises Gekicher ließ sich noch vernehmen, und der Fischer sagte, zurückkommend: »Das müßt Ihr nun schon zugute halten, mein ehrenwerter Gast, und vielleicht noch manche Ungezogenheiten mehr, aber sie meint es nicht böse. Es ist nämlich unsere Pflegetochter Undine, die sich das kindische Wesen gar nicht abgewöhnen will, ob sie gleich bereits in ihr achtzehntes Jahr gehen mag. Aber wie gesagt, im Grunde ist sie doch von ganzem Herzen gut.« — »Du kannst wohl sprechen!« entgegnete kopfschüttelnd die Alte. »Wenn du so vom Fischfang heimkommst oder von der Reise, da mag es mit ihren Schäkereien ganz was Artiges sein. Aber sie den ganzen Tag lang auf dem Halse haben und kein kluges Wort hören, und statt bei wachsendem Alter Hilfe im Haushalte zu finden, immer nur dafür sorgen müssen, daß uns ihre Torheiten nicht vollends zugrunde richten — da ist es gar ein andres, und die heilige Geduld selbsten würd' es am Ende satt.« — »Nun, nun«, lächelte der Hausherr, »du hast es mit Undinen und ich mit dem See. Reißt mir der doch auch oftmals meine Dämme und Netze durch, aber ich hab' ihn dennoch gern, und du mit allem Kreuz und Elend das zierliche Kindlein auch. Nicht wahr?« — »Ganz böse kann man ihr eben nicht werden«, sagte die Alte und lächelte beifällig.

Da flog die Tür auf, und ein wunderschönes Blondchen schlüpfte lachend herein und sagte: »Ihr habt mich nur gefoppt, Vater; wo ist denn nun Euer Gast?« — Selben Augenblicks aber ward sie auch den Ritter gewahr und blieb staunend vor dem schönen Jünglinge stehen. Huldbrand ergötzte sich an der holden Gestalt und wollte sich die lieblichen Züge recht achtsam einprägen, weil er meinte, nur ihre Überraschung lasse ihm Zeit dazu und sie werde sich bald nachher in zwiefacher Blödigkeit vor seinen Blicken abwenden. Es kam aber ganz anders. Denn als sie ihn nun recht lange angesehen hatte, trat sie zutraulich näher, kniete vor ihm nieder und sagte, mit einem goldenen Schaupfennige, den er an einer reichen Kette auf der Brust trug, spielend: »Ei du schöner, du freundlicher Gast, wie bist du denn endlich in unsere arme Hütte gekommen? Mußtest du denn jahrelang in der Welt herumstreifen, bevor du dich auch einmal zu uns fandest? Kommst du aus dem wüsten Walde, du schöner Freund?« — Die scheltende Alte ließ ihm zur Antwort keine Zeit. Sie ermahnte das Mädchen, fein sittig aufzustehen und sich an ihre Arbeit zu begeben. Undine aber zog, ohne zu antworten, eine kleine Fußbank neben Huldbrands Stuhl, setzte sich mit ihrem Gewebe darauf nieder und sagte freundlich: »Hier will ich arbeiten.« Der alte Mann tat, wie Eltern mit verzognen Kindern zu tun pflegen. Er stellte sich, als merkte er von Undines Unart nichts, und wollte von etwas anderm anfangen. Aber das Mädchen ließ ihn nicht dazu. Sie sagte: »Woher unser holder Gast kommt, habe ich ihn gefragt, und er hat mir noch nicht geantwortet.« — »Aus dem Walde komme ich, du schönes Bildchen«, entgegnete Huldbrand, und sie sprach weiter: »So mußt du mir erzählen, wie du da hineinkamst, denn die Menschen scheuen ihn sonst, und was für wunderliche Abenteuer du darinnen erlebt hast, weil es doch ohne dergleichen dorten nicht abgehen soll.« — Huldbrand empfing einen kleinen Schauer bei dieser Erinnerung und blickte unwillkürlich nach dem Fenster, weil es ihm zumute war, als müsse eine von den seltsamlichen Gestalten, die ihm im Forste begegnet waren, von dort hereingrinsen; er sah nichts als die tiefe, schwarze Nacht, die nun bereits draußen vor den Scheiben lag. Da nahm er sich zusammen und wollte eben seine Geschichte anfangen, als ihn der Alte mit den Worten unterbrach: »Nicht also, Herr Ritter; zu dergleichen ist jetzund keine gute Zeit.« — Undine aber sprang zornmütig von ihrem Bänkchen auf, setzte die schönen Arme in die Seiten und rief, sich dicht vor den Fischer hinstellend: »Er soll nicht erzählen, Vater? er soll nicht? Ich aber will's; er soll! Er soll doch!« — Und damit trat das zierliche Füßchen heftig gegen den Boden, aber das alles mit solch einem drollig anmutigen Anstande, daß Huldbrand jetzt in ihrem Zorn fast weniger noch die Augen von ihr wegbringen konnte als vorher in ihrer Freundlichkeit. Bei dem Alten hingegen brach der zurückgehaltene Unwille in volle Flammen aus. Er schalt heftig auf Undines Ungehorsam und unsittiges Betragen gegen den Fremden, und die gute alte Frau stimmte mit ein. Da sagte Undine: »Wenn ihr zanken wollt und nicht tut, was ich haben will, so schlaft allein in eurer alten, räuchrigen Hütte!« — Und wie ein Pfeil war sie aus der Tür und flüchtigen Laufes in die finstere Nacht hinaus.

Zweites Kapitel

Auf welche Weise Undine zu dem Fischer gekommen war

Huldbrand und der Fischer sprangen von ihren Sitzen und wollten dem zürnenden Mädchen nach. Ehe sie aber in die Hüttentüre gelangten, war Undine schon lange in dem wolkigen Dunkel draußen verschwunden, und auch kein Geräusch ihrer leichten Füße verriet, wohin sie ihren Lauf wohl gerichtet haben könne. Huldbrand sah fragend nach seinem Wirte; fast kam es ihm vor, als sei die ganze liebliche Erscheinung, die so schnell in die Nacht wieder untergetaucht war, nichts andres gewesen als eine Fortsetzung der wunderlichen Gebilde, die früher im Forste ihr loses Spiel mit ihm getrieben hatten, aber der alte Mann murmelte in seinen Bart: »Es ist nicht das erstemal, daß sie es uns also macht. Nun hat man die Angst auf dem Herzen und den Schlaf aus den Augen für die ganze Nacht; denn wer weiß, ob sie nicht dennoch einmal Schaden nimmt, wenn sie so draußen im Dunkeln allein ist bis an das Morgenrot.« — »So laßt uns ihr doch nach, Vater, um Gott!« rief Huldbrand ängstlich aus. Der Alte erwiderte: »Wozu das? Es wär' ein sündlich Werk, ließe ich Euch in Nacht und Einsamkeit dem törichten Mädchen so ganz alleine folgen, und meine alten Beine holen den Springinsfeld nicht ein, wenn man auch wüßte, wohin sie gerannt ist.« — »Nun müssen wir ihr doch nachrufen mindestens und sie bitten, daß sie wiederkehrt«, sagte Huldbrand und begann auf das beweglichste zu rufen: »Undine! Ach, Undine! Komm doch zurück!« — Der Alte wiegte sein Haupt hin und her, sprechend, all das Geschrei helfe am Ende zu nichts; der Ritter wisse noch nicht, wie trotzig die Kleine sei. Dabei aber konnte er es doch nicht unterlassen, öfters mit in die finstere Nacht hinauszurufen: »Undine! Ach, liebe Undine! Ich bitte dich, komm doch nur dies eine Mal zurück!«

Es ging indessen, wie es der Fischer gesagt hatte. Keine Undine ließ sich hören oder sehen, und weil der Alte durchaus nicht zugeben wollte, daß Huldbrand der Entflohenen nachspürte, mußten sie endlich beide wieder in die Hütte gehen. Hier fanden sie das Feuer des Herdes beinahe erloschen, und die Hausfrau, die sich Undines Flucht und Gefahr bei weitem nicht so zu Herzen nahm als ihr Mann, war bereits zur Ruhe gegangen. Der Alte hauchte die Kohlen wieder an, legte trockenes Holz darauf und suchte bei der wieder auflodernden Flamme einen Krug mit Wein hervor, den er zwischen sich und seinen Gast stellte. »Euch ist auch angst wegen des dummen Mädchens, Herr Ritter«, sagte er, »und wir wollen lieber einen Teil der Nacht verplaudern und vertrinken, als uns auf den Schilfmatten vergebens nach dem Schlafe herumwälzen. Nicht wahr?« Huldbrand war gerne damit zufrieden, der Fischer nötigte ihn auf den ledigen Ehrenplatz der schlafengegangenen Hausfrau, und beide tranken und sprachen miteinander, wie es zwei wakkern und zutraulichen Männern geziemt. Freilich, sooft sich vor den Fenstern das geringste regte, sah einer von beiden in die Höhe, sprechend: »Sie kommt.«

Dann wurden sie ein paar Augenblicke stille und fuhren nachher, da nichts erschien, kopfschüttelnd und seufzend in ihren Reden fort.

Weil aber nun beide an fast gar nichts anders zu denken vermochten als an Undinen, so wußten sie auch nichts Bessers, als, der Ritter, zu hören, welchergestalt Undine zu dem alten Fischer gekommen sei, der alte Fischer, eben diese Geschichte zu erzählen. Deshalb hub er folgendermaßen an:

»Es sind nun wohl fünfzehn Jahre vergangen, da zog ich einmal durch den wüsten Wald mit meiner Ware nach der Stadt. Meine Frau war daheim geblieben wie gewöhnlich; und solches zu der Zeit auch noch um einer gar hübschen Ursache willen, denn Gott hatte uns in unserm damals schon ziemlich hohen Alter ein wunderschönes Kindlein beschert. Es war ein Mägdelein, und die Rede ging bereits unter uns, ob wir nicht, dem neuen Ankömmlinge zu Frommen, unsre schöne Landzunge verlassen wollten, um die liebe Himmelsgabe künftig an bewohnbaren Orten besser aufzuziehen. Es ist freilich bei armen Leuten nicht so damit, wie Ihr es meinen mögt, Herr Ritter; aber lieber Gott! Jedermann muß doch einmal tun, was er vermag. — Nun, mir ging unterwegs die Geschichte ziemlich im Kopfe herum. Diese Landzunge war mir so im Herzen lieb, und ich fuhr ordentlich zusammen, wenn ich unter dem Lärm und Gezänke in der Stadt bei mir selbst denken mußte: in solcher Wirtschaft nimmst auch du nun mit nächstem deinen Wohnsitz oder doch in einer nicht viel stillern! — Dabei aber hab' ich nicht gegen unsern lieben Herrgott gemurret, vielmehr ihm im stillen für das Neugeborne gedankt; ich müßte auch lügen, wenn ich sagen wollte, mir wäre auf dem Hin- oder Rückwege durch den Wald irgend etwas Bedenklicheres aufgestoßen als sonst, wie ich denn nie etwas Unheimliches dorten gesehen habe. Der Herr war immer mit mir in den verwunderlichen Schatten.«

Da zog er sein Mützchen von dem kahlen Schädel und blieb eine Zeitlang in betenden Gedanken sitzen. Dann bedeckte er sich wieder und sprach fort:

»Diesseits des Waldes, ach diesseits, da zog mir das Elend entgegen. Meine Frau kam gegangen mit strömenden Augen wie zwei Bäche; sie hatte Trauerkleider angelegt. ›O lieber Gott‹, ächzte ich, ›wo ist unser liebes Kind? Sag an.‹ — ›Bei dem, den du rufest, lieber Mann‹, entgegnete sie, und wir gingen nun still weinend miteinander in die Hütte. — Ich suchte nach der kleinen Leiche; da erfuhr ich erst, wie alles gekommen war. Am Seeufer hatte meine Frau mit dem Kinde gesessen, und wie sie so recht sorglos und selig mit ihm spielt, bückt sich die Kleine auf einmal vor, als sähe sie etwas ganz Wunderschönes im Wasser; meine Frau sieht sie noch lachen, den lieben Engel, und mit den Händchen greifen; aber im Augenblick schießt sie ihr durch die rasche Bewegung aus den Armen und in den feuchten Spiegel hinunter. Ich habe viel gesucht nach der kleinen Toten; es war zu nichts; auch keine Spur von ihr war zu finden.

Nun, wir verwaisten Eltern saßen denn noch selbigen Abends still beieinander in der Hütte; zu reden hatte keiner Lust von uns, wenn man es auch gekonnt hätte vor Tränen. Wir sahen so in das Feuer des Herdes hinein. Da raschelt was draußen an der Tür; sie springt auf, und ein wunderschönes Mägdlein von etwa drei, vier Jahren steht reich geputzt auf der Schwelle und lächelt uns an. Wir blieben ganz stumm vor Erstaunen, und ich wußte erst nicht, war es ein ordentlicher kleiner Mensch, war es bloß ein gaukelhaftes Bildnis. Da sah ich aber das Wasser von den goldnen Haaren und den reichen Kleidern herabtröpfeln und merkte nun wohl, das schöne Kindlein habe im Wasser gelegen und Hilfe tue ihm not. ›Frau‹, sagte ich, ›uns hat niemand unser liebes Kind erretten können; wir wollen doch wenigstens an andern Leuten tun, was uns selig auf Erden machen würde, vermöchte es jemand an uns zu tun.‹ — Wir zogen die Kleine aus, brachten sie zu Bett und reichten ihr wärmende Getränke, wobei sie kein Wort sprach und uns bloß aus den beiden seeblauen Augenhimmeln immerfort lächelnd anstarrte.

Des andern Morgens ließ sich wohl abnehmen, daß sie keinen weitern Schaden genommen hatte, und ich fragte nun nach ihren Eltern und wie sie hierhergekommen sei. Das aber gab eine verworrene, wundersamliche Geschichte. Von weit her muß sie wohl gebürtig sein, denn nicht nur, daß ich diese fünfzehn Jahre her nichts von ihrer Herkunft erforschen konnte, so sprach und spricht sie auch bisweilen so absonderliche Dinge, daß unsereins nicht weiß, ob sie am Ende nicht gar vom Monde heruntergekommen sein könne. Da ist die Rede von goldnen Schlössern, von kristallnen Dächern, und Gott weiß, wovon noch mehr. Was sie am deutlichsten erzählte, war, sie sei mit ihrer

Mutter auf dem großen See spazierengefahren, aus der Barke ins Wasser gefallen und habe ihre Sinne erst hier unter den Bäumen wiedergefunden, wo ihr an dem lustigen Ufer recht behaglich zumute geworden sei.

Nun hatten wir noch eine große Bedenklichkeit und Sorge auf dem Herzen. Daß wir an der lieben Ertrunkenen Stelle die Gefundene behalten und auferziehen wollten, war freilich sehr bald ausgemacht; aber wer konnte nun wissen, ob das Kind getauft sei oder nicht? Sie selber wußte darüber keine Auskunft zu geben. Daß sie eine Kreatur sei, zu Gottes Preis und Freude geschaffen, wisse sie wohl, antwortete sie uns mehrenteils, und was zu Gottes Preis und Freude gereicht, sei sie auch bereit, mit sich vornehmen zu lassen. — Meine Frau und ich dachten so: ist sie nicht getauft, so gibt's da nichts zu zögern; ist sie es aber doch, so kann bei guten Dingen zuwenig eher schaden als zuviel. Und demzufolge sannen wir auf einen guten Namen für das Kind, das wir ohnehin noch nicht ordentlich zu rufen wußten. Wir meinten endlich, Dorothea werde sich am besten für sie schicken, weil ich einmal gehört hatte, das heiße Gottesgabe, und sie uns doch von Gott als eine Gabe zugesandt war, als ein Trost in unserm Elend. Sie hingegen wollte nichts davon hören und meinte, Undine sei sie von ihren Eltern genannt worden, Undine wolle sie auch ferner heißen. Nun kam mir das wie ein heidnischer Name vor, der in keinem Kalender stehe, und ich holte mir deshalb Rat bei einem Priester in der Stadt. Der wollte auch nichts von dem Undinen-Namen hören und kam auf mein vieles Bitten mit mir durch den verwunderlichen Wald, zu Vollziehung der Taufhandlung, hier herein in meine Hütte. Die Kleine stand so hübsch geschmückt und holdselig vor uns, daß dem Priester alsbald sein ganzes Herz vor ihr aufging, und sie wußte ihm so artig zu schmeicheln und mitunter so drollig zu trotzen, daß er sich endlich auf keinen der Gründe, die er gegen den Namen Undine vorrätig gehabt hatte, mehr besinnen konnte. Sie ward denn also Undine getauft und betrug sich während der heiligen Handlung außerordentlich sittig und anmutig, so wild und unstet sie auch übrigens immer war. Denn darin hat meine Frau ganz recht: was Tüchtiges haben wir mit ihr auszustehen gehabt. Wenn ich Euch erzählen sollte —«

Der Ritter unterbrach den Fischer, um ihn auf ein Geräusch wie von gewaltig rauschenden Wasserfluten aufmerksam zu machen, das er schon früher zwischen den Reden des Alten vernommen hatte und das nun mit wachsendem Ungestüm vor den Hüttenfenstern dahinströmte. Beide sprangen nach der Tür. Da sahen sie draußen im jetzt aufgegangenen Mondenlicht den Bach, der aus dem Walde hervorrann, wild über seine Ufer hinausgerissen und Steine und Holzstämme in reißenden Wirbeln mit sich fortschleudern. Der Sturm brach, wie von dem Getöse erweckt, aus den mächtigen Gewölken, diese pfeilschnell über den Mond hinjagend, hervor, der See heulte unter des Windes schlagenden Fittichen, die Bäume der Landzunge ächzten von Wurzel zu Wipfel hinauf und beugten sich wie schwindelnd über die reißenden Gewässer: »Undine! Um Gottes willen, Undine!« riefen die zwei beängstigten Männer. Keine Antwort kam ihnen zurück, und achtlos nun jeglicher andern Erwägung rannten sie, suchend und rufend, einer hier-, der andere dorthin, aus der Hütte fort.

Drittes Kapitel

Wie sie Undinen wiederfanden

Dem Huldbrand ward es immer ängstlicher und verworrener zu Sinn, je länger er unter den nächtlichen Schatten suchte, ohne zu finden. Der Gedanke, Undine sei nur eine bloße Walderscheinung gewesen, bekam aufs neue Macht über ihn, ja er hätte unter dem Geheul der Wellen und Stürme, dem Krachen der Bäume, der gänzlichen Umgestaltung der kaum noch so still anmutigen Gegend die ganze Landzunge samt der Hütte und ihren Bewohnern fast für eine trügerisch neckende Bildung gehalten; aber von fern hörte er doch immer noch des Fischers ängstliches Rufen nach Undinen, der alten Hausfrau lautes Beten und Singen durch das Gebraus. Da kam er endlich dicht an des übergetretnen Baches Rand und sah im Mondenlicht, wie dieser seinen ungezähmten Lauf, gerade vor den unheimlichen Wald hin, genommen hatte, so daß er nun die Erdspitze zur Insel machte. — O lieber Gott, dachte er bei sich selbst, wenn es Undine gewagt hätte, ein paar Schritte in den fürchterlichen Forst hineinzutun; vielleicht eben in ihrem anmutigen Eigensinn, weil ich ihr nichts davon erzählen sollte — und nun wäre der Strom dazwischengerollt, und sie weinte nun einsam drüben bei den Gespenstern! — Ein Schrei des Entsetzens entfuhr ihm, und er klomm einige Steine und umgestürzte Fichtenstämme hinab, um in den reißenden Strom zu treten und, watend oder schwimmend, die Verirrte drüben zu suchen. Es fiel ihm zwar alles Grauenvolle und Wunderliche ein, was ihm schon bei Tage unter den jetzt rauschenden und heulenden Zweigen begegnet war. Vorzüglich kam es ihm vor, als stehe ein langer weißer Mann, den er nur allzu gut kannte, grinsend und nickend am jenseitigen Ufer: aber eben diese ungeheuern Bilder rissen ihn gewaltig nach sich hin, weil er bedachte, daß Undine in Todesängsten unter ihnen sei, und allein.

Schon hatte er einen starken Fichtenast ergriffen und stand, auf diesen gestützt, in den wirbelnden Fluten, gegen die er sich kaum aufrecht zu erhalten vermochte; aber er schritt getrosten Mutes tiefer hinein. Da rief es neben ihm mit anmutiger Stimme: »Trau nicht, trau nicht! Er ist tückisch, der Alte, der Strom!« — Er kannte diese lieblichen Laute, er stand wie betört unter den Schatten, die sich eben dunkel über den Mond gelegt hatten, und ihn schwindelte vor dem Gerolle der Wogen, die er pfeilschnell an seinen Schenkeln hinschießen sah. Dennoch wollte er nicht ablassen. — »Bist du nicht wirklich da, gaukelst du nur neblicht um mich her, so mag auch ich nicht leben und will ein Schatten werden wie du, du liebe, liebe Undine!« Dies rief er laut und schritt weiter tiefer in den Strom. »Sieh dich doch um, ei sieh dich doch um, du schöner, betörter Jüngling!« so rief es abermal dicht bei ihm, und seitwärts blickend sah er im eben sich enthüllenden Mondlicht, unter den Zweigen verschlungener Bäume, auf einer durch die Überschwemmung gebildeten kleinen Insel Undinen lächelnd und lieblich in die blühenden Gräser hingeschmiegt.

O wieviel freudiger brauchte nun der junge Mann seinen Fichtenast zum Stabe als vorhin! Mit wenigen Schritten war er durch die Flut, die zwischen ihm und dem Mägdlein hinstürmte, und neben ihr stand er auf der kleinen Rasenstelle, heimlich und sicher von den uralten Bäumen überrauscht und beschirmt. Undine hatte sich etwas emporgerichtet und schlang nun in dem grünen Laubgezelte ihre Arme um seinen Nacken, so daß sie ihn auf ihren weichen Sitz neben sich niederzog. »Hier sollst du mir erzählen, hübscher Freund«, sagte sie flüsternd; »hier hören uns die grämlichen Alten nicht. Und soviel als ihre ärmliche Hütte ist doch hier unser Blätterdach wohl noch immer wert!« — »Es ist der Himmel!« sagte Huldbrand und umschlang, inbrünstig küssend, die schmeichelnde Schöne.

Da war unterdessen der alte Fischer an das Ufer des Stromes gekommen und rief zu den beiden jungen Leuten herüber: »Ei, Herr Ritter, ich habe Euch aufgenommen, wie es ein biederherziger Mann dem andern zu tun pflegt, und nun kost Ihr mit meinem Pflegekind so heimlich und laßt mich noch obendrein in der Angst nach ihr durch die Nacht umherlaufen.« — »Ich habe sie selbst erst eben jetzt gefunden, alter Vater«, rief ihm der Ritter zurück. »Desto besser«, sagte der Fischer; »aber nun bringt sie mir auch ohne Verzögern an das feste Land herüber.« Davon aber wollte Undine wieder gar nichts hören. Sie meinte, eher wolle sie mit dem schönen Fremden in den wilden Forst vollends hinein als wieder in die Hütte zurück, wo man ihr nicht den Willen tue und aus welcher der hübsche Ritter doch über kurz oder lang scheiden werde. Mit unsäglicher Anmut sang sie, Huldbranden umschlingend:

Aus dunst'gem Tal die Welle,
Sie rann und sucht' ihr Glück!
Sie kam ins Meer zur Stelle,
Und rinnt nicht mehr zurück.

Der alte Fischer weinte bitterlich in ihr Lied, aber es schien sie nicht sonderlich zu rühren. Sie küßte und streichelte ihren Liebling, der endlich zu ihr sagte: »Undine, wenn dir des alten Mannes Jammer das Herz nicht trifft, so trifft er's mir. Wir wollen zurück zu ihm.« — Verwundert schlug sie die großen blauen Augen gegen ihn auf und sprach endlich langsam und zögernd: »Wenn du es so meinst — gut; mir ist alles recht, was du meinst. Aber versprechen muß mir erst der alte Mann da drüben, daß er dich ohne Widerrede will erzählen lassen, was du im Walde gesehen hast, und — nun, das andre findet sich wohl.« — »Komm nur, komm!« rief der Fischer ihr zu, ohne mehr Worte herausbringen zu können. Zugleich streckte er seine Arme weit über die Flut ihr entgegen und nickte mit dem Kopfe, um ihr die Erfüllung ihrer Forderung zuzusagen, wobei ihm die weißen Haare seltsam über das Gesicht herüberfielen und Huldbrand an den nickenden weißen Mann im Forst denken mußte.

Ohne sich aber durch irgend etwas irremachen zu lassen, faßte der junge Rittersmann das schöne Mädchen in seine Arme und trug sie über den kleinen Raum, welchen der Strom zwischen ihrem Inselchen und dem festen Ufer durchbrauste. Der Alte fiel um Undines Hals und konnte sich gar nicht satt freuen und küssen; auch die alte Frau kam herbei und schmeichelte der Wiedergefundenen auf das herzlichste. Von Vorwürfen war gar nicht die Rede mehr, um so minder, da auch Undine, ihres Trotzes vergessend, die beiden Pflegeeltern mit anmutigen Worten und Liebkosungen fast überschüttete.

Als man endlich nach der Freude des Wiederhabens sich recht besann, blickte schon das Morgenrot leuchtend über den Landsee herein, der Sturm war stille geworden, die Vöglein sangen lustig auf den genäßten Zweigen. Weil nun Undine auf die Erzählung der verheißnen Geschichte des Ritters bestand, fügten sich die beiden Alten lächelnd und willig in ihr Begehr. Man brachte ein Frühstück unter die Bäume, welche hinter der Hütte gegen den See zu standen, und setzte sich, von Herzen vergnügt, dabei nieder, Undine, weil sie es durchaus nicht anders haben wollte, zu den Füßen des Ritters ins Gras. Hierauf begann Huldbrand folgendermaßen zu sprechen.

Viertes Kapitel

Von dem, was dem Ritter im Walde begegnet war

»Es mögen nun etwa acht Tage her sein, da ritt ich in die freie Reichsstadt ein, welche dort jenseit des Forstes gelegen ist. Bald darauf gab es darin ein schönes Turnieren und Ringelrennen, und ich schonte meinen Gaul und meine Lanze nicht. Als ich nun einmal an den Schranken stillhalte, um von der lustigen Arbeit zu rasten, und den Helm an einen meiner Knappen zurückreiche, fällt mir ein wunderschönes Frauenbild in die Augen, das im allerherrlichsten Schmuck auf einem der Altane stand und zusah. Ich fragte meinen Nachbar und erfuhr, die reizende Jungfrau heiße Bertalda und sei die Pflegetochter eines der mächtigen Herzoge, die in dieser Gegend wohnen. Ich merkte, daß sie auch mich ansah, und wie es nun bei uns jungen Rittern zu kommen pflegt: hatte ich erst brav geritten, so ging es nun noch ganz anders los. Den Abend beim Tanze war ich Bertaldas Gefährte, und das blieb so alle Tage des Festes hindurch.«

Ein empfindlicher Schmerz an seiner linken herunterhängenden Hand unterbrach hier Huldbrands Rede und zog seine Blicke nach der schmerzhaften Stelle. Undine hatte ihre Perlenzähne scharf in seine Finger gesetzt und sah dabei recht finster und unwillig aus. Plötzlich aber schaute sie ihm freundlich wehmütig in die Augen und flüsterte ganz leise: »Ihr macht es auch danach.« Dann verhüllte sie ihr Gesicht, und der Ritter fuhr seltsam verwirrt und nachdenklich in seiner Geschichte fort:

»Es ist eine hochmütige, wunderliche Maid, diese Bertalda. Sie gefiel mir auch am zweiten Tage schon lange nicht mehr wie am ersten, und am dritten noch minder. Aber ich blieb um sie, weil sie freundlicher gegen mich war als gegen andre Ritter, und so kam es auch, daß ich sie im Scherz um einen ihrer Handschuhe bat. ›Wenn Ihr mir Nachricht bringt und Ihr ganz allein‹, sagte sie, ›wie es im berüchtigten Forste aussieht.‹ Mir lag eben nicht so viel an ihrem Handschuhe, aber gesprochen war gesprochen, und ein ehrliebender Rittersmann läßt sich zu solchem Probestücke nicht zweimal mahnen.«

»Ich denke, Sie hatte Euch lieb«, unterbrach ihn Undine.

»Es sah so aus«, entgegnete Huldbrand.

»Nun«, rief das Mädchen lachend, »die muß recht dumm sein. Von sich zu jagen, was einem lieb ist! Und vollends in einen verrufenen Wald hinein. Da hätte der Wald und sein Geheimnis lange für mich warten können.«

»Ich machte mich denn gestern morgen auf den Weg«, fuhr der Ritter, Undinen freundlich anlächelnd, fort. »Die Baumstämme blitzten so rot und schlank im Morgenlichte, das sich hell auf dem grünen Rasen hinstreckte, die Blätter flüsterten so lustig miteinander, daß ich in meinem Herzen über die Leute lachen mußte, die an diesem vergnüglichen Orte irgend etwas Unheimliches erwarten konnten. Der Wald soll bald durchtrabt sein, hin und zurück, sagte ich in behaglicher Fröhlichkeit zu mir selbst, und eh' ich noch daran dachte, war ich tief in die grünenden Schatten hinein und nahm nichts mehr von der hinter mir liegenden Ebene wahr. Da fiel es mir erst aufs Herz, daß ich mich auch in dem gewaltigen Forste gar leichtlich verirren könne und daß dieses vielleicht die einzige Gefahr sei, welche den Wandersmann allhier bedrohe. Ich hielt daher stille und sah mich nach dem Stande der Sonne um, die unterdessen etwas höher gerückt war. Indem ich nun so emporblicke, sehe ich ein schwarzes Ding in den Zweigen einer hohen Eiche. Ich denke schon, es ist ein Bär und fasse nach meiner Klinge; da sagt es mit einer Menschenstimme, aber recht rauh und häßlich, herunter: ›Wenn ich hier oben nicht die Zweige abknusperte, woran solltest du denn heut um Mitternacht gebraten werden, Herr Naseweis?‹ Und dabei grinst es und raschelt mit den Ästen, daß mein Gaul toll wird und mit mir durchgeht, eh' ich noch Zeit gewinnen konnte zu sehen, was es denn eigentlich für eine Teufelsbestie war.«

»Den müßt Ihr nicht nennen«, sagte der alte Fischer und kreuzte sich; die Hausfrau tat schweigend desgleichen; Undine sah ihren Liebling mit hellen Augen an, sprechend: »Das beste bei der Geschichte ist, daß sie ihn doch nicht wirklich gebraten haben. Weiter, du hübscher Jüngling.«

Der Ritter fuhr in seiner Erzählung fort: »Ich wäre mit meinem scheuen Pferde fast gegen Baumstämme und Äste angerannt; es triefte von Angst und Erhitzung und wollte sich doch noch immer nicht halten lassen. Zuletzt ging es gerade auf einen steinigen Abgrund los; da kam mir's plötzlich vor, als werfe sich ein langer, weißer Mann dem tollen Hengste quer vor in seinen

Weg; der entsetzte sich davor und stand; ich kriegte ihn wieder in meine Gewalt und sah nun erst, daß mein Retter kein weißer Mann war, sondern ein silberheller Bach, der sich neben mir von einem Hügel herunterstürzte, meines Rosses Lauf ungestüm kreuzend und hemmend.«

»Danke, lieber Bach!« rief Undine, in die Händchen klopfend. Der alte Mann aber sah kopfschüttelnd in tiefem Sinnen vor sich nieder.

»Ich hatte mich noch kaum im Sattel wieder zurechtgesetzt und die Zügel wieder ordentlich recht gefaßt«, fuhr Huldbrand fort, »so stand auch schon ein wunderliches Männlein zu meiner Seiten, winzig und häßlich über alle Maßen, ganz braungelb und mit einer Nase, die nicht viel kleiner war als der ganze übrige Bursche selbst. Dabei grinste er mit einer recht dummen Höflichkeit aus dem breitgeschlitzten Maule hervor und machte viele tausend Scharrfüße und Bücklinge gegen mich. Weil mir nun das Possenspiel sehr mißhagte, dankte ich ihm ganz kurz, warf meinen noch immer zitternden Gaul herum und gedachte, mir ein andres Abenteuer oder, dafern ich keines fände, den Heimweg zu suchen, denn die Sonne war während meiner tollen Jagd schon über die Mittagshöhe gen Westen gegangen. Da sprang aber der kleine Kerl mit einer blitzschnellen Wendung herum und stand abermals vor meinem Hengste. — ›Platz da!‹ sagt' ich verdrießlich; ›das Tier ist wild und rennet dich leichtlich um.‹ — ›Ei‹, schnarrte das Kerlchen und lachte noch viel entsetzlich dummer; ›schenkt mir doch erst ein Trinkgeld, denn ich hab' ja Euer Rösselein aufgefangen; lägt Ihr doch ohne mich samt Eurem Rösselein in der Steinkluft da unten; hu!‹ — ›Schneide nur keine Gesichter weiter‹, sagte ich, ›und nimm dein Geld hin, wenn du auch lügst; denn siehe, der gute Bach dorten hat mich gerettet, nicht aber du, höchst ärmlicher Wicht.‹ Und zugleich ließ ich ein Goldstück in seine wunderliche Mütze fallen, die er bettelnd vor mir abgezogen hatte. Dann trabte ich weiter; er aber schrie hinter mir drein und war plötzlich mit unbegreiflicher Schnelligkeit neben mir. Ich sprengte mein Roß im Galopp an; er galoppierte mit, so sauer es ihm zu werden schien, und so wunderliche, halb lächerliche, halb gräßliche Verrenkungen er dabei mit seinem Leibe vornahm, wobei er immerfort das Goldstück in die Höhe hielt und bei jedem Galoppsprunge schrie: ›Falsch Geld! falsche Münze! Falsche Münze! falsch Geld!‹ Und das krächzte er aus so hohler Brust heraus, daß man meinte, er müsse nach jeglichem Schreie tot zu Boden stürzen. Auch hing ihm die häßlich rote Zunge weit aus dem Schlunde. Ich hielt verstört; ich fragte: ›Was willst du mit deinem Geschrei? Nimm noch ein Goldstück, nimm noch zwei, aber dann laß ab von mir.‹ — Da fing er wieder mit seinem häßlich-höflichen Grüßen an und schnarrte: ›Gold eben nicht, Gold soll es eben nicht sein, mein Jungherrlein; des Spaßes hab' ich selbst allzuviel; will's Euch mal zeigen.‹

Da ward es mir auf einmal, als könn' ich durch den grünen festen Boden durchsehen, als sei er grünes Glas und die ebene Erde kugelrund und drinnen hielten eine Menge Kobolde ihr Spiel mit Silber und Gold. Kopfauf, kopfunter kugelten sie sich herum, schmissen einander zum Spaß mit den edlen Metallen und pusteten sich den Goldstaub neckend ins Gesicht. Mein häßlicher Gefährte stand halb drinnen, halb draußen; er ließ sich sehr, sehr viel Gold von den andern heraufreichen und zeigte es mir lachend und schmiß es dann immer wieder klingend in die unermeßlichen Klüfte hinab. Dann zeigte er wieder mein Goldstück, was ich ihm geschenkt hatte, den Kobolden drunten, und die wollten sich darüber halbtot lachen und zischten mich aus. Endlich reckten sie alle die spitzigen, metallschmutzigen Finger gegen mich aus, und wilder und wilder, und dichter und dichter, und toller und toller klomm das Gewimmel gegen mich herauf; — da erfaßte mich ein Entsetzen wie vorhin meinen Gaul. Ich gab ihm beide Sporen und weiß nicht, wie weit ich zum zweiten Male toll in den Wald hineingejagt bin.

Als ich nun endlich wieder stillhielt, war es abendkühl um mich her. Durch die Zweige sah ich einen weißen Fußpfad leuchten, von dem ich meinte, er müsse aus dem Forste nach der Stadt zurückführen. Ich wollte mich dahin durcharbeiten; aber ein ganz weißes, undeutliches Antlitz mit immer wechselnden Zügen sah mir zwischen den Blättern entgegen; ich wollte ihm ausweichen, aber wo ich hinkam, war es auch. Ergrimmt gedacht' ich endlich, mein Roß darauf loszutreiben, da sprudelte es mir und dem Pferde weißen Schaum entgegen, daß wir beide geblendet umwenden mußten. So trieb es uns von Schritt zu Schritt, immer von dem Fußsteige abwärts, und ließ uns überhaupt nur nach einer einzigen Richtung hin den Weg noch frei. Zogen wir aber auf dieser fort, so war es wohl dicht hinter uns, tat uns jedoch nicht das geringste zuleide. Wenn ich mich dann bisweilen nach ihm umsah, merkte ich wohl, daß das weiße, sprudelnde Antlitz auf einem ebenso weißen, höchst riesenmäßigen Körper saß. Manchmal dacht' ich auch, als sei es ein wandelnder Springbronn, aber ich konnte niemals recht darüber zu Gewißheit kommen. Ermüdet gaben Roß und Reiter dem treibenden, weißen Manne nach, der uns immer mit dem Kopfe zunickte, als wolle er sagen: Schon recht! Schon recht! — Und so sind wir endlich an das Ende des Waldes hier herausgekommen, wo ich Rasen und Seeflut und eure kleine Hütte sah und wo der lange weiße Mann verschwand.«

»Gut, daß er fort ist«, sagte der alte Fischer, und nun begann er davon zu sprechen, wie sein Gast auf die beste Weise wieder zu seinen Leuten nach der Stadt zurückgelangen könne. Darüber fing Undine an, ganz leise in sich selbst hinein zu kichern. Huldbrand merkte es und sagte: »Ich dachte, du sähest mich gern hier; was freust du dich denn nun, da von meiner Abreise die Rede ist?«

»Weil du nicht fort kannst«, entgegnete Undine. »Prob es doch mal, durch den übergetretenen Waldstrom zu setzen mit Kahn, mit Roß oder allein, wie du Lust hast. Oder prob es lieber nicht, denn du würdest zerschellt werden von den blitzschnell getriebenen Stämmen und Steinen. Und was den See angeht, da weiß ich wohl, der Vater darf mit seinem Kahne nicht weit genug darauf hinaus.«

Huldbrand erhob sich lächelnd, um zu sehen, ob es so sei, wie ihm Undine gesagt hatte, der Alte begleitete ihn, und das Mädchen gaukelte scherzend neben den Männern her. Sie fanden es in der Tat, wie Undine gesagt hatte, und der Ritter mußte sich drein ergeben, auf der zur Insel gewordenen Landspitze zu bleiben, bis die Fluten sich verliefen. Als die drei nach ihrer Wanderung wieder der Hütte zugingen, sagte der Ritter der Kleinen ins Ohr: »Nun, wie ist es, Undinchen? Bist du böse, daß ich bleibe?« — »Ach«, entgegnete sie mürrisch, »laßt nur. Wenn ich Euch nicht gebissen hätte, wer weiß, was noch alles von der Bertalda in Eurer Geschichte vorgekommen wäre!«

Fünftes Kapitel

Wie der Ritter auf der Seespitze lebte

Du bist vielleicht, mein lieber Leser, schon irgendwo, nach mannigfachem Auf- und Abtreiben in der Welt, an einen Ort gekommen, wo dir es wohl war; die jedwedem eingeborene Liebe zu eignem Herd und stillem Frieden ging wieder auf in dir; du meintest, die Heimat blühe mit allen Blumen der Kindheit und der allerreinsten, innigsten Liebe wieder aus teuren Grabstätten hervor, und hier müsse gut wohnen und Hütten bauen sein. Ob du dich darin geirrt und den Irrtum nachher schmerzlich abgebüßt hast, das soll hier nichts zur Sache tun, und du wirst dich auch selbst wohl mit dem herben Nachgeschmack nicht freiwillig betrüben wollen. Aber rufe jene unaussprechliche süße Ahnung, jenen englischen Gruß des Friedens wieder in dir herauf, und du wirst ungefähr wissen können, wie dem Ritter Huldbrand während seines Lebens auf der Seespitze zu Sinne war.

Er sah oftmals mit innigem Wohlbehagen, wie der Waldstrom mit jedem Tage wilder einherrollte, wie er sich sein Bette breiter und breiter riß und die Abgeschiedenheit auf der Insel so für immer längere Zeit ausdehnte. Einen Teil des Tages über strich er mit einer alten Armbrust, die er in einem Winkel der Hütte gefunden und sich ausgebessert hatte, umher, nach den vorüberfliegenden Vögeln lauernd und, was er von ihnen treffen konnte, als guten Braten in die Küche liefernd. Brachte er nun seine Beute zurück, so unterließ Undine fast niemals, ihn auszuschelten, daß er den lieben, lustigen Tierchen oben im blauen Luftmeer so feindlich ihr fröhliches Leben stehle; ja sie weinte oftmals bitterlich bei dem Anblicke des toten Geflügels. Kam er aber dann ein andermal wieder heim und hatte nichts geschossen, so schalt sie ihn nicht minder ernstlich darüber aus, daß man nun um seines Ungeschicks und seiner Nachlässigkeit willen mit Fischen und Krebsen vorliebnehmen müsse. Er freute sich allemal herzinniglich auf ihr anmutiges Zürnen, um so mehr, da sie gewöhnlich nachher ihre üble Laune durch die holdesten Liebkosungen wiedergutzumachen suchte. Die Alten hatten sich in die Vertraulichkeit der beiden jungen Leute gefunden; sie kamen ihnen vor wie Verlobte oder gar wie ein Ehepaar, das ihnen zum Beistand im Alter mit auf der abgerissenen Insel wohne. Eben diese Abgeschiedenheit brachte auch den jungen Huldbrand ganz fest auf den Gedanken, er sei bereits Undines Bräutigam. Ihm war zumute, als gäbe es keine Welt mehr jenseits dieser umgebenden Fluten oder als könne man doch nie wieder da hinüber zur Vereinigung mit andern Menschen gelangen; und wenn ihn auch bisweilen sein weidendes Roß anwieherte, wie nach Rittertaten fragend und mahnend, oder sein Wappenschild ihm von der Stickerei des Sattels und der Pferdedecke ernst entgegenleuchtete oder sein schönes Schwert unversehens vom Nagel, an welchem es in der Hütte hing, herabfiel, im Sturze aus der Scheide gleitend — so beruhigte er sein zweifelndes Gemüt damit: Undine sei gar keine Fischerstochter, sei vielmehr, aller Wahrscheinlichkeit nach, aus einem wundersamen hochfürstlichen Hause der Fremde gebürtig. Nur das war ihm in der Seele zuwider, wenn die alte Frau Undinen in seiner Gegenwart schalt. Das launische Mädchen lachte zwar meist, ohne alles Hehl, ganz ausgelassen darüber; aber ihm war es, als taste man seine Ehre an, und doch wußte er der alten Fischerin nicht unrecht zu geben, denn Undine verdiente immer zum wenigsten zehnfach soviel Schelte, als sie bekam; daher er denn auch der Hauswirtin im Herzen gewogen blieb und das ganze Leben seinen stillen, vergnüglichen Gang fürder ging.

Es kam aber doch endlich eine Störung hinein; der Fischer und der Ritter waren nämlich gewohnt gewesen, beim Mittagsmahle und auch des Abends, wenn der Wind draußen heulte, wie er fast immer gegen die Nacht zu tun pflegte, sich miteinander bei einem Kruge Wein zu ergötzen. Nun war aber der ganze Vorrat zu Ende gegangen, den der Fischer früher von der Stadt nach und nach mitgebracht hatte, und die beiden Männer wurden darüber ganz verdrießlich. Undine lachte sie den Tag über wacker aus, ohne daß beide so lustig wie gewöhnlich in ihre Scherze einstimmten. Gegen Abend war sie aus der Hütte gegangen: sie sagte, um den zwei langen und langweiligen Gesichtern zu entgehen. Weil es nun in der Dämmerung wieder nach Sturm aussah und das Wasser bereits heulte und rauschte, sprangen der Ritter und der Fischer erschreckt vor die Tür, um das Mädchen heimzuholen, der Angst jener Nacht gedenkend, wo Huldbrand zum erstenmal in der Hütte gewesen war. Undine aber trat ihnen entgegen, freundlich in ihre Händchen klopfend. »Was gebt ihr mir, wenn ich euch Wein verschaffe? Oder vielmehr, ihr braucht mir nichts zu geben«, fuhr sie fort, »denn ich bin schon zufrieden, wenn ihr lustiger ausseht und bessere Einfälle habt als diesen letzten, langweiligen Tag hindurch. Kommt nur mit; der Waldstrom hat ein Faß an das Ufer getrieben, und ich will verdammt sein, eine ganze Woche lang zu schlafen, wenn es nicht ein Weinfaß ist.« — Die Männer folgten ihr nach und fanden wirklich an einer umbüschten Bucht des Ufers ein Faß, welches ihnen Hoffnung gab, als enthalte es den edlen Trank, wonach sie verlangten. Sie wälzten es vor allem aufs schleunigste in die Hütte, denn ein schweres Wetter zog wieder am Abendhimmel herauf, und man konnte in der Dämmerung bemerken, wie die Wogen des Sees ihre weißen Häupter schäumend emporrichteten, als sähen sie sich nach dem Regen um, der nun bald auf sie herunterrauschen sollte. Undine half den beiden nach Kräften und sagte, als das Regenwetter plötzlich allzu schnell heraufheulte, lustig drohend in die schweren Wolken hinein: »Du! Du! Hüte dich, daß du uns nicht naß machst; wir sind noch lange nicht unter Dach.« — Der Alte verwies ihr solches als eine sündhafte Vermessenheit; aber sie kicherte leise vor sich hin, und es widerfuhr auch niemandem etwas Übles darum. Vielmehr gelangten alle drei wider Vermutung mit ihrer Beute trocken an den behaglichen Herd, und erst, als man das Faß geöffnet und erprobt hatte, daß es einen wundersamen trefflichen Wein enthalte, riß sich der Regen aus dem dunklen Gewölke los und rauschte der Sturm durch die Wipfel der Bäume und über des Sees empörte Wogen hin.

Einige Flaschen waren bald aus dem großen Fasse gefüllt, das für viele Tage Vorrat verhieß, man saß trinkend und scherzend und heimisch gesichert vor dem tobenden Unwetter an der Glut des Herdes beisammen. Da sagte der alte Fischer und ward plötzlich sehr ernst: »Ach, großer Gott, wir freuen uns hier der edlen Gabe, und der, welchem sie zuerst angehörte und vom Strome genommen ward, hat wohl gar das liebe Leben drum lassen müssen.« — »Er wird ja nicht gerade!« meinte Undine und schenkte dem Ritter lächelnd ein. Der aber sagte: »Bei meiner höchsten Ehre, alter Vater, wüßt' ich ihn zu finden und zu retten, mich sollte kein Gang in die Nacht hinaus dauern und keine Gefahr. Soviel aber kann ich Euch versichern, komm' ich je wieder zu bewohntern Landen, so will ich ihn oder seine Erben schon ausfindig machen und diesen Wein doppelt und dreifach ersetzen.« — Das freute den alten Mann; er nickte dem Ritter billigend zu und trank nun seinen Becher mit besserm Gewissen und Behagen leer. Undine aber sagte zu Huldbrand: »Mit der Entschädigung und mit deinem Golde halt' es, wie du willst. Das aber mit dem Nachlaufen und Suchen war dumm geredet. Ich weinte mir die Augen aus, wenn du darüber verlorengingst, und, nicht wahr, du möchtest auch lieber bei mir bleiben und bei dem guten Wein?« — »Das freilich«, entgegnete Huldbrand lächelnd. — »Nun«, sagte Undine, »also hast du dumm gesprochen. Denn jeder ist sich doch selbst der Nächste, und was gehen einen die andern Leute an.« — Die Hauswirtin wandte sich seufzend und kopfschüttelnd von ihr ab, der Fischer vergaß seiner sonstigen Vorliebe für das zierliche Mägdlein und schalt. »Als ob dich Heiden und Türken erzogen hätten, klingt ja das«, schloß er seine Rede; »Gott verzeih' es mir und dir, du ungeratenes Kind.« — »Ja, aber mir ist doch nun einmal so zumute«, entgegnete Undine, »habe mich erzogen, wer da will, und was können da all Eure Worte helfen.« — »Schweig!« fuhr der Fischer sie an, und sie, die ungeachtet ihrer Keckheit doch äußerst schreckhaft war, fuhr zusammen, schmiegte sich zitternd an Huldbrand und fragte ihn ganz leise: »Bist du auch böse, schöner Freund?« Der Ritter drückte ihr die zarte Hand und streichelte ihre Locken. Sagen konnte er nichts, weil ihm der Ärger über des Alten Härte gegen Undinen die Lippen schloß, und so saßen beide Paare mit einem Male unwillig und im verlegnen Schweigen einander gegenüber.

Sechstes Kapitel

Von einer Trauung

Ein leises Klopfen an die Tür klang durch diese Stille und erschreckte alle, die in der Hütte saßen, wie es denn wohl bisweilen zu kommen pflegt, daß auch eine Kleinigkeit, die ganz unvermutet geschieht, einem den Sinn recht furchtbarlich aufregen kann. Aber hier kam noch dazu, daß der verrufene Forst sehr nahe lag und daß die Seespitze für menschliche Besuche jetzt unzugänglich schien. Man sah einander zweifelnd an, das Pochen wiederholte sich, von einem tiefen Ächzen begleitet; der Ritter ging nach seinem Schwerte. Da sagte aber der alte Mann leise: »Wenn es das ist, was ich fürchte, hilft uns keine Waffe.« — Undine näherte sich indessen der Tür und rief ganz unwillig und keck: »Wenn ihr Unfug treiben wollt, ihr Erdgeister, so soll euch Kühleborn was Besseres lehren.« — Das Entsetzen der andern ward durch diese wunderlichen Worte vermehrt, sie sahen das Mädchen scheu an, und Huldbrand wollte sich eben zu einer Frage an sie ermannen, da sagte es von draußen: »Ich bin kein Erdgeist, wohl aber ein Geist, der noch im irdischen Körper hauset. Wollt ihr mir helfen und fürchtet ihr Gott, ihr drinnen in der Hütte, so tut mir auf.« Undine hatte bei diesen Worten die Tür bereits geöffnet und leuchtete mit einer Ampel in die stürmische Nacht hinaus, so daß man draußen einen alten Priester wahrnahm, der vor dem unversehnen Anblicke des wunderschönen Mägdleins erschreckt zurücktrat. Er mochte wohl denken, es müsse Spuk und Zauberei mit im Spiele sein, wo ein so herrliches Bild aus einer so niedern Hüttenpforte erscheine; deshalben fing er an zu beten: »Alle guten Geister loben Gott den Herrn!« — »Ich bin kein Gespenst«, sagte Undine lächelnd; »seh' ich denn so häßlich aus? Zudem könnt Ihr ja wohl merken, daß mich kein frommer Spruch erschreckt. Ich weiß doch auch von Gott und versteh' ihn auch zu loben; jedweder auf seine Weise freilich, und dazu hat er uns erschaffen. Tretet herein, ehrwürdiger Vater; Ihr kommt zu guten Leuten.«

Der Geistliche kam neigend und umblickend herein und sah gar lieb und ehrwürdig aus. Aber das Wasser troff aus allen Falten seines dunkeln Kleides und aus dem langen weißen Bart und den weißen Locken des Haupthaares. Der Fischer und der Ritter führten ihn in eine Kammer und gaben ihm andere Kleider, während sie den Weibern die Gewande des Priesters zum Trocknen in das Zimmer reichten. Der fremde Geist dankte aufs demütigste und freundlichste, aber des Ritters glänzenden Mantel, den ihm dieser entgegenhielt, wollte er auf keine Weise umnehmen; er wählte statt dessen ein altes graues Oberkleid des Fischers. So kamen sie denn in das Gemach zurück, die Hausfrau räumte dem Priester alsbald ihren großen Sessel und ruhte nicht eher, bis er sich darauf niedergelassen hatte. »Denn«, sagte sie, »Ihr seid alt und erschöpft und geistlich obendrein.« — Undine schob den Füßen des Fremden ihr kleines Bänkchen unter, worauf sie sonst neben Huldbrand zu sitzen pflegte, und bewies sich überhaupt in der Pflege des guten Alten höchst sittig und anmutig. Huldbrand flüsterte ihr darüber eine Neckerei ins Ohr, sie aber entgegnete sehr ernst: »Er dient ja dem, der uns alle geschaffen hat; damit ist nicht zu spaßen.« — Der Ritter und der Fischer labten darauf den Priester mit Speise und Wein, und dieser fing, nachdem er sich etwas erholt hatte, zu erzählen an, wie er gestern aus seinem Kloster, das fern über den großen Landsee hinaus liege, nach dem Sitze des Bischofs habe reisen sollen, um demselben die Not kundzutun, in welche durch die jetzigen wunderbaren Überschwemmungen das Kloster und dessen Zinsdörfer geraten seien. Da habe er nach langen Umwegen um eben dieser Überschwemmung willen sich heute gegen Abend dennoch genötigt gesehen, einen übergetretnen Arm des Sees mit Hilfe zweier guten Fährleute zu überschiffen. — »Kaum aber«, fuhr er fort, »hatte unser kleines Fahrzeug die Wellen berührt, so brach auch schon der ungeheure Sturm los, der noch jetzt über unsern Häuptern fortwütet. Es war, als hätten die Fluten nur auf uns gewartet, um die allertollsten, strudelndsten Tänze mit uns zu beginnen. Die Ruder waren bald aus meiner Führer Händen gerissen und trieben zerschmettert auf den Wogen weiter und weiter von uns hinaus. Wir selbst flogen, hilflos und der tauben Naturkraft hingegeben, auf die Höhe des Sees, zu euren Ufern herüber, die wir schon zwischen den Nebeln und Wasserschäumen emporstreben sahen. Da drehte sich endlich der Nachen immer wilder und schwindliger; ich weiß nicht, stürzte er um, stürzte ich heraus. Im dunkeln Ängstigen des nahen, schrecklichen

Todes trieb ich weiter, bis mich eine Welle hier unter die Bäume an eure Insel warf.«

»Ja, Insel!« sagte der Fischer. »Vor kurzem war's noch eine Landspitze. Nun aber, seit Waldstrom und See schier toll geworden sind, sieht es ganz anders mit uns aus.«

»Ich merkte so etwas«, sagte der Priester, »indem ich im Dunkeln das Wasser entlang schlich und, ringsum nur wildes Gebrause antreffend, endlich schaute, wie sich ein betretner Fußpfad gerade in das Getos hinein verlor. Nun sah ich das Licht in eurer Hütte und wagte mich hierher, wo ich denn meinem himmlischen Vater nicht genug danken kann, daß er mich nach meiner Rettung aus dem Gewässer auch noch zu so frommen Leuten geführt hat als zu euch; und das um so mehr, da ich nicht wissen kann, ob ich außer euch vieren noch in diesem Leben andre Menschen wieder zu sehen bekomme.«

»Wie meint Ihr das?« fragte der Fischer.

»Wißt ihr denn, wie lange dieses Treiben der Elemente währen soll?« entgegnete der Geistliche. »Und ich bin alt an Jahren. Gar leichtlich mag mein Lebensstrom eher versiegend unter die Erde gehen als die Überschwemmung des Waldstromes da draußen. Und überhaupt, es wäre ja nicht unmöglich, daß mehr und mehr schäumenden Wassers sich zwischen euch und den jenseitigen Forst drängte, bis ihr so weit von der übrigen Erde abgerissen würdet, daß euer Fischerkähnlein nicht mehr hinüberreichte und die Bewohner des festen Landes in ihren Zerstreuungen euer Alter gänzlich vergessen.«

Die alte Hausfrau fuhr hierüber zusammen, kreuzte sich und sagte: »Das verhüte Gott!« — Aber der Fischer sah sie lächelnd an und sprach: »Wie doch auch nun der Mensch ist! Es wäre ja dann nicht anders, wenigstens nicht für dich, liebe Frau, als es nun ist. Bist du denn seit vielen Jahren weiter gekommen als an die Grenze des Forstes? Und hast du andere Menschen gesehen als Undinen und mich? — Seit kurzem sind nun noch der Ritter und der Priester zu uns gekommen. Die blieben bei uns, wenn wir zur vergessenen Insel würden; also hättest du ja den besten Gewinn davon.«

»Ich weiß nicht«, sagte die alte Frau, »es wird einem doch unheimlich zumute, wenn man sich's nun so vorstellt, daß man unwiederbringlich von den andern Leuten geschieden wäre, ob man sie übrigens auch weder kennt noch sieht.«

»Du bliebest dann bei uns, du bliebest dann bei uns!« flüsterte Undine ganz leise, halb singend, und schmiegte sich inniger an Huldbrands Seite. Dieser aber war in tiefen und seltsamen Gebilden seines Innern verloren. Die Gegend jenseit des Waldwassers zog sich seit des Priesters letzten Worten immer ferner und dunkler von ihm ab, die blühende Insel, auf welcher er lebte, grünte und lachte immer frischer in sein Gemüt herein. Die Braut glühte als die schönste Rose dieses kleinen Erdstriches und auch der ganzen Welt hervor, der Priester war zur Stelle. Dazu kam noch eben, daß ein zürnender Blick der Hausfrau das schöne Mädchen traf, weil sie sich in Gegenwart des geistlichen Herrn so dicht an ihren Liebling lehnte, und es schien, als wollte ein Strom von unerfreulichen Worten folgen. Da brach es aus des Ritters Munde, daß er, gegen den Priester gewandt, sagte: »Ihr seht hier ein Brautpaar vor Euch, ehrwürdiger Herr, und wenn dies Mädchen und die guten alten Fischerleute nichts dawider haben, sollt Ihr uns heute abend noch zusammengeben.«

Die beiden alten Eheleute waren sehr verwundert. Sie hatten zwar bisher oft so etwas gedacht, aber ausgesprochen hatten sie es doch niemals, und wie nun der Ritter dies tat, kam es ihnen als etwas ganz Neues und Unerhörtes vor. Undine war plötzlich ernst geworden und sah tiefsinnig vor sich nieder, während der Priester nach den nähern Umständen fragte und sich bei den Alten nach ihrer Einwilligung erkundigte. Man kam nach mannigfachem Hin- und Herreden miteinander aufs reine; die Hausfrau ging, um den jungen Leuten das Brautgemach zu ordnen und zwei geweihte Kerzen, die sie seit langer Zeit verwahrt hielt, für die Trauungsfeierlichkeit hervorzusuchen. Der Ritter nestelte indes an seiner goldenen Kette und wollte zwei Ringe losdrehen, um sie mit der Braut wechseln zu können. Diese aber fuhr, es bemerkend, aus ihrem tiefen Sinnen auf und sprach: »Nicht also! Ganz bettelarm haben mich meine Eltern nicht in die Welt hineingeschickt; vielmehr haben sie gewißlich schon früh darauf gerechnet, daß ein solcher Abend aufgehen solle.« — Damit war sie schnell aus der Tür und kam gleich darauf mit zwei kostbaren Ringen zurück, deren einen sie ihrem Bräutigam gab und den andern für sich behielt. Der alte Fischer war ganz erstaunt darüber, und noch mehr die Hausfrau, die eben wieder hereintrat, daß beide diese Kleinodien noch niemals bei dem Kinde gesehen hatten. — »Meine Eltern«, entgegnete Undine, »ließen mir diese Dingerchen in das schöne Kleid nähen, das ich gerade anhatte, da ich zu euch kam. Sie verboten mir auch, auf irgendeine Weise jemandem davon zu sagen vor meinem Hochzeitabend. Da habe ich sie denn also stille herausgetrennt und verborgen gehalten bis heute.« — Der Priester unterbrach das weitere Fragen und Verwundern, indem er die geweihten Kerzen anzündete, sie auf einen Tisch stellte und das Brautpaar sich gegenübertreten hieß. Er gab sie sodann mit kurzen, feierlichen Worten zusammen, die alten Eheleute segneten die jungen, und die Braut lehnte sich leise zitternd und nachdenklich an den Ritter. Da sagte der Priester mit einem Male: »Ihr Leute seid doch seltsam! Was sagt ihr mir denn, ihr wäret die einzigen Menschen hier auf der Insel? Und während der ganzen Trauhandlung sah zu dem Fenster mir gegenüber ein ansehnlicher, langer Mann im weißen Mantel herein. Er muß noch vor der Türe stehen, wenn ihr ihn etwa mit ins Haus nötigen wollt.« — »Gott bewahre!« sagte die Wirtin, zusammenfahrend, der alte Fischer schüttelte schweigend den Kopf, und Huldbrand sprang nach dem Fenster. Es war ihm selbst, als sehe er noch einen weißen Streif, der aber bald im Dunkel gänzlich verschwand. Er redete dem Priester ein, daß er sich durchaus geirrt haben müsse, und man setzte sich vertraulich mitsammen um den Herd.

Siebentes Kapitel

Was sich weiter am Hochzeitsabend begab

Gar sittig und still hatte sich Undine vor und während der Trauung bewiesen, nun aber war es, als schäumten alle die wunderlichen Grillen, welche in ihr hausten, um so dreister und kecklicher auf der Oberfläche hervor. Sie neckte Bräutigam und Pflegeeltern und selbst den noch kaum so hoch verehrten Priester mit allerhand kindischen Streichen, und als die Wirtin etwas dagegen sagen wollte, brachten diese ein paar ernste Worte des Ritters, worin er Undinen mit großer Bedeutsamkeit seine Hausfrau nannte, zum Schweigen. Ihm selbst indessen, dem Ritter, gefiel Undines kindisches Bezeigen ebensowenig; aber da half kein Winken und kein Räuspern und keine tadelnde Rede. Sooft die Braut ihres Lieblings Unzufriedenheit merkte — und das geschah einigemal —, ward sie freilich stiller, setzte sich neben ihn, flüsterte ihm lächelnd etwas ins Ohr und glättete so die aufsteigenden Falten seiner Stirn. Aber gleich darauf riß sie irgendein toller Einfall wieder in das gaukelnde Treiben hinein, und es ging nur ärger als zuvor. Da sagte der Priester sehr ernsthaft und sehr freundlich: »Mein anmutiges junges Mägdlein, man kann Euch zwar nicht ohne Ergötzen ansehen, aber denkt darauf, Eure Seele beizeiten so zu stimmen, daß sie immer die Harmonie zu der Seele Eures angetrauten Bräutigams anklingen lasse.« — »Seele!« lachte Undine ihn an; »das klingt recht hübsch und mag auch für die mehrsten

Leute eine gar erbauliche und nutzreiche Regel sein. Aber wenn nun eins gar keine Seele hat, bitt' Euch, was soll es denn da stimmen? Und so geht es mir.« — Der Priester schwieg tief verletzt, im frommen Zürnen, und kehrte sein Antlitz wehmütig von dem Mädchen ab. Sie aber ging schmeichelnd auf ihn zu und sagte: »Nein, hört doch erst ordentlich, eh' Ihr bös ausseht, denn Euer Böseaussehen tut mir weh, und Ihr müßt doch keiner Kreatur weh tun, die Euch ihrerseits nichts zuleide getan hat. Zeigt Euch nur duldsam gegen mich, und ich will's Euch ordentlich sagen, wie ich's meine.«

Man sah, sie stellte sich in Bereitschaft, etwas recht Ausführliches zu erzählen, aber plötzlich stockte sie, wie von einem innern Schauer ergriffen, und brach in einen reichen Strom der wehmütigsten Tränen aus. Sie wußten alle nicht mehr, was sie recht aus ihr machen sollten, und starrten sie in unterschiedlichen Besorgnissen schweigend an. Da sagte sie endlich, sich ihre Tränen abtrocknend und den Priester ernsthaft ansehend: »Es muß etwas Liebes, aber auch etwas höchst Furchtbares um eine Seele sein. Um Gott, mein frommer Mann, wär' es nicht besser, man würde ihrer nie teilhaftig?« Sie schwieg wieder still, wie auf Antwort wartend, ihre Tränen waren gehemmt. Alle in der Hütte hatten sich von ihren Sitzen erhoben und traten schaudernd vor ihr zurück. Sie aber schien nur für den Geistlichen Augen zu haben, auf ihren Zügen malte sich der Ausdruck einer fürchtenden Neubegier, die eben deshalb den andern höchst furchtbar vorkam. — »Schwer muß die Seele lasten«, fuhr sie fort, da ihr noch niemand antwortete, »sehr schwer! Denn schon ihr annahendes Bild überschattet mich mit Angst und Trauer. Und, ach, ich war so leicht, so lustig sonst!« — Und in einen erneuten Tränenstrom brach sie aus und schlug das Gewand vor ihrem Antlitz zusammen. Da trat der Priester, ernsten Ansehens, auf sie zu und sprach sie an und beschwur sie bei den heiligsten Namen, sie solle die lichte Hülle abwerfen, falls etwas Böses in ihr sei. Sie aber sank vor ihm in die Knie, alles Fromme wiederholend, was er sprach, und Gott lobend und beteuernd, sie meine es gut mit der ganzen Welt. Da sagte endlich der Priester zum Ritter: »Herr Bräutigam, ich lasse Euch allein mit der, die ich Euch angetraut habe. Soviel ich ergründen kann, ist nichts Übles an ihr, wohl aber des Wundersamen viel. Ich empfehle Euch Vorsicht, Liebe und Treue.« — Damit ging er hinaus, die Fischerleute folgten ihm, sich bekreuzend.

Undine war auf die Knie gesunken, sie entschleierte ihr Angesicht und sagte, scheu nach Huldbranden umblickend: »Ach, nun willst du mich gewiß nicht behalten; und hab' ich doch nichts Böses getan, ich armes, armes Kind!« — Sie sah dabei so unendlich anmutig und rührend aus, daß ihr Bräutigam alles Grauens und aller Rätselhaftigkeit vergaß, zu ihr hineilend und sie in seinen Armen emporrichtend. Da lächelte sie durch ihre Tränen; es war, als wenn das Morgenrot auf kleinen Bächen spielt. — »Du kannst nicht von mir lassen!« flüsterte sie vertraulich und sicher und streichelte mit den zarten Händen des Ritters Wangen. Dieser wandte sich darüber von den furchtbaren Gedanken ab, die noch im Hintergrunde seiner Seele lauerten und ihm einreden wollten, er sei an eine Fee oder sonst ein böslich neckendes Wesen der Geisterwelt angetraut; nur noch die einzige Frage ging fast unversehens über seine Lippen: »Liebes Undinchen, sage mir doch das eine, was war es, daß du von Erdgeistern sprachst, da der Priester an die Tür klopfte, und von Kühleborn?« — »Märchen! Kindermärchen!« sagte Undine lachend und ganz wieder in ihrer gewohnten Lustigkeit. »Erst hab' ich euch damit bange gemacht, am Ende habt ihr's mich. Das ist das Ende vom Liede und vom ganzen Hochzeitabend.« — »Nein, das ist es nicht«, sagte der von Liebe berauschte Ritter, löschte die Kerzen und trug seine schöne Geliebte unter tausend Küssen, vom Monde, der hell durch die Fenster hereinsah, anmutig beleuchtet, zu der Brautkammer hinein.

Achtes Kapitel

Der Tag nach der Hochzeit

Ein frisches Morgenlicht weckte die jungen Eheleute. Undine verbarg sich schamhaft unter ihre Decken, und Huldbrand lag still sinnend vor sich hin. Sooft er in der Nacht eingeschlafen war, hatten ihn wunderlich grausende Träume verstört von Gespenstern, die sich heimlich grinsend in schöne Frauen zu verkleiden strebten, von schönen Frauen, die mit einem Male Drachen-Angesichter bekamen. Und wenn er von den häßlichen Gebilden in die Höhe fuhr, stand das Mondlicht bleich und kalt draußen vor den Fenstern; entsetzt blickte er nach Undinen, an deren Busen er eingeschlafen war und die in unverwandelter Schönheit und Anmut neben ihm ruhte. Dann drückte er einen leichten Kuß auf die rosigen Lippen und schlief wieder ein, um von neuen Schrecken erweckt zu werden. Nachdem er sich nun alles dieses recht im vollen Wachen überlegt hatte, schalt er sich selbst über jedweden Zweifel aus, der ihn an seiner schönen Frau hatte irremachen können. Er bat ihr auch sein Unrecht mit klaren Worten ab, sie aber reichte ihm nur die schöne Hand, seufzte aus tiefem Herzen und blieb still. Aber ein unendlich inniger Blick aus ihren Augen, wie er ihn noch nie gesehen hatte, ließ ihm keinen Zweifel, daß Undine von keinem Unwillen gegen ihn wisse. Er stand dann heiter auf und ging zu den Hausgenossen in das gemeinsame Zimmer vor. Die drei saßen mit besorglichen Mienen um den Herd, ohne daß sich einer getraut hätte, seine Worte laut werden zu lassen. Es sah aus, als bete der Priester in seinem Innern um Abwendung alles Übels. Da man nun aber den jungen Ehemann so vergnügt hervorgehen sah, glätteten sich auch die Falten in den übrigen Angesichtern; ja der alte Fischer fing an, mit dem Ritter zu scherzen, auf eine recht sittige, ehrbare Weise, so daß selbst die alte Hausfrau ganz freundlich dazu lächelte. Darüber war endlich Undine auch fertig geworden und trat in die Tür; alle wollten ihr entgegengehen, und alle blieben voll Verwunderung stehen, so fremd kam ihnen die junge Frau vor, und doch so wohlbekannt. Der Priester schritt zuerst, mit Vaterliebe in den leuchtenden Blicken, auf sie zu, und wie er die Hand zum Segnen emporhob, sank das schöne Weib andächtig schaudernd vor ihm in die Knie. Sie bat ihn darauf mit einigen freundlich demütigen Worten wegen des Törichten, das sie gestern gesprochen haben möge, um Verzeihung und ersuchte ihn mit sehr bewegtem Tone, daß er für das Heil ihrer Seele beten wolle. Dann erhob sie sich, küßte ihre Pflegeeltern und sagte, für alles genossene Gute dankend: »O jetzt fühle ich es im innersten Herzen, wie viel, wie unendlich viel ihr für mich getan habt, ihr lieben, lieben Leute!« — Sie konnte erst gar nicht wieder von ihren Liebkosungen abbrechen, aber kaum gewahrte sie, daß die Hausfrau nach dem Frühstücke hinsah, so stand sie auch bereits am Herde, kochte und ordnete an und litt nicht, daß die gute alte Mutter auch nur die geringste Mühewaltung über sich nahm.

Sie blieb den ganzen Tag lang so; still, freundlich und achtsam, ein Hausmütterlein und ein zart verschämtes, jungfräuliches Wesen zugleich. Die drei, welche sich schon länger kannten, dachten in jedem Augenblick irgendein wunderliches Wechselspiel ihres launischen Sinnes hervorbrechen zu sehen. Aber sie warteten vergebens darauf. Undine blieb engelmild und sanft. Der Priester konnte seine Augen gar nicht von ihr wegwenden und sagte mehrere Male zum Bräutigam: »Herr, einen Schatz hat Euch gestern die himmlische Güte durch mich Unwürdigen anvertraut; wahrt ihn, wie es sich gebührt, so wird er Euer ewiges und zeitliches Heil befördern.«

Gegen Abend hing sich Undine mit demütiger Zärtlichkeit an des Ritters Arm und zog ihn sanft vor die Tür hinaus, wo die sinkende Sonne anmutig über den frischen Gräsern und um die hohen, schlanken Baumstämme leuchtete. In den Augen der jungen Frau schwamm es wie Tau der Wehmut und der Liebe, auf ihren Lippen schwebte es wie ein zartes, besorgliches Geheimnis, das sich aber nur in kaum vernehmlichen Seufzern kundgab. Sie führte ihren Liebling schweigend immer weiter mit sich fort; was er sagte, beantwortete sie nur mit Blicken, in denen zwar keine unmittelbare Auskunft auf seine Fragen, wohl aber ein ganzer Himmel der Liebe und schüchternen Ergebenheit lag. So gelangten sie an das Ufer des übergetretenen Waldstroms, und der Ritter erstaunte, diesen in leisen Wellen verrinnend dahinrieseln zu sehen, so daß keine Spur seiner vorigen Wildheit und Fülle mehr anzutreffen war. — »Bis morgen wird er ganz versiegt sein«, sagte die schöne Frau weinerlich, »und du kannst dann ohne Widerspruch reisen, wohinaus du willst.« — »Nicht ohne dich, Undinchen«, entgegnete der lachende Ritter; »denke doch, wenn ich auch Lust hätte auszureisen, so müßte ja Kirche und Geistlichkeit und Kaiser und Reich dreinschlagen und dir den Flüchtling wiederbringen.« — »Kommt alles auf dich an, kommt alles auf dich an«, flüsterte die Kleine, halb weinend, halb lächelnd. »Ich denke aber doch, du wirst mich wohl behalten; ich bin dir ja gar zu innig gut. Trage mich nun hinüber auf die kleine Insel, die vor uns liegt. Da soll sich's entscheiden. Ich könnte wohl leichtlich selbst durch die Wellchen schlüpfen, aber in deinen Armen ruht sich's gut, und verstößest du mich, so hab' ich doch noch zum letzten Male anmutig darin geruht.« — Huldbrand, voll von einer seltsamen Bangigkeit und Rührung, wußte ihr nichts zu erwidern. Er nahm sie in seine Arme und trug sie hinüber, sich nun erst besinnend, daß es dieselbe kleine Insel war, von wo er sie in jener ersten Nacht dem alten Fischer zurückgetragen hatte. Jenseits ließ er sie in das weiche Gras nieder und wollte sich schmeichelnd neben seine schöne Bürde setzen; sie aber sagte: »Nein, dorthin, mir gegenüber. Ich will in deinen Augen lesen, noch ehe deine Lippen sprechen. Höre nun recht achtsam zu, was ich dir erzählen will.« Und sie begann:

»Du sollst wissen, mein süßer Liebling, daß es in den Elementen Wesen gibt, die fast aussehen wie ihr und sich doch nur selten vor euch blicken lassen. In den Flammen glitzern und spielen die wunderlichen Salamander, in der Erden tief hausen die dürren tückischen Gnomen, durch die Wälder streifen die Waldleute, die der Luft angehören, und in den Seen und Strömen und Bächen lebt der Wassergeister ausgebreitetes Geschlecht. In klingenden Kristallgewölben, durch die der Himmel mit Sonn' und Sternen hereinsieht, wohnt sich's schön; hohe Korallenbäume mit blauen und roten Früchten leuchten in den Gärten; über reinlichen Meeressand wandelt man und über schöne, bunte Muscheln und was die alte Welt des also Schönen besaß, daß die heutige nicht mehr sich dran zu freuen würdig ist, das überzogen die Fluten mit ihren heimlichen Silberschleiern, und unten prangen nun die edlen Denkmale, hoch und ernst, und anmutig betaut vom liebenden Gewässer, das aus ihnen schöne Moosblumen und kränzende Schilfbüschel hervorlockt. Die aber dort wohnen, sind gar hold und lieblich anzuschauen, meist schöner, als die Menschen sind. Manch einem Fischer ward es schon so gut, ein zartes Wasserweib zu belauschen, wie sie über die Fluten hervorstieg und sang. Der erzählte dann von ihrer Schöne weiter, und solche wundersame Frauen werden von den Menschen Undinen genannt. Du aber siehst jetzt wirklich eine Undine, lieber Freund.«

Der Ritter wollte sich einreden, seiner schönen Frau sei irgendeine ihrer seltsamen Launen wach geworden und sie finde ihre Lust daran, ihn mit bunt erdachten Geschichten zu necken. Aber so sehr er sich dies auch vorsagte, konnte er doch keinen Augenblick daran glauben; ein seltsamer Schauder zog durch sein Innres; unfähig, ein Wort hervorzubringen, starrte er unverwandten Auges die holde Erzählerin an. Diese schüttelte betrübt den Kopf, seufzte aus vollem Herzen und fuhr alsdann folgendermaßen fort:

»Wir wären weit besser daran als ihr anderen Menschen — denn Menschen nennen wir uns auch, wie wir es denn der Bildung und dem Leibe nach sind —, aber es ist ein gar Übles dabei. Wir und unsresgleichen in den anderen Elementen, wir zerstieben und vergehen mit Geist und Leib, daß keine Spur von uns rückbleibt, und wenn ihr andern dermaleinst zu einem reinern Leben erwacht, sind wir geblieben, wo Sand und Funk' und Wind und Welle blieb. Darum haben wir auch keine Seelen; das Element bewegt uns, gehorcht uns oft, solange wir leben, zerstäubt uns immer, sobald wir sterben, und wir sind lustig, ohne uns irgend zu grämen, wie es die Nachtigallen und Goldfischlein und andere hübsche Kinder der Natur ja gleichfalls sind. Aber alles will höher, als es steht. So wollte mein Vater, der ein mächtiger Wasserfürst im Mittelländischen Meere ist, seine einzige Tochter solle einer Seele teilhaftig werden, und müsse sie darüber auch viele Leiden der beseelten Leute bestehen. Eine Seele aber kann unsersgleichen nur durch den innigsten Verein der Liebe mit einem eures Geschlechtes gewinnen. Nun bin ich beseelt, dir dank' ich die Seele, o du unaussprechlich Geliebter, und dir werd' ich es danken, wenn du mich auch mein ganzes Leben hindurch elend machst. Denn was soll aus mir werden, wenn du mich scheuest und mich verstößest? Durch Trug aber mocht' ich dich nicht behalten. Und willst du mich verstoßen, so tu es nun, so geh allein ans Ufer zurück. Ich tauche mich in diesen Bach, der mein Oheim ist und hier im Walde sein wunderliches Einsiedlerleben, von den übrigen Freunden entfernet, führt. Er ist aber mächtig und vielen großen Strömen wert und teuer, und wie er mich herführte zu den Fischern, mich leichtes und lachendes Kind, wird er mich auch wieder heimführen zu den Eltern, mich beseelte, liebende, leidende Frau.«

Sie wollte noch mehr sagen, aber Huldbrand umfaßte sie voll der innigsten Rührung und Liebe und trug sie wieder ans Ufer zurück. Hier erst schwur er unter Tränen und Küssen, sein holdes Weib niemals zu verlassen, und pries sich glücklicher als den griechischen Bildner Pygmalion, welchem Frau Venus seinen schönen Stein zur Geliebten belebt habe. Im süßen Vertrauen wandelte Undine an seinem Arme nach der Hütte zurück und empfand nun erst von ganzem Herzen, wie wenig sie die verlassenen Kristallpaläste ihres wundersamen Vaters bedauern dürfe.

Neuntes Kapitel

Wie der Ritter seine junge Frau mit sich führte

Als Huldbrand am andern Morgen vom Schlaf erwachte, fehlte seine schöne Genossin an seiner Seiten, und er fing schon an, wieder den wunderlichen Gedanken nachzuhängen, die ihm seine Ehe und die reizende Undine selbst als ein flüchtiges Blendwerk und Gaukelspiel vorstellen wollten. Aber da trat sie eben zur Tür herein, küßte ihn, setzte sich zu ihm aufs Bett und sagte: »Ich bin etwas früh hinaus gewesen, um zu sehen, ob der Oheim Wort halte. Er hat schon alle Fluten wieder in sein stilles Bett zurückgelenkt und rinnt nun nach wie vor einsiedlerisch und sinnend durch den Wald. Seine Freunde in Wasser und Luft haben sich auch zur Ruhe begeben; es wird wieder alles ordentlich und ruhig in diesen Gegenden zugehen, und du kannst trockenen Fußes heimreisen, sobald du willst.« — Es war Huldbranden zumute, als träumte er wachend fort, so wenig konnte er sich in die seltsame Verwandtschaft seiner Frau finden. Dennoch ließ er sich nichts merken, und die unendliche Anmut des holden Weibes wiegte auch bald jedwede unheimliche Ahnung zur Ruhe. — Als er nach einer Weile mit ihr vor der Tür stand und die grünende Seespitze mit ihren klaren Wassergrenzen überschaute, ward es ihm so wohl in dieser Wiege seiner Liebe, daß er sagte: »Was sollen wir denn auch heute schon reisen? Wir finden wohl keine vergnügteren Tage in der Welt haußen, als wir sie an diesem heimlichen Schutzörtlein verlebten. Laß uns immer noch zwei- oder dreimal die Sonne hier untergehen sehen.« — »Wie mein Herr es gebeut«, entgegnete Undine in freundlicher Demut. »Es ist nur, daß sich die alten Leute ohnehin schon mit Schmerzen von mir trennen werden, und wenn sie nun erst die treue Seele in mir spüren und wie ich jetzt innig lieben und ehren kann, bricht ihnen wohl gar vor vielen Tränen das schwache Augenlicht. Noch halten sie meine Stille und Frömmigkeit für nichts Besseres, als es sonst in mir bedeutete, für die Ruhe des Sees, wenn eben die Luft still ist, und sie werden sich nun ebensogut einem Bäumchen oder Blümlein befreunden lernen als mir. Laß mich ihnen dies neugeschenkte, von Liebe wallende Herz nicht kundgeben in Augenblicken, wo sie es für diese Erde verlieren sollen, und wie könnt' ich es bergen, blieben wir länger zusammen?« —

Huldbrand gab ihr recht; er ging zu den Alten und besprach die Reise mit ihnen, die noch in dieser Stunde vor sich gehen sollte. Der Priester bot sich den beiden jungen Eheleuten zum Begleiter an, er und der Ritter hoben nach kurzem Abschied die schöne Frau aufs

Pferd und schritten mit ihr über das ausgetrocknete Bette des Waldstroms eilig dem Forste zu. Undine weinte still, aber bitterlich, die alten Leute klagten ihr laut nach. Es schien, als sei diesen eine Ahnung aufgegangen von dem, was sie eben jetzt an der holden Pflegetochter verloren.

Die drei Reisenden waren schweigend in die dichtesten Schatten des Waldes gelangt. Es mochte hübsch anzusehen sein in dem grünen Blättersaal, wie die schöne Frauengestalt auf dem edlen, zierlich geschmückten Pferde saß und von einer Seite der ehrwürdige Priester in seiner weißen Ordenstracht, von der andern der blühende junge Ritter in bunten hellen Kleidern, mit seinem prächtigen Schwerte umgürtet, achtsam beiherschritten. Huldbrand hatte nur Augen für sein holdes Weib; Undine, die ihre lieben Tränen getrocknet hatte, nur Augen für ihn, und sie gerieten bald in ein stilles, lautloses Gespräch mit Blicken und Winken, aus dem sie erst spät durch ein leises Reden erweckt wurden, welches der Priester mit einem vierten Reisegesellschafter hielt, der indes unbemerkt zu ihnen gekommen war.

Er trug ein weißes Kleid, fast wie des Priesters Ordenshabit, nur daß ihm die Kappe ganz tief ins Gesicht hereinhing und das Ganze in so weiten Falten um ihn herflog, daß er alle Augenblicke mit Aufraffen und Über-den-Arm-Schlagen oder sonst dergleichen Anordnungen zu tun hatte, ohne daß er doch dadurch im geringsten im Gehen behindert schien. Als die jungen Eheleute seiner gewahr wurden, sagte er eben: »Und so wohn' ich denn schon seit vielen Jahren hier im Walde, mein ehrwürdiger Herr, ohne daß man mich Eurem Sinne nach einen Eremiten nennen könnte. Denn wie gesagt, von Buße weiß ich nichts und glaube sie auch nicht sonderlich zu bedürfen. Ich habe nur deswegen den Wald so lieb, weil es sich auf eine ganz eigene Weise hübsch ausnimmt und mir Spaß macht, wenn ich in meinen flatternden weißen Kleidern durch die finstern Schatten und Blätter hingehe und dann bisweilen ein süßer Sonnenstrahl unvermutet auf mich herunterblitzt.« — »Ihr seid ein höchst seltsamer Mann«, entgegnete der Priester, »und ich möchte wohl nähere Kunde von Euch haben.« — »Und wer seid Ihr denn, von einem aufs andre zu kommen?« fragte der Fremde. »Sie nennen mich den Pater Heilmann«, sprach der Geistliche, »und ich komme aus Kloster Mariagruß von jenseit des Sees.« — »So, so«, antwortete der Fremde. »Ich heiße Kühleborn, und wenn es auf Höflichkeit ankommt, könnte man mich auch ebensogut Herr von Kühleborn betiteln oder Freiherr von Kühleborn; denn frei bin ich wie der Vogel im Walde und wohl noch ein bißchen drüber. Zum Exempel, jetzt hab' ich der jungen Frau dort etwas zu erzählen.« Und ehe man sich's versah, war er auf der andern Seite des Priesters, dicht neben Undinen, und reckte sich hoch in die Höhe, um ihr etwas ins Ohr zu flüstern. Sie aber wandte sich erschrocken ab, sagend: »Ich habe nichts mit Euch mehr zu schaffen.« — »Hoho«, lachte der Fremde, »was für eine ungeheuer vornehme Heirat habt Ihr denn getan, daß Ihr Eure Verwandten nicht mehr kennt? Wißt Ihr denn nicht vom Oheim Kühleborn, der Euch auf seinem Rücken so treu in diese

Gegend trug?« — »Ich bitte Euch aber«, entgegnete Undine, »daß Ihr Euch nicht wieder vor mir sehen laßt. Jetzt fürcht' ich Euch; und soll mein Mann mich scheuen lernen, wenn er mich in so seltsamer Gesellschaft und Verwandtschaft sieht?« — »Nichtchen«, sagte Kühleborn, »Ihr müßt nicht vergessen, daß ich hier zum Geleiter bei Euch bin; die spukenden Erdgeister möchten sonst dummen Spaß mit Euch treiben. Laßt mich also doch immer ruhig mitgehen; der alte Priester dort wußte sich übrigens meiner besser zu erinnern, als Ihr es zu tun scheint, denn er versicherte vorhin, ich käme ihm sehr bekannt vor und ich müsse wohl mit im Nachen gewesen sein, aus dem er ins Wasser fiel. Das war ich auch freilich, denn ich war just die Wasserhose, die ihn herausriß, und schwemmt' ihn hernach zu deiner Trauung vollends ans Land.«

Undine und der Ritter sahen nach Pater Heilmann; der aber schien in einem wandelnden Traume fortzugehen und von allem, was gesprochen ward, nichts mehr zu vernehmen. Da sagte Undine zu Kühleborn: »Ich sehe dort schon das Ende des Waldes. Wir brauchen Eurer Hilfe nicht mehr, und nichts macht uns Grauen als Ihr. Drum bitt' Euch in Lieb' und Güte, verschwindet, und laßt uns in Frieden ziehn.« Darüber schien Kühleborn unwillig zu werden: er zog ein häßliches Gesicht und grinste Undinen an, die laut aufschrie und ihren Freund zu Hilfe rief. Wie ein Blitz war der Ritter um das Pferd herum und schwang die scharfe Klinge gegen Kühleborns Haupt. Aber er hieb in einen Wasserfall, der von einer hohen Klippe neben ihnen herabschäumte und sie plötzlich mit einem Geplätscher, das beinahe wie Lachen klang, übergoß und bis auf die Haut durchnetzte. Der Priester sagte, wie plötzlich erwachend: »Das hab' ich lange gedacht, weil der Bach so dicht auf der Anhöhe neben uns herlief. Anfangs wollt' es mir gar vorkommen, als wär' er ein Mensch und könne sprechen.« In Huldbrands Ohr rauschte der Wasserfall ganz vernehmlich diese Worte: »Rascher Ritter, rüst'ger Ritter, ich zürne nicht, ich zanke nicht; schirm nur dein reizend Weiblein stets so gut, du Ritter rüstig, du rasches Blut!« Nach wenigen Schritten waren sie im Freien. Die Reichsstadt lag glänzend vor ihnen, und die Abendsonne, welche deren Türme vergoldete, trocknete freundlich die Kleider der durchnäßten Wandrer.

Zehntes Kapitel

Wie sie in der Stadt lebten

Daß der junge Ritter Huldbrand von Ringstetten so plötzlich vermißt worden war, hatte großes Aufsehen in der Reichsstadt erregt und Bekümmernis bei den Leuten, die ihn allesamt wegen seiner Gewandtheit bei Turnier und Tanz wie auch wegen seiner milden, freundlichen Sitten liebgewonnen hatten. Seine Diener wollten nicht ohne ihren Herrn von dem Orte wieder weg, ohne daß doch einer den Mut gefaßt hätte, ihm in die Schatten des gefürchteten Forstes nachzureiten. Sie blieben also in ihrer Herberge, untätig hoffend, wie es die Menschen zu tun pflegen und durch ihre Klagen das Andenken des Verlornen lebendig erhalten. Wie nun bald darauf die großen Unwetter und Überschwemmungen merkbarer wurden, zweifelte man um so minder an dem gewissen Untergange des schönen Fremden, den auch Bertalda ganz unverhohlen betrauerte und sich selbst verwünschte, daß sie ihn zu dem unseligen Ritte nach dem Walde gelockt habe. Ihre herzoglichen Pflegeeltern waren gekommen, sie abzuholen, aber Bertalda bewog sie, mit ihr zu bleiben, bis man gewisse Nachricht von Huldbrands Leben oder Tod einziehe. Sie suchte verschiedne junge Ritter, die emsig um sie warben, zu bewegen, daß sie dem edlen Abenteurer in den Forst nachziehen möchten. Aber ihre Hand mochte sie nicht zum Preise des Wagestücks ausstellen, weil sie vielleicht noch immer hoffte, dem Wiederkehrenden angehören zu können, und um Handschuh oder Band, oder auch selbst um einen Kuß, wollte niemand sein Leben daransetzen, einen so gar gefährlichen Nebenbuhler zurückzuholen.

Nun, da Huldbrand unerwartet und plötzlich erschien, freuten sich Diener und Stadtbewohner und überhaupt fast alle Leute, nur Bertalda eben nicht, denn wenn es den andern auch ganz lieb war, daß er eine so wunderschöne Frau mitbrachte und den Pater Heilmann als Zeugen der Trauung, so konnte doch Bertalda nicht anders, als sich deshalb betrüben. Erstlich hatte sie den jungen Rittersmann wirklich von ganzer Seele liebgewonnen, und dann war durch ihre Trauer über sein Wegbleiben den Augen der Menschen weit mehr davon kundgeworden, als sich nun eben schicken wollte. Sie tat deswegen aber doch immer als ein kluges Weib, fand sich in die Umstände und lebte aufs allerfreundlichste mit Undinen, die man in der ganzen Stadt für eine Prinzessin hielt, welche Huldbrand im Walde von irgendeinem bösen Zauber erlöst habe. Wenn man sie selbst oder ihren Eheherrn darüber befragte, wußten sie zu schweigen oder geschickt auszuweichen, des Pater Heilmann Lippen waren für jedes eitle Geschwätz versiegelt, und ohnehin war er gleich nach Huldbrands Ankunft wieder in sein Kloster zurückgegangen, so daß sich die Leute mit ihren seltsamen Mutmaßungen behelfen mußten und auch selbst Bertalda nicht mehr als jeder andre von der Wahrheit erfuhr.

Undine gewann übrigens dies anmutige Mädchen mit jedem Tage lieber. »Wir müssen uns einander schon eher gekannt haben«, pflegte sie ihr öfters zu sagen, »oder es muß sonst irgendeine wundersame Beziehung unter uns geben, denn so ganz ohne Ursache, versteht mich, ohne tiefe, geheime Ursache, gewinnt man ein andres nicht so lieb, als ich Euch gleich vom ersten Anblicke her gewann.« Und auch Bertalda konnte sich nicht ableugnen, daß sie einen Zug der Vertraulichkeit und Liebe zu Undinen empfinde, wie sehr sie übrigens meinte, Ursache zu den bittersten Klagen über diese glückliche Nebenbuhlerin zu haben. In dieser gegenseitigen Neigung wußte die eine bei ihren Pflegeeltern, die andre bei ihrem Ehegatten den Tag der Abreise weiter und weiter hinauszuschieben; ja es war schon die Rede davon gewesen,

Bertalda solle Undinen auf einige Zeit nach Burg Ringstetten an die Quellen der Donau begleiten.

Sie sprachen auch einmal eines schönen Abends davon, als sie eben bei Sternenschein auf dem mit hohen Bäumen eingefaßten Markte der Reichsstadt umherwandelten. Die beiden jungen Eheleute hatten Bertalda noch spät zu einem Spaziergange abgeholt, und alle drei zogen vertraulich unter dem tiefblauen Himmel auf und ab, oftmals in ihren Gesprächen durch die Bewunderung unterbrochen, die sie dem kostbaren Springborn in der Mitte des Platzes und seinem wundersamen Rauschen und Sprudeln zollen mußten. Es war ihnen so lieb und heimlich zu Sinn; zwischen die Baumschatten durch stahlen sich die Lichtschimmer der nahen Häuser, ein stilles Gesumse von spielenden Kindern und andern lustwandelnden Menschen wogte um sie her; man war so allein und doch so freundlich in der heitern, lebendigen Welt mitten inne; was bei Tage Schwierigkeit geschienen hatte, das ebnete sich nun wie von selber, und die drei Freunde konnten gar nicht mehr begreifen, warum wegen Bertaldas Mitreise auch nur die geringste Bedenklichkeit habe obwalten mögen. Da kam, als sie eben den Tag ihrer gemeinschaftlichen Abfahrt bestimmen wollten, ein langer Mann von der Mitte des Marktplatzes her auf sie zugegangen, neigte sich ehrerbietig vor der Gesellschaft und sagte der jungen Frau etwas ins Ohr. Sie trat, unzufrieden über die Störung und über den Störer, einige Schritte mit dem Fremden zur Seite, und beide begannen miteinander zu flüstern, es schien, in einer fremden Sprache. Huldbrand glaubte den seltsamen

Mann zu kennen und sah so starr auf ihn hin, daß er Bertaldas staunende Fragen weder hörte noch beantwortete. Mit einem Male klopfte Undine freudig in die Hände und ließ den Fremden lachend stehen, der sich mit vielem Kopfschütteln und hastigen, unzufriedenen Schritten entfernte und in den Brunnen hineinstieg. Nun glaubte Huldbrand seiner Sache ganz gewiß zu sein. Bertalda aber fragte: »Was wollte dir denn der Brunnenmeister, liebe Undine?« Die junge Frau lachte heimlich in sich hinein und erwiderte: »Übermorgen, auf deinen Namenstag, sollst du's erfahren, du liebliches Kind.« Und weiter war nichts aus ihr herauszubringen. Sie lud nun Bertalda und durch sie ihre Pflegeeltern an dem bestimmten Tage zur Mittagstafel, und man ging bald darauf auseinander.

»Kühleborn?« fragte Huldbrand mit einem geheimen Schauder seine schöne Gattin, als sie von Bertalda Abschied genommen hatten und nun allein durch die dunkler werdenden Gassen nach Haus gingen. »Ja, er war es«, antwortete Undine, »und er wollte mir auch allerhand dummes Zeug vorsprechen! Aber mitten darin hat er mich, ganz gegen seine Absicht, mit einer höchst willkommenen Botschaft erfreut. Willst du diese nun gleich wissen, mein holder Herr und Gemahl, so brauchst du nur zu gebieten, und ich spreche mir alles vom Herzen los. Wolltest du aber deiner Undine eine recht, recht große Freude gönnen, so ließest du es bis übermorgen und hättest dann auch an der Überraschung dein Teil.«

Der Ritter gewährte seiner Gattin gern, worum sie so anmutig bat, und noch im Entschlummern lispelte sie lächelnd vor sich hin: »Was sie sich freuen wird und sich wundern über ihres Brunnenmeisters Botschaft, die liebe, liebe Bertalda!«

Elftes Kapitel

Bertaldas Namensfieber

Die Gesellschaft saß bei Tafel, Bertalda, mit Kleinodien und Blumen, den mannigfachen Geschenken ihrer Pflegeeltern und Freunde, geschmückt wie eine Frühlingsgöttin, obenan, zu ihren Seiten Undine und Huldbrand. Als das reiche Mahl zu Ende ging und man den Nachtisch auftrug, blieben die Türen offen; nach alter guter Sitte in deutschen Landen, damit auch das Volk zusehen könne und sich an der Lustigkeit der Herrschaften mitfreuen. Bediente trugen Wein und Kuchen unter den Zuschauern herum. Huldbrand und Bertalda warteten mit heimlicher Ungeduld auf die versprochene Erklärung und verwandten, so sehr es sich tun ließ, keine Auge von Undinen. Aber die schöne Frau blieb noch immer still und lächelte nur heimlich und innig froh vor sich hin. Wer um ihre getane Verheißung wußte, konnte sehen, daß sie ihr erquickendes Geheimnis alle Augenblick verraten wollte und es doch noch immer in lüsterner Entsagung zurücklegte, wie es Kinder bisweilen mit ihren liebsten Leckerbissen tun. Bertalda und Huldbrand teilten dies wonnige Gefühl, in hoffender Bangigkeit das neue Glück erwartend, welches von ihrer

Freundin Lippen auf sie herniedertauen sollte. Da baten verschiedene von der Gesellschaft Undinen um ein Lied. Es schien ihr gelegen zu kommen, sie ließ sich sogleich ihre Laute bringen und sang folgende Worte:

Morgen so hell,
Blumen so bunt,
Gräser so duftig und hoch
An wallenden Sees Gestade!
Was zwischen den Gräsern
Schimmert so licht?
Ist's eine Blüte weiß und groß,
Vom Himmel gefallen in Wiesenschoß?
Ach, ist ein zartes Kind! —
Unbewußt mit Blumen tändelt's,
Faßt nach goldnen Morgenlichtern; —
O woher? Woher, du Holdes? —
Fern vom unbekannten Strande
Trug es hier der See heran; —
Nein, fasse nicht, du zartes Leben,
Mit deiner kleinen Hand herum;
Nicht Hand wird dir zurückgegeben.
Die Blumen sind so fremd und stumm.
Die wissen wohl sich schön zu schmücken,
Zu duften auch nach Herzenslust,
Doch keine mag dich an sich drücken,
Fern ist die traute Mutterbrust.
So früh noch an des Lebens Toren,
Noch Himmelslächeln im Gesicht,
Hast du das Beste schon verloren,
O armes Kind, und weißt es nicht.

Ein edler Herzog kommt geritten
Und hemmt vor dir des Rosses Lauf;
Zu hoher Kunst und reinen Sitten
Zieht er in seiner Burg dich auf.
Du hast unendlich viel gewonnen,
Du blühst, die Schönst' im ganzen Land,
Doch ach! die allerbesten Wonnen
Ließ'st du am unbekannten Strand.

Undine senkte mit einem wehmütigen Lächeln ihre Laute; die Augen der herzoglichen Pflegeeltern Bertaldas standen voller Tränen. »So war es am Morgen, wo ich dich fand, du arme, holde Waise«, sagte der Herzog tief bewegt; »die schöne Sängerin hat wohl recht; das Beste haben wir dir dennoch nicht zu geben vermocht.« —

»Wir müssen aber auch hören, wie es den armen Eltern ergangen ist«, sagte Undine, schlug die Saiten und sang:

Mutter geht durch ihre Kammern,
Räumt die Schränke ein und aus,
Sucht, und weiß nicht was, mit Jammern,
Findet nichts als leeres Haus.

Leeres Haus! O Wort der Klage,
Dem, der einst ein holdes Kind
Drin gegängelt hat am Tage,
Drin gewiegt in Nächten lind.

Wieder grünen wohl die Buchen,
Wieder kommt der Sonne Licht,
Aber, Mutter, laß dein Suchen,
Wieder kommt dein Liebes nicht.

Und wenn Abendlüfte fächeln,
Vater heim zum Herde kehrt,
Regt sich's fast in ihm wie Lächeln,
Dran doch gleich die Träne zehrt.

Vater weiß, in seinen Zimmern
Findet er die Todesruh,
Hört nur bleicher Mutter Wimmern,
Und kein Kindlein lacht ihm zu.

»Oh, um Gott, Undine, wo sind meine Eltern?« rief die weinende Bertalda. »Du weißt es gewiß, du hast es erfahren, du wundersame Frau, denn sonst hättest du mir das Herz nicht so zerrissen. Sind sie vielleicht schon hier? Wär' es?« — Ihr Auge durchflog die glänzende Gesellschaft und weilte auf einer regierenden Herrin, die ihrem Pflegevater zunächst saß. Da beugte sich Undine nach der Tür zurück, ihre Augen flossen in der süßesten Rührung über. »Wo sind denn die armen, harrenden Eltern?« fragte sie, und der alte Fischer mit seiner Frau wankten aus dem Haufen der Zuschauer vor. Ihre Augen hingen fragend bald an Undinen, bald an dem schönen Fräulein, das ihre Tochter sein sollte. »Sie ist es!« stammelte die entzückte Geberin, und die zwei alten Leute hingen laut weinend und Gott preisend an dem Halse der Wiedergefundenen.

Aber entsetzt und zürnend riß sich Bertalda aus ihrer Umarmung los. Es war zuviel für dieses stolze Gemüt, eine solche Wiedererkennung in dem Augenblicke, wo sie fest gemeint hatte, ihren bisherigen Glanz noch zu steigern, und die Hoffnung Thronhimmel und Kronen über ihr Haupt herunterregnen ließ. Es kam ihr vor, als habe ihre Nebenbuhlerin dies alles ersonnen, um sie nur recht ausgesucht vor Huldbranden und aller Welt zu demütigen. Sie schalt Undinen, sie schalt die beiden Alten; die häßlichen Worte: »Betrügerin und erkauftes Volk!« rissen sich von ihren Lippen. Da sagte die alte Fischerfrau nur ganz leise vor sich hin: »Ach Gott, sie ist ein böses Weibsbild geworden; und dennoch fühl' ich's im Herzen, daß sie von mir geboren ist.« Der alte Fischer hatte aber seine Hände gefaltet und betete still, daß die hier seine Tochter nicht sein möge. — Undine wankte todesbleich von den Eltern zu Bertalda, von Bertalda zu den Eltern, plötzlich aus all den Himmeln, die sie sich geträumt hatte, in eine Angst und ein Entsetzen gestürzt, das ihr bisher auch nicht im Traume kundgeworden war. »Hast du denn eine Seele? Hast du denn wirklich eine Seele, Bertalda?« schrie sie einige Male in ihre zürnende Freundin hinein, als wolle sie sie aus einem plötzlichen Wahnsinn oder einem tollmachenden Nachtgesichte gewaltsam zur Besinnung bringen. Als aber Bertalda nur immer noch ungestümer wütete, als die verstoßenen Eltern laut zu heulen anfingen und die Gesellschaft sich streitend und eifernd in verschiedne Parten teilte, erbat sie sich mit einem Male so würdig und ernst die Freiheit, in den Zimmern ihres Mannes zu reden, daß alles um sie her wie auf einen Wink stille ward. Sie trat darauf an das obere Ende des Tisches, wo Bertalda gesessen hatte, demütig und stolz, und sprach, während sich aller Augen unverwandt auf sie richteten, folgendergestalt:

»Ihr Leute, die ihr so feindlich ausseht und so zerstört und mir mein liebes Fest so grimm zerreißt, ach Gott, ich wußte von euren törichten Sitten und eurer harten Sinnesweise nichts und werde mich wohl mein lebelang nicht dreinfinden. Daß ich alles verkehrt angefangen habe, liegt nicht an mir; glaubt nur, es liegt einzig an euch, so wenig es euch auch danach aussehen mag. Ich habe euch auch deshalb nur wenig zu sagen, aber das eine muß gesagt sein: ich habe nicht gelogen. Beweise kann und will ich euch außer meiner Versicherung nicht geben, aber beschwören will ich es. Mir hat es derselbe gesagt, der Bertalda von ihren Eltern weg ins Wasser lockte und sie nachher dem Herzog in seinen Weg auf die grüne Wiese legte.«

»Sie ist eine Zauberin«, rief Bertalda, »eine Hexe, die mit bösen Geistern Umgang hat! Sie bekennt es ja selbst.«

»Das tue ich nicht«, sagte Undine, einen ganzen Himmel der Unschuld und Zuversicht in ihren Augen. »Ich bin auch keine Hexe; seht mich nur darauf an.«

»So lügt sie und prahlt«, fiel Bertalda ein, »und kann nicht behaupten, daß ich dieser niedern Leute Kind sei. Meine herzoglichen Eltern, ich bitte euch, führt mich aus dieser Gesellschaft fort und aus dieser Stadt, wo man nur darauf ausgeht, mich zu schmähen.«

Der alte, ehrsame Herzog aber blieb fest stehen, und seine Gemahlin sagte: »Wir müssen durchaus wissen, woran wir sind. Gott sei vor, daß ich eher nur einen Fuß aus diesem Saale setze.« Da näherte sich die alte Fischerin, beugte sich tief vor der Herzogin und sagte: »Ihr schließt mir das Herz auf, hohe, gottesfürchtige

Frau. Ich muß Euch sagen, wenn dieses böse Fräulein meine Tochter ist, trägt sie ein Mal, gleich einem Veilchen, zwischen beiden Schultern und ein gleiches auf dem Spann ihres linken Fußes. Wenn sie sich nur mit mir aus dem Saale entfernen wollte.« — »Ich entblöße mich nicht vor der Bäuerin«, sagte Bertalda, ihr stolz den Rücken zuwendend. — »Aber vor mir doch wohl«, entgegnete die Herzogin mit großem Ernst. »Ihr werdet mir in jenes Gemach folgen, Jungfrau, und die gute Alte kommt mit.« Die drei verschwanden, und alle übrigen blieben in großer Erwartung schweigend zurück. Nach einer kleinen Weile kamen die Frauen wieder, Bertalda totenbleich, und die Herzogin sagte: »Recht muß Recht bleiben; deshalb erklär' ich, daß unsre Frau Wirtin vollkommen wahr gesprochen hat. Bertalda ist des Fischers Tochter, und soviel ist, als man hier zu wissen braucht.« Das fürstliche Ehepaar ging mit der Pflegetochter fort; auf einen Wink des Herzogs folgte ihnen der Fischer mit seiner Frau. Die andern Gäste entfernten sich schweigend oder heimlich murmelnd, und Undine sank herzlich weinend in Huldbrands Arme.

Zwölftes Kapitel

Wie sie aus der Stadt abreisten

Dem Herrn von Ringstetten wär' es freilich lieber gewesen, wenn sich alles an diesem Tage anders gefügt hätte; aber auch so, wie es nun einmal war, konnte es ihm nicht unlieb sein, da sich seine reizende Frau so fromm und gutmütig und herzlich bewies. — Wenn ich ihr eine Seele gegeben habe, mußt' er bei sich selber sagen, gab ich ihr wohl eine bessere als meine eigne ist; und nun dachte er einzig darauf, die Weinende zufrieden zu sprechen und gleich des andern Tages einen Ort mit ihr zu verlassen, der ihr seit diesem Vorfalle zuwider sein mußte. Zwar ist es an dem, daß man sie eben nicht ungleich beurteilte. Weil man schon früher etwas Wunderbares von ihr erwartete, fiel die seltsame Entdeckung von Bertaldas Herkommen nicht allzusehr auf, und nur gegen diese war jedermann, der die Geschichte und ihr stürmisches Betragen dabei erfuhr, übel gesinnt. Davon wußten aber der Ritter und seine Frau noch nichts; außerdem wäre eins für Undinen so schmerzhaft gewesen als das andre, und so hatte man nichts Besseres zu tun, als die Mauern der alten Stadt baldmöglichst hinter sich zu lassen.

Mit den ersten Strahlen des Morgens hielt ein zierlicher Wagen für Undinen vor dem Tore der Herberge; Huldbrands und seiner Knappen Hengste stampften daneben das Pflaster. Der Ritter führte seine schöne Frau aus der Tür, da trat ihnen ein Fischermädchen in den Weg. »Wir brauchen deine Ware nicht«, sagte Huldbrand zu ihr, »wir reisen eben fort.« Da fing das Fischermädchen bitterlich an zu weinen, und nun erst sahen die Eheleute, daß es Bertalda war. Sie traten gleich mit ihr in das Gemach zurück und erfuhren von ihr, der Herzog und die Herzogin seien so erzürnt über die gestrige Härte und Heftigkeit, daß sie die Hand gänzlich von ihr abgezogen hätten, nicht ohne ihr jedoch vorher eine reiche Aussteuer zu schenken. Der Fischer sei gleichfalls wohl begabt worden und habe noch gestern abend mit seiner Frau wieder den Weg nach der Seespitze eingeschlagen.

»Ich wollte mit ihnen gehen«, fuhr sie fort, »aber der alte Fischer, der mein Vater sein soll —«

»Er ist es auch wahrhaftig, Bertalda«, unterbrach sie Undine. »Sieh nur, der, welchen du für den Brunnenmeister ansahst, erzählte mir's ausführlich. Er wollte mich abreden, daß ich dich nicht mit nach Burg Ringstetten nehmen sollte, und da fuhr ihm dieses Geheimnis heraus.« — »Nun denn«, sagte Bertalda, »mein Vater — wenn es denn so sein soll —, mein Vater sprach: ›Ich nehme dich nicht mit, bis du anders worden bist. Wage dich allein durch den verrufenen Wald zu uns hinaus; das soll die Probe sein, ob du dir etwas aus uns machst. Aber komm mir nicht wie ein Fräulein; wie eine Fischerdirne komm‹ — da will ich denn tun, wie er gesagt hat, denn von aller Welt bin ich verlassen und will als ein armes Fischerkind bei den ärmlichen Eltern einsam leben und sterben. Vor dem Wald graut es mich freilich sehr. Es sollen abscheuliche Gespenster drinnen hausen, und ich bin so furchtsam. Aber was hilft's? — Hierher kam ich nur noch, um bei der edlen Frau von Ringstetten Verzeihung dafür zu erflehen, daß ich mich gestern so ungebührlich zeigte. Ich fühle wohl, Ihr habt es gut gemeint, holde Dame, aber Ihr wußtet nicht, wie Ihr mich verletzen würdet, und da strömte mir denn in der Angst und Überraschung gar manch unsinnig verwegnes Wort über die Lippen. Ach, verzeiht, verzeiht! Ich bin ja so unglücklich schon. Denkt nur selbst, was ich noch gestern in der Frühe war, noch gestern zu Anfang Eures Festes, und was nun heut!« —

Die Worte gingen ihr unter in einem schmerzlichen Tränenstrom, und gleichfalls bitterlich weinend fiel ihr Undine um den Hals. Es dauerte lange, bis die tiefgerührte Frau ein Wort hervorbringen konnte; dann aber sagte sie: »Du sollst ja mit uns nach Ringstetten; es soll ja alles bleiben, wie es früher abgeredet war; nur nenne mich wieder du und nicht mehr Dame und edle Frau. Sieh, wir wurden als Kinder miteinander vertauscht; da schon verzweigte sich unser Geschick, und wir wollen es fürder so innig verzweigen, daß es keine menschliche Gewalt zu trennen imstande sein soll. Nur erst mit uns nach Ringstetten. Wie wir als Schwestern miteinander teilen wollen, besprechen wir dort.« Bertalda sah scheu nach Huldbrand empor. Ihn jammerte des schönen, bedrängten Mägdleins; er bot ihr die Hand und redete ihr kosend zu, sich ihm und seiner Gattin anzuvertrauen. »Euren Eltern«, sagte er, »schikken wir Botschaft, warum Ihr nicht gekommen seid — «, und noch manches wollte er wegen der guten Fischersleute hinzusetzen, aber er sah, wie Bertalda bei deren Erwähnung schmerzhaft zusammenfuhr, und ließ also lieber das Reden davon sein. Aber unter den Arm faßte er sie, hob sie zuerst in den Wagen, Undinen ihr nach und trabte fröhlich beiher, trieb auch den Fuhrmann so wacker an, daß sie das Gebiet der Reichsstadt und mit ihm alle trüben Erinnerungen in kurzer Zeit überflogen hatten und nun die Frauen mit besserer Lust durch die schönen Gegenden hinrollten, welche ihr Weg sie entlangführte.

Nach einigen Tagereisen kamen sie eines schönen Abends auf Burg Ringstetten an. Dem jungen Rittersmann hatten seine Vögte und Mannen viel zu berichten, so daß Undine mit Bertalden allein blieb. Die beiden ergingen sich auf dem hohen Wall der Feste und freuten sich an der anmutigen Landschaft, die sich ringsum durch das gesegnete Schwaben ausbreitete. Da trat ein langer Mann zu ihnen, der sie höflich grüßte und der Bertalden beinah vorkam wie jener Brunnenmeister in der Reichsstadt. Noch unverkennbarer ward ihr die Ähnlichkeit, als Undine ihm unwillig, ja drohend zurückwinkte und er sich mit eiligen Schritten und schüttelndem Kopfe fortmachte wie damals, worauf er in einem nahen Gebüsche verschwand. Undine aber sagte: »Fürchte dich nicht, liebes Bertaldchen; diesmal soll dir der häßliche Brunnenmeister nichts zuleide tun.« Und damit erzählte sie ihr die ganze Geschichte ausführlich und auch, wer sie selbst sei und wie Bertalda von den Fischersleuten weg, Undine aber dahin gekommen war. Die Jungfrau entsetzte sich anfänglich vor diesen Reden; sie glaubte, ihre Freundin sei von einem schnellen Wahnsinn befallen. Aber mehr und mehr überzeugte sie sich, daß alles wahr sei an Undines zusammenhängenden Worten, die zu den bisherigen Begebenheiten so gut paßten, und noch mehr an dem innern Gefühl, mit welchem sich die Wahrheit uns kundzugeben nie ermangelt. Es war ihr seltsam, daß sie nun selbst wie mitten in einem von den Märchen lebe, die sie sonst nur erzählen gehört. Sie starrte Undinen mit Ehrfurcht an, konnte sich aber eines Schauders, der zwischen sie und ihre Freundin trat, nicht mehr erwehren und mußte sich beim Abendbrot sehr darüber wundern, wie der Ritter gegen ein Wesen so verliebt und freundlich tat, welches ihr seit den letzten Entdeckungen mehr gespenstisch als menschlich vorkam.

Dreizehntes Kapitel

Wie sie auf Burg Ringstetten lebten

Der diese Geschichte aufschreibt, weil sie ihm das Herz bewegt und weil er wünscht, daß sie auch andern ein Gleiches tun möge, bittet dich, lieber Leser, um eine Gunst. Sieh es ihm nach, wenn er jetzt über einen ziemlich langen Zeitraum mit kurzen Worten hingeht und dir nur im allgemeinen sagt, was sich darin begeben hat. Er weiß wohl, daß man es recht kunstgemäß und Schritt vor Schritt entwickeln könnte, wie Huldbrands Gemüt begann, sich von Undinen ab- und Bertalden zuzuwenden, wie Bertalda dem jungen Mann mit glühender Liebe immer mehr entgegenkam und er und sie die arme Ehefrau als fremdartiges Wesen mehr zu fürchten als zu bemitleiden schienen, wie Undine weinte und ihre Tränen Gewissensbisse in des Ritters Herzen anregten, ohne jedoch die alte Liebe zu erwecken, so daß er ihr wohl zuweilen freundlich tat, aber ein kalter Schauer ihn bald von ihr weg- und dem Menschenkinde Bertalda entgegentrieb — man könnte dies alles, weiß der Schreiber, ordentlich ausführen, vielleicht sollte man's auch. Aber das Herz tut ihm dabei allzu weh, denn er hat ähnliche Dinge erlebt und scheut sich in der Erinnerung auch noch vor ihrem Schatten. Du kennst wahrscheinlich ein ähnliches Gefühl, lieber Leser, denn so ist nun einmal der sterblichen Menschen Geschick. Wohl dir, wenn du dabei mehr empfangen als ausgeteilt hast, denn hier ist Nehmen seliger als Geben. Dann schleicht dir nur ein geliebter Schmerz bei solchen Erwähnungen durch die Seele und vielleicht eine linde Träne die Wange herab, um deine verwelkten Blumenbeete, deren du dich so herzlich gefreut hattest. Damit sei es aber auch genug; wir wollen uns nicht mit tausendfach vereinzelten Stichen das Herz durchprickeln, sondern nur kurz dabei bleiben, daß es nun einmal so gekommen war, wie ich es vorhin sagte. Die arme Undine war sehr betrübt, die andern beiden waren auch nicht eben vergnügt; sonderlich meinte Bertalda bei der geringsten Abweichung von dem, was sie wünschte, den eifersüchtigen Druck der beleidigten Hausfrau zu spüren. Sie hatte sich deshalb ordentlich ein herrisches Wesen angewöhnt, dem Undine in wehmütiger Entsagung nachgab und das durch den verblendeten Huldbrand gewöhnlich aufs entschiedenste unterstützt ward. — Was die Burggesellschaft noch mehr verstörte, waren allerhand wunderliche Spukereien, die Huldbranden und Bertalden in den gewölbten Gängen des Schlosses begegneten und von denen vorher seit Menschengedenken nichts gehört worden war. Der lange, weiße Mann, in welchem Huldbrand den Oheim Kühleborn, Bertalda den gespenstischen Brunnenmeister nur allzuwohl erkannte, trat oftmals drohend vor beide, vorzüglich aber vor Bertalden hin, so daß diese schon einigemal vor Schrecken krank darniedergelegen hatte und manchmal daran dachte, die Burg zu verlassen. Teils aber war ihr Huldbrand allzu lieb, und sie stützte sich dabei auf ihre Unschuld, weil es nie zu einer eigentlichen Erklärung unter ihnen gekommen war; teils auch wußte sie nicht, wohin sie sonst ihre Schritte richten solle. Der alte Fischer hatte auf des Herrn von Ringstettens Botschaft, daß Bertalda bei ihm sei, mit einigen schwer zu lesenden Federzügen, so wie sie ihm Alter und lange Gewöhnung verstatteten, geantwortet: »Ich bin nun ein armer alter Witwer worden, denn meine liebe treue Frau ist mir gestorben. Wie sehr ich aber auch allein in der Hütte sitzen mag, Bertalda ist mir lieber dort als bei mir. Nur daß sie meiner lieben Undine nichts zuleide tue! Sonst hätte sie meinen Fluch.« Die letztern Worte schlug Bertalda in den Wind, aber das wegen des Wegbleibens vom Vater behielt sie gut, so wie wir Menschen in ähnlichen Fällen es immer zu machen pflegen.

Eines Tages war Huldbrand eben ausgeritten, als Undine das Hausgesinde versammelte, einen großen Stein herbeibringen ließ und den prächtigen Brunnen, der sich in der Mitte des Schloßhofes befand, sorgfältig damit zu bedecken befahl. Die Leute wandten ein, sie würden alsdann das Wasser weit unten aus dem Tale heraufzuholen haben. Undine lächelte wehmütig. — »Es tut mir leid um eure vermehrte Arbeit, liebe Kinder«, entgegnete sie; »ich möchte lieber selbst die Wasserkrüge heraufholen, aber dieser Brunnen muß nun einmal zu. Glaubt es mir aufs Wort, daß es nicht anders angeht und daß wir nur dadurch ein größeres Unheil zu vermeiden imstande sind.« — Die ganze Dienerschaft freute sich, ihrer sanften Hausfrau gefällig sein zu können; man fragte nicht weiter, sondern ergriff den ungeheuern Stein. Dieser hob sich unter ihren Händen und schwebte bereits über dem Brunnen, da kam Bertalda gelaufen und rief, man solle innehalten; aus diesem Brunnen lasse sie das Waschwasser holen, welches ihrer Haut so vorteilhaft sei, und sie werde nimmermehr zugeben, daß man ihn verschließe. Undine aber blieb diesmal, obgleich auf gewohnte Weise sanft, dennoch auf ungewohnte Weise bei ihrer Meinung fest; sie sagte, als Hausfrau gebühre ihr, alle Anordnungen der Wirtschaft nach bester Überzeugung einzurichten, und niemand habe sie darüber Rechenschaft abzulegen als ihrem Ehegemahl und Herrn. »Seht, o seht doch«, rief Bertalda unwillig und ängstlich, »das arme, schöne Wasser kräuselt sich und windet sich, weil es vor der klaren Sonne versteckt werden soll und vor dem erfreulichen Anblick der Menschengesichter, zu deren Spiegel es erschaffen ist!« — In der Tat zischte und regte sich die Flut im Borne ganz wunderlich; es war, als wollte sich etwas daraus hervorringen, aber Undine drang nur um so ernstlicher auf die Erfüllung ihrer Befehle. Es brauchte dieses Ernstes kaum. Das Schloßgesinde war ebenso froh, seiner milden Herrin zu gehorchen, als Bertaldas Trotz zu brechen, und so ungebärdig diese auch schelten und drohen mochte, lag dennoch in kurzer Zeit der Stein über der Öffnung des Brunnens fest. Undine lehnte sich sinnend darüber hin und schrieb mit den schönen Fingern auf der Fläche. Sie mußte aber wohl etwas sehr Scharfes und Ätzendes dabei in der Hand gehabt haben, denn als sie sich abwandte und die andern näher hinzutraten, nahmen sie allerhand seltsame Zeichen auf dem Steine wahr, die keiner vorher an demselben gesehen haben wollte.

Den heimkehrenden Ritter empfing am Abend Bertalda mit Tränen und Klagen über Undines Verfahren. Er warf ernste Blicke auf diese, und die arme Frau sah betrübt vor sich nieder. Doch sagte sie mit großer Fassung: »Mein Herr und Ehegemahl schilt ja keinen Leibeigenen, bevor er ihn hört, wie minder dann sein angetrautes Weib.« — »Sprich, was dich zu jener seltsamen Tat bewog«, sagte der Ritter mit finsterm Antlitz. — »Ganz allein möcht' ich es dir sagen!« seufzte Undine. »Du kannst es ebensogut in Bertaldas Gegenwart«, entgegnete er. »Ja, wenn du es gebeutst«, sagte Undine, »aber gebeut es nicht. Oh, bitte, bitte, gebeut es nicht.« Sie sah so demütig, hold und gehorsam aus, daß des Ritters Herz sich einem Sonnenblick aus bessern Zeiten erschloß. Er faßte sie freundlich unter den Arm und führte sie in sein Gemach, wo sie folgendermaßen zu sprechen begann:

»Du kennst ja den bösen Oheim Kühleborn, mein geliebter Herr, und bist ihm öfters unwillig in den Gängen dieser Burg begegnet. Bertalden hat er gar bisweilen zum Krankwerden erschreckt. Das macht, er ist seelenlos, ein bloßer, elementarischer Spiegel der Außenwelt, der das Innere nicht widerzustrahlen vermag. Da sieht er denn bisweilen, daß du unzufrieden mit mir bist, daß ich in meinem kindischen Sinne darüber weine, daß Bertalda vielleicht eben in derselben Stunde zufällig lacht. Nun bildet er sich allerhand Ungleiches ein und mischt sich auf vielfache Weise ungebeten in unsern Kreis. Was hilft's, daß ich ihn unfreundlich wegschicke? Er glaubt mir nicht ein Wort. Sein armes Leben hat keine Ahnung davon, wie Liebesleiden und Liebesfreuden einander so anmutig gleich sehen und so innig verschwistert sind, daß keine Gewalt sie zu trennen vermag. Unter der Träne quillt das Lächeln vor, das Lächeln lockt die Träne aus ihren Kammern.«

Sie sah lächelnd und weinend nach Huldbrand in die Höhe, der allen Zauber der alten Liebe wieder in seinem Herzen empfand. Sie fühlte das, drückte ihn inniger an sich und fuhr unter freudigen Tränen also fort:

»Da sich der Friedenstörer nicht mit Worten weisen ließ, mußte ich wohl die Tür vor ihm zusperren. Und die einzige Tür, die er zu uns hat, ist jener Brunnen. Mit den andern Quellgeistern hier in der Gegend ist er entzweit, von den nächsten Tälern an und erst weiterhin auf der Donau, wenn einige seiner guten Freunde hineingeströmt sind, fängt sein Reich wieder an. Darum ließ ich den Stein über des Brunnens Öffnung wälzen und schrieb Zeichen darauf, die alle Kraft des eifernden Oheims lähmen, so daß er nun weder dir noch mir noch Bertalden in den Weg kommen soll. Menschen freilich können trotz der Zeichen mit ganz gewöhnlichem Bemühen den Stein wieder abheben; die hindert es nicht. Willst du also, so tu nach Bertaldas Begehr, aber wahrhaftig, sie weiß nicht, was sie bittet. Auf sie hat es der ungezogene Kühleborn ganz vorzüglich abgesehen, und wenn manches käme, was er mir prophezeien wollte und was doch wohl geschehen könnte, ohne daß du es übel meintest — ach Liebster, so wärest ja auch du nicht außer Gefahr!«

Huldbrand fühlte tief im Herzen die Großmut seiner holden Frau, wie sie ihren furchtbaren Beschützer so emsig aussperrte und noch dazu von Bertalden darüber gescholten worden war. Er drückte sie daher auf das liebreichste in seine Arme und sagte gerührt: »Der Stein bleibt liegen, und alles bleibt und soll immer bleiben, wie du es haben willst, mein holdes Undinchen.« Sie schmeichelte ihm demütig, froh über die lang entbehrten Worte der Liebe, und sagte endlich: »Mein allerliebster Freund, da du heute so überaus mild und gütig bist, dürft' ich es wohl wagen, dir eine Bitte vorzutragen? Sieh nur, es ist mit dir wie mit dem Sommer. Eben in seiner besten Herrlichkeit setzt sich der flammende und donnernde Kronen von schönen Gewittern auf, darin er als ein rechter König und Erdengott anzusehen ist. So schiltst auch du bisweilen und wetterleuchtest mit Zung' und Augen, und das steht dir sehr gut, wenn ich auch bisweilen in meiner Torheit darüber zu weinen anfange. Aber tu das nie gegen mich auf einem Wasser oder wo wir auch nur einem Gewässer nahe sind. Siehe, dann bekämen die Verwandten ein Recht über mich. Unerbittlich würden sie mich von dir reißen in ihrem Grimm, weil sie meinten, daß eine ihres Geschlechtes beleidigt sei, und ich müßte lebenslang drunten in den Kristallpalästen wohnen und dürfte nie wieder zu dir herauf, oder sendeten sie mich zu dir herauf, o Gott, dann wär' es noch unendlich schlimmer. Nein, nein, du süßer Freund, dahin laß es nicht kommen, so lieb dir die arme Undine ist.«

Er verhieß feierlich, zu tun, wie sie begehre, und die beiden Eheleute traten unendlich froh und liebevoll wieder aus dem Gemach. Da kam Bertalda mit einigen Werkleuten, die sie unterdes schon hatte bescheiden lassen, und sagte mit einer mürrischen Art, die sie sich zeither angenommen hatte: »Nun ist doch wohl das geheime Gespräch zu Ende, und der Stein kann herab. Geht nur hin, ihr Leute, und richtet's aus.« Der Ritter aber, ihre Unart empört fühlend, sagte in kurzen und sehr ernstlichen Worten: »Der Stein bleibt liegen«; auch verwies er Bertalden ihre Heftigkeit gegen seine Frau, worauf die Werkleute mit heimlich vergnügtem Lächeln fortgingen, Bertalda aber von der andern Seite erbleichend nach ihren Zimmern eilte.

Die Stunde des Abendessens kam heran, und Bertalda ließ sich vergeblich erwarten. Man schickte nach ihr; da fand der Kämmerling ihre Gemächer leer und brachte nur ein versiegeltes Blatt, an den Ritter überschrieben, mit zurück. Dieser öffnete es bestürzt und las:

»Ich fühle mit Beschämung, wie ich nur eine arme Fischerdirne bin. Daß ich es auf Augenblicke vergaß, will ich in der ärmlichen Hütte meiner Eltern büßen. Lebt wohl mit Eurer schönen Frau!«

Undine war von Herzen betrübt. Sie bat Huldbrand inbrünstig, der entflohenen Freundin nachzueilen und sie wieder mit zurückzubringen. Ach, sie hatte nicht nötig zu treiben! Seine Neigung für Bertalden brach wieder heftig hervor. Er eilte im ganzen Schloß umher, fragend, ob niemand gesehen habe, welches Weges die schöne Flüchtige gegangen sei. Er konnte nichts erfahren und saß schon im Burghofe zu Pferde, entschlossen, aufs Geratewohl dem Wege nachzureiten, den er Bertalden hierher geführt hatte. Da kam ein Schildbub und versicherte, er sei dem Fräulein auf dem Pfade nach dem Schwarztale begegnet. Wie ein Pfeil sprengte der Ritter durch das Tor, der angewiesenen Richtung nach, ohne Undines ängstliche Stimme zu hören, die ihm aus dem Fenster nachrief: »Nach dem Schwarztal? Oh, dahin nicht! Huldbrand, dahin nicht! Oder um Gottes willen, nimm mich mit!« — Als sie aber all ihr Rufen vergeblich sah, ließ sie eilig ihren weißen Zelter satteln und trabte dem Ritter nach, ohne irgendeines Dieners Begleitung annehmen zu wollen.

Vierzehntes Kapitel

Wie Bertalda mit dem Ritter heimfuhr

Das Schwarztal liegt tief in die Berge hinein. Wie es jetzo heißt, kann man nicht wissen. Damals nannten es die Landleute so wegen der tiefen Dunkelheit, welche von hohen Bäumen, worunter es vorzüglich viele Tannen gab, in die Niederung heruntergestreuet ward. Selbst der Bach, der zwischen den Klippen hinstrudelte, sah davon ganz schwarz aus und gar nicht so fröhlich, wie es Gewässer wohl zu tun pflegen, die den blauen Himmel unmittelbar über sich haben. Nun, in der hereinbrechenden Dämmerung, war es vollends sehr wild und finster zwischen den Höhen geworden. Der Ritter trabte ängstlich die Bachesufer entlang; er fürchtete bald, durch Verzögerung die Flüchtige zu weit voraus zu lassen, bald wieder, in der großen Eile sie irgendwo, dafern sie sich vor ihm verstecken wolle, zu übersehen. Er war indes schon ziemlich tief in das Tal hineingekommen und konnte nun denken, das Mägdlein bald eingeholt zu haben, wenn er anders auf der rechten Spur war. Die Ahnung, daß er das auch wohl nicht sein könne, trieb sein Herz zu immer ängstlichern Schlägen. Wo sollte die zarte Bertalda bleiben, wenn er sie nicht fand, in der drohenden Wetternacht, die sich immer furchtbarer über das Tal hereinbog? Da sah er endlich etwas Weißes am Hange des Berges durch die Zweige schimmern. Er glaubte Bertaldas Gewand zu erkennen und machte sich hinzu. Sein Roß aber wollte nicht hinan; es bäumte sich so ungestüm, und er wollte so wenig Zeit verlieren, daß er — zumal da ihm wohl ohnehin zu Pferde das Gesträuch allzu hinderlich geworden wäre — absaß und den schnaubenden Hengst an eine Rüster band, worauf er sich dann vorsichtig durch die Büsche hinarbeitete. Die Zweige schlugen ihm unfreundlich Stirn und Wangen mit der kalten Nässe des Abendtaus, ein ferner Donner murmelte jenseit der Berge hin, es sah alles so seltsam aus, daß er anfing, eine Scheu vor der weißen Gestalt zu empfinden, die nun schon unfern von ihm am Boden lag. Doch konnte er ganz deutlich unterscheiden, daß es ein schlafendes oder ohnmächtiges Frauenzimmer in langen, weißen Gewändern war, wie sie Bertalda heute getragen hatte. Er trat dicht vor sie hin, rauschte an den Zweigen, klirrte an seinem Schwerte — sie regte sich nicht. — »Bertalda!« sprach er; erst leise, dann immer lauter — sie hörte nicht. Als er zuletzt den teuern Namen mit gewaltsamer Anstrengung rief, hallte ein dumpfes Echo aus den Berghöhlen des Tales lallend zurück: »Bertalda!« — aber die Schläferin blieb unerweckt. Er beugte sich zu ihr nieder; die Dunkelheit des Tales und der einbrechenden Nacht ließen keinen ihrer Gesichtszüge unterscheiden. Als er sich nun eben mit einigem gramvollen Zweifel ganz nahe zu ihr an den Boden gedrückt hatte, fuhr ein Blitz schnell erleuchtend über das Tal hin. Er sah ein abscheulich verzerrtes Antlitz dicht vor sich, das mit dumpfer Stimme rief: »Gib mir 'nen Kuß, du verliebter Schäfer.« Vor Entsetzen schreiend fuhr Huldbrand in die Höhe, die häßliche Gestalt ihm nach. — »Zu Haus!« murmelte sie; »die Unholde sind wach. Zu Haus! Sonst hab' ich dich!« — Und es griff nach ihm mit langen weißen Armen. — »Tückischer Kühleborn«, rief der Ritter, sich ermannend, »was gilt's, du bist es, du Kobold! Da hast du 'nen Kuß!« — Und wütend hieb er mit dem Schwerte gegen die Gestalt. Aber die zerstob, und ein durchnässender Wasserguß ließ dem Ritter keinen Zweifel darüber, mit welchem Feind er gestritten habe.

»Er will mich zurückschrecken von Bertalden«, sagte er laut zu sich selbst; »er denkt, ich soll mich vor seinen albernen Spukereien fürchten und ihm das arme, geängstete Mädchen hingeben, damit er sie seine Rache könne fühlen lassen. Das soll er doch nicht, der schwächliche Elementargeist. Was eine Menschenbrust vermag, wenn sie so recht will, so recht aus ihrem besten Leben will, das versteht der ohnmächtige Gaukler nicht.« — Er fühlte die Wahrheit seiner Worte und daß er sich selbst dadurch einen ganz erneuten Mut in das Herz gesprochen habe. Auch schien es, als trete das Glück mit ihm in Bund, denn noch war er nicht wieder bei seinem angebundenen Rosse, da hörte er schon ganz deutlich Bertaldas klagende Stimme, wie sie unfern von ihm durch das immer lauter werdende Geräusch des Donners und Sturmwindes hinüber weinte. Beflügelten Fußes eilt' er dem Schalle nach und fand die erbebende Jungfrau, wie sie eben die Höhe hinanzuklimmen versuchte, um sich auf alle Weise aus dem schaurigen Dunkel dieses Tales zu retten. Er aber trat ihr liebkosend in den Weg, und so kühn und stolz auch früher ihr Entschluß mochte gewesen sein, empfand sie doch jetzt nur allzu lebendig das Glück, daß ihr im Herzen geliebter Freund sie aus der furchtbaren Einsamkeit erlöse und das helle Leben in der befreundeten Burg so anmutige Arme nach ihr ausstrecke. Sie folgte fast ohne Widerspruch, aber so ermattet, daß der Ritter froh war, sie bis zu seinem Rosse geleitet zu haben, welches er nun eilig losknüpfte, um die schöne Wanderin hinaufzuheben und es alsdann am Zügel sich durch die ungewissen Schatten der Talgegend vorsichtig nachzuleiten.

Aber das Pferd war ganz verwildert durch Kühleborns tolle Erscheinung. Selbst der Ritter würde Mühe gebraucht haben, auf des bäumenden, wildschnaubenden Tieres Rücken zu springen; die zitternde Bertalda hinaufzuheben, war eine volle Unmöglichkeit. Man beschloß also, zu Fuße heimzukehren. Das Roß am Zügel nachzerrend, unterstützte der Ritter mit der anderen Hand das schwankende Mägdlein. Bertalda machte sich so stark als möglich, um den furchtbaren Talgrund schnell zu durchwandeln, aber wie Blei zog die Müdigkeit sie herab, und zugleich bebten ihr alle Glieder zusammen, teils noch von mancher überstandnen Angst, womit Kühleborn sie vorwärts gehetzt hatte, teils auch in der fortdauernden Bangigkeit vor dem Geheul des Sturmes und Donners durch die Waldung des Gebirges.

Endlich entglitt sie dem stützenden Arm ihres Führers, und auf das Moos hingesunken, sagte sie: »Laßt mich nur hier liegen, edler Herr. Ich büße meiner Torheit Schuld und muß nun doch auf alle Weise hier verkommen vor Mattigkeit und Angst.« — »Nimmermehr, holde Freundin, verlaß ich Euch!« rief Huldbrand, vergeblich bemüht, den brausenden Hengst an seiner Hand zu bändigen, der ärger als vorhin zu tosen und zu schäumen begann; der Ritter war endlich nur froh, daß er ihn von der hingesunknen Jungfrau fern genug hielt, um sie nicht durch die Furcht vor ihm noch mehr zu erschrecken. Wie er sich aber mit dem tollen Pferde nur kaum einige Schritte entfernte, begann sie auch gleich, ihm auf das allerjämmerlichste nachzurufen, des Glaubens, er wolle sie wirklich hier in der entsetzlichen Wildnis verlassen. Er wußte gar nicht mehr, was er beginnen sollte. Gern hätte er dem wütenden Tiere volle Freiheit gegeben, durch die Nacht hinzustürmen und seine Raserei auszutoben, hätte er nur nicht fürchten müssen, es würde in diesem engen Paß mit seinen beerzten Hufen eben über die Stelle hindonnern, wo Bertalda lag.

Während dieser großen Not und Verlegenheit war es ihm unendlich trostreich, daß er einen Wagen langsam den steinigen Weg hinter sich herabfahren hörte. Er rief um Beistand; eine männliche Stimme antwortete, verwies ihn zur Geduld, aber versprach zu helfen, und bald darauf leuchteten schon zwei Schimmel durch das Gebüsch, der weiße Kärrnerkittel ihres Führers nebenher, worauf sich denn auch die große Leinewand sehen ließ, mit welcher die Waren, die er bei sich führen mochte, überdeckt waren. Auf ein lautes »Brr!« aus dem Munde ihres Herrn standen die gehorsamen Schimmel. Er kam gegen den Ritter heran und half ihm das schäumende Tier zu bändigen. — »Ich merke wohl«, sagte er dabei, »was der Bestie fehlt. Als ich zuerst durch diese Gegend zog, ging es meinen Pferden nicht besser. Das macht, hier wohnt ein böser Wassernix, der an solchen Neckereien Lust hat. Aber ich hab' ein Sprüchlein gelernt; wenn Ihr mir vergönnen wolltet, dem Rosse das ins Ohr zu sagen, so sollt' es gleich so ruhig stehn wie meine Schimmel da.« — »Versucht Eu'r Heil und helft nur bald!« schrie der ungeduldige Ritter. Da bog der Fuhrmann den Kopf des bäumenden Pferdes zu sich herunter und sagte ihm einige Worte ins Ohr. Augenblicklich stand der Hengst gezähmt und friedlich still, und nur ein erhitztes Keuchen und Dampfen zeugte noch von der vorherigen Unbändigkeit. Es war nicht viel Zeit für Huldbranden, lange zu fragen, wie dies zugegangen sei. Er ward mit dem

Kärrner einig, daß er Bertalden auf den Wagen nehmen solle, wo seiner Aussage nach die weichste Baumwolle in Ballen lag, und so möge er sie bis nach Burg Ringstetten führen; der Ritter wolle den Zug zu Pferde begleiten. Aber das Roß schien von seinem vorigen Toben zu erschöpft, um noch seinen Herrn so weit zu tragen, weshalb diesem der Kärrner zuredete, mit Bertalden in den Wagen zu steigen. Das Pferd könne man ja hinten anbinden. — »Es geht bergunter«, sagte er, »und da wird's meinen Schimmeln leicht.« — Der Ritter nahm dies Erbieten an, er bestieg mit Bertalden den Wagen, der Hengst folgte geduldig nach, und rüstig und achtsam schritt der Fuhrmann beiher.

In der Stille der tiefer dunkelnden Nacht, aus der das Gewitter immer ferner und schweigsamer abdonnerte, in dem behaglichen Gefühl der Sicherheit und des bequemen Fortkommens entspann sich zwischen Huldbrand und Bertalda ein trauliches Gespräch. Mit schmeichelnden Worten schalt er sie um ihr trotziges Flüchten; mit Demut und Rührung entschuldigte sie sich, und aus allem, was sie sprach, leuchtete es hervor, gleich einer Lampe, die dem Geliebten zwischen Nacht und Geheimnis kundgibt, die Geliebte harre noch sein. Der Ritter fühlte den Sinn dieser Reden weit mehr, als daß er auf die Bedeutung der Worte achtgegeben hätte, und antwortete auch einzig auf jenen. Da rief der Fuhrmann plötzlich mit kreischender Stimme: »Hoch, ihr Schimmel! Hoch den Fuß! Nehmt euch zusammen, Schimmel! Denkt hübsch, was ihr seid!« — Der Ritter beugte sich aus dem Wagen und sah, wie die Pferde mitten im schäumenden Wasser dahinschritten oder fast schon schwammen, des Wagens Räder wie Mühlenräder blinkten und rauschten, der Kärrner vor der wachsenden Flut auf das Fuhrwerk gestiegen war. — »Was soll das für ein Weg sein? Der geht ja mitten in den Strom!« rief Huldbrand seinem Führer zu. »Nein, Herr«, lachte dieser zurück; »es ist grad umgekehrt. Der Strom geht mitten in unsern Weg. Seht Euch nur um, wie alles übergetreten ist.«

In der Tat wogte und rauschte der ganze Talgrund von plötzlich empörten, sichtbar steigenden Wellen. »Das ist der Kühleborn, der böse Wassernix, der uns ersäufen will!« rief der Ritter. »Weißt du kein Sprüchlein wider ihn, Gesell?« — »Ich wüßte wohl eins«, sagte der Fuhrmann, »aber ich kann und mag es nicht eher brauchen, als bis Ihr wißt, wer ich bin.« — »Ist es hier Zeit zu Rätseln?« schrie der Ritter. »Die Flut steigt immer höher, und was geht es mich an zu wissen, wer du bist?« — »Es geht Euch aber doch was an«, sagte der Fuhrmann, »denn ich bin Kühleborn.« Damit lachte er verzerrten Antlitzes zum Wagen herein, aber der Wagen blieb nicht Wagen mehr, die Schimmel nicht Schimmel; alles verschäumte, verrann in zischenden Wogen, und selbst der Fuhrmann bäumte sich als eine riesige Welle empor, riß den vergeblich arbeitenden Hengst unter die Gewässer hinab und wuchs dann wieder, und wuchs über den Häuptern des schwimmenden Paares wie zu einem feuchten Turme an und wollte sie eben rettungslos begraben. —

Da scholl Undines anmutige Stimme durch das Getöse hin, der Mond trat aus den Wolken, und mit ihm ward Undine auf den Höhen des Talgrundes sichtbar.

Sie schalt, sie drohte in die Fluten hinab, die drohende Turmeswoge verschwand murrend und murmelnd, leise rannen die Wasser im Mondglanze dahin, und wie eine weiße Taube sah man Undinen von der Höhe herabtauchen, den Ritter und Bertalden erfassen und mit sich nach einem frischen, grünen Rasenfleck auf der Höhe emporheben, wo sie mit ausgesuchten Labungen Ohnmacht und Schrecken vertrieb; dann half sie Bertalden zu dem weißen Zelter, der sie selbst hergetragen hatte, hinaufheben, und so gelangten alle drei nach Burg Ringstetten zurück.

Fünfzehntes Kapitel

Die Reise nach Wien

Es lebte sich seit der letzten Begebenheit still und ruhig auf dem Schloß. Der Ritter erkannte mehr und mehr seiner Frauen himmlische Güte, die sich durch ihr Nacheilen und Retten im Schwarztale, wo Kühleborns Gewalt wieder anging, so herrlich offenbart hatte; Undine selbst empfand den Frieden und die Sicherheit, deren ein Gemüt nie ermangelt, solange es mit Besonnenheit fühlt, daß es auf dem rechten Wege sei, und zudem gingen ihr in der neu erwachenden Liebe und Achtung ihres Ehemannes vielfache Schimmer der Hoffnung und Freude auf. Bertalda hingegen zeigte sich dankbar, demütig und scheu, ohne daß sie wieder diese Äußerungen als etwas Verdienstliches angeschlagen hätte. Sooft ihr eines der Eheleute über die Verdeckung des Brunnens oder über die Abenteuer im Schwarztale irgend etwas Erklärendes sagen wollte, bat sie inbrünstig, man möge sie damit verschonen, weil sie wegen des Brunnens allzu viele Beschämung und wegen des Schwarztales allzu viele Schrecken empfinde. Sie erfuhr daher auch von beiden weiter nichts; und wozu schien es auch nötig zu sein? Der Friede und die Freude hatten ja ihren sichtbaren Wohnsitz in Burg Ringstetten genommen. Man ward darüber ganz sicher und meinte, nun könne das Leben gar nichts mehr tragen als anmutige Blumen und Früchte.

In so erlabenden Verhältnissen war der Winter gekommen und vorübergegangen, und der Frühling sah mit seinen hellgrünen Sprossen und seinem lichtblauen Himmel zu den fröhlichen Menschen herein. Ihm war zumut wie ihnen, und ihnen wie ihm. Was Wunder, daß seine Störche und Schwalben auch in ihnen die Reiselust anregten! Während sie einmal nach den Donauquellen hinab lustwandelten, erzählte Huldbrand von der Herrlichkeit des edlen Stromes, und wie er wachsend durch gesegnete Länder fließe, wie das köstliche Wien an seinen Ufern emporglänze, und er überhaupt mit jedem Schritte seiner Fahrt an Macht und Lieblichkeit gewinne. — »Es müßte herrlich sein, ihn so bis Wien einmal hinabzufahren!« brach Bertalda aus, aber gleich darauf in ihre jetzige Demut und Bescheidenheit zurückgesunken, schwieg sie errötend still. Eben dies rührte Undinen sehr, und im lebhaftesten Wunsch, der lieben Freundin eine Lust zu machen, sagte sie: »Wer hindert uns denn, die Reise anzutreten?« — Bertalda hüpfte vor Freude in die Höhe, und die beiden Frauen begannen sogleich, sich die anmutige Donaufahrt mit den allerhellsten Farben vor die Sinne zu rufen. Auch Huldbrand stimmte fröhlich darin ein; nur sagte er einmal besorgt Undinen ins Ohr: »Aber weiterhin ist Kühleborn wieder gewaltig?« — »Laß ihn nur kommen«, entgegnete sie lachend; »ich bin ja dabei, und vor mir wagt er sich mit keinem Unheil hervor.« Damit war das letzte Hindernis gehoben, man rüstete sich zur Fahrt und trat sie alsbald mit frischem Mut und den heitersten Hoffnungen an.

Wundert euch aber nur nicht, ihr Menschen, wenn es dann immer ganz anders kommt, als man gemeint hat. Die tückische Macht, die lauert, uns zu verderben, singt ihr auserkornes Opfer gern mit süßen Liedern und goldnen Märchen in den Schlaf. Dagegen pocht der rettende Himmelbote oftmals scharf und erschrekkend an unsre Tür.

Sie waren die ersten Tage ihrer Donaufahrt hindurch außerordentlich vergnügt gewesen. Es ward auch alles immer besser und schöner, sowie sie den stolzen flutenden Strom weiter hinunterschifften. Aber in einer sonst höchst anmutigen Gegend, von deren erfreulichem Anblick sie sich die beste Freude versprochen hatten, fing der unbändige Kühleborn ganz unverhohlen an, seine hier eingreifende Macht zu zeigen. Es blieben zwar bloße Neckereien, weil Undine oftmals in die empörten Wellen oder in die hemmenden Winde hineinschalt und sich dann die Gewalt des Feindseligen augenblicklich in Demut ergab, aber wieder kamen die Angriffe, und wieder brauchte es der

Mahnung Undines, so daß die Lustigkeit der kleinen Reisegesellschaft eine gänzliche Störung erlitt. Dabei zischelten sich noch immer die Fährleute zagend in die Ohren und sahen mißtrauisch auf die drei Herrschaften, deren Diener selbst mehr und mehr etwas Unheimliches zu ahnen begannen und ihre Gebieter mit seltsamen Blicken verfolgten. Huldbrand sagte öfters bei sich im stillen Gemüte: Das kommt davon, wenn gleich sich nicht zu gleich gesellt, wenn Mensch und Meerfräulein ein wunderliches Bündnis schließen. Sich entschuldigend, wie wir es denn überhaupt lieben, dachte er freilich oftmals dabei: Ich hab' es ja nicht gewußt, daß sie ein Meerfräulein war. Mein ist das Unheil, das jeden meiner Schritte durch der tollen Verwandtschaft Grillen bannt und stört, aber mein ist nicht die Schuld. Durch solcherlei Gedanken fühlte er sich einigermaßen gestärkt, aber dagegen ward er immer verdrießlicher, ja feindseliger wider Undinen gestimmt. Er sah sie schon mit mürrischen Blicken an, und die arme Frau verstand deren Bedeutung wohl. Dadurch und durch die beständige Anstrengung wider Kühleborns Listen erschöpft, sank sie gegen Abend, von der sanftgleitenden Barke angenehm gewiegt, in einen tiefen Schlaf.

Kaum aber, daß sie die Augen geschlossen hatte, so wähnte jedermann im Schiffe, nach der Seite, wo er gerade hinaussah, ein ganz abscheuliches Menschenhaupt zu erblicken, das sich aus den Wellen emporhob, nicht wie das eines Schwimmenden, sondern ganz senkrecht, wie auf den Wasserspiegel gerade eingepfählt, aber mitschwimmend, so wie die Barke schwamm.

Jeder wollte dem andern zeigen, was ihn erschreckte, und jeder fand zwar auf des andern Gesicht das gleiche Entsetzen, Hand und Auge aber nach einer andern Richtung hinzeigend, als wo ihm selbst das halb lachende, halb dräuende Scheusal vor Augen stand. Wie sie sich nun aber einander darüber verständigen wollten und alles rief: »Sieh dorthin, nein dorthin!« — da wurden jedwedem die Greuelbilder aller sichtbar, und die ganze Flut um das Schiff her wimmelte von den entsetzlichsten Gestalten. Von dem Geschrei, das sich darüber erhob, erwachte Undine. Vor ihren aufgehenden Augenlichtern verschwand der mißgeschaffenen Gesichter tolle Schar. Aber Huldbrand war empört über so viele häßliche Gaukeleien. Er wäre in wilde Verwünschungen ausgebrochen, nur daß Undine mit den demütigsten Blicken und ganz leise bittend sagte: »Um Gott, mein Eheherr, wir sind auf den Fluten, zürne jetzt nicht auf mich.« Der Ritter schwieg, setzte sich und versank in ein tiefes Nachdenken. Undine sagte ihm ins Ohr: »Wär' es nicht besser, mein Liebling, wir ließen die törichte Reise und kehrten nach Burg Ringstetten in Frieden zurück?« Aber Huldbrand murmelte feindselig: »Also ein Gefangener soll ich sein auf meiner eigenen Burg? Und atmen nur können, solange der Brunnen zu ist? So wollt' ich, daß die tolle Verwandtschaft . . .« Da drückte Undine schmeichelnd ihre schöne Hand auf seine Lippen. Er schwieg auch und hielt sich still, so manches, was ihm Undine früher gesagt hatte, erwägend.

Indessen hatte Bertalda sich allerhand seltsam umschweifenden Gedanken überlassen. Sie wußte vieles von Undines Herkommen und doch nicht alles, und vorzüglich war ihr der furchtbare Kühleborn ein schreckliches, aber noch immer ganz dunkles Rätsel geblieben, so daß sie nicht einmal seinen Namen je vernommen hatte. Über alle diese wunderlichen Dinge nachsinnend, knüpfte sie, ohne sich dessen recht bewußt zu werden, ein goldnes Halsband los, welches ihr Huldbrand auf einer der letzten Tagereisen von einem herumziehenden Handelsmann gekauft hatte, und ließ es dicht über der Oberfläche des Flusses spielen, sich halb träumend an dem lichten Schimmer ergötzend, den es in die abendhellen Gewässer warf. Da griff plötzlich eine große Hand aus der Donau herauf, erfaßte das Halsband und fuhr damit unter die Fluten. Bertalda schrie laut auf, und ein höhnisches Gelächter schallte aus den Tiefen des Stroms drein. Nun hielt sich des Ritters Zorn nicht länger. Aufspringend schalt er in die Gewässer hinein, verwünschte alle, die sich in seine Verwandtschaft und sein Leben drängen wollten, und forderte sie auf, Nix oder Sirene, sich vor sein blankes Schwert zu stellen. Bertalda weinte indes um den verlornen, ihr so innig lieben Schmuck und goß mit ihren Tränen Öl in des Ritters Zorn, während Undine ihre Hand über den Schiffsbord in die Wellen getaucht hielt, in einem fort sacht vor sich hinmurmelnd und nur manchmal ihr seltsam heimliches Geflüster unterbrechend, indem sie bittend zu ihrem Eheherrn sprach: »Mein Herzlichlieber, hier schilt mich nicht. Schilt alles, was du willst, aber hier mich nicht. Du weißt ja!« — Und wirklich enthielt sich seine vor Zorn stammelnde Zunge noch jedes Wortes unmittelbar wider sie. Da brachte sie mit der feuchten Hand, die sie unter den Wogen gehalten hatte, ein wunderschönes Korallenhalsband hervor, so herrlich blitzend, daß allen davon die Augen fast geblendet wurden. »Nimm hin«, sagte sie, es Bertalden freundlich hinhaltend; »das hab' ich dir zum Ersatz bringen lassen, und sei nicht weiter betrübt, du armes Kind.« Aber der Ritter sprang dazwischen. Er riß den schönen Schmuck Undinen aus der Hand, schleuderte ihn wieder in den Fluß und schrie wutentbrannt: »So hast du denn immer Verbindung mit ihnen? Bleib bei ihnen in aller Hexen Namen mit all deinen Geschenken und laß uns Menschen zufrieden, Gauklerin du!« Starren, aber tränenströmenden Blickes sah ihn die arme Undine an, noch immer die Hand ausgestreckt, mit welcher sie Bertalden ihr hübsches Geschenk so freundlich hatte hinreichen wollen. Dann fing sie immer herzlicher an zu weinen, wie ein recht unverschuldet und recht bitterlich gekränktes liebes Kind. Endlich sagte sie ganz matt: »Ach, holder Freund, ach, lebe wohl! Sie sollen dir nichts tun; nur bleibe treu, daß ich sie dir abwehren kann. Ach, aber fort muß ich, muß fort auf diese ganze junge Lebenszeit. O weh, o weh, was hast du angerichtet! O weh, o weh!«

Und über den Rand der Barke schwand sie hinaus. — Stieg sie hinüber in die Flut, verströmte sie darin, man wußt' es nicht, es war wie beides und wie keins. Bald aber war sie in die Donau ganz verronnen; nur flüsterten noch kleine Wellchen schluchzend um den Kahn, und fast vernehmlich war's, als sprächen sie: »O weh, o weh! Ach, bleibe treu! O weh!« —

Huldbrand aber lag in heißen Tränen auf dem Verdecke des Schiffes, und eine tiefe Ohnmacht hüllte den Unglücklichen bald in ihre mildernden Schleier ein.

Sechzehntes Kapitel

Von Huldbrands fürderm Ergehen

Soll man sagen, leider! oder zum Glück! daß es mit unsrer Trauer keinen rechten Bestand hat? Ich meine, mit unsrer so recht tiefen und aus dem Borne des Lebens schöpfenden Trauer, die mit dem verlorenen Geliebten so eines wird, daß er ihr nicht mehr verloren ist und sie ein geweihtes Priestertum an seinem Bilde durch das ganze Leben durchführen will, bis die Schranke, die ihm gefallen ist, auch uns zerfällt! Freilich bleiben wohl gute Menschen wirklich solche Priester, aber es ist doch nicht die erste, rechte Trauer mehr. Andre, fremdartige Bilder haben sich dazwischen gedrängt, wir erfahren endlich die Vergänglichkeit aller irdischen Dinge sogar an unserm Schmerz, und so muß ich denn sagen: »Leider, daß es mit unsrer Trauer keinen rechten Bestand hat!«

Der Herr von Ringstetten erfuhr das auch: ob zu seinem Heile, werden wir im Verfolg dieser Geschichte hören. Anfänglich konnte er nichts als immer recht bitterlich weinen, wie die arme, freundliche Undine geweint hatte, als er ihr den blanken Schmuck aus der Hand riß, mit dem sie alles so schön und gut machen wollte. Und dann streckte er die Hand aus, wie sie es getan hatte, und weinte immer wieder von neuem wie sie. Er hegte die heimliche Hoffnung, endlich auch ganz in Tränen zu verrinnen, und ist nicht selbst manchem von uns andern in großem Leide der ähnliche Gedanke mit schmerzender Lust durch den Sinn gezogen? Bertalda weinte mit, und sie lebten lange ganz still beieinander auf Burg Ringstetten, Undines Andenken feiernd und der ehemaligen Neigung fast gänzlich vergessen habend. Dafür kam auch um diese Zeit oftmals die gute Undine zu Huldbrands Träumen; sie streichelte ihn sanft und freundlich und ging dann stillweinend wieder fort, so daß er im Erwachen oftmals nicht recht wußte, wovon seine Wangen so naß waren: kam es von ihren oder bloß von seinen Tränen?

Die Traumgesichte wurden aber mit der Zeit seltner, der Gram des Ritters matter, und dennoch hätte er vielleicht nie in seinem Leben einen andern Wunsch gehegt, als so stille fort Undines zu gedenken und von ihr zu sprechen, wäre nicht der alte Fischer unvermutet auf dem Schloß erschienen und hätte Bertalden nun alles Ernstes als sein Kind zurückgeheischt. Undines Verschwinden war ihm kundgeworden, und er wollte es nicht länger zugeben, daß Bertalda bei dem unverehelichten Herrn auf der Burg verweile. — »Denn, ob meine Tochter mich liebhat oder nicht«, sprach er, »will ich jetzt gar nicht wissen, aber die Ehrbarkeit ist im Spiel, und wo die spricht, hat nichts andres mehr mitzureden.«

Diese Gesinnung des alten Fischers und die Einsamkeit, die den Ritter aus allen Sälen und Gängen der verödeten Burg schauerlich nach Bertaldas Abreise zu erfassen drohte, brachten zum Ausbruch, was früher entschlummert und in dem Gram über Undinen ganz vergessen war: die Neigung Huldbrands für die schöne Bertalda. Der Fischer hatte vieles gegen die vorgeschlagene Heirat einzuwenden. Undine war dem alten Manne sehr lieb gewesen, und er meinte, man wisse ja noch kaum, ob die liebe Verschwundene recht eigentlich tot sei. Liege aber ihr Leichnam wirklich starr und kalt auf dem Grunde der Donau oder treibe mit den Fluten ins Weltmeer hinaus, so habe Bertalda an ihrem Tode mit schuld, und nicht gezieme es ihr, an den Platz der armen Verdrängten zu treten. Aber auch den Ritter hatte der Fischer sehr lieb; die Bitten der Tochter, die um vieles sanfter und ergebner geworden war, wie auch ihre Tränen um Undinen, kamen dazu, und er mußte wohl endlich seine Einwilligung gegeben haben, denn er blieb ohne Widerrede auf der Burg, und ein Eilbote ward abgesandt, den Pater Heilmann, der in frühern glücklichen Tagen Undinen und Huldbrand eingesegnet hatte, zur zweiten Trauung des Ritters nach dem Schlosse zu holen.

Der fromme Mann aber hatte kaum den Brief des Herrn von Ringstetten durchlesen, so machte er sich in noch viel größerer Eile nach dem Schlosse auf den Weg, als der Bote von dort zu ihm gekommen war. Wenn ihm auf dem schnellen Gange der Atem fehlte oder die alten Glieder schmerzten vor Müdigkeit, pflegte er zu sich selber zu sagen: Vielleicht ist noch Unrecht zu hindern; sinke nicht eher als am Ziele, du verdorrter Leib! — Und mit erneuter Kraft riß er sich alsdann auf und wallte und wallte, ohne Rast und Ruh, bis er eines Abends spät in den belaubten Hof der Burg Ringstetten eintrat.

Die Brautleute saßen Arm in Arm unter den Bäumen, der alte Fischer nachdenklich neben ihnen. Kaum nun, daß sie den Pater Heilmann erkannten, so sprangen sie auf und drängten sich bewillkommend um ihn her. Aber er, ohne viele Worte zu machen, wollte den Bräutigam mit sich in die Burg ziehen; als indessen dieser staunte und zögerte, den ernsten Winken zu gehorchen, sagte der fromme Geistliche: »Was halte ich mich denn lange dabei auf, Euch in Geheim sprechen zu wollen, Herr von Ringstetten? Was ich zu sagen habe, geht Bertalda und den Fischer ebensogut mit an, und was einer doch irgendeinmal hören muß, mag er lieber gleich so bald hören, als es nur möglich ist. Seid Ihr denn so gar gewiß, Ritter Huldbrand, daß Eure erste Gattin wirklich gestorben ist? Mir kommt es kaum so vor. Ich will zwar weiter nichts darüber sprechen, welch eine wundersame Bewandtnis es mit ihr gehabt haben mag, weiß auch davon nichts Gewisses. Aber ein frommes, vielgetreues Weib war sie, soviel ist außer allem Zweifel. Und seit vierzehn Nächten hat sie in Träumen an meinem Bette gestanden, ängstlich die zarten Händlein ringend und in einem fort seufzend: ›Ach, hindr' ihn, lieber Vater! Ich lebe noch! Ach, rett' ihm den Leib! Ach, rett' ihm die Seele!‹ — Ich verstand nicht, was das Nachtgesicht haben wollte; da kam Euer Bote, und nun eilt' ich hierher, nicht zu trauen, wohl aber zu trennen, was nicht zusammengehören darf. Laß von ihr, Huldbrand!

Laß von ihm, Bertalda! Er gehört noch einer andern, und siehst du nicht den Gram um die verschwundene Gattin auf seinen bleichen Wangen? So sieht kein Bräutigam aus, und der Geist sagt es mir: Ob du ihn auch nicht lässest, doch nimmer wirst du seiner froh.«

Die drei empfanden im innersten Herzen, daß der Pater Heilmann die Wahrheit sprach, aber sie wollten es nun einmal nicht glauben. Selbst der alte Fischer war nun bereits so betört, daß er meinte, anders könne es gar nicht kommen, als sie es in diesen Tagen ja schon oft miteinander besprochen hätten. Daher stritten sie denn alle mit einer wilden, trüben Hast gegen des Geistlichen Warnungen, bis dieser sich endlich kopfschüttelnd und traurig aus der Burg entfernte, ohne die dargebotene Herberge auch nur für diese Nacht annehmen zu wollen oder irgendeine der herbeigeholten Labungen zu genießen. Huldbrand aber überredete sich, der Geistliche sei ein Grillenfänger, und sandte mit Tagesanbruch nach einem Pater aus dem nächsten Kloster, der auch ohne Weigerung verhieß, die Einsegnung in wenigen Tagen zu vollziehen.

Siebzehntes Kapitel

Des Ritters Traum

Es war zwischen Morgendämmerung und Nacht, da lag der Ritter halb wachend, halb schlafend auf seinem Lager. Wenn er vollends einschlummern wollte, war es, als stände ihm ein Schrecken entgegen und scheuchte ihn zurück, weil es Gespenster gäbe im Schlaf. Dachte er aber, sich alles Ernstes zu ermuntern, so wehte es um ihn her wie mit Schwanenfittichen und mit schmeichelndem Wogenklang, davon er allemal wieder in den zweifelhaften Zustand angenehm betört zurücktaumelte. Endlich aber mochte er doch wohl ganz entschlafen sein, denn es kam ihm vor, als ergreife ihn das Schwanengesäusel auf ordentlichen Fittichen und trage ihn weit fort über Land und See und singe immer aufs anmutigste dazu. Schwanenklang! Schwanengesang! mußte er immerfort zu sich selbst sagen; das bedeutet ja wohl den Tod? Aber es hatte vermutlich noch eine andere Bedeutung. Ihm ward nämlich auf einmal, als schwebe er über dem Mittelländischen Meer. Ein Schwan sang ihm gar tönend in die Ohren, dies sei das Mittelländische Meer. Und während er in die Fluten hinuntersah, wurden sie zu lauterem Kristalle, daß er hineinschauen konnte bis auf den Grund. Er freute sich sehr darüber, denn er konnte Undinen sehen, wie sie unter den hellen Kristallgewölben saß. Freilich weinte sie sehr und sah viel betrübter aus als in den glücklichen Zeiten, die sie auf Burg Ringstetten miteinander verlebt hatten, vorzüglich zu Anfang und auch nachher, kurz ehe sie die unselige Donaufahrt begannen. Der Ritter mußte an alles das sehr ausführlich und innig denken, aber es schien nicht, als werde Undine seiner gewahr. Indessen war Kühleborn zu ihr getreten und wollte sie über ihr Weinen ausschelten. Da nahm sie sich zusammen und sah ihn vornehm und gebietend an, daß er fast davor erschrak. »Wenn ich hier auch unter den Wassern wohne«, sagte sie, »so hab' ich doch meine Seele mit heruntergebracht. Und darum darf ich wohl weinen, wenn du auch gar nicht erraten kannst, was solche Tränen sind. Auch die sind selig, wie alles selig ist, dem, in welchem treue Seele lebt.« Er schüttelte ungläubig mit dem Kopfe und sagte nach einigem Besinnen: »Und doch, Nichte, seid Ihr unseren Elementargesetzen unterworfen, und doch müßt Ihr ihn richtend ums Leben bringen, dafern er sich wieder verehelicht und Euch untreu wird.« — »Er ist noch bis diese Stunde ein Witwer«, sagte Undine, »und hat mich aus traurigem Herzen lieb.« — »Zugleich ist er aber auch ein Bräutigam«, lachte Kühleborn höhnisch, »und laßt nur erst ein paar Tage hingehen, dann ist die priesterliche Einsegnung erfolgt, und dann müßt Ihr doch zu des Zweiweibrigen Tode hinauf.« — »Ich kann ja nicht«, lächelte Undine zurück. »Ich habe ja den Brunnen versiegelt, für mich und meinesgleichen fest.« — »Aber wenn er von seiner Burg geht«, sagte Kühleborn, »oder wenn er einmal den Brunnen wieder öffnen läßt! Denn er denkt gewiß blutwenig an alle diese Dinge.« — »Eben deshalb«, sprach Undine und lächelte noch immer unter ihren Tränen, »eben deshalb schwebt er jetzt im Geiste über dem Mittelmeer und träumt zur Warnung dies unser Gespräch. Ich hab' es wohlbedächtig so eingerichtet.« Da sah Kühleborn ingrimmig zu dem Ritter hinauf, dräuete, stampfte mit den Füßen und schoß gleich darauf pfeilschnell unter den Wellen fort. Es war, als schwelle er vor Bosheit zu einem Walfisch auf. Die Schwäne begannen wieder zu tönen, zu fächeln, zu fliegen; dem Ritter war es, als schwebe er über Alpen und Ströme hin, schwebe endlich zur Burg Ringstetten herein und erwache auf seinem Lager.

Wirklich erwachte er auf seinem Lager, und eben trat sein Knappe herein und berichtete ihm, der Pater Heilmann weile noch immer hier in der Gegend; er habe ihn gestern zu Nacht im Forste getroffen unter einer Hütte, die er sich von Baumästen zusammengebogen habe und mit Moos und Reisig belegt. Auf die Frage, was er denn hier mache? denn einsegnen wolle er ja doch nicht! sei die Antwort gewesen: »Es gibt noch andere Einsegnungen als die am Traualtar, und bin ich nicht zur Hochzeit gekommen, so kann es ja doch zu einer andern Feier gewesen sein. Man muß alles abwarten. Zudem ist ja Trauen und Trauern gar nicht so weit auseinander, und wer sich nicht mutwillig verblendet, sieht es wohl ein.«

Der Ritter machte sich allerhand wunderliche Gedanken über diese Worte und über seinen Traum. Aber es hält sehr schwer, ein Ding zu hintertreiben, was sich der Mensch einmal als gewiß in den Kopf gesetzt hat, und so blieb denn auch alles beim alten.

Achtzehntes Kapitel

Wie der Ritter Huldbrand Hochzeit hielt

Wenn ich euch erzählen sollte, wie es bei der Hochzeitfeier auf Burg Ringstetten zuging, so würde euch zumute werden, als sähet ihr eine Menge von blanken und erfreulichen Dingen aufgehäuft, aber drüber hin einen schwarzen Trauerflor gebreitet, aus dessen verdunkelnder Hülle hervor die ganze Herrlichkeit minder einer Lust gliche als einem Spott über die Nichtigkeit aller irdischen Freuden. Es war nicht etwa, daß irgendein gespenstisches Unwesen die festliche Geselligkeit verstört hätte, denn wir wissen ja, daß die Burg vor den Spukereien der dräuenden Wassergeister eine gefeite Stätte war. Aber es war dem Ritter und dem Fischer und allen Gästen zumut, als fehle noch die Hauptperson bei dem Feste und als müsse diese Hauptperson die allgeliebte freundliche Undine sein. Sooft eine Tür aufging, starrten aller Augen unwillkürlich dahin, und wenn es dann weiter nichts war als der Hausmeister mit neuen Schüsseln oder der Schenk mit einem Trunk noch edlern Weins, blickte man wieder trüb vor sich hin, und die Funken, die etwa hin und her von Scherz und Freude aufgeblitzt waren, erloschen in dem Tau wehmütigen Erinnerns. Die Braut war von allen die Leichtsinnigste und daher auch die Vergnügteste; aber selbst ihr kam es bisweilen wunderlich vor, daß sie in dem grünen Kranze und den goldgestickten Kleidern an der Oberstelle der Tafel sitze, während Undine als Leichnam starr und kalt auf dem Grunde der Donau liege oder mit den Fluten forttreibe ins Weltmeer hinaus. Denn seit ihr Vater ähnliche Worte gesprochen hatte, klangen sie ihr immer vor den Ohren und wollten vorzüglich heute weder wanken noch weichen.

Die Gesellschaft verlor sich bei kaum eingebrochener Nacht; nicht aufgelöst durch des Bräutigams hoffende Ungeduld wie sonst Hochzeitversammlungen, sondern nur ganz trüb und schwer auseinandergedrückt durch freudlose Schwermut und Unheil kündende Ahnungen. Bertalda ging mit ihren Frauen, der Ritter mit seinen Dienern, sich auszukleiden: von dem scherzend fröhlichen Geleit der Jungfrauen und Junggesellen bei Braut und Bräutigam war an diesem trüben Feste die Rede nicht.

Bertalda wollte sich aufheitern: sie ließ einen prächtigen Schmuck, den Huldbrand ihr geschenkt hatte, samt reichen Gewanden und Schleiern vor sich ausbreiten, ihren morgenden Anzug aufs schönste und heiterste daraus zu wählen. Ihre Dienerinnen freuten sich des Anlasses, vieles und Fröhliches der jungen Herrin vorzusprechen, wobei sie nicht ermangelten, die Schönheit der Neuvermählten mit den lebhaftesten Worten zu preisen. Man vertiefte sich mehr und mehr in diese Betrachtungen, bis endlich Bertalda, in einen Spiegel blickend, seufzte: »Ach, aber seht ihr wohl die werdenden Sommersprossen hier seitwärts am Halse?« Sie sahen hin und fanden es freilich, wie es die schöne Herrin gesagt hatte, aber ein liebliches Mal nannten sie's, einen kleinen Flecken, der die Weiße der zarten Haut noch erhöhe. Bertalda schüttelte den Kopf und meinte, ein Makel bleib' es doch immer. »Und ich könnt' es los sein«, seufzte sie endlich. »Aber der Schloßbrunnen ist zu, aus dem ich sonst immer das köstliche, hautreinigende Wasser schöpfen ließ. Wenn ich doch heut nur eine Flasche davon hätte!« — »Ist es nur das?« lachte die behende Dienerin und schlüpfte aus dem Gemach. »Sie wird doch nicht so toll sein«, fragte Bertalda wohlgefällig erstaunt, »noch heut abend den Brunnenstein abwälzen zu lassen?« Da hörte man bereits, daß Männer über den Hof gingen, und konnte aus dem Fenster sehen, wie die gefällige Dienerin sie gerade auf den Brunnen losführte und sie Hebebäume und anderes Werkzeug auf den Schultern trugen. »Es ist freilich mein Wille«, lächelte Bertalda; »wenn es nur nicht zu lange währt.« Und froh im Gefühl, daß ein Wink von ihr jetzt vermöge, was ihr vormals so schmerzhaft geweigert worden war, schaute sie auf die Arbeit in den mondhellen Burghof hinab.

Die Männer hoben mit Anstrengung an dem großen Steine; bisweilen seufzte wohl einer dabei, sich erinnernd, daß man hier der geliebten vorigen Herrin Werk zerstöre. Aber die Arbeit ging übrigens viel leichter, als man gemeint hatte. Es war, als hülfe eine Kraft aus dem Brunnen heraus den Stein emporbringen. »Es ist ja«, sagten die Arbeiter erstaunt zueinander, »als wäre das Wasser drinnen zum Springborne worden.« Und mehr und mehr hob sich der Stein, und fast ohne Beistand der Werkleute rollte er langsam mit dumpfem Schallen auf das Pflaster hin. Aber aus des Brunnens Öffnung stieg es gleich einer weißen Wassersäule feierlich herauf; sie dachten erst, es würde mit dem Springbrunnen ernst, bis sie gewahrten, daß die aufsteigende Gestalt ein bleiches, weißverschleiertes Weibsbild war. Das weinte bitterlich, das hob die Hände ängstlich ringend über das Haupt und schritt mit langsam ernstem Gange nach dem Schloßgebäu. Auseinander stob das Burggesind vom Brunnen fort, bleich stand, entsetzensstarr, mit ihren

Dienerinnen die Braut am Fenster. Als die Gestalt nun dicht unter deren Kammern hinschritt, schaute sie winselnd nach ihr empor, und Bertalda meinte, unter dem Schleier Undines bleiche Gesichtszüge zu erkennen. Vorüber aber zog die Jammernde, schwer, gezwungen, zögernd, wie zum Hochgericht. Bertalda schrie, man solle den Ritter rufen; es wagte sich keine der Zofen aus der Stelle, und auch die Braut selber verstummte wieder, wie vor ihrem eigenen Laut erbebend.

Während jene noch immer bang am Fenster standen, wie Bildsäulen regungslos, war die seltsame Wandrerin in die Burg gelangt, die wohlbekannten Treppen hinauf, die wohlbekannten Hallen durch, immer in ihren Tränen still. Ach, wie so anders war sie einstens hier umhergewandelt! —

Der Ritter aber hatte seine Diener entlassen. Halb ausgekleidet, im betrübten Sinnen, stand er vor einem großen Spiegel; die Kerze brannte dunkel neben ihm. Da klopfte es an die Tür mit leisem, leisem Finger. Undine hatte sonst wohl so geklopft, wenn sie ihn freundlich necken wollte. »Es ist alles nur Phantasterei!« sagte er zu sich selbst. »Ich muß ins Hochzeitbett.« — »Das mußt du, aber in ein kaltes!« hörte er eine weinende Stimme draußen vor dem Gemache sagen, und dann sah er im Spiegel, wie die Türe aufging, langsam, langsam, und wie die weiße Wandrerin hereintrat und sittig das Schloß wieder hinter sich zudrückte. »Sie haben den Brunnen aufgemacht«, sagte sie leise, »und nun bin ich hier, und nun mußt du sterben.« Er fühlte in seinem stockenden Herzen, daß es auch gar nicht anders sein könne, deckte aber die Hände über die Augen und sagte: »Mache mich nicht in meiner Todesstunde durch Schrecken toll. Wenn du ein entsetzliches Antlitz hinter dem Schleier trägst, so lüfte ihn nicht und richte mich, ohne daß ich dich schaue.« — »Ach«, entgegnete die Wandrerin, »willst du mich denn nicht noch ein einziges Mal sehen? Ich bin schön, wie als du auf der Seespitze um mich warbst.« — »Oh, wenn das wäre!« seufzte Huldbrand. »Und wenn ich sterben dürfte an einem Kusse von dir.« — »Recht gern, mein Liebling«, sagte sie. Und ihre Schleier schlug sie zurück, und himmlisch schön lächelte ihr holdes Antlitz daraus hervor. Bebend vor Liebe und Todesnähe neigte sich der Ritter ihr entgegen, sie küßte ihn mit einem himmlischen Kusse, aber sie ließ ihn nicht mehr los, sie drückte ihn inniger an sich und weinte, als wolle sie ihre Seele fortweinen. Die Tränen drangen in des Ritters Augen und wogten im lieblichen Wehe durch seine Brust, bis ihm endlich der Atem entging und er aus den schönen Armen als ein Leichnam sanft auf die Kissen des Ruhebettes zurücksank.

»Ich habe ihn totgeweint!« sagte sie zu einigen Dienern, die ihr im Vorzimmer begegneten, und schritt durch die Mitte der Erschreckten langsam nach dem Brunnen hinaus.

Neunzehntes Kapitel

Wie der Ritter Huldbrand begraben ward

Der Pater Heilmann war auf das Schloß gekommen, sobald des Herrn von Ringstetten Tod in der Gegend kundgeworden war, und just zur selben Stunde erschien er, wo der Mönch, welcher die unglücklichen Vermählten getraut hatte, von Schreck und Grausen überwältigt, aus den Toren floh. — »Es ist schon recht«, entgegnete Heilmann, als man ihm dieses ansagte; »und nun geht mein Amt an, und ich brauche keines Gefährten.« Darauf begann er, die Braut, welche zur Witwe worden war, zu trösten, sowenig Frucht es auch in ihrem weltlich lebhaften Gemüte trug. Der alte Fischer hingegen fand sich, obzwar von Herzen betrübt, weit besser in das Geschick, welches Tochter und Schwiegersohn betroffen hatte, und während Bertalda nicht ablassen konnte, Undinen Mörderin zu schelten und Zauberin, sagte der alte Mann gelassen: »Es konnte nun einmal nicht anders sein. Ich sehe nichts darin als die Gerichte Gottes, und es ist wohl niemandem Huldbrands Tod mehr zu Herzen gegangen als der, die ihn verhängen mußte, der armen, verlaßnen Undine!« Dabei half er die Begräbnisfeier anordnen, wie es dem Range des Toten geziemte. Dieser sollte in einem Kirchdorf begraben werden, auf dessen Gottesacker alle Gräber seiner Ahnherren standen und welches sie, wie er selbst, mit reichlichen Freiheiten und Gaben geehrt hatten. Schild und Helm lagen bereits auf dem Sarge, um mit in die Gruft versenkt zu werden, denn Herr Huldbrand von Ringstetten war als der Letzte seines Stammes verstorben; die Trauerleute begannen ihren schmerzvollen Zug, Klagelieder in das heiter stille Himmelblau hinaufsingend, Heilmann schritt mit einem hohen Kruzifix voran, und die trostlose Bertalda folgte, auf ihren alten Vater gestützt. — Da nahm man plötzlich inmitten der schwarzen Klagefrauen in der Wittib Gefolge eine schneeweiße Gestalt wahr, tief verschleiert, und die ihre Hände inbrünstig jammernd emporwand. Die, neben welchen sie ging, kam ein heimliches Grauen an, sie wichen zurück oder seitwärts, durch ihre Bewegung die andern, neben die nun die weiße Fremde zu gehen kam, noch sorglicher erschreckend, so daß schier darob eine Unordnung unter dem Trauergefolge zu entstehen begann. Es waren einige Kriegsleute so dreist, die Gestalt anreden und aus dem Zuge fortweisen zu wollen, aber denen war sie wie unter den Händen fort und ward dennoch gleich wieder mit langsam feierlichem Schritte unter dem Leichengefolge mitziehend gesehen. Zuletzt kam sie während des beständigen Ausweichens der Dienerinnen bis dicht hinter Bertalda. Nun hielt sie sich höchst langsam in ihrem Gange, so daß die Wittib ihrer nicht gewahr ward und sie sehr demütig und sittig hinter dieser ungestört fortwandelte.

Das währte, bis man auf den Kirchhof kam und der Leichenzug einen Kreis um die offne Grabstätte schloß. Da sah Bertalda die ungebetene Begleiterin, und halb in Zorn, halb in Schreck auffahrend, gebot sie ihr, von der Ruhestätte des Ritters zu weichen.

Die Verschleierte aber schüttelte sanft verneinend ihr Haupt und hob die Hände wie zu einer demütigen Bitte gegen Bertalda auf, davon diese sich sehr bewegt fand und mit Tränen daran denken mußte, wie ihr Undine auf der Donau das Korallenhalsband so freundlich hatte schenken wollen. Zudem winkte Pater Heilmann und gebot Stille, da man über dem Leichnam, dessen Hügel sich eben zu häufen begann, in stiller Andacht beten wolle. Bertalda schwieg und kniete, und alles kniete, und die Totengräber auch, als sie fertig geschaufelt hatten. Da man sich aber wieder erhob, war die weiße Fremde verschwunden; an der Stelle, wo sie geknieet hatte, quoll ein silberhelles Brünnlein aus dem Rasen, das rieselte und rieselte fort, bis es den Grabhügel des Ritters fast ganz umzogen hatte; dann rannte es fürder und ergoß sich in einen stillen Weiher, der zur Seite des Gottesackers lag. Noch in späten Zeiten sollen die Bewohner des Dorfes die Quelle gezeigt und fest die Meinung gehegt haben, dies sei die arme, verstoßene Undine, die auf diese Art noch immer mit freundlichen Armen ihren Liebling umfasse.

Clemens Brentano

Geschichte vom braven Kasperl und dem schönen Annerl

Es war Sommersfrühe. Die Nachtigallen sangen erst seit einigen Tagen durch die Straßen und verstummten heut in einer kühlen Nacht, welche von fernen Gewittern zu uns herwehte. Der Nachtwächter rief die elfte Stunde an. Da sah ich, nach Hause gehend, vor der Tür eines großen Gebäudes einen Trupp von allerlei Gesellen, die vom Biere kamen, um jemand, der auf den Türstufen saß, versammelt. Ihr Anteil schien mir so lebhaft, daß ich irgendein Unglück besorgte und mich näherte.

Eine alte Bäuerin saß auf der Treppe, und so lebhaft die Gesellen sich um sie bekümmerten, so wenig ließ sie sich von den neugierigen Fragen und gutmütigen Vorschlägen derselben stören. Es hatte etwas sehr Befremdendes, ja schier Großes, wie die gute, alte Frau so sehr wußte, was sie wollte, daß sie, als sei sie ganz allein in ihrem Kämmerlein, mitten unter den Leuten es sich unter freiem Himmel zur Nachtruhe bequem machte. Sie nahm ihre Schürze als ein Mäntelchen um, zog ihren großen, schwarzen, wachsleinenen Hut tiefer in die Augen, legte sich ihr Bündel unter den Kopf zurecht und gab auf keine Frage Antwort.

»Was fehlt dieser alten Frau?« fragte ich einen der Anwesenden. Da kamen Antworten von allen Seiten:

»Sie kömmt sechs Meilen Weges vom Lande, sie kann nicht weiter, sie weiß nicht Bescheid in der Stadt, sie hat Befreundete am andern Ende der Stadt und kann nicht hinfinden.« — »Ich wollte sie führen«, sagte einer, »aber es ist ein weiter Weg, und ich habe meinen Hausschlüssel nicht bei mir. Auch würde sie das Haus nicht kennen, wo sie hinwill.« — »Aber hier kann die Frau nicht liegenbleiben«, sagte ein Neuhinzugetretener. »Sie will aber platterdings«, antwortete der erste. »Ich habe es ihr längst gesagt, ich wolle sie nach Haus bringen, doch sie redet ganz verwirrt, ja sie muß wohl betrunken sein.« — »Ich glaube, sie ist blödsinnig. Aber hier kann sie doch in keinem Falle bleiben«, wiederholte jener, »die Nacht ist kühl und lang.« Während allem diesem Gerede war die Alte, grade als ob sie taub und blind sei, ganz ungestört mit ihrer Zubereitung fertig geworden, und da der letzte abermals sagte: »Hier kann sie doch nicht bleiben«, erwiderte sie mit einer wunderlichen tiefen und ernsten Stimme:

»Warum soll ich nicht hierbleiben? Ist dies nicht ein herzogliches Haus? Ich bin achtundachtzig Jahre alt, und der Herzog wird mich gewiß nicht von seiner Schwelle treiben. Drei Söhne sind in seinem Dienst gestorben, und mein einziger Enkel hat seinen Abschied genommen; Gott verzeiht es ihm gewiß, und ich will nicht sterben, bis er in seinem ehrlichen Grabe liegt.«

»Achtundachtzig Jahre und sechs Meilen gelaufen!« sagten die Umstehenden. »Sie ist müd und kindisch, in solchem Alter wird der Mensch schwach.«

»Mutter, Sie kann aber den Schnupfen kriegen und sehr krank werden hier, und Langeweile wird Sie auch haben«, sprach nun einer der Gesellen und beugte sich näher zu ihr.

Da sprach die Alte wieder mit ihrer tiefen Stimme, halb bittend, halb befehlend:

»O laßt mir meine Ruhe und seid nicht unvernünftig; ich brauch keinen Schnupfen, ich brauche keine Langeweile; es ist ja schon spät an der Zeit, achtundachtzig bin ich alt, der Morgen wird bald anbrechen, da geh ich zu meinen Befreundeten. Wenn ein Mensch fromm ist und hat Schicksale und kann beten, so kann er die paar armen Stunden auch noch wohl hinbringen.«

Die Leute hatten sich nach und nach verloren, und die letzten, welche noch dastanden, eilten auch hinweg, weil der Nachtwächter durch die Straße kam und sie sich von ihm ihre Wohnungen wollten öffnen lassen. So war ich allein noch gegenwärtig. Die Straße ward ruhiger. Ich wandelte nachdenkend unter den Bäumen des vor mir liegenden freien Platzes auf und nieder; das Wesen der Bäuerin, ihr bestimmter, ernster Ton, ihre Sicherheit im Leben, das sie achtundachtzigmal mit seinen Jahreszeiten hatte zurückkehren sehen und das ihr nur wie ein Vorsaal im Bethause erschien, hatten mich mannigfach erschüttert. »Was sind alle Leiden, alle Begierden meiner Brust? Die Sterne gehen ewig unbekümmert ihren Weg, wozu suche ich Erquickung und Labung, und von wem suche ich sie und für wen? Alles, was ich hier suche und liebe und erringe, wird es mich je dahin bringen, so ruhig wie diese gute, fromme Seele die Nacht auf der Schwelle des Hauses zubringen zu können, bis der Morgen erscheint, und werde ich dann den Freund finden wie sie? Ach, ich werde die Stadt gar nicht erreichen, ich werde wegemüde schon in dem Sande vor dem Tore umsinken und vielleicht gar in die Hände der Räuber fallen.« So sprach ich zu mir selbst, und als ich durch den Lindengang mich der Alten wieder näherte, hörte ich sie halblaut mit gesenktem Kopfe vor sich hin beten. Ich war wunderbar gerührt und trat zu ihr hin und sprach: »Mit Gott, fromme Mutter, bete Sie auch ein wenig für mich!« — bei welchen Worten ich ihr einen Taler in die Schürze warf.

Die Alte sagte hierauf ganz ruhig: »Hab tausend Dank, mein lieber Herr, daß du mein Gebet erhört.«

Ich glaubte, sie spreche mit mir, und sagte: »Mutter, habt Ihr mich denn um etwas gebeten? Ich wüßte nicht.«

Da fuhr die Alte überrascht auf und sprach: »Lieber Herr, gehe Er doch nach Haus und bete Er fein und lege Er sich schlafen! Was zieht Er so spät noch auf der Gasse herum? Das ist jungen Gesellen gar nichts nütze, denn der Feind geht um und suchet, wo er sich einen erfange. Es ist mancher durch solch Nachtlaufen verdorben. Wen sucht Er? Den Herrn? Der ist in des Menschen Herz, so er züchtiglich lebt, und nicht auf der Gasse! Sucht Er aber den Feind, so hat Er ihn schon; gehe Er hübsch nach Haus und bete Er, daß Er ihn los werde! Gute Nacht!«

Nach diesen Worten wendete sie sich ganz ruhig nach der andern Seite und steckte den Taler in ihren

Reisesack. Alles, was die Alte tat, machte einen eigentümlichen ernsten Eindruck auf mich, und ich sprach zu ihr: »Liebe Mutter, Ihr habt wohl recht, aber Ihr selbst seid es, was mich hier hält. Ich hörte Euch beten und wollte Euch ansprechen, meiner dabei zu gedenken.«

»Das ist schon geschehen«, sagte sie. »Als ich Ihn so durch den Lindengang wandeln sah, bat ich Gott, er möge Euch gute Gedanken geben. Nun habe Er sie und gehe Er fein schlafen!«

Ich aber setzte mich zu ihr nieder auf die Treppe und ergriff ihre dürre Hand und sagte: »Lasset mich hier bei Euch sitzen die Nacht hindurch, und erzählet mir, woher Ihr seid und was Ihr hier in der Stadt sucht; Ihr habt hier keine Hülfe, in Eurem Alter ist man Gott näher als den Menschen; die Welt hat sich verändert, seit Ihr jung wart.«

»Daß ich nicht wüßte«, erwiderte die Alte, »ich habs mein Lebetag ganz einerlei gefunden. Er ist noch zu jung, da verwundert man sich über alles: mir ist alles schon so oft wieder vorgekommen, daß ich es nur noch mit Freuden ansehe, weil es Gott so treulich damit meinet. Aber man soll keinen guten Willen von sich weisen, wenn er einem auch grade nicht not tut, sonst möchte der liebe Freund ausbleiben, wenn er ein ander Mal gar willkommen wäre; bleibe Er drum immer sitzen und sehe Er, was Er mir helfen kann. Ich will Ihm erzählen, was mich in die Stadt den weiten Weg hertreibt. Ich hätt es nicht gedacht, wieder hierher zu kommen. Es sind siebenzig Jahre, daß ich hier in dem Hause als Magd gedient habe, auf dessen Schwelle ich sitze, seitdem war ich nicht mehr in der

Stadt; was die Zeit herumgeht! Es ist, als wenn man eine Hand umwendet. Wie oft habe ich hier am Abend gesessen vor siebenzig Jahren und habe auf meinen Schatz gewartet, der bei der Garde stand! Hier haben wir uns auch versprochen. Wenn er hier — aber still, da kömmt die Runde vorbei.«

Da hob sie an, mit gemäßigter Stimme, wie etwa junge Mägde und Diener in schönen Mondnächten, vor der Tür zu singen, und ich hörte mit innigem Vergnügen folgendes schöne, alte Lied von ihr:

Wann der Jüngste Tag wird werden,
Dann fallen die Sternelein auf die Erden.
Ihr Toten, ihr Toten sollt auferstehn,
Ihr sollt vor das Jüngste Gerichte gehn;
Ihr sollt treten auf die Spitzen,
Da die lieben Engelein sitzen.
Da kam der liebe Gott gezogen
Mit einem schönen Regenbogen.
Da kamen die falschen Juden gegangen,
Die führten einst unsern Herrn Christum
gefangen.
Die hohen Bäum erleuchten sehr,
Die harten Stein zerknirschten sehr.
Wer dies Gebetlein beten kann,
Der bets des Tages nur einmal,
Die Seele wird vor Gott bestehn,
Wann wir werden zum Himmel eingehn!
Amen.

Als die Runde uns näher kam, wurde die gute Alte gerührt. »Ach«, sagte sie, »es ist heute der sechzehnte

Mai, es ist doch alles einerlei, grade wie damals, nur haben sie andere Mützen auf und keine Zöpfe mehr. Tut nichts, wenns Herz nur gut ist!«

Der Offizier der Runde blieb bei uns stehen und wollte eben fragen, was wir hier so spät zu schaffen hätten, als ich den Fähndrich Graf Grossinger, einen Bekannten, in ihm erkannte. Ich sagte ihm kurz den ganzen Handel, und er sagte mit einer Art von Erschütterung: »Hier haben Sie einen Taler für die Alte und eine Rose« — die er in der Hand trug —, »so alte Bauersleute haben Freude an Blumen. Bitten Sie die Alte, Ihnen morgen das Lied in die Feder zu sagen, und bringen Sie mir es. Ich habe lange nach dem Lied getrachtet, aber es nie ganz habhaft werden können.« Hiermit schieden wir, denn der Posten der nahgelegenen Hauptwache, bis zu welcher ich ihn über den Platz begleitet hatte, rief: »Wer da?« Er sagte mir noch, daß er die Wache am Schlosse habe, ich solle ihn dort besuchen. Ich ging zu der Alten zurück und gab ihr die Rose und den Taler.

Die Rose ergriff sie mit einer rührenden Heftigkeit und befestigte sie sich auf ihren Hut, indem sie mit einer etwas feineren Stimme und fast weinend die Worte sprach:

Rosen, die Blumen, auf meinem Hut,
Hätt ich viel Geld, das wäre gut,
Rosen und mein Liebchen.

Ich sagte zu ihr: »Ei, Mütterchen, Ihr seid ja ganz munter geworden«, und sie erwiderte:

»Munter, munter,
Immer bunter,
Immer runder.
Oben stund er,
Nun bergunter,
's ist kein Wunder!

Schau Er, lieber Mensch, ist es nicht gut, daß ich hier sitzen geblieben? Es ist alles einerlei, glaub Er mir. Heut sind es siebenzig Jahre, da saß ich hier vor der Türe, ich war eine flinke Magd und sang gern alle Lieder. Da sang ich auch das Lied vom Jüngsten Gericht wie heute, da die Runde vorbeiging, und da warf mir ein Grenadier im Vorübergehn eine Rose in den Schoß — die Blätter hab ich noch in meiner Bibel liegen —: das war meine erste Bekanntschaft mit meinem seligen Mann. Am andern Morgen hatte ich die Rose vorgesteckt in der Kirche, und da fand er mich, und es ward bald richtig. Drum hat es mich gar sehr gefreut, daß mir heut wieder eine Rose ward. Es ist ein Zeichen, daß ich zu ihm kommen soll, und darauf freu ich mich herzlich. Vier Söhne und eine Tochter sind mir gestorben, vorgestern hat mein Enkel seinen Abschied genommen — Gott helfe ihm und erbarme sich seiner! — und morgen verläßt mich eine andre gute Seele. Aber was sag ich: morgen? ist es nicht schon Mitternacht vorbei?«

»Es ist zwölfe vorüber«, erwiderte ich, verwundert über ihre Rede.

»Gott gebe ihr Trost und Ruhe die vier Stündlein, die sie noch hat!« sagte die Alte und ward still, indem sie die Hände faltete. Ich konnte nicht sprechen, so erschütterten mich ihre Worte und ihr ganzes Wesen. Da sie aber ganz stille blieb und der Taler des Offiziers noch in ihrer Schürze lag, sagte ich zu ihr: »Mutter, steckt den Taler zu Euch, Ihr könntet ihn verlieren.«

»Den wollen wir nicht weglegen, den wollen wir meiner Befreundeten schenken in ihrer letzten Not!« erwiderte sie. »Den ersten Taler nehm ich morgen wieder mit nach Haus, der gehört meinem Enkel, der soll ihn genießen. Ja seht, es ist immer ein herrlicher Junge gewesen und hielt etwas auf seinen Leib und auf seine Seele — ach Gott, auf seine Seele! — Ich habe gebetet den ganzen Weg, es ist nicht möglich, der liebe Herr läßt ihn gewiß nicht verderben. Unter allen Burschen war er immer der reinlichste und fleißigste in der Schule, aber auf die Ehre war er vor allem ganz erstaunlich. Sein Leutnant hat auch immer gesprochen: ›Wenn meine Schwadron Ehre im Leibe hat, so sitzt sie bei dem Finkel im Quartier.‹ Er war unter den Ulanen. Als er zum ersten Mal aus Frankreich zurückkam, erzählte er allerlei schöne Geschichten, aber immer war von der Ehre dabei die Rede. Sein Vater und sein Stiefbruder waren bei dem Landsturm und kamen oft mit ihm wegen der Ehre in Streit, denn was er zuviel hatte, hatten sie nicht genug. Gott verzeih mir meine schwere Sünde, ich will nicht schlecht von ihnen reden, jeder hat sein Bündel zu tragen: aber meine selige Tochter, *seine* Mutter, hat sich zu Tode gearbeitet bei dem Faulpelz, sie konnte nicht erschwingen, seine Schulden zu tilgen. Der Ulan erzählte von den Franzosen, und als der Vater und Stiefbruder sie ganz schlecht machen wollten, sagte der Ulan: ›Vater, das versteht Ihr nicht, sie haben doch viel Ehre im Leibe!‹ Da ward der Stiefbruder tückisch und sagte: ›Wie kannst du deinem Vater so viel von der Ehre vorschwatzen? War er doch Unteroffizier im N**schen Regiment und muß es besser als du verstehn, der nur Gemeiner ist!‹ — ›Ja‹, sagte da der alte Finkel, der nun auch rebellisch ward, ›das war ich und habe manchen vorlauten Burschen fünfundzwanzig aufgezählt; hätte ich nur Franzosen in der Kompanie gehabt, die sollten sie noch besser gefühlt haben mit ihrer Ehre!‹ Die Rede tat dem Ulanen gar weh, und er sagte: ›Ich will ein Stückchen von einem französischen Unteroffizier erzählen, das gefällt mir besser. Unterm vorigen König sollten auf einmal die Prügel bei der französischen Armee eingeführt werden. Der Befehl des Kriegsministers wurde zu Straßburg bei einer großen Parade bekanntgemacht, und die Truppen hörten in Reih und Glied die Bekanntmachung mit stillem Grimm an. Da aber noch am Schluß der Parade ein Gemeiner einen Exzeß machte, wurde sein Unteroffizier vorkommandiert, ihm zwölf Hiebe zu geben. Es wurde ihm mit Strenge befohlen, und er mußte es tun. Als er aber fertig war, nahm er das Gewehr des Mannes, den er geschlagen hatte, stellte es vor sich an die Erde und drückte mit dem Fuße los, daß ihm die Kugel durch den Kopf fuhr und er tot niedersank. Das wurde an den König berichtet, und der Befehl, Prügel zu geben, ward gleich zurückgenommen. Seht, Vater, das war ein Kerl, der Ehre im Leib hatte!‹ —

›Ein Narr war es!‹ sprach der Bruder. — ›Freß deine Ehre, wenn du Hunger hast!‹ brummte der Vater. Da nahm mein Enkel seinen Säbel und ging aus dem Haus und kam zu mir in mein Häuschen und erzählte mir alles und weinte die bittern Tränen. Ich konnte ihm nicht helfen; die Geschichte, die er mir auch erzählte, konnte ich zwar nicht ganz verwerfen, aber ich sagte ihm doch immer zuletzt: ›Gib Gott allein die Ehre!‹ Ich gab ihm noch den Segen, denn sein Urlaub war am andern Tage aus, und er wollte noch eine Meile umreiten nach dem Orte, wo ein Patchen von mir auf dem Edelhof diente, auf die er gar viel hielt, er wollte einmal mit ihr hausen. — Sie werden auch wohl bald zusammenkommen, wenn Gott mein Gebet erhört. Er hat seinen Abschied schon genommen, mein Patchen wird ihn heut erhalten, und die Aussteuer hab ich auch schon beisammen, es soll auf der Hochzeit weiter niemand sein als ich.« Da ward die Alte wieder still und schien zu beten. Ich war in allerlei Gedanken über die Ehre, und ob ein Christ den Tod des Unteroffiziers schön finden dürfe. Ich wollte, es sagte mir einmal einer etwas Hinreichendes darüber.

Als der Wächter ein Uhr anrief, sagte die Alte: »Nun habe ich noch zwei Stunden. Ei, ist Er noch da, warum geht Er nicht schlafen? Er wird morgen nicht arbeiten können und mit seinem Meister Händel kriegen; von welchem Handwerk ist Er denn, mein guter Mensch?«

Da wußte ich nicht recht, wie ich es ihr deutlich machen sollte, daß ich ein Schriftsteller sei. Ich bin ein Gestudierter, durfte ich nicht sagen, ohne zu lügen. Es ist wunderbar, daß ein Deutscher immer sich ein wenig schämt, zu sagen: er sei ein Schriftsteller; zu den Leuten aus den untern Ständen sagt man es am ungernsten, weil diesen gar leicht die Schriftgelehrten und Pharisäer aus der Bibel dabei einfallen. Der Name Schriftsteller ist nicht so eingebürgert bei uns wie das ›Homme des lettres‹ bei den Franzosen, welche überhaupt als Schriftsteller zünftig sind und in ihren Arbeiten mehr hergebrachtes Gesetz haben, ja, bei denen man auch fragt: ›Où avez-vous fait votre philosophie? wo haben Sie Ihre Philosophie gemacht?‹ Wie denn ein Franzose selbst viel mehr von einem gemachten Manne hat. Doch diese nicht deutsche Sitte ist es nicht allein, welche das Wort Schriftsteller so schwer auf der Zunge macht, wenn man am Tore um seinen Charakter gefragt wird, sondern eine gewisse innere Scham hält uns zurück, ein Gefühl, welches jeden befällt, der mit freien und geistigen Gütern, mit unmittelbaren Geschenken des Himmels Handel treibt. Gelehrte brauchen sich weniger zu schämen als Dichter, denn sie haben gewöhnlich Lehrgeld gegeben, sind meist in Ämtern des Staats, spalten an groben Klötzen oder arbeiten in Schachten, wo viele wilde Wasser auszupumpen sind. Aber ein sogenannter Dichter ist am übelsten daran, weil er meistens aus dem Schulgarten nach dem Parnaß entlaufen, und es ist auch wirklich ein verdächtiges Ding um einen Dichter von Profession, der es nicht nur nebenher ist. Man kann sehr leicht zu ihm sagen: ›Mein Herr, ein jeder Mensch hat, wie Hirn, Herz, Magen, Milz, Leber und dergleichen, auch eine Poesie im Leibe; wer aber eines dieser Glieder überfüttert, verfüttert oder mästet und es über alle andre hinüber treibt, ja es gar zum Erwerbzweig macht, der muß sich schämen vor seinem ganzen übrigen Menschen.‹ Einer, der von der Poesie lebt, hat das Gleichgewicht verloren, und eine übergroße Gänseleber, sie mag noch so gut schmecken, setzt doch immer eine kranke Gans voraus. Alle Menschen, welche ihr Brot nicht im Schweiße ihres Angesichts verdienen, müssen sich einigermaßen schämen; und das fühlt einer, der noch nicht ganz in der Tinte war, wenn er sagen soll, er sei ein Schriftsteller. So dachte ich allerlei und besann mich, was ich der Alten sagen sollte, welche, über mein Zögern verwundert, mich anschaute und sprach:

»Welch ein Handwerk Er treibt, frage ich; warum will Er mirs nicht sagen? Treibt Er kein ehrlich Handwerk, so greif Ers noch an, es hat einen goldnen Boden. Er ist doch nicht etwa gar ein Henker oder Spion, der mich ausholen will? Meinethalben sei Er, wer Er will, sag Ers, wer Er ist! Wenn Er bei Tage so hier säße, würde ich glauben, Er sei ein Lehnerich, so ein Tagedieb, der sich an die Häuser lehnt, damit er nicht umfällt vor Faulheit.«

Da fiel mir ein Wort ein, das mir vielleicht eine Brücke zu ihrem Verständnis schlagen könnte: »Liebe Mutter«, sagte ich, »ich bin ein Schreiber.« — »Nun«, sagte sie, »das hätte Er gleich sagen sollen. Er ist also ein Mann von der Feder; dazu gehören feine Köpfe und schnelle Finger und ein gutes Herz, sonst wird einem draufgeklopft. Ein Schreiber ist Er? Kann Er mir dann wohl eine Bittschrift aufsetzen an den Herzog, die aber gewiß erhört wird und nicht bei den vielen andern liegen bleibt?«

»Eine Bittschrift, liebe Mutter«, sprach ich, »kann ich Ihr wohl aufsetzen, und ich will mir alle Mühe geben, daß sie recht eindringlich abgefaßt sein soll.«

»Nun, das ist brav von Ihm«, erwiderte sie; »Gott lohn es Ihm und lasse Ihn älter werden als mich und gebe Ihm auch in Seinem Alter einen so geruhigen Mut und eine so schöne Nacht mit Rosen und Talern wie mir und auch einen Freund, der Ihm eine Bittschrift macht, wenn es Ihm not tut. Aber jetzt gehe Er nach Haus, lieber Freund, und kauf Er sich einen Bogen Papier und schreibe Er die Bittschrift; ich will hier auf Ihn warten. Noch eine Stunde, dann gehe ich zu meiner Pate, Er kann mitgehen; sie wird sich auch freuen an der Bittschrift. Sie hat gewiß ein gutes Herz, aber Gottes Gerichte sind wunderbar.«

Nach diesen Worten ward die Alte wieder still, senkte den Kopf und schien zu beten. Der Taler lag noch auf ihrem Schoß. Sie weinte: »Liebe Mutter, was fehlet Euch, was tut Euch so weh? Ihr weinet?« sprach ich.

»Nun, warum soll ich denn nicht weinen? Ich weine auf den Taler, ich weine auf die Bittschrift, auf alles weine ich. Aber es hilft nichts, es ist doch alles viel, viel besser auf Erden, als wir Menschen es verdienen, und gallenbittre Tränen sind noch viel zu süße. Sehe Er nur einmal das goldne Kamel da drüben an der Apotheke. Wie doch Gott alles so herrlich und wunderbar geschaffen hat, aber der Mensch erkennt es nicht! Und ein solch Kamel geht eher durch ein

Nadelöhr als ein Reicher in das Himmelreich. — Aber was sitzt Er denn immer da? Gehe Er, den Bogen Papier zu kaufen, und bringe Er mir die Bittschrift.«

»Liebe Mutter«, sagte ich, »wie kann ich Euch die Bittschrift machen, wenn Ihr mir nicht sagt, was ich hineinschreiben soll?«

»Das muß ich Ihm sagen?« erwiderte sie; »dann ist es freilich keine Kunst, und wundre ich mich nicht mehr, daß Er sich einen Schreiber zu nennen schämte, wenn man Ihm alles sagen soll. Nun, ich will mein mögliches tun. Setz Er in die Bittschrift, daß zwei Liebende beieinander ruhen sollen und daß sie einen nicht auf die Anatomie bringen sollen, damit man seine Glieder beisammen hat, wenn es heißt: Ihr Toten, ihr Toten sollt auferstehn, ihr sollt vor das Jüngste Gerichte gehn!« Da fing sie wieder bitterlich an zu weinen.

Ich ahnete, ein schweres Leid müsse auf ihr lasten, aber sie fühle bei der Bürde ihrer Jahre nur in einzelnen Momenten sich schmerzlich gerührt. Sie weinte, ohne zu klagen, ihre Worte waren immer gleich ruhig und kalt. Ich bat sie nochmals, mir die ganze Veranlassung zu ihrer Reise in die Stadt zu erzählen, und sie sprach:

»Mein Enkel, der Ulan, von dem ich Ihm erzählte, hatte doch mein Patchen sehr lieb, wie ich Ihm vorher sagte, und sprach der schönen Annerl, wie die Leute sie ihres glatten Spiegels wegen nannten, immer von der Ehre vor und sagte ihr immer, sie solle auf ihre Ehre halten und auch auf seine Ehre. Da kriegte dann das Mädchen etwas ganz Apartes in ihr Gesicht und ihre Kleidung von der Ehre; sie war feiner und manierlicher als alle andere Dirnen. Alles saß ihr knapper am Leibe, und wenn sie ein Bursche einmal ein wenig derb beim Tanze anfaßte oder sie etwa höher als den Steg der Baßgeige schwang, so konnte sie bitterlich darüber bei mir weinen und sprach dabei immer, es sei wider ihre Ehre. Ach, das Annerl ist ein eignes Mädchen immer gewesen. Manchmal, wenn kein Mensch es sich versah, fuhr sie mit beiden Händen nach ihrer Schürze und riß sie sich vom Leibe, als ob Feuer drin sei, und dann fing sie gleich entsetzlich an zu weinen; aber das hat seine Ursache: es hat sie mit Zähnen hingerissen, der Feind ruht nicht. Wäre das Kind nur nicht stets so hinter der Ehre her gewesen und hätte sich lieber an unsern lieben Gott gehalten, hätte ihn nie von sich gelassen, in aller Not, und hätte seinetwillen Schande und Verachtung ertragen statt ihrer Menschenehre! Der Herr hätte sich gewiß erbarmt und wird es auch noch. Ach, sie kommen gewiß zusammen, Gottes Wille geschehe!

Der Ulan stand wieder in Frankreich, er hatte lange nicht geschrieben, und wir glaubten ihn fast tot und weinten oft um ihn. Er war aber im Hospital an einer schweren Blessur krank gelegen, und als er wieder zu seinen Kameraden kam und zum Unteroffizier ernannt wurde, fiel ihm ein, daß ihm vor zwei Jahren sein Stiefbruder so übers Maul gefahren: er sei nur Gemeiner und der Vater Korporal, und dann die Geschichte von dem französischen Unteroffizier, und wie er seinem Annerl von der Ehre so viel geredet, als er Abschied genommen. Da verlor er seine Ruhe und kriegte das Heimweh und sagte zu seinem Rittmeister, der ihn um sein Leid fragte: ›Ach, Herr Rittmeister, es ist, als ob es mich mit den Zähnen nach Hause zöge.‹ Da ließen sie ihn heimreiten mit seinem Pferd, denn alle seine Offiziere trauten ihm. Er kriegte auf drei Monate Urlaub und sollte mit der Remonte wieder zurückkommen. Er eilte, so sehr er konnte, ohne seinem Pferde wehe zu tun, welches er besser pflegte als jemals, weil es ihm anvertraut worden. An einem Tage trieb es ihn ganz entsetzlich, nach Hause zu eilen. Es war der Tag vor dem Sterbetag seiner Mutter, und es war ihm immer, als laufe sie vor seinem Pferde her und riefe: ›Kasper, tue mir eine Ehre an!‹ Ach, ich saß an diesem Tage auf ihrem Grabe ganz allein und dachte auch: ›Wenn Kasper doch bei mir wäre!‹ Ich hatte Blümelein Vergißnichtmein in einen Kranz gebunden und an das eingesunkene Kreuz gehängt und maß mir den Platz umher aus und dachte: ›Hier will ich liegen, und da soll Kasper liegen, wenn ihm Gott sein Grab in der Heimat schenkt, daß wir fein beisammen sind, wenns heißt: Ihr Toten, ihr Toten sollt auferstehn, ihr sollt zum Jüngsten Gerichte gehn!‹ Aber Kasper kam nicht, ich wußte auch nicht, daß er so nahe war und wohl hätte kommen können. Es trieb ihn auch gar zu sehr, zu eilen; denn er hatte wohl oft an diesen Tag in Frankreich gedacht und hatte einen kleinen Kranz von schönen Goldblumen von daher mitgebracht, um das Grab seiner Mutter zu schmücken, und auch einen Kranz für Annerl, den sollte sie sich bis zu ihrem Ehrentage bewahren.«

Hier ward die Alte still und schüttelte mit dem Kopf; als ich aber die letzten Worte wiederholte: »Den sollte sie sich bis zu ihrem Ehrentag bewahren«, fuhr sie fort: »Wer weiß, ob ich es nicht erflehen kann, ach, wenn ich den Herzog nur wecken dürfte!« — »Wozu?« fragte ich, »welch Anliegen habt Ihr denn, Mutter?« Da sagte sie ernst: »Oh, was läge am ganzen Leben, wenns kein End nähme; was läge am Leben, wenn es nicht ewig wäre!« und fuhr dann in ihrer Erzählung fort:

»Kasper wäre noch recht gut zu Mittag in unserm Dorfe angekommen, aber morgens hatte ihm sein Wirt im Stalle gezeigt, daß sein Pferd gedrückt sei, und dabei gesagt: ›Mein Freund, das macht dem Reiter keine Ehre.‹ Das Wort hatte Kasper tief empfunden; er legte deswegen den Sattel hohl und leicht auf, tat alles, ihm die Wunde zu heilen, und setzte seine Reise, das Pferd am Zügel führend, zu Fuße fort. So kam er am späten Abend bis an eine Mühle; eine Meile von unserm Dorf, und weil er den Müller als einen alten Freund seines Vaters kannte, sprach er bei ihm ein und wurde wie ein recht lieber Gast aus der Fremde empfangen. Kasper zog sein Pferd in den Stall, legte den Sattel und sein Felleisen in einen Winkel und ging nun zu dem Müller in die Stube. Da fragte er dann nach den Seinigen und hörte, daß ich alte Großmutter noch lebe und daß sein Vater und sein Stiefbruder gesund seien und daß es recht gut mit ihnen gehe; sie wären erst gestern mit Getreide auf der Mühle gewesen, sein Vater habe sich auf den Roß- und Ochsenhandel gelegt und gedeihe dabei recht gut, auch halte er jetzt etwas auf seine Ehre und gehe nicht mehr so zerrissen umher. Darüber war der gute Kasper nun herzlich froh, und da er nach der schönen Annerl fragte, sagte ihm der Müller: er kenne sie nicht, aber wenn es die sei, die auf dem Rosenhof gedient habe, die hätte sich, wie er gehört, in der Hauptstadt vermietet, weil sie da eher etwas lernen könne und mehr Ehre dabei sei; so habe er vor einem Jahre von dem Knecht auf dem Rosenhof gehört. Das freute den Kasper auch; wenn es ihm gleich leid tat, daß er sie nicht gleich sehen sollte, so hoffte er sie doch in der Hauptstadt bald recht fein und schmuck zu finden, daß es ihm, als einem Unteroffizier, auch eine rechte Ehre sei, mit ihr am Sonntag spazierenzugehn. Nun erzählte er dem Müller noch mancherlei aus Frankreich; sie aßen und tranken miteinander, er half ihm Korn aufschütten, und dann brachte ihn der Müller in die Oberstube zu Bett und legte sich selbst unten auf einigen Säcken zur Ruhe. Das Geklapper der Mühle und die Sehnsucht nach der Heimat ließen den guten Kasper, wenn er gleich sehr müde war, nicht fest einschlafen. Er war sehr unruhig und dachte an seine selige Mutter und an das schöne Annerl und an die Ehre, die ihm bevorstehe, wenn er als Unteroffizier vor die Seinigen treten würde. So entschlummerte er endlich leis und wurde von ängstlichen Träumen oft aufgeschreckt. Es war ihm mehrmals, als trete seine selige Mutter zu ihm und bäte ihn händeringend um Hülfe; dann war es ihm, als sei er gestorben und würde begraben, gehe aber selbst zu Fuße als Toter mit zu Grabe, und schön Annerl gehe ihm zur Seite; er weine heftig, daß ihn seine Kameraden nicht begleiteten, und da er auf den Kirchhof komme, sei sein Grab neben dem seiner Mutter; und

Annerls Grab sei auch dabei, und er gebe Annerl das Kränzlein, das er ihr mitgebracht, und hänge das der Mutter an ihr Grab, und dann habe er sich umgeschaut und niemand mehr gesehen als mich, und die Annerl, die habe einer an der Schürze ins Grab gerissen, und er sei dann auch ins Grab gestiegen und habe gesagt: ›Ist denn niemand hier, der mir die letzte Ehre antut und mir ins Grab schießen will als einem braven Soldaten?‹ und da habe er sein Pistol gezogen und sich selbst ins Grab geschossen. Über dem Schuß wachte er mit großem Schrecken auf, denn es war ihm, als klirrten die Fenster davon; er sah um sich in der Stube; da hörte er noch einen Schuß fallen und hörte Getöse in der Mühle und Geschrei durch das Geklapper. Er sprang aus dem Bett und griff nach seinem Säbel; in dem Augenblick ging seine Türe auf, und er sah beim Vollmondschein zwei Männer mit berußten Gesichtern mit Knitteln auf sich zustürzen. Aber er setzte sich zur Wehre und hieb den einen über den Arm, und so entflohen beide, indem sie die Türe, welche nach außen aufging und einen Riegel draußen hatte, hinter sich verriegelten. Kasper versuchte umsonst, ihnen nachzukommen, endlich gelang es ihm, eine Tafel in der Türe einzutreten. Er eilte durch das Loch die Treppe hinunter und hörte das Wehgeschrei des Müllers, den er geknebelt zwischen den Kornsäcken liegend fand. Kasper band ihn los und eilte dann gleich in den Stall, nach seinem Pferd und Felleisen, aber beides war geraubt. Mit großem Jammer eilte er in die Mühle zurück und klagte dem Müller sein Unglück, daß ihm all sein Hab und Gut und das ihm anvertraute Pferde gestohlen sei, über welches letztere er sich gar nicht zufriedengeben konnte. Der Müller aber stand mit einem vollen Geldsack vor ihm, er hatte ihn in der Oberstube aus dem Schranke geholt und sagte zu dem Ulan: ›Lieber Kasper, sei Er zufrieden! Ich verdanke Ihm die Rettung meines Vermögens; auf diesen Sack, der oben in Seiner Stube lag, hatten es die Räuber gemünzt, und Seiner Verteidigung danke ich alles, mir ist nichts gestohlen. Die Sein Pferd und Sein Felleisen im Stall fanden, müssen ausgestellte Diebeswachen gewesen sein; sie zeigten durch die Schüsse an, daß Gefahr da sei, weil sie wahrscheinlich am Sattelzeug erkannten, daß ein Kavallerist im Hause herberge. Nun soll Er meinethalben keine Not haben, ich will mir alle Mühe geben und kein Geld sparen, Ihm Seinen Gaul wiederzufinden, und finde ich ihn nicht, so will ich Ihm einen kaufen, so teuer er sein mag.‹ Kasper sagte: ›Geschenkt nehme ich nichts, das ist gegen meine Ehre; aber wenn Er mir im Notfall siebzig Taler vorschießen will, so kriegt Er meine Verschreibung, ich schaffe sie in zwei Jahren wieder.‹ Hierüber wurden sie einig, und der Ulan trennte sich von ihm, um nach seinem Dorfe zu eilen, wo auch ein Gerichtshalter der umliegenden Edelleute wohnt, bei dem er die Sache berichten wollte. Der Müller blieb zurück, um seine Frau und seinen Sohn zu erwarten, welche auf einem Dorfe in der Nähe bei einer Hochzeit waren. Dann wollte er dem Ulanen nachkommen und die Anzeige vor Gericht auch machen.

Er kann sich denken, lieber Herr Schreiber, mit welcher Betrübnis der arme Kasper den Weg nach unserm

Dorfe eilte, zu Fuß und arm, wo er hatte stolz einreiten wollen; einundfünfzig Taler, die er erbeutet hatte, sein Patent als Unteroffizier, sein Urlaub und die Kränze auf seiner Mutter Grab und für die schöne Annerl waren ihm gestohlen. Es war ihm ganz verzweifelt zumute, und so kam er um ein Uhr in der Nacht in seiner Heimat an und pochte gleich an die Türe des Gerichtshalters, dessen Haus das erste vor dem Dorfe ist. Er ward eingelassen und machte seine Anzeige und gab alles an, was ihm geraubt worden war. Der Gerichtshalter trug ihm auf, er solle gleich zu seinem Vater gehn, welcher der einzige Bauer im Dorfe sei, der Pferde habe, und solle mit diesem und seinem Bruder in der Gegend herum patrouillieren, ob er vielleicht den Räubern auf die Spur komme; indessen wolle er andre Leute zu Fuß aussenden und den Müller, wenn er komme, um die weiteren Umstände vernehmen. Kasper ging nun von dem Gerichtshalter weg nach dem väterlichen Hause. Da er aber an meiner Hütte vorüber mußte und durch das Fenster hörte, daß ich ein geistliches Lied sang, wie ich denn vor Gedanken an seine selige Mutter nicht schlafen konnte, so pochte er an und sagte: ›Gelobt sei Jesus Christus! Liebe Großmutter, Kasper ist hier.‹ Ach! wie fuhren mir die Worte durch Mark und Bein, ich stürzte an das Fenster, öffnete es und küßte und drückte ihn mit unendlichen Tränen. Er erzählte mir sein Unglück mit großer Eile und sagte, welchen Auftrag er an seinen Vater vom Gerichtshalter habe; er müsse darum jetzt gleich hin, um den Dieben nachzusetzen, denn seine Ehre hänge davon ab, daß er sein Pferd wiedererhalte.

Ich weiß nicht, aber das Wort *Ehre* fuhr mir recht durch alle Glieder, denn ich wußte schwere Gerichte, die ihm bevorstanden. ›Tue deine Pflicht und gib Gott allein die Ehre!‹ sagte ich; und er eilte von mir nach Finkels Hof, der am andern Ende des Dorfs liegt. Ich sank, als er fort war, auf die Knie und betete zu Gott, er möge ihn doch in seinen Schutz nehmen, ach, ich betete mit einer Angst wie niemals und mußte dabei immer sagen: ›Herr, dein Wille geschehe wie im Himmel so auf Erden.‹

Der Kasper lief zu seinem Vater mit einer entsetzlichen Angst. Er stieg hinten über den Gartenzaun, er hörte die Pumpe gehen, er hörte im Stall wiehern, das fuhr ihm durch die Seele; er stand still, er sah im Mondschein, daß zwei Männer sich wuschen, es wollte ihm das Herz brechen. Der eine sprach: ›Das verfluchte Zeug geht nicht herunter‹; da sagte der andre: ›Komm erst in den Stall, dem Gaul den Schwanz abzuschlagen und die Mähnen zu verschneiden. Hast du das Felleisen auch tief genug unterm Mist begraben?‹ — ›Ja‹, sagte der andre. Da gingen sie nach dem Stall, und Kasper, vor Jammer wie ein Rasender, sprang hervor und schloß die Stalltüre hinter ihnen und schrie: ›Im Namen des Herzogs! Ergebt Euch! Wer sich widersetzt, den schieß ich nieder!‹ Ach, da hatte er seinen Vater und seinen Stiefbruder als die Räuber seines Pferdes gefangen. ›Meine Ehre, meine Ehre ist verloren!‹ schrie er, ›ich bin der Sohn eines ehrlosen Diebes.‹ Als die beiden diese Worte hörten, ist ihnen bös zumute geworden; sie schrieen: ›Kasper, lieber Kasper, um Gottes willen, bringe uns nicht ins

Elend! Kasper, du sollst ja alles wiederhaben! Um deiner seligen Mutter willen, deren Sterbetag heute ist, erbarme dich deines Vaters und Bruders!‹ Kasper aber war wie verzweifelt, er schrie nur immer: ›Meine Ehre, meine Pflicht!‹ Und da sie nun mit Gewalt die Türe erbrechen wollten und ein Fach in der Lehmwand einstoßen, um zu entkommen, schoß er ein Pistol in die Luft und schrie: ›Hülfe, Hülfe, Diebe, Hülfe!‹ Die Bauern, von dem Gerichtshalter erweckt, welche schon herannahten, um sich über die verschiedenen Wege zu bereden, auf denen sie die Einbrecher in die Mühle verfolgen wollten, stürzten auf den Schuß und das Geschrei ins Haus. Der alte Finkel flehte immer noch, der Sohn solle ihm die Tür öffnen, der aber sagte: ›Ich bin ein Soldat und muß der Gerechtigkeit dienen.‹ Da traten der Gerichtshalter und die Bauern heran. Kasper sagte: ›Um Gottes Barmherzigkeit willen, Herr Gerichtshalter, mein Vater, mein Bruder sind selbst die Diebe, o daß ich nie geboren wäre! Hier im Stalle habe ich sie gefangen, mein Felleisen liegt im Miste vergraben.‹ Da sprangen die Bauern in den Stall und banden den alten Finkel und seinen Sohn und schleppten sie in ihre Stube. Kasper aber grub das Felleisen hervor und nahm die zwei Kränze heraus und ging nicht in die Stube, er ging nach dem Kirchhofe an das Grab seiner Mutter. Der Tag war angebrochen. Ich war auf der Wiese gewesen und hatte für mich und für Kasper zwei Kränze von Blümelein Vergißnichtmein geflochten; ich dachte: er soll mit mir das Grab seiner Mutter schmücken, wenn er von seinem Ritt zurückkommt. Da hörte ich allerlei ungewohnten Lärm im

Dorf, und weil ich das Getümmel nicht mag und am liebsten alleine bin, so ging ich ums Dorf herum nach dem Kirchhof. Da fiel ein Schuß, ich sah den Dampf in die Höhe steigen, ich eilte auf den Kirchhof — o du lieber Heiland, erbarme dich sein! Kasper lag tot auf dem Grabe seiner Mutter. Er hatte sich die Kugel durch das Herz geschossen, auf welches er sich das Kränzlein, das er für schön Annerl mitgebracht, am Knopfe befestigt hatte; durch diesen Kranz hatte er sich ins Herz geschossen. Den Kranz für die Mutter hatte er schon an das Kreuz befestigt. Ich meinte, die Erde täte sich unter mir auf bei dem Anblick, ich stürzte über ihn hin und schrie immer: ›Kasper, o du unglückseliger Mensch, was hast du getan? Ach, wer hat dir denn dein Elend erzählt? Oh, warum habe ich dich von mir gelassen, ehe ich dir alles gesagt! Gott, was wird dein armer Vater, dein Bruder sagen, wenn sie dich so finden!‹ Ich wußte nicht, daß er sich wegen diesen das Leid angetan, ich glaubte, es habe eine ganz andere Ursache. Da kam es noch ärger: der Gerichtshalter und die Bauern brachten den alten Finkel und seinen Sohn mit Stricken gebunden; der Jammer erstickte mir die Stimme in der Kehle, ich konnte kein Wort sprechen. Der Gerichtshalter fragte mich, ob ich meinen Enkel gesehn? Ich zeigte hin, wo er lag. Er trat zu ihm, er glaubte, er weine auf dem Grabe; er schüttelte ihn, da sah er das Blut niederstürzen. ›Jesus Marie!‹ rief er aus, ›der Kasper hat Hand an sich gelegt.‹ Da sahen die beiden Gefangenen sich schrecklich an; man nahm den Leib des Kaspers und trug ihn neben ihnen her nach dem Hause des Gerichtshalters.

Es war ein Wehgeschrei im ganzen Dorfe, die Bauernweiber führten mich nach. Ach, das war wohl der schrecklichste Weg in meinem Leben!«

Da ward die Alte wieder still, und ich sagte zu ihr: »Liebe Mutter, Euer Leid ist entsetzlich, aber Gott hat Euch auch recht lieb; die er am härtesten schlägt, sind seine liebsten Kinder. Sagt mir nun, liebe Mutter, was Euch bewogen hat, den weiten Weg hierher zu gehen, und um was Ihr die Bittschrift einreichen wollt!«

»Ei, das kann Er sich doch wohl denken«, fuhr sie ganz ruhig fort, »um ein ehrliches Grab für Kasper und die schöne Annerl, der ich das Kränzlein zu ihrem Ehrentag mitbringe. Es ist ganz mit Kaspers Blut unterlaufen, seh Er einmal!«

Da zog sie einen kleinen Kranz von Flittergold aus ihrem Bündel und zeigte ihn mir. Ich konnte bei dem anbrechenden Tage sehen, daß er vom Pulver geschwärzt und mit Blut besprengt war.

Ich war ganz zerrissen von dem Unglück der guten Alten, und die Größe und Festigkeit, womit sie es trug, erfüllte mich mit Verehrung. »Ach, liebe Mutter«, sagte ich, »wie werdet Ihr der armen Annerl aber ihr Elend beibringen, daß sie nicht gleich vor Schrecken tot niedersinkt, und was ist denn das für ein Ehrentag, zu welchem Ihr dem Annerl den traurigen Kranz bringet?«

»Lieber Mensch«, sprach sie, »komme Er nur mit. Er kann mich zu ihr begleiten, ich kann doch nicht geschwind fort, so werden wir sie gerade zu rechter Zeit noch finden. Ich will Ihm unterwegs noch alles erzählen.«

Nun stand sie auf und betete ihren Morgensegen ganz ruhig und brachte ihre Kleider in Ordnung, und ihren Bündel hängte sie dann an meinen Arm. Es war zwei Uhr des Morgens, der Tag graute, und wir wandelten durch die stillen Gassen.

»Seh Er«, erzählte die Alte fort, »als der Finkel und sein Sohn eingesperrt waren, mußte ich zum Gerichtshalter auf die Gerichtsstube. Der tote Kasper wurde auf einen Tisch gelegt und mit seinem Ulanenmantel bedeckt hereingetragen, und nun mußte ich alles dem Gerichtshalter sagen, was ich von ihm wußte und was er mir heute morgen durch das Fenster gesagt hatte. Das schrieb er alles auf sein Papier nieder, das vor ihm lag; dann sah er die Schreibtafel durch, die sie bei Kasper gefunden; da standen mancherlei Rechnungen drin, einige Geschichten von der Ehre und auch die von dem französischen Unteroffizier, und hinter ihr war mit Bleistift etwas geschrieben.« Da gab mir die Alte die Brieftasche, und ich las folgende letzte Worte des unglücklichen Kaspers: ›Auch ich kann meine Schande nicht überleben. Mein Vater und mein Bruder sind Diebe, sie haben mich selbst bestohlen; mein Herz brach mir, aber ich mußte sie gefangennehmen und den Gerichten übergeben, denn ich bin Soldat meines Fürsten, und meine Ehre erlaubt mir keine Schonung. Ich habe meinen Vater und Bruder der Rache übergeben um der Ehre willen. Ach, bitte doch jedermann für mich, daß man mir hier, wo ich gefallen bin, ein ehrliches Grab neben meiner Mutter vergönne! Das Kränzlein, durch welches ich mich erschossen, soll die Großmutter der schönen Annerl schicken und sie von mir grüßen; ach, sie tut mir leid durch Mark und Bein, aber sie soll doch den Sohn eines Diebes nicht heiraten, denn sie hat immer viel auf Ehre gehalten. Liebe schöne Annerl, mögest Du nicht so sehr erschrecken über mich, gib Dich zufrieden, und wenn Du mir jemals ein wenig gut warst, so rede nicht schlecht von mir. Ich kann ja nichts für meine Schande! Ich hatte mir so viele Mühe gegeben, in Ehren zu bleiben mein Leben lang, ich war schon Unteroffizier und hatte den besten Ruf bei der Schwadron, ich wäre gewiß noch einmal Offizier geworden, und, Annerl, Dich hätte ich doch nicht verlassen und hätte keine Vornehmere gefreit — aber der Sohn eines Diebes, der seinen Vater aus Ehre selbst fangen und richten lassen muß, kann seine Schande nicht überleben. Annerl, liebes Annerl, nimm doch ja das Kränzlein, ich bin Dir immer treu gewesen, so Gott mir gnädig sei! Ich gebe Dir nun Deine Freiheit wieder, aber tue mir die Ehre und heirate nie einen, der schlechter wäre als ich. Und wenn Du kannst, so bitte für mich, daß ich ein ehrliches Grab neben meiner Mutter erhalte, und wenn Du hier in unserm Ort sterben solltest, so lasse Dich auch bei uns begraben; die gute Großmutter wird auch zu uns kommen, da sind wir alle beisammen. Ich habe funfzig Taler in meinem Felleisen, die sollen auf Interessen gelegt werden für Dein erstes Kind. Meine silberne Uhr soll der Herr Pfarrer haben, wenn ich ehrlich begraben werde. Mein Pferd, die Uniform und Waffen gehören dem Herzog, diese meine Brieftasche gehört Dein. Adies, herztausender Schatz, adies, liebe Großmutter, betet für mich und lebt alle wohl! — Gott erbarme sich meiner — ach, meine Verzweiflung ist groß!‹

Ich konnte diese letzten Worte eines gewiß edeln, unglücklichen Menschen nicht ohne bittere Tränen lesen. — »Der Kasper muß ein gar guter Mensch gewesen sein, liebe Mutter«, sagte ich zu der Alten, welche nach diesen Worten stehenblieb und meine Hand drückte und mit tief bewegter Stimme sagte: »Ja, es war der beste Mensch auf der Welt. Aber die letzten Worte von der Verzweiflung hätte er nicht schreiben sollen, die bringen ihn um sein ehrliches Grab, die bringen ihn auf die Anatomie. Ach, lieber Schreiber, wenn Er hierin nur helfen könnte.«

»Wieso, liebe Mutter?« fragte ich, »was können diese letzten Worte dazu beitragen?« — »Ja gewiß«, erwiderte sie, »der Gerichtshalter hat es mir selbst gesagt. Es ist ein Befehl an alle Gerichte ergangen, daß nur die Selbstmörder aus Melancholie ehrlich sollen begraben werden, alle aber, die aus Verzweiflung Hand an sich gelegt, sollen auf die Anatomie; und der Gerichtshalter hat mir gesagt, daß er den Kasper, weil er selbst seine Verzweiflung eingestanden, auf die Anatomie schicken müsse.«

»Das ist ein wunderlich Gesetz«, sagte ich, »denn man könnte wohl bei jedem Selbstmord einen Prozeß anstellen, ob er aus Melancholie oder Verzweiflung entstanden, der so lange dauern müßte, daß der Richter und die Advokaten drüber in Melancholie und Verzweiflung fielen und auf die Anatomie kämen. Aber seid nur getröstet, liebe Mutter, unser Herzog ist ein so guter Herr: wenn er die ganze Sache hört, wird er dem armen Kasper gewiß sein Plätzchen neben der Mutter vergönnen.«

»Das gebe Gott!« erwiderte die Alte, »sehe Er nun, lieber Mensch: als der Gerichtshalter alles zu Papier gebracht hatte, gab er mir die Brieftasche und den Kranz für die schöne Annerl, und so bin ich dann gestern hierher gelaufen, damit ich ihr an ihrem Ehrentag den Trost noch mit auf den Weg geben kann. — Der Kasper ist zu rechter Zeit gestorben, hätte er alles gewußt, er wäre närrisch geworden vor Betrübnis.«

»Was ist es denn nun mit der schönen Annerl?« fragte ich die Alte. »Bald sagt Ihr, sie habe nur noch wenige Stunden, bald sprecht Ihr von ihrem Ehrentag, und sie werde Trost gewinnen durch Eure traurige Nachricht. Sagt mir doch alles heraus: will sie Hochzeit halten mit einem andern? Ist sie tot, krank? Ich muß alles wissen, damit ich es in die Bittschrift setzen kann.«

Da erwiderte die Alte: »Ach, lieber Schreiber, es ist nun so, Gottes Wille geschehe! Sehe Er, als Kasper kam, war ich doch nicht recht froh; als Kasper sich das Leben nahm, war ich doch nicht recht traurig; ich hätte es nicht überleben können, wenn Gott sich meiner nicht erbarmt gehabt hätte mit größerem Leid. Ja, ich sage es Ihm: es war mir ein Stein vor das Herz gelegt, wie ein Eisbrecher, und alle die Schmerzen, die wie Grundeis gegen mich stürzten und mir das Herz gewiß abgestoßen hätten, die zerbrachen an diesem Stein und trieben kalt vorüber. Ich will Ihm etwas erzählen, das ist betrübt.

Als mein Patchen, die schöne Annerl, ihre Mutter verlor, die eine Base von mir war und sieben Meilen von uns wohnte, war ich bei der kranken Frau. Sie war die Witwe eines armen Bauern und hatte in ihrer Jugend einen Jäger liebgehabt, ihn aber wegen seines wilden Lebens nicht genommen. Der Jäger war endlich in solch Elend gekommen, daß er auf Tod und Leben wegen eines Mordes gefangen saß. Das erfuhr meine Base auf ihrem Krankenlager, und es tat ihr so weh, daß sie täglich schlimmer wurde und endlich in ihrer Todesstunde, als sie mir die liebe, schöne Annerl als mein Patchen übergab und Abschied von mir nahm, noch in den letzten Augenblicken zu mir sagte: ›Liebe Anne Margret, wenn du durch das Städtchen kömmst, wo der arme Jürge gefangen liegt, so lasse ihm sagen durch den Gefangenwärter, daß ich ihn bitte auf meinem Todesbett, er solle sich zu Gott bekehren, und daß ich herzlich für ihn gebetet habe in meiner letzten Stunde und daß ich ihn schön grüßen lasse.‹ — Bald nach diesen Worten starb die gute Base, und als sie begraben war, nahm ich die kleine Annerl, die drei Jahre alt war, auf den Arm und ging mit ihr nach Haus.

Vor dem Städtchen, durch das ich mußte, kam ich an der Scharfrichterei vorüber, und weil der Meister berühmt war als ein Viehdoktor, sollte ich einige Arznei mitnehmen für unsern Schulzen. Ich trat in die Stube und sagte dem Meister, was ich wollte, und er antwortete, daß ich ihm auf den Boden folgen solle, wo er die Kräuter liegen habe, und ihm helfen aussuchen. Ich ließ Annerl in der Stube und folgte ihm. Als wir zurück in die Stube traten, stand Annerl vor einem kleinen Schranke, der an der Wand befestigt war, und sprach: ›Großmutter, da ist eine Maus drin! hört, wie es klappert! da ist eine Maus drin!‹

Auf diese Rede des Kindes machte der Meister ein sehr ernsthaftes Gesicht, riß den Schrank auf und sprach: ›Gott sei uns gnädig!‹ — denn er sah sein Richtschwert, das allein in dem Schranke an einem Nagel hing, hin und her wanken. Er nahm das Schwert herunter, und mir schauderte. ›Liebe Frau‹, sagte er, ›wenn Ihr das kleine, liebe Annerl liebhabt, so erschreckt nicht, wenn ich ihm mit meinem Schwert rings um das Hälschen die Haut ein wenig aufritze: denn das Schwert hat vor ihm gewankt, es hat nach seinem Blute verlangt, und wenn ich ihm den Hals damit nicht ritze, so steht dem Kinde groß Elend im Leben bevor.‹ Da faßte er das Kind, welches entsetzlich zu schreien begann, ich schrie auch und riß das Annerl zurück. Indem trat der Bürgermeister des Städtchens herein, der von der Jagd kam und dem Richter einen kranken Hund zur Heilung bringen wollte. Er fragte nach der Ursache des Geschreis. Annerl schrie: ›Er will mich umbringen!‹ Ich war außer mir vor Entsetzen. Der Richter erzählte dem Bürgermeister das Ereignis. Dieser verwies ihm seinen Aberglauben, wie er es nannte, heftig und unter scharfen Drohungen; der Richter blieb ganz ruhig dabei und sprach: ›So habens meine Väter gehalten, so halt ichs.‹ Da sprach der Bürgermeister: ›Meister Franz, wenn Ihr glaubet, Euer Schwert habe sich gerührt, weil ich Euch hiemit anzeige, daß morgen früh um sechs Uhr der Jäger Jürge von Euch soll geköpft werden, so wollt ich es noch verzeihen; aber daß Ihr daraus etwas auf dies liebe Kind schließen wollt, das ist unvernünftig und toll. Es könnte so etwas einen Menschen in Verzweiflung bringen, wenn man es ihm später in seinem Alter sagte, daß es ihm in seiner Jugend geschehen sei. Man soll keinen Menschen in Versuchung führen.‹ — ›Aber auch keines Richters Schwert‹, sagte Meister Franz vor sich und hing sein Schwert wieder in den Schrank. Nun küßte der Bürgermeister das Annerl und gab ihm eine Semmel aus seiner Jagdtasche, und da er mich gefragt, wer ich sei, wo ich herkomme und hinwolle, und ich ihm den Tod meiner Base erzählt hatte und auch den Auftrag an den Jäger Jürge, sagte er mir: ›Ihr sollt ihn ausrichten, ich will Euch selbst zu ihm führen; er hat ein hartes Herz, vielleicht wird ihn das Andenken einer guten Sterbenden in seinen letzten Stunden rühren.‹ Da nahm der gute Herr mich und Annerl auf seinen Wagen, der vor der Tür hielt, und fuhr mit uns in das Städtchen hinein.

Er hieß mich zu seiner Köchin gehn; da kriegten wir gutes Essen, und gegen Abend ging er mit mir zu dem armen Sünder. Und als ich dem die letzten Worte meiner Base erzählte, fing er bitterlich an zu weinen und schrie: ›Ach Gott, wenn sie mein Weib geworden, wäre es nicht so weit mit mir gekommen!‹ Dann begehrte er, man solle den Herrn Pfarrer doch noch einmal zu ihm bitten, er wolle mit ihm beten. Das versprach ihm der Bürgermeister und lobte ihn wegen seiner Sinnesveränderung und fragte ihn, ob er vor seinem Tode noch einen Wunsch hätte, den er ihm erfüllen könne. Da sagte der Jäger Jürge: ›Ach, bittet hier die gute alte Mutter, daß sie doch morgen mit dem

Töchterlein ihrer seligen Base bei meinem Rechte zugegen sein mögen, das wird mir das Herz stärken in meiner letzten Stunde.‹ Da bat mich der Bürgermeister, und so graulich es mir war, so konnte ich es dem armen, elenden Menschen nicht abschlagen. Ich mußte ihm die Hand geben und es ihm feierlich versprechen, und er sank weinend auf das Stroh. Der Bürgermeister ging dann mit mir zu seinem Freunde, dem Pfarrer, dem ich nochmals alles erzählen mußte, ehe er sich ins Gefängnis begab.

Die Nacht mußte ich mit dem Kinde in des Bürgermeisters Haus schlafen, und am andern Morgen ging ich den schweren Gang zu der Hinrichtung des Jägers Jürge. Ich stand neben dem Bürgermeister im Kreis und sah, wie er das Stäblein brach. Da hielt der Jäger Jürge noch eine schöne Rede, und alle Leute weinten, und er sah mich und die kleine Annerl, die vor mir stand, gar beweglich an, und dann küßte er den Meister Franz, der Pfarrer betete mit ihm, die Augen wurden ihm verbunden, und er kniete nieder. Da gab ihm der Richter den Todesstreich. ›Jesus, Maria, Joseph!‹ schrie ich aus; denn der Kopf des Jürgen flog gegen Annerl zu und biß mit seinen Zähnen dem Kinde in sein Röckchen, das ganz entsetzlich schrie. Ich riß meine Schürze vom Leibe und warf sie über den scheußlichen Kopf, und Meister Franz eilte herbei, riß ihn los und sprach: ›Mutter, Mutter, was habe ich gestern morgen gesagt? Ich kenne mein Schwert, es ist lebendig!‹ — Ich war niedergesunken vor Schreck, das Annerl schrie entsetzlich. Der Bürgermeister war ganz bestürzt und ließ mich und das Kind nach seinem

Hause fahren. Da schenkte mir seine Frau andre Kleider für mich und das Kind, und nachmittags schenkte uns der Bürgermeister noch Geld, und viele Leute des Städtchens auch, die Annerl sehen wollten, so daß ich an zwanzig Taler und viele Kleider für sie bekam. Am Abend kam der Pfarrer ins Haus und redete mir lange zu, daß ich das Annerl nur recht in der Gottesfurcht erziehen sollte und auf alle die betrübten Zeichen gar nichts geben, das seien nur Schlingen des Satans, die man verachten müsse; und dann schenkte er mir noch eine schöne Bibel für das Annerl, die sie noch hat; und dann ließ uns der gute Bürgermeister am andern Morgen noch an drei Meilen weit nach Haus fahren. Ach, du mein Gott, und alles ist doch eingetroffen!« sagte die Alte und schwieg.

Eine schauerliche Ahnung ergriff mich; die Erzählung der Alten hatte mich ganz zermalmt. »Um Gottes willen, Mutter«, rief ich aus, »was ist es mit der armen Annerl geworden, ist denn gar nicht zu helfen?«

»Es hat sie mit den Zähnen dazu gerissen«, sagte die Alte, »heut wird sie gerichtet! Aber sie hat es in der Verzweiflung getan: die Ehre, die Ehre lag ihr im Sinn. Sie war zuschanden gekommen aus Ehrsucht, sie wurde verführt von einem Vornehmen, er hat sie sitzenlassen, sie hat ihr Kind erstickt in derselben Schürze, die ich damals über den Kopf des Jägers Jürge warf und die sie mir heimlich entwendet hat. Ach, es hat sie mit den Zähnen dazu gerissen, sie hat es in der Verwirrung getan. Der Verführer hatte ihr die Ehe versprochen und gesagt, der Kasper sei in Frankreich geblieben. Dann ist sie verzweifelt und hat das Böse getan und hat sich selbst bei den Gerichten angegeben. Um vier Uhr wird sie gerichtet. Sie hat mir geschrieben, ich möchte noch zu ihr kommen; das will ich nun tun und ihr das Kränzlein und den Gruß von dem armen Kasper bringen und die Rose, die ich heut nacht erhalten, das wird sie trösten. Ach, lieber Schreiber, wenn Er es nur in der Bittschrift auswirken kann, daß ihr Leib und auch der Kasper dürfen auf unsern Kirchhof gebracht werden.«

»Alles, alles will ich versuchen!« rief ich aus. »Gleich will ich nach dem Schlosse laufen; mein Freund, der Ihr die Rose gab, hat die Wache dort, er soll mir den Herzog wecken. Ich will vor sein Bett knieen und ihn um ein Pardon für Annerl bitten.«

»Pardon?« sagte die Alte kalt. »Es hat sie ja mit Zähnen dazu gezogen! Hör Er, lieber Freund: Gerechtigkeit ist besser als Pardon. Was hilft aller Pardon auf Erden, wir müssen doch alle vor das Gericht:

Ihr Toten, ihr Toten sollt auferstehn,
Ihr sollt vor das Jüngste Gerichte gehn.

Seht: sie will keinen Pardon, man hat ihn ihr angeboten, wenn sie den Vater des Kindes nennen wolle, aber das Annerl hat gesagt: ›Ich habe sein Kind ermordet und will sterben und ihn nicht unglücklich machen; ich muß meine Strafe leiden, daß ich zu meinem Kinde komme, aber ihn kann es verderben, wenn ich ihn nenne.‹ Darüber wurde ihr das Schwert zuerkannt. Gehe Er zum Herzog und bitte Er für Kasper und Annerl um ein ehrlich Grab! Gehe Er gleich! Seh Er: dort geht der Herr Pfarrer ins Gefängnis; ich will ihn ansprechen, daß er mich mit hinein zum schönen Annerl nimmt. Wenn Er sich eilt, so kann Er uns draußen am Gerichte vielleicht den Trost noch bringen mit dem ehrlichen Grab für Kasper und Annerl.«

Unter diesen Worten waren wir mit dem Prediger zusammengetroffen. Die Alte erzählte ihr Verhältnis zu der Gefangenen, und er nahm sie freundlich mit zum Gefängnis. Ich aber eilte nun, wie ich noch nie gelaufen, nach dem Schlosse, und es machte mir einen tröstenden Eindruck, es war mir wie ein Zeichen der Hoffnung, als ich an Graf Grossingers Hause vorüberstürzte und aus einem offnen Fenster des Gartenhauses eine liebliche Stimme zur Laute singen hörte:

Die Gnade sprach von Liebe,
Die Ehre aber wacht
Und wünscht voll Lieb der Gnade
In Ehren gute Nacht.
Die Gnade nimmt den Schleier,
Wenn Liebe Rosen gibt,
Die Ehre grüßt den Freier,
Weil sie die Gnade liebt.

Ach, ich hatte der guten Wahrzeichen noch mehr! Einhundert Schritte weiter fand ich einen weißen Schleier auf der Straße liegend; ich raffte ihn auf, er war voll von duftenden Rosen. Ich hielt ihn in der Hand und lief weiter, mit dem Gedanken: »Ach Gott, das ist die Gnade.« Als ich um die Ecke bog, sah ich einen Mann, der sich in seinen Mantel verhüllte, als ich vor ihm vorübereilte, und mir heftig den Rücken wandte, um nicht gesehen zu werden. Er hätte es nicht nötig gehabt, ich sah und hörte nichts in meinem Innern als: Gnade, Gnade! und stürzte durch das Gittertor in den Schloßhof. Gott sei Dank, der Fähndrich Graf Grossinger, der unter den blühenden Kastanienbäumen vor der Wache auf und ab ging, trat mir schon entgegen.

»Lieber Graf«, sagte ich mit Ungestüm, »Sie müssen mich gleich zum Herzog bringen, gleich auf der Stelle, oder alles ist zu spät, alles ist verloren!«

Er schien verlegen über diesen Antrag und sagte: »Was fällt Ihnen ein, zu dieser ungewohnten Stunde? Es ist nicht möglich; kommen Sie zur Parade, da will ich Sie vorstellen.«

Mir brannte der Boden unter den Füßen. »Jetzt«, rief ich aus, »oder nie! Es muß sein, es betrifft das Leben eines Menschen.«

»Es kann jetzt nicht sein«, erwiderte Grossinger scharf absprechend, »es betrifft meine Ehre; es ist mir untersagt, heute nacht irgendeine Meldung zu tun.«

Das Wort Ehre machte mich verzweifeln; ich dachte an Kaspers Ehre, an Annerls Ehre und sagte: »Die vermaledeite Ehre! Gerade um die letzte Hülfe zu leisten, welche so eine Ehre übriggelassen, muß ich zum Herzoge. Sie müssen mich melden, oder ich schreie laut nach dem Herzog.«

»So Sie sich rühren«, sagte Grossinger heftig, »lasse ich Sie in die Wache werfen. Sie sind ein Phantast, Sie kennen keine Verhältnisse.«

»Oh, ich kenne Verhältnisse, schreckliche Verhältnisse! Ich muß zum Herzoge, jede Minute ist unerkauflich!« versetzte ich. »Wollen Sie mich nicht gleich melden, so eile ich allein zu ihm.«

Mit diesen Worten wollte ich nach der Treppe, die zu den Gemächern des Herzogs hinaufführte, als ich den nämlichen in einen Mantel Verhüllten, der mir begegnete, nach dieser Treppe eilend bemerkte. Grossinger drehte mich mit Gewalt um, daß ich diesen nicht sehen sollte. »Was machen Sie, Töriger?« flüsterte er mir zu, »schweigen Sie, ruhen Sie, Sie machen mich unglücklich!«

»Warum halten Sie den Mann nicht zurück, der da hinaufging?« sagte ich. »Er kann nichts Dringenderes vorzubringen haben als ich. Ach, es ist so dringend, ich muß, ich muß! Es betrifft das Schicksal eines unglücklichen, verführten, armen Geschöpfs.«

Grossinger erwiderte: »Sie haben den Mann hinaufgehen sehen; wenn Sie je ein Wort davon äußern, so kommen Sie vor meine Klinge. Gerade weil *er* hinaufging, können *Sie nicht* hinauf, der Herzog hat Geschäfte mit ihm.«

Da erleuchteten sich die Fenster des Herzogs. »Gott, er hat Licht, er ist auf!« sagte ich, »ich muß ihn sprechen, um des Himmels willen, lassen Sie mich, oder ich schreie Hülfe!«

Grossinger faßte mich beim Arm und sagte: »Sie sind betrunken, kommen Sie in die Wache. Ich bin Ihr Freund, schlafen Sie aus und sagen Sie mir das Lied, das die Alte heut nacht an der Türe sang, als ich die Runde vorüberführte; das Lied interessiert mich sehr.«

»Gerade wegen der Alten und den Ihrigen muß ich mit dem Herzog sprechen!« rief ich aus.

»Wegen der Alten?« versetzte Grossinger, »wegen der sprechen Sie mit mir! Die großen Herren haben keinen Sinn für so etwas; geschwind, kommen Sie nach der Wache.«

Er wollte mich fortziehen, da schlug die Schloßuhr halb vier. Der Klang schnitt mir wie ein Schrei der Not durch die Seele, und ich schrie aus voller Brust zu den Fenstern des Herzogs hinauf:

»Hülfe! um Gottes willen, Hülfe für ein elendes, verführtes Geschöpf!« Da ward Grossinger wie unsinnig. Er wollte mir den Mund zuhalten, aber ich rang mit ihm; er stieß mich in den Nacken, er schimpfte; ich fühlte, ich hörte nichts. Er rief nach der Wache, der Korporal eilte mit etlichen Soldaten herbei, mich zu greifen, aber in dem Augenblick ging des Herzogs Fenster auf, und es rief herunter:

»Fähndrich Graf Grossinger, was ist das für ein Skandal! Bringen Sie den Menschen herauf, gleich auf der Stelle!«

Ich wartete nicht auf den Fähndrich; ich stürzte die Treppe hinauf, ich fiel nieder zu den Füßen des Herzogs, der mich betroffen und unwillig aufstehen hieß. Er hatte Stiefel und Sporen an und doch einen Schlafrock, den er sorgfältig über der Brust zusammenhielt.

Ich trug dem Herzoge alles, was mir die Alte von dem Selbstmorde des Ulans, von der Geschichte der schönen Annerl erzählt hatte, so gedrängt vor, als es die Not erforderte, und flehte ihn wenigstens um den Aufschub der Hinrichtung auf wenige Stunden und um ein ehrliches Grab für die beiden Unglücklichen an, wenn Gnade unmöglich sei. — »Ach, Gnade, Gnade!« rief ich aus, indem ich den gefundenen weißen Schleier voll Rosen aus dem Busen zog. »Dieser

Schleier, den ich auf meinem Wege hierher gefunden, schien mir Gnade zu verheißen.«

Der Herzog griff mit Ungestüm nach dem Schleier und war heftig bewegt; er drückte den Schleier in seinen Händen, und als ich die Worte aussprach: »Euer Durchlaucht! Dieses arme Mädchen ist ein Opfer falscher Ehrsucht, ein Vornehmer hat sie verführt und ihr die Ehe versprochen; ach, sie ist so gut, daß sie lieber sterben will, als ihn nennen« — da unterbrach mich der Herzog mit Tränen in den Augen und sagte: »Schweigen Sie, ums Himmels willen, schweigen Sie!« — Und nun wendete er sich zu dem Fähndrich, der an der Türe stand, und sagte mit dringender Eile: »Fort, eilend zu Pferde mit diesem Menschen hier. Reiten Sie das Pferd tot; nur nach dem Gerichte hin. Heften Sie diesen Schleier an Ihren Degen, winken und schreien Sie: Gnade, Gnade! — Ich komme nach.«

Grossinger nahm den Schleier. Er war ganz verwandelt, er sah aus wie ein Gespenst vor Angst und Eile. Wir stürzten in den Stall, saßen zu Pferd und ritten im Galopp; er stürmte wie ein Wahnsinniger zum Tore hinaus. Als er den Schleier an seine Degenspitze heftete, schrie er: »Herr Jesus, meine Schwester!« Ich verstand nicht, was er wollte. Er stand hoch im Bügel und wehte und schrie: »Gnade, Gnade!« Wir sahen auf dem Hügel die Menge um das Gericht versammelt. Mein Pferd scheute vor dem wehenden Tuch. Ich bin ein schlechter Reiter, ich konnte Grossinger nicht einholen, er flog im schnellsten Karriere; ich strengte alle Kräfte an. Trauriges Schicksal! Die Artillerie exerzierte in der Nähe, der Kanonendonner machte es unmöglich, unser Geschrei aus der Ferne zu hören. Grossinger stürzte, das Volk stob auseinander, ich sah in den Kreis, ich sah einen Stahlblitz in der frühen Sonne — ach Gott, es war der Schwertblitz des Richters! — Ich sprengte heran, ich hörte das Wehklagen der Menge. »Pardon, Pardon!« schrie Grossinger und stürzte mit wehendem Schleier durch den Kreis wie ein Rasender; aber der Richter hielt ihm das blutende Haupt der schönen Annerl entgegen, das ihn wehmütig anlächelte. Da schrie er: »Gott sei mir gnädig!« und fiel auf die Leiche hin zur Erde. »Tötet mich, tötet mich, ihr Menschen: ich habe sie verführt, ich bin ihr Mörder!«

Eine rächende Wut ergriff die Menge; die Weiber und Jungfrauen drangen heran und rissen ihn von der Leiche und traten ihn mit Füßen, er wehrte sich nicht; die Wachen konnten das wütende Volk nicht bändigen. Da erhob sich das Geschrei: »Der Herzog, der Herzog!« Er kam im offnen Wagen gefahren; ein blutjunger Mensch, den Hut tief ins Gesicht gedrückt, in einen Mantel gehüllt, saß neben ihm. Die Menschen schleiften Grossinger herbei. »Jesus, mein Bruder!« schrie der junge Offizier mit der weiblichsten Stimme aus dem Wagen. Der Herzog sprach bestürzt zu ihm: »Schweigen Sie!« Er sprang aus dem Wagen, der junge Mensch wollte folgen; der Herzog drängte ihn schier unsanft zurück, aber so beförderte sich die Entdekkung, daß der junge Mensch die als Offizier verkleidete Schwester Grossingers sei. Der Herzog ließ den mißhandelten, blutenden, ohnmächtigen Grossinger in den Wagen legen, die Schwester nahm keine Rücksicht mehr, sie warf ihren Mantel über ihn; jedermann sah sie in weiblicher Kleidung. Der Herzog war verlegen, aber er sammelte sich und befahl, den Wagen gleich umzuwenden und die Gräfin mit ihrem Bruder nach ihrer Wohnung zu fahren. Dieses Ereignis hatte die Wut der Menge einigermaßen gestillt. Der Herzog sagte laut zu dem wachhabenden Offizier: »Die Gräfin Grossinger hat ihren Bruder an ihrem Hause vorbeireiten sehen, den Pardon zu bringen, und wollte diesem freudigen Ereignis beiwohnen; als ich zu demselben Zweck vorüberfuhr, stand sie am Fenster und bat mich, sie in meinem Wagen mitzunehmen; ich konnte es dem gutmütigen Kinde nicht abschlagen. Sie nahm einen Mantel und Hut ihres Bruders, um kein Aufsehen zu erregen, und hat, von dem unglücklichen Zufall überrascht, die Sache gerade dadurch zu einem abenteuerlichen Skandal gemacht. Aber wie konnten Sie, Herr Leutnant, den unglücklichen Grafen Grossinger nicht vor dem Pöbel schützen? Es ist ein gräßlicher Fall, daß er, mit dem Pferde stürzend, zu spät kam; er kann doch aber nichts dafür. Ich will die Mißhandler des Grafen verhaftet und bestraft wissen.«

Auf diese Rede des Herzogs erhob sich ein allgemeines Geschrei: »Er ist ein Schurke, er ist ein Verführer, der Mörder der schönen Annerl gewesen, er hat es selbst gesagt, der elende, der schlechte Kerl!«

Als dies von allen Seiten hertönte und auch der Prediger und der Offizier und die Gerichtspersonen es bestätigten, war der Herzog so tief erschüttert, daß er nichts sagte als: »Entsetzlich, entsetzlich, o der elende Mensch!«

Nun trat der Herzog blaß und bleich in den Kreis, er wollte die Leiche der schönen Annerl sehen. Sie lag auf dem grünen Rasen in einem schwarzen Kleide mit weißen Schleifen. Die alte Großmutter, welche sich um alles, was vorging, nicht bekümmerte, hatte ihr das Haupt an den Rumpf gelegt und die schreckliche Trennung mit ihrer Schürze bedeckt. Sie war beschäftigt, ihr die Hände über die Bibel zu falten, welche der Pfarrer in dem kleinen Städtchen der kleinen Annerl geschenkt hatte; das goldene Kränzlein band sie ihr auf den Kopf und steckte die Rose vor die Brust, welche ihr Grossinger in der Nacht gegeben hatte, ohne zu wissen, wem er sie gab.

Der Herzog sprach bei diesem Anblick: »Schönes, unglückliches Annerl! Schändlicher Verführer, du kamst zu spät! — Arme alte Mutter, du bist ihr allein treu geblieben, bis in den Tod.« Als er mich bei diesen Worten in seiner Nähe sah, sprach er zu mir: »Sie sagten mir von einem Letzten Willen des Korporal Kasper, haben Sie ihn bei sich?« Da wendete ich mich zu der Alten und sagte: »Arme Mutter, gebt mir die Brieftasche Kaspers; Seine Durchlaucht wollen seinen Letzten Willen lesen.«

Die Alte, welche sich um nichts bekümmerte, sagte mürrisch: »Ist Er auch wieder da? Er hätte lieber ganz zu Hause bleiben können. Hat Er die Bittschrift? Jetzt ist es zu spät. Ich habe dem armen Kinde den Trost nicht geben können, daß sie zu Kasper in ein ehrliches Grab soll; ach, ich hab es ihr vorgelogen, aber sie hat es mir nicht geglaubt.«

Der Herzog unterbrach sie und sprach: »Ihr habt nicht gelogen, gute Mutter; der Mensch hat sein möglichstes getan, der Sturz des Pferdes ist an allem schuld. Aber sie soll ein ehrliches Grab haben bei ihrer Mutter und bei Kasper, der ein braver Kerl war. Es soll ihnen beiden eine Leichenpredigt gehalten werden über die Worte: ›Gebt Gott allein die Ehre!‹ Der Kasper soll als Fähndrich begraben werden, seine Schwadron soll ihm dreimal ins Grab schießen, und des Verderbers Grossingers Degen soll auf seinen Sarg gelegt werden.«

Nach diesen Worten ergriff er Grossingers Degen, der mit dem Schleier noch an der Erde lag, nahm den Schleier herunter, bedeckte Annerl damit und sprach: »Dieser unglückliche Schleier, der ihr so gern Gnade gebracht hätte, soll ihr die Ehre wiedergeben; sie ist ehrlich und begnadigt gestorben, der Schleier soll mit ihr begraben werden.«

Den Degen gab er dem Offizier der Wache mit den Worten: »Sie werden heute noch meine Befehle wegen der Bestattung des Ulanen und dieses armen Mädchens bei der Parade empfangen.«

Nun las er auch die letzten Worte Kaspers laut mit vieler Rührung; die alte Großmutter umarmte mit Freudentränen seine Füße, als wäre sie das glücklichste Weib. Er sagte zu ihr: »Gebe Sie sich zufrieden. Sie soll eine Pension haben bis an Ihr seliges Ende, ich will Ihrem Enkel und der Annerl einen Denkstein setzen lassen.«

Nun befahl er dem Prediger, mit der Alten und einem Sarge, in welchen die Gerichtete gelegt wurde, nach seiner Wohnung zu fahren und sie dann nach ihrer Heimat zu bringen und das Begräbnis zu besorgen. Da währenddem seine Adjutanten mit Pferden gekommen waren, sagte er noch zu mir: »Geben Sie meinem Adjutanten Ihren Namen an, ich werde Sie rufen lassen. Sie haben einen schönen menschlichen Eifer gezeigt.« Der Adjutant schrieb meinen Namen in seine Schreibtafel und machte mir ein verbindliches Kompliment. Dann sprengte der Herzog, von den Segenswünschen der Menge begleitet, in die Stadt. Die Leiche der schönen Annerl ward nun mit der guten alten Großmutter in das Haus des Pfarrers gebracht, und in der folgenden Nacht fuhr dieser mit ihr nach der Heimat zurück. Der Offizier traf, mit dem Degen Grossingers und einer Schwadron Ulanen, auch daselbst am folgenden Abend ein. Da wurde nun der brave Kasper, mit Grossingers Degen auf der Bahre und dem Fähndrichspatent, neben der schönen Annerl, zur Seite seiner Mutter begraben. Ich war auch hingeeilt und führte die alte Mutter, welche kindisch vor Freude war, aber wenig redete; und als die Ulanen dem Kasper zum dritten Mal ins Grab schossen, fiel sie mir tot in die Arme. Sie hat ihr Grab auch neben den Ihrigen empfangen. Gott gebe ihnen allen eine freudige Auferstehung!

Sie sollen treten auf die Spitzen,
Wo die lieben Engelein sitzen,
Wo kömmt der liebe Gott gezogen
Mit einem schönen Regenbogen;
Da sollen ihre Seelen vor Gott bestehn,
Wann wir werden zum Himmel eingehn!
Amen.

Als ich in die Hauptstadt zurückkam, hörte ich, Graf Grossinger sei gestorben, er habe Gift genommen. In meiner Wohnung fand ich einen Brief von ihm. Er sagte mir darin:

›Ich habe Ihnen viel zu danken, Sie haben meine Schande, die mir lange das Herz abnagte, zutage gebracht. Jenes Lied der Alten kannte ich wohl, die Annerl hatte es mir oft vorgesagt, sie war ein unbeschreiblich edles Geschöpf. Ich war ein elender Verbrecher; sie hatte ein schriftliches Eheversprechen von mir gehabt und hat es verbrannt. Sie diente bei einer alten Tante von mir, sie litt oft an Melancholie. Ich habe mich durch gewisse medizinische Mittel, die etwas Magisches haben, ihrer Seele bemächtigt. — Gott sei mir gnädig! — Sie haben auch die Ehre meiner Schwester gerettet, der Herzog liebt sie, ich war sein Günstling — die Geschichte hat ihn erschüttert. — Gott helfe mir, ich habe Gift genommen.

Josef Graf Grossinger.‹

Die Schürze der schönen Annerl, in welche ihr der Kopf des Jägers Jürge bei seiner Enthauptung gebissen, ist auf der herzoglichen Kunstkammer bewahrt worden. Man sagt, die Schwester des Grafen Grossinger werde der Herzog mit dem Namen ›Voile de Grâce‹, auf deutsch ›Gnadenschleier‹, in den Fürstenstand erheben und sich mit ihr vermählen. Bei der nächsten Revue in der Gegend von D** soll das Monument auf den Gräbern der beiden unglücklichen Ehrenopfer auf dem Kirchhof des Dorfs errichtet und eingeweiht werden; der Herzog wird mit der Fürstin selbst zugegen sein. Er ist ausnehmend zufrieden damit; die Idee soll von der Fürstin und dem Herzoge zusammen erfunden sein. Es stellt die falsche und wahre Ehre vor, die sich vor einem Kreuze beiderseits gleich tief zur Erde beugen, die Gerechtigkeit steht mit dem geschwungenen Schwerte zur einen Seite, die Gnade zur andern Seite und wirft einen Schleier heran. Man will im Kopfe der Gerechtigkeit Ähnlichkeit mit dem Herzoge, in dem Kopfe der Gnade Ähnlichkeit mit dem Gesichte der Fürstin finden.

HEINRICH VON KLEIST

Die Marquise von O . . .

Nach einer wahren Begebenheit, deren Schauplatz von Norden nach dem Süden verlegt worden.

In M . . ., einer bedeutenden Stadt im oberen Italien, ließ die verwitwete Marquise von O . . ., eine Dame von vortrefflichem Ruf, und Mutter von mehreren wohlerzogenen Kindern, durch die Zeitungen bekanntmachen: daß sie, ohne ihr Wissen, in andre Umstände gekommen sei, daß der Vater zu dem Kinde, das sie gebären würde, sich melden solle; und daß sie, aus Familienrücksichten, entschlossen wäre, ihn zu heiraten. Die Dame, die einen so sonderbaren, den Spott der Welt reizenden Schritt, beim Drang unabänderlicher Umstände, mit solcher Sicherheit tat, war die Tochter des Herrn von G . . ., Kommandanten der Zitadelle bei M . . . Sie hatte, vor ungefähr drei Jahren, ihren Gemahl, den Marquis von O . . ., dem sie auf das innigste und zärtlichste zugetan war, auf einer Reise verloren, die er, in Geschäften der Familie, nach Paris gemacht hatte. Auf Frau von G . . . s, ihrer würdigen Mutter, Wunsch, hatte sie, nach seinem Tode, den Landsitz verlassen, den sie bisher bei V. . . bewohnt hatte, und war, mit ihren beiden Kindern, in das Kommandantenhaus, zu ihrem Vater, zurückgekehrt. Hier hatte sie die nächsten Jahre mit Kunst,

Lektüre, mit Erziehung, und ihrer Eltern Pflege beschäftigt, in der größten Eingezogenheit zugebracht: bis der ... Krieg plötzlich die Gegend umher mit den Truppen fast aller Mächte und auch mit russischen erfüllte. Der Obrist von G ..., welcher den Platz zu verteidigen Order hatte, forderte seine Gemahlin und seine Tochter auf, sich auf das Landgut, entweder der letzteren, oder seines Sohnes, das bei V... lag, zurückzuziehen. Doch ehe sich die Abschätzung noch, hier der Bedrängnisse, denen man in der Festung, dort der Greuel, denen man auf dem platten Lande ausgesetzt sein konnte, auf der Waage der weiblichen Überlegung entschieden hatte: war die Zitadelle von den russischen Truppen schon berennt, und aufgefordert, sich zu ergeben. Der Obrist erklärte gegen seine Familie, daß er sich nunmehr verhalten würde, als ob sie nicht vorhanden wäre; und antwortete mit Kugeln und Granaten. Der Feind, seinerseits, bombardierte die Zitadelle. Er steckte die Magazine in Brand, eroberte ein Außenwerk, und als der Kommandant, nach einer nochmaligen Aufforderung, mit der Übergabe zauderte, so ordnete er einen nächtlichen Überfall an, und eroberte die Festung mit Sturm.

Eben als die russischen Truppen, unter einem heftigen Haubitzenspiel, von außen eindrangen, fing der linke Flügel des Kommandantenhauses Feuer und nötigte die Frauen, ihn zu verlassen. Die Obristin, indem sie der Tochter, die mit den Kindern die Treppe hinabfloh, nacheilte, rief, daß man zusammenbleiben, und sich in die unteren Gewölbe flüchten möchte; doch eine Granate, die, eben in diesem Augenblicke, in dem

Hause zerplatzte, vollendete die gänzliche Verwirrung in demselben. Die Marquise kam, mit ihren beiden Kindern, auf den Vorplatz des Schlosses, wo die Schüsse schon, im heftigsten Kampf, durch die Nacht blitzten, und sie besinnungslos, wohin sie sich wenden solle, wieder in das brennende Gebäude zurückjagten. Hier, unglücklicher Weise, begegnete ihr, da sie eben durch die Hintertür entschlüpfen wollte, ein Trupp feindlicher Scharfschützen, der, bei ihrem Anblick, plötzlich still ward, die Gewehre über die Schultern hing, und sie, unter abscheulichen Gebärden, mit sich fortführte. Vergebens rief die Marquise, von der entsetzlichen, sich untereinander selbst bekämpfenden, Rotte bald hier-, bald dorthin gezerrt, ihre zitternden, durch die Pforte zurückfliehenden Frauen, zu Hilfe. Man schleppte sie in den hinteren Schloßhof, wo sie eben, unter den schändlichsten Mißhandlungen, zu Boden sinken wollte, als, von dem Zetergeschrei der Dame herbeigerufen, ein russischer Offizier erschien, und die Hunde, die nach solchem Raub lüstern waren, mit wütenden Hieben zerstreute. Der Marquise schien er ein Engel des Himmels zu sein. Er stieß noch dem letzten viehischen Mordknecht, der ihren schlanken Leib umfaßt hielt, mit dem Griff des Degens ins Gesicht, daß er, mit aus dem Mund vorquellendem Blut, zurücktaumelte; bot dann der Dame, unter einer verbindlichen, französischen Anrede den Arm, und führte sie, die von allen solchen Auftritten sprachlos war, in den anderen, von der Flamme noch nicht ergriffenen Flügel des Palastes, wo sie auch völlig bewußtlos niedersank. Hier — traf er, da bald darauf ihre erschrockenen

Frauen erschienen, Anstalten, einen Arzt zu rufen; versicherte, indem er sich den Hut aufsetzte, daß sie sich bald erholen würde; und kehrte in den Kampf zurück.

Der Platz war in kurzer Zeit völlig erobert, und der Kommandant, der sich nur noch wehrte, weil man ihm keinen Pardon geben wollte, zog sich eben mit sinkenden Kräften nach dem Portal des Hauses zurück, als der russische Offizier, sehr erhitzt im Gesicht, aus demselben hervortrat, und ihm zurief, sich zu ergeben. Der Kommandant antwortete, daß er auf diese Aufforderung nur gewartet habe, reichte ihm seinen Degen dar, und bat sich die Erlaubnis aus, sich ins Schloß begeben, und nach seiner Familie umsehen zu dürfen. Der russische Offizier, der, nach der Rolle zu urteilen, die er spielte, einer der Anführer des Sturms zu sein schien, gab ihm, unter Begleitung einer Wache, diese Freiheit; setzte sich, mit einiger Eilfertigkeit, an die Spitze eines Detachements, entschied, wo er noch zweifelhaft sein mochte, den Kampf, und bemannte schleunigst die festen Punkte des Forts. Bald darauf kehrte er auf den Waffenplatz zurück, gab Befehl, der Flamme, welche wütend um sich zu greifen anfing, Einhalt zu tun, und leistete selbst hierbei Wunder der Anstrengung, als man seine Befehle nicht mit dem gehörigen Eifer befolgte. Bald kletterte er, den Schlauch in der Hand, mitten unter brennenden Giebeln umher, und regierte den Wasserstrahl; bald steckte er, die Naturen der Asiaten mit Schaudern erfüllend, in den Arsenälen, und wälzte Pulverfässer und gefüllte Bomben heraus. Der Kommandant, der inzwischen in das Haus getreten war, geriet auf die Nachricht von dem Unfall, der die Marquise betroffen hatte, in die äußerste Bestürzung. Die Marquise, die sich schon völlig, ohne Beihilfe des Arztes, wie der russische Offizier vorhergesagt hatte, aus ihrer Ohnmacht wieder erholt hatte, und bei der Freude, alle die Ihrigen gesund und wohl zu sehen, nur noch, um die übermäßige Sorge derselben zu beschwichtigen, das Bett hütete, versicherte ihm, daß sie keinen andern Wunsch habe, als aufstehen zu dürfen, um ihrem Retter ihre Dankbarkeit zu bezeugen. Sie wußte schon, daß er der Graf F..., Obristlieutenant vom t...n Jägerkorps, und Ritter eines Verdienst- und mehrerer anderen Orden war. Sie bat ihren Vater, ihn inständigst zu ersuchen, daß er die Zitadelle nicht verlasse, ohne sich einen Augenblick im Schloß gezeigt zu haben. Der Kommandant, der das Gefühl seiner Tochter ehrte, kehrte auch ungesäumt in das Fort zurück, und trug ihm, da er unter unaufhörlichen Kriegsanordnungen umherschweifte, und keine bessere Gelegenheit zu finden war, auf den Wällen, wo er eben die zerschossenen Rotten revidierte, den Wunsch seiner gerührten Tochter vor. Der Graf versicherte ihn, daß er nur auf den Augenblick warte, den er seinen Geschäften würde abmüßigen können, um ihr seine Ehrerbietigkeit zu bezeugen. Er wollte noch hören, wie sich die Frau Marquise befinde, als ihn die Rapporte mehrer Offiziere schon wieder in das Gewühl des Krieges zurückrissen. Als der Tag anbrach, erschien der Befehlshaber der russischen Truppen, und besichtigte das Fort. Er bezeugte dem Kommandanten seine

Hochachtung, bedauerte, daß das Glück seinen Mut nicht besser unterstützt habe, und gab ihm, auf sein Ehrenwort, die Freiheit, sich hinzubegeben, wohin er wolle. Der Kommandant versicherte ihn seiner Dankbarkeit, und äußerte, wie viel er, an diesem Tage, den Russen überhaupt, und besonders dem jungen Grafen F..., Obristlieutenant vom t...n Jägerkorps, schuldig geworden sei.

Der General fragte, was vorgefallen sei; und als man ihn von dem frevelhaften Anschlag auf die Tochter desselben unterrichtete, zeigte er sich auf das äußerste entrüstet. Er rief den Grafen F... bei Namen vor. Nachdem er ihm zuvörderst wegen seines eignen edelmütigen Verhaltens eine kurze Lobrede gehalten hatte: wobei der Graf über das ganze Gesicht rot ward; schloß er, daß er die Schandkerle, die den Namen des Kaisers brandmarkten, niederschießen lassen wolle; und befahl ihm, zu sagen, wer sie seien? Der Graf F... antwortete, in einer verwirrten Rede, daß er nicht im Stande sei, ihre Namen anzugeben, indem es ihm, bei dem schwachen Schimmer der Reverberen im Schloßhof, unmöglich gewesen wäre, ihre Gesichter zu erkennen. Der General, welcher gehört hatte, daß damals schon das Schloß in Flammen stand, wunderte sich darüber; er bemerkte, wie man wohl bekannte Leute in der Nacht an ihren Stimmen erkennen könnte; und gab ihm, da er mit einem verlegenen Gesicht die Achseln zuckte, auf, der Sache auf das allereifrigste und strengste nachzuspüren. In diesem Augenblick berichtete jemand, der sich aus dem hinteren Kreis hervordrängte, daß einer von den, durch den Grafen

F... verwundeten Frevlern, da er in dem Korridor niedergesunken, von den Leuten des Kommandanten in ein Behältnis geschleppt worden, und darin noch befindlich sei. Der General ließ diesen hierauf durch eine Wache herbeiführen, ein kurzes Verhör über ihn halten; und die ganze Rotte, nachdem jener sie genannt hatte, fünf an der Zahl zusammen, erschießen. Dies abgemacht, gab der General, nach Zurücklassung einer kleinen Besatzung, Befehl zum allgemeinen Aufbruch der übrigen Truppen; die Offiziere zerstreuten sich eiligst zu ihren Korps; der Graf trat, durch die Verwirrung der Auseinander-Eilenden, zum Kommandanten, und bedauerte, daß er sich der Frau Marquise, unter diesen Umständen, gehorsamst empfehlen müsse: und in weniger, als einer Stunde, war das ganze Fort von den Russen wieder leer.

Die Familie dachte nun darauf, wie sie in der Zukunft eine Gelegenheit finden würde, dem Grafen irgendeine Äußerung ihrer Dankbarkeit zu geben; doch wie groß war ihr Schrecken, als sie erfuhr, daß derselbe noch am Tage seines Aufbruchs aus dem Fort, in einem Gefecht mit den feindlichen Truppen, seinen Tod gefunden habe. Der Kurier, der diese Nachricht nach M... brachte, hatte ihn mit eignen Augen, tödlich durch die Brust geschossen, nach P... tragen sehen, wo er, wie man sichere Nachricht hatte, in dem Augenblick, da ihn die Träger von den Schultern nehmen wollten, verblichen war. Der Kommandant, der sich selbst auf das Posthaus verfügte, und sich nach den näheren Umständen des Vorfalls erkundigte, erfuhr noch, daß er auf dem Schlachtfeld, in dem

Moment, da ihn der Schuß traf, gerufen habe: »Julietta! Diese Kugel rächt dich!« und nachher seine Lippen auf immer geschlossen hätte. Die Marquise war untröstlich, daß sie die Gelegenheit hatte vorbeigehen lassen, sich zu seinen Füßen zu werfen. Sie machte sich die lebhaftesten Vorwürfe, daß sie ihn, bei seiner, vielleicht aus Bescheidenheit, wie sie meinte, herrührenden Weigerung, im Schlosse zu erscheinen, nicht selbst aufgesucht habe; bedauerte die Unglückliche, ihre Namensschwester, an die er noch im Tode gedacht hatte; bemühte sich vergebens, ihren Aufenthalt zu erforschen, um sie von diesem unglücklichen und rührenden Vorfall zu unterrichten; und mehrere Monden vergingen, ehe sie selbst ihn vergessen konnte.

Die Familie mußte nun das Kommandantenhaus räumen, um dem russischen Befehlshaber darin Platz zu machen. Man überlegte anfangs, ob man sich nicht auf die Güter des Kommandanten begeben sollte, wozu die Marquise einen großen Hang hatte; doch da der Obrist das Landleben nicht liebte, so bezog die Familie ein Haus in der Stadt, und richtete sich dasselbe zu einer immerwährenden Wohnung ein. Alles kehrte nun in die alte Ordnung der Dinge zurück. Die Marquise knüpfte den lange unterbrochenen Unterricht ihrer Kinder wieder an, und suchte, für die Feierstunden, ihre Staffelei und Bücher hervor: als sie sich, sonst die Göttin der Gesundheit selbst, von wiederholten Unpäßlichkeiten befallen fühlte, die sie, ganze Wochen lang, für die Gesellschaft untauglich machten. Sie litt an Übelkeiten, Schwindeln und Ohnmachten, und wußte nicht, was sie aus diesem sonderbaren Zustand machen solle. Eines Morgens, da die Familie beim Tee saß, und der Vater sich, auf einen Augenblick, aus dem Zimmer entfernt hatte, sagte die Marquise, aus einer langen Gedankenlosigkeit erwachend, zu ihrer Mutter: wenn mir eine Frau sagte, daß sie ein Gefühl hätte, ebenso, wie ich jetzt, da ich die Tasse ergriff, so würde ich bei mir denken, daß sie in gesegneten Leibesumständen wäre. Frau von G... sagte, sie verstände sie nicht. Die Marquise erklärte sich noch einmal, daß sie eben jetzt eine Sensation gehabt hätte, wie damals, als sie mit ihrer zweiten Tochter schwanger war. Frau von G... sagte, sie würde vielleicht den Phantasus gebären, und lachte. Morpheus wenigstens, versetzte die Marquise, oder einer der Träume aus seinem Gefolge, würde sein Vater sein; und scherzte gleichfalls. Doch der Obrist kam, das Gespräch ward abgebrochen, und der ganze Gegenstand, da die Marquise sich in einigen Tagen wieder erholte, vergessen.

Bald darauf ward der Familie, eben zu einer Zeit, da sich auch der Forstmeister von G..., des Kommandanten Sohn, in dem Hause eingefunden hatte, der sonderbare Schrecken, durch einen Kammerdiener, der ins Zimmer trat, den Grafen F... anmelden zu hören. Der Graf F...! sagte der Vater und die Tochter zugleich; und das Erstaunen machte alle sprachlos. Der Kammerdiener versicherte, daß er recht gesehen und gehört habe, und daß der Graf schon im Vorzimmer stehe, und warte. Der Kommandant sprang sogleich selbst auf, ihm zu öffnen, worauf er, schön, wie ein junger Gott, ein wenig bleich im Gesicht, eintrat. Nachdem die Szene unbegreiflicher Verwunderung vorüber war, und der Graf, auf die Anschuldigung der Eltern, daß er ja tot sei, versichert hatte, daß er lebe; wandte er sich, mit vieler Rührung im Gesicht, zur Tochter, und seine erste Frage war gleich, wie sie sich befinde? Die Marquise versicherte, sehr wohl, und wollte nur wissen, wie *er* ins Leben erstanden sei? Doch *er,* auf seinem Gegenstand beharrend, erwiderte: daß sie ihm nicht die Wahrheit sage; auf ihrem Antlitz drücke sich eine seltsame Mattigkeit aus; ihn müsse alles trügen, oder sie sei unpäßlich, und leide. Die Marquise, durch die Herzlichkeit, womit er dies vorbrachte, gut gestimmt, versetzte: nun ja; diese Mattigkeit, wenn er wolle, könne für die Spur einer Kränklichkeit gelten, an welcher sie vor einigen Wochen gelitten hätte; sie fürchte inzwischen nicht, daß diese weiter von Folgen sein würde. Worauf er, mit einer aufflammenden Freude, erwiderte: er auch nicht! und hinzusetzte, ob sie ihn heiraten wolle? Die Marquise wußte nicht, was sie von dieser Aufführung denken solle. Sie sah, über und über rot, ihre Mutter, und diese, mit Verlegenheit, den Sohn und den Vater an; während der Graf vor die Marquise trat, und indem er ihre Hand nahm, als ob er sie küssen wollte, wiederholte: ob sie ihn verstanden hätte? Der Kommandant sagte: ob er nicht Platz nehmen wolle; und setzte ihm, auf eine verbindliche, obschon etwas ernsthafte Art einen Stuhl hin. Die Obristin sprach: in der Tat, wir werden glauben, daß Sie ein Geist sind, bis Sie uns werden eröffnet haben, wie Sie aus dem Grabe, in welches man Sie zu P... gelegt hatte, erstanden sind.

Der Graf setzte sich, indem er die Hand der Dame fahren ließ, nieder, und sagte, daß er, durch die Umstände gezwungen, sich sehr kurz fassen müsse; daß er, tödlich durch die Brust geschossen, nach P. . . gebracht worden wäre; daß er mehrere Monate daselbst an seinem Leben verzweifelt hätte; daß währenddessen die Frau Marquise sein einziger Gedanke gewesen wäre; daß er die Lust und den Schmerz nicht beschreiben könnte, die sich in dieser Vorstellung umarmt hätten; daß er endlich, nach seiner Wiederherstellung, wieder zur Armee gegangen wäre; daß er daselbst die lebhafteste Unruhe empfunden hätte; daß er mehrere Male die Feder ergriffen, um in einem Briefe, an den Herrn Obristen und die Frau Marquise, seinem Herzen Luft zu machen; daß er plötzlich mit Depeschen nach Neapel geschickt worden wäre; daß er nicht wisse, ob er nicht von dort weiter nach Konstantinopel werde abgeordert werden; daß er vielleicht gar nach St. Petersburg werde gehen müssen; daß ihm inzwischen unmöglich wäre, länger zu leben, ohne über eine notwendige Forderung seiner Seele ins reine zu sein; daß er dem Drang bei seiner Durchreise durch M. . ., einige Schritte zu diesem Zweck zu tun, nicht habe widerstehen können; kurz, daß er den Wunsch hege, mit der Hand der Frau Marquise beglückt zu werden, und daß er auf das ehrfurchtsvollste, inständigste und dringendste bitte, sich ihm hierüber gütig zu erklären. — Der Kommandant, nach einer langen Pause, erwiderte: daß ihm dieser Antrag zwar, wenn er, wie er nicht zweifle, ernsthaft gemeint sei, sehr schmeichelhaft wäre. Bei dem Tode ihres Gemahls, des Marquis von O . . ., hätte sich seine Tochter aber entschlossen, in keine zweite Vermählung einzugehen. Da ihr jedoch kürzlich von ihm eine so große Verbindlichkeit auferlegt worden sei: so wäre es nicht unmöglich, daß ihr Entschluß dadurch, seinen Wünschen gemäß, eine Abänderung erleide; er bitte sich inzwischen die Erlaubnis für sie aus, darüber im stillen während einiger Zeit nachdenken zu dürfen. Der Graf versicherte, daß diese gütige Erklärung zwar alle seine Hoffnungen befriedige; daß sie ihn, unter anderen Umständen, auch völlig beglücken würde; daß er die ganze Unschicklichkeit fühle, sich mit derselben nicht zu beruhigen: daß dringende Verhältnisse jedoch, über welche er sich näher auszulassen nicht im Stande sei, ihm eine bestimmtere Erklärung äußerst wünschenswert machten; daß die Pferde, die ihn nach Neapel tragen sollten, vor seinem Wagen stünden; und daß er inständigst bitte, wenn irgend etwas in diesem Hause günstig für ihn spreche, — wobei er die Marquise ansah — ihn nicht, ohne eine gütige Äußerung darüber, abreisen zu lassen. Der Obrist, durch diese Aufführung ein wenig betreten, antwortete, daß die Dankbarkeit, die die Marquise für ihn empfände, ihn zwar zu großen Voraussetzungen berechtige: doch nicht zu so großen; sie werde bei einem Schritte, bei welchem es das Glück ihres Lebens gelte, nicht ohne die gehörige Klugheit verfahren. Es wäre unerlaßlich, daß seiner Tochter, bevor sie sich erkläre, das Glück seiner näheren Bekanntschaft würde. Er lade ihn ein, nach Vollendung seiner Geschäftsreise, nach M . . . zurückzukehren, und auf einige Zeit der Gast seines Hauses zu sein. Wenn alsdann die Frau Marquise hoffen könne, durch ihn glücklich zu werden, so werde auch er, eher aber nicht, mit Freuden vernehmen, daß sie ihm eine bestimmte Antwort gegeben habe. Der Graf äußerte, indem ihm eine Röte ins Gesicht stieg, daß er seinen ungeduldigen Wünschen, während seiner ganzen Reise, dies Schicksal vorausgesagt habe; daß er sich inzwischen dadurch in die äußerste Bekümmernis gestürzt sehe; daß ihm, bei der ungünstigen Rolle, die er eben jetzt zu spielen gezwungen sei, eine nähere Bekanntschaft nicht anders als vorteilhaft sein könne; daß er für seinen Ruf, wenn anders diese zweideutigste aller Eigenschaften in Erwägung gezogen werden solle, einstehen zu dürfen glaube; daß die einzige nichtswürdige Handlung, die er in seinem Leben begangen hätte, der Welt unbekannt, und er schon im Begriff sei, sie wieder gutzumachen; daß er, mit einem Wort, ein ehrlicher Mann sei, und die Versicherung anzunehmen bitte, daß diese Versicherung wahrhaftig sei. — Der Kommandant erwiderte, indem er ein wenig, obschon ohne Ironie, lächelte, daß er alle diese Äußerungen unterschreibe. Noch hätte er keines jungen Mannes Bekanntschaft gemacht, der, in so kurzer Zeit, so viele vortreffliche Eigenschaften des Charakters entwickelt hätte. Er glaube fast, daß eine kurze Bedenkzeit die Unschlüssigkeit, die noch obwalte, heben würde; bevor er jedoch Rücksprache genommen hätte, mit seiner sowohl, als des Herrn Grafen Familie, könne keine andere Erklärung, als die gegebene, erfolgen. Hierauf äußerte der Graf, daß er ohne Eltern und frei sei. Sein Onkel sei der General K..., für dessen Einwilligung er stehe.

Er setzte hinzu, daß er Herr eines ansehnlichen Vermögens wäre, und sich würde entschließen können, Italien zu seinem Vaterlande zu machen. — Der Kommandant machte ihm eine verbindliche Verbeugung, erklärte seinen Willen noch einmal; und bat ihn, bis nach vollendeter Reise, von dieser Sache abzubrechen. Der Graf, nach einer kurzen Pause, in welcher er alle Merkmale der größten Unruhe gegeben hatte, sagte, indem er sich zur Mutter wandte, daß er sein Äußerstes getan hätte, um dieser Geschäftsreise auszuweichen; daß die Schritte, die er deshalb beim General en Chef, und dem General K..., seinem Onkel, gewagt hätte, die entscheidendsten gewesen wären, die sich hätten tun lassen; daß man aber geglaubt hätte, ihn dadurch aus seiner Schwermut aufzurütteln, die ihm von seiner Krankheit noch zurückgeblieben wäre; und daß er sich jetzt völlig dadurch ins Elend gestürzt sehe. — Die Familie wußte nicht, was sie zu dieser Äußerung sagen sollte. Der Graf fuhr fort, indem er sich die Stirn rieb, daß wenn irgend Hoffnung wäre, dem Ziele seiner Wünsche dadurch näher zu kommen, er seine Reise auf einen Tag, auch wohl noch etwas darüber, aussetzen würde, um es zu versuchen. — Hierbei sah er, nach der Reihe, den Kommandanten, die Marquise und die Mutter an. Der Kommandant blickte mißvergnügt vor sich nieder, und antwortete ihm nicht. Die Obristin sagte: gehn Sie, gehn Sie, Herr Graf; reisen Sie nach Neapel; schenken Sie uns, wenn Sie wiederkehren, auf einige Zeit das Glück Ihrer Gegenwart; so wird sich das übrige finden. — Der Graf saß einen Augenblick, und schien zu suchen, was er zu tun habe.

Drauf, indem er sich erhob, und seinen Stuhl wegsetzte: da er die Hoffnungen, sprach er, mit denen er in dies Haus getreten sei, als übereilt erkennen müsse, und die Familie, wie er nicht mißbillige, auf eine nähere Bekanntschaft bestehe: so werde er seine Depeschen, zu einer anderweitigen Expedition, nach Z. . ., in das Hauptquartier, zurückschicken, und das gütige Anerbieten, der Gast dieses Hauses zu sein, auf einige Wochen annehmen. Worauf er noch, den Stuhl in der Hand, an der Wand stehend, einen Augenblick verharrte, und den Kommandanten ansah. Der Kommandant versetzte, daß es ihm äußerst leid tun würde, wenn die Leidenschaft, die er zu seiner Tochter gefaßt zu haben scheine, ihm Unannehmlichkeiten von der ernsthaftesten Art zuzöge: daß er indessen wissen müsse, was er zu tun und zu lassen habe, die Depeschen abschicken, und die für ihn bestimmten Zimmer beziehen möchte. Man sah ihn bei diesen Worten sich entfärben, der Mutter ehrerbietig die Hand küssen, sich gegen die übrigen verneigen und sich entfernen.

Als er das Zimmer verlassen hatte, wußte die Familie nicht, was sie aus dieser Erscheinung machen solle. Die Mutter sagte, es wäre wohl nicht möglich, daß er Depeschen, mit denen er nach Neapel ginge, nach Z. . . zurückschicken wolle, bloß, weil es ihm nicht gelungen wäre, auf seiner Durchreise durch M. . ., in einer fünf Minuten langen Unterredung, von einer ihm ganz unbekannten Dame ein Jawort zu erhalten. Der Forstmeister äußerte, daß eine so leichtsinnige Tat ja mit nichts Geringerem, als Festungsarrest, bestraft werden würde! Und Kassation obenein, setzte der Kommandant hinzu. Es habe aber damit keine Gefahr, fuhr er fort. Es sei ein bloßer Schreckschuß beim Sturm; er werde sich wohl noch, ehe er die Depeschen abgeschickt, wieder besinnen. Die Mutter, als sie von dieser Gefahr unterrichtet ward, äußerte die lebhafteste Besorgnis, daß er sie abschicken werde. Sein heftiger, auf einen Punkt hintreibender Wille, meinte sie, scheine ihr grade einer solchen Tat fähig. Sie bat den Forstmeister auf das dringendste, ihm sogleich nachzugehen, und ihn von einer so unglückdrohenden Handlung abzuhalten. Der Forstmeister erwiderte, daß ein solcher Schritt gerade das Gegenteil bewirken, und ihn nur in der Hoffnung, durch seine Kriegslist zu siegen, bestärken würde. Die Marquise war derselben Meinung, obschon sie versicherte, daß ohne ihn die Absendung der Depeschen unfehlbar erfolgen würde, indem er lieber werde unglücklich werden, als sich eine Blöße geben wollen. Alle kamen darin überein, daß sein Betragen sehr sonderbar sei, und daß er Damenherzen durch Anlauf, wie Festungen, zu erobern gewohnt scheine. In diesem Augenblick bemerkte der Kommandant den angespannten Wagen des Grafen vor seiner Tür. Er rief die Familie ans Fenster, und fragte einen eben eintretenden Bediensteten, erstaunt, ob der Graf noch im Hause sei? Der Bediente antwortete, daß er unten, in der Domestikenstube, in Gesellschaft eines Adjutanten, Briefe schreibe und Pakete versiegle. Der Kommandant, der seine Bestürzung unterdrückte, eilte mit dem Forstmeister hinunter, und fragte den Grafen, da er ihn auf dazu nicht schicklichen Tischen seine Geschäfte betreiben sah, ob er nicht in seine Zimmer treten wolle? Und ob er sonst irgend etwas befehle? Der Graf erwiderte, indem er mit Eilfertigkeit fortschrieb, daß er untertänigst danke, und daß sein Geschäft abgemacht sei; fragte noch, indem er den Brief zusiegelte, nach der Uhr, und wünschte dem Adjutanten, nachdem er ihm das ganze Portefeuille übergeben hatte, eine glückliche Reise. Der Kommandant, der seinen Augen nicht traute, sagte, indem der Adjutant zum Hause hinausging: Herr Graf, wenn Sie nicht sehr wichtige Gründe haben — Entscheidende! fiel ihm der Graf ins Wort; begleitete den Adjutanten zum Wagen, und öffnete ihm die Tür. In diesem Fall würde ich wenigstens, fuhr der Kommandant fort, die Depeschen — Es ist nicht möglich, antwortete der Graf, indem er den Adjutanten in den Sitz hob. Die Depeschen gelten nichts in Neapel ohne mich. Ich habe auch daran gedacht. Fahr zu! — Und die Briefe Ihres Herrn Onkels? rief der Adjutant, sich aus der Tür hervorbeugend. Treffen mich, erwiderte der Graf, in M... Fahr zu, sagte der Adjutant, und rollte mit dem Wagen dahin.

Hierauf fragte der Graf F..., indem er sich zum Kommandanten wandte, ob er ihm gefälligst sein Zimmer anweisen lassen wolle? Er würde gleich selbst die Ehre haben, antwortete der verwirrte Obrist; rief seinen und des Grafen Leuten, das Gepäck desselben aufzunehmen: und führte ihn in die für fremden Besuch bestimmten Gemächer des Hauses, wo er sich ihm mit einem trocknen Gesicht empfahl. Der Graf kleidete sich um; verließ das Haus, um sich bei dem

Gouverneur des Platzes zu melden, und für den ganzen weiteren Rest des Tages im Hause unsichtbar, kehrte er erst kurz vor der Abendtafel dahin zurück.

Inzwischen war die Familie in der lebhaftesten Unruhe. Der Forstmeister erzählte, wie bestimmt, auf einige Vorstellungen des Kommandanten, des Grafen Antworten ausgefallen wären; meinte, daß sein Verhalten einem völlig überlegten Schritt ähnlich sehe; und fragte, in aller Welt, nach den Ursachen einer so auf Kurierpferden gehenden Bewerbung. Der Kommandant sagte, daß er von der Sache nichts verstehe, und forderte die Familie auf, davon weiter nicht in seiner Gegenwart zu sprechen. Die Mutter sah alle Augenblicke aus dem Fenster, ob er nicht kommen, seine leichtsinnige Tat bereuen, und wieder gutmachen werde. Endlich, da es finster ward, setzte sie sich zur Marquise nieder, welche, mit vieler Emsigkeit, an einem Tisch arbeitete, und das Gespräch zu vermeiden schien. Sie fragte sie halblaut, während der Vater auf und nieder ging, ob sie begreife, was aus dieser Sache werden solle? Die Marquise antwortete, mit einem schüchtern nach dem Kommandanten gewandten Blick: wenn der Vater bewirkt hätte, daß er nach Neapel gereist wäre, so wäre alles gut. Nach Neapel! rief der Kommandant, der dies gehört hatte. Sollt ich den Prieser holen lassen? Oder hätt ich ihn schließen lassen und arretieren, und mit Bewachung nach Neapel schicken sollen? — Nein, antwortete die Marquise, aber lebhafte und eindringliche Vorstellungen tun ihre Wirkung; und sah, ein wenig unwillig, wieder auf ihre Arbeit nieder. — Endlich gegen die Nacht erschien der

Graf. Man erwartete nur, nach den ersten Höflichkeitsbezeugungen, daß dieser Gegenstand zur Sprache kommen würde, um ihn mit vereinter Kraft zu bestürmen, den Schritt, den er gewagt hatte, wenn es noch möglich sei, wieder zurückzunehmen. Doch vergebens, während der ganzen Abendtafel, erharrte man diesen Augenblick. Geflissentlich alles, was darauf führen konnte, vermeidend, unterhielt er den Kommandanten vom Kriege, und den Forstmeister von der Jagd. Als er des Gefechts bei P..., in welchem er verwundet worden war, erwähnte, verwickelte ihn die Mutter bei der Geschichte seiner Krankheit, fragte ihn, wie es ihm an diesem kleinen Orte ergangen sei, und ob er die gehörigen Bequemlichkeiten gefunden hätte. Hierauf erzählte er mehrere, durch seine Leidenschaft zur Marquise interessanten, Züge: wie sie beständig, während seiner Krankheit, an seinem Bett gesessen hätte; wie er die Vorstellung von ihr, in der Hitze des Wundfiebers, immer mit der Vorstellung eines Schwans verwechselt hätte, den er, als Knabe, auf seines Onkels Gütern gesehen; daß ihm besonders eine Erinnerung rührend gewesen wäre, da er diesen Schwan einst mit Kot beworfen, worauf dieser still untergetaucht, und rein aus der Flut wieder emporgekommen sei; daß sie immer auf feurigen Fluten umhergeschwommen wäre, und er Thinka gerufen hätte, welches der Name jenes Schwans gewesen, daß er aber nicht im Stande gewesen wäre, sie an sich zu locken, indem sie ihre Freude gehabt hätte, bloß am Rudern und In-die-Brust-sich-Werfen; versicherte plötzlich, blutrot im Gesicht, daß er sie außerordentlich liebe: sah wieder auf seinen

Teller nieder, und schwieg. Man mußte endlich von der Tafel aufstehen; und da der Graf, nach einem kurzen Gespräch mit der Mutter, sich sogleich gegen die Gesellschaft verneigte, und wieder in sein Zimmer zurückzog: so standen die Mitglieder derselben wieder, und wußten nicht, was sie denken sollten. Der Kommandant meinte: man müsse der Sache ihren Lauf lassen. Er rechne wahrscheinlich auf seine Verwandten bei diesem Schritte. Infame Kassation stünde sonst darauf. Frau von G... fragte ihre Tochter, was sie denn von ihm halte? Und ob sie sich wohl zu irgendeiner Äußerung, die ein Unglück vermiede, würde verstehen können? Die Marquise antwortete: Liebste Mutter! Das ist nicht möglich. Es tut mir leid, daß meine Dankbarkeit auf eine so harte Probe gestellt wird. Doch es war mein Entschluß, mich nicht wieder zu vermählen; ich mag mein Glück nicht, und nicht so unüberlegt, auf ein zweites Spiel setzen. Der Forstmeister bemerkte, daß, wenn dies ihr fester Wille wäre, auch *diese* Erklärung ihm Nutzen schaffen könne, und daß es fast notwendig scheine, ihm irgend*eine* bestimmte zu geben. Die Obristin versetzte, daß, da dieser junge Mann, den so viele außerordentliche Eigenschaften empföhlen, seinen Aufenthalt in Italien nehmen zu wollen erklärt habe, sein Antrag, nach ihrer Meinung, einige Rücksicht, und der Entschluß der Marquise Prüfung verdiene. Der Forstmeister, indem er sich bei ihr niederließ, fragte, wie er ihr denn, was seine Person anbetreffe, gefalle? Die Marquise antwortete, mit einiger Verlegenheit: er gefällt und mißfällt mir; und berief sich auf das Gefühl der anderen.

Die Obristin sagte: wenn er von Neapel zurückkehrt, und die Erkundigungen, die wir inzwischen über ihn einziehen könnten, dem Gesamteindruck, den du von ihm empfangen hast, nicht widersprächen: wie würdest du dich, falls er alsdann seinen Antrag wiederholte, erklären? In diesem Fall, versetzte die Marquise, würd ich — da in der Tat seine Wünsche so lebhaft scheinen, diese Wünsche — sie stockte, und ihre Augen glänzten, indem sie dies sagte — um der Verbindlichkeit willen, die ich ihm schuldig bin, erfüllen. Die Mutter, die eine zweite Vermählung ihrer Tochter immer gewünscht hatte, hatte Mühe, ihre Freude über diese Erklärung zu verbergen, und sann, was sich wohl daraus machen lasse. Der Forstmeister sagte, indem er unruhig vom Sitz wieder aufstand, daß, wenn die Marquise irgend an die Möglichkeit denke, ihn einst mit ihrer Hand zu erfreuen, jetzt gleich notwendig ein Schritt dazu geschehen müsse, um den Folgen seiner rasenden Tat vorzubeugen. Die Mutter war derselben Meinung, und behauptete, daß zuletzt das Wagstück nicht allzugroß wäre, indem bei so vielen vortrefflichen Eigenschaften, die er in jener Nacht, da das Fort von den Russen erstürmt ward, entwickelte, kaum zu fürchten sei, daß sein übriger Lebenswandel ihnen nicht entsprechen sollte. Die Marquise sah, mit dem Ausdruck der lebhaftesten Unruhe, vor sich nieder. Man könne ihm ja, fuhr die Mutter fort, indem sie ihre Hand ergriff, etwa eine Erklärung, daß du, bis zu seiner Rückkehr von Neapel, in keine andere Verbindung eingehen wolltest, zukommen lassen. Die Marquise sagte: *diese* Erklärung, liebste Mutter, kann ich ihm geben; ich fürchte nur, daß sie ihn nicht beruhigen, und uns verwickeln wird. Das sei meine Sorge! erwiderte die Mutter, mit lebhafter Freude; und sah sich nach dem Kommandanten um. Lorenzo! fragte sie, was meinst du? und machte Anstalten, sich vom Sitz zu erheben. Der Kommandant, der alles gehört hatte, stand am Fenster, sah auf die Straße hinaus, und sagte nichts. Der Forstmeister versicherte, daß er, mit dieser unschädlichen Erklärung, den Grafen aus dem Hause zu schaffen, sich anheischig mache. Nun so macht! macht! macht! rief der Vater, indem er sich umkehrte: ich muß mich diesem Russen schon zum zweitenmal ergeben! — Hierauf sprang die Mutter auf, küßte ihn und die Tochter, und fragte, indem der Vater über ihre Geschäftigkeit lächelte, wie man dem Grafen jetzt diese Erklärung augenblicklich hinterbringen solle? Man beschloß, auf den Vorschlag des Forstmeisters, ihn bitten zu lassen, sich, falls er noch nicht entkleidet sei, gefälligst auf einen Augenblick zur Familie zu verfügen. Er werde gleich die Ehre haben zu erscheinen! ließ der Graf antworten, und kaum war der Kammerdiener mit dieser Meldung zurück, als er schon selbst, mit Schritten, die die Freude beflügelte, ins Zimmer trat, und zu den Füßen der Marquise, in der allerlebhaftesten Rührung niedersank. Der Kommandant wollte etwas sagen: doch er, indem er aufstand, versetzte, er wisse genug! küßte ihm und der Mutter die Hand, umarmte den Bruder, und bat nur um die Gefälligkeit, ihm sogleich zu einem Reisewagen zu verhelfen. Die Marquise, obschon von diesem Auftritt bewegt, sagte doch: ich fürchte nicht, Herr Graf, daß Ihre rasche Hoffnung Sie zu weit — Nichts! Nichts! versetzte der Graf; es ist nichts geschehen, wenn die Erkundigungen, die Sie über mich einziehen mögen, dem Gefühl widersprechen, das mich zu Ihnen in dies Zimmer zurückberief. Hierauf umarmte der Kommandant ihn auf das herzlichste, der Forstmeister bot ihm sogleich seinen eigenen Reisewagen an, ein Jäger flog auf die Post, Kurierpferde auf Prämien zu bestellen, und Freude war bei dieser Abreise, wie noch niemals bei einem Empfang. Er hoffe, sagte der Graf, die Depeschen in B... einzuholen, von wo er jetzt einen näheren Weg nach Neapel, als über M... einschlagen würde; in Neapel würde er sein möglichstes tun, die fernere Geschäftsreise nach Konstantinopel abzulehnen; und da er, auf den äußersten Fall, entschlossen wäre, sich krank anzugeben, so versicherte er, daß wenn nicht unvermeidliche Hindernisse ihn abhielten, er in Zeit von vier bis sechs Wochen unfehlbar wieder in M... sein würde. Hierauf meldete sein Jäger, daß der Wagen angespannt, und alles zur Abreise bereit sei. Der Graf nahm seinen Hut, trat vor die Marquise, und ergriff ihre Hand. Nun denn, sprach er, Julietta, so bin ich einigermaßen beruhigt; und legte seine Hand in die ihrige; obschon es mein sehnlichster Wunsch war, mich noch vor meiner Abreise mit Ihnen zu vermählen. Vermählen! riefen alle Mitglieder der Familie aus. Vermählen, wiederholte der Graf, küßte der Marquise die Hand, und versicherte, da diese fragte, ob er von Sinnen sei: es würde ein Tag kommen, wo sie ihn verstehen würde! Die Familie wollte auf ihn böse werden; doch er nahm gleich auf das wärmste von allen Abschied, bat sie, über diese Äußerung nicht weiter nachzudenken, und reiste ab.

Mehrere Wochen, in welchen die Familie, mit sehr verschiedenen Empfindungen, auf den Ausgang dieser sonderbaren Sache gespannt war, verstrichen. Der Kommandant empfing vom General K . . ., dem Onkel des Grafen, eine höfliche Zuschrift; der Graf selbst schrieb aus Neapel; die Erkundigungen, die man über ihn einzog, sprachen ziemlich zu seinem Vorteil; kurz, man hielt die Verlobung schon für so gut, wie abgemacht; als sich die Kränklichkeiten der Marquise, mit größerer Lebhaftigkeit, als jemals, wieder einstellten. Sie bemerkte eine unbegreifliche Veränderung ihrer Gestalt. Sie entdeckte sich mit völliger Freimütigkeit ihrer Mutter, und sagte, sie wisse nicht, was sie von ihrem Zustand denken solle. Die Mutter, welche so sonderbare Zufälle für die Gesundheit ihrer Tochter äußerst besorgt machten, verlangte, daß sie einen Arzt zu Rate ziehe. Die Marquise, die durch ihre Natur zu siegen hoffte, sträubte sich dagegen; sie brachte mehrere Tage noch, ohne dem Rat der Mutter zu folgen, unter den empfindlichsten Leiden zu: bis Gefühle, immer wiederkehrend und von so wunderbarer Art, sie in die lebhafteste Unruhe stürzten. Sie ließ einen Arzt rufen, der das Vertrauen ihres Vaters besaß, nötigte ihn, da gerade die Mutter abwesend war, auf den Diwan nieder, und eröffnete ihm, nach einer kurzen Einleitung, scherzend, was sie von sich glaube. Der Arzt warf einen forschenden Blick auf sie; schwieg noch, nachdem er eine genaue Untersuchung vollendet hatte, eine Zeitlang: und antwortete dann mit einer sehr ernsthaften Miene, daß die Frau Marquise ganz richtig urteile. Nachdem er sich auf die Frage der Dame, wie er dies verstehe, ganz deutlich erklärt, und mit einem Lächeln, das er nicht unterdrücken konnte, gesagt hatte, daß sie ganz gesund sei, und keinen Arzt brauche, zog die Marquise, und sah ihn sehr streng von der Seite an, die Klingel, und bat ihn, sich zu entfernen. Sie äußerte halblaut, als ob er der Rede nicht wert wäre, vor sich nieder murmelnd: daß sie nicht Lust hätte, mit ihm über Gegenstände dieser Art zu scherzen. Der Doktor erwiderte empfindlich: er müsse wünschen, daß sie immer zum Scherz so wenig aufgelegt gewesen wäre, wie jetzt; nahm Stock und Hut, und machte Anstalten, sich sogleich zu empfehlen. Die Marquise versicherte, daß sie von diesen Beleidigungen ihren Vater unterrichten würde. Der Arzt antwortete, daß er seine Aussage vor Gericht beschwören könne: öffnete die Tür, verneigte sich, und wollte das Zimmer verlassen. Die Marquise fragte, da er noch einen Handschuh, den er hatte fallen lassen, von der Erde aufnahm: und die Möglichkeit davon, Herr Doktor? Der Doktor erwiderte, daß er ihr die letzten Gründe der Dinge nicht werde zu erklären brauchen; verneigte sich ihr noch einmal, und ging ab.

Die Marquise stand, wie vom Donner gerührt. Sie raffte sich auf, und wollte zu ihrem Vater eilen; doch der sonderbare Ernst des Mannes, von dem sie sich beleidigt sah, lähmte alle ihre Glieder. Sie warf sich in der größten Bewegung auf den Diwan nieder. Sie durchlief, gegen sich selbst mißtrauisch, alle Momente des verflossenen Jahres, und hielt sich für verrückt, wenn sie an den letzten dachte. Endlich erschien die Mutter; und auf die bestürzte Frage, warum sie so unruhig sei? erzählte ihr die Tochter, was ihr der Arzt soeben eröffnet hatte. Frau von G... nannte ihn einen Unverschämten und Nichtswürdigen, und bestärkte die Tochter in dem Entschluß, diese Beleidigung dem Vater zu entdecken. Die Marquise versicherte, daß es sein völliger Ernst gewesen sei, und daß er entschlossen scheine, dem Vater ins Gesicht seine rasende Behauptung zu wiederholen. Frau von G... fragte, nicht wenig erschrocken, ob sie denn an die Möglichkeit eines solchen Zustandes glaube? Eher, antwortete die Marquise, daß die Gräber befruchtet werden, und sich dem Schoße der Leichen eine Geburt entwickeln wird! Nun, du liebes wunderliches Weib, sagte die Obristin, indem sie sie fest an sich drückte: was beunruhigt dich denn? Wenn dein Bewußtsein dich rein spricht: wie kann dich ein Urteil, und wäre es das einer ganzen Konsulta von Ärzten, nur kümmern? Ob das seinige aus Irrtum, ob es aus Bosheit entsprang: gilt es dir nicht völlig gleichviel? Doch schicklich ist es, daß wir es dem Vater entdecken. — O Gott! sagte die Marquise, mit einer konvulsivischen Bewegung: wie kann ich mich beruhigen. Hab ich nicht mein eignes, innerliches, mir nur allzuwohlbekanntes Gefühl gegen mich? Würd ich nicht, wenn ich in einer andern meine Empfindung wüßte, von ihr selbst urteilen, daß es damit seine Richtigkeit habe? Es ist entsetzlich, versetzte die Obristin. Bosheit! Irrtum! fuhr die Marquise fort. Was kann dieser Mann, der uns bis auf den heutigen Tag schätzenswürdig erschien, für Gründe haben, mich auf eine so mutwillige und niederträchtige Art zu kränken? Mich, die ihn nie beleidigt hatte? Die ihn mit Vertrauen, und dem Vorgefühl zukünftiger Dankbarkeit, empfing? Bei der er, wie seine ersten Worte zeugten, mit dem reinen und unverfälschten Willen erschien, zu helfen, nicht Schmerzen, grimmigere, als ich empfand, erst zu erregen? Und wenn ich in der Notwendigkeit der Wahl, fuhr sie fort, während die Mutter sie unverwandt ansah, an einen Irrtum glauben wollte: ist es wohl möglich, daß ein Arzt, auch nur von mittelmäßiger Geschicklichkeit, in solchem Falle irre? — Die Obristin sagte ein wenig spitz: und gleichwohl muß es doch notwendig eins oder das andere gewesen sein. Ja! versetzte die Marquise, meine teuerste Mutter, indem sie ihr, mit dem Ausdruck der gekränkten Würde, hochrot im Gesicht glühend, die Hand küßte: das muß es! Obschon die Umstände so außerordentlich sind, daß es mir erlaubt ist, daran zu zweifeln. Ich schwöre, weil es doch einer Versicherung bedarf, daß mein Bewußtsein, gleich dem meiner Kinder ist; nicht reiner, Verehrungswürdigste, kann das Ihrige sein. Gleichwohl bitte ich Sie, mir eine Hebamme rufen zu lassen, damit ich mich von dem, was ist, überzeuge, und gleichviel alsdann, *was* es sei, beruhige. Eine Hebamme! rief Frau von G... mit Entwürdigung. Ein reines Bewußtsein, und eine Hebamme! Und die Sprache ging ihr aus. Eine Hebamme, meine teuerste Mutter, wiederholte die Marquise, indem sie sich auf Knieen vor ihr niederließ; und das augenblicklich, wenn ich nicht wahnsinnig werden soll. O sehr gern, versetzte die

Obristin; nur bitte ich, das Wochenlager nicht in meinem Hause zu halten. Und damit stand sie auf, und wollte das Zimmer verlassen. Die Marquise, ihr mit ausgebreiteten Armen folgend, fiel ganz auf das Gesicht nieder, und umfaßte ihre Kniee. Wenn irgendein unsträfliches Leben, rief sie, mit der Beredsamkeit des Schmerzes, ein Leben, nach Ihrem Muster geführt, mir ein Recht auf Ihre Achtung gibt, wenn irgendein mütterliches Gefühl auch nur, solange meine Schuld nicht sonnenklar entschieden ist, in Ihrem Busen für mich spricht: so verlassen Sie mich in diesen entsetzlichen Augenblicken nicht. — Was ist es, das dich beunruhigt? fragte die Mutter. Ist es weiter nichts, als der Ausspruch des Arztes? Weiter nichts, als dein innerliches Gefühl? Nichts weiter, meine Mutter, versetzte die Marquise, und legte ihre Hand auf die Brust. Nichts, Julietta? fuhr die Mutter fort. Besinne dich. Ein Fehltritt, so unsäglich er mich schmerzen würde, er ließe sich, und ich müßte ihn zuletzt verzeihn; doch wenn du, um einem mütterlichen Verweis auszuweichen, ein Märchen von der Umwälzung der Weltordnung ersinnen, und gotteslästerliche Schwüre häufen könntest, um es meinem, dir nur allzugerngläubigen, Herzen aufzubürden, so wäre das schändlich; ich würde dir niemals wieder gut werden. — Möge das Reich der Erlösung einst so offen vor mir liegen, wie meine Seele vor Ihnen, rief die Marquise. Ich verschwieg Ihnen nichts, meine Mutter. — Diese Äußerung, voll Pathos getan, erschütterte die Mutter. O Himmel! rief sie: mein liebenswürdiges Kind! Wie rührst du mich! Und hob sie auf, und küßte sie, und drückte sie an ihre Brust. Was denn, in aller Welt, fürchtest du? Komm, du bist sehr krank. Sie wollte sie in ein Bett führen. Doch die Marquise, welcher die Tränen häufig flossen, versicherte, daß sie sehr gesund wäre, und daß ihr gar nichts fehle, außer jenem sonderbaren und unbegreiflichen Zustand. — Zustand! rief die Mutter wieder; welch ein Zustand? Wenn dein Gedächtnis über die Vergangenheit so sicher ist, welch ein Wahnsinn der Furcht ergriff dich? Kann ein innerliches Gefühl denn, das doch nur dunkel sich regt, nicht trügen? Nein! Nein! sagte die Marquise, es trügt mich nicht! Und wenn Sie die Hebamme rufen lassen wollen, so werden Sie hören, daß das Entsetzliche, mich Vernichtende, wahr ist. — Komm, meine liebste Tochter, sagte Frau von G..., die für ihren Verstand zu fürchten anfing. Komm, folge mir, und lege dich zu Bett. Was meintest du, daß dir der Arzt gesagt hat? Wie dein Gesicht glüht! Wie du an allen Gliedern so zitterst! Was war es schon, das dir der Arzt gesagt hat? Und damit zog sie die Marquise, ungläubig nunmehr an den ganzen Auftritt, den sie ihr erzählt hatte, mit sich fort. — Die Marquise sagte: Liebe! Vortreffliche! indem sie mit weinenden Augen lächelte. Ich bin meiner Sinne mächtig. Der Arzt hat mir gesagt, daß ich in gesegneten Leibesumständen bin. Lassen Sie die Hebamme rufen: und sobald sie sagt, daß es nicht wahr ist, bin ich wieder ruhig. Gut, gut! erwiderte die Obristin, die ihre Angst unterdrückte. Sie soll gleich kommen; sie soll gleich, wenn du dich von ihr willst auslachen lassen, erscheinen, und dir sagen, daß du eine Träumerin, und nicht recht klug bist. Und damit zog sie die Klingel, und schickte augenblicklich einen ihrer Leute, der die Hebamme rufe.

Die Marquise lag noch, mit unruhig sich hebender Brust, in den Armen ihrer Mutter, als diese Frau erschien, und die Obristin ihr, an welcher seltsamen Vorstellung ihre Tochter krank liege, eröffnete. Die Frau Marquise schwöre, daß sie sich tugendhaft verhalten habe, und gleichwohl halte sie, von einer unbegreiflichen Empfindung getäuscht, für nötig, daß eine sachverständige Frau ihren Zustand untersuche. Die Hebamme, während sie sich von demselben unterrichtete, sprach von jungem Blut und der Arglist der Welt; äußerte, als sie ihr Geschäft vollendet hatte, dergleichen Fälle wären ihr schon vorgekommen; die jungen Witwen, die in ihre Lage kämen, meinten alle auf wüsten Inseln gelebt zu haben; beruhigte inzwischen die Frau Marquise, und versicherte sie, daß sich der muntere Korsar, der zur Nachtzeit gelandet, schon finden würde. Bei diesen Worten fiel die Marquise in Ohnmacht. Die Obristin, die ihr mütterliches Gefühl nicht überwältigen konnte, brachte sie zwar, mit Hilfe der Hebamme, wieder ins Leben zurück. Doch die Entrüstung siegte, da sie erwacht war. Julietta! rief die Mutter mit dem lebhaftesten Schmerz. Willst du dich mir entdecken, willst du den Vater mir nennen? Und schien noch zur Versöhnung geneigt. Doch als die Marquise sagte, daß sie wahnsinnig werden würde, sprach die Mutter, indem sie sich vom Diwan erhob: geh! geh! du bist nichtswürdig! Verflucht sei die Stunde, da ich dich gebar! und verließ das Zimmer.

Die Marquise, der das Tageslicht von neuem schwinden wollte, zog die Geburtshelferin vor sich nieder, und legte ihr Haupt heftig zitternd an ihre Brust. Sie fragte, mit gebrochener Stimme, wie denn die Natur auf ihren Wegen walte? Und ob die Möglichkeit einer unwissentlichen Empfängnis sei? — Die Hebamme lächelte, machte ihr das Tuch los, und sagte, das würde ja doch der Frau Marquise Fall nicht sein. Nein, nein, antwortete die Marquise, sie habe wissentlich empfangen, sie wolle nur im allgemeinen wissen, ob diese Erscheinung im Reiche der Natur sei? Die Hebamme versetzte, daß dies, außer der heiligen Jungfrau, noch keinem Weibe auf Erden zugestoßen wäre. Die Marquise zitterte immer heftiger. Sie glaubte, daß sie augenblicklich niederkommen würde, und bat die Geburtshelferin, indem sie sich mit krampfhafter Beängstigung an sie schloß, sie nicht zu verlassen. Die Hebamme beruhigte sie. Sie versicherte, daß das Wochenbett noch beträchtlich entfernt wäre, gab ihr auch die Mittel an, wie man, in solchen Fällen, dem Leumund der Welt ausweichen könne, und meinte, es würde noch alles gut werden. Doch da diese Trostgründe der unglücklichen Dame völlig wie Messerstiche durch die Brust fuhren, so sammelte sie sich, sagte, sie befände sich besser, und bat ihre Gesellschafterin sich zu entfernen.

Kaum war die Hebamme aus dem Zimmer, als ihr ein Schreiben von der Mutter gebracht ward, in welchem diese sich so ausließ: »Herr von G... wünsche, unter den obwaltenden Umständen, daß sie sein Haus verlasse. Er sende ihr hierbei die über ihr Vermögen lautenden Papiere, und hoffe, daß ihm Gott den Jammer ersparen werde, sie wieder zu sehen.« — Der Brief war inzwischen von Tränen benetzt; und in einem Winkel stand ein verwischtes Wort: diktiert. — Der Marquise stürzte der Schmerz aus den Augen. Sie ging, heftig über den Irrtum ihrer Eltern weinend, und über die Ungerechtigkeit, zu welcher diese vortrefflichen Menschen verführt wurden, nach den Gemächern ihrer Mutter. Es hieß, sie sei bei ihrem Vater; sie wankte nach den Gemächern ihres Vaters. Sie sank, als sie die Türe verschlossen fand, mit jammernder Stimme, alle Heiligen zu Zeugen ihrer Unschuld anrufend, vor derselben nieder. Sie mochte wohl schon einige Minuten hier gelegen haben, als der Forstmeister daraus hervortrat, und zu ihr mit flammendem Gesicht sagte: sie höre, daß der Kommandant sie nicht sehen wolle. Die Marquise rief: mein liebster Bruder! unter vielem Schluchzen; drängte sich ins Zimmer und rief: mein teuerster Vater! und streckte die Arme nach ihm aus. Der Kommandant wandte ihr, bei ihrem Anblick, den Rücken zu, und eilte in sein Schlafgemach. Er rief, als sie ihn dahin verfolgte, hinweg! und wollte die Türe zuwerfen; doch da sie, unter Jammern und Flehen, daß er sie schließe, verhinderte, so gab er plötzlich nach und eilte, während die Marquise zu ihm hineintrat, nach der hintern Wand. Sie warf sich ihm, der ihr den Rücken zugekehrt hatte, eben zu Füßen, und umfaßte zitternd seine Kniee, als ein Pistol, das er ergriffen hatte, in dem Augenblick, da er es von der Wand herabriß, losging, und der Schuß schmetternd in die Decke fuhr. Herr meines Lebens! rief die Marquise, erhob sich leichenblaß von ihren Knieen, und eilte aus seinen Gemächern wieder hinweg. Man soll sogleich anspannen, sagte sie, indem sie in die ihrigen trat; setzte sich, matt bis in den Tod, auf einen Sessel nieder, zog ihre Kinder eilfertig an, und ließ die Sachen einpacken. Sie hatte eben ihr Kleinstes zwischen den Knieen, und schlug ihm noch ein Tuch um, um nunmehr, da alles zur Abreise bereit war, in den Wagen zu steigen: als der Forstmeister eintrat, und auf Befehl des Kommandanten die Zurücklassung und Überlieferung der Kinder von ihr forderte. Diese Kinder? fragte sie; und stand auf. Sag deinem unmenschlichen Vater, daß er kommen, und mich niederschießen, nicht aber mir meine Kinder entreißen könne! Und hob, mit dem ganzen Stolz der Unschuld gerüstet, ihre Kinder auf, trug sie, ohne daß der Bruder gewagt hätte, sie anzuhalten, in den Wagen, und fuhr ab.

Durch diese schöne Anstrengung mit sich selbst bekannt gemacht, hob sie sich plötzlich, wie an ihrer eigenen Hand, aus der ganzen Tiefe, in welche das Schicksal sie herabgestürzt hatte, empor. Der Aufruhr, der ihre Brust zerriß, legte sich, als sie im Freien war, sie küßte häufig die Kinder, diese ihre liebe Beute, und mit großer Selbstzufriedenheit gedachte sie, welch einen Sieg sie, durch die Kraft ihres schuldfreien Bewußtseins, über ihren Bruder davongetragen hatte. Ihr Verstand, stark genug, in ihrer sonderbaren Lage nicht zu reißen, gab sich ganz unter der großen, heiligen und unerklärlichen Einrichtung der Welt gefangen. Sie sah die Unmöglichkeit ein, ihre Familie von ihrer Unschuld zu überzeugen, begriff, daß sie sich darüber trösten müsse, falls sie nicht untergehen wolle, und wenige Tage nur waren nach ihrer Ankunft in V... verflossen, als der Schmerz ganz und gar dem heldenmütigen Vorsatz Platz machte, sich mit Stolz gegen die Anfälle der Welt zu rüsten. Sie beschloß, sich ganz in ihr Innerstes zurückzuziehen, sich, mit ausschließendem Eifer, der Erziehung ihrer beiden Kinder zu widmen, und des Geschenks, das ihr Gott mit dem dritten gemacht hatte, mit voller mütterlichen Liebe zu pflegen. Sie machte Anstalten, in wenig Wochen, sobald sie ihre Niederkunft überstanden haben würde, ihren schönen, aber durch die lange Abwesenheit ein wenig verfallenen Landsitz wieder herzustellen; saß in der Gartenlaube, und dachte, während sie kleine Mützen, und Strümpfe für kleine Beine strickte, wie sie die Zimmer bequem verteilen würde; auch, welches sie mit Büchern füllen, und in welchem die Staffelei am schicklichsten stehen würde. Und so war der Zeitpunkt, da der Graf F... von Neapel wiederkehren sollte, noch nicht abgelaufen, als sie schon völlig mit dem Schicksal, in ewig klösterlicher Eingezogenheit zu leben, vertraut war. Der Türsteher erhielt Befehl, keinen Menschen im Hause vorzulassen. Nur der Gedanke war ihr unerträglich, daß dem jungen Wesen, das sie in der größten Unschuld und Reinheit empfangen hatte, und dessen Ursprung, eben weil er geheimnisvoller war, auch göttlicher zu sein schien, als der anderer Menschen, ein Schandfleck in der bürgerlichen Gesellschaft ankleben sollte. Ein sonderbares Mittel war ihr eingefallen, den Vater zu entdecken: ein Mittel, bei dem sie, als sie es zuerst dachte, das Strickzeug selbst vor Schrecken aus der Hand fallen ließ. Durch ganze

Nächte, in unruhiger Schlaflosigkeit durchwacht, ward es gedreht und gewendet, um sich an seine ihr innerstes Gefühl verletzende Natur zu gewöhnen. Immer noch sträubte sie sich, mit dem Menschen, der sie so hintergangen hatte, in irgendein Verhältnis zu treten: indem sie sehr richtig schloß, daß derselbe doch, ohne alle Rettung, zum Auswurf seiner Gattung gehören müsse, und, auf welchem Platz der Welt man ihn auch denken wolle, nur aus dem zertretensten und unflätigsten Schlamm derselben, hervorgegangen sein könne. Doch da das Gefühl ihrer Selbständigkeit immer lebhafter in ihr ward, und sie bedachte, daß der Stein seinen Wert behält, er mag auch eingefaßt sein, wie man wolle, so griff sie eines Morgens, da sich das junge Leben wieder in ihr regte, ein Herz, und ließ jene sonderbare Aufforderung in die Intelligenzblätter von M . . . rücken, die man am Eingang dieser Erzählung gelesen hat.

Der Graf F . . ., den unvermeidliche Geschäfte in Neapel aufhielten, hatte inzwischen zum zweitenmal an die Marquise geschrieben, und sie aufgefordert, es möchten fremde Umstände eintreten, welche da wollten, ihrer, ihm gegebenen, stillschweigenden Erklärung getreu zu bleiben. Sobald es ihm geglückt war, seine fernere Geschäftsreise nach Konstantinopel abzulehnen, und es seine übrigen Verhältnisse gestatteten, ging er augenblicklich von Neapel ab, und kam auch richtig, nur wenige Tage nach der von ihm bestimmten Frist, in M . . . an. Der Kommandant empfing ihn mit einem verlegenen Gesicht, sagte, daß ein notwendiges Geschäft ihn aus dem Hause nötige, und forderte den Forstmeister auf, ihn inzwischen zu unterhalten. Der

Forstmeister zog ihn auf sein Zimmer, und fragte ihn, nach einer kurzen Begrüßung, ob er schon wisse, was sich während seiner Abwesenheit in dem Hause des Kommandanten zugetragen habe. Der Graf antwortete, mit einer flüchtigen Blässe: nein. Hierauf unterrichtete ihn der Forstmeister von der Schande, die die Marquise über die Familie gebracht hatte, und gab ihm die Geschichtserzählung dessen, was unsre Leser soeben erfahren haben. Der Graf schlug sich mit der Hand vor die Stirn. Warum legte man mir so viele Hindernisse in den Weg! rief er in der Vergessenheit seiner. Wenn die Vermählung erfolgt wäre: so wäre alle Schmach und jedes Unglück uns erspart! Der Forstmeister fragte, indem er ihn anglotzte, ob er rasend genug wäre, zu wünschen, mit dieser Nichtswürdigen vermählt zu sein? Der Graf erwiderte, daß sie mehr wert wäre, als die ganze Welt, die sie verachtete; daß ihre Erklärung über ihre Unschuld vollkommnen Glauben bei ihm fände; und daß er noch heute nach V... gehen, und seinen Antrag bei ihr wiederholen würde. Er ergriff auch sogleich seinen Hut, empfahl sich dem Forstmeister, der ihn für seiner Sinne völlig beraubt hielt, und ging ab.

Er bestieg ein Pferd und sprengte nach V... hinaus. Als er am Tore abgestiegen war, und in den Vorplatz treten wollte, sagte ihm der Türsteher, daß die Frau Marquise keinen Menschen spräche. Der Graf fragte, ob diese, für Fremde getroffene, Maßregel auch einem Freund des Hauses gälte; worauf jener antwortete, daß er von keiner Ausnahme wisse, und bald darauf, auf eine zweideutige Art hinzusetzte: ob er vielleicht der

Graf F... wäre? Der Graf erwiderte, nach einem forschenden Blick, nein; und äußerte, zu seinem Bedienten gewandt, doch so, daß jener es hören konnte, er werde, unter solchen Umständen, in einem Gasthofe absteigen, und sich bei der Frau Marquise schriftlich anmelden. Sobald er inzwischen dem Türsteher aus den Augen war, bog er um die Ecke, und umschlich die Mauer eines weitläufigen Gartens, der sich hinter dem Hause ausbreitete. Er trat durch eine Pforte, die er offen fand, in den Garten, durchstrich die Gänge desselben, und wollte eben die hintere Rampe hinaufsteigen, als er, in einer Laube, die zur Seite lag, die Marquise, in ihrer lieblichen und geheimnisvollen Gestalt, an einem kleinen Tischchen emsig arbeiten sah. Er näherte sich ihr so, daß sie ihn nicht früher erblicken konnte, als bis er am Eingang der Laube, drei kleine Schritte von ihren Füßen, stand. Der Graf F...! sagte die Marquise, als sie die Augen aufschlug, und die Röte der Überraschung überflog ihr Gesicht. Der Graf lächelte, blieb noch eine Zeitlang, ohne sich im Eingang zu rühren, stehen; setzte sich dann, mit so bescheidener Zudringlichkeit, als sie nicht zu erschrekken nötig war, neben ihr nieder, und schlug, ehe sie noch, in ihrer sonderbaren Lage, einen Entschluß gefaßt hatte, seinen Arm sanft um ihren lieblichen Leib. Von wo, Herr Graf, ist es möglich, fragte die Marquise — und sah schüchtern vor sich auf die Erde nieder. Der Graf sagte: von M..., und drückte sie ganz leise an sich; durch eine hintere Pforte, die ich offen fand. Ich glaubte auf Ihre Verzeihung rechnen zu dürfen, und trat ein. Hat man Ihnen denn in M... nicht gesagt —? — fragte sie, und rührte noch kein Glied in seinen Armen. Alles, geliebte Frau, versetzte der Graf; doch von Ihrer Unschuld völlig überzeugt — Wie! rief die Marquise, indem sie aufstand, und sich loswickelte; und Sie kommen gleichwohl? — Der Welt zum Trotz, fuhr er fort, indem er sie festhielt, und Ihrer Familie zum Trotz, und dieser lieblichen Erscheinung sogar zum Trotz; wobei er einen glühenden Kuß auf ihre Brust drückte. — Hinweg! rief die Marquise — So überzeugt, sagte er, Julietta, als ob ich allwissend wäre, als ob meine Seele in deiner Brust wohnte — Die Marquise rief: Lassen Sie mich! Ich komme, schloß er — und ließ sie nicht — meinen Antrag zu wiederholen, und das Los der Seligen, wenn Sie mich erhören wollen, von Ihrer Hand zu empfangen. Lassen Sie mich augenblicklich! rief die Marquise; ich befehls Ihnen! riß sich gewaltsam aus seinen Armen, und entfloh. Geliebte! Vortreffliche! flüsterte er, indem er wieder aufstand, und ihr folgte. — Sie hören! rief die Marquise, und wandte sich, und wich ihm aus. Ein einziges, heimliches, geflüstertes —! sagte der Graf, und griff hastig nach ihrem glatten, ihm entschlüpfenden Arm. — Ich *will nichts* wissen, versetzte die Marquise, stieß ihn heftig vor die Brust zurück, eilte auf die Rampe, und verschwand.

Er war schon halb auf die Rampe gekommen, um sich, es koste, was es wolle, bei ihr Gehör zu verschaffen, als die Tür vor ihm zuflog, und der Riegel heftig, mit verstörter Beeiferung, vor seinen Schritten zurasselte. Unschlüssig, einen Augenblick, was unter solchen Umständen zu tun sei, stand er, und überlegte, ob er durch ein, zur Seite offenstehendes Fenster einsteigen, und seinen Zweck, bis er ihn erreicht, verfolgen solle; doch so schwer es ihm auch in jedem Sinne war, umzukehren, diesmal schien es die Notwendigkeit zu erfordern, und grimmig erbittert über sich, daß er sie aus seinen Armen gelassen hatte, schlich er die Rampe hinab, und verließ den Garten, um seine Pferde aufzusuchen. Er fühlte, daß der Versuch, sich an ihrem Busen zu erklären, für immer fehlgeschlagen sei, und ritt schrittweis, indem er einen Brief überlegte, den er jetzt zu schreiben verdammt war, nach M... zurück. Abends, da er sich, in der übelsten Laune von der Welt, bei einer öffentlichen Tafel eingefunden hatte, traf er den Forstmeister an, der ihn auch sogleich befragte, ob er seinen Antrag in V... glücklich angebracht habe? Der Graf antwortete kurz: nein! und war sehr gestimmt, ihn mit einer bitteren Wendung abzufertigen; doch um der Höflichkeit ein Genüge zu tun, setzte er nach einer Weile hinzu: er habe sich entschlossen, sich schriftlich an sie zu wenden, und werde damit in kurzem ins reine sein. Der Forstmeister sagte: er sehe mit Bedauern, daß seine Leidenschaft für die Marquise ihn seiner Sinne beraube. Er müsse ihm inzwischen versichern, daß sie bereits auf dem Wege sei, eine andere Wahl zu treffen; klingelte nach den neuesten Zeitungen, und gab ihm das Blatt, in welchem die Aufforderung derselben an den Vater ihres Kindes eingerückt war. Der Graf durchlief, indem ihm das Blut ins Gesicht schoß, die Schrift. Ein Wechsel von Gefühlen durchkreuzte ihn. Der Forstmeister fragte, ob er nicht glaube, daß die Person, die die Frau Marquise suche, sich finden werde? — Unzweifelhaft! versetzte der Graf, indessen er mit ganzer Seele über dem Papier lag, und den Sinn desselben gierig verschlang. Darauf, nachdem er einen Augenblick, während er das Blatt zusammenlegte, an das Fenster getreten war, sagte er: nun ist es gut! nun weiß ich, was ich zu tun habe! kehrte sich sodann um; und fragte den Forstmeister noch, auf eine verbindliche Art, ob man ihn bald wiedersehen werde; empfahl sich ihm, und ging, völlig ausgesöhnt mit seinem Schicksal, fort. —

Inzwischen waren in dem Hause des Kommandanten die lebhaftesten Auftritte vorgefallen. Die Obristin war über die zerstörende Heftigkeit ihres Gatten und über die Schwäche, mit welcher sie sich, bei der tyrannischen Verstoßung der Tochter, von ihm hatte unterjochen lassen, äußerst erbittert. Sie war, als der Schuß in des Kommandanten Schlafgemach fiel, und die Tochter aus demselben hervorstürzte, in eine Ohnmacht gesunken, aus der sie sich zwar bald wieder erholte; doch der Kommandant hatte, in dem Augenblick ihres Erwachens, weiter nichts gesagt, als, es täte ihm leid, daß sie diesen Schrecken umsonst gehabt, und das abgeschossene Pistol auf einen Tisch geworfen. Nachher, da von der Abforderung der Kinder die Rede war, wagte sie schüchtern, zu erklären, daß man zu einem solchen Schritt kein Recht habe; sie bat mit einer, durch die gehabte Anwandlung, schwachen und rührenden Stimme, heftige Auftritte im Hause zu vermeiden; doch der Kommandant erwiderte weiter nichts, als, indem er sich zum Forstmeister wandte, vor Wut schäumend: geh! und schaff sie mir! Als der zweite

Brief des Grafen F... ankam, hatte der Kommandant befohlen, daß er nach V... zur Marquise herausgeschickt werden solle, welche ihn, wie man nachher durch den Boten erfuhr, bei Seite gelegt, und gesagt hatte, es wäre gut. Die Obristin, der in der ganzen Begebenheit so vieles, und besonders die Geneigtheit der Marquise, eine neue, ihr ganz gleichgültige Vermählung einzugehen, dunkel war, suchte vergebens, diesen Umstand zur Sprache zu bringen. Der Kommandant bat immer, auf eine Art, die einem Befehle gleich sah, zu schweigen; versicherte, indem er einst, bei einer solchen Gelegenheit, ein Porträt herabnahm, das noch von ihr an der Wand hing, daß er sein Gedächtnis ihrer ganz zu vertilgen wünsche; und meinte, er hätte keine Tochter mehr. Drauf erschien der sonderbare Aufruf der Marquise in den Zeitungen. Die Obristin, die auf das lebhafteste darüber betroffen war, ging mit dem Zeitungsblatt, das sie von dem Kommandanten erhalten hatte, in sein Zimmer, wo sie ihn an einem Tisch arbeitend fand, und fragte ihn, was er in aller Welt davon halte? Der Kommandant sagte, indem er fortschrieb: o! sie ist unschuldig. Wie! rief Frau von G..., mit dem alleräußersten Erstaunen: unschuldig? Sie hat es im Schlaf getan, sagte der Kommandant, ohne aufzusehen. Im Schlafe! versetzte Frau von G... Und so ein ungeheurer Vorfall wäre —? Die Närrin! rief der Kommandant, schob die Papiere übereinander, und ging weg.

Am nächsten Zeitungstage las die Obristin, da beide beim Frühstück saßen, in einem Intelligenzblatt, das eben ganz feucht von der Presse kam, folgende Antwort:

»Wenn die Frau Marquise von O... sich, am 3ten ... 11 Uhr morgens, im Hause des Herrn von G..., ihres Vaters, einfinden will: so wird sich derjenige, den sie sucht, ihr daselbst zu Füßen werfen.« —

Der Obristin verging, ehe sie noch auf die Hälfte dieses unerhörten Artikels gekommen war, die Sprache; sie überflog das Ende, und reichte das Blatt dem Kommandanten dar. Der Obrist durchlas das Blatt dreimal, als ob er seinen eignen Augen nicht traute. Nun sage mir, um des Himmels willen, Lorenzo, rief die Obristin, was hältst du davon? O die Schändliche! versetzte der Kommandant, und stand auf; o die verschmitzte Heuchlerin! Zehnmal die Schamlosigkeit einer Hündin, mit zehnfacher List des Fuchses gepaart, reichen noch an die ihrige nicht! Solch eine Miene! Zwei solche Augen! Ein Cherub hat sie nicht treuer! — und jammerte und konnte sich nicht beruhigen. Aber was in aller Welt, fragte die Obristin, wenn es eine List ist, kann sie damit bezwecken? — Was sie damit bezweckt? Ihre nichtswürdige Betrügerei, mit Gewalt will sie sie durchsetzen, erwiderte der Obrist. Auswendig gelernt ist sie schon, die Fabel, die sie uns beide, sie und er, am Dritten 11 Uhr morgens hier aufbürden wollen. Mein liebes Töchterchen, soll ich sagen, das wußte ich nicht, wer konnte das denken, vergib mir, nimm meinen Segen, und sei wieder gut. Aber die Kugel dem, der am Dritten morgens über meine Schwelle tritt! Es müßte denn schicklicher sein, ihn mir durch Bedienten aus dem Hause zu schaffen. — Frau von G... sagte, nach einer nochmaligen Überlesung des Zeitungsblattes, daß, wenn sie, von zwei unbegreiflichen Dingen, einem Glauben beimessen solle, sie lieber an ein unerhörtes Spiel des Schicksals, als an diese Niederträchtigkeit ihrer sonst so vortrefflichen Tochter glauben wolle. Doch ehe sie noch vollendet hatte, rief der Kommandant schon: tu mir den Gefallen und schweig! und verließ das Zimmer. Es ist mir verhaßt, wenn ich nur davon höre.

Wenige Tage nachher erhielt der Kommandant, in Beziehung auf diesen Zeitungsartikel, einen Brief von der Marquise, in welchem sie ihn, da ihr die Gnade versagt wäre, in seinem Hause erscheinen zu dürfen, auf eine ehrfurchtsvolle und rührende Art bat, denjenigen, der sich am Dritten morgens bei ihm zeigen würde, gefälligst zu ihr nach V... hinauszuschicken. Die Obristin war gerade gegenwärtig, als der Kommandant diesen Brief empfing; und da sie auf seinem Gesicht deutlich bemerkte, daß er in seiner Empfindung irre geworden war: denn welch ein Motiv jetzt, falls es eine Betrügerei war, sollte er ihr unterlegen, da sie auf seine Verzeihung gar keine Ansprüche zu machen schien? so rückte sie, dadurch dreist gemacht, mit einem Plan hervor, den sie schon lange, in ihrer von Zweifeln bewegten Brust, mit sich herumgetragen hatte. Sie sagte, während der Obrist noch, mit einer nichtssagenden Miene, in das Papier hineinsah: sie habe einen Einfall. Ob er ihr erlauben wolle, auf einen oder zwei Tage, nach V... hinauszufahren? Sie werde die Marquise, falls sie wirklich denjenigen, der ihr durch die Zeitungen, als ein Unbekannter, geantwortet, schon kenne, in eine Lage zu versetzen wissen, in welcher sich ihre Seele verraten müßte, und wenn sie die abgefeimteste Verräterin wäre. Der Kommandant erwiderte, indem er, mit einer plötzlich heftigen Bewegung, den Brief zerriß: sie wisse, daß er mit ihr nichts zu schaffen haben wolle, und er verbiete ihr, in irgendeine Gemeinschaft mit ihr zu treten. Er siegelte die zerrissenen Stücke ein, schrieb eine Adresse an die Marquise, und gab sie dem Boten, als Antwort, zurück. Die Obristin, durch diesen hartnäckigen Eigensinn, der alle Möglichkeit der Aufklärung vernichtete, heimlich erbittert, beschloß ihren Plan jetzt, gegen seinen Willen, auszuführen. Sie nahm einen von den Jägern des Kommandanten, und fuhr am nächstfolgenden Morgen, da ihr Gemahl noch im Bette lag, mit demselben nach V... hinaus. Als sie am Tore des Landsitzes angekommen war, sagte ihr der Türsteher, daß niemand bei der Frau Marquise vorgelassen würde. Frau von G... antwortete, daß sie von dieser Maßregel unterrichtet wäre, daß er aber gleichwohl nur gehen, und die Obristin von G... bei ihr anmelden möchte. Worauf dieser versetzte, daß dies zu nichts helfen würde, indem die Frau Marquise keinen Menschen auf der Welt spräche. Frau von G... antwortete, daß sie von ihr gesprochen werden würde, indem sie ihre Mutter wäre, und daß er nur nicht länger säumen, und sein Geschäft verrichten möchte. Kaum aber war noch der Türsteher zu diesem, wie er meinte, gleichwohl vergeblichen Versuche ins Haus gegangen, als man schon die Marquise daraus hervortreten, nach dem Tore eilen, und sich auf Knieen vor dem Wagen der Obristin niederstürzen sah. Frau von G... stieg, von ihrem Jäger unterstützt, aus, und hob die Marquise, nicht ohne einige Bewegung, vom Boden auf. Die Marquise drückte sich, von Gefühlen überwältigt, tief auf ihre Hand hinab, und führte sie, indem ihr die Tränen häufig flossen, ehrfurchtsvoll in die Zimmer ihres Hauses. Meine teuerste Mutter! rief sie, nachdem sie ihr den Diwan angewiesen hatte, und noch vor ihr stehenblieb, und sich die Augen trocknete: welch ein glücklicher Zufall ist es, dem ich Ihre, mir unschätzbare Erscheinung verdanke? Frau von G... sagte, indem sie ihre Tochter vertraulich faßte, sie müsse ihr nur sagen, daß sie komme, sie wegen der Härte, mit welcher sie aus dem väterlichen Hause verstoßen worden sei, um Verzeihung zu bitten. Verzeihung! fiel ihr die Marquise ins Wort, und wollte ihre Hände küssen. Doch diese, indem sie den Handkuß vermied, fuhr fort: denn nicht nur, daß die, in den letzten öffentlichen Blättern eingerückte, Antwort auf die bewußte Bekanntmachung, mir sowohl als dem Vater, die Überzeugung von deiner Unschuld gegeben hat; so muß ich dir auch eröffnen, daß er sich selbst schon, zu unserm großen und freudigen Erstaunen, gestern im Hause gezeigt hat. Wer hat sich —? fragte die Marquise, und setzte sich bei ihrer Mutter nieder; — welcher er selbst hat sich gezeigt —? und Erwartung spannte jede ihrer Mienen. Er, erwiderte Frau von G..., der Verfasser jener Antwort, er persönlich selbst, an welchen dein Aufruf gerichtet war. — Nun denn, sagte die Marquise, mit unruhig arbeitender Brust: wer ist es? Und noch einmal: wer ist es? — Das, erwiderte Frau von G..., möchte ich dich erraten lassen. Denn denke, daß sich gestern, da wir beim Tee sitzen, und eben das sonderbare Zeitungsblatt lesen, ein Mensch, von unsrer genauesten Bekanntschaft, mit Gebärden der Verzweiflung ins Zimmer stürzt, und deinem Vater, und bald darauf auch mir, zu Füßen fällt. Wir, unwissend, was wir davon denken sollen, fordern ihn auf, zu reden. Darauf spricht er: sein Gewissen lasse ihm keine Ruhe; er sei der Schändliche, der die Frau Marquise betrogen, er müsse wissen, wie man sein Verbrechen beurteile, und wenn Rache über ihn verhängt werden solle, so komme er, sich ihr selbst darzubieten. Aber wer? wer? wer? versetzte die Marquise. Wie gesagt, fuhr Frau von G... fort, ein junger, sonst wohlerzogener Mensch, dem wir eine solche Nichtswürdigkeit niemals zugetraut hätten. Doch erschrecken wirst du nicht, meine Tochter, wenn du erfährst, daß er von niedrigem Stande, und von allen Forderungen, die man sonst an deinen Gemahl machen dürfte, entblößt ist. Gleichviel, meine vortreffliche Mutter, sagte die Marquise, er kann nicht ganz unwürdig sein, da er sich Ihnen früher als mir, zu Füßen geworfen hat. Aber, wer? wer? Sagen Sie mir nur: wer? Nun denn, versetzte die Mutter, es ist Leopardo, der Jäger, den sich der Vater jüngst aus Tirol verschrieb, und den ich, wenn du ihn wahrnahmst, schon mitgebracht habe, um ihn dir als Bräutigam vorzustellen. Leopardo, der Jäger! rief die Marquise, und drückte ihre Hand, mit dem Ausdruck der Verzweiflung, vor die Stirn. Was erschreckt dich? fragte die Obristin. Hast du Gründe, daran zu zweifeln? — Wie? Wo? Wann? fragte die Marquise verwirrt. Das, antwortete jene, will er nur dir anvertrauen. Scham und Liebe, meinte er, machten es ihm unmöglich, sich einer andern hierüber zu erklären, als dir. Doch wenn du willst, so öffnen wir das Vorzimmer, wo er, mit klopfendem Herzen, auf den Ausgang wartet; und du magst sehen, ob du ihm sein Geheimnis, indessen ich abtrete, entlockst. — Gott, mein Vater! rief die Marquise; ich war einst in der Mittagshitze eingeschlummert, und sah ihn von meinem Diwan gehen, als ich erwachte! — Und damit legte sie ihre kleinen Hände vor ihr in Scham erglühendes Gesicht. Bei diesen Worten sank die Mutter auf Knieen vor ihr nieder. O meine Tochter! rief sie; o du Vortreffliche! und schlug die Arme um sie. Und o ich Nichtswürdige! und verbarg das Antlitz in ihren Schoß. Die Marquise fragte bestürzt: was ist Ihnen, meine Mutter? Denn begreife, fuhr diese fort, o du Reinere als Engel sind, daß von allem, das ich dir sagte, nichts wahr ist; daß meine verderbte Seele an solche Unschuld nicht, als von der du umstrahlt bist, glauben konnte, und daß ich dieser schändlichen List erst bedurfte, um mich davon zu überzeugen. Meine teuerste Mutter, rief die Marquise, und neigte sich voll froher Rührung zu ihr herab, und wollte sie aufheben. Jene versetzte darauf: nein, eher nicht von deinen Füßen weich ich, bis du mir sagst, ob du mir die Niedrigkeit meines Verhaltens, du Herrliche, Überirdische, verzeihen kannst. Ich Ihnen verzeihen, meine Mutter! Stehen Sie auf, rief die Marquise, ich beschwöre Sie — Du hörst, sagte Frau von G..., ich will wissen, ob du mich noch lieben, und so aufrichtig verehren kannst, als sonst? Meine angebetete Mutter! rief die Marquise und legte sich gleichfalls auf Knieen vor ihr nieder; Ehrfurcht und Liebe sind nie aus meinem Herzen gewichen. Wer konnte mir, unter so unerhörten Umständen, Vertrauen schenken? Wie glücklich bin ich, daß Sie von meiner Unsträflichkeit überzeugt sind! Nun denn, versetzte Frau von G..., indem sie, von ihrer Tochter unterstützt, aufstand: so will ich dich auf Händen tragen, mein liebstes Kind. Du sollst bei mir dein Wochenlager halten; und wären die Verhältnisse so, daß ich einen jungen Fürsten von dir erwartete, mit größerer Zärtlichkeit nicht und Würdigkeit könnt ich dein pflegen. Die Tage meines Lebens nicht mehr von deiner Seite weich ich. Ich biete der ganzen Welt Trotz; ich *will* keine andre Ehre mehr, als deine Schande: wenn du mir nur wieder gut wirst, und der Härte nicht, mit welcher ich dich verstieß, mehr gedenkst. Die Marquise suchte sie mit Liebkosungen und Beschwörungen ohne Ende zu trösten; doch der Abend kam heran, und Mitternacht schlug, ehe es ihr gelang. Am folgenden Tage, da sich der Affekt der alten Dame, der ihr während der Nacht eine Fieberhitze zugezogen hatte, ein wenig gelegt hatte, fuhren Mutter und Tochter und Enkel, wie im Triumph, wieder nach M... zurück. Sie waren äußerst vergnügt auf der Reise, scherzten über Leopardo, den Jäger, der vorn auf dem Bock saß; und die Mutter sagte zur Marquise, sie bemerke, daß sie rot würde, sooft sie seinen breiten Rücken ansähe. Die Marquise antwortete, mit einer Regung, die halb ein Seufzer, halb ein Lächeln war: wer weiß, wer zuletzt noch am Dritten 11 Uhr morgens bei uns erscheint! — Drauf, je mehr man sich M... näherte, je ernsthafter stimmten sich wieder die Gemüter, in der Vorahndung entscheidender Auftritte, die ihnen noch bevorstanden. Frau von G..., die sich von ihren Plänen nichts merken ließ, führte ihre Tochter, da sie vor dem Hause ausgestiegen waren, wieder in ihre alten Zimmer ein; sagte, sie möchte es sich nur bequem machen, sie würde gleich wieder bei ihr sein, und schlüpfte ab. Nach einer Stunde kam sie mit einem ganz erhitzten Gesicht wieder. Nein, solch ein Thomas! sprach sie mit heimlich vergnügter Seele; solch ein ungläubiger Thomas! Hab ich nicht eine Seigerstunde gebraucht, ihn zu überzeugen. Aber nun sitzt er, und weint. Wer? fragte die Marquise. Er, antwortete die Mutter. Wer sonst, als wer die größte Ursache dazu hat. Der Vater doch nicht? rief die Marquise. Wie ein Kind, erwiderte die Mutter; daß ich, wenn ich mir nicht selbst hätte die Tränen aus den Augen wischen müssen, gelacht hätte, sowie ich nur aus der Türe heraus war. Und das wegen meiner? fragte die Marquise, und stand auf; und ich sollte hier —? Nicht von der Stelle! sagte Frau von G... Warum diktierte er mir den Brief! Hier sucht er *dich* auf, wenn er *mich*, solange ich lebe, wiederfinden will. Meine teuerste Mutter, flehte die Marquise — Unerbittlich! fiel ihr die Obristin ins Wort. Warum griff er nach der Pistole. — Aber ich beschwöre Sie — Du *sollst* nicht, versetzte Frau von G..., indem sie die Tochter wieder auf ihren Sessel niederdrückte. Und wenn er nicht heut vor Abend noch kommt, zieh ich morgen mit dir weiter. Die Marquise nannte dies Verfahren hart und ungerecht. Doch die Mutter erwiderte: Beruhige dich —

denn eben hörte sie jemand von weitem heranschluchzen: er kömmt schon! Wo? fragte die Marquise, und horchte. Ist wer hier draußen vor der Tür; dies heftige —? Allerdings, versetzte Frau von G... Er will, daß wir ihm die Türe öffnen. Lassen Sie mich! rief die Marquise, und riß sich vom Stuhl empor. Doch: wenn du mir gut bist, Julietta, versetzte die Obristin, so bleib; und in dem Augenblick trat auch der Kommandant schon, das Tuch vor das Gesicht haltend, ein. Die Mutter stellte sich breit vor ihre Tochter, und kehrte ihm den Rücken zu. Mein teuerster Vater! rief die Marquise, und streckte ihre Arme nach ihm aus. Nicht von der Stelle, sagte Frau von G..., du hörst! Der Kommandant stand in der Stube und weinte. Er soll dir abbitten, fuhr Frau von G... fort. Warum ist er so heftig! Und warum ist er so hartnäckig! Ich liebe ihn, aber dich auch; ich ehre ihn, aber dich auch. Und muß ich eine Wahl treffen, so bist du vortrefflicher, als er, und ich bleibe bei dir. Der Kommandant beugte sich ganz krumm, und heulte, daß die Wände erschallten. Aber mein Gott! rief die Marquise, gab der Mutter plötzlich nach, und nahm ihr Tuch, ihre eigenen Tränen fließen zu lassen. Frau von G... sagte: — er kann nur nicht sprechen! und wich ein wenig zur Seite aus. Hierauf erhob sich die Marquise, umarmte den Kommandanten, und bat ihn, sich zu beruhigen. Sie weinte selbst heftig. Sie fragte ihn, ob er sich nicht setzen wolle? sie wollte ihn auf einen Sessel niederziehen; sie schob ihm einen Sessel hin, damit er sich darauf setze: doch er antwortete nicht; er war nicht von der Stelle zu bringen; er setzte sich auch nicht, und stand bloß, das Gesicht tief zur Erde gebeugt, und weinte. Die Marquise sagte, indem sie ihn aufrecht hielt, halb zur Mutter gewandt: er werde krank werden; die Mutter selbst schien, da er sich ganz konvulsivisch gebärdete, ihre Standhaftigkeit verlieren zu wollen. Doch da der Kommandant sich endlich, auf die wiederholten Anforderungen der Tochter, niedergesetzt hatte, und diese ihm, mit unendlichen Liebkosungen, zu Füßen gesunken war: so nahm sie wieder das Wort, sagte, es geschehe ihm ganz recht, er werde nun wohl zur Vernunft kommen, entfernte sich aus dem Zimmer, und ließ sie allein.

Sobald sie draußen war, wischte sie sich selbst die Tränen ab, dachte, ob ihm die heftige Erschütterung, in welche sie ihn versetzt hatte, nicht doch gefährlich sein könnte, und ob es wohl ratsam sei, einen Arzt rufen zu lassen? Sie kochte ihm für den Abend alles, was sie nur Stärkendes und Beruhigendes aufzutreiben wußte, in der Küche zusammen, bereitete und wärmte ihm das Bett, um ihn sogleich hineinzulegen, sobald er nur, an der Hand der Tochter, erscheinen würde, und schlich, da er immer noch nicht kam, und schon die Abendtafel gedeckt war, dem Zimmer der Marquise zu, um doch zu hören, was sich zutrage? Sie vernahm, da sie mit sanft an die Tür gelegtem Ohr horchte, ein leises, eben verhallendes Gelispel, das, wie es ihr schien, von der Marquise kam; und, wie sie durchs Schlüsselloch bemerkte, saß sie auch auf des Kommandanten Schoß, was er sonst in seinem Leben nicht zugegeben hatte. Drauf endlich öffnete sie die Tür, und sah nun — und das Herz quoll ihr vor Freuden empor: die

Tochter still, mit zurückgebeugtem Nacken, die Augen fest geschlossen, in des Vaters Armen liegen; indessen dieser, auf dem Lehnstuhl sitzend, lange, heiße und lechzende Küsse, das große Auge voll glänzender Tränen, auf ihren Mund drückte: gerade wie ein Verliebter! Die Tochter sprach nicht, er sprach nicht; mit über sie gebeugtem Antlitz saß er, wie über das Mädchen seiner ersten Liebe, und legte ihr den Mund zurecht, und küßte sie. Die Mutter fühlte sich, wie eine Selige; ungesehen, wie sie hinter seinem Stuhle stand, säumte sie, die Lust der himmelfrohen Versöhnung, die ihrem Hause wieder geworden war, zu stören. Sie nahte sich dem Vater endlich, und sah ihn, da er eben wieder mit den Fingern und Lippen in unsäglicher Lust über den Mund seiner Tochter beschäftigt war, sich um den Stuhl herumbeugend, von der Seite an. Der Kommandant schlug, bei ihrem Anblick, das Gesicht schon wieder kraus nieder, und wollte etwas sagen; doch sie rief: o was für ein Gesicht ist das! küßte es jetzt auch ihrerseits in Ordnung, und machte der Rührung durch Scherzen ein Ende. Sie lud und führte beide, die wie Brautleute gingen, zur Abendtafel, an welcher der Kommandant zwar sehr heiter war, aber noch von Zeit zu Zeit schluchzte, wenig aß und sprach, auf den Teller niedersah, und mit der Hand seiner Tochter spielte.

Nun galt es, beim Anbruch des nächsten Tages, die Frage: wer nur, in aller Welt, morgen um 11 Uhr sich zeigen würde; denn morgen war der gefürchtete Dritte. Vater und Mutter, und auch der Bruder, der sich mit seiner Versöhnung eingefunden hatte, stimmten unbedingt, falls die Person nur von einiger Erträglichkeit sein würde, für Vermählung; alles, was nur immer möglich war, sollte geschehen, um die Lage der Marquise glücklich zu machen. Sollten die Verhältnisse derselben jedoch so beschaffen sein, daß sie selbst dann, wenn man ihnen durch Begünstigungen zu Hülfe käme, zu weit hinter den Verhältnissen der Marquise zurückblieben, so widersetzten sich die Eltern der Heirat; sie beschlossen, die Marquise nach wie vor bei sich zu behalten, und das Kind zu adoptieren. Die Marquise hingegen schien willens, in jedem Falle, wenn die Person nur nicht ruchlos wäre, ihr gegebenes Wort in Erfüllung zu bringen, und dem Kinde, es koste was es wolle, einen Vater zu verschaffen. Am Abend fragte die Mutter, wie es denn mit dem Empfang der Person gehalten werden solle? Der Kommandant meinte, daß es am schicklichsten sein würde, wenn man die Marquise um 11 Uhr allein ließe. Die Marquise hingegen bestand darauf, daß beide Eltern, und auch der Bruder, gegenwärtig sein möchten, indem sie keine Art des Geheimnisses mit dieser Person zu teilen haben wolle. Auch meinte sie, daß dieser Wunsch sogar in der Antwort derselben, dadurch, daß sie das Haus des Kommandanten zur Zusammenkunft vorgeschlagen, ausgedrückt scheine; ein Umstand, um dessentwillen ihr gerade diese Antwort, wie sie frei gestehen müsse, sehr gefallen habe. Die Mutter bemerkte die Unschicklichkeit der Rollen, die der Vater und der Bruder dabei zu spielen haben würden, bat die Tochter, die Entfernung der Männer zuzulassen, wogegen sie in ihren Wunsch willigen, und bei dem Empfang der Person gegenwärtig sein wolle. Nach einer kurzen Besinnung der Tochter ward dieser letzte Vorschlag endlich angenommen. Drauf nun erschien, nach einer, unter den gespanntesten Erwartungen zugebrachten, Nacht der Morgen des gefürchteten Dritten. Als die Glocke eilf Uhr schlug, saßen beide Frauen, festlich, wie zur Verlobung angekleidet, im Besuchszimmer; das Herz klopfte ihnen, daß man es gehört haben würde, wenn das Geräusch des Tages geschwiegen hätte. Der eilfte Glokkenschlag summte noch, als Leopardo, der Jäger, eintrat, den der Vater aus Tirol verschrieben hatte. Die Weiber erblaßten bei diesem Anblick. Der Graf F..., sprach er, ist vorgefahren, und läßt sich anmelden. Der Graf F...! riefen beide zugleich, von einer Art der Bestürzung in die andre geworfen. Die Marquise rief: Verschließt die Türen! Wir sind für ihn nicht zu Hause; stand auf, das Zimmer gleich selbst zu verriegeln, und wollte eben den Jäger, der ihr im Wege stand, hinausdrängen, als der Graf schon, in genau demselben Kriegsrock, mit Orden und Waffen, wie er sie bei der Eroberung des Forts getragen hatte, zu ihr eintrat. Die Marquise glaubte vor Verwirrung in die Erde zu sinken; sie griff nach einem Tuch, das sie auf dem Stuhl hatte liegen lassen, und wollte eben in ein Seitenzimmer entfliehn; doch Frau von G..., indem sie die Hand derselben ergriff, rief: Julietta —! und wie erstickt von Gedanken, ging ihr die Sprache aus. Sie heftete die Augen fest auf den Grafen und wiederholte: ich bitte dich, Julietta! indem sie sie nach sich zog: wen erwarten wir denn —? die Marquise rief, indem sie sich plötzlich wandte: nun? doch ihn nicht —? und schlug mit einem Blick funkelnd, wie ein Wetterstrahl, auf ihn ein, indessen Blässe des Todes ihr Antlitz überflog. Der Graf hatte ein Knie vor ihr gesenkt; die rechte Hand lag auf seinem Herzen, das Haupt sanft auf seine Brust gebeugt, lag er, und blickte hochglühend vor sich nieder und schwieg. Wen sonst, rief die Obristin mit beklemmter Stimme, wen sonst, wir Sinnberaubten, als ihn —? Die Marquise stand starr über ihm, und sagte: ich werde wahnsinnig werden, meine Mutter! Du Törin, erwiderte die Mutter, zog sie zu sich, und flüsterte ihr etwas in das Ohr. Die Marquise wandte sich, und stürzte, beide Hände vor das Gesicht, auf den Sofa nieder. Die Mutter rief: Unglückliche! Was fehlt dir? Was ist geschehn, worauf du nicht vorbereitet warst? — Der Graf wich nicht von der Seite der Obristin: er faßte, immer noch auf seinen Knieen liegend, den äußersten Saum ihres Kleides, und küßte ihn. Liebe! Gnädige! Verehrungswürdigste! flüsterte er: eine Träne rollte ihm die Wangen herab. Die Obristin sagte: stehn Sie auf, Herr Graf, stehn Sie auf! Trösten Sie jene; so sind wir alle versöhnt, so ist alles vergeben und vergessen. Der Graf erhob sich weinend. Er ließ sich von neuem vor der Marquise nieder, er faßte leise ihre Hand, als ob sie von Gold wäre, und der Duft der seinigen sie trüben könnte. Doch diese —; gehn Sie! gehn Sie! gehn Sie! rief sie, indem sie aufstand; auf einen Lasterhaften war ich gefaßt, aber auf keinen — — — Teufel! öffnete, indem sie ihm dabei, gleich einem Pestvergifteten, auswich, die Tür des Zimmers, und sagte: ruft den Obristen! Julietta! rief die Obristin mit Erstaunen. Die Marquise blickte, mit tötender Wildheit, bald auf den Grafen, bald auf die Mutter ein; ihre Brust flog, ihr Antlitz loderte: eine Furie blickt nicht schrecklicher. Der Obrist und der Forstmeister kamen. Diesem Mann, Vater, sprach sie, als jene noch unter dem Eingang waren, kann ich mich nicht vermählen! griff in ein Gefäß mit Weihwasser, das an der hinteren Tür befestigt war, besprengte, in einem großen Wurf, Vater und Mutter und Bruder damit, und verschwand.

Der Kommandant, von dieser seltsamen Erscheinung betroffen, fragte, was vorgefallen sei; und erblaßte, da er, in diesem entscheidenden Augenblick, den Grafen F... im Zimmer erblickte. Die Mutter nahm den Grafen bei der Hand und sagte: frage nicht, dieser junge Mann bereut von Herzen alles, was geschehen ist; gib deinen Segen, gib, gib: so wird sich alles noch glücklich endigen. Der Graf stand wie vernichtet. Der Kommandant legte seine Hand auf ihn; seine Augenwimpern zuckten, seine Lippen waren weiß, wie Kreide. Möge der Fluch des Himmels von diesen Scheiteln weichen! rief er: wann gedenken Sie zu heiraten? — Morgen, antwortete die Mutter für ihn, denn er konnte kein Wort hervorbringen, morgen oder heute, wie du willst; dem Herrn Grafen, der so viel schöne Beeiferung gezeigt hat, sein Vergehen wieder gutzumachen, wird immer die nächste Stunde die liebste sein. — So habe ich das Vergnügen, Sie morgen um 11 Uhr in der Augustinerkirche zu finden! sagte der Kommandant; verneigte sich gegen ihn, rief Frau und Sohn ab, um sich in das Zimmer der Marquise zu verfügen, und ließ ihn stehen.

Man bemühte sich vergebens, von der Marquise den Grund ihres sonderbaren Betragens zu erfahren; sie lag im heftigsten Fieber, wollte durchaus von Vermählung nichts wissen, und bat, sie allein zu lassen. Auf die Frage: warum sie denn ihren Entschluß plötzlich geändert habe? und was ihr den Grafen gehässiger mache, als einen andern? sah sie den Vater mit großen Augen zerstreut an, und antwortete nichts. Die Obristin sprach: ob sie vergessen habe, daß sie Mutter sei? worauf sie erwiderte, daß sie, in diesem Falle, mehr an sich, als ihr Kind, denken müsse, und nochmals, indem sie alle Engel und Heiligen zu Zeugen anrief, versicherte, daß sie nicht heiraten würde. Der Vater, der sie offenbar in einem überreizten Gemütszustande sah, erklärte, daß sie ihr Wort halten müsse; verließ sie, und ordnete alles, nach gehöriger schriftlicher Rücksprache mit dem Grafen, zur Vermählung an. Er legte demselben einen Heiratskontrakt vor, in welchem dieser auf alle Rechte eines Gemahls Verzicht tat, dagegen sich zu allen Pflichten, die man von ihm fordern würde, verstehen sollte. Der Graf sandte das Blatt, ganz von Tränen durchfeuchtet, mit seiner Unterschrift zurück. Als der Kommandant am andern Morgen der Marquise dieses Papier überreichte, hatten sich ihre Geister ein wenig beruhigt. Sie durchlas es, noch im Bette sitzend, mehrere Male, legte es sinnend zusammen, öffnete es, und durchlas es wieder; und erklärte hierauf, daß sie sich um 11 Uhr in der Augustinerkirche einfinden würde. Sie stand auf, zog sich, ohne ein Wort zu sprechen, an, stieg, als die Glocke schlug, mit allen Ihrigen in den Wagen, und fuhr dahin ab.

Erst an dem Portal der Kirche war es dem Grafen erlaubt, sich an die Familie anzuschließen. Die Marquise sah, während der Feierlichkeit, starr auf das Altarbild; nicht ein flüchtiger Blick ward dem Manne zuteil, mit welchem sie die Ringe wechselte. Der Graf bot ihr, als die Trauung vorüber war, den Arm; doch sobald sie wieder aus der Kirche heraus waren, verneigte sich die Gräfin vor ihm: der Kommandant fragte, ob er die Ehre haben würde, ihn zuweilen in den Gemächern seiner Tochter zu sehen, worauf der Graf etwas stammelte, das niemand verstand, den Hut vor der Gesellschaft abnahm, und verschwand. Er bezog eine Wohnung in M..., in welcher er mehrere Monate zubrachte, ohne auch nur den Fuß in des Kommandanten Haus zu setzen, bei welchem die Gräfin zurückgeblieben war. Nur seinem zarten, würdigen und völlig musterhaften Betragen überall, wo er mit der Familie in irgendeine Berührung kam, hatte er es zu verdanken, daß er, nach der nunmehr erfolgten Entbindung der Gräfin von einem jungen Sohne, zur Taufe desselben eingeladen ward. Die Gräfin, die, mit Teppichen bedeckt, auf dem Wochenbette saß, sah ihn nur auf einen Augenblick, da er unter die Tür trat, und sie von weitem ehrfurchtsvoll grüßte. Er warf unter den Geschenken, womit die Gäste den Neugeborenen bewillkommten, zwei Papiere auf die Wiege desselben, deren eins, wie sich nach seiner Entfernung auswies, eine Schenkung von 20000 Rubel an den Knaben, und das andere ein Testament war, in dem er die Mutter, falls er stürbe, zur Erbin seines ganzen Vermögens einsetzte. Von diesem Tage an ward er, auf Veranstaltung der Frau von G..., öfter eingeladen; das Haus stand seinem Eintritt offen, es verging bald kein Abend, da er sich nicht darin gezeigt hätte. Er fing, da sein Gefühl ihm sagte, daß ihm von allen Seiten, um der gebrechlichen Einrichtung der Welt willen, verziehen sei, seine Bewerbung um die Gräfin, seine Gemahlin, von neuem an, erhielt, nach Verlauf eines Jahres, ein zweites Jawort von ihr, und auch eine zweite Hochzeit ward gefeiert, froher, als die erste, nach deren Abschluß die ganze Familie nach V... hinauszog. Eine ganze Reihe von jungen Russen folgte jetzt noch dem ersten; und da der Graf, in einer glücklichen Stunde, seine Frau einst fragte, warum sie, an jenem fürchterlichen Dritten, da sie auf jeden Lasterhaften gefaßt schien, vor ihm, gleich einem Teufel, geflohen wäre, antwortete sie, indem sie ihm um den Hals fiel: er würde ihr damals nicht wie ein Teufel erschienen sein, wenn er ihr nicht, bei seiner ersten Erscheinung, wie ein Engel vorgekommen wäre.

ACHIM VON ARNIM

Der tolle Invalide auf dem Fort Ratonneau

Graf Dürande, der gute alte Kommandant von Marseille, saß einsam frierend an einem kalt stürmenden Oktoberabende bei dem schlecht eingerichteten Kamine seiner prachtvollen Kommandantenwohnung und rückte immer näher und näher zum Feuer, während die Kutschen zu einem großen Balle in der Straße vorüberrollten und sein Kammerdiener Basset, der zugleich sein liebster Gesellschafter war, im Vorzimmer heftig schnarchte. Auch im südlichen Frankreich ist es nicht immer warm, dachte der alte Herr und schüttelte mit dem Kopfe, die Menschen bleiben auch da nicht immer jung, aber die lebhafte gesellige Bewegung nimmt so wenig Rücksicht auf das Alter wie die Baukunst auf den Winter. Was sollte er, der Chef aller Invaliden, die damals (während des Siebenjährigen Krieges) die Besatzung von Marseille und seiner Forts ausmachten, mit seinem hölzernen Beine auf dem Balle, nicht einmal die Leutnants seines Regiments waren zum Tanze zu brauchen. Hier am Kamine schien ihm dagegen sein hölzernes Bein höchst brauchbar, weil er den Basset nicht wecken mochte, um den Vorrat grüner Olivenäste, den er sich zur Seite hatte hinlegen lassen, allmählich in die Flammen zu schieben. Ein solches Feuer hat großen Reiz; die knisternde

Flamme ist mit dem grünen Laube wie durchflochten, halb brennend, halb grünend erscheinen die Blätter wie verliebte Herzen. Auch der alte Herr dachte dabei an Jugendglanz und vertiefte sich in den Konstruktionen jener Feuerwerke, die er sonst schon für den Hof angeordnet hatte, und spekulierte auf neue, noch mannigfachere Farbenstrahlen und -drehungen, durch welche er am Geburtstage des Königs die Marseiller überraschen wollte. Es sah nun leerer in seinem Kopfe als auf dem Balle aus. Aber in der Freude des Gelingens, wie er schon alles strahlen, sausen, prasseln, dann wieder alles in stiller Größe leuchten sah, hatte er immer mehr Olivenäste ins Feuer geschoben und nicht bemerkt, daß sein hölzernes Bein Feuer gefangen hatte und schon um ein Dritteil abgebrannt war. Erst jetzt, als er aufspringen wollte, weil der große Schluß, das Aufsteigen von tausend Raketen, seine Einbildungskraft beflügelte und entflammte, bemerkte er, indem er auf seinen Polsterstuhl zurücksank, daß sein hölzernes Bein verkürzt sei und daß der Rest auch noch in besorglichen Flammen stehe. In der Not, nicht gleich aufkommen zu können, rückte er seinen Stuhl wie einen Piekschlitten mit dem flammenden Beine bis in die Mitte des Zimmers, rief seinen Diener und dann nach Wasser. Mit eifrigem Bemühen sprang ihm in diesem Augenblicke eine Frau zu Hilfe, die, in das Zimmer eingelassen, lange durch ein bescheidnes Husten die Aufmerksamkeit des Kommandanten auf sich zu ziehen gesucht hatte, doch ohne Erfolg. Sie suchte das Feuer mit ihrer Schürze zu löschen, aber die glühende Kohle des Beins setzte die Schürze in Flammen, und der Kommandant schrie nun in wirklicher Not nach Hilfe, nach Leuten. Bald drangen diese von der Gasse herein, auch Basset war erwacht; der brennende Fuß, die brennende Schürze brachte alle ins Lachen, doch mit dem ersten Wassereimer, den Basset aus der Küche holte, war alles gelöscht, und die Leute empfahlen sich. Die arme Frau triefte vom Wasser, sie konnte sich nicht gleich vom Schrecken erholen, der Kommandant ließ ihr seinen warmen Rockelor umhängen und ein Glas starken Wein reichen. Die Frau wollte aber nichts nehmen und schluchzte nur über ihr Unglück und bat den Kommandanten, mit ihm einige Worte insgeheim zu sprechen. So schickte er seinen nachlässigen Diener fort und setzte sich sorgsam in ihre Nähe. »Ach, mein Mann«, sagte sie in einem fremden deutschen Dialekte des Französischen, »mein Mann kommt von Sinnen, wenn er die Geschichte hört; ach, mein armer Mann, da spielt ihm der Teufel sicher wieder einen Streich!« Der Kommandant fragte nach dem Manne, und die Frau sagte ihm, daß sie eben wegen dieses ihres lieben Mannes zu ihm gekommen, ihm einen Brief des Obersten vom Regiment Pikardie zu überbringen. Der Oberste setzte die Brille auf, erkannte das Wappen seines Freundes und durchlief das Schreiben, dann sagte er: »Also Sie sind jene Rosalie, eine geborene Demoiselle Lilie aus Leipzig, die den Sergeanten Francoeur geheiratet hat, als er am Kopf verwundet in Leipzig gefangen lag? Erzählen Sie, das ist eine seltne Liebe! Was waren Ihre Eltern, legten die Ihnen kein Hindernis in den Weg? Und was hat denn Ihr Mann für scherzhafte Grillen als Folge seiner Kopfwunde behalten, die ihn zum Felddienste untauglich machen, obgleich er als der bravste und geschickteste Sergeant, als die Seele des Regiments geachtet wurde?« — »Gnädiger Herr«, antwortete die Frau mit neuer Betrübnis, »meine Liebe trägt die Schuld von allem dem Unglück, ich habe meinen Mann unglücklich gemacht und nicht jene Wunde; meine Liebe hat den Teufel in ihn gebracht und plagt ihn und verwirrt seine Sinne. Statt mit den Soldaten zu exerzieren, fängt er zuweilen an, ihnen ungeheure, ihm vom Teufel eingegebene Sprünge vorzumachen, und verlangt, daß sie ihm diese nachmachen; oder er schneidet ihnen Gesichter, daß ihnen der Schreck in alle Glieder fährt, und verlangt, daß sie sich dabei nicht rühren noch regen, und neulich, was endlich dem Fasse den Boden ausschlug, warf er den kommandierenden General, der in einer Affäre den Rückzug des Regiments befahl, vom Pferde, setzte sich darauf und nahm mit dem Regimente die Batterie fort.« — »Ein Teufelskerl«, rief der Kommandant, »wenn doch so ein Teufel in alle unsre kommandierenden Generale führe, so hätten wir kein zweites Roßbach zu fürchten; ist Ihre Liebe *solche* Teufelsfabrik, so wünschte ich, Sie liebten unsre ganze Armee.« — »Leider im Fluche meiner Mutter«, seufzte die Frau. »Meinen Vater habe ich nicht gekannt. Meine Mutter sah viele Männer bei sich, denen ich aufwarten mußte, das war meine einzige Arbeit. Ich war träumerig und achtete gar nicht der freundlichen Reden dieser Männer, meine Mutter schützte mich gegen ihre Zudringlichkeit. Der Krieg hatte diese Herren meist zerstreut, die meine Mutter besuchten und bei ihr Hasardspiele heimlich spielten, wir lebten zu ihrem Ärger sehr einsam. Freund und Feind waren ihr darum gleich verhaßt, ich durfte keinem eine Gabe bringen, der verwundet oder hungrig vor dem Hause vorüberging. Das tat mir sehr leid, und einstmals war ich ganz allein und besorgte unser Mittagessen, als viele Wagen mit Verwundeten vorüberzogen, die ich an der Sprache für Franzosen erkannte, die von den Preußen gefangen worden. Immer wollte ich mit dem fertigen Essen zu jenen hinunter, doch ich fürchtete die Mutter; als ich aber Francoeur mit verbundenem Kopfe auf dem letzten Wagen liegen gesehen, da weiß ich nicht, wie mir geschah; die Mutter war vergessen, ich nahm Suppe und Löffel, und ohne unsre Wohnung abzuschließen, eilte ich dem Wagen nach in die Pleißenburg. Ich fand ihn; er war schon abgestiegen. Dreist redete ich die Aufseher an und wußte dem Verwundeten gleich das beste Strohlager zu erstehen. Und als er darauf gelegt, welche Seligkeit, dem Notleidenden die warme Suppe zu reichen! Er wurde munter in den Augen und schwor mir, daß ich einen Heiligenschein um meinen Kopf trage. Ich antwortete ihm, das sei meine Haube, die sich im eiligen Bemühen um ihn aufgeschlagen. Er sagte, der Heiligenschein komme aus meinen Augen! Ach, das Wort konnte ich gar nicht vergessen, und hätte er mein Herz nicht schon gehabt, ich hätte es ihm dafür schenken müssen.« — »Ein wahres, ein schönes Wort!« sagte der Kommandant, und Rosalie fuhr fort: »Das war die schönste Stunde meines Lebens, ich sah ihn immer eifriger an, weil er behauptete, daß es ihm wohltue, und als er mir endlich einen kleinen Ring an den Finger steckte, fühlte ich mich so reich, wie ich noch niemals gewesen. In diese glückliche Stille trat meine Mutter scheltend und fluchend ein; ich kann nicht nachsagen, wie sie mich nannte, ich schämte mich auch nicht, denn ich wußte, daß ich schuldlos war und daß er Böses nicht glauben würde. Sie wollte mich fortreißen, aber er hielt mich fest und sagte ihr, daß wir verlobt wären, ich trüge schon seinen Ring. Wie verzog sich das Gesicht meiner Mutter; mir war's, als ob eine Flamme aus ihrem Halse brenne, und ihre Augen kehrte sie in sich, sie sahen ganz weiß aus; sie verfluchte mich und übergab mich mit feierlicher Rede dem Teufel. Und wie so ein heller Schein durch meine Augen am Morgen gelaufen, als ich Francoeur gesehen, so war mir jetzt, als ob eine schwarze Fledermaus ihre durchsichtigen Flügeldecken über meine Augen legte; die Welt war mir halb verschlossen, und ich gehörte mir nicht mehr ganz. Mein Herz verzweifelte, und ich mußte lachen. ›Hörst du, der Teufel lacht schon aus dir!‹ sagte die Mutter und ging triumphierend fort, während ich ohnmächtig niederstürzte. Als ich wieder zu mir gekommen, wagte ich nicht, zu ihr zu gehen und den Verwundeten zu verlassen, auf den der Vorfall schlimm gewirkt hatte; ja ich trotzte heimlich der Mutter wegen des Schadens, den sie dem Unglücklichen getan. Erst am dritten Tage schlich ich, ohne es Francoeur zu sagen, abends nach dem Hause, wagte nicht anzuklopfen, endlich trat eine Frau, die uns bedient hatte, heraus und berichtete, die Mutter habe ihre Sachen schnell verkauft und sei mit einem fremden Herrn, der ein Spieler sein sollte, fortgefahren, und niemand wisse wohin. So war ich nun von aller Welt ausgestoßen, und es tat mir wohl, so entfesselt von jeder Rücksicht in die Arme meines Francoeur zu fallen. Auch meine jugendlichen Bekanntinnen in der Stadt wollten mich nicht mehr kennen, so konnte ich ganz ihm und seiner Pflege leben. Für ihn arbeitete ich; bisher hatte ich nur mit dem Spitzenklöppeln zu meinem Putze gespielt, ich schämte mich nicht, diese meine Handarbeiten zu verkaufen, ihm brachte es Bequemlichkeit und Erquickung. Aber immer mußte ich der Mutter denken, wenn seine Lebendigkeit im Erzählen mich nicht zerstreute; die Mutter erschien mir schwarz mit flammenden Augen, immer fluchend vor meinen inneren Augen, und ich konnte sie nicht loswerden. Meinem Francoeur wollte ich nichts sagen, um ihm nicht das Herz schwer zu machen; ich klagte über Kopfweh, das ich nicht hatte, über Zahnweh, das ich nicht fühlte, um weinen zu können, wie ich mußte. Ach, hätte ich damals mehr Vertrauen zu ihm gehabt, ich hätte sein Unglück nicht gemacht, aber jedesmal, wenn ich ihm erzählen wollte, daß ich durch den Fluch der Mutter vom Teufel besessen zu sein glaubte, schloß mir der Teufel den Mund, auch fürchtete ich, daß er mich dann nicht mehr lieben könne, daß er mich verlassen würde, und den bloßen Gedanken konnte ich kaum überleben. Diese innere Qual, vielleicht auch die angestrengte Arbeit zerrüttete endlich meinen Körper, heftige Krämpfe, die ich ihm verheimlichte, drohten mich zu ersticken, und Arzneien schienen diese Übel nur zu mehren. Kaum war er hergestellt, so wurde die Hochzeit von ihm angeordnet. Ein alter Geistlicher hielt eine feierliche Rede, in der er meinem Francoeur alles ans Herz legte, was ich für ihn getan, wie ich ihm Vaterland, Wohlstand und Freundschaft zum Opfer gebracht, selbst den mütterlichen Fluch auf mich geladen, alle diese Not müsse er mit mir teilen, alles Unglück gemeinsam tragen. Meinem Manne schauderte bei den Worten, aber er sprach doch ein vernehmliches Ja, und wir wurden vermählt. Selig waren die ersten Wochen, ich fühlte mich zur Hälfte von meinen Leiden erleichtert und ahnete nicht gleich, daß eine Hälfte des Fluchs zu meinem Manne übergegangen sei. Bald aber klagte er, daß jener Prediger in seinem schwarzen Kleide ihm immer vor Augen stehe und ihm drohe, daß er dadurch einen so heftigen Zorn und Widerwillen gegen Geistliche, Kirchen und heilige Bilder empfinde, daß er ihnen fluchen müsse, und wisse nicht warum, und um sich diesen Gedanken zu entschlagen, überlasse er sich jedem Einfall, er tanze und trinke, und so in dem Umtriebe des Bluts werde ihm besser. Ich schob alles auf die Gefangenschaft, obgleich ich wohl ahnete, daß es der Teufel sei, der ihn plage. Er wurde ausgewechselt durch die Vorsorge seines Obersten, der ihn beim Regimente wohl vermißt hatte, denn Francoeur ist ein außerordentlicher Soldat. Mit leichtem Herzen zogen wir aus Leipzig und bildeten eine schöne Zukunft in unsern Gesprächen aus. Kaum waren wir aber aus der Not ums tägliche Bedürfnis zum Wohlleben der gut versorgten Armee in die Winterquartiere gekommen, so stieg die Heftigkeit meines Mannes mit jedem Tage, er trommelte tagelang, um sich zu zerstreuen, zankte, machte Händel, der Oberst konnte ihn nicht begreifen; nur mit mir war er sanft wie ein Kind. Ich wurde von einem Knaben entbunden, als der Feldzug sich wieder eröffnete, und mit der Qual der Geburt schien der Teufel, der mich geplagt, ganz von mir gebannt. Francoeur wurde immer mutwilliger und heftiger. Der Oberste schrieb mir, er sei tollkühn wie ein Rasender, aber bisher immer glücklich gewesen, seine Kameraden meinten, er sei zuweilen wahnsinnig, und er fürchte, ihn unter die Kranken oder Invaliden abgeben zu müssen. Der Oberst hatte einige Achtung gegen mich, er hörte auf meine Vorbitte, bis endlich seine Wildheit gegen den kommandierenden General dieser Abteilung, die ich schon erzählte, ihn in Arrest brachte, wo der Wundarzt erklärte, er leide wegen der Kopfwunde, die ihm in der Gefangenschaft vernachlässigt worden, an Wahnsinn und müsse wenigstens ein paar Jahre im warmen Klima bei den Invaliden zubringen, ob sich dieses Übel vielleicht ausscheide. Ihm wurde gesagt, daß er zur Strafe wegen seines Vergehens unter die Invaliden komme, und er schied mit Verwünschungen vom Regimente. Ich bat mir das Schreiben vom Obersten aus, ich beschloß, Ihnen zutraulich alles zu eröffnen, damit er nicht nach der Strenge des Gesetzes, sondern nach seinem Unglück, dessen einzige Ursache meine Liebe war, beurteilt werde, und daß Sie ihn zu seinem Besten in eine kleine, abgelegene Ortschaft legen, damit er hier in der großen Stadt nicht zum Gerede der Leute wird. Aber, gnädiger Herr, Ihr

Ehrenwort darf eine Frau schon fordern, die Ihnen heut einen kleinen Dienst erwiesen, daß Sie dies Geheimnis seiner Krankheit, welches er selbst nicht ahnet und das seinen Stolz empören würde, unverbrüchlich bewahren.« — »Hier meine Hand«, rief der Kommandant, der die eifrige Frau mit Wohlgefallen angehört hatte, »noch mehr, ich will Ihre Vorbitte dreimal erhören, wenn Francoeur dumme Streiche macht. Das beste aber ist, diese zu vermeiden, und darum schicke ich ihn gleich zur Ablösung nach einem Fort, das nur drei Mann Besatzung braucht; Sie finden da für sich und für Ihr Kind eine bequeme Wohnung, er hat da wenig Veranlassung zu Torheiten, und die er begeht, bleiben verschwiegen.« Die Frau dankte für diese gütige Vorsorge, küßte dem alten Herrn die Hand, und er leuchtete ihr dafür, als sie mit vielen Knicksen die Treppe hinunterging. Das wunderte den alten Kammerdiener Basset, und es fuhr ihm durch den Kopf, was seinem Alten ankomme: ob der wohl gar mit der brennenden Frau eine Liebschaft gestiftet habe, die seinem Einflusse nachteilig werden könne. Nun hatte der alte Herr die Gewohnheit, abends im Bette, wenn er nicht schlafen konnte, alles, was am Tage geschehen, laut zu überdenken, als ob er dem Bette seine Beichte hätte abstatten müssen. Und während nun die Wagen vom Balle zurückrollten und ihn wach erhielten, lauerte Basset im andern Zimmer und hörte die ganze Unterredung, die ihm um so wichtiger schien, weil Francoeur sein Landsmann und Regimentskamerad gewesen, obgleich er viel älter als Francoeur war. Und nun dachte er gleich an einen Mönch, den er kannte, der schon manchem den Teufel ausgetrieben hatte, und zu dem wollte er Francoeur bald hinführen; er hatte eine rechte Freude am Quacksalbern und freute sich, einmal wieder einen Teufel austreiben zu sehen. Rosalie hatte, sehr befriedigt über den Erfolg ihres Besuchs, gut geschlafen; sie kaufte am Morgen eine neue Schürze und trat mit dieser ihrem Manne entgegen, der mit entsetzlichem Gesange seine müden Invaliden in die Stadt führte. Er küßte sie, hob sie in die Luft und sagte ihr: »Du riechst nach dem trojanischen Brande, ich habe dich wieder, schöne Helena!« — Rosalie entfärbte sich und hielt es für nötig, als er fragte, ihm zu eröffnen: daß sie wegen der Wohnung beim Obersten gewesen, daß diesem gerade das Bein in Flammen gestanden, und daß ihre Schürze verbrannt. Ihm war es nicht recht, daß sie nicht bis zu seiner Ankunft gewartet habe, doch vergaß er das in tausend Späßen über die brennende Schürze. Er stellte darauf seine Leute dem Kommandanten vor, rühmte alle ihre leiblichen Gebrechen und geistigen Tugenden so artig, daß er des alten Herrn Wohlwollen erwarb, der so in sich meinte: die Frau liebt ihn, aber sie ist eine Deutsche und versteht keinen Franzosen; ein Franzose hat immer den Teufel im Leibe! — Er ließ ihn ins Zimmer kommen, um ihn näher kennenzulernen, fand ihn im Befestigungswesen wohl unterrichtet, und, was ihn noch mehr entzückte: er fand in ihm einen leidenschaftlichen Feuerkünstler, der bei seinem Regimente schon alle Arten Feuerwerke ausgearbeitet hatte. Der Kommandant trug ihm seine neue Erfindung zu einem Feuerwerk am Geburtstage des Königs vor, bei welcher ihn gestern der Beinbrand gestört hatte, und Francoeur ging mit funkelnder Begeisterung darauf ein. Nun eröffnete ihm der Alte, daß er mit zwei andern Invaliden die kleine Besatzung des Forts Ratonneau ablösen sollte, dort sei ein großer Pulvervorrat, und dort solle er mit seinen beiden Soldaten fleißig Raketen füllen, Feuerräder drehen und Frösche binden. Indem der Kommandant ihm den Schlüssel des Pulverturms und das Inventarium reichte, fiel ihm die Rede der Frau ein, und er hielt ihn mit den Worten noch fest: »Aber Euch plagt doch nicht der Teufel, und Ihr stiftet mir Unheil?« — »Man darf den Teufel nicht an die Wand malen, sonst hat man ihn im Spiegel«, antwortete Francoeur mit einem gewissen Zutrauen. Das gab dem Kommandanten Vertrauen, er reichte ihm die Schlüssel, das Inventarium und den Befehl an die jetzige kleine Garnison, auszuziehn. So wurde er entlassen, und auf dem Hausflur fiel ihm Basset um den Hals, sie hatten sich gleich erkannt und erzählten einander in aller Kürze, wie es ihnen ergangen. Doch weil Francoeur an große Strenge in allem Militärischen gewöhnt war, so riß er sich los und bat ihn auf den nächsten Sonntag, wenn er abkommen könnte, zu Gast nach dem Fort Ratonneau zu dessen Kommandanten, der er selbst zu sein die Ehre habe.

Der Einzug auf dem Fort war für alle gleich fröhlich, die abziehenden Invaliden hatten die schöne Aussicht auf Marseille bis zum Überdruß genossen, und die einziehenden waren entzückt über die Aussicht, über das zierliche Werk, über die bequemen Zimmer und Betten; auch kauften sie von den Abziehenden ein paar Ziegen, ein Taubenpaar, ein Dutzend Hühner und die Kunststücke, um in der Nähe einiges Wild in aller Stille belauern zu können; denn müßige Soldaten sind ihrer Natur nach Jäger. Als Francoeur sein Kommando angetreten, befahl er sogleich seinen beiden Soldaten, Brunet und Tessier, mit ihm den Pulverturm zu eröffnen, das Inventarium durchzugehen, um dann einen gewissen Vorrat zur Feuerwerkerarbeit in das Laboratorium zu tragen. Das Inventarium war richtig, und er beschäftigte gleich einen seiner beiden Soldaten mit den Arbeiten zum Feuerwerk; mit dem andern ging er zu allen Kanonen und Mörsern, um die metallnen zu polieren und die eisernen schwarz anzustreichen. Bald füllte er auch eine hinlängliche Zahl Bomben und Granaten, ordnete auch alles Geschütz so, wie es stehen mußte, um den einzigen Aufgang nach dem Fort zu bestreichen. »Das Fort ist nicht zu nehmen!« rief er ein Mal über das andre begeistert. »Ich will das Fort behaupten, auch wenn die Engländer mit hunderttausend Mann landen und stürmen! Aber die Unordnung war hier groß!« — »So sieht es überall auf den Forts und Batterien aus«, sagte Tessier, »der alte Kommandant kann mit seinem Stelzfuß nicht mehr so weit steigen, und gottlob! bis jetzt ist es den Engländern noch nicht eingefallen zu landen.« — »Das muß anders werden!« rief Francoeur, »ich will mir lieber die Zunge verbrennen, ehe ich zugebe, daß unsre Feinde Marseille einäschern oder wir sie doch fürchten müssen.«

Die Frau mußte ihm helfen, das Mauerwerk von Gras und Moos zu reinigen, es abzuweißen und die Lebensmittel in den Kasematten zu lüften. In den ersten Tagen wurde fast nicht geschlafen, so trieb der unermüdliche Francoeur zur Arbeit, und seine geschickte Hand fertigte in dieser Zeit, wozu ein anderer wohl einen Monat gebraucht hätte. Bei dieser Tätigkeit ließen ihn seine Grillen ruhen; er war hastig, aber alles zu einem festen Ziele, und Rosalie segnete den Tag, der ihn in diese höhere Luftregion gebracht, wo der Teufel keine Macht über ihn zu haben schien. Auch die Witterung hatte sich durch Wendung des Windes erwärmt und erhellt, daß ihnen ein neuer Sommer zu begegnen schien; täglich liefen Schiffe im Hafen ein und aus, grüßten und wurden begrüßt von den Forts am Meere. Rosalie, die nie am Meere gewesen, glaubte sich in eine andere Welt versetzt, und ihr Knabe freute sich nach so mancher harten Einkerkerung auf Wagen und in Wirtsstuben der vollen Freiheit in dem eingeschlossenen kleinen Garten des Forts, den die früheren Bewohner nach Art der Soldaten, besonders der Artilleristen, mit den künstlichsten mathematischen Linienverbindungen in Buchsbaum geziert hatten. Über dem Fort flatterte die Fahne mit den Lilien, der Stolz Francoeurs, ein segenreiches Zeichen der Frau, die eine geborene Lilie, die liebste Unterhaltung des Kindes. So kam der erste Sonntag, von allen gesegnet, und Francoeur befahl seiner Frau, für den Mittag ihm etwas Gutes zu besorgen, wo er seinen Freund Basset erwarte, insbesondere machte er Anspruch auf einen guten Eierkuchen, denn die Hühner des Forts legten fleißig, lieferte auch eine Zahl wilder Vögel, die Brunet geschossen hatte, in die Küche. Unter diesen Vorbereitungen kam Basset hinaufgekeucht und war entzückt über die Verwandlung des Forts, erkundigte sich auch im Namen des Kommandanten nach dem Feuerwerke und erstaunte über die große Zahl fertiger Raketen und Leuchtkugeln. Die Frau ging nun an ihre Küchenarbeit, die beiden Soldaten zogen aus, um Früchte zur Mahlzeit zu holen, alle wollten an dem Tage recht selig schwelgen und sich die Zeitung vorlesen lassen, die Basset mitgebracht hatte. Im Garten saß nun Basset dem Francoeur gegenüber und sah ihn stillschweigend an, dieser fragte nach der Ursache. »Ich meine, Ihr seht so gesund aus wie sonst, und alles, was Ihr tut, ist so vernünftig.« — »Wer zweifelt daran?« fragte Francoeur mit einer Aufwallung, »das will ich wissen!« — Basset suchte umzulenken, aber Francoeur hatte etwas Furchtbares in seinem Wesen, sein dunkles Auge befeuerte sich, sein Kopf erhob sich, seine Lippen drängten sich vor. Das Herz war schon dem armen Schwätzer Basset gefallen, er sprach, dünnstimmig wie eine Violine, von Gerüchten beim Kommandanten: er sei vom Teufel geplagt, von seinem guten Willen, ihn durch einen Ordensgeistlichen, den Vater Philipp, exorzieren zu lassen, den er deswegen vor Tische hinaufbestellt habe, unter dem Vorwande, daß er eine Messe der vom Gottesdienst entfernten Garnison in der kleinen Kapelle lesen müsse. Francoeur entsetzte sich über die Nachricht, er schwur, daß er sich blutig an dem rächen wolle, der solche Lüge über ihn ausgebracht; er wisse nichts vom Teufel, und wenn es gar keinen gebe, so habe er auch nichts dagegen einzuwenden, denn er habe nirgends die Ehre seiner Bekanntschaft gemacht. Basset sagte, er sei ganz unschuldig, er habe die Sache vernommen, als der Kommandant mit sich laut gesprochen habe, auch sei ja dieser Teufel die Ursache, warum Francoeur vom Regimente fortgekommen. »Und wer brachte dem Kommandanten die Nachricht?« fragte Francoeur zitternd. »Eure Frau«, antwortete jener, »aber in der besten Absicht, um Euch zu entschuldigen, wenn Ihr hier wilde Streiche machtet.« — »Wir sind geschieden!« schrie Francoeur und schlug sich vor den Kopf, »sie hat mich verraten, mich vernichtet, hat Heimlichkeiten mit dem Kommandanten, sie hat unendlich viel für mich getan und gelitten, sie hat mir unendlich wehe getan, ich bin ihr nichts mehr schuldig, wir sind geschieden!« — Allmählich schien er stiller zu werden, je lauter es in ihm wurde; er sah wieder den schwarzen Geistlichen vor Augen, wie die vom tollen Hunde Gebissenen den Hund immer zu sehen meinen, da trat Vater Philipp in den Garten, und er ging mit Heftigkeit auf ihn zu, um zu fragen, was er wolle. Dieser meinte, seine Beschwörung anbringen zu müssen, redete den Teufel heftig an, indem er seine Hände in kreuzenden Linien über Francoeur bewegte. Das alles empörte Francoeur, er gebot ihm als Kommandant des Forts, den Platz sogleich zu verlassen. Aber der unerschrockene Philipp eiferte um so heftiger gegen den Teufel in Francoeur, und als er sogar seinen Stab erhob, ertrug Francoeurs militärischer Stolz diese Drohung nicht. Mit wütender Stärke ergriff er den kleinen Philipp bei seinem Mantel und warf ihn über das Gitter, das den Eingang schützte, und wäre der gute

Mann nicht an den Spitzen des Türgitters mit dem Mantel hängengeblieben, er hätte einen schweren Fall die steinerne Treppe hinunter gemacht. Nahe diesem Gitter war der Tisch gedeckt, das erinnerte Francoeur an das Essen. Er rief nach dem Essen, und Rosalie brachte es, etwas erhitzt vom Feuer, aber sehr fröhlich, denn sie bemerkte nicht den Mönch außer dem Gitter, der sich kaum vom ersten Schrecken erholt hatte und still vor sich betete, um neue Gefahr abzuwenden; kaum beachtete sie, daß ihr Mann und Basset, jener finster, dieser verlegen nach dem Tische blickten. Sie fragte nach den beiden Soldaten, aber Francoeur sagte: »Sie können nachessen, ich habe Hunger, daß ich die Welt zerreißen könnte.« Darauf legte sie die Suppe vor und gab Basset aus Artigkeit das meiste, dann ging sie nach der Küche, um den Eierkuchen zu backen. »Wie hat denn meine Frau dem Kommandanten gefallen?« fragte Francoeur. »Sehr gut«, antwortete Basset, »er wünschte, daß es ihm in der Gefangenschaft so gut geworden wäre wie Euch.« — »Er soll sie haben!« antwortete er. »Nach den beiden Soldaten, die fehlen, fragte sie; was mir fehlt, das fragte sie nicht; Euch suchte sie als einen Diener des Kommandanten zu gewinnen, darum füllte sie Euren Teller, daß er überfloß, Euch bot sie das größte Glas Wein an, gebt Achtung, sie bringt Euch auch das größte Stück Eierkuchen. Wenn das der Fall ist, dann stehe ich auf, dann führt sie nur fort und laßt mich hier allein.« — Basset wollte antworten, aber im Augenblicke trat die Frau mit dem Eierkuchen herein. Sie hatte ihn schon in drei Stücke geschnitten, ging zu

Basset und schob ihm ein Stück mit den Worten auf den Teller: »Einen bessern Eierkuchen findet Ihr nicht beim Kommandanten, Ihr müßt mich rühmen!« — Finster blickte Francoeur in die Schüssel, die Lücke war fast so groß wie die beiden Stücke, die noch blieben, er stand auf und sagte: »Es ist nicht anders, wir sind geschieden!« Mit diesen Worten ging er nach dem Pulverturme, schloß die eiserne Türe auf, trat ein und schloß sie wieder hinter sich zu. Die Frau sah ihm verwirrt nach und ließ die Schüssel fallen: »Gott, ihn plagt der Böse; wenn er nur nicht Unheil stiftet im Pulverturm.« — »Ist das der Pulverturm?« rief Basset, »er sprengt sich in die Luft, rettet Euch und Euer Kind!« Mit diesem Worte lief er fort, auch der Mönch wagte sich nicht wieder herein und lief ihm nach. Rosalie eilte in die Wohnung zu ihrem Kinde, riß es aus dem Schlafe, aus der Wiege, sie wußte nichts mehr von sich, bewußtlos wie sie Francoeur einst gefolgt, so entfloh sie ihm mit dem Kinde und sagte vor sich hin: »Kind, das tue ich nur deinetwegen, mir wäre besser, mit ihm zu sterben; Hagar, du hast nicht gelitten wie ich, denn ich verstoße mich selbst.« — Unter solchen Gedanken kam sie herab auf einem falschen Wege und stand am sumpfigen Ufer des Flusses. Sie konnte aus Ermattung nicht mehr gehen und setzte sich deswegen in einen Nachen, der, nur leicht ans Ufer gefahren, leicht abzustoßen war, und ließ sich den Fluß herabtreiben; sie wagte nicht umzublicken; wenn am Hafen ein Schuß geschah, meinte sie, das Fort sei gesprengt und ihr halbes Leben verloren, so verfiel sie allmählich in einen dumpfen, fieberartigen Zustand.

Unterdessen waren die beiden Soldaten, mit Äpfeln und Trauben bepackt, in die Nähe des Forts gekommen, aber Francoeurs starke Stimme rief ihnen, indem er eine Flintenkugel über ihre Köpfe abfeuerte: »Zurück!« Dann sagte er durch das Sprachrohr: »An der hohen Mauer werde ich mit euch reden, ich habe hier allein zu befehlen und will auch allein hier leben, solange es dem Teufel gefällt!« Sie wußten nicht, was das bedeuten solle, aber es war nichts anders zu tun, als dem Willen des Sergeanten Folge zu leisten. Sie gingen herab zu dem steilen Abhange des Forts, welcher die hohe Mauer hieß, und kaum waren sie dort angelangt, so sahen sie Rosaliens Bette und des Kindes Wiege an einem Seile niedersinken, dem folgten ihre Betten und Geräte, und Francoeur rief durch das Sprachrohr: »Das Eurige nehmt; Bette, Wiege und Kleider meiner entlaufenen Frau bringt zum Kommandanten, da werdet ihr sie finden; sagt: das schicke ihr Satanas, und diese alte Fahne, um ihre Schande mit dem Kommandanten zuzudecken!« Bei diesen Worten warf er die große französische Flagge, die auf dem Fort geweht hatte, herab und fuhr fort: »Dem Kommandanten lasse ich hierdurch Krieg erklären, er mag sich waffnen bis zum Abend, dann werde ich mein Feuer eröffnen; er soll nicht schonen, denn ich schone ihn beim Teufel nicht; er soll alle seine Hände ausstrecken, er wird mich doch nicht fangen; er hat mir den Schlüssel zum Pulverturm gegeben, ich will ihn brauchen, und wenn er mich zu fassen meint, fliege ich mit ihm gen Himmel, vom Himmel in die Hölle, das wird Staub geben!« — Brunet wagte endlich zu reden und rief hinauf: »Gedenkt an unsern gnädigsten König, daß der über Euch steht, ihm werdet Ihr doch nicht widerstreben.« Dem antwortete Francoeur: »In mir ist der König aller Könige dieser Welt, in mir ist der Teufel, und im Namen des Teufels sage ich euch: redet kein Wort, sonst zerschmettere ich euch!« — Nach dieser Drohung packten beide stillschweigend das Ihre zusammen und ließen das übrige stehen; sie wußten, daß oben große Steinmassen angehäuft waren, die unter der steilen Felswand alles zerschmettern konnten. Als sie nach Marseille zum Kommandanten kamen, fanden sie ihn schon in Bewegung, denn Basset hatte ihn von allem unterrichtet; er sendete die beiden Ankommenden mit einem Wagen nach dem Fort, um die Sachen der Frau gegen den drohenden Regen zu sichern, andere sandte er aus, um die Frau mit dem Kinde aufzufinden, während er die Offiziere bei sich versammelte, um mit ihnen zu überlegen, was zu tun sei. Die Besorgnis dieses Kriegsrats richtete sich besonders auf den Verlust des schönen Forts, wenn es in die Luft gesprengt würde; bald kam aber ein Abgesandter der Stadt, wo sich das Gerücht verbreitet hatte, und stellte den Untergang des schönsten Teiles der Stadt als ganz unvermeidlich dar. Es wurde allgemein anerkannt, daß mit Gewalt nicht verfahren werden dürfe, denn Ehre sei nicht gegen einen einzelnen Menschen zu erringen, wohl aber ein ungeheurer Verlust durch Nachgiebigkeit abzuwenden; der Schlaf werde die Wut Francoeurs doch endlich überwinden, dann sollten entschlossene Leute das Fort erklettern und ihn fesseln. Dieser Ratschluß war kaum gefaßt, so wurden die beiden Soldaten eingeführt, welche Rosaliens Betten und Gerät zurückgebracht hatten. Sie hatten eine Bestellung Francoeurs zu überbringen, daß ihm der Teufel verraten: sie wollten ihn im Schlafe fangen, aber er warne sie aus Liebe zu einigen Teufelskameraden, die zu dem Unternehmen gebraucht werden sollten, denn er werde ruhig in seinem verschlossenen Pulverturme mit geladenen Gewehren schlafen, und ehe sie die Türe erbrechen könnten, wäre er längst erwacht und der Turm mit einem Schusse in die Pulverfässer zersprengt. »Er hat recht«, sagte der Kommandant, »er kann nicht anders handeln, wir müssen ihn aushungern.« — »Er hat den ganzen Wintervorrat für uns alle hinaufgeschafft«, bemerkte Brunet, »wir müssen wenigstens ein halbes Jahr warten, auch sagte er, daß ihm die vorbeifahrenden Schiffe, welche die Stadt versorgen, reichlichen Zoll geben sollten, sonst bohre er sie in den Grund, und zum Zeichen, daß niemand in der Nacht fahren sollte ohne seine Bewilligung, werde er am Abend einige Kugeln über den Fluß sausen lassen.« — »Wahrhaftig, er schießt!« rief einer der Offiziere, und alle liefen nach einem Fenster des obern Stockwerks. Welch ein Anblick! An allen Ecken des Forts eröffneten die Kanonen ihren feurigen Rachen, die Kugeln sausten durch die Luft, in der Stadt versteckte sich die Menge mit großem Geschrei, und nur einzelne wollten ihren Mut im kühnen Anschauen der Gefahr beweisen. Aber sie wurden auch reichlich dafür belohnt, denn mit hellem Lichte schoß Francoeur einen Bündel Raketen aus einer Haubitze in die Luft und einen Bündel Leuchtkugeln aus einem Mörser, denen er aus Gewehren unzählige andre nachsandte. Der Kommandant versicherte, diese Wirkung sei trefflich, er habe es nie gewagt, Feuerwerke mit Wurfgeschütz in die Luft zu treiben, aber die Kunst werde dadurch gewissermaßen zu einer meteorischen, der Francoeur verdiene schon deswegen begnadigt zu werden. Diese nächtliche Erleuchtung hatte eine andere Wirkung, die wohl in keines Menschen Absicht lag; sie rettete Rosalien und ihrem Kinde das Leben. Beide waren in dem ruhigen Treiben des Kahnes eingeschlummert, und Rosalie sah im Traume ihre Mutter von innerlichen Flammen durchleuchtet und verzehrt und fragte sie: warum sie so leide? Da war's, als ob eine laute Stimme ihr in die Ohren rief: »Mein Fluch brennt mich wie dich, und kannst du ihn nicht lösen, so bleib' ich eigen allem Bösen.« Sie wollte noch mehr sprechen, aber Rosalie war schon aufgeschreckt, sah über sich den Bündel Leuchtkugeln im höchsten Glanze, hörte neben sich einen Schiffer rufen: »Steuert links, wir fahren sonst ein Boot in den Grund, worin ein Weib mit einem Kinde sitzt!« Und schon rauschte die vordere Spitze eines großen Flußschiffes wie ein geöffneter Walfischrachen hinter ihr, da wandte er sich links, aber ihr Nachen wurde doch seitwärts nachgerissen. »Helft meinem armen Kinde!« rief sie, und der Haken eines Stangenruders verband sie mit dem großen Schiffe, das bald darauf Anker warf. »Wäre das Feuerwerk auf dem Fort Ratonneau nicht aufgegangen«, rief der eine Schiffer, »ich hätte Euch nicht gesehen, und wir hätten Euch ohne bösen Willen in den Grund gesegelt, wie kommt Ihr so spät und allein aufs Wasser, warum habt Ihr uns nicht angeschrien?« Rosalie beantwortete schnell die Fragen und bat nur dringend, sie nach dem Hause des Kommandanten zu bringen. Der Schiffer gab ihr aus Mitleid seinen Jungen zum Führer.

Sie fand alles in Bewegung beim Kommandanten, sie bat ihn, seines Versprechens eingedenk zu sein, daß er ihrem Manne drei Versehen verzeihen wolle. Er leugnete, daß von solchen Versehen die Rede gewesen, es sei über Scherz und Grillen geklagt worden, das sei aber ein teuflischer Ernst. — »So ist das Unrecht auf Eurer Seite«, sagte die Frau gefaßt, denn sie fühlte sich nicht mehr schicksallos, »auch habe ich den Zustand des armen Mannes angezeigt, und doch habt Ihr ihm einen so gefährlichen Posten vertraut, Ihr habt mir Geheimnis angelobt, und doch habt Ihr alles an Basset, Euren Diener, erzählt, der uns mit seiner törichten Klugheit und Vorwitzigkeit in das ganze Unglück gestürzt hat; nicht mein armer Mann, Ihr seid an allem Unglück schuld, Ihr müßt dem König davon Rechenschaft geben.« — Der Kommandant verteidigte sich gegen den Vorwurf, daß er etwas dem Basset erzählt habe, dieser gestand, daß er ihn im Selbstgespräche belauscht, und so war die ganze Schuld auf seine Seele geschoben. Der alte Mann sagte, daß er den andern Tag sich vor dem Fort wolle totschießen lassen, um seinem Könige die Schuld mit seinem Leben abzuzahlen, aber Rosalie bat ihn, sich nicht zu übereilen, er möge bedenken, daß sie ihn schon einmal aus dem Feuer gerettet habe. Ihr wurde ein Zimmer im Hause des Kommandanten angewiesen, und sie brachte ihr Kind zur Ruhe, während sie selbst mit sich zu Rate ging und zu Gott flehte, ihr anzugeben, wie sie ihre Mutter den Flammen und ihren Mann dem Fluche entreißen könne. Aber auf ihren Knien versank sie in einen tiefen Schlaf und war sich am Morgen keines Traumes, keiner Eingebung bewußt. Der Kommandant, der schon früh einen Versuch gegen das Fort gemacht hatte, kam verdrießlich zurück. Zwar hatte er keine Leute verloren, aber Francoeur hatte so viele Kugeln mit solcher Geschicklichkeit links und rechts und über sie hinsausen lassen, daß sie ihr Leben nur seiner Schonung dankten. Den Fluß hatte er duch Signalschüsse gesperrt, auch auf der Chaussee durfte niemand fahren, kurz, aller Verkehr der Stadt war für diesen Tag gehemmt, und die Stadt drohete, wenn der Kommandant nicht vorsichtig verfahre, sondern wie in Feindes Land ihn zu belagern denke, daß sie die Bürger aufbieten und mit dem Invaliden schon fertig werden wolle.

Drei Tage ließ sich der Kommandant so hinhalten, jeden Abend verherrlichte ein Feuerwerk, jeden Abend erinnerte Rosalie an sein Versprechen der Nachsicht. Am dritten Abend sagte er ihr, der Sturm sei auf den andern Mittag festgesetzt, die Stadt gebe nach, weil aller Verkehr gestört sei und endlich Hungersnot ausbrechen könne. Er werde den Eingang stürmen, während ein anderer Teil von der andern Seite heimlich anzuklettern suche, so daß diese vielleicht früher ihrem Manne in den Rücken kämen, ehe er nach dem Pulverturm springen könne; es werde Menschen kosten, der Ausgang sei ungewiß, aber er wolle den Schimpf von sich ablenken, daß durch seine Feigheit ein toller Mensch zu dem Dünkel gekommen, einer ganzen Stadt zu trotzen; das größte Unglück sei ihm lieber als dieser Verdacht, er habe seine Angelegenheit mit der Welt und vor Gott zu ordnen gesucht, Rosalie und ihr Kind würden sich in seinem Testamente nicht vergessen finden. Rosalie fiel ihm zu Füßen und fragte: was denn das Schicksal ihres Mannes sei, wenn er im Sturme gefangen würde? Der Kommandant wendete sich ab und sagte leise: »Der Tod unausbleiblich, auf Wahnsinn würde von keinem Kriegsgerichte erkannt werden, es ist zu viel Einsicht, Vorsicht und Klugheit in der ganzen Art, wie er sich nimmt; der Teufel kann nicht vor Gericht gezogen werden, er muß für ihn leiden.« — Nach einem Strome von Tränen erholte sich Rosalie und sagte: wenn sie das Fort ohne Blutvergießen, ohne Gefahr in die Gewalt des Kommandanten brächte, würde dann sein Vergehen als ein Wahnsinn Begnadigung finden? — »Ja, ich schwör's!« rief der Kommandant, »aber es ist vergeblich, Euch haßt er vor allen und rief gestern einem unsrer Vorposten zu, er wolle das Fort übergeben, wenn wir ihm den Kopf seiner Frau schicken könnten.« — »Ich kenne ihn«, sagte die Frau, »ich will den Teufel beschwören in ihm, ich will ihm Frieden geben, sterben würde ich doch mit ihm, also ist nur Gewinn für mich, wenn ich von seiner Hand sterbe, der ich vermählt bin durch den heiligsten Schwur.« — Der Kommandant bat sie, sich wohl zu bedenken, erforschte ihre Absicht, widerstand aber weder ihren Bitten noch der Hoffnung, auf diesem Wege dem gewissen Untergange zu entgehen.

Vater Philipp hatte sich im Hause eingefunden und erzählte, der unsinnige Francoeur habe jetzt eine große weiße Flagge ausgesteckt, auf welcher der Teufel gemalt sei, aber der Kommandant wollte nichts von seinen Neuigkeiten wissen und befahl ihm, zu Rosalien zu gehen, die ihm beichten wolle. Nachdem Rosalie ihre Beichte in aller Ruhe eines gottergebenen Gemüts abgelegt hatte, bat sie den Vater Philipp, sie nur bis zu einem sicheren Steinwalle zu begleiten, wo keine Kugel ihn treffen könne, dort wolle sie ihm ihr Kind und Geld zur Erziehung desselben übergeben, sie könne sich noch nicht von dem lieben Kinde trennen. Er versprach es ihr zögernd, nachdem er sich im Hause erkundigt hatte, ob er auch dort noch sicher gegen die Schüsse sei; denn sein Glaube, Teufel austreiben zu können, hatte sich in ihm ganz verloren, er gestand, was er bisher ausgetrieben hätte, möchte wohl der rechte Teufel nicht gewesen sein, sondern ein geringerer Spuk.

Rosalie kleidete ihr Kind noch einmal unter mancher Träne weiß mit roten Bandschleifen an, dann nahm sie es auf den Arm und ging schweigend die Treppe hinunter. Unten stand der alte Kommandant und konnte ihr nur die Hand drücken und mußte sich umwenden, weil er sich der Tränen vor den Zuschauern schämte. So trat sie auf die Straße, keiner wußte ihre Absicht, Vater Philipp blieb etwas zurück, weil er des Mitgehens gern überhoben gewesen, dann folgte die Menge müßiger Menschen auf den Straßen, die ihn fragten, was es bedeute? Viele fluchten auf Rosalien, weil sie Francoeurs Frau war, aber dieser Fluch berührte sie nicht.

Der Kommandant führte unterdessen seine Leute auf verborgenen Wegen nach den Plätzen, von welchen der Sturm eröffnet werden sollte, wenn die Frau den Wahnsinn des Mannes nicht beschwören könnte.

Am Tore schon verließ die Menge Rosalien, denn Francoeur schoß von Zeit zu Zeit über diese Fläche, auch Vater Philipp klagte, daß ihm schwach werde, er müsse sich niederlassen. Rosalie bedauerte es und zeigte ihm den Felsenwall, wo sie ihr Kind noch einmal stillen und es dann in den Mantel niederlegen wollte, dort möge es gesucht werden, da liege es sicher aufbewahrt, wenn sie nicht zu ihm zurückkehren könne. Vater Philipp setzte sich betend hinter den Felsen, und Rosalie ging mit festem Schritt dem Steinwalle zu, wo sie ihr Kind tränkte und segnete, es in ihren Mantel wickelte und in Schlummer brachte. Da verließ sie es mit einem Seufzer, der die Wolken in ihr brach, daß blaue Hellung und das stärkende Sonnenbild sie bestrahlten. Nun war sie dem harten Manne sichtbar, als sie am Steinwalle heraustrat, ein Licht schlug am Tore auf, ein Druck, als ob sie umstürzen müßte, ein Rollen in der Luft, ein Sausen, das sich damit mischte, zeigte ihr an, daß der Tod nahe an ihr vorübergegangen. Es wurde ihr aber nicht mehr bange, eine Stimme sagte ihr innerlich, daß nichts untergehen könne, was diesen Tag bestanden, und ihre Liebe zum Manne, zum Kinde regte sich noch in ihrem Herzen, als sie ihren Mann vor sich auf dem Festungswerke stehen und laden, das Kind hinter sich schreien hörte; sie taten ihr beide mehr leid als ihr eignes Unglück, und der schwere Weg war nicht der schwerste Gedanke ihres Herzens. Und ein neuer Schuß betäubte ihre Ohren und schmetterte ihr Felsstaub ins Gesicht, aber sie betete und sah zum Himmel. So betrat sie den engen Felsgang, der wie ein verlängerter Lauf für zwei mit Kartätschen geladene Kanonen mit boshaftem Geize die Masse des verderblichen Schusses gegen die Andringenden zusammenzuhalten bestimmt war. — »Was siehst du, Weib!« brüllte Francoeur, »sieh nicht in die Luft, deine Engel kommen nicht, hier steht dein Teufel und dein Tod!« — »Nicht Tod, nicht Teufel trennen mich mehr von dir«, sagte sie getrost und schritt weiter hinauf die großen Stufen. »Weib«, schrie er, »du hast mehr Mut als der Teufel, aber es soll dir doch nichts helfen.« — Er blies die Lunte an, die eben verlöschen wollte, der Schweiß stand ihm hellglänzend über Stirn und Wangen, es war, als ob zwei Naturen in ihm rangen. Und Rosalie wollte nicht diesen Kampf hemmen und der Zeit vorgreifen, auf die sie zu vertrauen begann; sie ging nicht vor, sie kniete auf die Stufen nieder, als sie drei Stufen von den Kanonen entfernt war, wo sich das Feuer kreuzte. Er riß Rock und Weste an der Brust auf, um sich Luft zu machen, er griff in sein schwarzes Haar, das verwildert in Locken starrte, und riß es sich wütend aus. Da öffnete sich die Wunde am Kopfe in dem wilden Erschüttern durch Schläge, die er an seine Stirn führte, Tränen und Blut löschten den brennenden Zundstrick, ein Wirbelwind warf das Pulver von den Zündlöchern der Kanonen und die Teufelsflagge vom Turm. »Der Schornsteinfeger macht sich Platz, er schreit zum Schornstein hinaus!« rief er und deckte seine Augen. Dann besann er sich, öffnete die Gittertüre, schwankte zu seiner Frau, hob sie auf, küßte sie, endlich sagte er: »Der schwarze Bergmann hat sich durchgearbeitet, es strahlt wieder Licht in meinen Kopf, und Luft zieht hindurch, und die Liebe soll wieder ein Feuer zünden, daß uns nicht mehr friert. Ach Gott, was hab' ich in diesen Tagen verbrochen! Laß uns nicht feiern, sie werden mir nur wenig Stunden noch schenken, wo ist mein Kind, ich muß es küssen, weil ich noch frei bin; was ist Sterben? Starb ich nicht schon einmal, als du mich verlassen, und nun kommst du wieder, und dein Kommen gibt mir mehr, als dein Scheiden mir nehmen konnte, ein unendliches Gefühl meines Daseins, dessen Augenblicke mir genügen. Nun lebte ich gern mit dir, und wäre deine Schuld noch größer als meine Verzweiflung gewesen, aber ich kenne das Kriegsgesetz, und ich kann nun gottlob in Vernunft als ein reuiger Christ sterben.« — Rosalie konnte in ihrer Entzükkung, von ihren Tränen fast erstickt, kaum sagen, daß *ihm* verziehen, daß *sie* ohne Schuld und ihr Kind nahe sei. Sie verband seine Wunde in Eile, dann zog sie ihn die Stufen hinunter bis hin zu dem Steinwalle, wo sie das Kind verlassen. Da fanden sie den guten Vater Philipp bei dem Kinde, der allmählich hinter Felsstücken zu ihm hingeschlichen war, und das Kind ließ etwas aus den Händen fliegen, um nach dem Vater sie auszustrecken. Und während sich alle drei umarmt hielten, erzählte Vater Philipp, wie ein Taubenpaar vom Schloß heruntergeflattert sei und mit dem Kinde artig gespielt, sich von ihm habe anrühren lassen und es gleichsam in seiner Verlassenheit getröstet habe.

Als er das gesehen, habe er sich dem Kinde zu nahen gewagt. »Sie waren, wie gute Engel, meines Kindes Spielkameraden auf dem Fort gewesen, sie haben es treulich aufgesucht, sie kommen sicher wieder und werden es nicht verlassen.« Und wirklich umflogen sie die Tauben freundlich und trugen in ihren Schnäbeln grüne Blätter. »Die Sünde ist von uns geschieden«, sagte Francoeur, »nie will ich wieder auf den Frieden schelten, der Friede tut mir so gut.«

Inzwischen hatte sich der Kommandant mit seinen Offizieren genähert, weil er den glücklichen Ausgang durch sein Fernrohr gesehen. Francoeur übergab ihm seinen Degen, er kündigte Francoeur Verzeihung an, weil seine Wunde ihn des Verstandes beraubt gehabt, und befahl einem Chirurgen, diese Wunde zu untersuchen und besser zu verbinden. Francoeur setzte sich nieder und ließ ruhig alles mit sich geschehen, er sah nur Frau und Kind an. Der Chirurg wunderte sich, daß er keinen Schmerz zeigte, er zog ihm einen Knochensplitter aus der Wunde, der ringsumher eine Eiterung hervorgebracht hatte; es schien, als ob die gewaltige Natur Francoeurs ununterbrochen und allmählich an der Hinausschaffung gearbeitet habe, bis ihm endlich äußere Gewalt, die eigne Hand seiner Verzweiflung die äußere Rinde durchbrochen. Er versicherte, daß ohne diese glückliche Fügung ein unheilbarer Wahnsinn den unglücklichen Francoeur hätte aufzehren müssen. Damit ihm keine Anstrengung schade, wurde er auf einen Wagen gelegt, und sein Einzug in Marseille glich unter einem Volke, das Kühnheit immer mehr als Güte zu achten weiß, einem Triumphzuge; die Frauen warfen Lorbeerkränze auf den Wagen, alles drängte sich, den stolzen Bösewicht kennenzulernen, der so viele tausend Menschen während dreier Tage beherrscht hatte. Die Männer aber reichten ihre Blumenkränze Rosalien und ihrem Kinde und rühmten sie als Befreierin und schwuren, ihr und dem Kinde reichlich zu vergelten, daß sie ihre Stadt vom Untergange gerettet habe.

Nach solchem Tage läßt sich in *einem* Menschenleben selten noch etwas erleben, was der Mühe des Erzählens wert wäre, wenngleich die Wiederbeglückten, die Fluchbefreiten erst in diesen ruhigeren Jahren den ganzen Umfang des gewonnenen Glücks erkannten. Der gute alte Kommandant nahm Francoeur als Sohn an, und konnte er ihm auch nicht seinen Namen übertragen, so ließ er ihm doch einen Teil seines Vermögens und seinen Segen. Was aber Rosalie noch inniger berührte, war ein Bericht, der erst nach Jahren aus Prag einlief, in welchem ein Freund der Mutter anzeigte, daß diese wohl ein Jahr unter verzehrenden Schmerzen den Fluch bereut habe, den sie über ihre Tochter ausgestoßen, und bei dem sehnlichen Wunsche nach Erlösung des Leibes und der Seele sich und der Welt zum Überdruß bis zu dem Tage gelebt habe, der Rosaliens Treue und Ergebenheit in Gott gekrönt: an dem Tage sei sie, durch einen Strahl aus ihrem Innern beruhigt, im gläubigen Bekenntnis des Erlösers selig entschlafen.

Gnade löst den Fluch der Sünde,
Liebe treibt den Teufel aus.

JOSEPH VON EICHENDORFF

Aus dem Leben eines Taugenichts

Erstes Kapitel

Das Rad an meines Vaters Mühle brauste und rauschte schon wieder recht lustig, der Schnee tröpfelte emsig vom Dache, die Sperlinge zwitscherten und tummelten sich dazwischen; ich saß auf der Türschwelle und wischte mir den Schlaf aus den Augen; mir war so recht wohl in dem warmen Sonnenscheine. Da trat der Vater aus dem Hause; er hatte schon seit Tagesanbruch in der Mühle rumort und die Schlafmütze schief auf dem Kopfe, der sagte zu mir: »Du Taugenichts! da sonnst du dich schon wieder und dehnst und reckst dir die Knochen müde und läßt mich alle Arbeit allein tun. Ich kann dich hier nicht länger füttern. Der Frühling ist vor der Tür, geh auch einmal hinaus in die Welt und erwirb dir selber dein Brot.«

»Nun«, sagte ich, »wenn ich ein Taugenichts bin, so ists gut, so will ich in die Welt gehn und mein Glück machen.« Und eigentlich war mir das recht lieb, denn es war mir kurz vorher selber eingefallen, auf Reisen zu gehn, da ich die Goldammer, welche im Herbst und Winter immer betrübt an unserm Fenster sang: Bauer, miet mich, Bauer, miet mich! nun in der schönen Frühlingszeit wieder ganz stolz und lustig vom Baume rufen höre: Bauer, behalt deinen Dienst! — Ich ging also in das Haus hinein und holte meine Geige, die ich recht artig spielte, von der Wand, mein Vater gab mir noch einige Groschen Geld mit auf den Weg, und so schlenderte ich durch das lange Dorf hinaus. Ich hatte recht meine heimliche Freude, als ich da alle meine alten Bekannten und Kameraden rechts und links, wie gestern und vorgestern und immerdar, zur Arbeit hinausziehen, graben und pflügen sah, während ich so in die freie Welt hinausstrich. Ich rief den armen Leuten nach allen Seiten recht stolz und zufrieden Adjes zu, aber es kümmerte sich eben keiner sehr darum. Mir war es wie ein ewiger Sonntag im Gemüte. Und als ich endlich ins freie Feld hinauskam, da nahm ich meine liebe Geige vor und spielte und sang, auf der Landstraße fortgehend:

Wem Gott will rechte Gunst erweisen,
Den schickt er in die weite Welt,
Dem will er seine Wunder weisen
In Berg und Wald und Strom und Feld.

Die Trägen, die zu Hause liegen,
Erquicket nicht das Morgenrot,
Sie wissen nur vom Kinderwiegen,
Von Sorgen, Last und Not um Brot.

Die Bächlein von den Bergen springen,
Die Lerchen schwirren hoch vor Lust,
Was sollt ich nicht mit ihnen singen
Aus voller Kehl und frischer Brust?

Den lieben Gott laß ich nur walten;
Der Bächlein, Lerchen, Wald und Feld
Und Erd und Himmel will erhalten,
Hat auch mein Sach aufs best bestellt!

Indem, wie ich mich so umsehe, kommt ein köstlicher Reisewagen ganz nahe an mich heran, der mochte wohl schon einige Zeit hinter mir drein gefahren sein, ohne daß ich es merkte, weil mein Herz so voller Klang war, denn es ging ganz langsam, und zwei vornehme Damen steckten die Köpfe aus dem Wagen und hörten mir zu. Die eine war besonders schön und jünger als die andere, aber eigentlich gefielen sie mir alle beide. Als ich nun aufhörte zu singen, ließ die ältere still halten und redete mich holdselig an: »Ei, lustiger Gesell, Er weiß ja recht hübsche Lieder zu singen.« Ich nicht zu faul dagegen: »Euer Gnaden aufzuwarten, wüßt ich noch viel schönere.« Darauf fragte sie mich wieder: »Wohin wandert Er denn schon so am frühen Morgen?« Da schämte ich mich, daß ich das selber nicht wußte, und sagte dreist: »Nach Wien«; nun sprachen beide miteinander in einer fremden Sprache, die ich nicht verstand. Die jüngere schüttelte einigemal mit dem Kopfe, die andere lachte aber in einem fort und rief mir endlich zu: »Spring Er nur hinten mit auf, wir fahren auch nach Wien.« Wer war froher als ich! Ich machte eine Reverenz und war mit einem Sprunge hinter dem Wagen, der Kutscher knallte, und wir flogen über die glänzende Straße fort, daß mir der Wind am Hute pfiff.

Hinter mir gingen nun Dorf, Gärten und Kirchtürme unter, vor mir neue Dörfer, Schlösser und Berge auf; unter mir Saaten, Büsche und Wiesen bunt vorüberfliegend, über mir unzählige Lerchen in der klaren blauen Luft — ich schämte mich, laut zu schreien, aber innerlichst jauchzte ich und strampelte und tanzte auf dem Wagentritt herum, daß ich bald meine Geige verloren hätte, die ich unterm Arme hielt. Wie aber dann die Sonne immer höher stieg, rings am Horizont schwere weiße Mittagswolken aufstiegen und alles in der Luft und auf der weiten Fläche so leer und schwül und still wurde über den leise wogenden Kornfeldern, da fiel mir erst wieder mein Dorf ein und mein Vater und unsere Mühle, wie es da so heimlich kühl war an dem schattigen Weiher, und daß nun alles so weit, weit hinter mir lag. Mir war dabei so kurios zumute, als müßt ich wieder umkehren; ich steckte meine Geige zwischen Rock und Weste, setzte mich voller Gedanken auf den Wagentritt hin und schlief ein.

Als ich die Augen aufschlug, stand der Wagen still unter hohen Lindenbäumen, hinter denen eine breite Treppe zwischen Säulen in ein prächtiges Schloß führte. Seitwärts durch die Bäume sah ich die Türme von Wien. Die Damen waren, wie es schien, längst ausgestiegen, die Pferde abgespannt. Ich erschrak sehr, da ich auf einmal so allein saß, und sprang geschwind in das Schloß hinein, da hörte ich von oben aus dem Fenster lachen.

In diesem Schlosse ging es mir wunderlich. Zuerst, wie ich mich in der weiten kühlen Vorhalle umschaue, klopft mir jemand mit dem Stocke auf die Schulter. Ich kehre mich schnell um, da steht ein großer Herr in Staatskleidern, ein breites Bandelier von Gold und

Seide bis an die Hüften übergehängt, mit einem oben versilberten Stabe in der Hand, und einer außerordentlich langen gebogenen kurfürstlichen Nase im Gesicht, breit und prächtig wie ein aufgeblasener Puter, der mich fragt, was ich hier will. Ich war ganz verblüfft und konnte vor Schreck und Erstaunen nichts hervorbringen. Darauf kamen mehrere Bediente die Treppe herauf und herunter gerannt, die sagten gar nichts, sondern sahen mich nur von oben bis unten an. Sodann kam eine Kammerjungfer (wie ich nachher hörte) gerade auf mich los und sagte: ich wäre ein scharmanter Junge, und die gnädigste Herrschaft ließe mich fragen, ob ich hier als Gärtnerbursche dienen wollte. — Ich griff nach der Weste; meine paar Groschen, weiß Gott, sie müssen beim Herumtanzen auf dem Wagen aus der Tasche gesprungen sein, waren weg, ich hatte nichts als mein Geigenspiel, für das mir überdies auch der Herr mit dem Stabe, wie er mir im Vorbeigehen sagte, nicht einen Heller geben wollte. Ich sagte daher in meiner Herzensangst zu der Kammerjungfer: »Ja«, noch immer die Augen von der Seite auf die unheimliche Gestalt gerichtet, die immerfort wie der Perpendikel einer Turmuhr in der Halle auf und ab wandelte und eben wieder majestätisch und schauerlich aus dem Hintergrunde heraufgezogen kam. Zuletzt kam endlich der Gärtner, brummte was von Gesindel und Bauernlümmel unterm Bart und führte mich nach dem Garten, während er mir unterwegs noch eine lange Predigt hielt; wie ich nur fein nüchtern und arbeitsam sein, nicht in der Welt herumvagieren, keine brotlosen Künste und unnützes Zeug treiben sollte, da könnt ich es mit der Zeit auch einmal zu was Rechtem bringen. — Es waren noch mehr sehr hübsche, gutgesetzte, nützliche Lehren, ich habe nur seitdem fast alles wieder vergessen. Überhaupt weiß ich eigentlich gar nicht recht, wie doch alles so gekommen war, ich sagte nur immerfort zu allem: Ja, — denn mir war wie einem Vogel, dem die Flügel begossen worden sind. — So war ich denn, Gott sei Dank, im Brote. —

In dem Garten war schön leben, ich hatte täglich mein warmes Essen vollauf und mehr Geld, als ich zum Weine brauchte, nur hatte ich leider ziemlich viel zu tun. Auch die Tempel, Lauben und schönen grünen Gänge, das gefiel mir alles recht gut, wenn ich nur hätte ruhig drin herumspazieren können und vernünftig diskurieren, wie die Herren und Damen, die alle Tage dahin kamen. Sooft der Gärtner fort und ich allein war, zog ich sogleich mein kurzes Tabakspfeifchen heraus, setzte mich hin und sann auf schöne höfliche Redensarten, wie ich die eine junge schöne Dame, die mich in das Schloß mitbrachte, unterhalten wollte, wenn ich ein Kavalier wäre und mit ihr hier herumginge. Oder ich legte mich an schwülen Nachmittagen auf den Rücken hin, wenn alles so still war, daß man nur die Bienen sumsen hörte, und sah zu, wie über mir die Wolken nach meinem Dorfe zuflogen und die Gräser und Blumen sich hin und her bewegten, und gedachte an die Dame, und da geschah es denn oft, daß die schöne Frau mit der Gitarre oder einem Buche in der Ferne wirklich durch den Garten zog, so still, groß und freundlich wie ein Engelsbild, so daß ich nicht recht wußte, ob ich träumte oder wachte.

So sang ich auch einmal, wie ich eben bei einem Lusthause zur Arbeit vorbeiging, für mich hin:

Wohin ich geh und schaue,
In Feld und Wald und Tal,
Vom Berg ins Himmelsblaue,
Vielschöne gnädge Fraue,
Grüß ich dich tausendmal.

Da seh ich aus dem dunkelkühlen Lusthause zwischen den halbgeöffneten Jalousien und Blumen, die dort standen, zwei schöne, junge, frische Augen hervorfunkeln. Ich war ganz erschrocken, ich sang das Lied nicht aus, sondern ging, ohne mich umzusehen, fort an die Arbeit.

Abends, es war gerade an einem Sonnabend, und ich stand eben in der Vorfreude kommenden Sonntags mit der Geige im Gartenhause am Fenster und dachte noch an die funkelnden Augen, da kommt auf einmal die Kammerjungfer durch die Dämmerung dahergestrichen. »Da schickt Euch die vielschöne gnädige Frau was, das sollt Ihr auf ihre Gesundheit trinken. Eine gute Nacht auch!« Damit setzte sie mir fix eine Flasche Wein aufs Fenster und war sogleich wieder zwischen den Blumen und Hecken verschwunden wie eine Eidechse.

Ich aber stand noch lange vor der wundersamen Flasche und wußte nicht, wie mir geschehen war. — Und hatte ich vorher lustig die Geige gestrichen, so spielt und sang ich jetzt erst recht und sang das Lied von der schönen Frau ganz aus und alle meine Lieder, die ich nur wußte, bis alle Nachtigallen draußen erwachten und Mond und Sterne schon lange über dem Garten standen. Ja, das war einmal eine gute schöne Nacht!

Es wird keinem an der Wiege gesungen, was künftig aus ihm wird, eine blinde Henne findet manchmal auch ein Korn, wer zuletzt lacht, lacht am besten, unverhofft kommt oft, der Mensch denkt und Gott lenkt, so meditiert ich, als ich am folgenden Tage wieder mit meiner Pfeife im Garten saß und es mir dabei, da ich so aufmerksam an mir heruntersah, fast vorkommen wollte, als wäre ich doch eigentlich ein rechter Lump. — Ich stand nunmehr, ganz wider meine sonstige Gewohnheit, alle Tage sehr zeitig auf, eh sich noch der Gärtner und die andern Arbeiter rührten. Da war es so wunderschön draußen im Garten. Die Blumen, die Springbrunnen, die Rosenbüsche und der ganze Garten funkelten von der Morgensonne wie lauter Gold und Edelstein. Und in den hohen Buchenalleen, da war es noch so still, kühl und andächtig wie in einer Kirche, nur die Vögel flatterten und pickten auf dem Sande. Gleich vor dem Schlosse, gerade unter den Fenstern, wo die schöne Frau wohnte, war ein blühender Strauch. Dorthin ging ich dann immer am frühesten Morgen und duckte mich hinter die Äste, um so nach den Fenstern zu sehen, denn mich im Freien zu produzieren hatt ich keine Courage. Da sah ich nun allemal die allerschönste Dame noch heiß und halb verschlafen im schneeweißen Kleid an das offene Fenster hervortreten. Bald flocht sie sich die dunkelbraunen Haare und ließ dabei die anmutig spielenden Augen über Busch und Garten ergehen, bald bog und band sie die Blumen, die vor ihrem Fenster standen, oder sie nahm auch die Gitarre in den weißen Arm und sang dazu so wundersam über den Garten hinaus, daß sich mir noch das Herz umwenden will vor Wehmut, wenn mir eins von den Liedern bisweilen einfällt — und ach, das alles ist schon lange her!

So dauerte das wohl über eine Woche. Aber das eine Mal, sie stand gerade wieder am Fenster, und alles war stille ringsumher, fliegt mir eine fatale Fliege in die Nase, und ich gebe mich an ein erschreckliches Niesen, das gar nicht enden will. Sie legt sich weit zum Fenster hinaus und sieht mich Ärmsten hinter dem Strauche lauschen. — Nun schämte ich mich und kam viele Tage nicht hin. Endlich wagte ich es wieder, aber das Fenster blieb diesmal zu, ich saß vier, fünf, sechs Morgen hinter dem Strauche, aber sie kam nicht wieder ans Fenster. Da wurde mir die Zeit lang, ich faßte mir ein Herz und ging nun alle Morgen frank und frei längs dem Schlosse unter allen Fenstern hin. Aber die liebe schöne Frau blieb immer und immer aus. Eine Strecke weiter sah ich dann immer die andere Dame am Fenster stehen. Ich hatte sie sonst so genau noch niemals gesehen. Sie war wahrhaftig recht schön rot und dick und gar prächtig und hoffärtig anzusehn wie eine Tulipane. Ich machte ihr immer ein tiefes Kompliment, und, ich kann nicht anders sagen, sie dankte mir jedesmal und nickte und blinzelte mit den Augen dazu ganz außerordentlich höflich. — Nur ein einziges Mal glaub ich gesehn zu haben, daß auch die Schöne an ihrem Fenster hinter der Gardine stand und versteckt hervorguckte. —

Viele Tage gingen jedoch ins Land, ohne daß ich sie sah. Sie kam nicht mehr in den Garten, sie kam nicht mehr ans Fenster. Der Gärtner schalt mich einen faulen Bengel, ich war verdrüßlich, meine eigene Nasenspitze war mir im Wege, wenn ich in Gottes freie Welt hinaussah.

So lag ich eines Sonntags nachmittags im Garten und ärgerte mich, wie ich so in die blauen Wolken meiner Tabakspfeife hinaussah, daß ich mich nicht auf ein anderes Handwerk gelegt und mich also morgen nicht auch wenigstens auf einen blauen Montag zu freuen hätte. Die andern Burschen waren indes alle wohlausstaffiert nach den Tanzböden in der nahen Vorstadt hinausgezogen. Da wallte und wogte alles im Sonntagsputze in der warmen Luft zwischen den lichten Häusern und wandernden Leierkästen schwärmend hin und zurück. Ich aber saß wie eine Rohrdommel im Schilfe eines einsamen Weihers im Garten und schaukelte mich auf dem Kahne, der dort angebunden war, während die Vesperglocken aus der Stadt über den Garten herüberschallten und die Schwäne auf dem Wasser langsam neben mir hin und her zogen. Mir war zum Sterben bange. —

Währenddes hörte ich von weitem allerlei Stimmen, lustiges Durcheinandersprechen und Lachen, immer näher und näher, dann schimmerten rot und weiße Tücher, Hüte und Federn durchs Grüne, auf einmal kommt ein heller lichter Haufen von jungen Herren und Damen vom Schlosse her über die Wiese auf mich los, meine beiden Damen mitten unter ihnen. Ich stand auf und wollte weggehen, da erblickte mich die ältere von den schönen Damen. »Ei, das ist ja wie gerufen«, rief sie mir mit lachendem Munde zu, »fahr Er uns doch an das jenseitige Ufer über den Teich!« Die Damen stiegen nun eine nach der andern vorsichtig und furchtsam in den Kahn, die Herren halfen ihnen dabei und machten sich ein wenig groß mit ihrer Kühnheit auf dem Wasser. Als sich darauf die Frauen alle auf die Seitenbänke gelagert hatten, stieß ich vom Ufer. Einer von den jungen Herren, der ganz vorn stand, fing unmerklich an zu schaukeln. Da wandten sich die Damen furchtsam hin und her, einige schrien gar. Die schöne Frau, welche eine Lilie in der Hand hielt, saß dicht am Bord des Schiffleins und sah so still lächelnd in die klaren Wellen hinunter, die sie mit der Lilie berührte, so daß ihr ganzes Bild zwischen den widerscheinenden Wolken und Bäumen im Wasser noch einmal zu sehen war, wie ein Engel, der leise durch den tiefen blauen Himmelsgrund zieht.

Wie ich noch so auf sie hinsehe, fällts auf einmal der andern lustigen Dicken von meinen zwei Damen ein, ich sollte ihr während der Fahrt eins singen. Geschwind dreht sich ein sehr zierlicher junger Herr mit einer Brille auf der Nase, der neben ihr saß, zu ihr herum, küßt ihr sanft die Hand und sagt: »Ich danke Ihnen für den sinnigen Einfall! Ein Volkslied, *gesungen* vom Volk in freiem Feld und Wald, ist ein Alpenröslein auf der Alpe selbst — die Wunderhörner sind nur Herbarien —, ist die Seele der Nationalseele.« Ich aber sagte, ich wisse nichts zu singen, was für solche Herrschaften schön genug wäre. Da sagte die schnippische Kammerjungfer, die mit einem Korbe voll Tassen und

Flaschen hart neben mir stand und die ich bis jetzt noch gar nicht bemerkt hatte: »Weiß Er doch ein recht hübsches Liedchen von einer vielschönen Fraue.« — »Ja, ja, das sing Er nur recht dreist weg«, rief darauf sogleich die Dame wieder. Ich wurde über und über rot. — Indem blickte auch die schöne Frau auf einmal vom Wasser auf und sah mich an, daß es mir durch Leib und Seele ging. Da besann ich mich nicht lange, faßt ein Herz und sang so recht aus voller Brust und Lust:

Wohin ich geh und schaue,
In Feld und Wald und Tal,
Vom Berg hinab in die Aue:
Vielschöne, hohe Fraue,
Grüß ich dich tausendmal.

In meinem Garten find ich
Viel Blumen, schön und fein,
Viel Kränze wohl draus wind ich,
Und tausend Gedanken bind ich
Und Grüße mit darein.

Ihr darf ich keinen reichen,
Sie ist zu hoch und schön,
Die müssen alle verbleichen,
Die Liebe nur ohnegleichen
Bleibt ewig im Herzen stehn.

Ich schein wohl froher Dinge
Und schaffe auf und ab,
Und ob das Herz zerspringe,
Ich grabe fort und singe
Und grab mir bald mein Grab.

Wir stießen ans Land, die Herrschaften stiegen alle aus, viele von den jungen Herren hatten mich, ich bemerkt es wohl, während ich sang, mit listigen Mienen und Flüstern verspottet vor den Damen. Der Herr mit der Brille faßte mich im Weggehen bei der Hand und sagte mir, ich weiß selbst nicht mehr was, die ältere von meinen Damen sah mich sehr freundlich an. Die schöne Frau hatte während meines ganzen Liedes die Augen niedergeschlagen und ging nun auch fort und sagte gar nichts. — Mir aber standen die Tränen in den Augen schon wie ich noch sang, das Herz wollte mir zerspringen von dem Liede vor Scham und vor Schmerz, es fiel mir jetzt auf einmal alles recht ein, wie *sie* so schön ist und ich so arm bin und verspottet und verlassen von der Welt, — und als sie alle hinter den Büschen verschwunden waren, da konnt ich mich nicht länger halten, ich warf mich in das Gras hin und weinte bitterlich.

Zweites Kapitel

Dicht am herrschaftlichen Garten ging die Landstraße vorüber, nur durch eine hohe Mauer von derselben geschieden. Ein gar sauberes Zollhäuschen mit rotem Ziegeldache war da erbaut, und hinter demselben ein kleines, buntumzäuntes Blumengärtchen, das durch eine Lücke in der Mauer des Schloßgartens hindurch an den schattigsten und verborgensten Teil des letzteren stieß. Dort war eben der Zolleinnehmer gestorben, der das alles sonst bewohnte. Da kam eines Morgens frühzeitig, da ich noch im tiefsten Schlafe lag, der Schreiber vom Schlosse zu mir und rief mich schleunigst zum Herrn Amtmann. Ich zog mich geschwind an und schlenderte hinter dem lustigen Schreiber her, der unterwegs bald da, bald dort eine Blume abbrach und vorn an den Rock steckte, bald mit seinem Spazierstöckchen künstlich in der Luft herumfocht und allerlei zu mir in den Wind hineinparlierte, wovon ich aber nichts verstand, weil mir die Augen und Ohren noch voller Schlaf lagen. Als ich in die Kanzlei trat, wo es noch gar nicht recht Tag war, sah der Amtmann hinter einem ungeheuren Tintenfasse und Stößen von Papier und Büchern und einer ansehnlichen Perücke, wie die Eule aus ihrem Nest, auf mich und hob an: »Wie heißt Er? Woher ist Er? Kann Er schreiben, lesen und rechnen?« Da ich das bejahte, versetzte er: »Na, die gnädige Herrschaft hat Ihm, in Betracht Seiner guten Aufführung und besonderen Meriten, die ledige Einnehmerstelle zugedacht.« — Ich überdachte in der Geschwindigkeit für mich meine bisherige Aufführung und Manieren, und ich mußte gestehen, ich fand am Ende selber, daß der Amtmann recht hatte. — Und so war ich denn wirklich Zolleinnehmer, ehe ich michs versah.

Ich bezog nun sogleich meine neue Wohnung und war in kurzer Zeit eingerichtet. Ich hatte noch mehrere Gerätschaften gefunden, die der selige Einnehmer seinem Nachfolger hinterlassen, unter andern einen prächtigen roten Schlafrock mit gelben Punkten, grüne Pantoffeln, eine Schlafmütze und einige Pfeifen mit langen Röhren. Das alles hatte ich mir schon einmal gewünscht, als ich noch zu Hause war, wo ich immer unsern Pfarrer so bequem herumgehen sah. Den ganzen Tag (zu tun hatte ich weiter nichts) saß ich daher auf dem Bänkchen vor meinem Hause in Schlafrock und Schlafmütze, rauchte Tabak aus dem längsten Rohre, das ich von dem seligen Einnehmer vorgefunden hatte, und sah zu, wie die Leute auf der Landstraße hin und her gingen, fuhren und ritten. Ich wünschte nur immer, daß auch einmal ein paar Leute aus meinem Dorfe, die immer sagten, aus mir würde mein Lebtag nichts, hier vorüberkommen und mich so sehen möchten. — Der Schlafrock stand mir schön zu Gesichte, und überhaupt das alles behagte mir sehr gut. So saß ich denn da und dachte mir mancherlei hin und her, wie aller Anfang schwer ist, wie das vornehmere Leben doch eigentlich recht bequem sei, und faßte heimlich den Entschluß, nunmehr alles Reisen zu lassen, auch Geld zu sparen wie die andern und es mit der Zeit gewiß zu etwas Großem in der Welt zu bringen. Inzwischen vergaß ich über meinen Entschlüssen, Sorgen und Geschäften die allerschönste Frau keineswegs.

Die Kartoffeln und anderes Gemüse, das ich in meinem kleinen Gärtchen fand, warf ich hinaus und bebaute es ganz mit den auserlesensten Blumen, worüber mich der Portier vom Schlosse mit der großen kurfürstlichen Nase, der, seitdem ich hier wohnte, oft zu mir kam und mein intimer Freund geworden war, bedenklich von der Seite ansah und mich für einen hielt, den sein plötzliches Glück verrückt gemacht hätte. Ich aber ließ mich das nicht anfechten. Denn nicht weit von mir im herrschaftlichen Garten hörte ich feine Stimmen sprechen, unter denen ich die meiner schönen Frau zu erkennen meinte, obgleich ich wegen des dichten Gebüsches niemand sehen konnte. Da band ich denn alle Tage einen Strauß von den schönsten Blumen, die ich hatte, stieg jeden Abend, wenn es dunkel wurde, über die Mauer und legte ihn auf einen steinernen Tisch hin, der dort inmitten einer Laube stand; und jeden Abend, wenn ich den neuen Strauß brachte, war der alte von dem Tische fort.

Eines Abends war die Herrschaft auf die Jagd geritten; die Sonne ging eben unter und bedeckte das ganze Land mit Glanz und Schimmer, die Donau schlängelte sich prächtig wie von lauter Gold und Feuer in die weite Ferne, von allen Bergen bis tief ins Land hinein sangen und jauchzten die Winzer. Ich saß mit dem Portier auf dem Bänkchen vor meinem Hause und freute mich in der lauen Luft, wie der lustige Tag so langsam vor uns verdunkelte und verhallte. Da ließen sich auf einmal die Hörner der zurückkehrenden Jäger von ferne vernehmen, die von den Bergen gegenüber von Zeit zu Zeit lieblich Antwort gaben. Ich war recht im innersten Herzen vergnügt und sprang auf und rief wie bezaubert und verzückt vor Lust: »Nein, das ist mir doch ein Metier, die edle Jägerei!« Der Portier aber klopfte sich ruhig die Pfeife aus und sagte: »Das denkt Ihr Euch just so. Ich habe es auch mitgemacht, man verdient sich kaum die Sohlen, die man sich abläuft; und Husten und Schnupfen wird man erst gar nicht los, das kommt von den ewig nassen

Füßen.« — Ich weiß nicht, mich packte da ein närrischer Zorn, daß ich ordentlich am ganzen Leibe zitterte. Mir war auf einmal der ganze Kerl mit seinem langweiligen Mantel, die ewigen Füße, sein Tabaksschnupfen, die große Nase und alles abscheulich. — Ich faßte ihn, wie außer mir, bei der Brust und sagte: »Portier, jetzt schert Ihr Euch nach Hause, oder ich prügle Euch hier sogleich durch!« Den Portier überfiel bei diesen Worten seine alte Meinung, ich wäre verrückt geworden. Er sah mich bedenklich und mit heimlicher Furcht an, machte sich, ohne ein Wort zu sprechen, von mir los und ging, immer noch unheimlich nach mir zurückblickend, mit langen Schritten nach dem Schlosse, wo er atemlos aussagte, ich sei nun wirklich rasend geworden.

Ich aber mußte am Ende laut auflachen und war herzlich froh, den superklugen Gesellen los zu sein, denn es war gerade die Zeit, wo ich den Blumenstrauß immer in die Laube zu legen pflegte. Ich sprang auch heute schnell über die Mauer und ging eben auf das steinerne Tischchen los, als ich in einiger Entfernung Pferdetritte vernahm. Entspringen konnt ich nicht mehr, denn schon kam meine schöne gnädige Frau selber, in einem grünen Jagdhabit und mit nickenden Federn auf dem Hute, langsam und, wie es schien, in tiefen Gedanken die Allee herabgeritten. Es war mir nicht anders zumute, als da ich sonst in den alten Büchern bei meinem Vater von der schönen Magelone gelesen, wie sie so zwischen den immer näher schallenden Waldhornsklängen und wechselnden Abendlichtern unter den hohen Bäumen hervorkam — ich konnte nicht vom Fleck. Sie aber erschrak heftig, als sie mich auf einmal gewahr wurde, und hielt fast unwillkürlich still. Ich war wie betrunken vor Angst, Herzklopfen und großer Freude, und da ich bemerkte, daß sie wirklich meinen Blumenstrauß von gestern an der Brust hatte, konnte ich mich nicht länger halten, sondern sagte ganz verwirrt: »Schönste gnädige Frau, nehmt auch noch diesen Blumenstrauß von mir und alle Blumen aus meinem Garten und alles, was ich habe. Ach, könnt ich nur für Euch ins Feuer springen!« — Sie hatte mich gleich anfangs so ernsthaft und fast böse angeblickt, daß es mir durch Mark und Bein ging, dann aber hielt sie, solange ich redete, die Augen tief niedergeschlagen. Soeben ließen sich einige Reiter und Stimmen im Gebüsch hören. Da ergriff sie schnell den Strauß aus meiner Hand und war bald, ohne ein Wort zu sagen, am andern Ende des Bogenganges verschwunden.

Seit diesem Abend hatte ich weder Ruh noch Rast mehr. Es war mir beständig zumute wie sonst immer, wenn der Frühling anfangen sollte, so unruhig und fröhlich, ohne daß ich wußte, warum, als stünde mir ein großes Glück oder sonst etwas Außerordentliches bevor. Besonders das fatale Rechnen wollte mir nun erst gar nicht mehr von der Hand, und ich hatte, wenn der Sonnenschein durch den Kastanienbaum vor dem Fenster grüngolden auf die Ziffern fiel, und so fix vom Transport bis zum Latus und wieder hinauf und hinab addierte, gar seltsame Gedanken dabei, so daß ich manchmal ganz verwirrt wurde und wahrhaftig nicht bis drei zählen konnte. Denn die Acht kam mir immer vor wie meine dicke enggeschnürte Dame mit dem breiten Kopfputz, die böse Sieben war gar wie ein ewig rückwärtszeigender Wegweiser oder Galgen. — Am meisten Spaß machte mir noch die Neun, die sich mir so oft, eh ich michs versah, lustig als Sechs auf den Kopf stellte, während die Zwei wie ein Fragezeichen so pfiffig dreinsah, als wollte sie mich fragen: Wo soll das am Ende noch hinaus mit dir, du arme Null? Ohne *sie,* diese schlanke Eins und alles, bleibst du doch ewig nichts!

Auch das Sitzen draußen vor der Tür wollte mir nicht mehr behagen. Ich nahm mir, um es bequemer zu haben, einen Schemel mit heraus und streckte die Füße darauf, ich flickte ein altes Parasol vom Einnehmer und steckte es gegen die Sonne wie ein chinesisches Lusthaus über mich. Aber es half nichts. Es schien mir, wie ich so saß und rauchte und spekulierte, als würden mir allmählich die Beine immer länger vor Langeweile und die Nase wüchse mir vom Nichtstun, wenn ich so stundenlang an ihr heruntersah. — Und wenn dann manchmal noch vor Tagesanbruch eine Extrapost vorbeikam, und ich trat halb verschlafen in die kühle Luft hinaus, und ein niedliches Gesichtchen, von dem man in der Dämmerung nur die funkelnden Augen sah, bog sich neugierig zum Wagen hervor und bot mir freundlich einen guten Morgen, in den Dörfern aber ringsumher krähten die Hähne so frisch über die leise wogenden Kornfelder herüber, und zwischen den Morgenstreifen hoch am Himmel schweiften schon einzelne zu früh erwachte Lerchen, und der Postillion nahm dann sein Posthorn und fuhr weiter und blies und blies — da stand ich lange und sah dem Wagen nach, und es war mir nicht anders, als müßt ich nur sogleich mit fort, weit, weit in die Welt. —

Meine Blumensträuße legte ich indes immer noch, sobald die Sonne unterging, auf den steinernen Tisch in der dunklen Laube. Aber das war es eben: damit war es nun aus seit jenem Abend. — Kein Mensch kümmerte sich darum: sooft ich des Morgens frühzeitig nachsah, lagen die Blumen noch immer da wie gestern und sahen mich mit ihren verwelkten niederhängenden Köpfchen und daraufstehenden Tautropfen ordentlich betrübt an, als ob sie weinten. — Das verdroß mich sehr. Ich band gar keinen Strauß mehr. In meinem Garten mochte nun auch das Unkraut treiben, wie es wollte, und die Blumen ließ ich ruhig stehn und wachsen, bis der Wind die Blätter verwehte. War mirs doch ebenso wild und bunt und verstört im Herzen.

In diesen kritischen Zeitläuften geschah es denn, daß einmal, als ich eben zu Hause im Fenster liege und verdrüßlich in die leere Luft hinaussehe, die Kammerjungfer vom Schlosse über die Straße dahergetrippelt kommt. Sie lenkte, da sie mich erblickte, schnell zu mir ein und blieb am Fenster stehen. — »Der gnädige Herr ist gestern von seiner Reise zurückgekommen«, sagte sie eilfertig. »So?« entgegnete ich verwundert — denn ich hatte mich schon seit einigen Wochen um nichts bekümmert und wußte nicht einmal, daß der Herr auf Reisen war —, »da wird seine Tochter, die junge gnädige Frau, auch große Freude gehabt haben.« — Die Kammerjungfer sah mich kurios von oben bis unten an, so daß ich mich ordentlich selber besinnen mußte, ob ich was Dummes gesagt hätte. — »Er weiß aber auch gar nichts«, sagte sie endlich und rümpfte das kleine Näschen. »Nun«, fuhr sie fort, »es soll heute abend dem Herrn zu Ehren Tanz im Schlosse sein und Maskerade. Meine gnädige Frau wird auch maskiert sein, als Gärtnerin — versteht Er auch recht — als Gärtnerin. Nun hat die gnädige Frau gesehen, daß Er besonders schöne Blumen hat in Seinem Garten.« — Das ist seltsam, dachte ich bei mir selbst, man sieht doch jetzt fast keine Blume mehr vor Unkraut. — Sie aber fuhr fort: »Da nun die gnädige Frau schöne Blumen zu ihrem Anzuge braucht, aber ganz frische, die eben vom Beete kommen, so soll Er ihr welche bringen und damit heute abend, wenns dunkel geworden ist, unter dem großen Birnbaum im Schloßgarten warten, da wird sie dann kommen und die Blumen abholen.«

Ich war ganz verblüfft vor Freude über diese Nachricht und lief in meiner Entzückung vom Fenster zu der Kammerjungfer hinaus. — »Pfui, der garstige Schlafrock!« rief diese aus, da sie mich auf einmal so in meinem Aufzuge im Freien sah. Das ärgerte mich, ich wollte auch nicht dahinter bleiben in der Galanterie und machte einige artige Kapriolen, um sie zu erhaschen und zu küssen. Aber unglücklicherweise verwickelte sich mir dabei der Schlafrock, der mir viel zu lang war, unter den Füßen, und ich fiel der Länge nach auf die Erde. Als ich mich wieder zusammenraffte, war die Kammerjungfer schon weit fort, und ich hörte sie noch von fern lachen, daß sie sich die Seiten halten mußte.

Nun aber hatt ich was zu sinnen und mich zu freuen. *Sie* dachte ja noch immer an mich und meine Blumen! Ich ging in mein Gärtchen und riß hastig alles Unkraut von den Beeten und warf es hoch über meinen Kopf weg in die schimmernde Luft, als zög ich alle Übel und Melancholie mit der Wurzel heraus. Die Rosen waren nun wieder wie *ihr* Mund, die himmelblauen Winden wie *ihre* Augen, die schneeweiße Lilie mit ihrem schwermütig gesenkten Köpfchen sah ganz aus wie *sie*. Ich legte alle sorgfältig in ein Körbchen zusammen. Es war ein stiller, schöner Abend und kein Wölkchen am Himmel. Einzelne Sterne traten schon am Firmamente hervor, von weitem rauschte die Donau über die Felder herüber, in den hohen Bäumen im herrschaftlichen Garten neben mir sangen unzählige Vögel lustig durcheinander. Ach, ich war so glücklich!

Als endlich die Nacht hereinbrach, nahm ich mein Körbchen an den Arm und machte mich auf den Weg nach dem großen Garten. In dem Körbchen lag alles so bunt und anmutig durcheinander, weiß, rot, blau und duftig, daß mir ordentlich das Herz lachte, wenn ich hineinsah.

Ich ging voller fröhlicher Gedanken bei dem schönen Mondschein durch die stillen, reinlich mit Sand bestreuten Gänge über die kleinen weißen Brücken, unter denen die Schwäne eingeschlafen auf dem Wasser saßen, an den zierlichen Lauben und Lusthäusern vorüber. Den großen Birnbaum hatte ich gar bald aufgefunden, denn es war derselbe, unter dem ich sonst, als ich noch Gärtnerbursche war, an schwülen Nachmittagen gelegen.

Hier war es so einsam dunkel. Nur eine hohe Espe zitterte und flüsterte mit ihren silbernen Blättern in einem fort. Vom Schlosse schallte manchmal die Tanzmusik herüber. Auch Menschenstimmen hörte ich zuweilen im Garten, die kamen oft ganz nahe an mich heran, dann wurde es auf einmal wieder ganz still.

Mir klopfte das Herz. Es war mir schauerlich und seltsam zumute, als wenn ich jemand bestehlen wollte. Ich stand lange Zeit stockstill an den Baum gelehnt und lauschte nach allen Seiten, da aber immer niemand kam, konnt ich es nicht länger aushalten. Ich hing mein Körbchen an den Arm und kletterte schnell auf den Birnbaum hinauf, um wieder im Freien Luft zu schöpfen.

Da droben schallte mir die Tanzmusik erst recht über die Wipfel entgegen. Ich übersah den ganzen Garten und gerade in die hellerleuchteten Fenster des Schlosses hinein. Dort drehten sich die Kronleuchter langsam wie Kränze von Sternen, unzählige geputzte Herren und Damen, wie in einem Schattenspiele, wogten und walzten und wirrten da bunt und unkenntlich durcheinander, manchmal legten sich welche ins Fenster und sahen hinunter in den Garten. Draußen vor dem Schlosse aber waren der Rasen, die Sträucher und die Bäume von den vielen Lichtern aus dem Saale wie vergoldet, so daß ordentlich die Blumen und die Vögel aufzuwachen schienen. Weiterhin um mich herum und hinter mir lag der Garten so schwarz und still.

Da tanzt *sie* nun, dacht ich in dem Baume droben bei mir selber, und hat gewiß lange dich und deine Blumen wieder vergessen. Alles ist so fröhlich, um dich kümmert sich kein Mensch. — Und so geht es mir überall und immer. Jeder hat sein Plätzchen auf der Erde ausgesteckt, hat seinen warmen Ofen, seine Tasse Kaffee, seine Frau, sein Glas Wein zu Abend und ist so recht zufrieden; selbst dem Portier ist ganz wohl in seiner langen Haut. — Mir ists nirgends recht. Es ist, als wäre ich überall eben zu spät gekommen, als hätte die ganze Welt gar nicht auf mich gerechnet. —

Wie ich eben so philosophiere, höre ich auf einmal unten im Grase etwas einherrascheln. Zwei feine Stimmen sprachen ganz nahe und leise miteinander. Bald darauf bogen sich die Zweige in dem Gesträuche auseinander, und die Kammerjungfer steckte ihr kleines Gesichtchen, sich nach allen Seiten umsehend, zwischen der Laube hindurch. Der Mondschein funkelte recht auf ihren pfiffigen Augen, wie sie hervorguckten. Ich hielt den Atem an mich und blickte unverwandt hinunter. Es dauerte auch nicht lange, so trat wirklich die Gärtnerin, ganz so wie mir sie die Kammerjungfer gestern beschrieben hatte, zwischen den Bäumen heraus. Mein Herz klopfte mir zum Zerspringen. Sie aber hatte eine Larve vor und sah sich, wie mir schien, verwundert auf dem Platze um. — Da wollts mir vorkommen, als wäre sie gar nicht recht schlank und niedlich. — Endlich trat sie ganz nahe an den Baum und nahm die Larve ab. — Es war wahrhaftig die andere, ältere gnädige Frau!

Wie froh war ich nun, als ich mich vom ersten Schreck erholt hatte, daß ich mich hier oben in Sicherheit befand. Wie in aller Welt, dachte ich, kommt *die* nur jetzt hierher? Wenn nun die liebe schöne gnädige

Frau die Blumen abholt, — das wird eine schöne Geschichte werden! Ich hätte am Ende weinen mögen vor Ärger über den ganzen Spektakel.

Indem hub die verkappte Gärtnerin unten an: »Es ist so stickend heiß droben im Saale, ich mußte gehen, mich ein wenig abzukühlen in der freien schönen Natur.« Dabei fächelte sie sich mit der Larve in einem fort und blies die Luft von sich. Bei dem hellen Mondschein konnt ich deutlich erkennen, wie ihr die Flechsen am Halse ordentlich aufgeschwollen waren; sie sah ganz erbost aus und ziegelrot im Gesicht. Die Kammerjungfer suchte unterdes hinter allen Hecken herum, als hätte sie eine Stecknadel verloren. —

»Ich brauche so notwendig noch frische Blumen zu meiner Maske«, fuhr die Gärtnerin von neuem fort, »wo er auch stecken mag!« — Die Kammerjungfer suchte und kicherte dabei immerfort heimlich in sich selbst hinein. — »Sagtest du was, Rosette?« fragte die Gärtnerin spitzig. — »Ich sage, was ich immer gesagt habe«, erwiderte die Kammerjungfer und machte ein ganz ernsthaftes treuherziges Gesicht, »der ganze Einnehmer ist und bleibt ein Lümmel, er liegt gewiß irgendwo hinter einem Strauche und schläft.«

Mir zuckte es in allen meinen Gliedern, herunterzuspringen und meine Reputation zu retten — da hörte man auf einmal ein großes Pauken und Musizieren und Lärmen vom Schlosse her.

Nun hielt sich die Gärtnerin nicht länger. »Da bringen die Menschen«, fuhr sie verdrüßlich fort, »dem Herrn das Vivat. Komm, man wird uns vermissen!« — Und hiermit steckte sie die Larve schnell vor und ging wütend mit der Kammerjungfer nach dem Schlosse zu fort. Die Bäume und Sträucher wiesen kurios, wie mit langen Nasen und Fingern, hinter ihr drein, der Mondschein tanzte noch fix, wie über eine Klaviatur, über ihre breite Taille auf und nieder, und so nahm sie, so recht wie ich auf dem Theater manchmal die Sängerinnen gesehn, unter Trompeten und Pauken schnell ihren Abzug.

Ich aber wußte in meinem Baume droben eigentlich gar nicht recht, wie mir geschehen, und richtete nunmehr meine Augen unverwandt auf das Schloß hin; denn ein Kreis hoher Windlichter unten an den Stufen des Einganges warf dort einen seltsamen Schein über die blitzenden Fenster und weit in den Garten hinein. Es war die Dienerschaft, die soeben ihrer jungen Herrschaft ein Ständchen brachte. Mitten unter ihnen stand der prächtig aufgeputzte Portier, wie ein Staatsminister, vor einem Notenpulte und arbeitete sich emsig an einem Fagotte ab.

Wie ich mich soeben zurechtsetzte, um der schönen Serenade zuzuhören, gingen auf einmal oben auf dem Balkon des Schlosses die Flügeltüren auf. Ein hoher Herr, schön und stattlich in Uniform und mit vielen funkelnden Sternen, trat auf den Balkon heraus, und an seiner Hand — die schöne junge gnädige Frau, in ganz weißem Kleide, wie eine Lilie in der Nacht oder wie wenn der Mond über das klare Firmament zöge.

Ich konnte keinen Blick von dem Platze verwenden, und Garten, Bäume und Felder gingen unter vor meinen Sinnen, wie sie so wundersam beleuchtet von den Fackeln hoch und schlank dastand und bald anmutig mit dem schönen Offizier sprach, bald wieder freundlich zu den Musikanten herunternickte. Die Leute unten waren außer sich vor Freude, und ich hielt mich am Ende auch nicht mehr und schrie immer aus Leibeskräften Vivat mit. —

Als sie aber bald darauf wieder von dem Balkon verschwand, unten eine Fackel nach der andern verlöschte und die Notenpulte weggeräumt wurden und nun der Garten ringsumher auch wieder finster wurde und rauschte wie vorher — da merkt ich erst alles — da fiel es mir auf einmal aufs Herz, daß mich wohl eigentlich nur die Tante mit den Blumen bestellt hatte, daß die Schöne gar nicht an mich dachte und lange verheiratet ist und daß ich selber ein großer Narr war.

Alles das versenkte mich recht in einen Abgrund von Nachsinnen. Ich wickelte mich, gleich einem Igel, in die Stacheln meiner eigenen Gedanken zusammen: vom Schlosse schallte die Tanzmusik nur noch seltner herüber, die Wolken wanderten einsam über den dunklen Garten weg. Und so saß ich auf dem Baume droben, wie die Nachteule, in den Ruinen meines Glücks die ganze Nacht hindurch.

Die kühle Morgenluft weckte mich endlich aus meinen Träumereien. Ich erstaunte ordentlich, wie ich so auf einmal um mich herblickte. Musik und Tanz war lange vorbei, im Schlosse und rings um das Schloß herum auf dem Rasenplatze und den steinernen Stufen und Säulen sah alles so still, kühl und feierlich aus; nur der Springbrunnen vor dem Eingange plätscherte einsam in einem fort. Hin und her in den Zweigen neben mir erwachten schon die Vögel, schüttelten ihre bunten Federn und sahen, die kleinen Flügel dehnend, neugierig und verwundert ihren seltsamen Schlafkameraden an. Fröhlich schweifende Morgenstrahlen funkelten über den Garten weg auf meine Brust.

Da richtete ich mich in meinem Baume auf und sah seit langer Zeit zum ersten Male wieder einmal so recht weit in das Land hinaus, wie da schon einzelne Schiffe auf der Donau zwischen den Weinbergen herabfuhren und die noch leeren Landstraßen wie Brükken über das schimmernde Land sich fern über die Berge und Täler hinausschwangen.

Ich weiß nicht, wie es kam — aber mich packte da auf einmal wieder meine ehemalige Reiselust: alle die alte Wehmut und Freude und große Erwartung. Mir fiel dabei zugleich ein, wie nun die schöne Frau droben auf dem Schlosse zwischen Blumen und unter seidnen Decken schlummerte und ein Engel bei ihr auf dem Bette säße in der Morgenstille. — »Nein«, rief ich aus, »fort muß ich von hier und immer fort, so weit als der Himmel blau ist!«

Und hiermit nahm ich mein Körbchen und warf es hoch in die Luft, so daß es recht lieblich anzusehen war, wie die Blumen zwischen den Zweigen und auf dem grünen Rasen unten bunt umherlagen. Dann stieg ich selber schnell herunter und ging durch den stillen Garten auf meine Wohnung zu. Gar oft blieb ich da noch stehen auf manchem Plätzchen, wo ich sie sonst wohl einmal gesehen oder im Schatten liegend an sie gedacht hatte.

In und um mein Häuschen sah alles noch so aus, wie ich es gestern verlassen hatte. Das Gärtchen war geplündert und wüst, im Zimmer drin lag noch das große Rechnungsbuch aufgeschlagen, meine Geige, die ich schon fast ganz vergessen hatte, hing verstaubt an der Wand. Ein Morgenstrahl aber aus dem gegenüberstehenden Fenster fuhr gerade blitzend über die Saiten. Das gab einen rechten Klang in meinem Herzen. »Ja«, sagt ich, »komm nur her, du getreues Instrument! Unser Reich ist nicht von dieser Welt!« —

Und so nahm ich die Geige von der Wand, ließ Rechnungsbuch, Schlafrock, Pantoffeln, Pfeifen und Parasol liegen und wanderte, arm wie ich gekommen war, aus meinem Häuschen und auf der glänzenden Landstraße von dannen.

Ich blickte noch oft zurück; mir war gar seltsam zumute, so traurig und doch auch wieder so überaus fröhlich, wie ein Vogel, der aus seinem Käfig ausreißt. Und als ich schon eine weite Strecke gegangen war, nahm ich draußen im Freien meine Geige vor und sang:

Den lieben Gott laß ich nur walten;
Der Bächlein, Lerchen, Wald und Feld
Und Erd und Himmel tut erhalten,
Hat auch mein Sach aufs best bestellt!

Das Schloß, der Garten und die Türme von Wien waren schon hinter mir im Morgenduft versunken, über mir jubilierten unzählige Lerchen hoch in der Luft; so zog ich zwischen den grünen Bergen und an lustigen Städten und Dörfern vorbei gen Italien hinunter.

Aber das war nun schlimm! Ich hatte noch gar nicht daran gedacht, daß ich eigentlich den rechten Weg nicht wußte. Auch war ringsumher kein Mensch zu sehen in der stillen Morgenstunde, den ich hätte fragen können, und nicht weit von mir teilte sich die Landstraße in viele neue Landstraßen, die gingen weit, weit über die höchsten Berge fort, als führten sie aus der Welt hinaus, so daß mir ordentlich schwindelte, wenn ich recht hinsah.

Endlich kam ein Bauer des Weges daher, der, glaub ich, nach der Kirche ging, da es heut eben Sonntag war, in einem altmodischen Überrock mit großen silbernen Knöpfen und einem langen spanischen Rohr mit einem sehr massiven silbernen Stockknopf darauf, der schon von weitem in der Sonne funkelte. Ich frug ihn sogleich mit vieler Höflichkeit: »Können Sie mir nicht sagen, wo der Weg nach Italien geht?« — Der Bauer blieb stehen, sah mich an, besann sich dann mit weit vorgeschobener Unterlippe und sah mich wieder an. Ich sagte noch einmal: »Nach Italien, wo die Pomeranzen wachsen.« — »Ach, was gehn mich Seine Pomeranzen an!« sagte der Bauer da und schritt wacker wieder weiter. Ich hätte dem Manne mehr Konduite zugetraut, denn er sah recht stattlich aus.

Was war nun zu machen! Wieder umkehren und in mein Dorf zurückgehn? Da hätten die Leute mit den Fingern auf mich gewiesen, und die Jungen wären um mich herumgesprungen: »Ei, tausend willkommen aus der Welt! wie sieht es denn aus in der Welt? hat Er uns nicht Pfefferkuchen mitgebracht aus der Welt?« — Der Portier mit der kurfürstlichen Nase, welcher überhaupt viele Kenntnisse von der Weltgeschichte hatte, sagte oft zu mir: »Wertgeschätzter Herr Einnehmer! Italien ist ein schönes Land, da sorgt der liebe Gott für alles, da kann man sich im Sonnenschein auf den Rücken legen, so wachsen einem die Rosinen ins Maul, und wenn einen die Tarantel beißt, so tanzt man mit ungemeiner Gelenkigkeit, wenn man auch sonst nicht tanzen gelernt hat.« — »Nein, nach Italien, nach Italien!« rief ich voller Vergnügen aus und rannte, ohne an die verschiedenen Wege zu denken, auf der Straße fort, die mir eben vor die Füße kam.

Als ich eine Strecke so fortgewandert war, sah ich rechts von der Straße einen sehr schönen Baumgarten, wo die Morgensonne so lustig zwischen den Stämmen und Wipfeln hindurchschimmerte, daß es aussah, als wäre der Rasen mit goldenen Teppichen belegt. Da ich keinen Menschen erblickte, stieg ich über den niedrigen Gartenzaun und legte mich recht behaglich unter einem Apfelbaum ins Gras, denn von dem gestrigen Nachtlager auf dem Baume taten mir noch alle Glieder weh. Da konnte man weit ins Land hinaussehen, und da es Sonntag war, so kamen bis aus der weitesten Ferne Glockenklänge über die stillen Felder herüber, und geputzte Landleute zogen überall zwischen Wiesen und Büschen nach der Kirche. Ich war recht fröhlich im Herzen, die Vögel sangen über mir im Baume, ich dachte an meine Mühle und an den Garten der schönen gnädigen Frau, und wie das alles nun so weit, weit lag — bis ich zuletzt einschlummerte. Da träumte mir, als käme diese schöne Frau aus der prächtigen Gegend unten zu mir gegangen oder eigentlich langsam geflogen zwischen den Glockenklängen, mit langen weißen Schleiern, die im Morgenrote wehten. Dann war es wieder, als wären wir gar nicht in der Fremde, sondern bei meinem Dorfe an der Mühle in den tiefen Schatten. Aber da war alles still und leer, wie wenn die Leute sonntags in der Kirche sind und nur der Orgelklang durch die Bäume herüberkommt, daß es mir recht im Herzen weh tat. Die schöne Frau aber war sehr gut und freundlich, sie hielt mich an der Hand und ging mit mir und sang in einem fort in dieser Einsamkeit das schöne Lied, das sie damals immer frühmorgens am offenen Fenster zur Gitarre gesungen hat, und ich sah dabei ihr Bild in dem stillen Weiher, noch viel tausendmal schöner, aber mit sonderbaren Augen, die mich so starr ansahen, daß ich mich beinah gefürchtet hätte. — Da fing auf einmal die Mühle, erst in einzelnen langsamen Schlägen, dann immer schneller und heftiger an zu gehen und zu brausen, der Weiher wurde dunkel und kräuselte sich, die schöne Frau wurde ganz bleich, und ihre Schleier wurden immer länger und länger und flatterten entsetzlich in langen Spitzen, wie Nebelstreifen, hoch am Himmel empor; das Sausen nahm immer mehr zu, oft war es, als bliese der Portier auf seinem Fagotte dazwischen, bis ich endlich mit heftigem Herzklopfen aufwachte.

Es hatte sich wirklich ein Wind erhoben, der leise über mir durch den Apfelbaum ging; aber was so brauste und rumorte, war weder die Mühle noch der Portier, sondern derselbe Bauer, der mir vorhin den

Weg nach Italien nicht zeigen wollte. Er hatte aber seinen Sonntagsstaat ausgezogen und stand in einem weißen Kamisol vor mir. »Na«, sagte er, da ich mir noch den Schlaf aus den Augen wischte, »will Er etwa hier Poperenzen klauben, daß Er mir das schöne Gras so zertrampelt, anstatt in die Kirche zu gehen, Er Faulenzer!« — Mich ärgerte es nur, daß mich der Grobian aufgeweckt hatte. Ich sprang ganz erbost auf und versetzte geschwind: »Was, Er will mich hier ausschimpfen? Ich bin Gärtner gewesen, eh Er daran dachte, und Einnehmer, und wenn Er zur Stadt gefahren wäre, hätte Er die schmierige Schlafmütze vor mir abnehmen müssen, und hatte mein Haus und meinen roten Schlafrock mit gelben Punkten.« Aber der Knollfink scherte sich gar nichts darum, sondern stemmte beide Arme in die Seiten und sagte bloß: »Was will Er denn? he! he!« Dabei sah ich, daß es eigentlich ein kurzer, stämmiger, krummbeiniger Kerl war und vorstehende glotzende Augen und eine rote, etwas schiefe Nase hatte. Und wie er immerfort nichts weiter sagte als: »He! — he!« — und dabei jedesmal einen Schritt näher auf mich zukam, da überfiel mich auf einmal eine so kuriose grausliche Angst, daß ich mich schnell aufmachte, über den Zaun sprang und, ohne mich umzusehen, immerfort querfeldein lief, daß mir die Geige in der Tasche klang.

Als ich endlich wieder stillhielt, um Atem zu schöpfen, war der Garten und das ganze Tal nicht mehr zu sehen, und ich stand in einem schönen Walde. Aber ich gab nicht viel darauf acht, denn jetzt ärgerte mich das Spektakel erst recht, und daß der Kerl mich immer

Er nannte, und ich schimpfte noch lange im stillen für mich. In solchen Gedanken ging ich rasch fort und kam immer mehr von der Landstraße ab, mitten in das Gebirge hinein. Der Holzweg, auf dem ich fortgelaufen war, hörte auf, und ich hatte nur noch einen kleinen, wenig betretenen Fußsteig vor mir. Ringsum war niemand zu sehen und kein Laut zu vernehmen. Sonst aber war es recht anmutig zu gehen, die Wipfel der Bäume rauschten, und die Vögel sangen sehr schön. Ich befahl mich daher Gottes Führung, zog meine Violine hervor und spielte alle meine liebsten Stücke durch, daß es recht fröhlich in dem einsamen Walde erklang.

Mit dem Spielen ging es aber auch nicht lange, denn ich stolperte dabei jeden Augenblick über die fatalen Baumwurzeln, auch fing mich zuletzt an zu hungern, und der Wald wollte noch immer gar kein Ende nehmen. So irrte ich den ganzen Tag herum, und die Sonne schien schon schief zwischen den Baumstämmen hindurch, als ich endlich in ein kleines Wiesental hinauskam, das rings von Bergen eingeschlossen und voller roter und gelber Blumen war, über denen unzählige Schmetterlinge im Abendgolde herumflatterten. Hier war es so einsam, als läge die Welt wohl hundert Meilen weit weg. Nur die Heimchen zirpten, und ein Hirt lag drüben im hohen Grase und blies so melancholisch auf seiner Schalmei, daß einem das Herz vor Wehmut hätte zerspringen mögen. Ja, dachte ich bei mir, wer es so gut hätte wie so ein Faulenzer! unsereiner muß sich in der Fremde herumschlagen und immer attent sein. — Da ein schönes klares Flüßchen zwischen uns lag, über das ich nicht herüber konnte, so rief ich ihm von weitem zu: wo hier das nächste Dorf läge? Er ließ sich aber nicht stören, sondern streckte nur den Kopf ein wenig aus dem Grase hervor, wies mit seiner Schalmei auf den andern Wald hin und blies ruhig wieder weiter.

Unterdes marschierte ich fleißig fort, denn es fing schon an zu dämmern. Die Vögel, die alle noch ein großes Geschrei gemacht hatten, als die letzten Sonnenstrahlen durch den Wald schimmerten, wurden auf einmal still, und mir fing beinah an, angst zu werden in dem ewigen, einsamen Rauschen der Wälder. Endlich hörte ich von ferne Hunde bellen. Ich schritt rascher fort, der Wald wurde immer lichter und lichter, und bald darauf sah ich zwischen den letzten Bäumen hindurch einen schönen grünen Platz, auf dem viele Kinder lärmten und sich um eine große Linde herumtummelten, die recht in der Mitte stand. Weiterhin an dem Platze war ein Wirtshaus, vor dem einige Bauern um einen Tisch saßen und Karten spielten und Tabak rauchten. Von der andern Seite saßen junge Burschen und Mädchen vor der Tür, die die Arme in ihre Schürzen gewickelt hatten und in der Kühle miteinander plauderten.

Ich besann mich nicht lange, zog meine Geige aus der Tasche und spielte schnell einen lustigen Ländler auf, während ich aus dem Walde hervortrat. Die Mädchen verwunderten sich, die Alten lachten, daß es weit in den Wald hineinschallte. Als ich aber so bis zu der Linde gekommen war und mich mit dem Rücken dran lehnte und immerfort spielte, da ging ein heimliches

Rumoren und Gewisper unter den jungen Leuten rechts und links, die Bursche legten endlich ihre Sonntagspfeifen weg, jeder nahm die Seine, und eh ichs mir versah, schwenkte sich das junge Bauernvolk tüchtig um mich herum, die Hunde bellten, die Kittel flogen, und die Kinder standen um mich im Kreise und sahen mir neugierig ins Gesicht und auf die Finger, wie ich so fix damit hantierte.

Wie der erste Schleifer vorbei war, konnte ich erst recht sehen, wie eine gute Musik in die Gliedmaßen fährt. Die Bauernburschen, die sich vorher, die Pfeifen im Munde, auf den Bänken reckten und die steifen Beine von sich streckten, waren nun auf einmal wie umgetauscht, ließen ihre bunten Schnupftücher vorn am Knopfloch lang herunterhängen und kapriolten so artig um die Mädchen herum, daß es eine rechte Lust anzuschauen war. Einer von ihnen, der sich schon für was Rechtes hielt, haspelte lange in seiner Westentasche, damit es die andern sehen sollten, und brachte endlich ein kleines Silberstück heraus, das er mir in die Hand drücken wollte. Mich ärgerte das, wenn ich gleich dazumal kein Geld in der Tasche hatte. Ich sagte ihm, er sollte nur seine Pfennige behalten, ich spielte nur so aus Freude, weil ich wieder bei Menschen wäre. Bald darauf aber kam ein schmuckes Mädchen mit einer großen Stampe Wein zu mir. »Musikanten trinken gern«, sagte sie und lachte mich freundlich an, und ihre perlweißen Zähne schimmerten recht scharmant zwischen den roten Lippen hindurch, so daß ich sie wohl hätte darauf küssen mögen. Sie tunkte ihr Schnäbelchen in den Wein, wobei ihre Augen über das Glas weg auf mich herüberfunkelten, und reichte mir darauf die Stampe hin. Da trank ich das Glas bis auf den Grund aus und spielte dann wieder von frischem, daß sich alles lustig um mich herumdrehte.

Die Alten waren unterdes von ihrem Spiel aufgebrochen, die jungen Leute fingen auch an müde zu werden und zerstreuten sich, und so wurde es nach und nach ganz still und leer vor dem Wirtshause. Auch das Mädchen, das mir den Wein gereicht hatte, ging nun nach dem Dorfe zu, aber sie ging sehr langsam und sah sich zuweilen um, als ob sie was vergessen hätte. Endlich blieb sie stehen und suchte etwas auf der Erde, aber ich sah wohl, daß sie, wenn sie sich bückte, unter dem Arme hindurch nach mir zurückblickte. Ich hatte auf dem Schlosse Lebensart gelernt, ich sprang also geschwind herzu und sagte: »Haben Sie etwas verloren, schönste Mamsell?« — »Ach nein«, sagte sie und wurde über und über rot, »es war nur eine Rose — will Er sie haben?« — Ich dankte und steckte die Rose ins Knopfloch. Sie sah mich sehr freundlich an und sagte: »Er spielt recht schön.« — »Ja«, versetzte ich, »das ist so eine Gabe Gottes.« — »Die Musikanten sind hier in der Gegend sehr rar«, hub das Mädchen dann wieder an und stockte und hatte die Augen beständig niedergeschlagen. »Er könnte sich hier ein gutes Stück Geld verdienen — auch mein Vater spielt etwas die Geige und hört gern von der Fremde erzählen — und mein Vater ist sehr reich.« — Dann lachte sie auf und sagte: »Wenn Er nur nicht immer solche Grimassen machen möchte mit dem Kopfe, beim Geigen!« — »Teuerste Jungfer«, erwiderte ich, »erstlich: nennen Sie mich nur nicht immer Er; sodann mit den Kopftremulenzen, das ist einmal nicht anders, das haben wir Virtuosen alle so an uns.« — »Ach so!« entgegnete das Mädchen. Sie wollte noch etwas mehr sagen, aber da entstand auf einmal ein entsetzliches Gepolter im Wirtshause, die Haustür ging mit großem Gekrache auf, und ein dünner Kerl kam wie ein ausgeschoßner Ladestock herausgeflogen, worauf die Tür sogleich wieder hinter ihm zugeschlagen wurde.

Das Mädchen war bei dem ersten Geräusch wie ein Reh davongesprungen und im Dunkel verschwunden. Die Figur vor der Tür aber raffte sich hurtig wieder vom Boden auf und fing nun an mit solcher Geschwindigkeit gegen das Haus loszuschimpfen, daß es ordentlich zum Erstaunen war. »Was!« schrie er, »ich besoffen? ich die Kreidestriche an der verräucherten Tür nicht bezahlen? Löscht sie aus, löscht sie aus! Hab ich euch nicht erst gestern übern Kochlöffel barbiert und in die Nase geschnitten, daß ihr mir den Löffel morsch entzweigebissen habt? Barbieren macht einen Strich — Kochlöffel wieder ein Strich — Pflaster auf die Nase, noch ein Strich — wieviel solche hundsföttische Striche wollt ihr denn noch bezahlt haben? Aber gut, schon gut, ich lasse das ganze Dorf, die ganze Welt ungeschoren. Lauft meinetwegen mit euren Bärten, daß der liebe Gott am Jüngsten Tage nicht weiß, ob ihr Juden seid oder Christen! Ja, hängt euch an euren eigenen Bärten auf, ihr zottigen Landbären!« Hier brach er auf einmal in ein jämmerliches Weinen aus und fuhr ganz erbärmlich durch die Fistel fort: »Wasser soll ich saufen, wie ein elender Fisch? Ist das Nächstenliebe? Bin ich nicht ein Mensch und ein ausgelernter Feldscher? Ach, ich bin heute so in der Rage! Mein Herz ist voller Rührung und Menschenliebe!« Bei diesen Worten zog er sich nach und nach zurück, da im Hause alles still blieb. Als er mich erblickte, kam er mit ausgebreiteten Armen auf mich los, ich glaubte, der tolle Kerl wollte mich embrassieren. Ich sprang aber auf die Seite, und so stolperte er weiter, und ich hörte ihn noch lange, bald grob, bald fein, durch die Finsternis mit sich diskurieren.

Mir aber ging mancherlei im Kopfe herum. Die Jungfer, die mir vorhin die Rose geschenkt hatte, war jung, schön und reich — ich konnte da mein Glück machen, eh man die Hand umkehrte. Und Hammel und Schweine, Puter und fette Gänse mit Äpfeln gestopft — ja, es war mir nicht anders, als säh ich den Portier auf mich zukommen: Greif zu, Einnehmer, greif zu! jung gefreit hat niemand gereut, wers Glück hat, führt die Braut heim, bleibe im Lande und nähre dich tüchtig. In solchen philosophischen Gedanken setzte ich mich auf dem Platze, der nun ganz einsam war, auf einen Stein nieder, denn an das Wirtshaus anzuklopfen traute ich mich nicht, weil ich kein Geld bei mir hatte. Der Mond schien prächtig, von den Bergen rauschten die Wälder durch die stille Nacht herüber, manchmal schlugen im Dorfe die Hunde an, das weiter im Tale unter Bäumen und Mondschein wie begraben lag. Ich betrachtete das Firmament, wie da einzelne Wolken langsam durch den Mondschein zogen und manchmal ein Stern weit in der Ferne herunterfiel. So, dachte ich, scheint der Mond auch über meines

Vaters Mühle und auf das weiße gräfliche Schloß. Dort ist nun auch schon alles lange still, die gnädige Frau schläft, und die Wasserkünste und Bäume im Garten rauschen noch immerfort wie damals, und allen ists gleich, ob ich noch da bin oder in der Fremde oder gestorben. — Da kam mir die Welt auf einmal so entsetzlich weit und groß vor, und ich so ganz allein darin, daß ich aus Herzensgrunde hätte weinen mögen.

Wie ich noch immer so dasitze, höre ich auf einmal aus der Ferne Hufschlag im Walde. Ich hielt den Atem an und lauschte, da kam es immer näher und näher, und ich konnte schon die Pferde schnauben hören. Bald darauf kamen auch wirklich zwei Reiter unter den Bäumen hervor, hielten aber am Saume des Waldes an und sprachen heimlich sehr eifrig miteinander, wie ich an den Schatten sehen konnte, die plötzlich über den mondbeglänzten Platz vorschossen und mit langen dunklen Armen bald dahin, bald dorthin wiesen. — Wie oft, wenn mir zu Hause meine verstorbene Mutter von wilden Wäldern und martialischen Räubern erzählte, hatte ich mir sonst immer heimlich gewünscht, eine solche Geschichte selbst zu erleben. Da hatt ichs nun auf einmal für meine dummen, frevelmütigen Gedanken! — Ich streckte mich nun an dem Lindenbaum, unter dem ich gesessen, ganz unmerklich so lang aus, als ich nur konnte, bis ich den ersten Ast erreicht hatte und mich geschwinde hinaufschwang. Aber ich baumelte noch mit halbem Leibe über dem Aste und wollte soeben auch meine Beine nachholen, als der eine von den Reitern rasch hinter mir über den Platz dahertrabte. Ich drückte nun die Augen fest zu in dem dunklen Laube und rührte und regte mich nicht. — »Wer ist da?« rief es auf einmal dicht hinter mir. »Niemand!« schrie ich aus Leibeskräften vor Schreck, daß er mich doch noch erwischt hatte. Insgeheim mußte ich aber doch bei mir lachen, wie die Kerls sich schneiden würden, wenn sie mir die leeren Taschen umdrehten. — »Ei, ei«, sagte der Räuber wieder, »wem gehören denn aber die zwei Beine, die da herunterhängen?« — Da half nichts mehr. »Nichts weiter«, versetzte ich, »als ein paar arme, verirrte Musikantenbeine«, und ließ mich rasch wieder auf den Boden herab, denn ich schämte mich auch, länger wie eine zerbrochene Gabel da über dem Aste zu hängen.

Das Pferd des Reiters scheute, als ich so plötzlich vom Baume herunterfuhr. Er klopfte ihm den Hals und sagte lachend: »Nun, wir sind auch verirrt, da sind wir rechte Kameraden: ich dächte also, du helfest uns ein wenig den Weg nach B. aufsuchen. Es soll dein Schade nicht sein.« Ich hatte nun gut beteuern, daß ich gar nicht wüßte, wo B. läge, daß ich lieber hier im Wirtshause fragen oder sie in das Dorf hinunterführen wollte. Der Kerl nahm gar keine Räson an. Er zog ganz ruhig eine Pistole aus dem Gurt, die recht hübsch im Mondschein funkelte. »Mein Liebster«, sagte er dabei sehr freundschaftlich zu mir, während er bald den Lauf der Pistole abwischte, bald wieder prüfend an die Augen hielt, »mein Liebster, du wirst wohl so gut sein, selber nach B. vorauszugehen.«

Da war ich nun recht übel daran. Traf ich den Weg, so kam ich gewiß zu der Räuberbande und bekam Prügel, da ich kein Geld bei mir hatte; traf ich ihn nicht —

so bekam ich auch Prügel. Ich besann mich also nicht lange und schlug den ersten besten Weg ein, der an dem Wirtshause vorüber vom Dorfe abführte. Der Reiter sprengte schnell zu seinem Begleiter zurück, und beide folgten mir dann in einiger Entfernung langsam nach. So zogen wir eigentlich recht närrisch auf gut Glück in die mondhelle Nacht hinein. Der Weg lief immerfort im Walde an einem Bergeshange fort. Zuweilen konnte man über die Tannenwipfel, die von unten herauflangten und sich dunkel rührten, weit in die tiefen, stillen Täler hinaussehen, hin und her schlug eine Nachtigall. Hunde bellten in der Ferne in den Dörfern. Ein Fluß rauschte beständig aus der Tiefe und blitzte zuweilen im Mondschein auf. Dabei das einförmige Pferdegetrappel und das Wirren und Schwirren der Reiter hinter mir, die unaufhörlich in einer fremden Sprache miteinander plauderten, und das helle Mondlicht und die langen Schatten der Baumstämme, die wechselnd über die beiden Reiter wegflogen, daß sie mir bald schwarz, bald hell, bald klein, bald wieder riesengroß vorkamen. Mir verwirrten sich ordentlich die Gedanken, als läge ich in einem Traum und könnte gar nicht aufwachen. Ich schritt immer stramm vor mich hin. Wir müssen, dachte ich, doch am Ende aus dem Walde und aus der Nacht herauskommen.

Endlich flogen hin und wieder schon lange rötliche Scheine über den Himmel, ganz leise, wie wenn man über einen Spiegel haucht, auch eine Lerche sang schon hoch über dem stillen Tale. Da wurde mir auf einmal ganz klar im Herzen bei dem Morgengruße, und alle Furcht war vorüber. Die beiden Reiter aber streckten sich und sahen sich nach allen Seiten um und schienen nun erst gewahr zu werden, daß wir doch wohl nicht auf dem rechten Wege sein mochten. Sie plauderten wieder viel, und ich merkte wohl, daß sie von mir sprachen, ja es kam mir vor, als finge der eine sich vor mir zu fürchten an, als könnt ich wohl gar so ein heimlicher Schnapphahn sein, der sie im Walde irreführen wollte. Das machte mir Spaß, denn je lichter es ringsum wurde, je mehr Courage kriegt ich, zumal da wir soeben auf einen schönen freien Waldplatz herauskamen. Ich sah mich daher nach allen Seiten ganz wild um und pfiff dann ein paarmal auf den Fingern, wie die Spitzbuben tun, wenn sie sich einander Signale geben wollen.

»Halt!« rief auf einmal der eine von den Reitern, daß ich ordentlich zusammenfuhr. Wie ich mich umsehe, sind sie beide abgestiegen und haben ihre Pferde an einen Baum angebunden. Der eine kommt aber rasch auf mich los, sieht mir ganz starr ins Gesicht und fängt auf einmal ganz unmäßig an zu lachen. Ich muß gestehen, mich ärgerte das unvernünftige Gelächter. Er aber sagte: »Wahrhaftig, das ist der Gärtner, wollt sagen: Einnehmer vom Schloß!«

Ich sah ihn groß an, wußte mich aber seiner nicht zu erinnern, hätt auch viel zu tun gehabt, wenn ich mir alle die jungen Herren hätte ansehen wollen, die auf dem Schlosse ab und zu ritten. Er aber fuhr mit ewigem Gelächter fort: »Das ist prächtig! Du vazierst, wie ich sehe, wir brauchen eben einen Bedienten, bleib bei uns, da hast du ewige Vakanz.« — Ich war ganz verblüfft und sagte endlich, daß ich soeben auf einer

Reise nach Italien begriffen wäre. — »Nach Italien?!« entgegnete der Fremde; »ebendahin wollen auch wir!« — »Nun, wenn *das* ist!« rief ich aus und zog voller Freude meine Geige aus der Tasche und strich, daß die Vögel im Walde aufwachten. Der Herr aber erwischte geschwind den andern Herrn und walzte mit ihm wie verrückt auf dem Rasen herum.

Dann standen sie plötzlich still. »Bei Gott«, rief der eine, »da seh ich schon den Kirchturm von B.! Nun, da wollen wir bald unten sein.« Er zog seine Uhr heraus und ließ sie repetieren, schüttelte mit dem Kopfe und ließ noch einmal schlagen. »Nein«, sagte er, »das geht nicht, wir kommen so zu früh hin, das könnte schlimm werden!«

Darauf holten sie von ihren Pferden Kuchen, Braten und Weinflaschen, breiteten eine schöne bunte Decke auf dem grünen Rasen aus, streckten sich darüber hin und schmausten sehr vergnüglich, teilten auch mir von allem sehr reichlich mit, was mir gar wohl bekam, da ich seit einigen Tagen schon nicht mehr vernünftig gespeist hatte. — »Und daß du's weißt«, sagte der eine zu mir, — »aber du kennst uns doch nicht?« — Ich schüttelte mit dem Kopfe. — »Also, daß du's weißt: ich bin der Maler Leonhard, und das dort ist — wieder ein Maler — Guido geheißen.«

Ich besah mir nun die beiden Maler genauer bei der Morgendämmerung. Der eine, Herr Leonhard, war groß, schlank, braun, mit lustigen, feurigen Augen. Der andere war viel jünger, kleiner und feiner, auf altdeutsche Mode gekleidet, wie es der Portier nannte, mit weißem Kragen und bloßem Hals, um den die dunkelbraunen Locken herabhingen, die er oft aus dem hübschen Gesichte wegschütteln mußte. — Als dieser genug gefrühstückt hatte, griff er nach meiner Geige, die ich neben mir auf den Boden gelegt hatte, setzte sich damit auf einen umgehauenen Baumast und klimperte darauf mit den Fingern. Dann sang er dazu so hell wie ein Waldvöglein, daß es mir recht durchs ganze Herz klang:

Fliegt der erste Morgenstrahl
Durch das stille Nebeltal,
Rauscht erwachend Wald und Hügel:
Wer da fliegen kann, nimmt Flügel!

Und sein Hütlein in die Luft
Wirft der Mensch vor Lust und ruft:
Hat Gesang doch auch noch Schwingen,
Nun so will ich fröhlich singen!

Dabei spielten die rötlichen Morgenscheine recht anmutig über sein etwas blasses Gesicht und die schwarzen verliebten Augen. Ich aber war so müde, daß sich mir die Worte und Noten, während er so sang, immer mehr verwirrten, bis ich zuletzt fest einschlief.

Als ich nach und nach wieder zu mir selber kam, hörte ich wie im Traume die beiden Maler noch immer neben mir sprechen und die Vögel über mir singen, und die Morgenstrahlen schimmerten mir durch die geschlossenen Augen, daß mirs innerlich so dunkelhell war, wie wenn die Sonne durch rotseidene Gardinen scheint. »Come è bello!« hört ich da dicht neben mir ausrufen. Ich schlug die Augen auf und erblickte den jungen Maler, der im funkelnden Morgenlicht über mich hergebeugt stand, so daß beinah nur die großen schwarzen Augen zwischen den herabhängenden Locken zu sehen waren.

Ich sprang geschwind auf, denn es war schon heller Tag geworden. Der Herr Leonhard schien verdrüßlich zu sein, er hatte zwei zornige Falten auf der Stirn und trieb hastig zum Aufbruch. Der andere Maler aber schüttelte seine Locken aus dem Gesicht und trällerte, während er sein Pferd aufzäumte, ruhig ein Liedchen vor sich hin, bis Leonhard zuletzt plötzlich laut auflachte, schnell eine Flasche ergriff, die noch auf dem Rasen stand, und den Rest in die Gläser einschenkte. »Auf eine glückliche Ankunft!« rief er aus, sie stießen mit den Gläsern zusammen, es gab einen schönen Klang. Darauf schleuderte Leonhard die leere Flasche hoch ins Morgenrot, daß es lustig in der Luft funkelte.

Endlich setzten sie sich auf ihre Pferde, und ich marschierte frisch wieder nebenher. Gerade vor uns lag ein unübersehbares Tal, in das wir nun hinunterzogen. Da war ein Blitzen und Rauschen und Schimmern und Jubilieren! Mir war so kühl und fröhlich zumute, als sollt ich von dem Berge in die prächtige Gegend hinausfliegen.

Viertes Kapitel

Nun ade, Mühle und Schloß und Portier! Nun gings, daß mir der Wind am Hute pfiff. Rechts und links flogen Dörfer, Städte und Weingärten vorbei, daß es einem vor den Augen flimmerte; hinter mir die beiden Maler im Wagen, vor mir vier Pferde mit einem prächtigen Postillion, ich hoch oben auf dem Kutschbock, daß ich oft ellenhoch in die Höhe flog.

Das war so zugegangen: Als wir vor B. ankommen, kommt schon am Dorfe ein langer, dürrer, grämlicher Herr im grünen Flauschrock uns entgegen, macht viele Bücklinge vor den Herrn Malern und führt uns in das Dorf hinein. Da stand unter den hohen Linden vor dem Posthause schon ein prächtiger Wagen mit vier Postpferden bespannt. Herr Leonhard meinte unterwegs, ich hätte meine Kleider ausgewachsen. Er holte daher geschwind andere aus seinem Mantelsack hervor, und ich mußte einen ganz neuen schönen Frack und Weste anziehn, die mir sehr vornehm zu Gesicht standen, nur daß mir alles zu lang und weit war und ordentlich um mich herumschlotterte. Auch einen ganz neuen Hut bekam ich, der funkelte in der Sonne, als wäre er mit frischer Butter überschmiert. Dann nahm der fremde grämliche Herr die beiden Pferde der Maler am Zügel, die Maler sprangen in den Wagen, ich auf den Bock, und so flogen wir schon fort, als eben der Postmeister mit der Schlafmütze aus dem Fenster guckte. Der Postillion blies lustig auf dem Horne, und so ging es frisch nach Italien hinein.

Ich hatte eigentlich da droben ein prächtiges Leben, wie der Vogel in der Luft, und brauchte doch dabei nicht selbst zu fliegen. Zu tun hatte ich auch weiter nichts, als Tag und Nacht auf dem Bocke zu sitzen und bei den Wirtshäusern manchmal Essen und Trinken an den Wagen herauszubringen, denn die Maler sprachen nirgends ein, und bei Tage zogen sie die Fenster am Wagen so fest zu, als wenn die Sonne sie erstechen wollte. Nur zuweilen steckte der Herr Guido sein hübsches Köpfchen zum Wagenfenster heraus und diskurierte freundlich mit mir und lachte dann den Herrn Leonhard aus, der das nicht leiden wollte und jedesmal über die langen Diskurse böse wurde. Ein paarmal hätte ich bald Verdruß bekommen mit meinem Herrn. Das eine Mal, wie ich bei schöner, sternklarer Nacht droben auf dem Bock die Geige zu spielen anfing, und sodann späterhin wegen des Schlafes. Das war aber auch ganz zum Erstaunen! Ich wollte mir doch Italien recht genau besehen und riß die Augen alle Viertelstunden weit auf. Aber kaum hatte ich ein Weilchen so vor mich hingesehen, so verschwirrten und verwickelten sich mir die sechzehn Pferdefüße vor mir wie ein Filet so hin und her und übers Kreuz, daß mir die Augen gleich wieder übergingen, und zuletzt geriet ich in ein solches entsetzliches und unaufhaltsames Schlafen, daß gar kein Rat mehr war. Da mocht es Tag oder Nacht, Regen oder Sonnenschein, Tirol oder Italien sein, ich hing bald rechts, bald links, bald rücklings über den Bock herunter, ja manchmal tunkte ich mit solcher Vehemenz mit dem Kopfe nach dem Boden zu, daß mir der Hut weit vom Kopfe flog und der Herr Guido im Wagen laut aufschrie.

So war ich, ich weiß selbst nicht wie, durch halb Welschland, das sie dort Lombardei nennen, durchgekommen, als wir an einem schönen Abend vor einem Wirtshause auf dem Lande stillhielten. Die Postpferde waren in dem daranstoßenden Stationsdorfe erst nach ein paar Stunden bestellt, die Herren Maler stiegen daher aus und ließen sich in ein besonderes Zimmer führen, um hier ein wenig zu rasten und einige Briefe zu schreiben. Ich aber war sehr vergnügt darüber und verfügte mich sogleich in die Gaststube, um endlich wieder einmal so recht mit Ruhe und Kommodität zu essen und zu trinken. Da sah es ziemlich liederlich aus. Die Mägde gingen mit zerzottelten Haaren herum und hatten die offenen Halstücher unordentlich um das gelbe Fell hängen. Um einen runden Tisch saßen die Knechte vom Hause in blauen Überziehhemden beim Abendessen und glotzten mich zuweilen von der Seite an. Die hatten alle kurze, dicke Haarzöpfe und sahen so recht vornehm wie die jungen Herrlein aus. — Da bist du nun, dachte ich bei mir und aß fleißig fort, da bist du nun endlich in dem Lande, woher immer die kuriosen Leute zu unserm Herrn Pfarrer kamen, mit Mausefallen und Barometern und Bildern. Was der Mensch doch nicht alles erfährt, wenn er sich einmal hinterm Ofen hervormacht.

Wie ich noch eben so esse und meditiere, wuscht ein Männlein, das bis jetzt in einer dunklen Ecke der Stube bei seinem Glase Wein gesessen hatte, auf einmal aus seinem Winkel wie eine Spinne auf mich los. Er war ganz kurz und bucklicht, hatte aber einen großen grauslichen Kopf mit einer langen römischen Adlernase und sparsamen roten Backenbart, und die gepuderten Haare standen ihm von allen Seiten zu Berge, als wenn der Sturmwind durchgefahren wäre. Dabei trug er einen altmodischen, verschossenen Frack, kurze plüschene Beinkleider und ganz vergelbte seidene

Strümpfe. Er war einmal in Deutschland gewesen und dachte wunder wie gut er Deutsch verstünde. Er setzte sich zu mir und frug bald das, bald jenes, während er immerfort Tabak schnupfte: ob ich der Servitore sei? wenn wir arriware? ob wir nach Roma kehn? Aber das wußte ich alles selber nicht und konnte auch sein Kauderwelsch gar nicht verstehn. »Parlez-vous français?« sagte ich endlich in meiner Angst zu ihm. Er schüttelte mit dem großen Kopfe, und das war mir sehr lieb, denn ich konnte ja auch nicht Französisch. Aber das half alles nichts. Er hatte mich einmal recht aufs Korn genommen, er frug und frug immer wieder; je mehr wir parlierten, je weniger verstand einer den andern, zuletzt wurden wir beide schon hitzig, so daß mirs manchmal vorkam, als wollte der Signor mit seiner Adlernase nach mir hacken, bis endlich die Mägde, die den babylonischen Diskurs mit angehört hatten, uns beide tüchtig auslachten. Ich aber legte schnell Messer und Gabel hin und ging vor die Haustür hinaus. Denn mir war in dem fremden Lande nicht anders, als wäre ich mit meiner deutschen Zunge tausend Klafter tief ins Meer versenkt und allerlei unbekanntes Gewürm ringelte sich und rauschte da in der Einsamkeit um mich her und glotzte und schnappte nach mir.

Draußen war eine warme Sommernacht, so recht um gassatim zu gehen. Weit von den Weinbergen herüber hörte man noch zuweilen einen Winzer singen, dazwischen blitzte es manchmal von ferne, und die ganze Gegend zitterte und säuselte im Mondschein. Ja, manchmal kam es mir vor, als schlüpfte eine lange dunkle Gestalt hinter den Haselnußsträuchern vor dem

Hause vorüber und guckte durch die Zweige, dann war alles auf einmal wieder still. — Da trat der Herr Guido eben auf den Balkon des Wirtshauses heraus. Er bemerkte mich nicht und spielte sehr geschickt auf einer Zither, die er im Hause gefunden haben mußte, und sang dann dazu wie eine Nachtigall:

Schweigt der Menschen laute Lust:
Rauscht die Erde wie in Träumen
Wunderbar mit allen Bäumen,
Was dem Herzen kaum bewußt,
Alte Zeiten, linde Trauer,
Und es schweifen leise Schauer
Wetterleuchtend durch die Brust.

Ich weiß nicht, ob er noch mehr gesungen haben mag, denn ich hatte mich auf die Bank vor der Haustür hingestreckt und schlief in der lauen Nacht vor großer Ermüdung fest ein.

Es mochten wohl ein paar Stunden ins Land gegangen sein, als mich ein Posthorn aufweckte, das lange Zeit lustig in meine Träume hereinblies, ehe ich mich völlig besinnen konnte. Ich sprang endlich auf, der Tag dämmerte schon an den Bergen, und die Morgenkühle rieselte mir durch alle Glieder. Da fiel mir erst ein, daß wir ja um diese Zeit schon wieder weit fort sein wollten. Aha, dachte ich, heut ist einmal das Wekken und Auslachen an mir. Wie wird der Herr Guido mit dem verschlafenen Lockenkopfe herausfahren, wenn er mich draußen hört!

So ging ich in den kleinen Garten am Hause dicht unter die Fenster, wo meine Herren wohnten, dehnte mich noch einmal recht ins Morgenrot hinein und sang fröhlichen Mutes:

Wenn der Hoppevogel schreit,
Ist der Tag nicht mehr weit,
Wenn die Sonne sich auftut,
Schmeckt der Schlaf noch so gut! —

Das Fenster war offen, aber es blieb alles still oben, nur der Nachtwind ging noch durch die Weinranken, die sich bis in das Fenster hineinstreckten. — »Nun, was soll denn das wieder bedeuten?« rief ich voll Erstaunen aus und lief in das Haus und durch die stillen Gänge nach der Stube zu. Aber da gab es mir einen rechten Stich ins Herz. Denn wie ich die Tür aufreiße, ist alles leer darin, kein Frack, kein Hut, kein Stiefel. — Nur die Zither, auf der Herr Guido gestern gespielt hatte, hing an der Wand, auf dem Tische mitten in der Stube lag ein schöner voller Geldbeutel, worauf ein Zettel geklebt war. Ich hielt ihn näher ans Fenster und traute meinen Augen kaum, es stand wahrhaftig mit großen Buchstaben darauf: »Für den Herrn Einnehmer!«

Was war mir aber das alles nütze, wenn ich meine lieben lustigen Herrn nicht wiederfand? Ich schob den Beutel in meine tiefe Rocktasche, das plumpte wie in einen tiefen Brunnen, daß es mich ordentlich hintenüber zog. Dann rannte ich hinaus, machte einen großen Lärm und weckte alle Knechte und Mägde im Hause. Die wußten gar nicht, was ich wollte, und meinten, ich wäre verrückt geworden. Dann aber verwunderten sie sich nicht wenig, als sie oben das leere Nest sahen. Niemand wußte etwas von meinen Herren.

Nur die eine Magd — wie ich aus ihren Zeichen und Gestikulationen zusammenbringen konnte — hatte bemerkt, daß der Herr Guido, als er gestern abends auf dem Balkon sang, auf einmal laut aufschrie und dann geschwind zu dem andern Herrn in das Zimmer zurückstürzte. Als sie hernach in der Nacht einmal aufwachte, hörte sie draußen Pferdegetrappel. Sie guckte durch das kleine Kammerfenster und sah den buckligen Signor, der gestern mit mir so viel gesprochen hatte, auf einem Schimmel im Mondschein quer übers Feld galoppieren, daß er immer ellenhoch überm Sattel in die Höhe flog und die Magd sich bekreuzte, weil es aussah wie ein Gespenst, das auf einem dreibeinigen Pferde reitet. — Da wußt ich nun gar nicht, was ich machen sollte.

Unterdes aber stand unser Wagen schon lange vor der Tür angespannt, und der Postillion stieß ungeduldig ins Horn, daß er hätte bersten mögen, denn er mußte zur bestimmten Stunde auf der nächsten Station sein, da alles durch Laufzettel bis auf die Minute vorausbestellt war. Ich rannte noch einmal um das ganze Haus herum und rief die Maler, aber niemand gab Antwort, die Leute aus dem Hause liefen zusammen und gafften mich an, der Postillion fluchte, die Pferde schnaubten, ich, ganz verblüfft, springe endlich geschwind in den Wagen hinein, der Hausknecht schlägt die Tür hinter mir zu, der Postillion knallt, und so gings mit mir fort in die weite Welt hinein.

Wir fuhren nun über Berg und Tal Tag und Nacht immerfort. Ich hatte gar nicht Zeit, mich zu besinnen, denn wo wir hinkamen, standen die Pferde angeschirrt, ich konnte mit den Leuten nicht sprechen, mein Demonstrieren half also nichts; oft, wenn ich im Wirtshause eben beim besten Essen war, blies der Postillion, ich mußte Messer und Gabel wegwerfen und wieder in den Wagen springen und wußte doch eigentlich gar nicht, wohin und weswegen ich just mit so ausnehmender Geschwindigkeit fortreisen sollte.

Sonst war die Lebensart gar nicht so übel. Ich legte mich, wie auf einem Kanapee, bald in die eine, bald in die andere Ecke des Wagens und lernte Menschen und Länder kennen, und wenn wir durch Städte fuhren, lehnte ich mich auf beide Arme zum Wagenfenster heraus und dankte den Leuten, die höflich vor mir den Hut abnahmen, oder ich grüßte die Mädchen an den Fenstern wie ein alter Bekannter, die sich dann immer sehr verwunderten und mir noch lange neugierig nachguckten.

Aber zuletzt erschrak ich sehr. Ich hatte das Geld in dem gefundenen Beutel niemals gezählt, den Postmeistern und Gastwirten mußte ich überall viel bezahlen, und ehe ich michs versah, war der Beutel leer. Anfangs nahm ich mir vor, sobald wir durch einen einsamen Wald führen, schnell aus dem Wagen zu springen und zu entlaufen. Dann aber tat es mir wieder leid, nun den schönen Wagen so allein zu lassen, mit dem ich sonst wohl noch bis ans Ende der Welt fortgefahren wäre.

Nun saß ich eben voller Gedanken und wußte nicht aus noch ein, als es auf einmal seitwärts von der Landstraße abging. Ich schrie zum Wagen heraus auf den Postillion: wohin er denn fahre? Aber ich mochte sprechen, was ich wollte, der Kerl sagte immer bloß: »Si, si, Signore!« und fuhr immer über Stock und Stein, daß ich aus einer Ecke des Wagens in die andere flog.

Das wollte mir gar nicht in den Sinn, denn die Landstraße lief gerade durch eine prächtige Landschaft auf die untergehende Sonne zu, wohl wie in ein Meer von Glanz und Funken. Von der Seite aber, wohin wir uns gewendet hatten, lag ein wüstes Gebirge vor uns mit grauen Schluchten, zwischen denen es schon lange dunkel geworden war. — Je weiter wir fuhren, je wilder und einsamer wurde die Gegend. Endlich kam der Mond hinter den Wolken hervor und schien auf einmal so hell zwischen die Bäume und Felsen herein, daß es ordentlich grauslich anzusehen war. Wir konnten nur langsam fahren in den engen steinichten Schluchten, und das einförmige, ewige Gerassel des Wagens schallte an den Steinwänden weit in die stille Nacht, als führen wir in ein großes Grabgewölbe hinein. Nur von vielen Wasserfällen, die man aber nicht sehen konnte, war ein unaufhörliches Rauschen tiefer im Walde, und die Käuzchen riefen aus der Ferne immerfort: »Komm mit, komm mit!« — Dabei kam es mir vor, als wenn der Kutscher, der, wie ich jetzt erst sah, gar keine Uniform hatte und kein Postillion war, sich einigemal unruhig umsähe und schneller zu fahren anfing, und wie ich mich recht zum Wagen herauslegte, kam plötzlich ein Reiter aus dem Gebüsche hervor, sprengte dicht vor unseren Pferden quer über den Weg und verlor sich sogleich wieder auf der andern Seite im Walde. Ich war ganz verwirrt, denn, soviel ich bei dem hellen Mondschein erkennen konnte, war es dasselbe bucklige Männlein auf seinem Schimmel, das in dem Wirtshause mit der Adlernase nach mir gehackt hatte. Der Kutscher schüttelte den Kopf und lachte laut auf über die närrische Reiterei, wandte sich aber dann rasch zu mir um, sprach sehr viel und sehr eifrig, wovon ich leider nichts verstand, und fuhr dann noch rascher fort.

Ich aber war froh, als ich bald darauf von fern ein Licht schimmern sah. Es fanden sich nach und nach noch mehrere Lichter, sie wurden immer größer und heller, und endlich kamen wir an einigen verräucherten Hütten vorüber, die wie Schwalbennester auf dem Felsen hingen. Da die Nacht warm war, so standen die Türen offen, und ich konnte darin die hellerleuchteten Stuben und allerlei lumpiges Gesindel sehen, das wie dunkle Schatten um das Herdfeuer herumhockte. Wir aber rasselten durch die stille Nacht einen Steinweg hinan, der sich auf einen hohen Berg hinaufzog. Bald überdeckten hohe Bäume und herabhängende Sträucher den ganzen Hohlweg, bald konnte man auf einmal wieder das ganze Firmament und in der Tiefe die weite stille Runde von Bergen, Wäldern und Tälern übersehen. Auf dem Gipfel des Berges stand ein großes altes Schloß mit vielen Türmen im hellsten Mondschein. — »Nun Gott befohlen!« rief ich aus und war innerlich ganz munter geworden vor Erwartung, wohin sie mich da am Ende noch bringen würden.

Es dauerte wohl noch eine gute halbe Stunde, ehe wir endlich auf dem Berge am Schloßtore ankamen. Das ging in einen breiten, runden Turm hinein, der schon ganz verfallen war. Der Kutscher knallte dreimal, daß es weit in dem alten Schlosse widerhallte, wo ein Schwarm von Dohlen ganz erschrocken plötzlich aus allen Luken und Ritzen herausfuhr und mit großem Geschrei die Luft durchkreuzte. Darauf rollte der Wagen in den langen, dunklen Torweg hinein. Die Pferde gaben mit ihren Hufeisen Feuer auf dem Steinpflaster, ein großer Hund bellte, der Wagen donnerte zwischen den gewölbten Wänden. Die Dohlen schrien noch immer dazwischen — so kamen wir mit einem entsetzlichen Spektakel in den engen gepflasterten Schloßhof.

Eine kuriose Station! dachte ich bei mir, als nun der Wagen stillstand. Da wurde die Wagentür von draußen aufgemacht, und ein alter langer Mann mit einer kleinen Laterne sah mich unter seinen dicken Augenbrauen grämlich an. Er faßte mich dann unter den Arm und half mir, wie einem großen Herrn, aus dem Wagen heraus. Draußen vor der Haustür stand eine alte, sehr häßliche Frau in schwarzem Kamisol und Rock, mit einer weißen Schürze und schwarzen Haube, von der ihr ein langer Schnipper bis an die Nase herunterhing. Sie hatte an der einen Hüfte einen großen Bund Schlüssel hängen und hielt in der andern einen altmodischen Armleuchter mit zwei brennenden Wachskerzen. Sobald sie mich erblickte, fing sie an, tiefe Knickse zu machen, und sprach und frug sehr viel durcheinander. Ich verstand aber nichts davon und machte immerfort Kratzfüße vor ihr, und es war mir eigentlich recht unheimlich zumute.

Der alte Mann hatte unterdes mit seiner Laterne den Wagen von allen Seiten beleuchtet und brummte und schüttelte den Kopf, als er nirgend einen Koffer oder Bagage fand. Der Kutscher fuhr darauf, ohne Trinkgeld von mir zu fordern, den Wagen in einen alten Schuppen, der auf der Seite des Hofes schon offenstand. Die alte Frau aber bat mich sehr höflich durch allerlei Zeichen, ihr zu folgen. Sie führte mich mit ihren Wachskerzen durch einen langen schmalen Gang und dann eine kleine steinerne Treppe herauf. Als wir an der Küche vorbeigingen, streckten ein paar junge Mägde neugierig die Köpfe durch die halbgeöffnete Tür und guckten mich so starr an und winkten und nickten einander heimlich zu, als wenn sie in ihrem Leben noch kein Mannsbild gesehen hätten. Die Alte machte endlich oben eine Tür auf, da wurde ich anfangs ordentlich ganz verblüfft. Denn es war ein großes, schönes, herrschaftliches Zimmer mit goldenen Verzierungen an der Decke, und an den Wänden hingen prächtige Tapeten mit allerlei Figuren und großen Blumen. In der Mitte stand ein gedeckter Tisch mit Braten, Kuchen, Salat, Obst, Wein und Konfekt, daß einem recht das Herz im Leibe lachte. Zwischen den beiden Fenstern hing ein ungeheurer Spiegel, der vom Boden bis zur Decke reichte.

Ich muß sagen, das gefiel mir recht wohl. Ich streckte mich ein paarmal und ging mit langen Schritten vornehm im Zimmer auf und ab. Dann konnt ich aber doch nicht widerstehen, mich einmal in einem so großen Spiegel zu besehen. Das ist wahr, die neuen Kleider vom Herrn Leonhard standen mir recht schön, auch hatte ich in Italien so ein gewisses feuriges Auge bekommen, sonst aber war ich gerade noch so ein Milchbart, wie ich zu Hause gewesen war, nur auf der Oberlippe zeigten sich erst ein paar Flaumfedern.

Die alte Frau mahlte indes in einem fort mit ihrem zahnlosen Munde, daß es nicht anders aussah, als wenn sie an der langen herunterhängenden Nasenspitze kaute. Dann nötigte sie mich zum Sitzen, streichelte mir mit ihren dürren Fingern das Kinn, nannte mich »poverino!«, wobei sie mich aus den roten Augen so schelmisch ansah, daß sich ihr der eine Mundwinkel bis an die halbe Wange in die Höhe zog, und ging endlich mit einem tiefen Knicks zur Tür hinaus.

Ich aber setzte mich zu dem gedeckten Tisch, während eine junge hübsche Magd hereintrat, um mich bei der Tafel zu bedienen. Ich knüpfte allerlei galanten Diskurs mit ihr an, sie verstand mich aber nicht, sondern sah mich immer ganz kurios von der Seite an, weil mirs so gut schmeckte, denn das Essen war delikat. Als ich satt war und wieder aufstand, nahm die Magd ein Licht von der Tafel und führte mich in ein anderes Zimmer. Da war ein Sofa, ein kleiner Spiegel und ein prächtiges Bett mit grünseidenen Vorhängen. Ich frug sie mit Zeichen, ob ich mich da hineinlegen sollte? Sie nickte zwar: ja, aber das war denn doch nicht möglich, denn sie blieb wie angenagelt bei mir stehen. Endlich holte ich mir noch ein großes Glas Wein aus der Tafelstube herein und rief ihr zu: »Felicissima notte!«, denn so viel hatt ich schon Italienisch gelernt. Aber wie ich das Glas so auf einmal ausstürzte, bricht sie plötzlich in ein verhaltenes Kichern aus, wird über und über rot, geht in die Tafelstube und macht die Tür hinter sich zu. Was ist da zu lachen? dachte ich ganz verwundert; ich glaube, die Leute in Italien sind alle verrückt.

Ich hatte nun nur immer Angst vor dem Postillion, daß der gleich wieder zu blasen anfangen würde. Ich horchte am Fenster, aber es war alles still draußen. Laß ihn blasen! dachte ich, zog mich aus und legte mich in das prächtige Bett. Das war nicht anders, als wenn man in Milch und Honig schwämme! Vor den Fenstern rauschte die alte Linde im Hofe, zuweilen fuhr noch eine Dohle plötzlich vom Dache auf, bis ich endlich voller Vergnügen einschlief.

Sechstes Kapitel

Als ich wieder erwachte, spielten schon die ersten Morgenstrahlen an den grünen Vorhängen über mir. Ich konnte mich gar nicht besinnen, wo ich eigentlich wäre. Es kam mir vor, als führe ich noch immer fort im Wagen und es hätte mir von einem Schlosse im Mondschein geträumt und von einer alten Hexe und ihrem blassen Töchterlein.

Ich sprang endlich rasch aus dem Bette, kleidete mich an und sah mich dabei nach allen Seiten in dem Zimmer um. Da bemerkte ich eine kleine Tapetentür, die ich gestern gar nicht gesehen hatte. Sie war nur angelehnt, ich öffnete sie und erblickte ein kleines nettes Stübchen, das in der Morgendämmerung recht heimlich aussah. Über einem Stuhl waren Frauenkleider unordentlich hingeworfen, auf einem Bettchen daneben lag das Mädchen, das mir gestern abends bei der Tafel aufgewartet hatte. Sie schlief noch ganz ruhig und hatte den Kopf auf den weißen bloßen Arm gelegt, über den ihre schwarzen Locken herabfielen. »Wenn die wüßte, daß die Tür offen war!« sagte ich zu mir selbst und ging in mein Schlafzimmer zurück, während ich hinter mir wieder schloß und verriegelte, damit das Mädchen nicht erschrecken und sich schämen sollte, wenn sie erwachte.

Draußen ließ sich noch kein Laut vernehmen. Nur ein früh erwachtes Waldvögelein saß vor meinem Fenster auf einem Strauch, der aus der Mauer herauswuchs, und sang schon sein Morgenlied. »Nein«, sagte ich, »du sollst mich nicht beschämen und allein so früh und fleißig Gott loben!« — Ich nahm schnell meine Geige, die ich gestern auf das Tischchen gelegt hatte, und ging hinaus. Im Schlosse war noch alles totenstill, und es dauerte lange, ehe ich mich aus den dunklen Gängen ins Freie herausfand.

Als ich vor das Schloß heraustrat, kam ich in einen großen Garten, der auf breiten Terrassen, wovon die eine immer tiefer war als die andere, bis auf den halben Berg herunterging. Aber das war eine liederliche Gärtnerei. Die Gänge waren alle mit hohem Grase bewachsen, die künstlichen Figuren von Buchsbaum waren nicht beschnitten und streckten, wie Gespenster, lange Nasen oder ellenhohe spitzige Mützen in die Luft hinaus, daß man sich in der Dämmerung ordentlich davor hätte fürchten mögen. Auf einige zerbrochene Statuen über einer vertrockneten Wasserkunst war gar Wäsche aufgehängt, hin und wieder hatten sie mitten im Garten Kohl gebaut, dann kamen wieder ein paar ordinäre Blumen, alles unordentlich durcheinander und von hohem, wildem Unkraut überwachsen, zwischen dem sich bunte Eidechsen schlängelten. Zwischen die alten, hohen Bäume hindurch aber war überall eine weite, einsame Aussicht, eine Bergkoppe hinter der andern, soweit das Auge reichte.

Nachdem ich so ein Weilchen in der Morgendämmerung durch die Wildnis umherspaziert war, erblickte ich auf der Terrasse unter mir einen langen, schmalen, blassen Jüngling in einem langen braunen Kaputrock, der mit verschränkten Armen und großen Schritten auf und ab ging. Er tat, als sähe er mich nicht, setzte sich bald darauf auf eine steinerne Bank hin, zog ein Buch aus der Tasche, las sehr laut, als wenn er predigte, sah dabei zuweilen zum Himmel und stützte dann den Kopf ganz melancholisch auf die rechte Hand. Ich sah ihm lange zu, endlich wurde ich doch neugierig, warum er denn eigentlich so absonderliche Grimassen machte, und ging schnell auf ihn zu. Er hatte eben einen tiefen Seufzer ausgestoßen und sprang erschrokken auf, als ich ankam. Er war voller Verlegenheit, ich auch, wir wußten beide nicht, was wir sprechen sollten, und machten immerfort Komplimente voreinander, bis er endlich mit langen Schritten in das Gebüsch Reißaus nahm. Unterdes war die Sonne über dem Walde aufgegangen, ich sprang auf die Bank hinauf und strich vor Lust meine Geige, daß es weit in die stillen Täler herunterschallte. Die Alte mit dem Schlüsselbunde, die mich schon ängstlich im ganzen Schlosse zum Frühstück aufgesucht hatte, erschien nun auf der Terrasse über mir und verwunderte sich, daß ich so artig auf der Geige spielen konnte. Der alte grämliche Mann vom Schlosse fand sich dazu und verwunderte sich ebenfalls, endlich kamen auch noch die Mägde, und alles blieb oben voller Verwunderung stehen, und ich fingerte und schwenkte meinen Fiedelbogen immer künstlicher und hurtiger und spielte Kadenzen und Variationen, bis ich endlich ganz müde wurde.

Das war nun aber doch ganz seltsam auf dem Schlosse! Kein Mensch dachte da ans Weiterreisen. Das Schloß war auch gar kein Wirtshaus, sondern gehörte, wie ich von der Magd erfuhr, einem reichen Grafen. Wenn ich mich dann manchmal bei der Alten erkundigte, wie der Graf heiße, wo er wohne, da schmunzelte sie immer bloß, wie den ersten Abend, da ich auf das Schloß kam, und kniff und winkte mir so pfiffig mit den Augen zu, als wenn sie nicht recht bei Sinne wäre. Trank ich einmal an einem heißen Tage eine ganze Flasche Wein aus, so kicherten die Mägde gewiß, wenn sie die andere brachten, und als mich dann gar einmal nach einer Pfeife Tabak verlangte, ich ihnen durch Zeichen beschrieb, was ich wollte, da brachen alle in ein großes unvernünftiges Gelächter aus. — Am verwunderlichsten war mir eine Nachtmusik, die sich oft, und gerade immer in den finstersten Nächten, unter meinem Fenster hören ließ. Es griff auf einer Gitarre immer nur von Zeit zu Zeit einzelne, ganz leise

Klänge. Das eine Mal aber kam es mir vor, als wenn es dabei von unten: »Pst! pst!« heraufrief. Ich fuhr daher geschwind aus dem Bett und mit dem Kopf aus dem Fenster. »Holla! heda! wer ist da draußen?« rief ich hinunter. Aber es antwortete niemand, ich hörte nur etwas sehr schnell durch die Gesträuche fortlaufen. Der große Hund im Hofe schlug über meinen Lärm ein paarmal an, dann war auf einmal alles wieder still, und die Nachtmusik ließ sich seitdem nicht wieder vernehmen.

Sonst hatte ich hier ein Leben, wie sichs ein Mensch nur immer in der Welt wünschen kann. Der gute Portier! er wußte wohl, was er sprach, wenn er immer zu sagen pflegte, daß in Italien einem die Rosinen von selbst in den Mund wüchsen. Ich lebte auf dem einsamen Schlosse wie ein verwunschener Prinz. Wo ich hintrat, hatten die Leute eine große Ehrerbietung vor mir, obgleich sie schon alle wußten, daß ich keinen Heller in der Tasche hatte. Ich durfte nur sagen: »Tischchen, deck dich!«, so standen auch schon herrliche Speisen, Reis, Wein, Melonen und Parmesankäse da. Ich ließ mirs wohlschmecken, schlief in dem prächtigen Himmelbett, ging im Garten spazieren, musizierte und half wohl auch manchmal in der Gärtnerei nach. Oft lag ich auch stundenlang im Garten im hohen Grase, und der schmale Jüngling (es war ein Schüler und Verwandter der Alten, der eben jetzt hier zur Vakanz war) ging mit seinem langen Kaputrock in weiten Kreisen um mich herum und murmelte dabei, wie ein Zauberer, aus seinem Buche, worüber ich dann auch jedesmal einschlummerte. — So verging ein Tag nach dem andern, bis ich am Ende anfing, von dem guten Essen und Trinken ganz melancholisch zu werden. Die Glieder gingen mir von dem ewigen Nichtstun ordentlich aus allen Gelenken, und es war mir, als würde ich vor Faulheit noch ganz auseinanderfallen.

In dieser Zeit saß ich einmal an einem schwülen Nachmittag im Wipfel eines hohen Baumes, der am Abhange stand, und wiegte mich auf den Ästen langsam über dem stillen, tiefen Tale. Die Bienen summten zwischen den Blättern um mich herum, sonst war alles wie ausgestorben, kein Mensch war zwischen den Bergen zu sehen, tief unter mir auf den stillen Waldwiesen ruhten die Kühe auf dem hohen Grase. Aber ganz von weitem kam der Klang eines Posthorns über die waldigen Gipfel herüber, bald kaum vernehmbar, bald wieder heller und deutlicher. Mir fiel dabei auf einmal ein altes Lied recht aufs Herz, das ich noch zu Hause auf meines Vaters Mühle von einem wandernden Handwerksburschen gelernt hatte, und ich sang:

Wer in die Fremde will wandern,
Der muß mit der Liebsten gehn,
Es jubeln und lassen die andern
Den Fremden alleine stehn.

Was wisset ihr, dunkele Wipfel,
Von der alten, schönen Zeit?
Ach, die Heimat hinter den Gipfeln,
Wie liegt sie von hier so weit!

Am liebsten betracht ich die Sterne,
Die schienen, wenn ich ging zu ihr,

Die Nachtigall hör ich so gerne,
Sie sang vor der Liebsten Tür.

Der Morgen, das ist meine Freude!
Da steig ich in stiller Stund
Auf den höchsten Berg in die Weite,
Grüß dich, Deutschland, aus Herzensgrund!

Es war, als wenn mich das Posthorn bei meinem Liede aus der Ferne begleiten wollte. Es kam, während ich sang, zwischen den Bergen immer näher und näher, bis ich es endlich gar oben auf dem Schloßhofe schallen hörte. Ich sprang rasch vom Baume herunter. Da kam mir auch schon die Alte mit einem geöffneten Pakete aus dem Schlosse entgegen. »Da ist auch etwas für Sie mitgekommen«, sagte sie und reichte mir aus dem Paket ein kleines, niedliches Briefchen. Es war ohne Aufschrift, ich brach es schnell auf. Aber da wurde ich auch auf einmal im ganzen Gesicht so rot wie eine Päonie, und das Herz schlug mir so heftig, daß es die Alte merkte, denn das Briefchen war von — meiner schönen Frau, von der ich manches Zettelchen bei dem Herrn Amtmann gesehen hatte. Sie schrieb darin ganz kurz: »Es ist alles wieder gut, alle Hindernisse sind beseitigt. Ich benutze heimlich diese Gelegenheit, um die erste zu sein, die Ihnen diese freudige Botschaft schreibt. Kommen, eilen Sie zurück. Es ist so öde hier, und ich kann kaum mehr leben, seit Sie von uns fort sind. Aurelie.«

Die Augen gingen mir über, als ich das las, vor Entzücken und Schreck und unsäglicher Freude. Ich schämte mich vor dem alten Weibe, die mich wieder abscheulich anschmunzelte, und flog wie ein Pfeil bis in den allereinsamsten Winkel des Gartens. Dort warf ich mich unter den Haselnußsträuchern ins Gras hin und las das Briefchen noch einmal, sagte die Worte auswendig für mich hin und las dann wieder und immer wieder, und die Sonnenstrahlen tanzten zwischen den Blättern hindurch über den Buchstaben, daß sie sich wie goldene und hellgrüne und rote Blüten vor meinen Augen ineinanderschlangen. Ist sie am Ende gar nicht verheiratet gewesen? dachte ich, war der fremde Offizier damals vielleicht ihr Herr Bruder, oder ist er nun tot, oder bin ich toll, oder... »Das ist alles einerlei!« rief ich endlich und sprang auf, »nun ists ja klar, sie liebt mich ja, sie liebt mich!«

Als ich aus dem Gesträuch wieder hervorkroch, neigte sich die Sonne zum Untergange. Der Himmel war rot, die Vögel sangen lustig in allen Wäldern, die Täler waren voller Schimmer, aber in meinem Herzen war es noch vieltausendmal schöner und fröhlicher!

Ich rief in das Schloß hinein, daß sie mir heut das Abendessen in den Garten herausbringen sollten. Die alte Frau, der alte grämliche Mann, die Mägde, sie mußten alle mit heraus und sich mit mir unter dem Baum an den gedeckten Tisch setzen. Ich zog meine Geige hervor und spielte und aß und trank dazwischen. Da wurden sie alle lustig, der alte Mann strich seine grämlichen Falten aus dem Gesicht und stieß ein Glas nach dem andern aus, die Alte plauderte in einem fort, Gott weiß was; die Mägde fingen an, auf dem Rasen miteinander zu tanzen. Zuletzt kam auch noch der blasse Student neugierig hervor, warf einige verächtliche Blicke auf das Spektakel und wollte ganz vornehm wieder weitergehen. Ich aber, nicht zu faul, sprang geschwind auf, erwischte ihn, eh er sichs versah, bei seinem langen Überrock und walzte tüchtig mit ihm herum. Er strengte sich nun an, recht zierlich und neumodisch zu tanzen, und füßelte so emsig und künstlich, daß ihm der Schweiß vom Gesicht herunterfloß und die langen Rockschöße wie ein Rad um uns herumflogen. Dabei sah er mich aber manchmal so kurios mit verdrehten Augen an, daß ich mich ordentlich vor ihm zu fürchten anfing und ihn plötzlich wieder losließ.

Die Alte hätte nun gar zu gern erfahren, was in dem Briefe stand und warum ich denn eigentlich heut auf einmal so lustig war. Aber das war ja viel zu weitläufig, um es ihr auseinandersetzen zu können. Ich zeigte bloß auf ein paar Kraniche, die eben hoch über uns durch die Luft zogen, und sagte, ich müßte nun auch so fort und immer fort, weit in die Ferne! — Da riß sie die vertrockneten Augen weit auf und blickte, wie ein Basilisk, bald auf mich, bald auf den alten Mann hinüber. Dann bemerkte ich, wie die beiden heimlich die Köpfe zusammensteckten, sooft ich mich wegwandte, und sehr eifrig miteinander sprachen und mich dabei zuweilen von der Seite ansahen.

Das fiel mir auf. Ich sann hin und her, was sie wohl mit mir vorhaben möchten. Darüber wurde ich stiller, die Sonne war auch schon lange untergegangen, und so wünschte ich allen gute Nacht und ging nachdenklich in meine Schlafstube hinauf.

Ich war innerlich so fröhlich und unruhig, daß ich noch lange im Zimmer auf und nieder ging. Draußen wälzte der Wind schwere, schwarze Wolken über den Schloßturm weg, man konnte kaum die nächsten Bergkoppen in der dicken Finsternis erkennen. Da kam es mir vor, als wenn ich im Garten unten Stimmen hörte. Ich löschte mein Licht aus und stellte mich ans Fenster. Die Stimmen schienen näher zu kommen, sprachen aber sehr leise miteinander. Auf einmal gab eine kleine Laterne, welche die eine Gestalt unterm Mantel trug, einen langen Schein. Ich erkannte nun den grämlichen Schloßverwalter und die alte Haushälterin. Das Licht blitzte über das Gesicht der Alten, das mir noch niemals so gräßlich vorgekommen war, und über ein langes Messer, das sie in der Hand hielt. Dabei konnte ich sehen, daß sie beide eben nach meinem Fenster hinaufsahen. Dann schlug der Verwalter seinen Mantel wieder dichter um, und es war bald alles wieder finster und still.

Was wollen die, dachte ich, zu dieser Stunde noch draußen im Garten? Mich schauderte, denn es fielen mir alle Mordgeschichten ein, die ich in meinem Leben gehört hatte, von Hexen und Räubern, welche Menschen abschlachten, um ihre Herzen zu fressen. Indem ich noch so nachdenke, kommen Menschentritte, erst die Treppe herauf, dann auf dem langen Gange ganz leise, leise auf meine Tür zu, dabei war es, als wenn zuweilen Stimmen heimlich miteinander wisperten. Ich sprang schnell an das andere Ende der Stube hinter einen großen Tisch, den ich, sobald sich etwas rührte, vor mir aufheben und so mit aller Gewalt auf die Tür losrennen wollte. Aber in der Finsternis warf ich einen Stuhl um, daß es ein entsetzliches Gepolter gab. Da wurde es auf einmal ganz still draußen. Ich lauschte hinter dem Tisch und sah immerfort nach der Tür, als wenn ich sie mit den Augen durchstechen wollte, daß mir ordentlich die Augen zum Kopfe herausstanden. Als ich mich ein Weilchen wieder so ruhig verhalten hatte, daß man die Fliegen an der Wand hätte können gehen hören, vernahm ich, wie jemand von draußen ganz leise einen Schlüssel ins Schlüsselloch steckte. Ich wollte nun eben mit meinem Tische losfahren, da drehte es den Schlüssel langsam dreimal in der Tür um, zog ihn vorsichtig wieder heraus und schnurrte dann sachte über den Gang und die Treppe hinunter.

Ich schöpfte nun tief Atem. Oho, dachte ich, da haben sie dich eingesperrt, damit sie's kommode haben, wenn ich erst fest eingeschlafen bin. Ich untersuchte geschwind die Tür. Es war richtig, sie war fest verschlossen, ebenso die andere Tür, hinter der die hübsche, bleiche Magd schlief. Das war noch niemals geschehen, solange ich auf dem Schlosse wohnte.

Da saß ich nun in der Fremde gefangen! Die schöne Frau stand nun wohl an ihrem Fenster und sah über den stillen Garten nach der Landstraße hinaus, ob ich nicht schon am Zollhäuschen mit meiner Geige dahergestrichen komme, die Wolken flogen rasch über den Himmel, die Zeit verging — und ich konnte nicht fort von hier! Ach, mir war so weh im Herzen, ich wußte gar nicht mehr, was ich tun sollte. Dabei war mirs auch immer, wenn die Blätter draußen rauschten oder eine Ratte am Boden knosperte, als wäre die Alte durch eine verborgene Tapetentür heimlich hereingetreten und lauere und schleiche leise mit dem langen Messer durchs Zimmer.

Als ich so voll Sorgen auf dem Bette saß, hörte ich auf einmal seit langer Zeit wieder die Nachtmusik unter meinen Fenstern. Bei dem ersten Klange der Gitarre war es mir nicht anders, als wenn mir ein Morgenstrahl plötzlich durch die Seele führe. Ich riß das Fenster auf und rief leise herunter, daß ich wach sei. »Pst, pst!« antwortete es von unten. Ich besann mich nun nicht lange, steckte das Briefchen und meine Geige zu mir, schwang mich aus dem Fenster und kletterte an der alten, zersprungenen Mauer hinab, indem ich mich mit den Händen an den Sträuchern, die aus den Ritzen wuchsen, anhielt. Aber einige morsche Ziegel gaben nach, ich kam ins Rutschen, es ging immer rascher und rascher mit mir, bis ich endlich mit beiden Füßen aufplumpte, daß mirs im Gehirnkasten knisterte.

Kaum war ich auf diese Art unten im Garten angekommen, so umarmte mich jemand mit solcher Vehemenz, daß ich laut aufschrie. Der gute Freund aber hielt mir schnell die Finger auf den Mund, faßte mich bei der Hand und führte mich dann aus dem Gesträuch ins Freie hinaus. Da erkannte ich mit Verwunderung den guten, langen Studenten, der die Gitarre an einem breiten seidenen Bande um den Hals hängen hatte. — Ich beschrieb ihm nun in größter Geschwindigkeit, daß ich aus dem Garten hinauswollte. Er schien aber das alles schon lange zu wissen und führte mich auf allerlei verdeckten Umwegen zu dem untern Tore in der hohen Gartenmauer. Aber da war nun auch das Tor wieder fest verschlossen! Doch der Student hatte auch das schon vorbedacht, er zog einen großen Schlüssel hervor und schloß behutsam auf.

Als wir nun in den Wald hinaustraten und ich ihn eben noch um den besten Weg zur nächsten Stadt fragen wollte, stürzte er plötzlich vor mir auf ein Knie nieder, hob die eine Hand hoch in die Höhe und fing an zu fluchen und zu schwören, daß es entsetzlich anzuhören war. Ich wußte gar nicht, was er wollte, ich hörte nur immerfort: Idio und cuore und amore und furore! Als er aber am Ende gar anfing, auf beiden Knien schnell und immer näher auf mich zuzurutschen, da wurde mir auf einmal ganz grauslich, ich merkte wohl, daß er verrückt war, und rannte, ohne mich umzusehen, in den dicksten Wald hinein.

Ich hörte nun den Studenten wie rasend hinter mir drein schreien. Bald darauf gab noch eine andere grobe Stimme vom Schlosse her Antwort. Ich dachte mir nun wohl, daß sie mich aufsuchen würden. Der Weg war mir unbekannt, die Nacht finster, ich konnte ihnen leicht wieder in die Hände fallen. Ich kletterte daher auf den Wipfel einer hohen Tanne hinauf, um bessere Gelegenheit abzuwarten.

Von dort konnte ich hören, wie auf dem Schlosse eine Stimme nach der andern wach wurde. Einige Windlichter zeigten sich oben und warfen ihre wilden roten Scheine über das alte Gemäuer des Schlosses und weit vom Berge in die schwarze Nacht hinein. Ich befahl meine Seele dem lieben Gott, denn das verworrene Getümmel wurde immer lauter und näherte sich immer mehr und mehr. Endlich stürzte der Student mit einer Fackel unter meinem Baume vorüber, daß ihm die Rockschöße weit im Winde nachflogen. Dann schienen sie sich alle nach und nach auf eine andere Seite des Berges hinzuwenden, die Stimmen schallten immer ferner und ferner, und der Wind rauschte wieder durch den stillen Wald. Da stieg ich schnell von dem Baume herab und lief atemlos weiter in das Tal und die Nacht hinaus.

Siebentes Kapitel

Ich war Tag und Nacht eilig fortgegangen, denn es sauste mir lange in den Ohren, als kämen die vom Berge mit ihrem Rufen, mit Fackeln und langen Messern noch immer hinter mir drein. Unterwegs erfuhr ich, daß ich nur noch ein paar Meilen von Rom wäre. Da erschrak ich ordentlich vor Freude. Denn von dem prächtigen Rom hatte ich schon zu Hause als Kind viele wunderbare Geschichten gehört, und wenn ich dann an Sonntagsnachmittagen vor der Mühle im Grase lag und alles ringsum so still war, da dachte ich mir Rom wie die ziehenden Wolken über mir, mit wundersamen Bergen und Abgründen am blauen Meer und goldnen Toren und hohen glänzenden Türmen, von denen Engel in goldenen Gewändern sangen. — Die Nacht war schon wieder lange hereingebrochen, und der Mond schien prächtig, als ich endlich auf einem Hügel aus dem Walde heraustrat und auf einmal die Stadt in der Ferne vor mir sah. — Das Meer leuchtete von weitem, der Himmel blitzte und funkelte unübersehbar mit unzähligen Sternen, darunter lag die heilige Stadt, von der man nur einen langen Nebelstreif erkennen konnte, wie ein eingeschlafener Löwe auf der stillen Erde, und Berge standen daneben, wie dunkle Riesen, die ihn bewachten.

Ich kam nun zuerst auf eine große, einsame Heide, auf der es so grau und still war wie im Grabe. Nur hin und her stand ein altes verfallenes Gemäuer oder ein trockener, wunderbar gewundener Strauch; manchmal schwirrten Nachtvögel durch die Luft, und mein eigener Schatten strich immerfort lang und dunkel in der Einsamkeit neben mir her. Sie sagen, daß hier eine uralte Stadt und die Frau Venus begraben liegt und die alten Heiden zuweilen noch aus ihren Gräbern heraufsteigen und bei stiller Nacht über die Heide gehn und die Wanderer verwirren. Aber ich ging immer gerade fort und ließ mich nichts anfechten. Denn die Stadt stieg immer deutlicher und prächtiger vor mir herauf, und die hohen Burgen und Tore und goldenen Kuppeln glänzten so herrlich im hellen Mondschein, als ständen wirklich die Engel in goldnen Gewändern auf den Zinnen und sängen durch die stille Nacht herüber.

So zog ich denn endlich erst an kleinen Häusern vorbei, dann durch ein prächtiges Tor in die berühmte Stadt Rom hinein. Der Mond schien zwischen den Palästen, als wäre es heller Tag, aber die Straßen waren schon alle leer, nur hin und wieder lag ein lumpiger Kerl wie ein Toter in der lauen Nacht auf den Marmorschwellen und schlief. Dabei rauschten die Brunnen auf den stillen Plätzen, und die Gärten an der Straße säuselten dazwischen und erfüllten die Luft mit erquickenden Düften.

Wie ich nun eben so weiter fortschlendere und vor Vergnügen, Mondschein und Wohlgeruch gar nicht weiß, wohin ich mich wenden soll, läßt sich tief aus dem einen Garten eine Gitarre hören. Mein Gott, denk ich, da ist mir wohl der tolle Student mit dem langen Überrock heimlich nachgesprungen! Darüber fing eine Dame in dem Garten an, überaus lieblich zu singen. Ich stand ganz wie bezaubert, denn es war die Stimme der schönen gnädigen Frau und dasselbe welsche Liedchen, das sie gar oft zu Hause am offnen Fenster gesungen hatte.

Da fiel mir auf einmal die schöne alte Zeit mit solcher Gewalt aufs Herz, daß ich bitterlich hätte weinen mögen, der stille Garten vor dem Schloß in früher Morgenstunde, und wie ich da hinter dem Strauch so glückselig war, ehe mir die dumme Fliege in die Nase flog. Ich konnte mich nicht länger halten. Ich kletterte auf den vergoldeten Zieraten über das Gittertor und schwang mich in den Garten hinunter, woher der Gesang kam. Da bemerkte ich, daß eine schlanke, weiße Gestalt von fern hinter einer Pappel stand und mir erst verwundert zusah, als ich über das Gitterwerk kletterte, dann aber auf einmal so schnell durch den dunklen Garten nach dem Hause zuflog, daß man sie im Mondschein kaum füßeln sehen konnte. »Das war sie selbst!« rief ich aus, und das Herz schlug mir vor Freude, denn ich erkannte sie gleich an den kleinen, geschwinden Füßchen wieder. Es war nur schlimm, daß ich mir beim Herunterspringen vom Gartentore den rechten Fuß etwas vertreten hatte, ich mußte daher erst ein paarmal mit dem Beine schlenkern, eh ich zu dem Hause nachspringen konnte. Aber da hatten sie unterdes Tür und Fenster fest verschlossen. Ich klopfte ganz bescheiden an, horchte und klopfte wieder. Da war es nicht anders, als wenn es drinnen leise flüsterte und kicherte, ja einmal kam es mir vor, als wenn zwei helle Augen zwischen den Jalousien im Mondschein hervorfunkelten. Dann war auf einmal wieder alles still.

Sie weiß nur nicht, daß *ich* es bin, dachte ich, zog die Geige, die ich allzeit bei mir trage, hervor, spazierte damit auf dem Gange vor dem Hause auf und nieder und spielte und sang das Lied von der schönen Frau und spielte voll Vergnügen alle meine Lieder durch, die ich damals in den schönen Sommernächten im Schloßgarten oder auf der Bank vor dem Zollhause gespielt hatte, daß es weit bis in die Fenster des Schlosses hinüberklang. — Aber es half alles nichts, es rührte und regte sich niemand im ganzen Hause. Da steckte ich endlich meine Geige traurig ein und legte mich auf die Schwelle vor der Haustür hin, denn ich war sehr müde von dem langen Marsch. Die Nacht war warm, die Blumenbeete vor dem Hause dufteten lieblich, eine Wasserkunst weiter unten im Garten plätscherte immerfort dazwischen. Mir träumte von himmelblauen Blumen, von schönen, dunkelgrünen, einsamen Gründen, wo Quellen rauschten und Bächlein gingen und bunte Vögel wunderbar sangen, bis ich endlich fest einschlief.

Als ich aufwachte, rieselte mir die Morgenluft durch alle Glieder. Die Vögel waren schon wach und zwitscherten auf den Bäumen um mich herum, als ob sie mich für 'n Narren haben wollten. Ich sprang rasch auf und sah mich nach allen Seiten um. Die Wasserkunst im Garten rauschte noch immerfort, aber in dem Hause war kein Laut zu vernehmen. Ich guckte durch die grünen Jalousien in das eine Zimmer hinein. Da war ein Sofa und ein großer runder Tisch mit grauer Leinwand verhangen, die Stühle standen alle in großer Ordnung und unverrückt an den Wänden herum; von außen aber waren die Jalousien an allen Fenstern heruntergelassen, als wäre das ganze Haus schon seit vielen Jahren unbewohnt. — Da überfiel mich ein ordentliches Grausen vor dem einsamen Hause und Garten und vor der gestrigen weißen Gestalt. Ich lief, ohne mich weiter umzusehen, durch die stillen Lauben und Gänge und kletterte geschwind wieder an dem Gartentor hinauf. Aber da blieb ich wie verzaubert sitzen, als ich auf einmal von dem hohen Gitterwerk in die prächtige Stadt hinuntersah. Da blitzte und funkelte die Morgensonne weit über die Dächer und in die langen stillen Straßen hinein, daß ich laut aufjauchzen mußte und voller Freude auf die Straße hinuntersprang.

Aber wohin sollt ich mich wenden in der großen fremden Stadt? Auch ging mir die konfuse Nacht und das welsche Lied der schönen gnädigen Frau von gestern noch immer im Kopfe hin und her. Ich setzte mich endlich auf den steinernen Springbrunnen, der mitten auf dem einsamen Platze stand, wusch mir in dem klaren Wasser die Augen hell und sang dazu:

Wenn ich ein Vöglein wär,
Ich wüßt wohl, wovon ich sänge,
Und auch zwei Flüglein hätt,
Ich wüßt wohl, wohin ich mich schwänge!

»Ei, lustiger Gesell, du singst ja wie eine Lerche beim ersten Morgenstrahl!« sagte da auf einmal ein junger Mann zu mir, der während meines Liedes an den Brunnen herangetreten war. Mir aber, da ich so unverhofft deutsch sprechen hörte, war es nicht anders im Herzen, als wenn die Glocke aus meinem Dorfe am stillen Sonntagsmorgen plötzlich zu mir herüberklänge. »Gott willkommen, bester Herr Landsmann!« rief ich aus und sprang voller Vergnügen von dem steinernen Brunnen herab. Der junge Mann lächelte und sah mich von oben bis unten an. »Aber was treibt Ihr denn eigentlich hier in Rom?« fragte er endlich. Da wußte ich nun nicht gleich, was ich sagen sollte, denn daß ich soeben der schönen gnädigen Frau nachspränge, mocht ich ihm nicht sagen. »Ich treibe«, erwiderte ich, »mich selbst ein bißchen herum, um die Welt zu sehn.« — »So, so!« versetzte der junge Mann und lachte laut auf, »da haben wir ja *ein* Metier. Das tu ich eben auch, um die Welt zu sehn und hinterdrein abzumalen.« — »Also ein Maler!« rief ich fröhlich aus, denn mir fiel dabei Herr Leonhard und Guido ein. Aber der Herr ließ mich nicht zu Worte kommen. »Ich denke«, sagte er, »du gehst mit und frühstückst bei mir, da will ich dich selbst abkonterfeien, daß es eine Freude sein soll!« — Das ließ ich mir gern gefallen und wanderte nun mit dem Maler durch die leeren Straßen, wo nur hin und wieder erst einige Fensterladen aufgemacht wurden und bald ein Paar weiße Arme, bald ein verschlafnes Gesichtchen in die frische Morgenluft hinausguckte.

Er führte mich lange hin und her durch eine Menge konfuser, enger und dunkler Gassen, bis wir endlich in ein altes verräuchertes Haus hineinwuschten. Dort stiegen wir eine finstre Treppe hinauf, dann wieder eine, als wenn wir in den Himmel hineinsteigen wollten. Wir standen nun unter dem Dache vor einer Tür still, und der Maler fing an, in allen Taschen vorn und hinten mit großer Eilfertigkeit zu suchen. Aber er hatte heute früh vergessen zuzuschließen und den Schlüssel in der Stube gelassen. Denn er war, wie er mir unterwegs erzählte, noch vor Tagesanbruch vor die Stadt hinausgegangen, um die Gegend bei Sonnenaufgang zu betrachten. Er schüttelte nur mit dem Kopfe und stieß die Tür mit dem Fuße auf.

Das war eine lange, lange, große Stube, daß man darin hätte tanzen können, wenn nur nicht auf dem Fußboden alles vollgelegen hätte. Aber da lagen Stiefel, Papiere, Kleider, umgeworfene Farbentöpfe, alles durcheinander; in der Mitte der Stube standen große Gerüste, wie man zum Birnenabnehmen braucht, ringsum an der Wand waren große Bilder angelehnt. Auf einem langen hölzernen Tische war eine Schüssel, worauf neben einem Farbenkleckse Brot und Butter lag. Eine Flasche Wein stand daneben.

»Nun eßt und trinkt erst, Landsmann!« rief mir der Maler zu. — Ich wollte mir auch sogleich ein paar Butterschnitten schmieren, aber da war wieder kein Messer da. Wir mußten erst lange in den Papieren auf dem Tische herumrascheln, ehe wir es unter einem großen Pakete endlich fanden. Darauf riß der Maler das Fenster auf, daß die frische Morgenluft fröhlich das ganze Zimmer durchdrang. Das war eine herrliche Aussicht weit über die Stadt weg in die Berge hinein, wo die Morgensonne lustig die weißen Landhäuser und Weingärten beschien. — »Vivat unser kühlgrünes Deutschland da hinter den Bergen!« rief der Maler aus und trank dazu aus der Weinflasche, die er mir dann hinreichte. Ich tat ihm höflich Bescheid und grüßte in meinem Herzen die schöne Heimat in der Ferne noch vieltausendmal.

Der Maler aber hatte unterdes das hölzerne Gerüst, worauf ein sehr großes Papier aufgespannt war, näher an das Fenster herangerückt. Auf dem Papier war bloß mit großen schwarzen Strichen eine alte Hütte gar künstlich abgezeichnet. Darin saß die Heilige Jungfrau mit einem überaus schönen, freudigen und doch recht wehmütigen Gesichte. Zu ihren Füßen auf einem Nestlein von Stroh lag das Jesuskind, sehr freundlich, aber mit großen, ernsthaften Augen. Draußen auf der Schwelle der offnen Hütte aber knieten zwei Hirtenknaben mit Stab und Tasche. — »Siehst du«, sagte der Maler, »dem einen Hirtenknaben da will ich deinen Kopf aufsetzen, so kommt dein Gesicht doch auch etwas unter die Leute, und wills Gott, sollen sie sich daran noch erfreuen, wenn wir beide schon lange begraben sind und selbst so still und fröhlich vor der Heiligen Mutter und ihrem Sohne knien wie die glücklichen Jungen hier.« — Darauf ergriff er einen alten Stuhl, von dem ihm aber, da er ihn aufheben wollte, die halbe Lehne in der Hand blieb. Er paßte ihn geschwind wieder zusammen, schob ihn vor das Gerüst hin, und ich mußte mich nun darauf setzen und mein Gesicht etwas von der Seite, nach dem Maler zu, wenden. — So saß ich ein paar Minuten ganz still, ohne mich zu rühren. Aber ich weiß nicht, zuletzt konnt ichs gar nicht recht aushalten, bald juckte michs da, bald juckte michs dort. Auch hing mir gerade gegenüber ein zerbrochner halber Spiegel, da mußt ich immerfort hineinsehen und machte, wenn er eben malte, aus Langeweile allerlei Gesichter und Grimassen. Der Maler, der es bemerkte, lachte endlich laut auf und winkte mir mit der Hand, daß ich wieder aufstehen sollte. Mein Gesicht auf dem Hirten war auch schon fertig und sah so klar aus, daß ich mir ordentlich selber gefiel.

Er zeichnete nun in der frischen Morgenkühle immer fleißig fort, während er ein Liedchen dazu sang und zuweilen durch das offne Fenster in die prächtige Gegend hinausblickte. Ich aber schnitt mir unterdes noch eine Butterstolle und ging damit im Zimmer auf und ab und besah mir die Bilder, die an der Wand aufgestellt waren. Zwei darunter gefielen mir ganz besonders gut. »Habt Ihr die auch gemalt?« frug ich den Maler. »Warum nicht gar!« erwiderte er, »die sind von den berühmten Meistern Leonardo da Vinci und Guido Reni — aber da weißt du ja doch nichts davon!« — Mich ärgerte der Schluß der Rede. »Oh«, versetzte ich ganz gelassen, »die beiden Meister kenne ich wie meine eigne Tasche.« — Da machte er große Augen. »Wieso?« frug er geschwind. »Nun«, sagte ich, »bin ich nicht mit ihnen Tag und Nacht fortgereist, zu Pferde und zu Fuß und zu Wagen, daß mir der Wind am Hute pfiff, und hab sie alle beide in der Schenke verloren und bin dann allein in ihrem Wagen mit Extrapost immer weiter gefahren, daß der Bombenwagen immerfort auf zwei Rädern über die entsetzlichen Steine flog, und« — »Oho! Oho!« unterbrach mich der Maler und sah mich starr an, als wenn er mich für verrückt hielte. Dann aber brach er plötzlich in ein lautes Gelächter aus. »Ach«, rief er, »nun versteh ich erst, du bist mit zwei Malern gereist, die Guido und Leonhard hießen?« — Da ich das bejahte, sprang er rasch auf und sah mich nochmals von oben bis unten ganz genau an. »Ich glaube gar«, sagte er, »am Ende — spielst du die Violine?« — Ich schlug auf meine Rocktasche, daß die Geige darin einen Klang gab. — »Nun, wahrhaftig«, versetzte der Maler, »da war eine Gräfin aus Deutschland hier, die hat sich in allen Winkeln von Rom nach den beiden Malern und nach einem jungen Musikanten mit der Geige erkundigen lassen.« — »Eine junge Gräfin aus Deutschland?« rief ich voller Entzücken aus, »ist der Portier mit?« — »Ja, das weiß ich alles nicht«, erwiderte der Maler, »ich sah sie nur einige Male bei einer Freundin von ihr, die aber auch nicht in der Stadt wohnt. — Kennst du die?« fuhr er fort, indem er in einem Winkel plötzlich eine Leinwanddecke von einem großen Bilde in die Höhe hob. Da war mirs doch nicht anders, als wenn man in einer finstern Stube die Laden aufmacht und einem die Morgensonne auf einmal über die Augen blitzt, es war — die schöne gnädige Frau! — sie stand in einem schwarzen Samtkleide im Garten und hob mit einer Hand den Schleier vom Gesicht und sah still und freundlich in eine weite, prächtige Gegend hinaus. Je länger ich hinsah, je mehr kam es mir vor, als wäre es der Garten am Schlosse, und die Blumen und Zweige wiegten sich leise im Winde, und unten in der Tiefe sähe ich mein Zollhäuschen und die Landstraße weit durchs Grüne und die Donau und die fernen blauen Berge.

»Sie ists, sie ists!« rief ich endlich, erwischte meinen Hut und rannte rasch zur Tür hinaus, die vielen Treppen hinunter, und hörte nur noch, daß mir der verwunderte Maler nachschrie, ich sollte gegen Abend wiederkommen, da könnten wir vielleicht mehr erfahren.

Achtes Kapitel

Ich lief mit großer Eilfertigkeit durch die Stadt, um mich sogleich wieder in dem Gartenhause zu melden, wo die schöne Frau gestern abend gesungen hatte. Auf den Straßen war unterdes alles lebendig geworden, Herren und Damen zogen im Sonnenschein und neigten sich und grüßten bunt durcheinander, prächtige Karossen rasselten dazwischen, und von allen Türmen läutete es zur Messe, daß die Klänge über dem Gewühl wunderbar in der klaren Luft durcheinanderhallten. Ich war wie betrunken von Freude und von dem Rumor und rannte in meiner Fröhlichkeit immer gerade fort, bis ich zuletzt gar nicht mehr wußte, wo ich stand. Es war wie verzaubert, als wäre der stille Platz mit dem Brunnen und der Garten und das Haus bloß ein Traum gewesen und beim hellen Tageslicht alles wieder von der Erde verschwunden.

Fragen konnte ich nicht, denn ich wußte den Namen des Platzes nicht. Endlich fing es auch an, sehr schwül zu werden, die Sonnenstrahlen schossen recht wie sengende Pfeile auf das Pflaster, die Leute verkrochen sich in die Häuser, die Jalousien wurden überall wieder zugemacht, und es war auf einmal wie ausgestorben auf den Straßen. Ich warf mich zuletzt ganz verzweifelt vor einem schönen großen Hause hin, vor dem ein Balkon mit Säulen breiten Schatten warf, und betrachtete bald die stille Stadt, die in der plötzlichen Einsamkeit bei heller Mittagsstunde ordentlich schauerlich aussah, bald wieder den tiefblauen, ganz wolkenlosen Himmel, bis ich endlich vor großer Ermüdung gar einschlummerte. Da träumte mir, ich läge bei meinem Dorfe auf einer einsamen grünen Wiese, ein warmer Sommerregen sprühte und glänzte in der Sonne, die soeben hinter den Bergen unterging, und wie die Regentropfen auf den Rasen fielen, waren es lauter schöne bunte Blumen, so daß ich davon ganz überschüttet war.

Aber wie erstaunte ich, als ich erwachte und wirklich eine Menge schöner frischer Blumen auf und neben mir liegen sah! Ich sprang auf, konnte aber nichts Besonderes bemerken, als bloß in dem Hause über mir ein Fenster ganz oben voll von duftenden Sträuchern und Blumen, hinter denen ein Papagei unablässig plauderte und kreischte. Ich las nun die zerstreuten Blumen auf, band sie zusammen und steckte mir den Strauß vorn ins Knopfloch. Dann aber fing ich an, mit dem Papagei ein wenig zu diskurieren, denn es freute mich, wie er in seinem vergoldeten Gebauer mit allerlei Grimassen herauf und herunter stieg und sich dabei immer ungeschickt über die große Zehe trat. Doch ehe ich michs versah, schimpfte er mich »Furfante!« Wenn es gleich eine unvernünftige Bestie war, so ärgerte es mich doch. Ich schimpfte ihn wieder, wir gerieten endlich beide in Hitze, je mehr ich auf deutsch schimpfte, je mehr gurgelte er auf italienisch wieder auf mich los.

Auf einmal hörte ich jemand hinter mir lachen. Ich drehte mich rasch um. Es war der Maler von heute früh. »Was stellst du wieder für tolles Zeug an!« sagte er, »ich warte schon eine halbe Stunde auf dich. Die Luft ist wieder kühler, wir wollen in einen Garten vor der Stadt gehen, da wirst du mehrere Landsleute finden und vielleicht etwas Näheres von der deutschen Gräfin erfahren.« Darüber war ich außerordentlich erfreut, und wir traten unsern Spaziergang sogleich an, während ich den Papagei noch lange hinter mir drein schimpfen hörte.

Nachdem wir draußen vor der Stadt auf schmalen, steinichten Fußsteigen lange zwischen Landhäusern und Weingärten hinaufgestiegen waren, kamen wir an einen kleinen hochgelegenen Garten, wo mehrere junge Männer und Mädchen im Grünen um einen runden Tisch saßen. Sobald wir hineintraten, winkten uns alle zu, uns still zu verhalten, und zeigten auf die andere Seite des Gartens hin. Dort saßen in einer großen, grünverwachsenen Laube zwei schöne Frauen an einem Tisch einander gegenüber. Die eine sang, die andere spielte Gitarre dazu. Zwischen beiden hinter dem Tische stand ein freundlicher Mann, der mit einem kleinen Stäbchen zuweilen den Takt schlug. Dabei funkelte die Abendsonne durch das Weinlaub, bald über die Weinflaschen und Früchte, womit der Tisch in der Laube besetzt war, bald über die vollen, runden, blendendweißen Achseln der Frau mit der Gitarre. Die andere war wie verzückt und sang auf italienisch ganz außerordentlich künstlich, daß ihr die Flechsen am Halse aufschwollen.

Wie sie nun soeben mit zum Himmel gerichteten Augen eine lange Kadenz anhielt und der Mann neben ihr mit aufgehobenem Stäbchen auf den Augenblick paßte, wo sie wieder in den Takt einfallen würde, und keiner im ganzen Garten zu atmen sich unterstand, da flog plötzlich die Gartentür weit auf, und ein ganz erhitztes Mädchen und hinter ihr ein junger Mensch mit einem feinen, bleichen Gesicht stürzten in großem Gezänke herein. Der erschrockene Musikdirektor blieb mit seinem aufgehobenen Stabe wie ein versteinerter Zauberer stehen, obgleich die Sängerin schon längst den langen Triller plötzlich abgeschnappt hatte und zornig aufgestanden war. Alle übrigen zischten den Neuangekommenen wütend an. »Barbar!« rief ihm einer von dem runden Tische zu, »du rennst da mitten in das sinnreiche Tableau von der schönen Beschreibung hinein, welche der selige Hoffmann, Seite 347 des ›Frauentaschenbuches für 1816‹, von dem schönsten Hummelschen Bilde gibt, das im Herbst 1814 auf der Berliner Kunstausstellung zu sehen war!« — Aber das half alles nichts. »Ach was!« entgegnete der junge Mann, »mit euren Tableaus von Tableaus! Mein selbsterfundenes Bild für die andern, und mein Mädchen für mich allein! So will ich es halten! O du Ungetreue, du Falsche!« fuhr er dann von neuem gegen das arme Mädchen fort, »du kritische Seele, die in der Malerkunst nur den Silberblick und in der Dichterkunst nur den goldenen Faden sucht und keinen Liebsten, sondern nur lauter Schätze hat! Ich wünsche dir hinfüro, anstatt eines ehrlichen malerischen Pinsels, einen alten Duca mit einer ganzen Münzgrube von Diamanten auf der Nase und mit hellem Silberblick auf der kahlen Platte und mit Goldschnitt auf den paar noch übrigen Haaren! Ja, nur heraus mit dem verruchten Zettel, den du da vorhin vor mir versteckt hast! Was hast du wieder angezettelt? Von wem ist der Wisch, und an wen ist er?«

Aber das Mädchen sträubte sich standhaft, und je eifriger die andern den erbosten jungen Menschen umgaben und ihn mit großem Lärm zu trösten und zu beruhigen suchten, desto erhitzter und toller wurde er von dem Rumor, zumal da das Mädchen auch ihr Mäulchen nicht halten konnte, bis sie endlich weinend aus dem verworrenen Knäuel hervorflog und sich auf einmal ganz unverhofft an meine Brust stürzte, um bei mir Schutz zu suchen. Ich stellte mich auch sogleich in die gehörige Positur, aber da die andern in dem Getümmel soeben nicht auf uns achtgaben, kehrte sie plötzlich das Köpfchen nach mir herauf und flüsterte mir mit ganz ruhigem Gesichte sehr leise und schnell ins Ohr: »Du abscheulicher Einnehmer! Um dich muß ich das alles leiden. Da steck den fatalen Zettel geschwind zu dir, du findest darauf bemerkt, wo wir wohnen. Also zur bestimmten Stunde, wenn du ins Tor kommst, immer die einsame Straße rechts fort!« —

Ich konnte vor Verwunderung kein Wort hervorbringen, denn wie ich sie nun erst recht ansah, erkannte ich sie auf einmal: es war wahrhaftig die schnippische Kammerjungfer vom Schloß, die mir damals an dem schönen Sonntagsabende die Flasche mit Wein brachte. Sie war mir sonst niemals so schön vorgekommen, als da sie sich jetzt so erhitzt an mich lehnte, daß die schwarzen Locken über meinem Arm herabhingen. — »Aber, verehrte Mamsell«, sagte ich voller Erstaunen, »wie kommen Sie« — »Um Gottes willen, still nur, jetzt still!« erwiderte sie und sprang geschwind von mir fort auf die andere Seite des Gartens, eh ich mich noch auf alles recht besinnen konnte.

Unterdes hatten die andern ihr erstes Thema fast ganz vergessen, zankten aber untereinander recht vergnüglich weiter, indem sie dem jungen Menschen beweisen wollten, daß er eigentlich betrunken sei, was sich für einen ehrliebenden Maler gar nicht schicke. Der runde, fixe Mann aus der Laube, der — wie ich nachher erfuhr — ein großer Kenner und Freund von Künsten war und aus Liebe zu den Wissenschaften gern alles mitmachte, hatte auch sein Stäbchen weggeworfen und flankierte mit seinem fetten Gesicht, das vor Freundlichkeit ordentlich glänzte, eifrig mitten in dem dicksten Getümmel herum, um alles zu vermitteln und zu beschwichtigen, während er dazwischen immer wieder die lange Kadenz und das schöne Tableau bedauerte, das er mit vieler Mühe zusammengebracht hatte.

Mir aber war es so sternklar im Herzen wie damals an dem glückseligen Sonnabend, als ich am offenen Fenster vor der Weinflasche bis tief in die Nacht hinein auf der Geige spielte. Ich holte, da der Rumor gar kein Ende nehmen wollte, frisch meine Violine wieder hervor und spielte, ohne mich lange zu besinnen, einen welschen Tanz auf, den sie dort im Gebirge tanzen und den ich auf dem alten, einsamen Waldschlosse gelernt hatte.

Da reckten alle die Köpfe in die Höh. »Bravo, bravissimo, ein deliziöser Einfall!« rief der lustige Kenner von den Künsten und lief sogleich von einem zum andern, um ein ländliches Divertissement, wie ers nannte, einzurichten. Er selbst machte den Anfang, indem er der Dame die Hand reichte, die vorhin in der Laube gespielt hatte. Er begann darauf außerordentlich künstlich zu tanzen, schrieb mit den Fußspitzen allerlei Buchstaben auf den Rasen, schlug ordentliche Triller mit den Füßen und machte von Zeit zu Zeit ganz passable Luftsprünge. Aber er bekam es bald satt, denn er war etwas korpulent. Er machte immer kürzere und ungeschicktere Sprünge, bis er endlich ganz aus dem Kreise heraustrat und heftig hustete und sich mit seinem schneeweißen Schnupftuche unaufhörlich den Schweiß abwischte. Unterdes hatte auch der junge Mensch, der nun wieder ganz gescheut geworden war, aus dem Wirtshause Kastagnetten herbeigeholt, und ehe ich michs versah, tanzten alle unter den Bäumen bunt durcheinander. Die untergegangene Sonne warf noch einige rote Widerscheine zwischen die dunklen Schatten und über das alte Gemäuer und die von Efeu wild überwachsenen, halb versunkenen Säulen hinten im Garten, während man von der andern Seite tief unter den Weinbergen die Stadt Rom in den Abendgluten liegen sah. Da tanzten sie alle lieblich im Grünen in der klaren stillen Luft, und mir lachte das Herz recht im Leibe, wie die schlanken Mädchen, und die Kammerjungfer mitten unter ihnen, sich so mit aufgehobenen Armen wie heidnische Waldnymphen zwischen dem Laubwerk schwangen und dabei jedesmal in der Luft mit den Kastagnetten lustig dazu schnalzten. Ich konnte mich nicht länger halten, ich sprang mitten unter sie hinein und machte, während ich dabei immerfort geigte, recht artige Figuren.

Ich mochte eine ziemliche Weile so im Kreise herumgesprungen sein und merkte gar nicht, daß die andern unterdes anfingen müde zu werden und sich nach und nach von dem Rasenplatze verloren. Da zupfte mich jemand von hinten tüchtig an den Rockschößen. Es war die Kammerjungfer. »Sei kein Narr«, sagte sie leise, »du springst ja wie ein Ziegenbock! Studiere deinen Zettel ordentlich und komm bald nach, die schöne junge Gräfin wartet.« — Und damit schlüpfte sie in der Dämmerung zur Gartenpforte hinaus und war bald zwischen den Weingärten verschwunden.

Mir klopfte das Herz, ich wäre am liebsten gleich nachgesprungen. Zum Glück zündete der Kellner, da es schon dunkel geworden war, in einer großen Laterne an der Gartentür Licht an. Ich trat heran und zog geschwind den Zettel heraus. Da war ziemlich kritzlig mit Bleifeder das Tor und die Straße beschrieben, wie mir die Kammerjungfer vorhin gesagt hatte. Dann stand: ›Elf Uhr an der kleinen Tür.‹ —

Da waren noch ein paar lange Stunden hin! — Ich wollte mich dessenungeachtet sogleich auf den Weg machen, denn ich hatte keine Rast und Ruhe mehr;

aber da kam der Maler, der mich hierher gebracht hatte, auf mich los. »Hast du das Mädchen gesprochen?« fragte er, »ich seh sie nun nirgends mehr; das war das Kammermädchen von der deutschen Gräfin.« — »Still, still!« erwiderte ich, »die Gräfin ist noch in Rom.« — »Nun, desto besser«, sagte der Maler, »so komm und trink mit uns auf ihre Gesundheit!« Und damit zog er mich, wie sehr ich mich auch sträubte, in den Garten zurück.

Da war es unterdes ganz öde und leer geworden. Die lustigen Gäste wanderten, jeder sein Liebchen am Arm, nach der Stadt zu, und man hörte sie noch durch den stillen Abend zwischen den Weingärten plaudern und lachen, immer ferner und ferner, bis sich endlich die Stimmen tief in dem Tale im Rauschen der Bäume und des Stromes verloren. Ich war noch mit meinem Maler und dem Herrn Eckbrecht — so hieß der andere junge Maler, der sich vorhin so herumgezankt hatte — allein oben zurückgeblieben. Der Mond schien prächtig im Garten zwischen die hohen, dunklen Bäume herein, ein Licht flackerte im Winde auf dem Tische vor uns und schimmerte über den vielen vergoßnen Wein auf der Tafel. Ich mußte mich mit hinsetzen, und mein Maler plauderte mit mir über meine Herkunft, meine Reise und meinen Lebensplan. Herr Eckbrecht aber hatte das junge hübsche Mädchen aus dem Wirtshause, nachdem sie uns Flaschen auf den Tisch gestellt, vor sich auf den Schoß genommen, legte ihr die Gitarre in den Arm und lehrte sie ein Liedchen darauf klimpern. Sie fand sich auch bald mit den kleinen Händchen zurecht, und sie sangen dann zusammen ein italienisches Lied, einmal er, dann wieder das Mädchen eine Strophe, was sich in dem schönen stillen Abend prächtig ausnahm. — Als das Mädchen dann weggerufen wurde, lehnte sich Herr Eckbrecht mit der Gitarre auf der Bank zurück, legte seine Füße auf einen Stuhl, der vor ihm stand, und sang nun für sich allein viele herrliche deutsche und italienische Lieder, ohne sich weiter um uns zu bekümmern. Dabei schienen die Sterne prächtig am klaren Firmament, die ganze Gegend war wie versilbert vom Mondscheine, ich dachte an die schöne Frau, an die ferne Heimat und vergaß darüber ganz meinen Maler neben mir. Zuweilen mußte Herr Eckbrecht stimmen, darüber wurde er immer ganz zornig. Er drehte und riß zuletzt an dem Instrument, daß plötzlich eine Saite sprang. Da warf er die Gitarre hin und sprang auf. Nun wurde er erst gewahr, daß mein Maler sich unterdes über seinen Arm auf den Tisch gelegt hatte und fest eingeschlafen war. Er warf schnell einen weißen Mantel um, der auf einem Aste neben dem Tische hing, besann sich aber plötzlich, sah erst meinen Maler, dann mich ein paarmal scharf an, setzte sich darauf, ohne sich lange zu bedenken, gerade vor mich auf den Tisch hin, räusperte sich, rückte an seiner Halsbinde und fing dann auf einmal an, eine Rede an mich zu halten. »Geliebter Zuhörer und Landsmann!« sagte er, »da die Flaschen beinahe leer sind und da die Moral unstreitig die erste Bürgerpflicht ist, wenn die Tugenden auf die Neige gehen, so fühle ich mich aus landsmännlicher Sympathie getrieben, dir einige Moralität zu Gemüte zu führen. — Man könnte zwar meinen«, fuhr er fort, »du seist ein bloßer Jüngling, während doch dein Frack über seine besten Jahre hinaus ist; man könnte vielleicht annehmen, du habest vorhin wunderliche Sprünge gemacht, wie ein Satyr; ja, einige möchten wohl behaupten, du seiest wohl gar ein Landstreicher, weil du hier auf dem Lande bist und die Geige streichst; aber ich kehre mich an solche oberflächlichen Urteile nicht, ich halte mich an deine feingespitzte Nase, ich halte dich für ein vazierendes Genie.« — Mich ärgerten die verfänglichen Redensarten, ich wollte ihm soeben recht antworten. Aber er ließ mich nicht zu Worte kommen. »Siehst du«, sagte er, »wie du dich schon aufblähst von dem bißchen Lobe. Gehe in dich und bedenke dies gefährliche Metier! Wir Genies — denn ich bin auch eins — machen uns aus der Welt ebensowenig als sie sich aus uns, wir schreiten vielmehr ohne besondere Umstände in unsern Siebenmeilenstiefeln, die wir bald mit auf die Welt bringen, gerade auf die Ewigkeit los. Oh, höchst klägliche, unbequeme, breitgespreizte Position, mit dem einen Beine in der Zukunft, wo nichts als Morgenrot und zukünftige Kindergesichter dazwischen, mit dem andern Beine noch mitten in Rom auf der Piazza del Popolo, wo das ganze Säkulum bei der guten Gelegenheit mitwill und sich an den Stiefel hängt, daß sie einem das Bein ausreißen möchten! Und alle das Zucken, Weintrinken und Hungerleiden lediglich für die unsterbliche Ewigkeit! Und siehe meinen Herrn Kollegen dort auf der Bank, der gleichfalls ein Genie ist; ihm wird die *Zeit* schon zu lang, was wird er erst in der Ewigkeit anfangen?! Ja, hochgeschätzter Herr Kollege, du und ich und die

Sonne, wir sind heute früh zusammen aufgegangen und haben den ganzen Tag gebrütet und gemalt, und es war alles schön — und nun fährt die schläfrige Nacht mit ihrem Pelzärmel über die Welt und hat alle Farben verwischt.« Er sprach noch immerfort und war dabei mit seinen verwirrten Haaren von dem Tanzen und Trinken im Mondschein ganz leichenblaß anzusehen.

Mir aber graute schon lange vor ihm und seinem wilden Gerede, und als er sich nun förmlich zu dem schlafenden Maler herumwandte, benutzte ich die Gelegenheit, schlich, ohne daß er es bemerkte, um den Tisch aus dem Garten heraus und stieg, allein und fröhlich im Herzen, an dem Rebengeländer in das weite, vom Mondschein beglänzte Tal hinunter.

Von der Stadt her schlugen die Uhren zehn. Hinter mir hörte ich durch die stille Nacht noch einzelne Gitarrenklänge und manchmal die Stimmen der beiden Maler, die nun auch nach Hause gingen, von fern herüberschallen. Ich lief daher so schnell, als ich nur konnte, damit sie mich nicht weiter ausfragen sollten.

Am Tore bog ich sogleich rechts in die Straße ein und ging mit klopfendem Herzen eilig zwischen den stillen Häusern und Gärten fort. Aber wie erstaunte ich, als ich da auf einmal auf dem Platze mit dem Springbrunnen herauskam, den ich heute am Tage gar nicht hatte finden können. Da stand das einsame Gartenhaus wieder, im prächtigsten Mondschein, und auch die schöne Frau sang im Garten wieder dasselbe italienische Lied wie gestern abend. — Ich rannte voller Entzücken erst an die kleine Tür, dann an die Haustür und endlich mit aller Gewalt an das große Gartentor, aber es war alles verschlossen. Nun fiel mir erst ein, daß es noch nicht elf geschlagen hatte. Ich ärgerte mich über die langsame Zeit, aber über das Gartentor klettern, wie gestern, mochte ich wegen der guten Lebensart nicht. Ich ging daher ein Weilchen auf dem einsamen Platze auf und ab und setzte mich endlich wieder auf den steinernen Brunnen voller Gedanken und stiller Erwartung hin.

Die Sterne funkelten am Himmel, auf dem Platze war alles leer und still, ich hörte voll Vergnügen dem Gesange der schönen Frau zu, der zwischen dem Rauschen des Brunnens aus dem Garten herüberklang. Da erblickte ich auf einmal eine weiße Gestalt, die von der andern Seite des Platzes herkam und gerade auf die kleine Gartentür zuging. Ich blickte durch den Mondflimmer recht scharf hin — es war der wilde Maler in seinem weißen Mantel. Er zog schnell einen Schlüssel hervor, schloß auf, und ehe ich michs versah, war er im Garten drin.

Nun hatte ich gegen den Maler schon vom Anfang eine absonderliche Pike wegen seiner unvernünftigen Reden. Jetzt aber geriet ich ganz außer mir vor Zorn. Das liederliche Genie ist gewiß wieder betrunken, dachte ich, den Schlüssel hat er von der Kammerjungfer und will nun die gnädige Frau beschleichen, verraten, überfallen. — Und so stürzte ich durch das kleine, offengebliebene Pförtchen in den Garten hinein.

Als ich eintrat, war es ganz still und einsam darin. Die Flügeltür vom Gartenhause stand offen, ein milchweißer Lichtschein drang daraus hervor und spielte auf dem Grase und den Blumen vor der Tür. Ich blickte von weitem herein. Da lag in einem prächtigen grünen Gemach, das von einer weißen Lampe nur wenig erhellt war, die schöne gnädige Frau, mit der Gitarre im Arm, auf einem seidenen Faulbettchen, ohne in ihrer Unschuld an die Gefahren draußen zu denken.

Ich hatte aber nicht lange Zeit hinzusehen, denn ich bemerkte soeben, daß die weiße Gestalt von der andern Seite ganz behutsam hinter den Sträuchern nach dem Gartenhause zuschlich. Dabei sang die gnädige Frau so kläglich aus dem Hause, daß es mir recht durch Mark und Bein ging. Ich besann mich daher nicht lange, brach einen tüchtigen Ast ab, rannte damit gerade auf den Weißmantel los und schrie aus vollem Halse »Mordio!«, daß der ganze Garten erzitterte.

Der Maler, wie er mich so unverhofft daherkommen sah, nahm schnell Reißaus und schrie entsetzlich. Ich schrie noch besser, er lief nach dem Hause zu, ich ihm nach — und ich hatt ihn beinah schon erwischt, da verwickelte ich mich mit den Füßen in den fatalen Blumenstücken und stürzte auf einmal der Länge nach vor der Haustür hin.

»Also du bist es, Narr!« hört ich da über mir ausrufen, »hast du mich doch fast zum Tode erschreckt.« — Ich raffte mich geschwind wieder auf, und wie ich mir den Sand und die Erde aus den Augen wischte, steht die Kammerjungfer vor mir, die soeben bei dem letzten Sprunge den weißen Mantel von der Schulter verloren hatte. »Aber«, sagte ich ganz verblüfft, »war denn der Maler nicht hier?« — »Ja freilich«, entgegnete sie schnippisch, »sein Mantel wenigstens, den er mir, als ich ihm vorhin im Tore begegnete, umgehängt hat, weil mich fror.« — Über dem Geplauder war nun auch die gnädige Frau von ihrem Sofa aufgesprungen und kam zu uns an die Tür. Mir klopfte das Herz zum Zerspringen. Aber wie erschrak ich, als ich recht hinsah und anstatt der schönen gnädigen Frau auf einmal eine ganz fremde Person erblickte!

Es war eine etwas große, korpulente, mächtige Dame mit einer stolzen Adlernase und hochgewölbten schwarzen Augenbrauen, so recht zum Erschrecken schön. Sie sah mich mit ihren großen funkelnden Augen so majestätisch an, daß ich mich vor Ehrfurcht gar nicht zu lassen wußte. Ich war ganz verwirrt, ich machte in einem fort Komplimente und wollte ihr zuletzt gar die Hand küssen. Aber sie riß ihre Hand schnell weg und sprach dann auf italienisch zu der Kammerjungfer, wovon ich nichts verstand.

Unterdes aber war von dem vorigen Geschrei die ganze Nachbarschaft lebendig geworden. Hunde bellten, Kinder schrien, zwischendurch hörte man einige Männerstimmen, die immer näher und näher auf den Garten zukamen. Da blickte mich die Dame noch einmal an, als wenn sie mich mit feurigen Kugeln durchbohren wollte, wandte sich dann rasch nach dem Zimmer zurück, während sie dabei stolz und gezwungen auflachte, und schmiß mir die Tür vor der Nase zu. Die Kammerjungfer aber erwischte mich ohne weiteres beim Flügel und zerrte mich nach der Gartenpforte.

»Da hast du wieder einmal recht dummes Zeug gemacht«, sagte sie unterwegs voller Bosheit zu mir. Ich wurde auch schon giftig. »Nun, zum Teufel!« sagte ich,

»habt Ihr mich denn nicht selbst hierher bestellt?« — »Das ists ja eben«, rief die Kammerjungfer, »meine Gräfin meinte es so gut mit dir, wirft dir erst Blumen aus dem Fenster zu, singt Arien — und *das* ist nun ihr Lohn! Aber mit dir ist nun einmal nichts anzufangen; du trittst dein Glück ordentlich mit Füßen.« — »Aber«, erwiderte ich, »ich meinte die Gräfin aus Deutschland, die schöne gnädige Frau.« — »Ach«, unterbrach sie mich, »die ist ja lange schon wieder in Deutschland, mitsamt deiner tollen Amour. Und da lauf du nur auch wieder hin! Sie schmachtet ohnedies nach dir, da könnt ihr zusammen die Geige spielen und in den Mond gucken, aber daß du mir nicht wieder unter die Augen kommst!«

Nun aber entstand ein entsetzlicher Rumor und Spektakel hinter uns. Aus dem anderen Garten kletterten Leute mit Knüppeln hastig über den Zaun, andere fluchten und durchsuchten schon die Gänge, desperate Gesichter mit Schlafmützen guckten im Mondschein bald da, bald dort über die Hecken, es war, als wenn der Teufel auf einmal aus allen Hecken und Sträuchern Gesindel heckte. — Die Kammerjungfer fackelte nicht lange. »Dort, dort läuft der Dieb!« schrie sie den Leuten zu, indem sie dabei auf die andere Seite des Gartens zeigte. Dann schob sie mich schnell aus dem Garten und klappte das Pförtchen hinter mir zu.

Da stand ich nun unter Gottes freiem Himmel wieder auf dem stillen Platze mutterseelenallein, wie ich gestern angekommen war. Die Wasserkunst, die mir vorhin im Mondschein so lustig flimmerte, als wenn Engelein darin auf und nieder stiegen, rauschte noch fort wie damals, mir aber war unterdes alle Lust und Freude in den Brunnen gefallen. — Ich nahm mir nun fest vor, dem falschen Italien mit seinen verrückten Malern, Pomeranzen und Kammerjungfern auf ewig den Rücken zu kehren, und wanderte noch zur selbigen Stunde zum Tore hinaus.

Neuntes Kapitel

Die treuen Berg stehn auf der Wacht:
»Wer streicht bei stiller Morgenzeit
Da aus der Fremde durch die Heid?« —
Ich aber mir die Berg betracht
Und lach in mich vor großer Lust
Und rufe recht aus frischer Brust
Parol und Feldgeschrei sogleich:
Vivat Östreich!

Da kennt mich erst die ganze Rund,
Nun grüßen Bach und Vöglein zart
Und Wälder rings nach Landesart,
Die Donau blitzt aus tiefem Grund,
Der Stephansturm auch ganz von fern
Guckt übern Berg und säh mich gern,
Und ist ers nicht, so kommt er doch gleich,
Vivat Östreich!

Ich stand auf einem hohen Berge, wo man zum ersten Mal nach Östreich hineinsehen kann, und schwenkte voller Freude noch mit dem Hute und sang die letzte

Strophe, da fiel auf einmal hinter mir im Walde eine prächtige Musik von Blasinstrumenten mit ein. Ich dreh mich schnell um und erblicke drei junge Gesellen in langen blauen Mänteln, davon bläst der eine Oboe, der andere die Klarinette und der dritte, der einen alten Dreistutzer auf dem Kopfe hatte, das Waldhorn — die akkompagnierten mich plötzlich, daß der ganze Wald erschallte. Ich, nicht zu faul, ziehe meine Geige hervor und spiele und singe sogleich frisch mit. Da sah einer den andern bedenklich an, der Waldhornist ließ dann zuerst seine Pausbacken wieder einfallen und setzte sein Waldhorn ab, bis am Ende alle stille wurden und mich anschauten. Ich hielt verwundert ein und sah sie auch an. — »Wir meinten«, sagte endlich der Waldhornist, »weil der Herr so einen langen Frack hat, der Herr wäre ein reisender Engländer, der hier zu Fuß die schöne Natur bewundert; da wollten wir uns ein Viatikum verdienen. Aber mir scheint, der Herr ist selber ein Musikant.« — »Eigentlich ein Einnehmer«, versetzte ich, »und komme direkt von Rom her, da ich aber seit geraumer Zeit nichts mehr eingenommen, so habe ich mich unterwegs mit der Violine durchgeschlagen.« — »Bringt nicht viel heutzutage!« sagte der Waldhornist, der unterdes wieder an den Wald zurückgetreten war und mit seinem Dreistutzer ein kleines Feuer anfachte, das sie dort angezündet hatten. »Da gehn die blasenden Instrumente schon besser«, fuhr er fort; »wenn so eine Herrschaft ganz ruhig zu Mittag speist und wir treten unverhofft in das gewölbte Vorhaus und fangen alle drei aus Leibeskräften zu blasen an — gleich kommt ein Bedienter herausgesprungen mit Geld oder Essen, damit sie nur den Lärm wieder loswerden. Aber will der Herr nicht eine Kollation mit uns einnehmen?«

Das Feuer loderte nun recht lustig im Walde, der Morgen war frisch, wir setzten uns alle ringsumher auf den Rasen, und zwei von den Musikanten nahmen ein Töpfchen, worin Kaffee und auch schon Milch war, vom Feuer, holten Brot aus ihren Manteltaschen hervor und tunkten und tranken abwechselnd aus dem Topfe, und es schmeckte ihnen so gut, daß es ordentlich eine Lust war anzusehen. — Der Waldhornist aber sagte: »Ich kann das schwarze Gesöff nicht vertragen«, und reichte mir dabei die eine Hälfte von einer großen, übereinandergelegten Butterschnitte, dann brachte er eine Flasche Wein zum Vorschein. »Will der Herr nicht auch einen Schluck?« — Ich tat einen tüchtigen Zug, mußte aber schnell wieder absetzen und das ganze Gesicht verziehn, denn es schmeckte wie Dreimännerwein. »Hiesiges Gewächs«, sagte der Waldhornist, »aber der Herr hat sich in Italien den deutschen Geschmack verdorben.«

Darauf kramte er eifrig in seinem Schubsack und zog endlich unter allerlei Plunder eine alte zerfetzte Landkarte hervor, worauf noch der Kaiser in vollem Ornate zu sehen war, den Zepter in der rechten, den Reichsapfel in der linken Hand. Er breitete sie auf dem Boden behutsam auseinander, die andern rückten näher heran, und sie beratschlagten nun zusammen, was sie für eine Marschroute nehmen sollten.

»Die Vakanz geht bald zu Ende«, sagte der eine, »wir müssen uns gleich von Linz links abwenden, so kommen wir noch bei guter Zeit nach Prag.« — »Nun wahrhaftig!« rief der Waldhornist, »wem willst du da was vorpfeifen? Nichts als Wälder und Kohlenbauern, kein geläuterter Kunstgeschmack, keine vernünftige freie Station!« — »O Narrenspossen!« erwiderte der andere, »die Bauern sind mir gerade die liebsten, die wissen am besten, wo einen der Schuh drückt, und nehmens nicht so genau, wenn man manchmal eine falsche Note bläst.« — »Das macht, du hast kein point d'honneur«, versetzte der Waldhornist, »odi profanum vulgus et arceo, sagt der Lateiner.« — »Nun, Kirchen aber muß es auf der Tour doch geben«, meinte der dritte, »so kehren wir bei den Herren Pfarrern ein.« — »Gehorsamster Diener!« sagte der Waldhornist, »die geben kleines Geld und große Sermone, daß wir nicht so unnütz in der Welt herumschweifen, sondern uns besser auf die Wissenschaften applizieren sollen, besonders wenn sie in mir den künftigen Herrn Konfrater wittern. Nein, nein, Clericus clericum non decimat. Aber was gibt es denn da überhaupt für große Not? Die Herren Professoren sitzen auch noch im Karlsbade und halten selbst den Tag nicht so genau ein.« — »Ja, distinguendum est inter et inter«, erwiderte der andere, »quod licet Iovi, non licet bovi!«

Ich aber merkte nun, daß es Prager Studenten waren, und bekam einen ordentlichen Respekt vor ihnen, besonders da ihnen das Latein nur so wie Wasser von dem Munde floß. — »Ist der Herr auch ein Studierter?« fragte mich darauf der Waldhornist. Ich erwiderte bescheiden, daß ich immer besondere Lust zum Studieren, aber kein Geld gehabt hätte. — »Das tut gar nichts«, rief der Waldhornist, »wir haben auch weder Geld noch reiche Freundschaft. Aber ein gescheuter Kopf muß sich zu helfen wissen. Aurora musis amica, das heißt zu deutsch: mit vielem Frühstücken sollst du dir nicht die Zeit verderben. Aber wenn dann die Mittagsglocken von Turm zu Turm und von Berg zu Berg über die Stadt gehen und nun die Schüler auf einmal mit großem Geschrei aus dem alten finstern Kollegium herausbrechen und im Sonnenschein durch die Gassen schwärmen — da begeben wir uns bei den Kapuzinern zum Pater Küchenmeister und finden unsern gedeckten Tisch, und ist er auch nicht gedeckt, so steht doch für jeden ein voller Topf darauf, da fragen wir nicht viel darnach und essen und perfektionieren uns dabei noch im Lateinischsprechen. Sieht der Herr, so studieren wir von einem Tage zum andern fort. Und wenn dann endlich die Vakanz kommt, und die andern fahren und reiten zu ihren Eltern fort, da wandern wir mit unsern Instrumenten unterm Mantel durch die Gassen zum Tore hinaus, und die ganze Welt steht uns offen.«

Ich weiß nicht — wie er so erzählte — ging es mir recht durchs Herz, daß so gelehrte Leute so ganz verlassen sein sollten auf der Welt. Ich dachte dabei an mich, wie es mir eigentlich selber nicht anders ginge, und die Tränen traten mir in die Augen. — Der Waldhornist sah mich groß an. »Das tut gar nichts«, fuhr er wieder weiter fort, »ich möchte gar nicht so reisen: Pferde und Kaffee und frisch überzogene Betten, und Nachtmützen und Stiefelknecht vorausbestellt. Das ist just das Schönste, wenn wir so frühmorgens heraustreten und die Zugvögel hoch über uns fortziehen, daß wir gar nicht wissen, welcher Schornstein heut für uns raucht, und gar nicht voraussehen, was uns bis zum Abend noch für ein besonderes Glück begegnen kann.« — »Ja«, sagte der andere, »und wo wir hinkommen und unsere Instrumente herausziehen, wird alles fröhlich, und wenn wir dann zur Mittagsstunde auf dem Lande in ein Herrschaftshaus treten und im Hausflure blasen, da tanzen die Mägde miteinander vor der Haustür, und die Herrschaft läßt die Saaltür etwas aufmachen, damit sie die Musik drin besser hören, und durch die Lücke kommt das Tellergeklapper und der Bratenduft in den freudenreichen Schall herausgezogen, und die Fräuleins an der Tafel verdrehen sich fast die Hälse, um die Musikanten draußen zu sehen.« — »Wahrhaftig«, rief der Waldhornist mit leuchtenden Augen aus, »laßt die andern nur ihre Kompendien repetieren, *wir* studieren unterdes in dem großen Bilderbuche, das der liebe Gott uns draußen aufgeschlagen hat! Ja, glaub nur der Herr, aus uns werden gerade die rechten Kerls, die den Bauern dann was zu erzählen wissen und mit der Faust auf die Kanzel schlagen, daß den Knollfinken unten vor Erbauung und Zerknirschung das Herz im Leibe bersten möchte.«

Wie sie so sprachen, wurde mir so lustig in meinem Sinn, daß ich gleich auch hätte mit studieren mögen. Ich konnte mich gar nicht satt hören, denn ich unterhalte mich gern mit studierten Leuten, wo man etwas profitieren kann. Aber es konnte gar nicht zu einem recht vernünftigen Diskurse kommen. Denn dem einen Studenten war vorhin angst geworden, weil die Vakanz so bald zu Ende gehen sollte. Er hatte daher hurtig sein Klarinett zusammengesetzt, ein Notenblatt vor sich auf das aufgestemmte Knie hingelegt und exerzierte sich eine schwierige Passage aus einer Messe ein, die ei mitblasen sollte, wenn sie nach Prag zurückkamen. Da saß er nun und fingerte und pfiff dazwischen manchmal so falsch, daß es einem durch Mark und Bein ging und man oft sein eigenes Wort nicht verstehen konnte.

Auf einmal schrie der Waldhornist mit seiner Baßstimme: »Topp, da hab ich es«, er schlug dabei fröhlich auf die Landkarte neben ihm. Der andere ließ auf einen Augenblick von seinem fleißigen Blasen ab und sah ihn verwundert an. »Hört«, sagte der Waldhornist, »nicht weit von Wien ist ein Schloß, auf dem Schlosse ist ein Portier, und der Portier ist mein Vetter! Teuerste Kondiszipels, da müssen wir hin, machen dem Herrn Vetter unser Kompliment, und er wird dann schon dafür sorgen, wie er uns wieder fortbringt!« — Als ich das hörte, fuhr ich geschwind auf. »Bläst er nicht auf dem Fagott?« rief ich, »und ist von langer, gerader Beschaffenheit und hat eine große vornehme Nase?« — Der Waldhornist nickte mit dem Kopfe. Ich aber embrassierte ihn vor Freuden, daß ihm der Dreistutzer vom Kopfe fiel, und wir beschlossen nun sogleich, alle miteinander im Postschiffe auf der Donau nach dem Schloß der schönen Gräfin hinunterzufahren.

Als wir an das Ufer kamen, war schon alles zur Abfahrt bereit. Der dicke Gastwirt, bei dem das Schiff über Nacht angelegt hatte, stand breit und behaglich in seiner Haustür, die er ganz ausfüllte, und ließ zum

Abschied allerlei Witze und Redensarten erschallen, während in jedem Fenster ein Mädchenkopf herausfuhr und den Schiffern noch freundlich zunickte, die soeben die letzten Pakete nach dem Schiffe schafften. Ein ältlicher Herr mit einem grauen Überrock und schwarzem Halstuch, der auch mitfahren wollte, stand am Ufer und sprach sehr eifrig mit einem jungen, schlanken Bürschchen, das mit langen, ledernen Beinkleidern und knapper, scharlachroter Jacke vor ihm auf einem prächtigen Engländer saß. Es schien mir zu meiner großen Verwunderung, als wenn sie beide zuweilen nach mir hinblickten und von mir sprächen. — Zuletzt lachte der alte Herr, das schlanke Bürschchen schnalzte mit der Reitgerte und sprengte, mit den Lerchen über ihm um die Wette, durch die Morgenluft in die blitzende Landschaft hinein.

Unterdes hatten die Studenten und ich unsere Kasse zusammengeschossen. Der Schiffer lachte und schüttelte den Kopf, als ihm der Waldhornist damit unser Fährgeld in lauter Kupferstücken aufzählte, die wir mit großer Not aus allen unsern Taschen zusammengebracht hatten. Ich aber jauchzte laut auf, als ich auf einmal wieder die Donau so recht vor mir sah: wir sprangen geschwind auf das Schiff hinauf, der Schiffer gab das Zeichen, und so flogen wir nun im schönsten Morgenglanze zwischen den Bergen und Wiesen hinunter.

Da schlugen die Vögel im Walde, und von beiden Seiten klangen die Morgenglocken von fern aus den Dörfern, hoch in der Luft hörte man manchmal die Lerchen dazwischen. Von dem Schiffe aber jubilierte und schmetterte ein Kanarienvogel mit darein, daß es eine rechte Lust war.

Der gehörte einem hübschen jungen Mädchen, die auch mit auf dem Schiffe war. Sie hatte den Käfig dicht neben sich stehen, von der andern Seite hielt sie ein feines Bündel Wäsche unterm Arm, so saß sie ganz still für sich und sah recht zufrieden bald auf ihre neuen Reiseschuhe, die unter dem Röckchen hervorkamen, bald wieder in das Wasser vor sich hinunter, und die Morgensonne glänzte ihr dabei auf der weißen Stirn, über der sie die Haare sehr sauber gescheitelt hatte. Ich merkte wohl, daß die Studenten gern einen höflichen Diskurs mit ihr angesponnen hätten, denn sie gingen immer an ihr vorüber, und der Waldhornist räusperte sich dabei und rückte bald an seiner Halsbinde, bald an dem Dreistutzer. Aber sie hatten keine rechte Courage, und das Mädchen schlug auch jedesmal die Augen nieder, sobald sie ihr näher kamen.

Besonders aber genierten sie sich vor dem ältlichen Herrn mit dem grauen Überrocke, der nun auf der andern Seite des Schiffes saß und den sie gleich für einen Geistlichen hielten. Er hatte ein Brevier vor sich, in welchem er las, dazwischen aber oft in die schöne Gegend von dem Buche aufsah, dessen Goldschnitt und die vielen dareingelegten bunten Heiligenbilder prächtig im Morgenschein blitzten. Dabei bemerkte er auch sehr gut, was auf dem Schiffe vorging, und erkannte bald die Vögel an ihren Federn; denn es dauerte nicht lange, so redete er einen von den Studenten lateinisch an, worauf alle drei herantraten, die Hüte vor ihm abnahmen und ihm wieder lateinisch antworteten.

Ich aber hatte mich unterdes ganz vorn auf die Spitze des Schiffes gesetzt, ließ vergnügt meine Beine über dem Wasser herunterbaumeln und blickte, während das Schiff so fortflog und die Wellen unter mir rauschten und schäumten, immerfort in die blaue Ferne, wie da ein Turm und ein Schloß nach dem andern aus dem Ufergrün hervorkam, wuchs und wuchs und endlich hinter uns wieder verschwand. Wenn ich nur *heute* Flügel hätte! dachte ich und zog endlich vor Ungeduld meine liebe Violine hervor und spielte alle meine ältesten Stücke durch, die ich noch zu Hause und auf dem Schloß der schönen Frau gelernt hatte.

Auf einmal klopfte mir jemand von hinten auf die Achsel. Es war der geistliche Herr, der unterdes sein Buch weggelegt und mir schon ein Weilchen zugehört hatte. »Ei«, sagte er lachend zu mir, »ei, ei, Herr ludi magister, Essen und Trinken vergißt er.« Er hieß mich darauf meine Geige einstecken, um einen Imbiß mit ihm einzunehmen, und führte mich zu einer kleinen lustigen Laube, die von den Schiffern aus jungen Birken und Tannenbäumchen in der Mitte des Schiffes aufgerichtet worden war. Dort hatte er einen Tisch hinstellen lassen, und ich, die Studenten und selbst das junge Mädchen, wir mußten uns auf die Fässer und Pakete ringsherum setzen.

Der geistliche Herr packte nun einen großen Braten und Butterschnitten aus, die sorgfältig in Papier gewikkelt waren, zog auch aus einem Futteral mehrere Weinflaschen und einen silbernen, innerlich vergoldeten Becher hervor, schenkte ein, kostete erst, roch daran und prüfte wieder und reichte dann einem jeden von uns.

Die Studenten saßen kerzengerade auf ihren Fässern und aßen und tranken nur sehr wenig vor großer Devotion. Auch das Mädchen tauchte bloß das Schnäbelchen in den Becher und blickte dabei schüchtern bald auf mich, bald auf die Studenten, aber je öfter sie uns ansah, je dreister wurde sie nach und nach.

Sie erzählte endlich dem geistlichen Herrn, daß sie nun zum ersten Mal von Hause in Kondition komme und soeben auf das Schloß ihrer neuen Herrschaft reise. Ich wurde über und über rot, denn sie nannte dabei das Schloß der schönen gnädigen Frau. — Also das soll meine zukünftige Kammerjungfer sein! dachte ich und sah sie groß an, und mir schwindelte fast dabei. — »Auf dem Schlosse wird es bald eine große Hochzeit geben«, sagte darauf der geistliche Herr. »Ja«, erwiderte das Mädchen, die gern von der Geschichte mehr gewußt hätte; »man sagt, es wäre schon eine alte, heimliche Liebschaft gewesen, die Gräfin hätte es aber niemals zugeben wollen.« Der Geistliche antwortete nur mit »Hm, hm«, während er seinen Jagdbecher vollschenkte und mit bedenklichen Mienen daraus nippte. Ich aber hatte mich mit beiden Armen weit über den Tisch vorgelegt, um die Unterredung recht genau anzuhören. Der geistliche Herr bemerkte es. »Ich kanns Euch wohl sagen«, hub er wieder an, »die beiden Gräfinnen haben mich auf Kundschaft ausgeschickt, ob der Bräutigam schon vielleicht hier in der Gegend sei. Eine Dame aus Rom hat geschrieben, daß er schon lange von dort fort sei.« — Wie er von der Dame aus Rom anfing, wurde ich wieder rot. »Kennen denn Euer Hochwürden den Bräutigam?« fragte ich ganz verwirrt. — »Nein«, erwiderte der alte Herr, »aber er soll ein luftiger Vogel sein.« — »O ja«, sagte ich hastig, »ein Vogel, der aus jedem Käfig ausreißt, sobald er nur kann, und lustig singt, wenn er wieder in der Freiheit ist.« — »Und sich in der Fremde herumtreibt«, fuhr der Herr gelassen fort, »in der Nacht gassatim geht und am Tage vor den Haustüren schläft.« — Mich verdroß das sehr. »Ehrwürdiger Herr«, rief ich ganz hitzig aus, »da hat man Euch falsch berichtet. Der Bräutigam ist ein moralischer, schlanker, hoffnungsvoller Jüngling, der in Italien in einem alten Schlosse auf großem Fuß gelebt hat, der mit lauter Gräfinnen, berühmten Malern und Kammerjungfern umgegangen ist, der sein Geld sehr wohl zu Rate zu halten weiß, wenn er nur welches hätte, der ...« — »Nun, nun, ich wußte nicht, daß Ihr ihn so gut kennt«, unterbrach mich hier der Geistliche und lachte dabei so herzlich, daß er ganz blau im Gesichte wurde und ihm die Tränen aus den Augen rollten. — »Ich hab doch aber gehört«, ließ sich nun das Mädchen wieder vernehmen, »der Bräutigam wäre ein großer, überaus reicher Herr.« — »Ach Gott, ja doch, ja! Konfusion, nichts als Konfusion!« rief der Geistliche und konnte sich noch immer vor Lachen nicht zugute geben, bis er endlich ganz verhustete. Als er sich wieder ein wenig erholt hatte, hob er den Becher in die Höh und rief: »Das Brautpaar soll leben!« — Ich wußte gar nicht, was ich von dem Geistlichen und seinem Gerede denken sollte, ich schämte mich aber, wegen der römischen Geschichte, ihm hier vor allen Leuten zu sagen, daß ich selber der verlorene, glückselige Bräutigam sei.

Der Becher ging wieder fleißig in die Runde, der geistliche Herr sprach dabei freundlich mit allen, so daß ihm bald ein jeder gut wurde und am Ende alles fröhlich durcheinandersprach. Auch die Studenten wurden immer redseliger und erzählten von ihren Fahrten im Gebirge, bis sie endlich gar ihre Instrumente holten und lustig zu blasen anfingen. Die kühle Wasserluft strich dabei durch die Zweige der Laube, die Abendsonne vergoldete schon die Wälder und Täler, die schnell an uns vorüberflogen, während die Ufer von den Waldhornsklängen widerhallten. — Und als dann der Geistliche von der Musik immer vergnügter wurde und lustige Geschichten aus seiner Jugend erzählte: wie auch er zur Vakanz über Berge und Täler gezogen und oft hungrig und durstig, aber immer fröhlich gewesen, und wie eigentlich das ganze Studentenleben eine große Vakanz sei zwischen der engen, düstern Schule und der ernsten Amtsarbeit — da tranken die Studenten noch einmal herum und stimmten dann frisch ein Lied an, daß es weit in die Berge hineinschallte.

Nach Süden sich nun lenken
Die Vöglein allzumal,
Viel Wandrer lustig schwenken
Die Hüt im Morgenstrahl.
Das sind die Herrn Studenten,
Zum Tor hinaus es geht,
Auf ihren Instrumenten
Sie blasen zum Valet:
Ade in Läng und Breite,

O Prag, wir ziehn in die Weite:
Et habeat bonam pacem,
Qui sedet post fornacem!

Nachts wir durchs Städtlein schweifen,
Die Fenster schimmern weit,
Am Fenster drehn und schleifen
Viel schön geputzte Leut.
Wir blasen vor den Türen,
Wir haben Durst genung,
Das kommt vom Musizieren,
Herr Wirt, ein'n frischen Trunk!
Und sieh, über ein kleines
Mit einer Kanne Weines
Venit ex sua domo —
Beatus ille homo!

Nun weht schon durch die Wälder
Der kalte Boreas,
Wir streichen durch die Felder,
Von Schnee und Regen naß,
Der Mantel fliegt im Winde,
Zerrissen sind die Schuh,
Da blasen wir geschwinde
Und singen noch dazu:
Beatus ille homo,
Qui sedet in sua domo,
Et sedet post fornacem
Et habet bonam pacem!

Ich, die Schiffer und das Mädchen, obgleich wir alle kein Latein verstanden, stimmten jedesmal jauchzend in den letzten Vers mit ein, ich aber jauchzte am allervergnügtesten, denn ich sah soeben von fern mein Zollhäuschen und bald darauf auch das Schloß in der Abendsonne über die Bäume hervorkommen.

Zehntes Kapitel

Das Schiff stieß an das Ufer, wir sprangen schnell ans Land und verteilten uns nun nach allen Seiten im Grünen, wie Vögel, wenn das Gebauer plötzlich aufgemacht wird. Der geistliche Herr nahm eiligen Abschied und ging mit großen Schritten nach dem Schlosse zu. Die Studenten dagegen wanderten eifrig nach einem abgelegenen Gebüsch, wo sie noch geschwind ihre Mäntel ausklopfen, sich in dem vorüberfließenden Bache waschen und einer den andern rasieren wollten. Die neue Kammerjungfer endlich ging mit ihrem Kanarienvogel und ihrem Bündel unterm Arm nach dem Wirtshause unter dem Schloßberge, um bei der Frau Wirtin, die ich ihr als eine gute Person rekommandiert hatte, ein besseres Kleid anzulegen, ehe sie sich oben im Schlosse vorstellte. Mir aber leuchtete der schöne Abend recht durchs Herz, und als sie sich nun alle verlaufen hatten, bedachte ich mich nicht lange und rannte sogleich nach dem herrschaftlichen Garten hin.

Mein Zollhaus, an dem ich vorbei mußte, stand noch auf der alten Stelle, die hohen Bäume aus dem herrschaftlichen Garten rauschten noch immer darüber hin, eine Goldammer, die damals auf dem Kastanienbaume vor dem Fenster jedesmal bei Sonnenuntergang ihr Abendlied gesungen hatte, sang auch wieder, als wäre seitdem gar nichts in der Welt vorgegangen. Das Fenster im Zollhause stand offen, ich lief voller Freuden hin und steckte den Kopf in die Stube hinein. Es war niemand drin, aber die Wanduhr tickte noch immer ruhig fort, der Schreibtisch stand am Fenster und die lange Pfeife in einem Winkel wie damals. Ich konnte nicht widerstehen, ich sprang durch das Fenster hinein und setzte mich an den Schreibtisch vor das große Rechenbuch hin. Da fiel der Sonnenschein durch den Kastanienbaum vor dem Fenster wieder grüngolden auf die Ziffern in dem aufgeschlagenen Buche, die Bienen summten wieder an dem offnen Fenster hin und her, die Goldammer draußen auf dem Baume sang fröhlich immerzu. — Auf einmal aber ging die Tür aus der Stube auf, und ein alter, langer Einnehmer in meinem punktierten Schlafrock trat herein! Er blieb in der Tür stehen, wie er mich so unversehens erblickte, nahm schnell die Brille von der Nase und sah mich grimmig an. Ich aber erschrak nicht wenig darüber, sprang, ohne ein Wort zu sagen, auf und lief aus der Haustür durch den kleinen Garten fort, wo ich mich noch bald mit den Füßen in dem fatalen Kartoffelkraut verwickelt hätte, das der alte Einnehmer nunmehr, wie ich sah, nach des Portiers Rat statt meiner Blumen angepflanzt hatte. Ich hörte noch, wie er vor die Tür herausfuhr und hinter mir drein schimpfte, aber ich saß schon oben auf der hohen Gartenmauer und schaute mit klopfendem Herzen in den Schloßgarten hinein.

Da war ein Duften und Schimmern und Jubilieren von allen Vöglein; die Plätze und Gänge waren leer, aber die vergoldeten Wipfel neigten sich im Abendwinde vor mir, als wollten sie mich bewillkommnen, und seitwärts aus dem tiefen Grunde blitzte zuweilen die Donau zwischen den Bäumen nach mir herauf.

Auf einmal hörte ich in einiger Entfernung im Garten singen:

Schweigt der Menschen laute Lust:
Rauscht die Erde wie in Träumen
Wunderbar mit allen Bäumen,
Was dem Herzen kaum bewußt,
Alte Zeiten, linde Trauer,
Und es schweifen leise Schauer
Wetterleuchtend durch die Brust.

Die Stimme und das Lied klang mir so wunderlich und doch wieder so altbekannt, als hätte ichs irgendeinmal im Traume gehört. Ich dachte lange, lange nach. — »Das ist der Herr Guido!« rief ich endlich voller Freude und schwang mich schnell in den Garten hinunter — es war dasselbe Lied, das er an jenem Sommerabend auf dem Balkon des italienischen Wirtshauses sang, wo ich ihn zum letzten Mal gesehen hatte.

Er sang noch immer fort, ich aber sprang über Beete und Hecken dem Liede nach. Als ich nun zwischen den letzten Rosensträuchern hervortrat, blieb ich plötzlich wie verzaubert stehen. Denn auf dem grünen Platze am Schwanenteich, recht vom Abendrote beschienen, saß die schöne gnädige Frau, in einem prächtigen Kleide und einem Kranz von weißen und roten Rosen in dem schwarzen Haar, mit niedergeschlagenen Augen auf einer Steinbank und spielte während des Liedes mit ihrer Reitgerte vor sich auf dem Rasen, gerade so wie damals auf dem Kahne, da ich ihr das Lied von der schönen Frau vorsingen mußte. Ihr gegenüber saß eine andre junge Dame, die hatte den weißen runden Nacken voll brauner Locken gegen mich gewendet und sang zur Gitarre, während die Schwäne auf dem stillen Weiher langsam im Kreise herumschwammen. — Da hob die schöne Frau auf einmal die Augen und schrie laut auf, da sie mich erblickte. Die andere Dame wandte sich rasch nach mir herum, daß ihr die Locken ins Gesicht flogen, und da sie mich recht ansah, brach sie in ein unmäßiges Lachen aus, sprang dann von der Bank und klatschte dreimal mit den Händchen. In demselben Augenblicke kam eine große Menge kleiner Mädchen in blütenweißen, kurzen Kleidchen mit grünen und roten Schleifen zwischen den Rosensträuchern hervorgeschlüpft, so daß ich gar nicht begreifen konnte, wo sie alle gesteckt hatten. Sie hielten eine lange Blumengirlande in den Händen, schlossen schnell einen Kreis um mich, tanzten um mich herum und sangen dabei:

Wir bringen dir den Jungfernkranz
Mit veilchenblauer Seide,
Wir führen dich zu Lust und Tanz,
Zu neuer Hochzeitsfreude.
Schöner, grüner Jungfernkranz,
Veilchenblaue Seide.

Das war aus dem Freischützen. Von den kleinen Sängerinnen erkannte ich nun auch einige wieder, es waren

Mädchen aus dem Dorfe. Ich kneipte sie in die Wangen und wäre gern aus dem Kreise entwischt, aber die kleinen, schnippischen Dinger ließen mich nicht heraus. — Ich wußte gar nicht, was die Geschichte eigentlich bedeuten sollte, und stand ganz verblüfft da.

Da trat plötzlich ein junger Mann in feiner Jägerkleidung aus dem Gebüsch hervor. Ich traute meinen Augen kaum — es war der fröhliche Herr Leonhard! — Die kleinen Mädchen öffneten nun den Kreis und standen auf einmal wie verzaubert, alle unbeweglich auf einem Beinchen, während sie das andere in die Luft streckten, und dabei die Blumengirlanden mit beiden Armen hoch über den Köpfen in die Höh hielten. Der Herr Leonhard aber faßte die schöne gnädige Frau, die noch immer ganz still stand und nur manchmal auf mich herüberblickte, bei der Hand, führte sie bis zu mir und sagte:

»Die Liebe — darüber sind nun alle Gelehrten einig — ist eine der couragiösesten Eigenschaften des menschlichen Herzens, die Bastionen von Rang und Stand schmettert sie mit einem Feuerblicke darnieder, die Welt ist ihr zu eng und die Ewigkeit zu kurz. Ja, sie ist eigentlich ein Poetenmantel, den jeder Phantast einmal in der kalten Welt umnimmt, um nach Arkadien auszuwandern. Und je entfernter zwei getrennte Verliebte voneinander wandern, in desto anständigern Bogen bläst der Reisewind den schillernden Mantel hinter ihnen auf, desto kühner und überraschender entwickelt sich der Faltenwurf, desto länger und länger wächst der Talar den Liebenden hinten nach, so daß ein Neutraler nicht über Land gehen kann, ohne unversehens auf ein paar solche Schleppen zu treten. O teuerster Herr Einnehmer und Bräutigam! obgleich Ihr in diesem Mantel bis an die Gestade der Tiber dahinrauschtet, das kleine Händchen Eurer gegenwärtigen Braut hielt Euch dennoch am äußersten Ende der Schleppe fest, und wie Ihr zucktet und geigtet und rumortet, Ihr mußtet zurück in den stillen Bann ihrer schönen Augen. — Und nun dann, da es so gekommen ist, ihr zwei lieben, lieben närrischen Leute! Schlagt den seligen Mantel um euch, daß die ganze andere Welt rings um euch untergeht — liebt euch wie die Kaninchen und seid glücklich!«

Der Herr Leonhard war mit seinem Sermon kaum erst fertig, so kam auch die andere junge Dame, die vorhin das Liedchen gesungen hatte, auf mich los, setzte mir schnell einen frischen Myrtenkranz auf den Kopf und sang dazu sehr neckisch, während sie mir den Kranz in den Haaren festrückte und ihr Gesichtchen dabei dicht vor mir war:

Darum bin ich dir gewogen,
Darum wird dein Haupt geschmückt,
Weil der Strich von deinem Bogen
Öfters hat mein Herz entzückt.

Da trat sie wieder ein paar Schritte zurück. — »Kennst du die Räuber noch, die dich damals in der Nacht vom Baume schüttelten?« sagte sie, indem sie einen Knicks mir machte und mich so anmutig und fröhlich ansah, daß mir ordentlich das Herz im Leibe lachte. Darauf ging sie, ohne meine Antwort abzuwarten, rings um mich herum. »Wahrhaftig, noch ganz der alte, ohne allen welschen Beischmack! Aber nein, sieh doch nur einmal die dicken Taschen an!« rief sie plötzlich zu der schönen gnädigen Frau, »Violine, Wäsche, Barbiermesser, Reisekoffer, alles durcheinander!« Sie drehte mich nach allen Seiten und konnte sich vor Lachen gar nicht zugute geben. Die schöne gnädige Frau war unterdes noch immer still und mochte gar nicht die Augen aufschlagen vor Scham und Verwirrung. Oft kam es mir vor, als zürnte sie heimlich über das viele Gerede und Spaßen. Endlich stürzten ihr plötzlich Tränen aus den Augen, und sie verbarg ihr Gesicht an der Brust der andern Dame. Diese sah sie erst erstaunt an und drückte sie dann herzlich an sich.

Ich aber stand ganz verdutzt da. Denn je genauer ich die fremde Dame betrachtete, desto deutlicher erkannte ich sie, es war wahrhaftig niemand anders als — der junge Herr Maler Guido!

Ich wußte gar nicht, was ich sagen sollte, und wollte soeben näher nachfragen, als Herr Leonhard zu ihr trat und heimlich mit ihr sprach. »Weiß er denn noch nicht?« hörte ich ihn fragen. Sie schüttelte mit dem Kopfe. Er besann sich darauf einen Augenblick. »Nein, nein«, sagte er endlich, »er muß schnell alles erfahren, sonst entsteht nur neues Geplauder und Gewirre.«

»Herr Einnehmer«, wandte er sich nun zu mir, »wir haben jetzt nicht viel Zeit, aber tue mir den Gefallen und wundere dich hier in aller Geschwindigkeit aus, damit du nicht hinterher durch Fragen, Erstaunen und Kopfschütteln unter den Leuten alte Geschichten aufrührst und neue Erdichtungen und Vermutungen ausschüttelst.« — Er zog mich bei diesen Worten tiefer in das Gebüsch hinein, während das Fräulein mit der von der schönen gnädigen Frau weggelegten Reitgerte in der Luft focht und alle ihre Locken tief in das Gesichtchen schüttelte, durch die ich aber doch sehen konnte, daß sie bis an die Stirn rot wurde. — »Nun denn«, sagte Herr Leonhard, »Fräulein Flora, die hier soeben tun will, als hörte und wüßte sie von der ganzen Geschichte nichts, hatte in aller Geschwindigkeit ihr Herzchen mit jemand vertauscht. Darüber kommt ein andrer und bringt ihr mit Prologen, Trompeten und Pauken wiederum *sein* Herz dar und will ihr Herz dagegen. Ihr Herz ist aber schon bei jemand und jemands Herz bei ihr, und der Jemand will sein Herz nicht wiederhaben und ihr Herz nicht wieder zurückgeben. Alle Welt schreit — aber du hast wohl noch keinen Roman gelesen?« — Ich verneinte es. — »Nun, so hast du doch einen mitgespielt. Kurz: das war eine solche Konfusion mit den Herzen, daß der Jemand — das heißt ich — mich zuletzt selbst ins Mittel legen mußte. Ich schwang mich bei lauer Sommernacht auf mein Roß, hob das Fräulein als Maler Guido auf das andere, und so ging es fort nach Süden, um sie in einem meiner einsamen Schlösser in Italien zu verbergen, bis das Geschrei wegen der Herzen vorüber wäre. Unterwegs aber kam man uns auf die Spur, und von dem Balkon des welschen Wirtshauses, vor dem du so vortrefflich Wache schliefst, erblickte Flora plötzlich unsere Verfolger.« — »Also der bucklige Signor?« — »War ein Spion. Wir zogen uns daher heimlich in die Wälder und ließen dich auf dem vorbestellten Postkurse allein fortfahren. Das täuschte unsere Verfolger und zum

Überfluß auch noch meine Leute auf dem Bergschlosse, welche die verkleidete Flora stündlich erwarteten und mit mehr Diensteifer als Scharfsinn dich für das Fräulein hielten. Selbst hier auf dem Schlosse glaubte man, daß Flora auf dem Felsen wohne, man erkundigte sich, man schrieb an sie — hast du nicht ein Briefchen erhalten?« — Bei diesen Worten fuhr ich blitzschnell mit dem Zettel aus der Tasche. — »Also dieser Brief?« — »Ist an mich«, sagte Fräulein Flora, die bisher auf unsere Rede gar nicht achtzugeben schien, riß mir den Zettel rasch aus der Hand, überlas ihn und steckte ihn dann in den Busen. — »Und nun«, sagte Herr Leonhard, »müssen wir schnell in das Schloß, da wartet schon alles auf uns. Also zum Schluß, wie sichs von selbst versteht und einem wohlerzogenen Romane gebührt: Entdeckung, Reue, Versöhnung, wir sind alle wieder lustig beisammen, und übermorgen ist Hochzeit!«

Da er noch so sprach, erhob sich plötzlich in dem Gebüsch ein rasender Spektakel von Pauken und Trompeten, Hörnern und Posaunen; Böller wurden dazwischen gelöst und Vivat gerufen, die kleinen Mädchen tanzten von neuem, und aus allen Sträuchern kam ein Kopf über dem andern hervor, als wenn sie aus der Erde wüchsen. Ich sprang in dem Geschwirre und Geschleife ellenhoch von einer Seite zur andern, da es aber schon dunkel wurde, erkannte ich erst nach und nach alle die alten Gesichter wieder. Der alte Gärtner schlug die Pauken, die Prager Studenten in ihren Mänteln musizierten mitten darunter, neben ihnen fingerte der Portier wie toll auf seinem Fagott.

Wie ich den so unverhofft erblickte, lief ich sogleich auf ihn zu und embrassierte ihn heftig. Darüber kam er ganz aus dem Konzept. »Nun wahrhaftig, und wenn der bis ans Ende der Welt reist, er ist und bleibt ein Narr!« rief er den Studenten zu und blies ganz wütend weiter.

Unterdes war die schöne gnädige Frau vor dem Rumor heimlich entsprungen und flog wie ein aufgescheuchtes Reh über den Rasen tiefer in den Garten hinein. Ich sah es noch zur rechten Zeit und lief ihr eiligst nach. Die Musikanten merkten in ihrem Eifer nichts davon, sie meinten nachher: wir wären schon nach dem Schlosse aufgebrochen, und die ganze Bande setzte sich nun mit Musik und großem Getümmel gleichfalls dorthin auf den Marsch.

Wir aber waren fast zu gleicher Zeit in einem Sommerhause angekommen, das am Abhange des Gartens stand, mit dem offenen Fenster nach dem weiten, tiefen Tale zu. Die Sonne war schon lange untergegangen hinter den Bergen, es schimmerte nur noch wie ein rötlicher Duft über dem warmen, verschallenden Abend, aus dem die Donau immer vernehmlicher heraufrauschte, je stiller es ringsum wurde. Ich sah unverwandt die schöne Gräfin an, die ganz erhitzt vom Laufen dicht vor mir stand, so daß ich ordentlich hören konnte, wie ihr das Herz schlug. Ich wußte nun aber gar nicht, was ich sprechen sollte vor Respekt, da ich auf einmal so allein mit ihr war. Endlich faßte ich ein Herz, nahm ihr kleines weißes Händchen — da zog sie mich schnell an sich und fiel mir um den Hals, und ich umschlang sie fest mit beiden Armen.

Sie machte sich aber geschwind wieder los und legte sich ganz verwirrt in das Fenster, um ihre glühenden Wangen in der Abendluft abzukühlen. — »Ach«, rief ich, »mir ist mein Herz recht zum Zerspringen, aber ich kann mir noch alles nicht recht denken, es ist mir alles noch wie ein Traum!« — »Mir auch«, sagte die schöne gnädige Frau. »Als ich vergangenen Sommer«, setzte sie nach einer Weile hinzu, »mit der Gräfin aus Rom kam und wir das Fräulein Flora gefunden hatten und mit zurückbrachten, von dir aber dort und hier nichts hörte — da dacht ich nicht, daß alles noch so kommen würde! Erst heut zu Mittag sprengte der Jockei, der gute, flinke Bursch, atemlos auf den Hof und brachte die Nachricht, daß du mit dem Postschiffe kämst.« — Dann lachte sie still in sich hinein. »Weißt du noch«, sagte sie, »wie du mich damals auf dem Balkon zum letzten Mal sahst? Das war gerade wie heute, auch so ein stiller Abend, und Musik im Garten.« — »Wer ist denn eigentlich gestorben?« fragte ich hastig. — »Wer denn?« sagte die schöne Frau und sah mich erstaunt an. »Der Herr Gemahl von Euer Gnaden«, erwiderte ich, »der damals mit mir auf dem Balkon stand.« — Sie wurde ganz rot. »Was hast du auch für Seltsamkeiten im Kopfe!« rief sie aus, »das war ja der Sohn von der Gräfin, der eben von Reisen zurückkam, und es traf gerade auch mein Geburtstag, da führte er mich mit auf den Balkon hinaus, damit ich auch ein Vivat bekäme. — Aber deshalb bist du wohl damals von hier fortgelaufen?« — »Ach Gott, freilich!« rief ich aus und schlug mich mit der Hand vor die Stirn. Sie aber schüttelte mit dem Köpfchen und lachte recht herzlich.

Mir war so wohl, wie sie so fröhlich und vertraulich neben mir plauderte, ich hätte bis zum Morgen zuhören mögen. Ich war so recht seelenvergnügt und langte eine Handvoll Knackmandeln aus der Tasche, die ich noch aus Italien mitgebracht hatte. Sie nahm auch davon, und wir knackten nun und sahen zufrieden in die stille Gegend hinaus. — »Siehst du«, sagte sie nach einem Weilchen wieder, »das weiße Schlößchen, das da drüben im Mondschein glänzt, das hat uns der Graf geschenkt, samt dem Garten und den Weinbergen, da werden wir wohnen. Er wußt es schon lange, daß wir einander gut sind, und ist dir sehr gewogen, denn hätt er dich nicht mitgehabt, als er das Fräulein aus der Pensionsanstalt entführte, so wären sie beide erwischt worden, ehe sie sich vorher noch mit der Gräfin versöhnten, und alles wäre anders gekommen.« — »Mein Gott, schönste, gnädigste Gräfin«, rief ich aus, »ich weiß gar nicht mehr, wo mir der Kopf steht vor lauter unverhofften Neuigkeiten; also der Herr Leonhard?« — »Ja, so«, fiel sie mir in die Rede, »so nannte er sich in Italien; dem gehören die Herrschaften da drüben, und er heiratet nun unserer Gräfin Tochter, die schöne Flora. — Aber was nennst du mich denn Gräfin?« — Ich sah sie groß an. — »Ich bin ja gar keine Gräfin«, fuhr sie fort, »unsere gnädige Gräfin hat mich nur zu sich aufs Schloß genommen, da mich mein Onkel, der Portier, als kleines Kind und arme Waise mit hierherbrachte.«

Nun wars mir doch nicht anders, als wenn mir ein Stein vom Herzen fiele! »Gott segne den Portier«, versetzte ich ganz entzückt, »daß er unser Onkel ist! Ich habe immer große Stücke auf ihn gehalten.« — »Er meint es auch gut mit dir«, erwiderte sie, »wenn du dich nur etwas vornehmer hieltest, sagt er immer. Du mußt dich jetzt auch eleganter kleiden.« — »Oh«, rief ich voller Freuden, »englischen Frack, Strohhut und Pumphosen und Sporen! und gleich nach der Trauung reisen wir fort nach Italien, nach Rom, da gehn die schönen Wasserkünste, und nehmen die Prager Studenten mit und den Portier!« — Sie lächelte still und sah mich recht vergnügt und freundlich an, und von fern schallte immerfort die Musik herüber, und Leuchtkugeln flogen vom Schloß durch die stille Nacht über die Gärten, und die Donau rauschte dazwischen herauf — und es war alles, alles gut!

FRANZ GRILLPARZER

Der arme Spielmann

In Wien ist der Sonntag nach dem Vollmonde im Monat Juli jedes Jahres samt dem darauffolgenden Tage ein eigentliches Volksfest, wenn je ein Fest diesen Namen verdient hat. Das Volk besucht es und gibt es selbst; und wenn Vornehmere dabei erscheinen, so können sie es nur in ihrer Eigenschaft als Glieder des Volks. Da ist keine Möglichkeit der Absonderung; wenigstens vor einigen Jahren noch war keine.

An diesem Tage feiert die mit dem Augarten, der Leopoldstadt, dem Prater in ununterbrochener Lustreihe zusammenhängende Brigittenau ihre Kirchweihe. Von Brigittenkirchtag zu Brigittenkirchtag zählt seine guten Tage das arbeitende Volk. Lange erwartet erscheint das saturnalische Fest. Da entsteht Aufruhr in der gutmütig ruhigen Stadt. Eine wogende Menge erfüllt die Straßen. Geräusch von Fußtritten, Gemurmel von Sprechenden, das hie und da ein lauter Ausruf durchzuckt. Der Unterschied der Stände ist verschwunden; Bürger und Soldat teilt die Bewegung. An den Toren der Stadt wächst der Drang. Genommen, verloren und wiedergenommen, ist endlich der Ausgang erkämpft. Aber die Donaubrücke bietet neue Schwierigkeiten. Auch hier siegreich, ziehen endlich zwei Ströme, die alte Donau und die geschwollnere Woge des Volks, sich kreuzend quer unter- und übereinander, die Donau ihrem alten Flußbette nach, der Strom des Volkes, der Eindämmung der Brücke entnommen, ein weiter, tosender See, sich ergießend in alles deckender Überschwemmung. Ein neu Hinzugekommener fände die Zeichen bedenklich. Es ist aber der Aufruhr der Freude, die Losgebundenheit der Lust.

Schon zwischen Stadt und Brücke haben sich Korbwagen aufgestellt für die eigentlichen Hierophanten dieses Weihfestes: die Kinder der Dienstbarkeit und der Arbeit. Überfüllt und dennoch im Galopp durchfliegen sie die Menschenmasse, die sich hart vor ihnen öffnet und hinter ihnen schließt, unbesorgt und unverletzt. Denn es ist in Wien ein stillschweigender Bund zwischen Wagen und Menschen: nicht zu überfahren, selbst im vollen Lauf, und nicht überfahren zu werden, auch ohne alle Aufmerksamkeit. — Von Sekunde zu Sekunde wird der Abstand zwischen Wagen und Wagen kleiner. Schon mischen sich einzelne Equipagen der Vornehmeren in den oft unterbrochenen Zug. Die Wagen fliegen nicht mehr. Bis endlich fünf bis sechs Stunden vor Nacht die einzelnen Pferde- und Kutschenatome sich zu einer kompakten Reihe verdichten, die, sich selber hemmend und durch Zufahrende aus allen Quergassen gehemmt, das alte Sprichwort: ›Besser schlecht gefahren, als zu Fuß gegangen‹, offenbar zuschanden macht. Begafft, bedauert, bespottet, sitzen die geputzten Damen in den scheinbar stillestehenden Kutschen. Des immerwährenden Anhaltens ungewohnt, bäumt sich der Holsteiner Rappe, als wollte er seinen durch den ihm vorgehenden Korbwagen gehemmten Weg obenhin über diesen hinausnehmen, was auch die schreiende Weiber- und Kinderbevölkerung des Plebejerfuhrwerks offenbar zu befürchten scheint. Der schnell dahinschießende Fiaker, zum ersten Male seiner Natur ungetreu, berechnet ingrimmig den Verlust, auf einem Wege drei Stunden zubringen zu müssen, den er sonst in fünf Minuten durchflog. Zank, Geschrei, wechselseitige Ehrenangriffe der Kutscher, mitunter ein Peitschenhieb.

Endlich, wie denn in dieser Welt jedes noch so hartnäckige Stehenbleiben doch nur ein unvermerktes Weiterrücken ist, erscheint auch diesem Status quo ein Hoffnungsstrahl. Die ersten Bäume des Augartens und der Brigittenau werden sichtbar. Land! Land! Land! Alle Leiden sind vergessen. Die zu Wagen Gekommenen steigen aus und mischen sich unter die Fußgänger, Töne entfernter Tanzmusik schallen herüber, vom Jubel der neu Ankommenden beantwortet. Und so fort und immer weiter, bis endlich der breite Hafen der Lust sich auftut und Wald und Wiese, Musik und Tanz, Wein und Schmaus, Schattenspiel und Seiltänzer, Erleuchtung und Feuerwerk sich zu einem Pays de Cocagne, einem Eldorado, einem eigentlichen Schlaraffenlande vereinigen, das leider, oder glücklicherweise, wie man es nimmt, nur einen und den nächst darauffolgenden Tag dauert, dann aber verschwindet wie der Traum einer Sommernacht und nur in der Erinnerung zurückbleibt und allenfalls in der Hoffnung.

Ich versäume nicht leicht, diesem Feste beizuwohnen. Als ein leidenschaftlicher Liebhaber der Menschen, vorzüglich des Volkes, so daß mir selbst als dramatischem Dichter der rückhaltslose Ausbruch eines überfüllten Schauspielhauses immer zehnmal interessanter, ja belehrender war als das zusammengeklügelte Urteil eines an Leib und Seele verkrüppelten, von dem Blut ausgesogener Autoren spinnenartig aufgeschwollenen literarischen Matadors — als ein Liebhaber der Menschen, sage ich, besonders wenn sie in Massen für einige Zeit der einzelnen Zwecke vergessen und sich als Teile des Ganzen fühlen, in dem denn doch zuletzt das Göttliche liegt — als einem solchen ist mir jedes Volksfest ein eigentliches Seelenfest, eine Wallfahrt, eine Andacht. Wie aus einem aufgerollten, ungeheuren, dem Rahmen des Buches entsprungenen Plutarch lese ich aus den heitern und heimlich bekümmerten Gesichtern, dem lebhaften oder gedrückten Gange, dem wechselseitigen Benehmen der Familienglieder, den einzelnen halb unwillkürlichen Äußerungen mir die Biographien der unberühmten Menschen zusammen, und wahrlich! man kann die Berühmten nicht verstehen, wenn man die Obskuren nicht durchgefühlt hat. Von dem Wortwechsel weinerhitzter Karrenschieber spinnt sich ein unsichtbarer, aber ununterbrochener Faden bis zum Zwist der Göttersöhne, und in der jungen Magd, die, halb wider Willen, dem drängenden Liebhaber seitab vom Gewühl der Tanzenden folgt, liegen als Embryo die Julien, die Didos und die Medeen.

Auch vor zwei Jahren hatte ich mich, wie gewöhnlich, den lustgierigen Kirchweihgästen als Fußgänger mit angeschlossen. Schon waren die Hauptschwierigkeiten der Wanderung überwunden, und ich befand mich bereits am Ende des Augartens, die ersehnte Brigittenau hart vor mir liegend. Hier ist nun noch ein — wenngleich der letzte — Kampf zu bestehen. Ein schmaler Damm, zwischen undurchdringlichen Befriedungen hindurchlaufend, bildet die einzige Verbindung der beiden Lustorte, deren gemeinschaftliche Grenze ein in der Mitte befindliches hölzernes Gittertor bezeichnet. An gewöhnlichen Tagen und für gewöhnliche Spaziergänger bietet dieser Verbindungsweg überflüssigen Raum; am Kirchweihfeste aber würde seine Breite, auch vierfach genommen, noch immer zu schmal sein für die endlose Menge, die, heftig nachdrängend und von Rückkehrenden im entgegengesetzten Sinne durchkreuzt, nur durch die allseitige Gutmütigkeit der Lustwandelnden sich am Ende doch leidlich zurechtfindet.

Ich hatte mich dem Zug der Menge hingegeben und befand mich in der Mitte des Dammes, bereits auf klassischem Boden, nur leider zu stets erneutem Stillestehen, Ausbeugen und Abwarten genötigt. Da war denn Zeit genug, das seitwärts am Wege Befindliche zu betrachten. Damit es nämlich der genußlechzenden Menge nicht an einem Vorschmack der zu erwartenden Seligkeit mangle, hatten sich links am Abhang der erhöhten Dammstraße einzelne Musiker aufgestellt, die, wahrscheinlich die große Konkurrenz scheuend, hier an den Propyläen die Erstlinge der noch unabgenützten Freigebigkeit einernten wollten. Eine Harfenspielerin mit widerlich starrenden Augen. Ein alter invalider Stelzfuß, der auf einem entsetzlichen, offenbar von ihm selbst verfertigten Instrumente, halb Hackbrett und halb Drehorgel, die Schmerzen seiner Verwundung dem allgemeinen Mitleid auf eine analoge Weise empfindbar machen wollte. Ein lahmer, verwachsener Knabe, er und seine Violine einen einzigen ununterscheidbaren Knäuel bildend, der endlos fortrollende Walzer mit all der hektischen Heftigkeit seiner verbildeten Brust herabspielte. Endlich — und er zog meine ganze Aufmerksamkeit auf sich — ein alter, leicht siebzigjähriger Mann in einem fadenscheinigen, aber nicht unreinlichen Moltonüberrock mit lächelnder, sich selbst Beifall gebender Miene. Barhäuptig und kahlköpfig stand er da, nach Art dieser Leute, den Hut als Sammelbüchse vor sich auf dem Boden, und so bearbeitete er eine alte vielzersprungene Violine, wobei er den Takt nicht nur durch Aufheben und Niedersetzen des Fußes, sondern zugleich durch übereinstimmende Bewegung des ganzen gebückten Körpers markierte. Aber all diese Bemühung, Einheit in seine Leistung zu bringen, war fruchtlos, denn was er spielte, schien eine unzusammenhängende Folge von Tönen ohne Zeitmaß und Melodie. Dabei war er ganz in sein Werk vertieft: die Lippen zuckten, die Augen waren starr auf das vor ihm befindliche Notenblatt gerichtet — ja wahrhaftig Notenblatt! Denn indes alle andern, ungleich mehr zu Dank spielenden Musiker sich auf ihr Gedächtnis verließen, hatte der alte Mann mitten in dem Gewühle ein kleines, leicht tragbares Pult vor sich hingestellt mit schmutzigen, zergriffenen Noten, die das in schönster Ordnung enthalten mochten, was er so außer allem Zusammenhange zu hören gab. Gerade das Ungewöhnliche dieser Ausrüstung hatte meine Aufmerksamkeit auf ihn gezogen, so wie es auch die Heiterkeit des vorüberwogenden Haufens erregte, der ihn auslachte und den zum Sammeln hingestellten Hut des alten Mannes leer ließ, indes das übrige Orchester ganze Kupferminen einsackte. Ich war, um das Original ungestört zu betrachten, in einiger Entfernung auf den Seitenabhang des Dammes getreten. Er spielte noch eine Weile fort. Endlich hielt er ein, blickte, wie aus einer langen Abwesenheit zu sich gekommen, nach dem Firmament, das schon die Spuren des nahenden Abends zu zeigen anfing, darauf abwärts in seinen Hut, fand ihn leer, setzte ihn mit ungetrübter Heiterkeit auf, steckte den Geigenbogen zwischen die Saiten; »sunt certi denique fines«, sagte er, ergriff sein Notenpult und arbeitete sich mühsam durch die dem Feste zuströmende Menge in entgegengesetzter Richtung, als einer, der heimkehrt.

Das ganze Wesen des alten Mannes war eigentlich wie gemacht, um meinen anthropologischen Heißhunger aufs äußerste zu reizen. Die dürftige und doch edle Gestalt, seine unbesiegbare Heiterkeit, so viel Kunsteifer bei so viel Unbeholfenheit; daß er gerade zu einer Zeit heimkehrte, wo für andere seinesgleichen erst die eigentliche Ernte anging; endlich die wenigen, aber mit der richtigsten Betonung, mit völliger Geläufigkeit gesprochenen lateinischen Worte. Der Mann hatte also eine sorgfältigere Erziehung genossen, sich Kenntnisse eigen gemacht, und nun — ein Bettelmusikant! Ich zitterte vor Begierde nach dem Zusammenhange. Aber schon befand sich ein dichter Menschenwall zwischen mir und ihm. Klein, wie er war, und durch das

Notenpult in seiner Hand nach allen Seiten hin störend, schob ihn einer dem andern zu, und schon hatte ihn das Ausgangsgitter aufgenommen, indes ich noch in der Mitte des Dammes mit der entgegenströmenden Menschenwoge kämpfte. So entschwand er mir, und als ich endlich selbst ins ruhige Freie gelangte, war nach allen Seiten weit und breit kein Spielmann mehr zu sehen.

Das verfehlte Abenteuer hatte mir die Lust an dem Volksfest genommen. Ich durchstrich den Augarten nach allen Richtungen und beschloß endlich, nach Hause zu kehren.

In die Nähe des kleinen Türchens gekommen, das aus dem Augarten nach der Taborstraße führt, hörte ich plötzlich den bekannten Ton der alten Violine wieder. Ich verdoppelte meine Schritte, und, siehe da! der Gegenstand meiner Neugier stand, aus Leibeskräften spielend, im Kreise einiger Knaben, die ungeduldig einen Walzer von ihm verlangten. »Einen Walzer spiel!« riefen sie; »einen Walzer, hörst du nicht?« Der Alte geigte fort, scheinbar ohne auf sie zu achten, bis ihn die kleine Zuhörerschar schmähend und spottend verließ, sich um einen Leiermann sammelnd, der seine Drehorgel in der Nähe aufgestellt hatte.

»Sie wollen nicht tanzen«, sagte wie betrübt der alte Mann, sein Musikgeräte zusammenlesend. Ich war ganz nahe zu ihm getreten. »Die Kinder kennen eben keinen andern Tanz als den Walzer«, sagte ich. — »Ich spielte einen Walzer«, versetzte er, mit dem Geigenbogen den Ort des soeben gespielten Stückes auf seinem Notenblatte bezeichnend.

»Man muß derlei auch führen, der Menge wegen. Aber die Kinder haben kein Ohr«, sagte er, indem er wehmütig den Kopf schüttelte. — »Lassen Sie mich wenigstens ihren Undank wieder gutmachen«, sprach ich, ein Silberstück aus der Tasche ziehend und ihm hinreichend. — »Bitte! bitte!« rief der alte Mann, wobei er mit beiden Händen ängstlich abwehrende Bewegungen machte, »in den Hut! in den Hut!« — Ich legte das Geldstück in den vor ihm stehenden Hut, aus dem es unmittelbar darauf der Alte herausnahm und ganz zufrieden einsteckte. »Das heißt einmal mit reichem Gewinn nach Hause gehen«, sagte er schmunzelnd. — »Eben recht«, sprach ich, »erinnern Sie mich auf einen Umstand, der schon früher meine Neugier rege machte! Ihre heutige Einnahme scheint nicht die beste gewesen zu sein, und doch entfernen Sie sich in einem Augenblicke, wo eben die eigentliche Ernte angeht. Das Fest dauert, wissen Sie wohl, die ganze Nacht, und Sie könnten da leicht mehr gewinnen als an acht gewöhnlichen Tagen. Wie soll ich mir das erklären?«

»Wie Sie sich das erklären sollen«, versetzte der Alte. »Verzeihen Sie, ich weiß nicht, wer Sie sind, aber Sie müssen ein wohltätiger Herr sein und ein Freund der Musik«, dabei zog er das Silberstück noch einmal aus der Tasche und drückte es zwischen seine gegen die Brust gehobenen Hände. »Ich will Ihnen daher nur die Ursachen angeben, obgleich ich oft deshalb verlacht worden bin. Erstens war ich nie ein Nachtschwärmer und halte es auch nicht für recht, andere durch Spiel und Gesang zu einem solchen widerlichen Vergehen anzureizen; zweitens muß sich der Mensch in allen

Dingen eine gewisse Ordnung festsetzen, sonst gerät er ins Wilde und Unaufhaltsame. Drittens endlich — Herr! ich spiele den ganzen Tag für die lärmenden Leute und gewinne kaum kärglich Brot dabei; aber der Abend gehört mir und meiner armen Kunst.«

»Abends halte ich mich zu Hause, und« — dabei ward seine Rede immer leiser, Röte überzog sein Gesicht, sein Auge suchte den Boden — »da spiele ich denn aus der Einbildung, so für mich ohne Noten. Phantasieren, glaub ich, heißt es in den Musikbüchern.«

Wir waren beide ganz stille geworden. Er aus Beschämung über das verratene Geheimnis seines Innern; ich voll Erstaunen, den Mann von den höchsten Stufen der Kunst sprechen zu hören, der nicht imstande war, den leichtesten Walzer faßbar wiederzugeben. Er bereitete sich indes zum Fortgehen.

»Wo wohnen Sie?« sagte ich. »Ich möchte wohl einmal Ihren einsamen Übungen beiwohnen.« — »Oh«, versetzte er fast flehend, »Sie wissen wohl, das Gebet gehört ins Kämmerlein.« — »So will ich Sie denn einmal am Tage besuchen«, sagte ich. — »Den Tag über«, erwiderte er, »gehe ich meinem Unterhalt bei den Leuten nach.« — »Also des Morgens denn.« — »Sieht es doch beinahe aus«, sagte der Alte lächelnd, »als ob Sie, verehrter Herr, der Beschenkte wären und ich, wenn es mir erlaubt ist zu sagen, der Wohltäter; so freundlich sind Sie, und so widerwärtig ziehe ich mich zurück. Ihr vornehmer Besuch wird meiner Wohnung immer eine Ehre sein; nur bäte ich, daß Sie den Tag Ihrer Dahinkunft mir großgünstig im voraus bestimmten, damit weder Sie durch Ungehörigkeit aufgehalten noch ich genötigt werde, ein zur Zeit etwa begonnenes Geschäft unziemlich zu unterbrechen. Mein Morgen nämlich hat auch seine Bestimmung. Ich halte es jedenfalls für meine Pflicht, meinen Gönnern und Wohltätern für ihr Geschenk eine nicht ganz unwürdige Gegengabe darzureichen. Ich will kein Bettler sein, verehrter Herr. Ich weiß wohl, daß die übrigen öffentlichen Musikleute sich damit begnügen, einige auswendig gelernte Gassenhauer, Deutschwalzer, ja wohl gar Melodien von unartigen Liedern, immer wieder von denselben anfangend, fort und fort herabzuspielen, so daß man ihnen gibt, um ihrer loszuwerden, oder weil ihr Spiel die Erinnerung genossener Tanzfreuden oder sonst unordentlicher Ergötzlichkeiten wieder lebendig macht. Daher spielen sie auch aus dem Gedächtnis und greifen falsch mitunter, ja häufig. Von mir aber sei fern, zu betrügen. Ich habe deshalb, teils weil mein Gedächtnis überhaupt nicht das beste ist, teils weil es für jeden schwierig sein dürfte, verwickelte Zusammensetzungen geachteter Musikverfasser Note für Note bei sich zu behalten, diese Hefte mir selbst ins reine geschrieben.« Er zeigte dabei durchblätternd auf sein Musikbuch, in dem ich zu meinem Entsetzen mit sorgfältiger, aber widerlich steifer Schrift ungeheuer schwierige Kompositionen alter berühmter Meister, ganz schwarz von Passagen und Doppelgriffen, erblickte. Und derlei spielte der alte Mann mit seinen ungelenken Fingern! »Indem ich nun diese Stücke spiele«, fuhr er fort, »bezeige ich meine Verehrung den nach Stand und Würden geachteten, längst nicht mehr lebenden Meistern und Verfassern, tue mir selbst genug und lebe der angenehmen Hoffnung, daß die mir mildest gereichte Gabe nicht ohne Entgelt bleibt durch Veredlung des Geschmackes und Herzens der ohnehin von so vielen Seiten gestörten und irregeleiteten Zuhörerschaft. Da derlei aber, auf daß ich bei meiner Rede bleibe« — und dabei überzog ein selbstgefälliges Lächeln seine Züge —, »da derlei aber eingeübt sein will, sind meine Morgenstunden ausschließend diesem Exercitium bestimmt. Die drei ersten Stunden des Tages der Übung, die Mitte dem Broterwerb und der Abend mir und dem lieben Gott, das heißt nicht unehrlich geteilt«, sagte er, und dabei glänzten seine Augen wie feucht; er lächelte aber.

»Gut denn«, sagte ich, »so werde ich Sie einmal morgens überraschen. Wo wohnen Sie?« Er nannte mir die Gärtnergasse. — »Hausnummer?« — »Nummer 34 im ersten Stocke.« — »In der Tat«, rief ich, »im Stockwerke der Vornehmen?« — »Das Haus«, sagte er, »hat zwar eigentlich nur ein Erdgeschoß; es ist aber oben neben der Bodenkammer noch ein kleines Zimmer, das bewohne ich gemeinschaftlich mit zwei Handwerksgesellen.« — »Ein Zimmer zu dreien?« — »Es ist abgeteilt«, sagte er, »und ich habe mein eigenes Bette.«

»Es wird spät«, sprach ich, »und Sie wollen nach Hause. Auf Wiedersehen denn!« und dabei fuhr ich in die Tasche, um das früher gereichte gar zu kleine Geldgeschenk allenfalls zu verdoppeln. Er aber hatte mit der einen Hand das Notenpult, mit der andern seine Violine angefaßt und rief hastig: »Was ich devotest verbitten muß. Das Honorarium für mein Spiel ist mir bereits in Fülle zuteil geworden, eines andern Verdienstes aber bin ich mir zur Zeit nicht bewußt.« Dabei machte er mir mit einer Abart vornehmer Leichtigkeit einen ziemlich linkischen Kratzfuß und entfernte sich, so schnell ihn seine alten Beine trugen.

Ich hatte, wie gesagt, die Lust verloren, dem Volksfeste für diesen Tag länger beizuwohnen; ich ging daher heimwärts, den Weg nach der Leopoldstadt einschlagend, und von Staub und Hitze erschöpft, trat ich in einen der dortigen vielen Wirtsgärten, die, an gewöhnlichen Tagen überfüllt, heute ihre ganze Kundschaft der Brigittenau abgegeben hatten. Die Stille des Ortes, im Abstich der lärmenden Volksmenge, tat mir wohl, und mich verschiedenen Gedanken überlassend, an denen der alte Spielmann nicht den letzten Anteil hatte, war es völlig Nacht geworden, als ich endlich des Nachhausegehens gedachte, den Betrag meiner Rechnung auf den Tisch legte und der Stadt zuschritt.

In der Gärtnergasse, hatte der alte Mann gesagt, wohne er. »Ist hier in der Nähe eine Gärtnergasse?« fragte ich einen kleinen Jungen, der über den Weg lief. »Dort, Herr!« versetzte er, indem er auf eine Querstraße hinwies, die, von der Häusermasse der Vorstadt sich entfernend, gegen das freie Feld hinauslief. Ich folgte der Richtung. Die Straße bestand aus zerstreuten einzelnen Häusern, die, zwischen großen Küchengärten gelegen, die Beschäftigung der Bewohner und den Ursprung des Namens Gärtnergasse augenfällig darlegten. In welcher dieser elenden Hütten wohl mein Original wohnen mochte? Ich hatte die Hausnummer glücklich vergessen, auch war in der Dunkelheit an das

Erkennen irgendeiner Bezeichnung kaum zu denken. Da schritt, auf mich zukommend, ein mit Küchengewächsen schwerbeladener Mann an mir vorüber. »Kratzt der Alte einmal wieder«, brummte er, »und stört die ordentlichen Leute in ihrer Nachtruhe.« Zugleich, wie ich vorwärts ging, schlug der leise, langgehaltene Ton einer Violine an mein Ohr, der aus dem offenstehenden Bodenfenster eines wenig entfernten ärmlichen Hauses zu kommen schien, das, niedrig und ohne Stockwerk wie die übrigen, sich durch dieses in der Umgrenzung des Daches liegende Giebelfenster vor den andern auszeichnete. Ich stand stille. Ein leiser, aber bestimmt gegriffener Ton schwoll bis zur Heftigkeit, senkte sich, verklang, um gleich darauf wieder bis zum lautesten Gellen emporzusteigen, und zwar immer derselbe Ton mit einer Art genußreichem Daraufberuhen wiederholt. Endlich kam ein Intervall. Es war die Quarte. Hatte der Spieler sich vorher an dem Klange des einzelnen Tones geweidet, so war nun das gleichsam wollüstige Schmecken dieses harmonischen Verhältnisses noch ungleich fühlbarer. Sprungweise gegriffen, zugleich gestrichen, durch die dazwischenliegende Stufenreihe höchst holperig verbunden, die Terz markiert, wiederholt. Die Quinte darangefügt, einmal mit zitterndem Klang wie ein stilles Weinen ausgehalten, verhallend, dann in wirbelnder Schnelligkeit ewig wiederholt, immer diese selben Verhältnisse, die nämlichen Töne. — Und das nannte der alte Mann Phantasieren! — Obgleich es im Grunde allerdings ein Phantasieren war, für den Spieler nämlich, nur nicht auch für den Hörer.

Ich weiß nicht, wie lange das gedauert haben mochte und wie arg es geworden war, als plötzlich die Türe des Hauses aufging, ein Mann, nur mit dem Hemde und lose eingeknöpftem Beinkleide angetan, von der Schwelle bis in die Mitte der Straße trat und zu dem Giebelfenster emporrief: »Soll das heute einmal wieder gar kein Ende nehmen?« Der Ton dei Stimme war dabei unwillig, aber nicht hart oder beleidigend. Die Violine verstummte, ehe die Rede noch zu Ende war. Der Mann ging ins Haus zurück, das Giebelfenster schloß sich, und bald herrschte eine durch nichts unterbrochene Totenstille um mich her. Ich trat, mühsam in den mir unbekannten Gassen mich zurechtfindend, den Heimweg an, wobei ich auch phantasierte, aber, niemand störend, für mich, im Kopfe.

Die Morgenstunden haben für mich immer einen eigenen Wert gehabt. Es ist, als ob es mir Bedürfnis wäre, durch die Beschäftigung mit etwas Erhebendem, Bedeutendem in den ersten Stunden des Tages mir den Rest desselben gewissermaßen zu heiligen. Ich kann mich daher nur schwer entschließen, am frühen Morgen mein Zimmer zu verlassen, und wenn ich ohne vollgültige Ursache mich einmal dazu nötige, so habe ich für den übrigen Tag nur die Wahl zwischen gedankenloser Zerstreuung oder selbstquälerischem Trübsinn. So kam es, daß ich durch einige Tage den Besuch bei dem alten Manne, der verabredetermaßen in den Morgenstunden stattfinden sollte, verschob. Endlich ward die Ungeduld meiner Herr, und ich ging. Die Gärtnergasse war leicht gefunden, ebenso das Haus. Die Töne der Violine ließen sich auch diesmal hören, aber durch das geschlossene Fenster bis zum Ununterscheidbaren gedämpft. Ich trat ins Haus. Eine vor Erstaunen halb sprachlose Gärtnersfrau wies mich eine Bodentreppe hinauf. Ich stand vor einer niedern und halb schließenden Türe, pochte, erhielt keine Antwort, drückte endlich die Klinke und trat ein. Ich befand mich in einer ziemlich geräumigen, sonst aber höchst elenden Kammer, deren Wände von allen Seiten den Umrissen des spitzzulaufenden Daches folgten. Hart neben der Türe ein schmutziges, widerlich verstörtes Bette, von allen Zutaten der Unordentlichkeit umgeben; mir gegenüber, hart neben dem schmalen Fenster, eine zweite Lagerstätte, dürftig, aber reinlich und höchst sorgfältig gebettet und bedeckt. Am Fenster ein kleines Tischchen mit Notenpapier und Schreibgeräte, im Fenster ein paar Blumentöpfe. Die Mitte des Zimmers von Wand zu Wand war am Boden mit einem dicken Kreidenstriche bezeichnet, und man kann sich kaum einen grelleren Abstich von Schmutz und Reinlichkeit denken, als diesseits und jenseits der gezogenen Linie, dieses Äquators einer Welt im kleinen, herrschte.

Hart an dem Gleicher hatte der alte Mann sein Notenpult hingestellt und stand, völlig und sorgfältig gekleidet, davor und — exerzierte. Es ist schon bis zum Übelklang soviel von den Mißklängen meines und, ich fürchte beinahe, nur meines Lieblings die Rede gewesen, daß ich den Leser mit der Beschreibung dieses höllischen Konzertes verschonen will. Da die Übung größtenteils aus Passagen bestand, so war an ein Erkennen der gespielten Stücke nicht zu denken, was übrigens auch sonst nicht leicht gewesen sein möchte.

Einige Zeit Zuhörens ließ mich endlich den Faden durch dieses Labyrinth erkennen, gleichsam die Methode in der Tollheit. Der Alte genoß, indem er spielte. Seine Auffassung unterschied hierbei aber schlechthin nur zweierlei, den Wohlklang und den Übelklang, von denen der erstere ihn erfreute, ja entzückte, indes er dem letztern, auch dem harmonisch begründeten, nach Möglichkeit aus dem Wege ging. Statt nun in einem Musikstücke nach Sinn und Rhythmus zu betonen, hob er heraus, verlängerte er die dem Gehör wohltuenden Noten und Intervalle, ja nahm keinen Anstand, sie willkürlich zu wiederholen, wobei sein Gesicht oft geradezu den Ausdruck der Verzückung annahm. Da er nun zugleich die Dissonanzen so kurz als möglich abtat, überdies die für ihn zu schweren Passagen, von denen er aus Gewissenhaftigkeit nicht eine Note fallenließ, in einem gegen das Ganze viel zu langsamen Zeitmaß vortrug, so kann man sich wohl leicht eine Idee von der Verwirrung machen, die daraus hervorging. Mir ward es nachgerade selbst zuviel. Um ihn aus seiner Abwesenheit zurückzubringen, ließ ich absichtlich den Hut fallen, nachdem ich mehrere Mittel schon fruchtlos versucht hatte. Der alte Mann fuhr zusammen, seine Knie zitterten, kaum konnte er die zum Boden gesenkte Violine halten. Ich trat hinzu. »Oh, Sie sind's, gnädiger Herr!« sagte er, gleichsam zu sich selbst kommend. »Ich hatte nicht auf Erfüllung Ihres hohen Versprechens gerechnet.« Er nötigte mich zu sitzen, räumte auf, legte hin, sah einigemal verlegen im Zimmer herum, ergriff dann plötzlich einen auf einem Tische neben der Stubentür stehenden Teller und ging mit demselben zu jener hinaus. Ich hörte ihn draußen mit der Gärtnersfrau sprechen. Bald darauf kam er wieder verlegen zur Türe herein, wobei er den Teller hinter dem Rücken verbarg und heimlich wieder hinstellte. Er hatte offenbar Obst verlangt, um mich zu bewirten, es aber nicht erhalten können. »Sie wohnen hier recht hübsch«, sagte ich, um seiner Verlegenheit ein Ende zu machen. — »Die Unordnung ist verwiesen. Sie nimmt ihren Rückzug durch die Türe, wenn sie auch derzeit noch nicht ganz über die Schwelle ist. — Meine Wohnung reicht nur bis zu dem Striche«, sagte der Alte, wobei er auf die Kreidenlinie in der Mitte des Zimmers zeigte. »Dort drüben wohnen zwei Handwerksgesellen.« — »Und respektieren diese Ihre Bezeichnung?« — »Sie nicht, aber ich«, sagte er. »Nur die Türe ist gemeinschaftlich.« — »Und werden Sie nicht gestört von Ihrer Nachbarschaft?« — »Kaum«, meinte er. »Sie kommen des Nachts spät nach Hause, und wenn sie mich da auch ein wenig im Bette aufschrekken, so ist dafür die Lust des Wiedereinschlafens um so größer. Des Morgens aber wecke *ich* sie, wenn ich mein Zimmer in Ordnung bringe. Da schelten sie wohl ein wenig und gehen.«

Ich hatte ihn währenddessen betrachtet. Er war höchst reinlich gekleidet, die Gestalt gut genug für seine Jahre, nur die Beine etwas zu kurz. Hand und Fuß von auffallender Zartheit. — »Sie sehen mich an«, sagte er, »und haben dabei Ihre Gedanken?« — »Daß ich nach Ihrer Geschichte lüstern bin«, versetzte ich. — »Geschichte?« wiederholte er. »Ich habe keine Geschichte. Heute wie gestern und morgen wie heute.

Übermorgen freilich und weiter hinaus, wer kann das wissen? Doch Gott wird sorgen, der weiß es.« — »Ihr jetziges Leben mag wohl einförmig genug sein«, fuhr ich fort; »aber Ihre früheren Schicksale. Wie es sich fügte...« — »Daß ich unter die Musikleute kam?« fiel er in die Pause ein, die ich unwillkürlich gemacht hatte. Ich erzählte ihm nun, wie er mir beim ersten Anblicke aufgefallen, den Eindruck, den die von ihm gesprochenen lateinischen Worte auf mich gemacht hätten. »Lateinisch«, tönte er nach. »Lateinisch? das habe ich freilich auch einmal gelernt oder vielmehr hätte es lernen sollen und können. Loqueris latine?« wandte er sich gegen mich, »aber ich könnte es nicht fortsetzen. Es ist gar zu lange her. Das also nennen Sie meine Geschichte? Wie es kam? — Ja so! da ist denn freilich allerlei geschehen; nichts Besonderes, aber doch allerlei. Möchte ich mir's doch selbst einmal wieder erzählen. Ob ich's nicht gar vergessen habe. Es ist noch früh am Morgen«, fuhr er fort, wobei er in die Uhrtasche griff, in der sich freilich keine Uhr befand. — Ich zog die meine, es war kaum neun Uhr. — »Wir haben Zeit, und fast kommt mich die Lust zu schwatzen an.« Er war während des letzten zusehends ungezwungener geworden. Seine Gestalt verlängerte sich. Er nahm mir ohne zu große Umstände den Hut aus der Hand und legte ihn aufs Bette, schlug sitzend ein Bein über das andere und nahm überhaupt die Lage eines mit Bequemlichkeit Erzählenden an.

»Sie haben« — hob er an — »ohne Zweifel von dem Hofrate ... gehört?« Hier nannte er den Namen eines Staatsmannes, der in der zweiten Hälfte des vorigen

Jahrhunderts unter dem bescheidenen Titel eines Bureauchefs einen ungeheuren, beinahe ministerähnlichen Einfluß ausgeübt hatte. Ich bejahte meine Kenntnis des Mannes. »Er war mein Vater«, fuhr er fort. — Sein Vater? des alten Spielmanns? des Bettlers? Der Einflußreiche, der Mächtige, sein Vater? Der Alte schien mein Erstaunen nicht zu bemerken, sondern spann, sichtbar vergnügt, den Faden seiner Erzählung weiter. »Ich war der mittlere von drei Brüdern, die in Staatsdiensten hoch hinaufkamen, nun aber schon beide tot sind; ich allein lebe noch«, sagte er und zupfte dabei an seinen fadenscheinigen Beinkleidern, mit niedergeschlagenen Augen einzelne Federchen davon herablesend. »Mein Vater war ehrgeizig und heftig. Meine Brüder taten ihm genug. Mich nannte man einen langsamen Kopf; und ich war langsam. Wenn ich mich recht erinnere«, sprach er weiter, und dabei senkte er, seitwärts gewandt, wie in eine weite Ferne hinausblikkend, den Kopf gegen die unterstützende linke Hand, »wenn ich mich recht erinnere, so wäre ich wohl imstande gewesen, allerlei zu erlernen, wenn man mir nur Zeit und Ordnung gegönnt hätte. Meine Brüder sprangen wie Gemsen von Spitze zu Spitze in den Lehrgegenständen herum, ich konnte aber durchaus nichts hinter mir lassen, und wenn mir ein einziges Wort fehlte, mußte ich von vorne anfangen. So ward ich denn immer gedrängt. Das Neue sollte auf den Platz, den das Alte noch nicht verlassen hatte, und ich begann stockisch zu werden. So hatten sie mir die Musik, die jetzt die Freude und zugleich der Stab meines Lebens ist, geradezu verhaßt gemacht. Wenn ich abends im

Zwielicht die Violine ergriff, um mich nach meiner Art ohne Noten zu vergnügen, nahmen sie mir das Instrument und sagten, das verdirbt die Applikatur, klagten über Ohrenfolter und verwiesen mich auf die Lehrstunde, wo die Folter für mich anging. Ich habe zeitlebens nichts und niemand so gehaßt, als ich damals die Geige haßte.

Mein Vater, aufs äußerste unzufrieden, schalt mich häufig und drohte, mich zu einem Handwerke zu geben. Ich wagte nicht zu sagen, wie glücklich mich das gemacht hätte. Ein Drechsler oder Schriftsetzer wäre ich gar zu gerne gewesen. Er hätte es ja aber doch nicht zugelassen, aus Stolz. Endlich gab eine öffentliche Schulprüfung, der man, um ihn zu begütigen, meinen Vater beizuwohnen beredet hatte, den Ausschlag. Ein unredlicher Lehrer bestimmte im voraus, was er mich fragen werde, und so ging alles vortrefflich. Endlich aber fehlte mir, es waren auswendig zu sagende Verse des Horaz — ein Wort. Mein Lehrer, der kopfnickend und meinen Vater anlächelnd zugehört hatte, kam meinem Stocken zu Hilfe und flüsterte es mir zu. Ich aber, der das Wort in meinem Innern und im Zusammenhange mit dem übrigen suchte, hörte ihn nicht. Er wiederholte es mehrere Male; umsonst. Endlich verlor mein Vater die Geduld. ›Cachinnum‹ — so hieß das Wort — schrie er mir donnernd zu. Nun war's geschehen. Wußte ich das eine, so hatte ich dafür das übrige vergessen. Alle Mühe, mich auf die rechte Bahn zu bringen, war verloren. Ich mußte mit Schande aufstehen, und als ich, der Gewohnheit nach, hinging, meinem Vater die Hand zu küssen, stieß er mich zurück, erhob sich, machte der Versammlung eine kurze Verbeugung und ging. ›Ce gueux‹ schalt er mich, was ich damals nicht war, aber jetzt bin. Die Eltern prophezeien, wenn sie reden! Übrigens war mein Vater ein guter Mann. Nur heftig und ehrgeizig.

Von diesem Tage an sprach er kein Wort mehr mit mir. Seine Befehle kamen mir durch die Hausgenossen zu. So kündigte man mir gleich des nächsten Tages an, daß es mit meinen Studien ein Ende habe. Ich erschrak heftig, weil ich wußte, wie bitter es meinen Vater kränken mußte. Ich tat den ganzen Tag nichts als weinen und dazwischen jene lateinischen Verse rezitieren, die ich nun aufs Und wußte mit den vorhergehenden und nachfolgenden dazu. Ich versprach, durch Fleiß den Mangel an Talenten zu ersetzen, wenn man mich noch ferner die Schule besuchen ließe, mein Vater nahm aber nie einen Entschluß zurück.

Eine Weile blieb ich nun unbeschäftigt im väterlichen Hause. Endlich tat man mich versuchsweise zu einer Rechenbehörde. Rechnen war aber nie meine Stärke gewesen. Den Antrag, ins Militär zu treten, wies ich mit Abscheu zurück. Ich kann noch jetzt keine Uniform ohne innerlichen Schauder ansehen. Daß man werte Angehörige allenfalls auch mit Lebensgefahr schützt, ist wohl gut und begreiflich; aber Blutvergießen und Verstümmelung als Stand, als Beschäftigung. Nein! Nein! Nein!« Und dabei fuhr er mit beiden Händen über beide Arme, als fühlte er stechend eigene und fremde Wunden.

»Ich kam nun in die Kanzlei unter die Abschreiber. Da war ich recht an meinem Platze. Ich hatte immer das Schreiben mit Lust getrieben, und noch jetzt weiß ich mir keine angenehmere Unterhaltung, als mit guter Tinte auf gutem Papier Haar- und Schattenstriche aneinanderzufügen zu Worten oder auch nur zu Buchstaben. Musiknoten sind nun gar überaus schön. Damals dachte ich aber noch an keine Musik.

Ich war fleißig, nur aber zu ängstlich. Ein unrichtiges Unterscheidungszeichen, ein ausgelassenes Wort im Konzepte, wenn es sich auch aus dem Sinne ergänzen ließ, machte mir bittere Stunden. Im Zweifel, ob ich mich genau ans Original halten oder aus Eigenem beisetzen sollte, verging die Zeit angstvoll, und ich kam in den Ruf, nachlässig zu sein, indes ich mich im Dienst abquälte wie keiner. So brachte ich ein paar Jahre zu, und zwar ohne Gehalt, da, als die Reihe der Beförderung an mich kam, mein Vater im Rate einem andern seine Stimme gab und die übrigen ihm zufielen aus Ehrfurcht.

Um diese Zeit ... sieh nur«, unterbrach er sich, »es gibt denn doch eine Art Geschichte. Erzählen wir die Geschichte! Um diese Zeit ereigneten sich zwei Begebenheiten: die traurigste und die freudigste meines Lebens. Meine Entfernung aus dem väterlichen Hause nämlich und das Wiederkehren zur holden Tonkunst, zu meiner Violine, die mir treu geblieben ist bis auf diesen Tag.

Ich lebte in dem Hause meines Vaters, unbeachtet von den Hausgenossen, in einem Hinterstübchen, das in des Nachbars Hof hinausging. Anfangs aß ich am Familientische, wo niemand ein Wort an mich richtete. Als aber meine Brüder auswärts befördert wurden und mein Vater beinahe täglich zu Gast geladen war — die

Mutter lebte seit langem nicht mehr —, fand man es unbequem, meinetwegen eine eigene Küche zu führen. Die Bedienten erhielten Kostgeld; ich auch, das man mir aber nicht auf die Hand gab, sondern monatweise im Speisehause bezahlte. Ich war daher wenig in meiner Stube, die Abendstunden ausgenommen; denn mein Vater verlangte, daß ich längstens eine halbe Stunde nach dem Schluß der Kanzlei zu Hause sein sollte. Da saß ich denn, und zwar meiner schon damals angegriffenen Augen halber, in der Dämmerung ohne Licht. Ich dachte auf das und jenes und war nicht traurig und nicht froh.

Wenn ich nun so saß, hörte ich auf dem Nachbarshofe ein Lied singen. Mehrere Lieder, heißt das, worunter mir aber eines vorzüglich gefiel. Es war so einfach, so rührend und hatte den Nachdruck so auf der rechten Stelle, daß man die Worte gar nicht zu hören brauchte. Wie ich denn überhaupt glaube, die Worte verderben die Musik.« Nun öffnete er den Mund und brachte einige heisere, rauhe Töne hervor. »Ich habe von Natur keine Stimme«, sagte er und griff nach der Violine. Er spielte, und zwar diesmal mit richtigem Ausdrucke, die Melodie eines gemütlichen, übrigens gar nicht ausgezeichneten Liedes, wobei ihm die Finger auf den Saiten zitterten und endlich einzelne Tränen über die Backen liefen.

»Das war das Lied«, sagte er, die Violine hinlegend. »Ich hörte es immer mit neuem Vergnügen. Sosehr es mir aber im Gedächtnis lebendig war, gelang es mir doch nie, mit der Stimme auch nur zwei Töne davon richtig zu treffen. Ich ward fast ungeduldig vom Zuhören. Da fiel mir meine Geige in die Augen, die aus meiner Jugend her, wie ein altes Rüststück, ungebraucht an der Wand hing. Ich griff darnach, und — es mochte sie wohl der Bediente in meiner Abwesenheit benützt haben — sie fand sich richtig gestimmt. Als ich nun mit dem Bogen über die Saiten fuhr, Herr, da war es, als ob Gottes Finger mich angerührt hätte. Der Ton drang in mein Inneres hinein und aus dem Innern wieder heraus. Die Luft um mich war wie geschwängert mit Trunkenheit. Das Lied unten im Hofe und die Töne von meinen Fingern an mein Ohr, Mitbewohner meiner Einsamkeit. Ich fiel auf die Knie und betete laut und konnte nicht begreifen, daß ich das holde Gotteswesen einmal geringgeschätzt, ja gehaßt in meiner Kindheit, und küßte die Violine und drückte sie an mein Herz und spielte wieder und fort.

Das Lied im Hofe — es war eine Weibsperson, die sang — tönte derweile unausgesetzt; mit dem Nachspielen ging es aber nicht so leicht.

Ich hatte das Lied nämlich nicht in Noten. Auch merkte ich wohl, daß ich das wenige der Geigenkunst, was ich etwa einmal wußte, so ziemlich vergessen hatte. Ich konnte daher nicht das und das, sondern nur überhaupt spielen. Obwohl mir das jeweilige Was der Musik, mit Ausnahme jenes Lieds, immer ziemlich gleichgültig war und auch geblieben ist bis zum heutigen Tag. Sie spielen den Wolfgang Amadeus Mozart und den Sebastian Bach, aber den lieben Gott spielt keiner. Die ewige Wohltat und Gnade des Tons und Klangs, seine wundertätige Übereinstimmung mit dem durstigen, zerlechzenden Ohr, daß« — fuhr er leiser und schamrot fort — »der dritte Ton zusammenstimmt mit dem ersten, und der fünfte desgleichen, und die Nota sensibilis hinaufsteigt wie eine erfüllte Hoffnung, die Dissonanz herabgebeugt wird als wissentliche Bosheit oder vermessener Stolz und die Wunder der Bindung und Umkehrung, wodurch auch die Sekunde zur Gnade gelangt in den Schoß des Wohlklangs. — Mir hat das alles, obwohl viel später, ein Musiker erklärt. Und, wovon ich aber nichts verstehe, die Fuga und das Punctum contra punctum und der Canon a duo, a tre und so fort, ein ganzes Himmelsgebäude, eines ins andere greifend, ohne Mörtel verbunden und gehalten von Gottes Hand. Davon will niemand etwas wissen bis auf wenige. Vielmehr stören sie dieses Ein- und Ausatmen der Seelen durch Hinzufügung allenfalls auch zu sprechender Worte, wie die Kinder Gottes sich verbanden mit den Töchtern der Erde; daß es hübsch angreife und eingreife in ein schwieliges Gemüt. Herr«, schloß er endlich, halb erschöpft, »die Rede ist dem Menschen notwendig wie Speise, man sollte aber auch den Trank rein erhalten, der da kommt von Gott.«

Ich kannte meinen Mann beinahe nicht mehr, so lebhaft war er geworden. Er hielt ein wenig inne. »Wo blieb ich nur in meiner Geschichte?« sagte er endlich. »Ei ja, bei dem Liede und meinen Versuchen, es nachzuspielen. Es ging aber nicht. Ich trat ans Fenster, um besser zu hören. Da ging eben die Sängerin über den Hof. Ich sah sie nur von rückwärts, und doch kam sie mir bekannt vor. Sie trug einen Korb mit, wie es schien, noch ungebackenen Kuchenstücken. Sie trat in ein

Pförtchen in der Ecke des Hofes, da wohl ein Backofen inne sein mochte, denn immer fortsingend, hörte ich mit hölzernen Geräten scharren, wobei die Stimme einmal dumpfer und einmal heller klang, wie eines, das sich bückt und in eine Höhlung hineinsingt, dann wieder erhebt und aufrecht dasteht. Nach einer Weile kam sie zurück, und nun merkte ich erst, warum sie mir vorher bekannt vorkam. Ich kannte sie nämlich wirklich seit längerer Zeit. Und zwar aus der Kanzlei.

Damit verhielt es sich so. Die Amtsstunden fingen früh an und währten über den Mittag hinaus. Mehrere von den jüngeren Beamten, die nun entweder wirklich Hunger fühlten oder eine halbe Stunde damit vor sich bringen wollten, pflegten gegen elf Uhr eine Kleinigkeit zu sich zu nehmen. Die Gewerbsleute, die alles zu ihrem Vorteile zu benutzen wissen, ersparten den Leckermäulern den Weg und brachten ihre Feilschaften ins Amtsgebäude, wo sie sich auf Stiege und Gang damit hinstellten. Ein Bäcker verkaufte kleine Weißbrote, die Obstfrau Kirschen. Vor allem aber waren gewisse Kuchen beliebt, die eines benachbarten Grieslers Tochter selbst verfertigte und noch warm zu Markt brachte. Ihre Kunden traten zu ihr auf den Gang hinaus, und nur selten kam sie, gerufen, in die Amtsstube, wo dann der etwas grämliche Kanzleivorsteher, wenn er ihrer gewahr wurde, ebenso selten ermangelte, sie wieder zur Türe hinauszuweisen, ein Gebot, dem sie sich nur mit Groll, und unwillige Worte murmelnd, fügte.

Das Mädchen galt bei meinen Kameraden nicht für schön. Sie fanden sie zu klein, wußten die Farbe ihrer Haare nicht zu bestimmen. Daß sie Katzenaugen habe, bestritten einige, Pockengruben aber gaben alle zu. Nur von ihrem stämmigen Wuchs sprachen alle mit Beifall, schalten sie aber grob, und einer wußte viel von einer Ohrfeige zu erzählen, deren Spuren er noch acht Tage nachher gefühlt haben wollte.

Ich selbst gehörte nicht unter ihre Kunden. Teils fehlte mir's an Geld, teils habe ich Speise und Trank wohl immer — oft nur zu sehr — als ein Bedürfnis anerkennen müssen, Lust und Vergnügen darin zu suchen aber ist mir nie in den Sinn gekommen. Wir nahmen daher keine Notiz voneinander. Einmal nur, um mich zu necken, machten ihr meine Kameraden glauben, ich hätte nach ihren Eßwaren verlangt. Sie trat zu meinem Arbeitstisch und hielt mir ihren Korb hin. ›Ich kaufe nichts, liebe Jungfer‹, sagte ich. ›Nun, warum bestellen Sie dann die Leute?‹ rief sie zornig. Ich entschuldigte mich, und sowie ich die Schelmerei gleich weghatte, erklärte ich ihr's aufs beste. ›Nun, so schenken Sie mir wenigstens einen Bogen Papier, um meine Kuchen darauf zu legen‹, sagte sie. Ich machte ihr begreiflich, daß das Kanzleipapier sei und nicht mir gehöre, zu Hause aber hätte ich welches, das mein wäre, davon wollt ich ihr bringen. ›Zu Hause habe ich selbst genug‹, sagte sie spöttisch und schlug eine kleine Lache auf, indem sie fortging.

Das war nur vor wenigen Tagen geschehen, und ich gedachte aus dieser Bekanntschaft sogleich Nutzen für meinen Wunsch zu ziehen. Ich knöpfte daher des andern Morgens ein ganzes Buch Papier, an dem es bei uns zu Hause nie fehlte, unter den Rock und ging auf die Kanzlei, wo ich, um mich nicht zu verraten, meinen

Harnisch mit großer Unbequemlichkeit auf dem Leibe behielt, bis ich gegen Mittag aus dem Ein- und Ausgehen meiner Kameraden und dem Geräusch der kauenden Backen merkte, daß die Kuchenverkäuferin gekommen war, und glauben konnte, daß der Hauptandrang der Kunden vorüber sei. Dann ging ich hinaus, zog mein Papier hervor, nahm mir ein Herz und trat zu dem Mädchen hin, die, den Korb vor sich auf dem Boden und den rechten Fuß auf einen Schemel gestellt, auf dem sie gewöhnlich zu sitzen pflegte, dastand, leise summend und mit dem auf den Schemel gestützten Fuß den Takt dazu tretend. Sie maß mich vom Kopf bis zu den Füßen, als ich näher kam, was meine Verlegenheit vermehrte. ›Liebe Jungfer‹, fing ich endlich an, ›Sie haben neulich von mir Papier begehrt, als keines zur Hand war, das mir gehörte. Nun habe ich welches von Hause mitgebracht und . . .‹ Damit hielt ich ihr mein Papier hin. ›Ich habe Ihnen schon neulich gesagt‹, erwiderte sie, ›daß ich selbst Papier zu Hause habe. Indes man kann alles brauchen.‹ Damit nahm sie mit einem leichten Kopfnicken mein Geschenk und legte es in den Korb. ›Von den Kuchen wollen Sie nicht?‹ sagte sie, unter ihren Waren herummusternd, ›auch ist das Beste schon fort.‹ Ich dankte, sagte aber, daß ich eine andere Bitte hätte. ›Nu, allenfalls?‹ sprach sie, mit dem Arm in die Handhabe des Korbes fahrend und aufgerichtet dastehend, wobei sie mich mit heftigen Augen anblitzte. Ich fiel rasch ein, daß ich ein Liebhaber der Tonkunst sei, obwohl erst seit kurzem, daß ich sie so schöne Lieder singen gehört, besonders eines. ›Sie? Mich? Lieder?‹ fuhr sie auf, ›und wo?‹

Ich erzählte ihr weiter, daß ich in ihrer Nachbarschaft wohne und sie auf dem Hofe bei der Arbeit belauscht hätte. Eines ihrer Lieder gefiele mir besonders, so daß ich's schon versucht hätte, auf der Violine nachzuspielen. ›Wären Sie etwa gar derselbe‹, rief sie aus, ›der so kratzt auf der Geige?‹ — Ich war damals, wie ich bereits sagte, nur Anfänger und habe erst später mit vieler Mühe die nötige Geläufigkeit in diese Finger gebracht«, unterbrach sich der alte Mann, wobei er mit der linken Hand, als einer, der geigt, in der Luft herumfingerte. »Mir war es«, setzte er seine Erzählung fort, »ganz heiß ins Gesicht gestiegen, und ich sah auch ihr an, daß das harte Wort sie gereute. ›Werte Jungfer‹, sagte ich, ›das Kratzen rührt von daher, daß ich das Lied nicht in Noten habe, weshalb ich auch höflichst um die Abschrift gebeten haben wollte.‹ — ›Um die Abschrift?‹ sagte sie. ›Das Lied ist gedruckt und wird an den Straßenecken verkauft.‹ — ›Das Lied?‹ entgegnete ich. ›Das sind wohl nur die Worte.‹ — ›Nun ja, die Worte, das Lied.‹ — ›Aber der Ton, in dem man's singt.‹ — ›Schreibt man denn derlei auch auf?‹ fragte sie. — ›Freilich!‹ war meine Antwort, ›das ist ja eben die Hauptsache. Und wie haben denn Sie's erlernt, werte Jungfer?‹ — ›Ich hörte es singen, und da sang ich's nach.‹ — Ich erstaunte über das natürliche Ingenium; wie denn überhaupt die ungelernten Leute oft die meisten Talente haben. Es ist aber doch nicht das Rechte, die eigentliche Kunst. Ich war nun neuerdings in Verzweiflung. ›Aber welches Lied ist es denn eigentlich?‹ sagte sie. ›Ich weiß so viele.‹ — ›Alle ohne Noten?‹ — Nun freilich; also welches war es denn?‹

— ›Es ist gar so schön‹, erklärte ich mich. ›Steigt gleich anfangs in die Höhe, kehrt dann in sein Inwendiges zurück und hört ganz leise auf. Sie singen's auch am öftesten.‹ — ›Ach, das wird wohl das sein!‹ sagte sie, setzte den Korb wieder ab, stellte den Fuß auf den Schemel und sang nun mit ganz leiser und doch klarer Stimme das Lied, wobei sie das Haupt duckte, so schön, so lieblich, daß, ehe sie noch zu Ende war, ich nach ihrer herabhängenden Hand fuhr. ›Oho!‹ sagte sie, den Arm zurückziehend, denn sie meinte wohl, ich wollte ihre Hand unziemlicherweise anfassen, aber nein, küssen wollte ich sie, obschon sie nur ein armes Mädchen war. — Nun, ich bin ja jetzt auch ein armer Mann.

Da ich nun vor Begierde, das Lied zu haben, mir in die Haare fuhr, tröstete sie mich und sagte: der Organist der Peterskirche käme öfter um Muskatnuß in ihres Vaters Gewölbe, den wolle sie bitten, alles auf Noten zu bringen. Ich könnte es nach ein paar Tagen dort abholen. Hierauf nahm sie ihren Korb und ging, wobei ich ihr das Geleite bis zur Stiege gab. Auf der obersten Stufe die letzte Verbeugung machend, überraschte mich der Kanzleivorsteher, der mich an meine Arbeit gehen hieß und auf das Mädchen schalt, an dem, wie er behauptete, kein gutes Haar sei. Ich war darüber heftig erzürnt und wollte ihm eben antworten, daß ich, mit seiner Erlaubnis, vom Gegenteile überzeugt sei, als ich bemerkte, daß er bereits in sein Zimmer zurückgegangen war, weshalb ich mich faßte und ebenfalls an meinen Schreibtisch ging. Doch ließ er sich seit dieser Zeit nicht nehmen, daß ich ein liederlicher Beamter und ein ausschweifender Mensch sei.

Ich konnte auch wirklich desselben und die darauffolgenden Tage kaum etwas Vernünftiges arbeiten, so ging mir das Lied im Kopfe herum, und ich war wie verloren. Ein paar Tage vergangen, wußte ich wieder nicht, ob es schon Zeit sei, die Noten abzuholen, oder nicht. Der Organist, hatte das Mädchen gesagt, kam in ihres Vaters Laden, um Muskatnuß zu kaufen; die konnte er nur zu Bier gebrauchen. Nun war seit einiger Zeit kühles Wetter und daher wahrscheinlich, daß der wackere Tonkünstler sich eher an den Wein halten und daher so bald keiner Muskatnuß bedürfen werde. Zu schnell anfragen schien mir unhöfliche Zudringlichkeit, allzu langes Warten konnte für Gleichgültigkeit ausgelegt werden. Mit dem Mädchen auf dem Gange zu sprechen getraute ich mir nicht, da unsere erste Zusammenkunft bei meinen Kameraden ruchbar geworden war und sie vor Begierde brannten, mir einen Streich zu spielen.

Ich hatte inzwischen die Violine mit Eifer wieder aufgenommen und übte vorderhand das Fundament gründlich durch, erlaubte mir wohl auch von Zeit zu Zeit aus dem Kopfe zu spielen, wobei ich aber das Fenster sorgfältig schloß, da ich wußte, daß mein Vortrag mißfiel. Aber wenn ich das Fenster auch öffnete, bekam ich mein Lied doch nicht wieder zu hören. Die Nachbarin sang teils gar nicht, teils so leise und bei verschlossener Türe, daß ich nicht zwei Töne unterscheiden konnte.

Endlich — es waren ungefähr drei Wochen vergangen — vermochte ich's nicht mehr auszuhalten. Ich hatte zwar schon durch zwei Abende mich auf die

Gasse gestohlen — und das ohne Hut, damit die Dienstleute glauben sollten, ich suchte nur nach etwas im Hause —, sooft ich aber in die Nähe des Grieslerladens kam, überfiel mich ein so heftiges Zittern, daß ich umkehren mußte, ich mochte wollen oder nicht. Endlich aber — wie gesagt — konnte ich's nicht mehr aushalten. Ich nahm mir ein Herz und ging eines Abends — auch diesmal ohne Hut — aus meinem Zimmer die Treppe hinab und festen Schrittes durch die Gasse bis zu dem Grieslerladen, wo ich vorderhand stehenblieb und überlegte, was weiter zu tun sei. Der Laden war erleuchtet, und ich hörte Stimmen darin. Nach einigem Zögern beugte ich mich vor und lugte von der Seite hinein. Ich sah das Mädchen hart vor dem Ladentische am Lichte sitzen und in einer hölzernen Mulde Erbsen oder Bohnen lesen. Vor ihr stand ein derber rüstiger Mann, die Jacke über die Schulter gehängt, eine Art Knittel in der Hand, ungefähr wie ein Fleischhauer. Die beiden sprachen, offenbar in guter Stimmung, denn das Mädchen lachte einige Male laut auf, ohne sich aber in ihrer Arbeit zu unterbrechen oder auch nur aufzusehen. War es meine gezwungene vorgebeugte Stellung oder sonst was immer, mein Zittern begann wiederzukommen; als ich mich plötzlich von rückwärts mit derber Hand angefaßt und nach vorwärts geschleppt fühlte. In einem Nu stand ich im Gewölbe, und als ich, losgelassen, mich umschaute, sah ich, daß es der Eigentümer selbst war, der, von auswärts nach Hause kehrend, mich auf der Lauer überrascht und als verdächtig angehalten hatte. ›Element!‹ schrie er, ›da sieht man, wo die Pflaumen hinkommen und die Handvoll Erbsen und Rollgerste, die im Dunkeln aus den Auslagkörben gemaust werden. Da soll ja gleich das Donnerwetter dreinschlagen.‹ Und damit ging er auf mich los, als ob er wirklich dreinschlagen wolle.

Ich war wie vernichtet, wurde aber durch den Gedanken, daß man an meiner Ehrlichkeit zweifle, bald wieder zu mir selbst gebracht. Ich verbeugte mich daher ganz kurz und sagte dem Unhöflichen, daß mein Besuch nicht seinen Pflaumen oder seiner Rollgerste, sondern seiner Tochter gelte. Da lachte der in der Mitte des Ladens stehende Fleischer laut auf und wendete sich zu gehen, nachdem er vorher dem Mädchen ein paar Worte leise zugeflüstert hatte, die sie gleichfalls lachend durch einen schallenden Schlag mit der flachen Hand auf seinen Rücken beantwortete. Der Griesler gab dem Weggehenden das Geleit zur Türe hinaus. Ich hatte derweil schon wieder all meinen Mut verloren und stand dem Mädchen gegenüber, die gleichgültig ihre Erbsen und Bohnen las, als ob das Ganze sie nichts anginge. Da polterte der Vater wieder zur Türe herein. ›Mordtausendelement noch einmal‹, sagte er, ›Herr, was soll's mit meiner Tochter?‹ Ich versuchte ihm den Zusammenhang und den Grund meines Besuches zu erklären. ›Was Lied?‹ sagte er, ›ich will euch Lieder singen!‹ wobei er den rechten Arm sehr verdächtig auf und ab bewegte. — ›Dort liegt es‹, sprach das Mädchen, indem sie, ohne die Mulde mit Hülsenfrüchten wegzusetzen, sich samt dem Sessel seitwärts überbeugte und mit der Hand auf den Ladentisch hinwies. Ich eilte hin und sah ein Notenblatt liegen. Es war das Lied. Der Alte war mir aber zuvorgekommen. Er hielt das schöne Papier zerknitternd in der Hand. ›Ich frage‹, sagte er, ›was das abgibt? Wer ist der Mensch?‹ — ›Es ist ein Herr aus der Kanzlei‹, erwiderte sie, indem sie eine wurmstichige Erbse etwas weiter als die andern von sich warf. ›Ein Herr aus der Kanzlei?‹ rief er, ›im Dunkeln, ohne Hut?‹ Den Mangel des Hutes erklärte ich durch den Umstand, daß ich ganz in der Nähe wohnte, wobei ich das Haus bezeichnete. ›Das Haus weiß ich‹, rief er. ›Da wohnt niemand drinnen als der Hofrat...‹, hier nannte er den Namen meines Vaters — ›und die Bedienten kenne ich alle.‹ — ›Ich bin der Sohn des Hofrates‹, sagte ich, leise, als ob's eine Lüge wäre. — Mir sind im Leben viele Veränderungen vorgekommen, aber noch keine so plötzliche, als bei diesen Worten in dem ganzen Wesen des Mannes vorging. Der zum Schmähen geöffnete Mund blieb offenstehen, die Augen drohten noch immer, aber um den untern Teil des Gesichtes fing an eine Art Lächeln zu spielen, das sich immer mehr Platz machte. Das Mädchen blieb in ihrer Gleichgültigkeit und gebückten Stellung, nur daß sie sich die losgegangenen Haare, fortarbeitend, hinter die Ohren zurückstrich. ›Der Sohn des Herrn Hofrats?‹ schrie endlich der Alte, in dessen Gesichte die Aufheiterung vollkommen geworden war. ›Wollen Euer Gnaden sich's vielleicht bequem machen? Barbara, einen Stuhl!‹ Das Mädchen bewegte sich widerwillig auf dem ihren. ›Nu, wart, Tuckmauser!‹ sagte er, indem er selbst einen Korb von seinem Platze hob und den daruntergestellten Sessel mit dem Vortuche vom Staube reinigte. ›Hohe Ehre‹, fuhr er fort. ›Der Herr Hofrat — der Herr Sohn, wollt ich sagen, praktizieren also auch die Musik? Singen vielleicht, wie meine Tochter, oder vielmehr ganz anders, nach Noten, nach der Kunst?‹ Ich erklärte ihm, daß ich von Natur keine Stimme hätte. ›Oder schlagen Klavizimbel, wie die vornehmen Leute zu tun pflegen?‹ Ich sagte, daß ich die Geige spiele. ›Habe auch in meiner Jugend gekratzt auf der Geige‹, rief er. Bei dem Worte kratzen blickte ich unwillkürlich auf das Mädchen hin und sah, daß sie ganz spöttisch lächelte, was mich sehr verdroß.

›Sollten sich des Mädels annehmen, heißt, das in Musik‹, fuhr er fort. ›Singt eine gute Stimme, hat auch sonst ihre Qualitäten, aber das Feine, lieber Gott, wo soll's herkommen?‹, wobei er Daumen und Zeigefinger der rechten Hand wiederholt übereinanderschob. Ich war ganz beschämt, daß man mir unverdienterweise so bedeutende musikalische Kenntnisse zutraute, und wollte eben den wahren Stand der Sache auseinandersetzen, als ein außen Vorübergehender in den Laden hereinrief: ›Guten Abend alle miteinander!‹ Ich erschrak, denn es war die Stimme eines der Bedienten unseres Hauses. Auch der Griesler hatte sie erkannt. Die Spitze der Zunge vorschiebend und die Schulter emporgehoben, flüsterte er: ›Waren einer der Bedienten des gnädigen Papa. Konnten Sie aber nicht erkennen, standen mit dem Rücken gegen die Türe.‹ Letzteres verhielt sich wirklich so. Aber das Gefühl des Heimlichen, Unrechten ergriff mich qualvoll. Ich stammelte nur ein paar Worte zum Abschied und ging. Ja selbst mein Lied hätte ich vergessen, wäre mir nicht der Alte auf die Straße nachgesprungen, wo er mir's in die Hand steckte.

So gelangte ich nach Hause, auf mein Zimmer, und wartete der Dinge, die da kommen sollten. Und sie blieben nicht aus. Der Bediente hatte mich dennoch erkannt. Ein paar Tage darauf trat der Sekretär meines Vaters zu mir auf die Stube und kündigte mir an, daß ich das elterliche Haus zu verlassen hätte. Alle meine Gegenreden waren fruchtlos. Man hatte mir in einer entfernten Vorstadt ein Kämmerchen gemietet, und so war ich denn ganz aus der Nähe der Angehörigen verbannt. Auch meine Sängerin bekam ich nicht mehr zu sehen. Man hatte ihr den Kuchenhandel auf der Kanzlei eingestellt, und ihres Vaters Laden zu betreten, konnte ich mich nicht entschließen, da ich wußte, daß es dem meinigen mißfiel. Ja, als ich dem alten Griesler zufällig auf der Straße begegnete, wandte er sich mit einem grimmigen Gesichte von mir ab, und ich war wie niedergedonnert. Da holte ich denn, halbe Tage lang allein, meine Geige hervor und spielte und übte.

Es sollte aber noch schlimmer kommen. Das Glück unseres Hauses ging abwärts. Mein jüngster Bruder, ein eigenwilliger, ungestümer Mensch, Offizier bei den Dragonern, mußte eine unbesonnene Wette, infolge der er, vom Ritt erhitzt, mit Pferd und Rüstung durch die Donau schwamm — es war tief in Ungarn —, mit dem Leben bezahlen. Der ältere, geliebteste, war in einer Provinz am Ratstisch angestellt. In immerwährender Widersetzlichkeit gegen seinen Landesvorgesetzten und, wie sie sagten, heimlich dazu von unserem Vater aufgemuntert, erlaubte er sich sogar unrichtige

Angaben, um seinem Gegner zu schaden. Es kam zur Untersuchung, und mein Bruder ging heimlich aus dem Lande. Die Feinde unseres Vaters, deren viele waren, benützten den Anlaß, ihn zu stürzen. Von allen Seiten angegriffen und ohnehin ingrimmig über die Abnahme seines Einflusses, hielt er täglich die angreifendsten Reden in der Ratssitzung. Mitten in einer derselben traf ihn ein Schlagfluß. Er wurde sprachlos nach Hause gebracht. Ich selbst erfuhr nichts davon. Des andern Tages auf der Kanzlei bemerkte ich wohl, daß sie heimlich flüsterten und mit den Fingern nach mir wiesen. Ich war aber derlei schon gewohnt und hatte kein Arges. Freitags darauf — es war mittwochs gewesen — wurde mir plötzlich ein schwarzer Anzug mit Flor auf die Stube gebracht. Ich erstaunte und fragte und erfuhr. Mein Körper ist sonst stark und widerhältig, aber da fiel's mich an mit Macht. Ich sank besinnungslos zu Boden. Sie trugen mich ins Bette, wo ich fieberte und irre sprach den Tag hindurch und die ganze Nacht. Des andern Morgens hatte die Natur die Oberhand gewonnen, aber mein Vater war tot und begraben.

Ich hatte ihn nicht mehr sprechen können, ihn nicht um Verzeihung bitten wegen all des Kummers, den ich ihm gemacht, nicht mehr danken für die unverdienten Gnaden — ja Gnaden! denn seine Meinung war gut, und ich hoffe ihn einst wiederzufinden, wo wir nach unsern Absichten gerichtet werden und nicht nach unsern Werken.

Ich blieb mehrere Tage auf meinem Zimmer, kaum daß ich Nahrung zu mir nahm. Endlich ging ich doch hervor, aber gleich nach Tische wieder nach Hause, und nur des Abends irrte ich in den dunkeln Straßen umher wie Kain, der Brudermörder. Die väterliche Wohnung war mir dabei ein Schreckbild, dem ich sorgfältigst aus dem Wege ging. Einmal aber, gedankenlos vor mich hinstarrend, fand ich mich plötzlich in der Nähe des gefürchteten Hauses. Meine Knie zitterten, daß ich mich anhalten mußte. Hinter mir an die Wand greifend, erkenne ich die Türe des Grieslerladens und darin sitzend Barbara, einen Brief in der Hand, neben ihr das Licht auf dem Ladentische und hart dabei in aufrechter Stellung ihr Vater, der ihr zuzusprechen schien. Und wenn es mein Leben gegolten hätte, ich mußte eintreten. Niemanden zu haben, dem man sein Leid klagen kann, niemanden, der Mitleid fühlt! Der Alte, wußte ich wohl, war auf mich erzürnt, aber das Mädchen sollte mir ein gutes Wort geben. Doch kam es ganz entgegengesetzt. Barbara stand auf, als ich eintrat, warf mir einen hochmütigen Blick zu und ging in die Nebenkammer, deren Türe sie abschloß. Der Alte aber faßte mich bei der Hand, hieß mich niedersitzen, tröstete mich, meinte aber auch, ich sei nun ein reicher Mann und hätte mich um niemanden mehr zu kümmern. Er fragte, wieviel ich geerbt hätte. Ich wußte das nicht. Er forderte mich auf, zu den Gerichten zu gehen, was ich versprach. In den Kanzleien, meinte er, sei nichts zu machen. Ich sollte meine Erbschaft im Handel anlegen. Knoppern und Früchte würfen guten Profit ab; ein Kompagnon, der sich darauf verstände, könnte Groschen in Gulden verwandeln. Er selbst habe sich einmal viel damit abgegeben. Dabei rief er wiederholt nach dem Mädchen, die aber kein Lebenszeichen von sich gab. Doch schien mir, als ob ich an der Türe zuweilen Rascheln hörte. Da sie aber immer nicht kam und der Alte nur vom Gelde redete, empfahl ich mich endlich und ging, wobei der Mann bedauerte, mich nicht begleiten zu können, da er allein im Laden sei. Ich war traurig über meine verfehlte Hoffnung und doch wunderbar getröstet. Als ich auf der Straße stehenblieb und nach dem Hause meines Vaters hinüberblickte, hörte ich plötzlich hinter mir eine Stimme, die gedämpft und im Tone des Unwillens sprach: ›Trauen Sie nicht gleich jedermann, man meint es nicht gut mit Ihnen.‹ So schnell ich mich umkehrte, sah ich doch niemand; nur das Klirren eines Fensters im Erdgeschosse, das zu des Grieslers Wohnung gehörte, belehrte mich, wenn ich auch die Stimme nicht erkannt hätte, daß Barbara die geheime Warnerin war. Sie hatte also doch gehört, was im Laden gesprochen worden war. Wollte sie mich vor ihrem Vater warnen? Oder war ihr zu Ohren gekommen, daß gleich nach meines Vaters Tode teils Kollegen aus der Kanzlei, teils andere ganz unbekannte Leute mich mit Bitten um Unterstützung und Nothilfe angegangen, ich auch zugesagt, wenn ich erst zu Geld kommen würde? Was einmal versprochen, mußte ich halten, in Zukunft aber beschloß ich, vorsichtiger zu sein. Ich meldete mich wegen meiner Erbschaft. Es war weniger, als man geglaubt hatte, aber doch sehr viel, nahe an elftausend Gulden. Mein Zimmer wurde den ganzen Tag von Bittenden und Hilfesuchenden nicht leer. Ich war aber beinahe hart geworden und gab nur, wo die Not am größten war. Auch Barbaras Vater kam. Er schmälte, daß ich sie schon drei Tage nicht besucht, worauf ich der Wahrheit gemäß erwiderte, daß ich fürchte, seiner Tochter zur Last zu sein. Er aber sagte, das solle mich nicht kümmern, er habe ihr schon den Kopf zurechtgesetzt, wobei er auf eine boshafte Art lachte, so daß ich erschrak. Dadurch an Barbaras Warnung rückerinnert, verhehlte ich, als wir bald im Gespräche darauf kamen, den Betrag meiner Erbschaft; auch seinen Handelsvorschlägen wich ich geschickt aus.

Wirklich lagen mir bereits andere Aussichten im Kopfe. In der Kanzlei, wo man mich nur meines Vaters wegen geduldet hatte, war mein Platz bereits durch einen andern besetzt, was mich, da kein Gehalt damit verbunden war, wenig kümmerte. Aber der Sekretär meines Vaters, der durch die letzten Ereignisse brotlos geworden, teilte mir den Plan zur Errichtung eines Auskunfts-, Kopier- und Übersetzungs-Comptoirs mit, wozu ich die ersten Einrichtungskosten vorschießen sollte, indes er selbst die Direktion zu übernehmen bereit war. Auf mein Andringen wurden die Kopierarbeiten auch auf Musikalien ausgedehnt, und nun war ich in meinem Glücke. Ich gab das erforderliche Geld, ließ mir aber, schon vorsichtig geworden, eine Handschrift darüber ausstellen. Die Kaution für die Anstalt, die ich gleichfalls vorschoß, schien, obgleich beträchtlich, kaum der Rede wert, da sie bei den Gerichten hinterlegt werden mußte und dort mein blieb, als hätte ich sie in meinem Schranke.

Die Sache war abgetan, und ich fühlte mich erleichtert, erhoben, zum ersten Male in meinem Leben selbständig, ein Mann. Kaum daß ich meines Vaters noch gedachte. Ich bezog eine bessere Wohnung, änderte einiges in meiner Kleidung und ging, als es Abend geworden, durch wohlbekannte Straßen nach dem Grieslerladen, wobei ich mit den Füßen schlenkerte und mein Lied zwischen den Zähnen summte, obwohl nicht ganz richtig. Das b in der zweiten Hälfte habe ich mit der Stimme nie treffen können. Froh und guter Dinge langte ich an, aber ein eiskalter Blick Barbaras warf mich sogleich in meine frühere Zaghaftigkeit zurück. Der Vater empfing mich aufs beste, sie aber tat, als ob niemand zugegen wäre, fuhr fort, Papiertüten zu wikkeln, und mischte sich mit keinem Worte in unser Gespräch. Nur als die Rede auf meine Erbschaft kam, fuhr sie mit halben Leibe empor und sagte fast drohend: ›Vater!‹, worauf der Alte sogleich den Gegenstand änderte. Sonst sprach sie den ganzen Abend nichts, gab mir keinen zweiten Blick, und als ich mich endlich empfahl, klang ihr: ›Guten Abend!‹ beinahe wie ein ›Gott sei Dank!‹

Aber ich kam wieder und wieder, und sie gab allmählich nach. Nicht als ob ich ihr irgend etwas zu Danke gemacht hätte. Sie schalt und tadelte mich unaufhörlich. Alles war ungeschickt; Gott hatte mir zwei linke Hände erschaffen; mein Rock saß wie an einer Vogelscheuche; ich ging wie die Enten, mit einer Anmahnung an den Haushahn. Besonders zuwider war ihr meine Höflichkeit gegen die Kunden. Da ich nämlich bis zur Eröffnung der Kopieranstalt ohne Beschäftigung war und überlegte, daß ich dort mit dem Publikum zu tun haben würde, so nahm ich, als Vorübung, an dem Kleinverkauf im Grieslergewölbe tätigen Anteil, was mich oft halbe Tage lang festhielt. Ich wog Gewürz ab, zählte den Knaben Nüsse und Welkpflaumen zu, gab Kleingeld heraus; letzteres nicht ohne häufige Irrungen, wo denn immer Barbara dazwischenfuhr, gewalttätig wegnahm, was ich eben in den Händen hielt, und mich vor den Kunden verlachte und verspottete. Machte ich einem der Käufer einen Bückling oder empfahl mich ihnen, so sagte sie barsch, ehe die Leute noch zur Türe hinaus waren: ›Die Ware empfiehlt!‹ und kehrte mir den Rücken. Manchmal aber wieder war sie ganz Güte. Sie hörte mir zu, wenn ich erzählte, was in der Stadt vorging; aus meinen Kinderjahren; von dem Beamtenwesen in der Kanzlei, wo wir uns zuerst kennengelernt. Dabei ließ sie mich aber immer allein sprechen und gab nur durch einzelne Worte ihre Billigung oder — was öfter der Fall war — ihre Mißbilligung zu erkennen.

Von Musik oder Gesang war nie die Rede. Erstlich meinte sie, man müsse entweder singen oder das Maul halten, zu reden sei da nichts. Das Singen selbst aber ging nicht an. Im Laden war es unziemlich, und die Hinterstube, die sie und ihr Vater gemeinschaftlich bewohnten, durfte ich nicht betreten. Einmal aber, als ich unbemerkt zur Türe hereintrat, stand sie eben auf den Zehenspitzen emporgerichtet, den Rücken mir zugekehrt und mit den erhobenen Händen, wie man nach etwas sucht, auf einem der höheren Stellbretter herumtastend. Und dabei sang sie leise in sich hinein. — Es war das Lied, mein Lied! — Sie aber zwitscherte wie eine Grasmücke, die am Bache das Hälslein wäscht und das Köpfchen herumwirft und die Federn sträubt und wieder glättet mit dem Schnäblein. Mir war, als ginge ich auf grünen Wiesen. Ich schlich näher und und näher und war schon so nahe, daß das Lied nicht mehr von außen, daß es aus mir herauszutönen schien, ein Gesang der Seelen. Da konnte ich mich nicht mehr halten und faßte mit beiden Händen ihren in der Mitte nach vorn strebenden und mit den Schultern gegen mich gesenkten Leib. Da aber kam's. Sie wirbelte wie ein Kreisel um sich selbst. Glutrot vor Zorn im Gesichte stand sie vor mir da; ihre Hand zuckte, und ehe ich mich entschuldigen konnte . . .

Sie hatten, wie ich schon früher berichtet, auf der Kanzlei öfter von einer Ohrfeige erzählt, die Barbara, noch als Kuchenhändlerin, einem Zudringlichen gegeben. Was sie da sagten von der Stärke des eher klein zu nennenden Mädchens und der Schwungkraft ihrer Hand, schien höchlich und zum Scherze übertrieben. Es verhielt sich aber wirklich so und ging ins Riesenhafte. Ich stand wie vom Donner getroffen. Die Lichter tanzten mir vor den Augen. — Aber es waren Himmelslichter: wie Sonne, Mond und Sterne, wie die Engelein, die Versteckens spielen und dazu singen. Ich hatte Erscheinungen, ich war verzückt. Sie aber, kaum minder erschrocken als ich, fuhr mit ihrer Hand wie begütigend über die geschlagene Stelle. ›Es mag wohl zu stark ausgefallen sein‹, sagte sie, und — wie ein zweiter Blitzstrahl — fühlte ich plötzlich ihren warmen Atem auf meiner Wange und ihre zwei Lippen, und sie küßte mich; nur leicht, leicht; aber es war ein Kuß auf diese meine Wange, hier!« Dabei klatschte der alte

Mann auf seine Backen, und die Tränen traten ihm aus den Augen. »Was nun weiter geschah, weiß ich nicht«, fuhr er fort. »Nur daß ich auf sie losstürzte und sie in die Wohnstube lief und die Glastüre zuhielt, während ich von der andern Seite nachdrängte. Wie sie nun zusammengekrümmt und mit aller Macht sich entgegenstemmend gleichsam an dem Türfenster klebte, nahm ich mir ein Herz, verehrtester Herr, und gab ihr ihren Kuß heftig zurück, durch das Glas.

›Oho, hier geht's lustig her!‹ hörte ich hinter mir rufen. Es war der Griesler, der eben nach Hause kam. ›Nu, was sich neckt ...‹, sagte er. ›Komm nur heraus, Bärbe, und mach keine Dummheiten! Einen Kuß in Ehren kann niemand wehren.‹ — Sie aber kam nicht. Ich selbst entfernte mich nach einigen halb bewußtlos gestotterten Worten, wobei ich den Hut des Grieslers statt des meinigen nahm, den er lachend mir in der Hand austauschte. Das war, wie ich ihn schon früher nannte, der Glückstag meines Lebens. Fast hätte ich gesagt: der einzige, was aber nicht wahr wäre, denn der Mensch hat viele Gnaden von Gott.

Ich wußte nicht recht, wie ich im Sinne des Mädchens stand. Sollte ich sie mir mehr erzürnt oder mehr begütigt denken? Der nächste Besuch kostete einen schweren Entschluß. Aber sie war gut. Demütig und still, nicht auffahrend wie sonst, saß sie da bei einer Arbeit. Sie winkte mit dem Kopfe auf einen nebenstehenden Schemel, daß ich mich setzen und ihr helfen sollte. So saßen wir denn und arbeiteten. Der Alte wollte hinausgehen. ›Bleibt doch da, Vater‹, sagte sie; ›was Ihr besorgen wollt, ist schon abgetan.‹ Er trat mit dem Fuße hart auf den Boden und blieb. Ab und zu gehend sprach er von diesem und jenem, ohne daß ich mich in das Gespräch zu mischen wagte. Da stieß das Mädchen plötzlich einen kleinen Schrei aus. Sie hatte sich beim Arbeiten einen Finger geritzt, und obgleich sonst gar nicht weichlich, schlenkerte sie mit der Hand hin und her. Ich wollte zusehen, aber sie bedeutete mich fortzufahren. ›Alfanzerei und kein Ende!‹ brummte der Alte, und vor das Mädchen hintretend, sagte er mit starker Stimme: ›Was zu besorgen war, ist noch gar nicht getan!‹ und so ging er schallenden Trittes zur Türe hinaus. Ich wollte nun anfangen, mich von gestern her zu entschuldigen; sie aber unterbrach mich und sagte: ›Lassen wir das und sprechen wir jetzt von gescheitern Dingen.‹

Sie hob den Kopf empor, maß mich vom Scheitel bis zur Zehe und fuhr in ruhigem Tone fort. ›Ich weiß kaum selbst mehr den Anfang unserer Bekanntschaft, aber Sie kommen seit einiger Zeit öfter und öfter, und wir haben uns an Sie gewöhnt. Ein ehrliches Gemüt wird Ihnen niemand abstreiten, aber Sie sind schwach, immer auf Nebendinge gerichtet, so daß Sie kaum imstande wären, Ihren eigenen Sachen selbst vorzustehen. Da wird es denn Pflicht und Schuldigkeit von Freunden und Bekannten, ein Einsehen zu haben, damit Sie nicht zu Schaden kommen. Sie versitzen hier halbe Tage im Laden, zählen und wägen, messen und markten; aber dabei kommt nichts heraus. Was gedenken Sie in Zukunft zu tun, um Ihr Fortkommen zu haben?‹ Ich erwähnte der Erbschaft meines Vaters. ›Die mag recht groß sein‹, sagte sie. Ich nannte den Betrag. ›Das ist viel und wenig‹, erwiderte sie. ›Viel, um etwas damit anzufangen; wenig, um vom Breiten zu zehren. Mein Vater hat Ihnen zwar einen Vorschlag getan, ich riet Ihnen aber ab. Denn einmal hat er schon selbst Geld bei derlei Dingen verloren, dann‹, setzte sie mit gesenkter Stimme hinzu, ›ist er so gewohnt, von Fremden Gewinn zu ziehen, daß er es Freunden vielleicht auch nicht besser machen würde. Sie müssen jemand an der Seite haben, der es ehrlich meint.‹ — Ich wies auf sie. — ›Ehrlich bin ich‹, sagte sie. Dabei legte sie die Hand auf die Brust, und ihre Augen, die sonst ins Graulichte spielten, glänzten hellblau, himmelblau. ›Aber mit mir hat's eigene Wege. Unser Geschäft wirft wenig ab, und mein Vater geht mit dem Gedanken um, einen Schenkladen aufzurichten. Da ist denn kein Platz für mich. Mir bliebe nur Handarbeit, denn dienen mag ich nicht.‹ Und dabei sah sie aus wie eine Königin. ›Man hat mir zwar einen andern Antrag gemacht‹, fuhr sie fort, indem sie einen Brief aus ihrer Schürze zog und halb widerwillig auf den Ladentisch warf; ›aber da müßte ich fort von hier.‹ — ›Und weit?‹ fragte ich. — ›Warum? was kümmert Sie das?‹ — Ich erklärte, daß ich an denselben Ort hinziehen wollte. — ›Sind Sie ein Kind!‹ sagte sie. Das ginge nicht an und wären ganz andere Dinge. ›Aber wenn Sie Vertrauen zu mir haben und gerne in meiner Nähe sind, so bringen Sie den Putzladen an sich, der hier nebenan zu Verkauf steht. Ich verstehe das Werk, und um den bürgerlichen Gewinn aus Ihrem Gelde dürften Sie nicht verlegen sein. Auch fänden Sie selbst mit Rechnen und Schreiben eine ordentliche Beschäftigung. Was sich etwa noch weiter ergäbe, davon wollen wir jetzt nicht reden. — Aber ändern müßten Sie sich! Ich hasse die weibischen Männer.‹

Ich war aufgesprungen und griff nach meinem Hute. ›Was ist? wo wollen Sie hin?‹ fragte sie. ›Alles abbestellen‹, sagte ich mit kurzem Atem. — ›Was denn?‹ — Ich erzählte ihr nun meinen Plan zur Errichtung eines Schreib- und Auskunfts-Comptoirs. ›Da kommt nicht viel heraus‹, meinte sie. ›Auskunft einziehen kann ein jeder selbst, und schreiben hat auch ein jeder gelernt in der Schule.‹ Ich bemerkte, daß auch Musikalien kopiert werden sollten, was nicht jedermanns Sache sei. ›Kommen Sie schon wieder mit solchen Albernheiten?‹ fuhr sie mich an. ›Lassen Sie das Musizieren und denken Sie auf die Notwendigkeit! Auch wären Sie nicht imstande, einem Geschäfte selbst vorzustehen.‹ Ich erklärte, daß ich einen Kompagnon gefunden hätte. ›Einen Kompagnon?‹ rief sie aus. ›Da will man Sie gewiß betrügen! Sie haben doch noch kein Geld hergegeben?‹ — Ich zitterte, ohne zu wissen, warum. — ›Haben Sie Geld gegeben?‹ fragte sie noch einmal. Ich gestand die dreitausend Gulden zur ersten Einrichtung. — ›Dreitausend Gulden?‹ rief sie, ›so vieles Geld!‹ — ›Das übrige‹, fuhr ich fort, ›ist bei den Gerichten hinterlegt und jedenfalls sicher.‹ — ›Also noch mehr?‹ schrie sie auf. — Ich gab den Betrag der Kaution an. — ›Und haben Sie die selbst bei den Gerichten angelegt?‹ — Es war durch meinen Kompagnon geschehen. — ›Sie haben doch einen Schein darüber?‹ — Ich hatte keinen Schein. — ›Und wie heißt Ihr sauberer Kompagnon?‹ fragte sie weiter. Ich war einigermaßen beruhigt, ihr den Sekretär meines Vaters nennen zu können.

›Gott der Gerechte!‹ rief sie aufspringend und die Hände zusammenschlagend. ›Vater! Vater!‹ — Der Alte trat herein. — ›Was habt Ihr heute aus den Zeitungen gelesen?‹ — ›Von dem Sekretarius?‹ sprach er. — ›Wohl, wohl!‹ — ›Nun, der ist durchgegangen, hat Schulden über Schulden hinterlassen und die Leute betrogen. Sie verfolgen ihn mit Steckbriefen!‹ — ›Vater‹, rief sie, ›er hat ihm auch sein Geld anvertraut. Er ist zugrunde gerichtet.‹ — ›Potz Dummköpfe und kein Ende!‹ schrie der Alte. ›Hab ich's nicht immer gesagt? Aber das war ein Entschuldigen. Einmal lachte sie über ihn, dann war er wieder ein redliches Gemüt. Aber ich will dazwischenfahren! Ich will zeigen, wer Herr im Hause ist. Du, Barbara, marsch hinein in die Kammer! Sie aber, Herr, machen Sie, daß Sie fortkommen, und verschonen uns künftig mit Ihren Besuchen. Hier wird kein Almosen gereicht.‹ — ›Vater‹, sagte das Mädchen, ›seid nicht hart gegen ihn, er ist ja doch unglücklich genug.‹ — ›Ebendarum‹, rief der Alte, ›will ich's nicht auch werden. Das, Herr‹, fuhr er fort, indem er auf den Brief zeigte, den Barbara vorher auf den Tisch geworfen hatte, ›das ist ein Mann! Hat Grütz im Kopfe und Geld im Sack. Betrügt niemanden, läßt sich aber auch nicht betrügen; und das ist die Hauptsache bei der Ehrlichkeit.‹ — Ich stotterte, daß der Verlust der Kaution noch nicht gewiß sei. — ›Ja‹, rief er, ›wird ein Narr gewesen sein, der Sekretarius! Ein Schelm ist er, aber pfiffig. Und nun gehen Sie nur rasch, vielleicht holen Sie ihn noch ein!‹ Dabei hatte er mir die flache Hand auf die Schulter gelegt und schob mich gegen die Türe. Ich wich dem Drucke seitwärts aus und wendete mich gegen das Mädchen, die, auf den Ladentisch gestützt, dastand, die Augen auf den Boden gerichtet, wobei die Brust heftig auf- und niederging. Ich wollte mich ihr nähern, aber sie stieß zornig mit dem Fuße auf den Boden, und als ich meine Hand ausstreckte, zuckte sie mit der ihren halb empor, als ob sie mich wieder schlagen wollte. Da ging ich, und der Alte schloß die Türe hinter mir zu.

Ich wankte durch die Straßen zum Tor hinaus, ins Feld. Manchmal fiel mich die Verzweiflung an, dann kam aber wieder Hoffnung. Ich erinnerte mich, bei Anlegung der Kaution den Sekretär zum Handelsgericht begleitet zu haben. Dort hatte ich unter dem Torwege gewartet, und er war allein hinaufgegangen. Als er herabkam, sagte er, alles sei berichtigt, der Empfangsschein werde mir ins Haus geschickt werden. Letzteres war freilich nicht geschehen, aber Möglichkeit blieb noch immer. Mit anbrechendem Tage kam ich in die Stadt zurück. Mein erster Gang war in die Wohnung des Sekretärs. Aber die Leute lachten und fragten, ob ich die Zeitungen nicht gelesen hätte? Das Handelsgericht lag nur wenige Häuser davon ab. Ich ließ in den Büchern nachschlagen, aber weder sein Name noch meiner kamen darin vor. Von einer Einzahlung keine Spur. So war denn mein Unglück gewiß. Ja beinahe wäre es noch schlimmer gekommen. Denn da ein Gesellschaftskontrakt bestand, wollten mehrere seiner Gläubiger auf meine Person greifen. Aber die Gerichte gaben es nicht zu. Lob und Dank sei ihnen dafür gesagt! Obwohl es auf eines herausgekommen wäre.

In all diesen Widerwärtigkeiten war mir, gestehe ich's nur, der Griesler und seine Tochter ganz in den Hintergrund getreten. Nun, da es ruhiger wurde und ich anfing zu überlegen, was etwa weiter geschehen sollte, kam mir die Erinnerung an den letzten Abend lebhaft zurück. Den Alten, eigennützig, wie er war, begriff ich ganz wohl, aber das Mädchen. Manchmal kam mir in den Sinn, daß, wenn ich das Meinige zu Rate gehalten und ihr eine Versorgung hätte anbieten können, sie wohl gar ... Aber sie hätte mich nicht gemocht.« — Dabei besah er mit auseinanderfallenden Händen seine ganze dürftige Gestalt. — »Auch war ihr mein höfliches Benehmen gegen jedermann immer zuwider.

So verbrachte ich ganze Tage, sann und überlegte. Eines Abends im Zwielicht — es war die Zeit, die ich gewöhnlich im Laden zuzubringen pflegte — saß ich wieder und versetzte mich in Gedanken an die gewohnte Stelle. Ich hörte sie sprechen, auf mich schmähen, ja es schien, sie verlachten mich. Da raschelte es plötzlich an der Türe, sie ging auf, und ein Frauenzimmer trat herein. — Es war Barbara. — Ich saß auf meinem Stuhl angenagelt, als ob ich ein Gespenst sähe. Sie war blaß und trug ein Bündel unter dem Arme. In die Mitte des Zimmers gekommen, blieb sie stehen, sah rings an den kahlen Wänden umher, dann nach abwärts auf das ärmliche Geräte und seufzte tief. Dann ging sie an den Schrank, der zur Seite an der Mauer stand, wickelte ihr Paket auseinander, das einige Hemden und Tücher enthielt — sie hatte in der letzten Zeit meine Wäsche besorgt —, zog die Schublade heraus, schlug die Hände zusammen, als sie den spärlichen Inhalt sah, fing aber gleich darauf an, die Wäsche in Ordnung zu bringen und die mitgebrachten Stücke einzureihen. Darauf trat sie ein paar Schritte vom Schranke hinweg, und die Augen auf mich gerichtet, wobei sie mit dem Finger auf die offene Schublade zeigte, sagte sie: ›Fünf Hemden und drei Tücher. Soviel habe ich gehabt, soviel bringe ich zurück.‹ Dann drückte sie langsam die Schublade zu, stützte sich mit der Hand auf den Schrank und fing laut an zu weinen. Es schien fast, als ob ihr schlimm würde, denn sie setzte sich auf einen Stuhl neben dem Schranke, verbarg das Gesicht in ihr Tuch, und ich hörte aus den stoßweise geholten Atemzügen, daß sie noch immer fortweinte. Ich war leise in ihre Nähe getreten und faßte ihre Hand, die sie mir gutwillig ließ. Als ich aber, um ihre Blicke auf mich zu ziehen, an dem schlaff hängenden Arme bis zum Ellenbogen emporrückte, stand sie rasch auf, machte ihre Hand los und sagte in gefaßtem Tone: ›Was nützt das alles? es ist nun einmal so. Sie haben es selbst gewollt, sich und uns haben Sie unglücklich gemacht; aber freilich sich selbst am meisten. Eigentlich verdienen Sie kein Mitleid‹ — hier wurde sie immer heftiger —, ›wenn man so schwach ist, seine eigenen Sachen nicht in Ordnung halten zu können; so leichtgläubig, daß man jedem traut, gleichviel ob es ein Spitzbube ist oder ein ehrlicher Mann. — Und doch tut's mir leid um Sie. Ich bin gekommen, um Abschied zu nehmen. Ja, erschrecken Sie nur. Ist's doch Ihr Werk. Ich muß nun hinaus unter die groben Leute, wogegen ich mich so lange gesträubt habe. Aber da ist kein Mittel. Die Hand habe ich Ihnen schon gegeben, und so leben Sie wohl — für immer.‹ Ich sah, daß ihr die Tränen wieder ins Auge traten, aber sie schüttelte unwillig mit dem Kopfe und ging. Mir war, als hätte ich Blei in den Gliedern. Gegen die Türe gekommen, wendete sie sich noch einmal um und sagte: ›Die Wäsche ist jetzt in Ordnung. Sehen Sie zu, daß nichts abgeht. Es werden harte Zeiten kommen.‹ Und nun hob sie die Hand auf, machte wie ein Kreuzeszeichen in die Luft und rief: ›Gott mit dir, Jakob! — In alle Ewigkeit, Amen!‹ setzte sie leiser hinzu und ging.

Nun erst kam mir der Gebrauch meiner Glieder zurück. Ich eilte ihr nach, und auf dem Treppenabsatze stehend, rief ich ihr nach: ›Barbara!‹ Ich hörte, daß sie auf der Stiege stehenblieb. Wie ich aber die erste Stufe hinabstieg, sprach sie von unten herauf: ›Bleiben Sie!‹ und ging die Treppe vollends hinab und zum Tore hinaus.

Ich habe seitdem harte Tage erlebt, keinen aber wie diesen; selbst der darauffolgende war es minder. Ich wußte nämlich doch nicht so recht, wie ich daran war, und schlich daher am kommenden Morgen in der Nähe des Grieslerladens herum, ob mir vielleicht einige Aufklärung würde. Da sich aber nichts zeigte, blickte ich endlich seitwärts in den Laden hinein und sah eine fremde Frau, die abwog und Geld herausgab und zuzählte. Ich wagte mich hinein und fragte, ob sie den Laden an sich gekauft hätte? ›Zur Zeit noch nicht‹, sagte sie. — Und wo die Eigentümer wären? — ›Die sind heute frühmorgens nach Langenlebarn gereist.‹ — ›Die Tochter auch?‹ stammelte ich. — ›Nun freilich auch‹, sagte sie, ›sie macht ja Hochzeit dort.‹

Die Frau mochte mir nun alles erzählt haben, was ich in der Folge von andern Leuten erfuhr. Der Fleischer des genannten Ortes nämlich — derselbe, den ich zur Zeit meines ersten Besuches im Laden antraf — hatte dem Mädchen seit lange Heiratsanträge gemacht, denen sie immer auswich, bis sie endlich in den letzten Tagen, von ihrem Vater gedrängt und an allem übrigen verzweifelnd, einwilligte. Desselben Morgens waren Vater und Tochter dahin abgereist, und in dem Augenblick, da wir sprachen, war Barbara des Fleischers Frau.

Die Verkäuferin mochte mir, wie gesagt, das alles erzählt haben, aber ich hörte nicht und stand regungslos, bis endlich Kunden kamen, die mich zur Seite schoben, und die Frau mich anfuhr, ob ich noch sonst etwas wollte, worauf ich mich entfernte.

Sie werden glauben, verehrtester Herr«, fuhr er fort, »daß ich mich nun als den unglücklichsten aller Menschen fühlte. Und so war es auch im ersten Augenblicke. Als ich aber aus dem Laden heraustrat und, mich umwendend, auf die kleinen Fenster zurückblickte, an denen Barbara gewiß oft gestanden und herausgesehen hatte, da kam eine selige Empfindung über mich. Daß sie nun alles Kummers los war, Frau im eigenen Hause und nicht nötig hatte, wie wenn sie ihre Tage an einen Herd- und Heimatlosen geknüpft hätte, Kummer und Elend zu tragen, das legte sich wie ein lindernder Balsam auf meine Brust, und ich segnete sie und ihre Wege.

Wie es nun mit mir immer mehr herabkam, beschloß ich, durch Musik mein Fortkommen zu suchen; und solange der Rest meines Geldes währte, übte und studierte ich mir die Werke großer Meister, vorzüglich der alten, ein, welche ich abschrieb; und als nun der letzte Groschen ausgegeben war, schickte ich mich an, von meinen Kenntnissen Vorteil zu ziehen, und zwar anfangs in geschlossenen Gesellschaften, wozu ein Gastgebot im Hause meiner Mietfrau den ersten Anlaß gab. Als aber die von mir vorgetragenen Kompositionen dort keinen Anklang fanden, stellte ich mich in die Höfe der Häuser, da untei so vielen Bewohnern doch einige sein mochten, die das Ernste zu schätzen wußten — ja endlich auf die öffentlichen Spaziergänge, wo ich denn wirklich die Befriedigung hatte, daß einzelne stehenblieben, zuhörten, mich befragten und nicht ohne Anteil weitergingen. Daß sie mir dabei Geld hinlegten, beschämte mich nicht. Denn einmal war gerade das mein Zweck, dann sah ich auch, daß berühmte Virtuosen, welche erreicht zu haben ich mir nicht schmeicheln konnte, sich für ihre Leistungen, und mitunter sehr hoch, honorieren ließen. So habe ich mich, obzwar ärmlich, aber redlich fortgebracht bis diesen Tag.

Nach Jahren sollte mir noch ein Glück zuteil werden. Barbara kam zurück. Ihr Mann hatte Geld verdient und ein Fleischhauergewerbe in einer der Vorstädte an sich gebracht. Sie war Mutter von zwei Kindern, von denen das älteste Jakob heißt, wie ich. Meine Berufsgeschäfte und die Erinnerung an alte Zeiten erlaubten mir nicht, zudringlich zu sein, endlich ward ich aber selbst ins Haus bestellt, um dem ältesten Knaben Unterricht auf der Violine zu geben. Er hat zwar nur wenig Talent, kann auch nur an Sonntagen spielen, da ihn in der Woche der Vater beim Geschäft verwendet, aber Barbaras Lied, das ich ihn gelehrt, geht doch schon recht gut; und wenn wir so üben und hantieren, singt manchmal die Mutter mit darein. Sie hat sich zwar sehr verändert in den vielen Jahren, ist stark geworden und kümmert sich wenig mehr um Musik, aber es klingt noch immer so hübsch wie damals.« Und damit ergriff der Alte seine Geige und fing an, das Lied zu spielen, und spielte fort und fort, ohne sich weiter um mich zu kümmern. Endlich hatte ich's satt, stand auf, legte ein paar Silberstücke auf den nebenstehenden Tisch und ging, während der Alte eifrig immer fortgeigte.

Bald darauf trat ich eine Reise an, von der ich erst mit einbrechendem Winter zurückkam. Die neuen Bilder hatten die alten verdrängt, und mein Spielmann war so ziemlich vergessen. Erst bei Gelegenheit des furchtbaren Eisganges im nächsten Frühjahre und der damit in Verbindung stehenden Überschwemmung der niedriggelegenen Vorstädte erinnerte ich mich wieder an ihn. Die Umgegend der Gärtnergasse war zum See geworden. Für des alten Mannes Leben schien nichts zu besorgen, wohnte er doch hoch oben am Dache, indes unter den Bewohnern der Erdgeschosse sich der Tod seine nur zu häufigen Opfer ausersehen hatte. Aber entblößt von aller Hilfe, wie groß mochte seine Not sein! Solange die Überschwemmung währte, war nichts zu tun, auch hatten die Behörden nach Möglichkeit auf Schiffen Nahrung und Beistand den Abgeschnittenen gespendet. Als aber die Wasser verlaufen und die Straßen gangbar geworden waren, beschloß ich, meinen Anteil an der in Gang gebrachten, zu unglaublichen Summen angewachsenen Kollekte persönlich an die mich zunächst angehende Adresse zu befördern.

Der Anblick der Leopoldstadt war grauenhaft. In den Straßen zerbrochene Schiffe und Gerätschaften, in den Erdgeschossen zum Teil noch stehendes Wasser und schwimmende Habe. Als ich, dem Gedränge ausweichend, an ein zugelehntes Hoftor hintrat, gab dieses nach und zeigte im Torwege eine Reihe von Leichen, offenbar behufs der amtlichen Inspektion zusammengebracht und hingelegt; ja, im Innern der Gemächer waren noch hie und da, aufrecht stehend und an die Gitterfenster angekrallt, verunglückte Bewohner zu sehen, die ... es fehlte eben an Zeit und Beamten, die gerichtliche Konstatierung so vieler Todesfälle vorzunehmen.

So schritt ich weiter und weiter. Von allen Seiten Weinen und Trauergeläute, suchende Mütter und irregehende Kinder. Endlich kam ich an die Gärtnergasse. Auch dort hatten sich die schwarzen Begleiter eines Leichenzuges aufgestellt, doch, wie es schien, entfernt von dem Hause, das ich suchte. Als ich aber näher trat, bemerkte ich wohl eine Verbindung von Anstalten und Hin- und Hergehenden zwischen dem Trauergeleite und der Gärtnerswohnung. Am Haustor stand ein wacker aussehender, ältlicher, aber noch kräftiger Mann. In hohen Stiefeln, gelben Lederhosen und lang herabgehendem Leibrocke sah er einem Landfleischer ähnlich. Er gab Aufträge, sprach aber dazwischen ziemlich gleichgültig mit den Nebenstehenden. Ich ging an ihm vorbei und trat in den Hofraum. Die alte Gärtnerin kam mir entgegen, erkannte mich auf der Stelle wieder und begrüßte mich unter Tränen. »Geben Sie uns auch die Ehre?« sagte sie. »Ja, unser armer Alter! der musiziert jetzt mit den lieben Engeln, die auch nicht viel besser sein können, als er es war. Die ehrliche Seele saß da oben sicher in seiner Kammer. Als aber das Wasser kam und er die Kinder schreien hörte, da sprang er herunter und rettete und schleppte und trug und brachte in Sicherheit, daß ihm der Atem ging wie ein Schmiedegebläs. Ja — wie man denn nicht überall seine Augen haben kann — als sich ganz zuletzt zeigte, daß mein Mann seine Steuerbücher und die paar Gulden Papiergeld im Wandschrank vergessen hatte, nahm der Alte ein Beil, ging ins Wasser, das ihm schon an die Brust reichte, erbrach den Schrank und brachte alles treulich. Da hatte er sich wohl verkältet, und wie im ersten Augenblicke denn keine Hilfe zu haben war, griff er in die Phantasie und wurde immer schlechter und schlechter, ob wir ihm gleich beistanden nach Möglichkeit und mehr dabei litten als er selbst. Denn er musizierte in einem fort, mit der Stimme nämlich, und schlug den Takt und gab Lektionen. Als sich das Wasser ein wenig verlaufen hatte und wir den Bader holen konnten und den Geistlichen, richtete er sich plötzlich im Bette auf, wendete Kopf und Ohr seitwärts, als ob er in der Entfernung etwas gar Schönes hörte, lächelte, sank zurück und war tot. Gehen Sie nur hinauf, er hat oft von Ihnen gesprochen. Die Madame ist auch oben. Wir haben ihn auf unsere Kosten begraben lassen wollen, die Frau Fleischermeisterin gab es aber nicht zu.«

Sie drängte mich die steile Treppe hinauf bis zur Dachstube, die offenstand und ganz ausgeräumt war bis auf den Sarg in der Mitte, der, bereits geschlossen, nur der Träger wartete. An dem Kopfende saß eine ziemlich starke Frau, über die Hälfte des Lebens hinaus, im buntgedruckten Kattunüberrocke, aber mit schwarzem Halstuch und schwarzem Band auf der Haube. Es schien fast, als ob sie nie schön gewesen sein konnte. Vor ihr standen zwei ziemlich erwachsene Kinder, ein Bursche und ein Mädchen, denen sie offenbar Unterricht gab, wie sie sich im Leichenzuge zu benehmen hätten. Eben als ich eintrat, stieß sie dem Knaben, der sich ziemlich tölpisch auf den Sarg gelehnt hatte, den Arm herunter und glättete sorgfältig die herausstehenden Kanten des Leichentuches wieder zurecht. Die Gärtnersfrau führte mich vor; da fingen aber unten die Posaunen an zu blasen, und zugleich erscholl die Stimme des Fleischers von der Straße herauf: »Barbara, es ist Zeit!« Die Träger erschienen, ich zog mich zurück, um Platz zu machen. Der Sarg ward erhoben, hinabgebracht, und der Zug setzte sich in Bewegung. Voraus die Schuljugend mit Kreuz und Fahne, der Geistliche mit dem Kirchendiener. Unmittelbar nach dem Sarge die beiden Kinder des Fleischers und hinter ihnen das Ehepaar. Der Mann bewegte unausgesetzt, als in Andacht, die Lippen, sah aber dabei links und rechts um sich. Die Frau las eifrig in ihrem

Gebetbuche, nur machten ihr die beiden Kinder zu schaffen, die sie einmal vorschob, dann wieder zurückhielt, wie ihr denn überhaupt die Ordnung des Leichenzuges sehr am Herzen zu liegen schien. Immer aber kehrte sie wieder zu ihrem Buche zurück. So kam das Geleite zum Friedhof. Das Grab war geöffnet. Die Kinder warfen die ersten Handvoll Erde hinab. Der Mann tat stehend dasselbe. Die Frau kniete und hielt ihr Buch nahe an die Augen. Die Totengräber vollendeten ihr Geschäft, und der Zug, halb aufgelöst, kehrte zurück. An der Türe gab es noch einen kleinen Wortwechsel, da die Frau eine Forderung des Leichenbesorgers offenbar zu hoch fand. Die Begleiter zerstreuten sich nach allen Richtungen. Der alte Spielmann war begraben.

Ein paar Tage darauf — es war ein Sonntag — ging ich, von meiner psychologischen Neugierde getrieben, in die Wohnung des Fleischers und nahm zum Vorwande, daß ich die Geige des Alten als Andenken zu besitzen wünschte. Ich fand die Familie beisammen ohne Spur eines zurückgebliebenen besondern Eindrucks. Doch hing die Geige mit einer Art Symmetrie geordnet neben dem Spiegel und einem Kruzifix gegenüber an der Wand. Als ich mein Anliegen erklärte und einen verhältnismäßig hohen Preis anbot, schien der Mann nicht abgeneigt, ein vorteilhaftes Geschäft zu machen. Die Frau aber fuhr vom Stuhle empor und sagte: »Warum nicht gar! Die Geige gehört unserem Jakob, und auf ein paar Gulden mehr oder weniger kommt es uns nicht an!« Dabei nahm sie das Instrument von der Wand, besah es von allen Seiten, blies den Staub herab und legte es in die Schublade, die sie, wie einen Raub befürchtend, heftig zustieß und abschloß. Ihr Gesicht war dabei von mir abgewandt, so daß ich nicht sehen konnte, was etwa darauf vorging. Da nun zu gleicher Zeit die Magd mit der Suppe eintrat und der Fleischer, ohne sich durch den Besuch stören zu lassen, mit lauter Stimme sein Tischgebet anhob, in das die Kinder gellend einstimmten, wünschte ich gesegnete Mahlzeit und ging zur Türe hinaus. Mein letzter Blick traf die Frau. Sie hatte sich umgewendet, und die Tränen liefen ihr stromweise über die Backen.

Inhaltsverzeichnis